Das Buch

Seit mehr als dreißig Jahren hat Reinhard Baumgart die deutsche
Literatur der Gegenwart begleitet, als Kritiker der wesentlichen Neu-
erscheinungen und als Essayist, der in bestimmten Intervallen Bilanz
zieht: Wie hat sich die Literatur verändert, wie ihre Aufnahme in der
Öffentlichkeit und was waren die Bedingungen ihres Entstehens?
Aus einer Fülle von Rezensionen und Essays hat der Autor für dieses
Buch geschöpft, hat die Texte durch Auswahl und Anordnung in
einen Dialog miteinander treten lassen, »in eine Art Fortsetzungs-
geschichte immer wieder auftauchender, nie endgültig beruhigter
Sorgen, Hoffnungen, Zweifel«. Es geht ihm nie darum, Autoren in
Schubladen zu pressen, Bücher abzuhaken. Das Interesse des Kriti-
kers Reinhard Baumgart bleibt es, die Lebendigkeit einer Literatur
zu evozieren, deren Motive, Ideen und Erzählformen mehr über
Deutschland verraten als jedes Geschichtsbuch.

Der Autor

Reinhard Baumgart, geboren 1929 in Breslau, lebt in München und
hat eine Professur für Germanistik in Berlin. Er promovierte mit
einer Arbeit über Thomas Mann, schrieb Romane, Stücke, Drehbü-
cher, Essays, Buch-, Theater- und Filmkritiken. Veröffentlichungen
u. a.: ›Wahnfried. Bilder einer Ehe‹ (1984); ›Glücksgeist und Jammerseele. Essays‹ (1986); ›Selbstvergessenheit. Drei Wege zum Werk:
Thomas Mann, Franz Kafka, Bertolt Brecht‹ (1989); ›Auferstehung
und Tod des Joseph Roth‹ (1991).

W0190493

Reinhard Baumgart
Deutsche Literatur der Gegenwart

Kritiken, Essays, Kommentare

Deutscher Taschenbuch Verlag

Dezember 1995
Deutscher Taschenbuch Verlag GmbH & Co. KG,
München
© 1994 Carl Hanser Verlag,
München · Wien (ISBN 3-446-17679-9)
Umschlaggestaltung: Dieter Brumshagen
Umschlagphotos: Isolde Ohlbaum (Botho Strauß, Heinrich Böll,
Thomas Bernhard, Günter Grass)
Klaus Morgenstern (Christa Wolf)
Satz: Reinhard Amann, Aichstetten
Druck und Bindung: C. H. Beck'sche Buchdruckerei,
Nördlingen
Printed in Germany · ISBN 3-423-04674-0

INHALT

ANFÄNGE

I.
DAS KLASSISCHE JAHRZEHNT

Rückblicke 521

Die Zukunft? 562

NACHWORT

ANHANG

ANFÄNGE

Damals

Wie heftig, wie wirr und gierig in den ersten Jahren nach dem Krieg gelesen wurde, davon kann sich eine spätere Zeit kaum noch einen Begriff machen. Oder eben: nur einen Begriff, und genau das unternehmen die folgenden Essays, indem sie mögliche Leseerfahrungen aus der Struktur einiger Nachkriegsbücher zu erschließen versuchen, aus sicherem Abstand. Als Leser damals hätte ich über sie sicher verwirrter, also begeisterter und zweifelnder geschrieben.

Doch ich habe damals, offen gestanden, bald nach der Währungsreform die Entwicklung unserer neuen Literatur weitgehend verschlafen. Verschlafen allerdings lesend und im Theater, angesichts von Werken älterer, berühmterer Autoren, der Bücher von Kafka oder Benn oder Döblin, Faulkner, Gide, Hemingway, der Stücke von Brecht, Sartre, Eliot, Camus oder Wilder: diese lange verbotene oder verbannte internationale Moderne war damals unsere Gegenwartsliteratur, schien näher als alle neuen deutschen Artikulationsversuche und diesen souverän überlegen.

Gegen diesen Druck, gegen die Konkurrenz einer übermächtigen Tradition der Moderne mußte sich unsere Nachkriegsliteratur in Bewegung setzen. Kein Wunder, daß sie weniger an einer Fortsetzung dieser Tradition gearbeitet hat, als engagiert an ihrer deutschen Thematik. »Wohnen ist ein Tätigkeitswort«, sagte Heinrich Böll, und darum ging es zuallererst und nicht nur ihm: dieses Land, in dieser Sprache, trotz seiner schrecklichen Geschichte wieder bewohnbar zu machen.

Wolfgang Borchert,
Hungerkünstler

Noch immer fällt es mir schwer, Wolfgang Borcherts Texte lesend herauszulösen aus jenen Jahren zwischen Kriegsende und Währungsreform, in denen sie geschrieben wurden und in denen auch ich sie zum ersten Mal gelesen habe, mit einer bis heute nachzitternden Erregung. Die erste, damals in einer Schülerzeitschrift gedruckte Buchbesprechung meines Lebens galt seinem Erzählungsband *Die Hundeblume*. Auch aus meinen ersten damals im gleichen Blättchen preisgegebenen Gedichten sprach Borchert wie ein Bauchredner: »So viel Schminke / Und so wenig Lippen« –, das wäre mir ohne ihn nicht eingefallen, das war angelesener, kaum erlebter Schmerz.

Wolfgang Borchert also hat uns damals ausgedrückt, und hätte uns schon damals jemand bewiesen, daß auch Borchert literarisch sehr unbefangen aus zweiter oder dritter Hand lebte –, uns hätte das nichts bewiesen. Für uns war er authentisch. Mit seinem unerschrockenen und auch unverschämten Pathos wehte in den letzten öden Provinzwinkel etwas vom Hauch der weltgeschichtlichen Stunde, ein merkwürdig gemischtes Bewußtsein aus Leere, Stolz, Schmerz und Müdigkeit, aufgeladen von ratlosem Protest und erwartungsloser Hoffnung. Er war der wahre spiritus rector der sogenannten Stunde Null. Kein Wunder, daß er damals, wie mich, so in jeder Ecke der Besatzungszonen ein paar fand, die nicht nur lesen wollten, wie er sie ausdrückte, sondern die auch sich nun so ausdrücken wollten wie er sie: Epigonen, wie man solche produktiven Leser herablassend nennt. Ich also war achtzehn und auch einer.

Deshalb begegne ich Wolfgang Borchert wiederlesend immer wieder auch mir selbst in einem früheren Zustand, in jenem verzerrten und doch lästig vertrauten Spiegelbild, zu dem niemand sich ganz unbefangen bekennen möchte. Deshalb gerate ich mit diesen Texten auch in Gespräche, ja Diskussionen wie mit Lebewesen, wie mit dem eigenen früheren Ich, also widerwillig, sympathisierend, gerührt, betroffen, gereizt. Aber nie will es mir gelingen, dieses knappe, flackernd fragmentarische Werk herauszulösen aus seiner Verflechtung mit meiner Lebensgeschichte, um es sozusagen kaltzustellen durch seine Einordnung in die Literaturgeschichte dieses Jahrhunderts, in dessen Mitte es noch einmal die hocherregte Gestensprache und die verzweifelte Utopie der Expressionisten aufzunehmen scheint. Als ebenso wilde wie welke Nachblüte des Expressionismus ließen sich doch gerade Borcherts Kühnheiten wie auch seine Entgleisungen verstehen. Wieder tönt da vor dem Hintergrund eines Weltkriegs eine Erdbeben-

und O-Mensch-Poesie, kosmopolitisch, rhapsodisch, pazifistisch. Wieder steht dieser O-Mensch-Mensch, obwohl doch von Gott und aller Welt im Stich gelassen, trotzdem monumental und unübersehbar als Denkmal für die gesamte Menschheit, Lazarus und Baal in einer Person. Wieder wird hier also per Poesie nach einer Geschichtskatastrophe der Satz aus der Geschichte ins groß und vage Grundsätzliche versucht. Aus voller, kranker, weher Brust soll gesungen werden, mit erstaunlich viel Kraft, Atem und auch Kunstfertigkeit, mit erstaunlich wenig Reflexion.

So ließe sich zur Not über, ja auch gegen Borchert argumentieren, so einfach und entschlossen, so halbwahr und also ganz falsch.

Geschrieben wurde schließlich alles, was heute noch von ihm zählt, zwischen Anfang 1946 und Herbst 1947, in einer Zeitspanne also von weniger als zwei Jahren. Ein Wunder, daß dieser geschwächte, moribunde Mensch damals überhaupt einen Ton gefunden hat, der uns wie ganz sein eigener und wie unserer vorkam. Kein Wunder dagegen, daß dieser Ton noch schwankt, daß er weder durch künstlerische Urzeugung entstanden ist noch sich ausschließlich eigener Erfahrung verdankt. Doch am allererstaunlichsten scheint mir, daß sich in diesen kaum zwanzig Monaten über alles Schwanken, über alle Schwächen und übersteilen Gesten hinweg eine immer größere Sicherheit im Zugriff, ja eine Entwicklung feststellen läßt und zwar zu immer bewußterem Umgang mit den eigenen Mitteln, Stoffen, Absichten. Es lohnt sich, darüber nachzudenken, wie dieser Borchert weitergeschrieben hätte, wäre er 1947 nicht mit sechsundzwanzig Jahren gestorben. Sein letzter Sammelband *An diesem Dienstag* und die späten Prosastücke aus dem Nachlaß deuten einen solchen Weg an. In diesen Texten fällt eine Knappheit auf, ein so kühler, pointierender Umgang mit dem immer noch gleichen Material, Kriegs- und Nachkriegssituationen, daß während dieser Lektüre unser oder mein allzu eindeutiges Borchert-Bild sich schon verändert und neue und geläufigere Konturen annimmt. So einen weiterlebenden Borchert höre ich vorlesen bei der »Gruppe 47«, sicher in der Technik und sicher im Engagement, im Vortragston schon heruntergestimmt auf Understatement. Er hat genau da aufgehört, wo Böll und Schnurre um die gleiche Zeit anfingen. Daß sein Pathos der ersten Stunde auch ihm nicht mehr geheuer war, daß sein Geschmack ihn einholen würde, daß auch er die vorher groß zur Schau getragenen Wunden desinfizieren würde mit einem scharfen, grotesken Humor, daß er also auf dem besten Weg war vom »Dichter« zum »Literaten« – alles das läßt sich schon aus seinen letzten Geschichten herauslesen. Ob dieser Fortschritt zum Soliden und Professionellen viel mehr gewesen wäre als ein Einfallen in den Schritt der Hauptkolonne, als ein einleuchtender Konformismus?

Mein Borchert damals und der eigentliche, so schien mir auch beim Wiederlesen, das war der Autor vor allem der Geschichten in *Die Hundeblume* und von *Draußen vor der Tür*, ein Rattenfänger und Rhapsode, dem der volle Griff in die Tasten wichtiger war als Geschmackskontrolle und deutliche Artikulation, der einen ganzen Weltkrieg entschlossen verinnerlicht hat, ein atemloser Zweihundert-Seiten-Autor mit Resonanz bis heute, sicher kein Primus in irgendeiner Klasse der Literaturgeschichte, aber geschlagen und begabt mit einem untrüglichen Instinkt für die Situation, für die er und in der er schrieb.

Ein Rattenfänger, denn jetzt läßt sich als Ideologie greifen, was damals wie Musik nur eingeatmet wurde: Borchert hat seiner Generation, allen im faschistischen Krieg Verbrauchten und Enttäuschten, eine wunderbare, wenn auch uneingelöste Entlastung angeboten. Heimkehrer Beckmann bringt in der Schlüsselszene von *Draußen vor der Tür* seinem Oberst »die Verantwortung zurück«, ein Ödipus hinter der Gasmaskenbrille, der den Vater durchaus erkennt, dafür nicht erschlägt, dem die Verantwortung auch keineswegs abgenommen wird. Im Stück wie in den Geschichten, unermüdlich hat Borchert diese Entnazifizierung nur kraft gerechten Gefühls betrieben, den Schuldberg zurückgewälzt auf die ältere Generation, die für ihn nur doppelt schuldig wird dadurch, daß sie Schuld und Verantwortung durchaus nicht ertragen will. An den Unschuldigen frißt das Gewissen, die Schuldigen sind gewissenlos – so streng, doch bloß moralisch, so schwarz wie unerforschliches Schicksal liest sich diese erste, diese erfolgreichste »Bewältigung der Vergangenheit«.

Sie wäre uns so glatt nicht eingegangen, hätte sie nicht wie im Handstreich etwas durchaus Richtiges tief empfunden vereinfacht. Denn die anderen, die Gewissenlosen, das waren in Borcherts Szenerien immer die Säulen der bürgerlichen Welt, die Popanze eines nationalistischen Militärs, einer leer gewordenen Kultur, des rücksichtslosen Profitgeistes. Doch zu diesen anderen gehört auch »Frau Kramer, die weiter nichts ist als Frau Kramer, und das ist gerade so furchtbar«. In solchen Volten schlägt das Situationspathos der verlorenen Generation schon um in alte, wehe Romantik, in die Aggression des Vaganten gegen die Philister. So wird hier laufend Not übergesetzt in Tugend, gesellschaftliche Heimatlosigkeit geschönt zu Freiheit, ein Zeitkonflikt hochgesungen zu einer Konfrontation mit fast Ewigkeitsanspruch.

Freigesprochen und schuldig geblieben, im Recht, doch auf den Hund gekommen, materiell wie philosophisch – so einladend, offen für jedes Selbstmitleid, hat uns Borchert damals ausgedrückt. Denn egozentrisch blieben alle seine Klagen. Nur die verlorenen Jahre und Bräute, das verpfuschte Gottvertrauen, das zerbombte Hamburg und von allem im Krieg Angerichteten immer nur dessen Abbild im eigenen wehleidigen Gewissen, das sind die Motive dieser Jeremiade, nie also die Opfer, die dieses deutsche Jahrzehnt sonst noch gekostet hat, keine Spur auch vom *SS-Staat*, den Kogon damals zum erstenmal dokumentierte.

So ließe sich aus sicherer Entfernung die Gegenrechnung aufstellen, und zweifellos, gerade was Borcherts scheinbare Schonungslosigkeit unterschlug, half ihr mit zum Erfolg. Doch ebenso sicher, daß ihm gerade deshalb zugehört wurde, weil er eben nichts nur Gewußtes, Vermitteltes, Dokumentiertes, nichts nur vom Hörensagen niederschrieb, sondern immer nur die eigene, unvermittelte Erfahrung. Noch seine heute durchschaubare Ideologie, noch seine steilsten und krummsten Metaphern sind mindestens eines: authentisch. Auch falsche Gefühle, auch wohltuend falsches Bewußtsein hat er durchaus richtig aufgeschrieben.

Überflüssig also alles geschmackssichere Naserümpfen beim Wiederlesen dieser mit starkem Pedal geschriebenen Texte. Gut, hier ist der Ausdruckswille, wenn er hochdreht, zuweilen so unermeßlich wie die Information dünn. Ein Gestus von »Es-verschlägt-mir-den-Atem« gerät dauernd in Widerspruch zum breit und wuchtig dahinrollenden Wortschwall. Herbsüß und füllig wird von einem angeblich verbitterten, ausgemergelten Leben erzählt. Eine verbale Sinnlichkeit greift um sich und findet doch keine genauen Gegenstände, findet zu keinem Realismus.

Noch diese Widersprüche sind keineswegs lächerlich, sondern authentisch. Denn Borchert redet eben nicht nur von und zu einer bestimmten Generation in einer bestimmten historischen Lage, er ist auch und immer noch der Barde einer allgemeineren Stimmung: des pubertären Widerwillens gegen alles sogenannte Erwachsenwerden. Weltekel und Welthunger, beides hat er übertrieben groß geschrieben. Alles, das große Ganze, vom lieben Gott bis zu Frau Kramer, hat er in den Anklagezustand versetzt, um es mit dem nächsten Atemzug wieder als das Ganze, »dieses herrliche süße sinnlose tolle unverständliche Leben«, zu umarmen. Hinter aller Frontkämpfer-, Heimkehrerbitternis verbirgt sich deutlich genug Erfahrungslosigkeit, und das nicht nur, wenn von Mädchen und Frauen kaum mehr zum Vorschein kommt als etwas Haut und Lippenstift und Seide, lauter warme Papierworte. Hier schreibt ein Hungerkünstler, Entbehrung war seine Muse. Hunger bläht auf, Hunger macht Phantasie, Hunger macht auch geschmacklos. Ein Hungerkünstler, oder etwas genauer: ein positiver Nihilist, fast das volkstümliche Pendant zu Gottfried Benn.

Er schreibt zum Beispiel: »Einsam hockten die Männer über den Ungewißheiten der kommenden Nacht, und die Stadt summte groß und voller Verführung. Die Stadt wollte Geld oder seidene Strümpfe.«

Lesen sich solche Sätze nicht wie in Literatur zurückübersetzter Freddy Quinn, und wäre das ein Verdikt? Borcherts frühe Texte haben tatsächlich den Instinkt von Schlagern, sie haben den Leuten die Bedürfnisse, die Tag- und Alpträume aus dem Kopf gelesen. Sie haben breite und intensive Kommunikation mit einem Publikum erreicht, das sich seitdem mehr und mehr im Stich gelassen fühlt von jener konsequent modernen Literatur, in der in letzter Konsequenz die Maxime gilt: »Statt falscher Kommunikation – gar keine« (Karl Markus Michel).

War Borchert also etwa – um das fast unaussprechlich gewordene Wort doch versuchsweise auf ihn anzuwenden – »volkstümlich«? Falls damit eine Qualität gemeint sein und damit vor allen Mißverständnissen und allem Mißbrauch gerettet werden sollte, die nach Borchert in unserer Nachkriegsliteratur wohl nur noch Heinrich Böll erreicht hat, dann muß und darf auch ihm eine solche Volkstümlichkeit zugesprochen werden. Sein Situationspathos eines metaphysischen und historischen Beleidigtseins, provoziert von Stolz und Elend einer scheinbaren Stunde Null, das ist sicher nicht wiederholbar. Aber bewundernswert und sogar vorbildlich bleibt sein Mut, mit allem Risiko zu schreiben als der bald sanfte, bald dröhnende Bauchredner dessen, was Unzählige in einer geschichtlichen Lage unartikuliert bewegt.

Dieser Schauspieler, Kabarettist und Bohemien in einer Zeit, in der man eine Bohème-Existenz kaum leben konnte, war nicht nur als Soldat, sondern vor allem in seinen langen Gefängniszeiten in Zustände geraten, für die er nicht geboren und denen er kaum gewachsen schien, in denen aber sein bis dahin eher gefälliges und weiches Schreibtalent weit über sich hinauswuchs. Ein Rilke-Epigon schmeckte den Dreck des Kriegs, ein Schöngeist erlebte sich als Sträfling und Todeskandidat. In seinen besten Texten, in ihrer riskanten Balance zwischen Artistik und einer unverbrüchlichen Solidarität mit allen Erniedrigten und Beleidigten spürt man, was in diesen harten Lehrjahren aus ihm geworden ist.

Vielleicht hatte er, der Hungerkünstler, in der knappen, heftigen Zeit seines Schreibens doch Glück in allem Unglück. Wiederaufbau, Konsumgenuß, Wohlstand, die immer fetteren Jahre nach der Währungsreform – das alles ist ihm, so könnte man zynisch sagen, erspart geblieben. In seinem Hamburg, 1946 und 1947, ließ sich für eine kurze, trügerische Spanne noch eine Poesie aus Hunger und Elend kreieren, ließ sich vielleicht sogar hoffen auf eine Versöhnung zwischen Lumpenbohème und Lumpenproletariat, auf ein armes und poetisches Jenseits zur etablierten bürgerlichen Welt, auf eine Utopie aus Blankenese und St. Pauli.

Wolfgang Borchert war ja auch, in einem unverdächtigen Sinn, ein Heimatdichter, wie Böll in Köln, wie Grass für Danzig, ein Hamburg-

Rhapsode mit unüberhörbaren Ringelnatz-Tönen, aber begabt eben auch mit einem Blick für das große Elend sogenannter kleiner Leute, der an Fallada erinnert, und dazu entschlossen zu einer orgelnden Großstadtprosa, in der Döblin mitklingt. Die Gunst von Ort und Stunde hat er also in seiner kurzen Schreibzeit wahrhaft genial genutzt.

Hätte er seine damals unheilbare Krankheit überlebt, dann wäre er womöglich nie wieder so glücklich produktiv geworden. Was ihn groß und trotz all seiner Anleihen eben doch unverwechselbar macht, sind gerade die Spannung und der Widerspruch zwischen einer Katastrophenerfahrung, die er wirkungsvoll und pathetisch vereinfacht hat, und einer noch jünglingshaften Erfahrungslosigkeit, einem Erfahrungshunger, der seine Prosa immer wieder ausbrechen läßt in Gesang und Weltumarmungsversuche.

Er hätte so gern, auch darin ein letzter Expressionist, bedingungslos Ja gesagt zur ganzen Menschheit, zu jedem »Seid umschlungen, Millionen«. Aber er wußte auch, wie sein letztes Manifest ausspricht, ja herausschreit, daß nicht dieses herzliche Ja und Amen zu allem und jedem heute die erste Bürger- und Poetenpflicht ist, sondern zunächst ein Nein zu allen Versuchen, in dieser Welt und Menschheit noch einmal kriegerisch zu zündeln, bis alles in die Luft fliegt. Die Zeiten, in denen dieser Borchert nicht mehr aktuell wäre, sind noch nicht zu erkennen.

(1988)

Böll, Koeppen, Schmidt – diese Drei

Heinrich Böll, Wolfgang Koeppen, Arno Schmidt – diese drei haben die deutsche Prosa um 1950 entscheidend geprägt: das klingt wie ein wohlfundierter Gemeinplatz, der sich genausogut auch für Schnurre, Weyrauch und Nossack formulieren ließe. Nur sind die frühen Erzählwerke von Böll, Koeppen, Schmidt, anders als andere, im Lauf der Jahrzehnte erstaunlich wenig gealtert, und genau diese erfolgreiche Rezeptionsgeschichte stört nun eine neugierige Lektüre. Denn Literaturkritik und Literaturgeschichte haben diese drei Autoren so sorgfältig in Verwaltung genommen, auf Abstand zueinander gerückt und mit einer je eigenen, unverwechselbaren Aura versehen, daß sie nun dastehen wie Denkmäler, die uns dazu überreden, an jeder dieser Figuren nur noch die Identität mit sich selbst und die Differenz zu ihren Nachbarn zu entdecken.

Dagegen wäre nun zu fragen, ob das Situationspathos der Nachkriegszeit (die damals von vielen als Zwischenkriegszeit erlebt wurde) die gründlich verschiedenen Schreibmotivationen, -ansätze und -absichten von Schmidt und Koeppen und Böll nicht doch erkennbar »überformt« hat und wie, ob also zwischen diesen drei Autoren nicht doch ein größtes gemeinsames Vielfaches auszumachen wäre, das allerdings nur für diese gemeinsame Ausgangslage gilt und später, ab Mitte der fünfziger Jahre, sich auflöst.

Gleich der erste, spontanste Leseeindruck spricht gegen diese Vermutung: Koeppens ebenso feierliche wie atemlose Sprachsuada, immer auf halber Höhe zwischen Rezitativ und Gesang, die langsamen und bedächtigen Erzählungen des frühen Böll und schließlich die dissonante und springende staccato-Schreibweise Arno Schmidts – diese drei schon gestisch so verschiedenen Sprachmusiken bestätigen vor aller Wahrnehmung von Struktur und Inhalt zunächst nur die Unvergleichbarkeit der Autoren. Doch schon der zweite Eindruck beim entschlossenen Gegen-, Durch- und Nebeneinanderlesen der Texte entdeckt dann als eine erste, unerwartete Gemeinsamkeit ihren »Reichtum«, einen Reichtum nämlich an Tradition, der an diesen Zeugnissen der Nachkriegszeit doch erstaunt, obwohl die Legenden von einer »Stunde Null« und vom »Kahlschlag« längst zerstört sind.

»Gebildet« ist die Prosa Schmidts und Bölls und Koeppens im konkretesten Sinn, gebildet nämlich durch Voraussetzungen, die in den zwanziger Jahren, im 18. und 19. Jahrhundert liegen, ja die fundamental abendländisch sind, falls man Koeppens Anrufungen griechischer Mythologie so ernst nehmen will wie die trotzig rotzig kynisch-demokritisch-epikureische Moralität Schmidts und Bölls Passionschristentum. Wer auf die Katastrophengeschichte der dreißiger und vierziger Jahre mit so emphatischen Schreibschüben reagieren kann wie diese drei damals, der kämpft nicht mit Sprachlosigkeit, der braucht den Bezugsrahmen vorhandener Weltbilder wie schon begründeter Schreibweisen. Zwar, Adornos gereizt mißverstandenes Wort, nach Auschwitz Gedichte zu schreiben, wäre barbarisch, hatte mindestens doch gemeint: angesichts dieses Menetekels sollte es jeder Kultur des Ausdrucks zunächst einmal die Sprache verschlagen. Doch dieser (wahren) Einsicht und (falschen) Erwartung sind unsere drei Schriftsteller so wenig gefolgt wie scheinbar radikalere, wie Beckett oder Celan.

So unerhört der Stoff scheint, auf den diese Nachkriegsprosa reagiert, so vehement der historische Druck, unter dem sie entstanden ist, so wenig neu und »unerhört« klingt ihr Pathos: nämlich aufklärerisch, romantisch–elegisch oder aber urchristlich. Ob also die Autoren überhaupt so verläßliche Augenzeugen und Zeitgenossen von Krieg und Nachkrieg gewesen sind, wie ihre Legende uns beteuert? Das heißt: ob ihre Prosa jene Genauigkeit erreicht (und überhaupt erreichen wollte), die das realistische Erzählen des 19. Jahrhunderts lieferte und die gegen Ende der fünfziger Jahre die Romane von Walser, Grass und Johnson mit Force und Verlusten noch einmal ertrotzen werden? Diese Frage und eine Stichprobe könnten lohnen.

Heinrich Böll hat, immer wieder überhört, immer wieder beteuert, er »brauche nur wenig Realität«. Darüber können gerade die Erzählungen von *Der Zug war pünktlich* bis zu *Und sagte kein einziges Wort* mit schlafwandlerischer Sicherheit hinwegtäuschen, ohne alle Täuschungsabsicht. Sie wirken ja offenbar durch die verläßlichsten Garanten realistischer Genauigkeit, durch ihre Details. Zeitgeschmack wird spürbar bis in die Bereiche der Gerüche und Geräusche. Ein Kaffeeduft oder ein Dielenknarren – alles kann zum unscheinbaren und unvergeßlichen Zeichen des Trosts oder der Hoffnung in den Zügen, Wartesälen, Schulkorridoren, Spielbuden, Hotelkammern des Kriegs und Nachkriegs werden. Überprüft man freilich die Leistungen dieser Sprache der Details, so erinnert man selten oder nie ein unvergeßliches Gesicht oder Haus oder Kleidungsstück, irgendeine unverwechselbare Geste oder Abendbeleuchtung – nichts also, was Flauberts oder Thomas Manns oder Johnsons differenzierende Erzählkunst so reichlich überliefert. Bölls Genauigkeit – falls sie noch so genannt werden darf – ruft etwas auf, was sich am genauesten noch mit dem ungenauen Wort »Atmosphäre« benennen ließe. Die Wachsamkeit dieser Prosa hat etwas Animalisches: es ist die einer gejagten, bedrohten, verunsicherten Kreatur, hellwach und doch benommen.

In Spannung zwischen ihrem dumpfen Fatalismus und ihrer gesteigerten Wahrnehmungskraft leben ja auch die Zentralfiguren der frühen Erzählungen. Der Soldat Andreas (in *Der Zug war pünktlich*) fährt in den östlichen Krieg Station um Station seinem sicher vorausgeahnten Tod entgegen. Den Soldaten Feinhals (in *Wo warst du, Adam?*) schiebt der verendende Krieg nach Westen, in immer größere Sicherheit, bis der Tod ihn dann, auf der Schwelle seines Elternhauses, doch noch einholt. Fred, ein gescheiterter Ehemann und Familienvater, läßt sich (in *Und sagte kein einziges Wort*) durch das unwirtliche Köln treiben, trifft die eigene Frau im Stundenhotel, aus dem sich beide ohne Aussicht auf Hoffnung verabschieden, doch in der letzten Zeile wird er verkünden, wohin er nun gehen will: »nach Hause«.

Solchen tödlich oder utopisch zielstrebigen und doch merkwürdig schlingernden Erzählverläufen ist tatsächlich nur eine Prosa gewachsen, die mit stiller Halluzinatorik und einem wie fröstelndem Staunen arbeitet an einer ständig sich erneuernden Vision von der Unheimlichkeit der Welt. Das liest sich immer wieder wie ein Szenarium jenes Lebensfilms, der vor Sterbenden vor dem Erlöschen ihres Bewußtseins abläuft. Als wäre zwischen die Zeilen ein ewig sich wiederholendes »Unglaublich! Unglaublich!« hineingeschrieben, weil der Erzähler so wenig wie seine Figuren die Wirklichkeit des Wirklichen begreifen und annehmen kann und will. Deshalb muß Bölls Welt des stumpfsinnigen Sterbens, der Armut neben der Eleganz, der Geizigen und der Betenden Satz für Satz immer wieder als eine unglaubwürdige »durchgenommen« werden. Der Schwerverwundete, der (in *Wanderer kommst du nach Spa ...*) sein altes, nun in ein Lazarett verwandeltes Gymnasium Blick auf Blick wiederzuerkennen glaubt, führt diese Unglaublichkeit der Realität nur exemplarisch vor, wenn er Kriegschaos und die aus lauter Zeichen des Gutenwahrenschönen zusammengesetzte Schulwelt zunächst nicht ineins denken kann. Als er die Identität der Lazarett- und Gymnasiumsräume (und damit der Friedens- und der Kriegsordnung) schließlich entdeckt, ruft er leise nach – letztes Wort der Erzählung –: »Milch!«

Da triumphiert sie wieder: eine Genauigkeit nicht der Realitätswiedergabe, sondern des Schreckens vor der Realität, eine Genauigkeit, deren genauerer Name Intensität wäre. Sie kann und muß sogar, wie Traumbilder, auf Umrißschärfe immer wieder verzichten. Tatsächlich wirken diese frühen Kriegs- und Nachkriegserzählungen wie die immer neu versuchte Durcharbeitung eines traumatisch erstarrten und grellen Schocks, der sich nun löst in stillen, langsamen, wie aus dem Tiefschlaf explodierenden Bildsequenzen.

Leise, bedächtig bis behäbig, läßt sich Bölls Prosa nie mitreißen vom Grauen, Lärm und der Sinnlosigkeit der mitgeteilten Vorgänge. Die berühmte Episode aus *Wo warst du, Adam?*, in der mitten im Partisanengebiet mit fröhlicher, handwerklicher Sorgfalt eine Brücke wiederaufgebaut wird, um am Tage ihrer Fertigstellung wieder in die Luft gejagt zu werden – diese in gediegenem Gottfried-Keller-Ton erzählte Episode steigert die Spannung zwischen humaner Erzählerwärme und unmenschlicher Kriegslogik fast schon zu meisterhaft und selbstbewußt. Aber unverkennbar ist auch hier das Ethos der alles andere als »avancierten« Schreibweise Bölls, ihre Traditionalität und (im Wortsinn!) Gemütlichkeit: sie will in keinem Atemzug paktieren mit der Logik der Destruktion, von der sie Zeugnis ablegt. Dazu brauchte Böll weder Vorsatz noch Kalkül, dazu war er sozusagen traumwandlerisch entschlossen.

Die riskante Verwegenheit dagegen, mit der Arno Schmidt einen Tiefflieger- oder Bombenangriff umsetzt in Sprache, ist nicht nur ästhetisch riskant. Als tour de force, als wohlkomponierte Zerstörungsorgie und -fuge mag das in ein Prosaereignis verwandelte Bombardement am Ende von *Aus dem Leben eines Fauns* ohne Beispiel sein in unserer Nachkriegsliteratur, ein *Guernica* in Worten. Diese veranstalten durchaus kein *Stahlgewitter*, verklären den Krieg nicht zur Heldenschmiede, und doch entfaltet sich da eine Pracht des Grauenhaften, mit flammend artistischer Kälte, und über dem wohlinszenierten Chaos leuchtet etwas wie ein selbstzufriedenes Lächeln: »*Eine glühende Leiche* fiel schmachtend vor mir auf die Kniee, und brachte ihr qualmendes Ständchen; ein Arm flackerte noch und schmorte keck: mitten aus der Luft war sie gekommen, ›Vom Himmel hoch‹, die Marienerscheinung.« Fiat ars, pereat mundus? In solchen Passagen jedenfalls führt Schmidt vor, wie sein Manierismus entsteht und wie er sich rechtfertigen kann: durch Schrecken. Kalt, schön und schauerlich, als Artefakt läßt er die Prosa triumphieren über das Unsägliche.

»Trümmerliteratur« ist dieser ersten Autorengeneration nach dem Krieg vorgeworfen worden, und Böll hat den Vorwurf 1952 in einem vielzitierten Aufsatz ruhig aufgenommen und umgewendet zum Bekenntnis: »Unsere Augen erinnern sich der Friedhöfe; und unsere Augen sehen Trümmer: die Städte sind zerstört, die Städte sind Friedhöfe, und um sie herum sehen unsere Augen Gebäude entstehen, die uns an Kulissen erinnern, Gebäude, in denen keine Menschen wohnen, sondern Menschen verwaltet werden ...«

Trümmerliteratur – auch Arno Schmidt hätte sich dazu bekennen können, doch kaum mit Bölls Insistenz nur auf dem Inhaltlichen des Begriffs. Daß Schmidts Prosa Trümmerstruktur hat, eine Torsoarchitektur entwirft, verrät sie schon durch ihre graphische Anordnung, und warum seine Kunst Sprengkunst sein will, verrät Schmidt, fast ebenso oft zitiert wie Böll, auf der ersten Seite der *Faun*-Erzählung: »*Mein Leben*?!: ist kein Kontinuum! (nicht bloß durch Tag und Nacht in weiß und schwarze Stücke zerbrochen! Denn auch am Tage ist bei mir der ein Anderer, der zur Bahn geht; im Amt sitzt; büchert; durch Haine stelzt; begattet; schwatzt; schreibt; raucht; kotet; radiohört ...): ein Tablett voll glitzernder snapshots.«

Carpe diem!: Schmidts unverwüstliche Lebens- und Arbeitsmaxime bedeutet als artistisches Programm: nutze den Augenblick, schnapp dir den Schnappschuß, laß Geistesgegenwart aufleuchten, knapp, grell, emphatisch. Und ferner: hüte dich vor aller Ganzheitsschau, zeige die Rekonstruktion des Zersprengten mit allen erhaltenen Rissen und Klebestellen, als Collage, als Schnittfolge, denn Wahrheit ist nur möglich als Fragmentarik, dafür in Ekstasis.

War Schmidt also Realist?

Auch in seinen Texten ist der Modus der Wahrnehmung auffälliger, »unvergeßlicher« als alles Wahrgenommene: darin also unterscheidet er sich nicht von Böll. Immer wieder wird er zum Beispiel mit der immer gleichen Frische und Sentimentalität einen bestimmten Typ Frau in seine Erzählungen einführen – Mädel oder Göre hätte man sie damals noch nennen dürfen –, eine Art Entsublimierungsengel, eher von der Leinwand der frühen dreißiger Jahre als aus dem Leben gegriffen, und dieser weibliche Stereotyp und seine immer gleiche gehemmt kesse Beflirtung im Text sind derart penetrant, daß die einzelnen Mädchen oder Mädel sich als Anne, Käthe, Lisa, Kathrin, Selma oder Lore kaum noch realistisch differenzieren und individuieren. Als würden sie nicht einmal als Fiktionen existieren, sondern »wirklich« nur in den erotischen Imaginationen der Sprache, in den freiweg verbal ausagierten Phantasien ihres Autors: »Noch einmal fing ihr Gesicht an, auf mir herumzuklettern, Zähne häkelten und griffen, Haifischbein, mir in die Schulter, Braunhaarwiese, mir unters Kinn.«

Auch Schmidts Unverwüstlichkeitspathos hält also, obwohl so drastisch anders als die aufmerksame Todtraurigkeit Bölls, wie diese nicht jene Distanz zur Wirklichkeit, deren Zurückhaltung, ja Diskretion, den epischen Realismus des 19. Jahrhunderts getragen hat und die Johnson in immer neuer Anstrengung, von seinem ersten bis zu seinem letzten Roman, noch einmal regenerieren wird, allen Käuzchenrufen einer eschatologischen Ästhetik zum Trotz.

Aber Koeppen? Er führt doch gleich im Präludium zu seiner Nachkriegstrilogie, auf der ersten Seite von *Tauben im Gras* unmißverständlich vor, daß diese Romane aus einer erhabenen Zuschauerperspektive entworfen sind. Daß also hier der Autor weder in Prosa mit- und ausagieren wird (wie Arno Schmidt), noch den Augenpaaren der Akteure die Kameraführung überlassen werden soll (wie so oft bei Böll). Koeppen baut seinen Figuren eine Bühne und lenkt ihre Bewegungen, er inszeniert Totentanz und Traumspiel, souffliert den Protagonisten ihre Reden wie ihre Gedanken und erhebt die eigene Stimme, mit sonorer Autorität, als Chor. Sein großes Welttheater riskiert im *Treibhaus* und erst recht in *Tod in Rom* eine immer beängstigendere Fallhöhe, riskiert und akzeptiert auch den Absturz in Kolportage. Bühnenluft weht durch diese Bücher, deren Herkunft von den Collagemeistern der zwanziger Jahre, von Joyce, Dos Passos und Döblin, womöglich überschätzt worden ist, während ihre Geistesverwandtschaft zu den Phantasmagorien des Fin de siècle (Hofmannsthal, Schnitzler, Strindberg: »Wir alle spielen« – »Es ist schade um die Menschen«) noch kaum wahrgenommen wurde.

»Mondän im tiefsten Sinn« hat Enzensberger die Koeppensche Prosa genannt, und damit ist mehr gemeint als nur ihre Eleganz, ihre weltläufige Bildung oder ihr Kosmopolitismus. Mondän in diesem

Sinn ist auch die Position des Einsamen in der Menge, zu der sich Koeppen als Autor immer bekannt hat: als Flaneur wandelt er durch seine Reisebücher, aber auch schon durchs Panorama seiner Romane, Zuschauer, Chorführer, Regisseur in einer Person, ein Sympathisant in vielen Rollen.

Welttheater, von nichts getragen als von einer auf viele Rollen verteilten Stimme, deren magischer Aufruf eine regelrechte Beschwörung der zeitgenössischen Realität versucht – ein »Singe, o Muse, die Trauer in München / in Bonn / in Rom« tönt bei Koeppen immer durch –, und zugleich deren kassandrischer Abgesang? Koeppens heroischer Einmannversuch, den alten Epiker und Rhapsoden als welt- und wortgewaltige Stimme hinter dem Vorhang, als Rhetoriker der Empathie in später Stunde noch einmal wiederzubeleben, trug nur, solange das Situationspathos der Katastrophe und des versäumten Neuanfangs trug. Die Reisebücher – gründlich mißverstanden als Rückzug in ein privates Konsumieren, in Bildung und Genuß – leisten dann noch einmal mit einer drucklosen, unforcierten Aufmerksamkeit, was die projektive Wut und Trauer den Romanen gerade verweigert: realistische Genauigkeit, eine Differenzierung der Eindrücke aufs »Unvergeßliche« und »Unverwechselbare«.

Auf solchen empfindsamen Reisen, glücklich entwurzelt, hat sich die neuzeitliche Subjektivität zwei Jahrhunderte früher rücksichtslos entdecken dürfen. Nun genießt sie sich in dem späten Flaneur Koeppen wie zum letzten Mal. Diesem Weltreisenden zerfällt die Welt ebenso in Momente wie das eigene Reiseglück. Trümmerliteratur noch immer, aber diesmal eine scheinbar glückliche: aus der Ferne kommt Koeppen, wie Schmidt aus seiner Erinnerung, zurück mit einem »Tablett voll glitzernder snapshots«.

Schmidts Schnappschußprogrammatik allerdings wollte auch ankündigen, was man von diesem Autor keineswegs zu erwarten hätte: keine Weltbilder mehr, keinerlei Ganzheitsschwindel, und statt dessen immer nur die ehrlichen Restbestände, diese blitzende, glitzernde Fragmentarik. So das Versprechen, die Drohung. Im Text liest mans anders.

Ins Diskontinuum seiner frühen Erzähltexte sprengt Schmidt nämlich genügend naive ideologische Bekenntnisbrocken, die sich leicht zu einer handfesten Stammtischweltanschauung zusammenfügen ließen, kleinbürgerlich und arrogant zugleich und entsprechend kraus in ihren Widersprüchen: aufsässig gegen alles, was nach Obrigkeit riecht, aber auch stramm national, dann wieder positivistisch und atheistisch wie die alten Arbeiterbildungsvereine, aber auch elitär und snobistisch geniebewußt wie der George-Kreis. Daß die Erzählung solche Gesinnungspartikel beweglich hält und auch durcheinanderwirbelt, muß ihr allerdings zugute gehalten werden. Sogar Schmidt kann dann einen überraschenden Humor beweisen, dessen Unkosten er nämlich selbst trägt. In *Aus dem Leben eines Fauns* stürzt der Bombenangriff dem Erzähler mitten in eine seiner antichristlichen Welterklärungspredigten: da reißt ihm die Bombenprosa die Petroleumlampe aus der Hand und das Argument aus dem Mund. Über Seiten kämpft nun die Prosakunst gegen die Kriegsfurie, bis sie überblendet auf ein erotisches Überlebensidyll: »›Komm, ich wasch Dich. –‹: Vollbad aus der Konservenbüchse.«

Wieder hat sich der Erzähler eine seiner tröstlichen KätheLisaLoren aufs Papier, in die Schrift gezogen, und erst damit ist der Schmidtsche Kriegs- und Nachkriegskosmos komplett: Predigt, Chaos und Idyll, immer schön pedantisch wild durcheinanderorganisiert, bis zum Ende mit den frischen Carpe-diem-Sätzen: »›Wie lange bist Du noch genau hier?‹ ›Zehn Tage‹, und unsere Mienen entspannten sich herrlich: Wer denkt heute noch 10 Tage im voraus?!«

Solche gegeneinandergesetzten und doch zusammenstimmenden snapshots, das »gemütliche Chaos«, wie Schmidt sagt, das »Bewußtseinsrepertoire«, wie Heißenbüttel definiert – sie tragen also nicht nur die Materialien zu einem Weltbild vor, sondern vermitteln dieses selbst. In immer neuen Anläufen erzählt Schmidt die immer ähnliche Robinsonade, das Abenteuer des Überlebens in Zeitläuften, in denen der »Leviathan«, die Machtmaschine, identisch zu sein scheint mit der Welt. Unverdrossen demonstriert er seinen Heroismus des Achselzukkens und seine List des kleinen, konkreten Glücks. Er glaubt an den Geist und an den Materialismus, aber auch daran, daß er an gar nichts glaubt. Doch an nichts, nicht einmal am eigenen Überleben, hängt er so innig und kindlich wie an den »mageren Mädchen und seltenen Büchern« (Peter Demetz). Lese- und Sinnengenuß, das sind die Wahrzeichen irdischer Ewigkeit, die Schmidt der Weltgeschichte des Leviathan trotzig entgegenpflanzt.

Noch in dieser Glück-im-Winkel-Emphase verrät sich ein sehr deutscher Autor. Elfenbeinturm und Wohnküchenmief, Ohne-mich-Stimmung und barsche Deutschtümelei, Provinzialismus und experimentelle Kühnheit, Größenwahn und Gemütlichkeit – es gibt kaum einen teutonischen Widerspruch, auf dem Schmidt nicht irgendwann einmal thront. Womit sich wieder bestätigt, was Heißenbüttel schon 1963 behauptet hat: »Er ist ein Volksschriftsteller, aber ein verhinderter.« Der Stellvertreter des »kleinen Mannes« in der Literatur, der Erbe Falladas, hat nur literarisch, als Nachfahre von Joyce reüssiert.

Auf die Rolle eines Volksschriftstellers hat es Koeppen nie angelegt, dazu war er als Temperament tatsächlich zu »mondän«, und Böll ist sie zugefallen. Obwohl er (oder weil er?) die Schweijk- oder Chaplin- oder eben Fallada-Position des »kleinen Mannes« nie angenommen hat. An Sentimentalität, im klaren wie im schwülen Sinn, hätte es ihm dazu nicht gefehlt, wohl aber an – Zynismus, dieser Abwehrhaltung auch und gerade kleiner Leute. Gemessen an Schmidts trockenem bis rüden Realitätssinn, diesem dauernd auftrumpfenden So-ist-das-Le-ben-Unterton seiner Prosa, schreibt Böll noch mit Mitte dreißig schwärmerisch wie ein Jüngling, dem Todesangst vor aller Lebens-erfahrung zugemutet worden ist. Die Mädchenfiguren in seinen gro-ßen Kriegserzählungen treten immer auf als Todesengel. Mit ihnen wird Liebe erfahren als ein Bündnis, das sich eher in einem gemein-samen Sterben als in gemeinsamem Leben zu bewähren hat, am kühn-sten und auch peinlichsten in *Der Zug war pünktlich*, wenn Böll dem Todeskandidaten Andreas im Lemberger Puff eine Spionin, Pianistin und Hetäre in Personalunion als letzten Menschen zuordnet, mit dem die unio mystica gefeiert wird.

Drastischer wird die Distanz zwischen Schmidt und Böll kaum mar-kiert als durch ihre Männerphantasien über Weiblichkeit. Hier ein Entwurf der Frau als Kumpel und Nymphe, ausgestattet mit Marlene-Profil und Tucholsky-Charme, ein weibliches Lebens-, Überlebens- und Genußmittel – dort Mädchen als Abgesandte des Jenseits im Dies-seits, Inbilder des Weiblichen als des Unbeschreiblichen, Schwestern der Maria Magdalena, Leidensgenossinnen und Todestrost.

Womit, noch einmal, klar wird, wieviel alte Farben diese Erzähler in ihre Erfahrungsbilder aus den vierziger und fünfziger Jahren hi-neingemalt haben, Schmidt mit seinen kessen Innigkeiten, die zurück-verweisen auf Phyllis und Philine, Dortchen Schönfund oder *Schloß Gripsholm*, und Böll in seinen Ikonen der Leidensbereitschaft, ja der Lei-densinbrunst, wahlverwandt einer russisch-mystischen Tradition. Die-se erzählten frühen fünfziger Jahre haben es also »in sich«: ihre schein-bar so pure Gegenwart ist ausgestattet mit lauter Traditionsnischen.

Böll bedenkt Gott und die Welt, auch wenn er »nur« zu erzählen hat von einem unbehausten Paar in Köln. Schmidt dagegen zersprengt Gott und die Welt und alles, was wir über sie immer schon zu wissen glaubten, um sich dann aus den Splittern des Allernächsten, einzig Konkreten, unfeierlich Wahren ein Restidyll zu basteln, ein unangreif-bares Existenz-Minimum-Paradies aus nichts als Sprache. Während Koeppen Gegenwart verzaubert zum Totentanz, aus dem nichts mehr erlösen kann, weder Beten noch die Lektüre rarer Bücher oder ein kes-ses Glück mit mageren Mädchen.

Störrisch und doch milde beharrt Koeppen als einziger unter den dreien auf einer Position der Aussichtslosigkeit. Auch seine Stellvertreter in den Romanen, die Künstler, sind nur Arrangeure der Ratlosigkeit und des Leidens. »Ich glaube zwar«, sagt der Komponist Pfaffroth in Rom, »aber ich glaube, daß alles sinnlos ist.« Seine Musik wird von einer skeptischen Zuhörerin so beschrieben: »Es war zu viel Tod in diesen Klängen, und ein Tod ohne den heiteren Reigen auf antiken Sarkophagen. Zuweilen bemühte sich die Musik um diese Sinnenfreude der alten Grabmale, aber . . . die Musik verkrampfte sie, sie schrie, das war Todesangst, das war nordischer Todestanz, eine Pestprozession, und schließlich verschmolzen die Passagen zu einer Nebelwand.«

Das klingt wie eine rücksichtslose Selbstcharakteristik der Koeppenschen Trilogie. Auch Liebe, von Böll noch als christliches, von Schmidt als heidnisches Triumphzeichen eingesetzt, wird in diesen drei Romanen immer wieder enttäuscht, als fade, schmutzige oder tödliche Illusion: »Es war ein Akt vollkommener Beziehungslosigkeit, den er vollzog, und er starrte fremd in ein fremdes, den Täuschungen der Lust überantwortetes Gesicht. Nur Trauer blieb« – so empfindet der Abgeordnete Keetenheuve, dreißig Zeilen vor seinem Sprung in den Rhein, während seiner Umarmung eines Mädchens, die nur noch als die Phantasmagorie einer Umarmung aufgeschrieben worden ist. So daß sich die Frage stellt: kann eine Phantasmagorie noch enttäuscht werden?

Koeppen hält nicht nur fest an den Parolen, sondern auch an der Ästhetik einer schwarzen, einer negativen Romantik. Immer wieder treibt er seine Prosa hoch in Prachtentfaltung, in Gesang und Gesichte, als sollte diese Sprachmusik Schleier werfen über die ganze Welt: »nur manchmal lüftet er den Schleier vor dem Grauen, vielleicht gibt es kein Grauen, vielleicht ist nichts hinter dem Schleier«, denkt in *Tauben im Gras* der junge Schriftsteller Philipp, als er dem alten Dichter Edwin zuhört. Diese verzweifelte Hoffnung, es könnten auch unsere Leiden und Enttäuschungen womöglich nur Täuschung sein, geistert in Koeppens Romanen dauernd zwischen den Zeilen. Sie beschwören das Glück und Unglück einer ästhetischen Welt, in der alle Realität sich in jedem Moment verklären könnte zu Schein, aber jeder Schein auch lockt wie Realität.

Zu »Liebe und Religion« als seinen einzigen Themen hat sich Heinrich Böll bekannt. So hätte sich, wenn nur die Thematik entmythologisiert und umgetauft wäre in »Geschlechtsleben und Weltzusammenhang«, auch Arno Schmidt bekennen können. Nur Koeppens thematisches Zentrum läßt sich kaum greifen. Die Welt als Wille und Vorstellung? Ihm fehlt auffallend jener moralische Rigorismus, den Bölls Christentum und auch Schmidts Aufklärertrotz ausstrahlen.

Er verharrt in einer trauernden Wut, einer »aggressiven Resignation« (Marcel Reich-Ranicki). »Mir fehlt der Sinn für die Wirklichkeit«, gesteht der Schriftsteller Philipp in *Tauben im Gras*.

Wirklichkeitssinn ist ein gutes, ein letztes Stichwort: jener »Wirklichkeitssinn« nämlich, der nach der Währungsreform die neue Republik eingerichtet und den wirtschaftlichen Wiederaufbau vorangetrieben hat, ist allen drei Autoren mehr als nur fremd, nämlich zuwider. Darin besteht geradezu ihr politischer und moralischer Minimalkonsens, ihre zeitgenössische Solidarität, getragen von einem gemeinsamen, treudeutschen Mißtrauen gegen jederlei »Realpolitik«, ja gegen Politik schlechthin. Alle Strukturen der Macht und deren Vertreter werden in diesen Büchern ohne jedes Verständnis oder gar Einverständnis beobachtet. Gegenüber den Statthaltern des »Leviathan«, ob Kardinal, General, Landrat oder Zimmervermieterin, kennen der Basiskatholik Böll und der Kleinbürger Schmidt kaum Erbarmen und der Flaneur Koeppen nur eben das: Erbarmen. Ihre ganze Empathie, Sympathie gilt den Erniedrigten und Beleidigten, den Amputierten, Prostituierten oder ungebeugten Sozialdemokraten.

Ohnmacht scheint hier das erste untrügliche Zeichen von Menschenwürde. Selten tritt in diesen Erzählungen ein Handelnder auf, ein »Macher« oder gar ein »Held«. Man wird getrieben und läßt sich treiben, erleidet, nimmt hin, pariert. Die scheinbare Ausnahme- und Gegenfigur, der Abgeordnete Keetenheuve im *Treibhaus*, bestätigt nur diesen Befund: er taucht auf als ein Untergehender.

Mit denkwürdiger, aber auch gespenstischer Entschlossenheit hat diese Mitleidsprosa der frühen fünfziger Jahre also nur den Schatten dessen wahrgenommen, was damals »in Wirklichkeit« geschah. Daß die »große«, die gesellschaftlich repräsentative Realität in diesem Jahrhundert der erzählenden Prosa immer unaufhaltsamer entglitten ist, wissen wir zwar nicht nur von Brecht, Benjamin und Adorno, sondern auch aus den Romanen selbst, doch eben die arbeiten dann Ende der fünfziger Jahre noch einmal an gegen diesen Realitätsschwund. Bei Walser, Grass oder Johnson werden Fabrikanten, Radrennfahrer, Angestellte, Künstler und Anarchisten wieder ihre Karrieren oder Abstürze betreiben, also zu handeln mindestens versuchen. Die Fragmentaristen und Ekstatiker Koeppen, Schmidt, Böll trauen, mindestens in ihren Anfängen, nicht einmal diesem Wirklichkeitssinn. Sie halten sich »rein«: auch gegen die Gefahr, sich durch Realismus mit einer (schlechten) Wirklichkeit zu infizieren, moralisch wie ästhetisch, sind sie gefeit.

Genau das macht die heute noch spürbare Freiheit und Weite dieser »klassischen« Schreibweise der Nachkriegszeit aus. Sie sind ja auch, außer an einen humanistischen (oder besser wohl: anarchistischen)

Minimalkonsens, an keinen irdischen Glaubensartikel gebunden, nicht einmal an irgendeine greifbare Vorstellung von Utopie. Noch diese Hoffnungslosigkeit macht frei: es ist eben auch hinter dem Horizont nichts zu erwarten.

Böll hat für sein Schreiben später auf der Unterscheidung zwischen »untröstlich« und »trostlos« bestanden. Als »untröstlich« kann eine irdische Verzweiflung noch ihre religiöse Aura wahren. (»Wir müssen beten, um Gott zu trösten«, sagte die jüdische Lehrerin in *Wo warst du, Adam?*.) Solche Transzendenz wehrt Schmidt entschlossen, locker und fanatisch ab. Koeppen blendet diese Dimension aus. Sein Gott (falls es ihn gibt) ließe sich nur als der unsichtbare, unerreichbare Puppenspieler vorstellen, den schon romantischer Weltschmerz hinter oder über den Kulissen vermutet.

Ausdruckskunst statt Realismus! – auf dieses Manifest hätte sich die deutsche Prosa um 1950 einigen können, auch die von Schnurre, Kreuder, Weyrauch oder Nossack, die deutlicher ihre Wahlverwandtschaft zur poetischen Sprache vor und nach dem Ersten Weltkrieg verrät, zum Pathos Stadlers, Trakls, Döblins oder Benns. »Es lebe unser großer heiliger Expressionismus!!« ruft selbst der *Faun* Arno Schmidt aus, als er vor *Mädchen im Grünen* von Otto Mueller steht. Was dem Expressionismus unserer Nachkriegszeit fehlt: utopische Perspektive, jede Idee von einer irdischen Erlösung durch Idealpolitik und damit auch die schönen faulen Oh Mensch!- und O Menschheit!-Allüren der Toller und Genossen.

An dieser fundamentalen Erwartungslosigkeit werden die Schriftsteller Koeppen, Böll und Schmidt festhalten, so weit ihre Wege auch künftig auseinandergehen. Denn erst ab Mitte der fünfziger Jahre öffnet sich die Schere zwischen den Entwicklungen. Koeppen begibt sich auf seine empfindsamen Reisen, auf denen er nicht mehr, wie in den Romanen, die Grenzen der Gattung bis zum Zerreißen überspannen muß: mindestens von Augenblick zu Augenblick scheint die Welt nun so wirklich wie genießbar, wenn auch als Ganzes weiterhin – verloren. Schmidt dagegen intensiviert seine Spielbedingungen, entwickelt eine immer radikalere Sprengmeistertechnik, baut seine immer perfekteren Kunstwerkruinen aus zu Fluchtburgen (aere perennius). Während Heinrich Böll, literarisch scheinbar der harmloseste unter den dreien, auf zähen Umwegen beweist, daß seine Reserven auch literarisch die reichsten, die widersprüchlichsten waren. Jahrelang arbeitete er sich zunächst daran ab, seine Shortstory-Begabung per Konstruktion zur »Größe« zu zwingen, um schließlich alle Form und Fiktion immer lässiger als bloße Formalität aufs Spiel zu setzen. Am Ende ist er auch ästhetisch ein Anarchist geworden und doch ein Volksschriftsteller geblieben. Seiner Herkunft aus den frühen Fünfzigern mit ihrer explosiven Mischung – starke Überzeugungen, minimale Hoffnung, halluzinatorische Eindrucks- und Ausdrucksbereitschaft – ist er bis zum Ende treu geblieben.

(1986)

I.
DAS KLASSISCHE
JAHRZEHNT

Modelle

Immer wieder kann im Rückblick erstaunen, mit welcher Selbstverständlichkeit sich Ende der fünfziger, Anfang der sechziger Jahre eine »klassische« Literatur der Bundesrepublik durchsetzt, wie selbstverständlich sich Werke von Autoren im Alter von knapp dreißig oder gut zwanzig Jahren verbinden mit denen einer älteren Generation, wie selbstverständlich und doch unverhofft sich diese Literatur Weltgeltung erringt – aber auch: wie rasch diese Phase, nach knapp einem Jahrzehnt vorüber ist. Die letzte Tagung der Gruppe 47 im Oktober 1967, der während ihr aufbrechende Konflikt zwischen zwei literarischen Generationen und zwei linken politischen Fraktionen, einer fundamentalistischen und einer reformistischen, sie setzen für dieses Ende ein präzises Datum.

Daß es aber in dieser knappen und scheinbar geschlossenen Periode nicht einmal einen Anschein von einheitlicher Poetik gab, offenbart auch die knappste Auswahl von Werken: sie sind allemal nur »Modelle« für das Schreibprogramm je eines Autors. Unübersehbar auch, wie sich die Schere ungleichzeitiger Entwicklungen schon öffnet. Böll setzt schon 1964 mit dem Titel Entfernung von der Truppe ein Signal und leitet in dieser Erzählung früh sein Alterswerk ein, in das sich auch Frischs Gantenbein schon hineinspielt. Selbst Enzensberger beginnt dichtend die Serie seiner Entzugserscheinungen, um jedem Image zu entkommen – außer dem: immer rechtzeitig jede Position zu räumen – und Lettau entwirft eine Figuren- und Bilderwelt, die so zart wie entschieden aus dem Zeitrahmen heraustanzt.

Der große Bänkelsang
Günter Grass: *Die Blechtrommel*

Günter Grass, der begann als Bildhauer und Zeichner, der dann Gedichte, Dramen und Kurzgeschichten schrieb, hat in diesem Herbst seinen ersten Roman vorgelegt, über 700 dichtbedruckte Seiten. Gern möchte man sich einem solchen Kolossalwerk vertraulich nähern, ihm Vorbilder andichten oder ein paar eindeutige Adjektive – es bleibt vergeblich. Zugleich konservativ und verwegen führt er sich auf, raffiniert und naiv, gutmütig und brutal. Hier ist ein Autor wirklich und völlig bei sich selbst zu Hause, hat keine fremden Hypotheken abzutragen, und in diesem Hause wird manches spiegelverkehrt geschrieben und ist dann nur auf dem Kopf stehend zu entziffern. Nur so läßt sich verstehen, daß Grass die Karriere eines amoralischen Gnoms und Buckligen im Schema des guten alten Bildungsromans erzählt, daß er behaglich den traditionellen Faden von der Zeugung der Mutter bis zum 30. Geburtstag des Helden nachspinnt. Doch nicht auf den Faden, auf die Knoten kommt es an.

Denn wie wir hören, ist Oskar Matzerath – oder auch Oskar Bronski, schon über seinen Vater besteht keine Klarheit –, ist Oskar also, Hauptfigur und Icherzähler des Romans, als Abc-Schütze bei Goethe und Rasputin in die Lehre gegangen. Sieht man genauer hin und überlegt, heißt dieser Goethe zwar Gottfried Keller, und höchstens Zürich, nicht Weimar, spielt in diese Lebenserzählung hinein, die von kaschubischem Kartoffelfeuer nach Danzig und dann in das Düsseldorf der Nachkriegszeit führt, aber Programm und Pointe dieser geistigen Vaterschaft Oskars, doppelbödig wie die leibliche, sollen dem Leser auf den Weg leuchten.

Mit Gottfried Keller scheint es zu beginnen. Beinahe behäbig, verliebt ins Detail, wird eine bürgerliche Kulisse vor uns hingestellt, vor der Oskar zwischen Hinterhof und Schrebergarten, im geläufigen Dreieck zwischen Grünzeugladen, Bäcker und Krämer aufwächst, hochgepäppelt mit Familienausflügen und Geburtstagsfeiern, Welterfahrung unter dem knallenden Skattisch sammelnd. Wie immer, wenn die Gemütlichkeit sich zum Dunst verdichtet, beginnt es auch hier zu spuken, Selbstmörder treten auf, Schlampen und sanft religiös Verrückte. Aber zunächst hat die Dämonie noch bürgerliche Ausmaße, sie trägt weiße, wenn auch schimmelnde Handschuhe wie Schugger Leo, der vor dem Friedhofstor verwirrt theologische Beileidssprüche sabbert. Wäre nicht Oskar selbst, dem Rasputin deutlich über die Schulter schaut, der als Säugling schon altklug den Menschen mißtraut, sich dann an seinem dritten Geburtstag entschließt, nicht den Kolonialwarenladen des Vater zu übernehmen, sondern sein Wachstum bei 94 Zentimetern einzustellen, sich demonstrativ auszuschließen von der Welt der Erwachsenen. Er hat, wörtlich genommen, »die Väter satt«. Seine beiden eigenen verrät er, den polnischen Vater an die Deutschen, die ihn standrechtlich ermorden, den deutschen Vater an die einmarschierenden Russen, die ihn niederstrecken, bevor er am verschluckten Parteiabzeichen erstickt. Dem Terror der oberen Welt, in der Geschichte gemacht und Ordnung durchgesetzt wird, begegnet Oskar mit der hämischen List der Zwerge, die selten, wie in Schneewittchen, die Rolle der Samariter spielen.

Ein Bildungsroman? Schon Felix Krull hatte das alte Lied von einem, der auszog, das Fürchten zu lernen, mit falschem Zungenschlag nachgesungen. Dort aber war die Gesellschaft wenigstens im Als-ob gerettet. Die Abendsonne der bürgerlichen Weltdämmerung von 1914 machte diesen Humor milde und für weite Kreise genießbar. Bei Günter Grass ist Rasputin, sind Hitler und der böse Blick einer gefährlicheren Epoche mit einkalkuliert. Doch weder Hitler noch der böse Blick werden lamentierend beim Namen genannt, sie heißen Rasputin, der himmlische Gasmann, die Schwarze Köchin oder eben Oskar. Die Weltgeschichte kann auch im Hinterhof stattfinden.

So erscheint der Standardheld des Bildungsromans, ein allzu ichbesessenes Temperament, das sich spreizt und deshalb zur Ordnung, zur bürgerlichen Ordnung gerufen wird, jetzt im Kostüm des boshaften Zwergs als konsequenter Partisan und fröhlicher Anarchist, der Bomben legt unter die kleinbürgerlichen Fundamente einer größenwahnsinnigen Zeit. Seine Froschperspektive entzaubert das Pathos und den Faltenwurf der Weltgeschichte. Als die Russen in den elterlichen Keller springen, den Vater über den Haufen schießen und die Frauen zum Kreischen bringen, verfolgt Oskar still den Zug der hungrigen Ameisen über den Kellerboden, beruhigt darüber, daß die sich »durch den Auftritt der russischen Armee nicht beeinflussen ließen«.

In einer ungeheuren Verkürzung gesehen wird die ungeheure Zeit noch ungeheuerlicher. Oskar unterwandert und parodiert die Ideologien, läßt die öffentlichen Greuel zugleich sichtbar werden und erstikken im privaten Greuel. Heiß und verzerrt, wie durch ein Brennglas gegangen, sammelt sich die Quintessenz des Zeitgeschehens in diesem Lebenslauf, und das Buch endet mit einem Abgesang auf die Schwarze Köchin: »Fragt Oskar nicht, wer sie ist...! Schwarz war die Köchin hinter mir immer schon.«

Wir wollen nicht weiter fragen. Man könnte die wirbelnde Phantasie dieses Autors leicht zu wörtlich nehmen und ihr in die Falle gehen, indem man seinen Roman auflöst in ein Karussell von Allegorien. Günter Grass aber ist nichts weniger als ein Fanatiker der verschlüsselten

Bedeutungen oder gar Moralist. Er will zunächst und zuallererst erzählen, und das heißt für ihn, Erfahrungen rücksichtslos in Sprache übersetzen, bis sie Sprache sind und nichts als Sprache. Die Prosa, die so entsteht, ließe sich mit einem Gedankensprung des Autors kennzeichnen als »neugierig, vielschichtig, unmoralisch«. In ihren besten und bezeichnendsten Momenten buchstabiert sie nicht Vorgegebenes nur ordentlich nach, sondern paart, barock, unmäßig, aber trotzdem am Zügel gehalten, Worte mit Worten, zusammengeworfen zu Metaphern-Kaleidoskopen, in rhythmischen Mustern gesteigert, bis sich der wörtlich genommenen Sprache unerwartete Schlüsse und gewagte Kontraste ergeben. So sieht sich Oskar, wühlend im »schlammigen Gelände der Frau Lina Greff«, unverhofft in Beziehung gesetzt zur Heeresgruppe Mitte, die vor Moskau ebenfalls – im Schlamm versinkt.

Dieser Sprachhumor wirkt total, er verschlingt jedes Pathos, alles Ressentiment, aber auch jeden Anflug von Zynismus. Auch die phallischen Eskapaden Oskars gehen durch dieses Säurebad, in dem kein Augenzwinkern und keine erotische Schwüle überleben. Jenseits von Scham und Frechheit, kreatürlich wild wie bei Rabelais oder in den Contes drolatiques, triumphiert die Sprache über das Sujet. Auf der Blechtrommel – denn auf ihr mit den Schlegeln meditierend sucht Oskar den Weg zurück in die Erinnerung – wird die Welt zerstückt und neu zusammengesetzt. Trommeln ist Bild und Inbegriff dieser so gar nicht malerischen oder melodienseligen, dieser eher graphischen, Kontraste setzenden, hart skandierenden Prosa. Sie überwuchert auch immer wieder die eigentliche Konzeption des Buches und läßt den roten Faden ins Schlingern kommen. Stärker als der Roman als Ganzes drängen sich seine Episoden auf, vor allem in den Nachkriegskapiteln, wo der Autor seine Fährte unter den Füßen verliert. Auch die Nebenfiguren in ihren gespenstischen Halbreliefs scheinen greifbarer als Oskar, der Trommler selbst, wie überhaupt die verbindenden Elemente des Buchs – Oskars Zwergwuchs, seine obstinate Trommelei oder gar seine Fähigkeit, Glas zu zersingen –, das Gewicht der nicht enden wollenden Erzählung nur mühsam tragen und oft tickhaft zu Tode pointiert werden. Noch spürt man in den jähen, die lange Strecke kaum durchhaltenden Erfindungen des Autors die Schule der Kurzgeschichte, während seine Sprache den Lyriker verrät. Zu ihren Höhepunkten findet sie immer dort, wo sie sich ohne Rücksicht auf eine Realität verdichtet und galoppieren darf. Im epischen Trott ist auch sie Ermüdungserscheinungen ausgesetzt.

Doch einem solchen Auf und Ab, auch in der Qualität, entgeht kaum ein pikaresker Roman. Über Jahrhunderte von Bildungsprosa hinweg hat diese wortgewaltige barocke Gattung durch Günter Grass eine neue Auferstehung gefunden, in einen rücksichtslosen Bänkelsang, der Weltgeschichte und Hinterhofdramen in eine einzige Moritatenkette zusammentrommelt.

(1959/1960)

Zwischen Entrüsten und Behagen
Heinrich Böll: *Ansichten eines Clowns*

So viel ist über das neue Buch von Heinrich Böll schon geredet und gestritten worden, daß man sein Thema, seine Geschichte und Atmosphäre als bekannt voraussetzen darf, ja, daß jedes neue Wort darüber ohnehin wie verspätet aussieht. Doch es lohnt sich, den Roman einem zweiten Blick auszusetzen, einer Übersicht gleichsam aus der Vogelperspektive. Da zeigt sich mit einem Mal, wie alt die Geschichte ist, die hier erzählt wird, alt wie die Literatur. Vorläufer reihen sich von *Antigone* bis zum *Werther*, von *Rouge et Noir* bis zu Dostojewskijs *Jüngling*, ja noch in unseren Jahrzehnten haben Salinger mit dem *Fänger im Roggen*, Grass in der *Blechtrommel* den alten, ärgerlichen Fall auf unvergleichbare Weise zur Sprache gebracht. Trotzdem, in allen Beispielen, ebenso wie den *Ansichten eines Clowns*, läßt sich ein gleicher Grundriß von Fabel und Pathos herauslesen: ein junger, aufsässiger Mensch – so ließe sich das zusammenfassen – will sich nicht einfangen lassen von bestehender Ordnung, er hat sie als ein kunstvolles System der Unordnung entdeckt, an dem er sich nicht beteiligen möchte.

In Bölls Buch heißt dieser Aufbegehrende Hans Schnier, 27 Jahre alt, gebürtig und wohnhaft in Bonn, von Beruf Clown. Die nackten Personalien schon signalisieren seine Lage. Bonn als Schauplatz deutet an, an welche Adressen sich die Rebellion wendet. Schniers Beruf aber nimmt vorweg, mit welchem Zungenschlag sie gesprochen werden soll und welches Ende ihr beschieden ist. Denn der Clown ist ja die Person, der alles exemplarisch mißlingt. Seine Lächerlichkeit schmeckt fatal in jedem Sinn, bleibt bitter, weil der Clown es immer mit dem Unveränderlichen, mit der Fatalität selbst aufnehmen möchte. Andererseits, der Narr, so muß Böll vorgeschwebt haben, könnte in der gründlich verkehrten Welt aussehen wie der letzte Mensch.

Ein großer Entwurf deutet sich damit an. Enger macht ihn schon die Szenerie, Bonn eben, und Bölls starrer Blick auf die dort geübte Symbiose von Wirtschaft, Politik und sogenanntem Christentum. Denn die Welt, die der Clown schief auf dem Kopf stehen sieht, das ist vor allem die katholische Welt, drastisch ausgesetzt dem Widerspruch zwischen Sein und Sollen.

So kommt es, daß der breite Vordergrund des Romans tatsächlich nicht mehr liefert, als der bescheidene Titel verspricht: Ansichten eben, manche explosiv, viele nur kabarettreif amüsant – da verraucht dann der Zorn schon mit der rasch abgebrannten Pointe. Überall dort, wo Literatur beharrlich als ein Gewerbe der Meinungsmache mißverstanden wird, hat man sich auch eilig über diese Ansichten und ihren kritischen Affekt gebeugt, mißbilligend, demonstrativ gelangweilt oder als Claque, je nachdem. Das Staunen und Entsetzen jedenfalls, das in dieser Diskussion mitraunte, die Beteuerung, nun endlich sei Heinrich Böll zum Äußersten geschritten, zur nicht für möglich gehaltenen Rebellion gegen die offiziöse Kirche selbst – das alles klang merkwürdig und unglaubhaft. Umständlich, durch Szenen und Figuren, belegt dieser Roman nur, was Böll vor fünf Jahren schon in seinem *Brief an einen jungen Katholiken* aufgezeichnet hat, und was seitdem in über 100000 Exemplaren verbreitet ist: sein altes Entsetzen nämlich über die Zweckentfremdung des Evangeliums im Dienst politischer Interessen. Ja, der Roman hinterläßt keineswegs wie der Katholikenbrief ein reingefegtes Feld. Wenn der Clown spricht, kommt der alte Zorn mit kleinerer und gereizterer Stimme zu Wort, als Ärger. Nicht nur, was Böll hier als Erzähler mißlungen ist, sondern auch und gerade, was ihm so mühelos gelang, das hat seiner Rebellion die schlimmsten Zähne ausgebrochen.

Lassen wir also die Ansichten zunächst unangerührt. So wenig wie Menschen, besteht auch Literatur aus Ansichten. Es wird gut sein, die Oberfläche des Buches, wo Meinung allein sich auskristallisiert, versuchsweise zu durchbrechen. Ansichten allein, das Protokoll eines Protestes, hätten ja noch keinen Roman ergeben. Um dieses Manifest erzählerisch in Bewegung zu bringen, hat Böll es eingebunden in die Geschichte einer vereitelten Liebe, und auch dieser Kunstgriff ist alt wie das Abendland. Man erinnere sich: Hamlet verstößt Ophelia, Werther hat keine Macht über die verlobte Lotte, vergeblich steigt Julien Sorel ins Zimmer der Mme. de Rênal – immer war die vereitelte Liebe der höchste, der passionierteste Trumpf gegen eine den Menschen entfremdete Ordnung. Wenn eine Liebe verletzt oder unmöglich geworden ist, das (scheinbar) Selbstverständlichste, das herrlichste Apriori, da beginnt der Zweifel an einer in den Fugen brüchigen Welt umzuschlagen in Passion.

Ähnliches muß auch Böll im Entwurf vorgeschwebt haben. Sechs Jahre, so hören wir nämlich, hat der Clown mit Marie Derkum in wilder, glücklicher Ehe gelebt. Im siebenten aber machen die Kleriker und Klerikalen dem noch immer brav katholischen Mädchen die Seele heiß, und sie flieht aus dem ungesegneten Verhältnis. Schniers Kampf um sie soll also Kampf gegen den klerikalen Zeitgeist sein.

So schön sehen Gleichungen auf dem Reißbrett aus. Wenn diese hier aufgehen sollte, dann müßte sich der Roman um die Figur des Mädchens wie um einen Angelpunkt bewegen. In ihr sollten sich, wie eh und je, die Ansprüche der Liebe und die einer zum Dogma heruntergekommenen Ordnung begegnen. Solche Konflikte allerdings brauchen Individuen, und Marie Derkum, Schniers ewige Braut, wird nur andächtig wie ein blaß aquarelliertes Bildchen durch den Roman gereicht. Sie zeigt zwar ein Bukett sehr liebenswerter Eigenschaften, doch kein deutliches Gesicht. Fremd und feierlich, genau wie dieses Mädchen, ganz allgemein schön und ohne weitere Individualität, so zieht sich die ganze Liebesgeschichte durch die Aufzeichnungen des Clowns. Sie liest sich wie empfindsame Zugabe zum polemischen Protokoll, kaum wie dessen bitterer Anlaß. So steht der Roman, statt auf zwei Beinen, immer nur abwechselnd auf einem, bald Liebesidylle, bald Zeitsatire. Die Welt, wie sie sein möchte, und die Welt, wie sie ist, wagen sich wieder einmal nicht in die Augen zu sehen.

Wenn das Buch noch weiter zerfällt in seine Einzelheiten, dann ist das seiner zweiten Hauptfigur zuzuschreiben, Hans Schnier nämlich, der als Erzählender ja alles zuammenhalten müßte. Doch auch hinter diesem Namen verbirgt sich durchaus kein verläßliches und geschlossenes Individuum, er deckt nur, wie ein Etikett, eine höchst zerstreute Summe von sogenannten Nonkonformismen, von rebellischen Stimmungen und Aktionen. Was gibt dieser Clown nicht alles vor zu sein! Ein Junge aus der rheinischen Geldaristokratie zunächst – doch aus ihm strahlt das gleiche treuherzige Gemüt, in Wohnküche und Hinterhöfen großgehegt, wie aus allen kleinbürgerlichen Helden Bölls. 27 Jahre alt soll er sein – trotzdem verficht er immer nur die verletzte Hoffnung, den Zorn und das Ressentiment der nächstälteren, der Kriegsgeneration. Als getaufter Protestant bekennt er sich, jetzt sogar Atheist – und verrät doch in jedem Ausfall die wohlinformierte Reizbarkeit des katholischen Außenseiters. Einen naiven Bildungsverächter, trotzigen Mensch-ärgere-dich-nicht-Spieler sollen wir in ihm sehen – nur hat er, immer wenn es darauf ankommt, alle Finessen der theologischen oder sogenannten schönen Literatur durchaus parat. Ein Scheiternder möchte er schließlich sein, von aller Welt verletzt und entsetzt – doch schreibt er eine eher amüsante Feder, Feuilleton der besten Laune und Qualität, heiter durch Genauigkeit, empfindsam und polemisch durchsetzt, genau die bekömmliche Mischung.

So viel Widersprüche machen eine Figur statt reich oder spannungsvoll nur eben diffus. Was für jeden Erzähler so selbstverständlich wie schwierig bleibt, die Hauptfigur nämlich so weit von ihrem Autor zu isolieren, daß sie für sich selbst leben und sprechen kann – Heinrich Böll ist es hier nicht gelungen. Dieser Clown bleibt allzu offen, allzu durchlässig auf seinen Erfinder hin, räsoniert und handelt allzu oft nur als ein Delegierter Böllscher Verärgerungen. Kein Wunder also, daß er als Augenzeuge zwar sehr genau spricht, schlagfertig in seinen Glossen, daß er aber als Person über eine kleinliche Stimmung von Mißmut und betretener Trauer nie hinauswächst, daß die dauernd beteuerte Wunde und elementare Verletzung unterhalb dieser empfindlichen, verärgerten Haut kaum spürbar wird. Durch sein Leiden würde er uns wesentlicher gewinnen als mit Witz und Argumenten, doch eben dazu fehlt diesem Redewesen der feste Kern. Da nützt die bloße Beteuerung geschehenen Unrechts, gelittenen Schmerzes wenig oder nichts. Unruhe und Spannung müßten in seine Sprache selbst eindringen, denn nur durch seine Stimme und Sprache kann ein Erzählender wie Schnier von seinem inneren Zustand ganz überzeugen. Was ihm geschieht und wie er darauf antwortet, alles das ist von geringem Gewicht gemessen an der Art, *wie* er davon erzählt.

Erzählt aber wird hier in einer beruhigten, vollkommen gefaßten Prosa von gemäßigtem Klima, umsichtig und beschaulich, in einigen Ausfällen bitter, aber bereits in der Bitterkeit wieder amüsant. Schon zu manchen jähen, reizbaren Handlungen Schniers will diese Sprache nicht passen. Kann sie aber den Ausnahmezustand mitteilen und übertragen, in dem der Clown zu sein behauptet? Dann wäre hier erreicht, was klassischer Ästhetik zu allen Zeiten vorschwebte: die Befriedung des Schmerzes mit ästhetischen Mitteln. Laokoon darf nicht schreien. Ob es Böll auf dieses ehrwürdig sanfte, heute strikt akademische Experiment ankam?

Einiges scheint dafür zu sprechen, denn dieser Schnier ist tatsächlich ein Rebell mit altertümlichem Herzen. Er will einklagen, was die anderen immer nur beteuern: die Liebe etwa streng monogam, nur in der Ehe. Er lebt noch im Guten, Alten, Wahren, womit die anderen bloß hantieren wie mit Wahlparolen. Deshalb auch seine Stimmung, niedergeschlagen und ärgerlich, streng postrevolutionär verglichen mit den Passionen seiner literarischen Vorgänger, denn ihm schwebt keine aus den bisherigen Grenzen gerissene Welt vor. Verärgerung läßt kaum auf ein Bedürfnis nach neuen, sondern eher auf verletzte alte Maßstäbe schließen.

Doch nicht alles in diesen »Ansichten« ist auf Verzicht mit Herz gestimmt, immer wieder wird auch Atem und Mut geschöpft zu Rebellionen im Geiste Kierkegaards. Laokoon darf nicht schreien. Kierkegaard allerdings, als es um die gerechte Kirche ging, hat geschrien. Er hat freilich auch jene tiefe Indifferenz entdeckt, die alles Ästhetische begleitet. Diese Indifferenz, in den *Ansichten eines Clowns* scheint sie mir die Farbe eines milden Humors angenommen zu haben, also nicht jenes entnervenden, der Konflikte ins Unendliche hinaustreibt, sondern der sie im Gegenteil empfindsam, resigniert lächelnd, vorzeitig wegbröckeln läßt. Ein Charme von Verzicht und Erschöpfung zieht sich über diesem Buch zusammen. Auch cholerische Ausbrüche werden ringsum abgedämpft wie in Watte. Schnier, der Clown, natürlich beteuert, daß er sich nicht abfinden kann. Doch die Sprache und Optik, die Böll ihm leiht, tauchen die Szene, die Tribunal sein möchte, in ein mildes, resignatives Licht – sie hat sich abgefunden.

So geschieht, was geschehen muß. Wo die Protagonisten versagen, überschwemmen die Chargen die Bühne. Wo die Sprache der größeren Absicht eines Werkes nicht standhält, kann sie sich im Kleinen immer noch schadlos halten. Denn in den Miniaturen einzelner Szenen und an Randfiguren stimmt Bölls Erzählen so genau, fließt so mühelos wie selten. Es »klappt« einfach, ganz im Wortsinn, mit kleinen, präzisen Zugriffen nämlich. Da wird oft ganz bewußt mit wenig Strich nur Karikatur geliefert. Zwang und Ambition, früher auch dieser Prosa nicht fremd, sind nun abgestreift. Die Erzählung, obwohl kompliziert gebaut, wächst doch ganz unwillkürlich zusammen, nichts wirkt montiert. Ein hoher, fast vollkommener Grad von Selbstverständlichkeit scheint erreicht.

Nur ein letzter Zwang regiert noch bis ins Detail hinein, den verfügt Bölls Code von Vorzeichen, mit denen er Maß nimmt an der Welt und den Menschen. Zu genau errät man noch immer, welche Figuren er annehmen, welche er verwerfen wird. Da versteht sich der Wert einer Person meist umgekehrt proportional zu ihrem Monatseinkommen. Arme und kinderreiche Familien sind ebenso wohlgelitten wie der Kaplan im Arbeitervorort, und ein gepflegter theologischer Junggeselle findet einfach als solcher schon keine Gnade. Wenn der Roman trotzdem nicht ausartet zur moralischen Bildergalerie, aus Schießbudenfiguren und Ikonen gemischt, dann deshalb, weil Bölls Erzählerherz doch etwas weiter ist als der kleinbürgerliche Code, weil da auch dem Millionär zuweilen eine humane Vorgabe gegönnt, dem Kinderreichen trotz aller Sympathie noch auf die Finger gesehen wird.

Wenn der Vorhang dann über dem Roman fällt, sitzt der Clown singend und bettelnd auf der Bahnhofstreppe von Bonn, und noch in dieser letzten Szene treffen alle Widersprüche aufeinander. Abschied von bürgerlicher Welt wird da gemimt, doch in einer behaglichen empfindsamen, herzhaft bürgerlichen Sprache. Eine von Bonn und den Katholiken verdorbene Welt glaubt Hans Schnier zu beklagen, klagt aber nur um ein Mädchen, das ihm entlaufen ist. Singt aufsässig die Lauretanische Litanei, sänge besser die *Winterreise*. Möchte ein Unbedingtheitsjüngling sein wie der arme Werther, sieht aber eher aus wie der arme

Spielmann. Ja, vielleicht würde überhaupt der Prater fürs Adieu dieses Clowns eine bessere Kulisse stellen als dieser Bonner Bahnhof.

Zwei Linien in der Entwicklung Heinrich Bölls scheinen sich also höchst paradox überschnitten zu haben. Böll, der Moralist, von der Restauration gereizt bis zum Äußersten, wollte zu scharfen Konsequenzen schreiten. Der Erzähler Böll aber hat inzwischen zu einer ruhigen, gelassenen Harmonie seiner Mittel gefunden. Beide Tendenzen löschen sich gegenseitig aus. Das Erzählen wohnt in einem stillen, sicheren Hause. Die Entrüstung möchte auf die Straße gehen. Beides zugleich, eine entspannte, sanft konventionelle Prosa und die zerrissene Brust, aus der sie redet, kann nicht miteinander ernst genommen werden.

Doch genau, weil der Roman immer beides in ungenauer Melange verbindet, behagliches Erzählen und eine untadelig scharfe Gesinnung, genau deshalb wird er dankbar gelesen werden. Die *Ansichten eines Clowns*, meine ich, sind Heinrich Bölls schönster Pyrrhussieg über die deutschen Leser.

(1963)

Ein brillanter Scherbenhaufen
Martin Walser: *Halbzeit*

Buchtitel sind heute, wie man weiß, nicht nur Schmuckstücke, sondern auch Werbeträger. Ein Roman also, der selbst in der Werbebranche spielt, wird auch aufwarten mit einem verkaufskräftigen Titel. So ist es offenbar dazu gekommen, daß Martin Walsers zweiter Roman getauft wurde auf den Namen *Halbzeit*, der eigentlich alles verspricht, was der Roman selbst dann nicht halten kann, nämlich Knappheit, Spannung und Ergebnis. Walsers frühere Bücher hießen ganz anders: *Ein Flugzeug über dem Haus* und *Ehen in Philippsburg*, trugen also Titel, die in die Breite gingen, in denen der Autor schon zu erzählen begann. Denn sich nicht beschränken zu können, das war von jeher seine Stärke und Schwäche, gern holte er so lange aus, bis er schließlich vergessen hatte, daß er eigentlich ja zuschlagen wollte. Ich glaube also, man erweist auch seinem neuen Buch nur Gerechtigkeit, wenn man es herausschält aus der werbewirksamen Verpackung, es nicht mehr *Halbzeit* nennt, sondern besser: *Ich, Anselm Kristlein*.

Ich, Anselm Kristlein, das ist zugleich Hauptfigur und Erzähler in diesem Buch. Mit diesem wichtigtuerischen Ich hat er immer das letzte Wort, von ihm hallen 892 Seiten wider. Immerhin, sich wichtig nehmen, sich auch in Exzesse der Intimität und Redseligkeit steigern, müssen von Berufs wegen alle Ich-Erzähler, wären sie diskreter, würden wir nichts durch sie erfahren. Aber auch unter diesen geborenen Egozentrikern, diesen Grünen Heinrichen, Krulls und Molloys, gehört Anselm Kristlein noch zu den aufdringlichsten, eifrigsten, ausschweifendsten. Obwohl er nur einige Monate seines Lebens in den fünfziger Jahren zu Papier bringen soll und obwohl sich in dieser Zeit kaum Merkwürdigeres ereignet hat als in irgendeinem beliebigen Jahr davor, kann er einfach kein Ende finden. Auch das endliche Ende auf Seite 892 ist noch zufällig, es hätte mit gleichem Recht 500 Seiten früher oder später stattfinden können. So daß wir gleich fragen müssen: wem eigentlich gilt dieser ganze Aufwand, wer ist Anselm Kristlein?

Ein »Trompeter des Wirtschaftswunders« wird er einmal genannt, denn er ist Werbemann und Vertreter, ein kleiner Schreier und Mittler im allgemeinen Konsumbetrieb. Seinem Verkäufertalent entspricht auch eine Verkäuferseele: er zeigt sich privat genau wie im Geschäft als ein Genie der Gestikulation und des Beschwatzens, ein Genie der Anpassung nach allen Seiten. Jede seiner vier Freundinnen führt er an der Nase herum mit den drei anderen, mit allen vier zusammen aber wiederum die angeheiratete Frau. Er kann rebellisch empfinden in der Gesellschaft von Nonkonformisten, lächelt aber höflich ins Gesicht den Gewaltigen. Er bewährt genau die elastischen Eigenschaften des Zeitgenossen, der sich kletternd in der Mitte der sozialen Pyramide befindet. Er ist einfach der neue Untertan, eine flinke, halbgefährliche Ratte im Tierparadies der Wohlstandsgesellschaft, eine Ratte mit unerhörten Mimikrytalenten.

Dieser Anselm Kristlein, so überlegt man sich, hätte ganz das Zeug, die Hauptrolle zu spielen in einem handfesten Roman in der Machart von Hans Fallada, einer für die Breitwand fotografierten Sozialreportage. Bei Martin Walser aber scheint er zu anderen Ehren berufen. Was ihn fasziniert, ist die innere Zerrissenheit dieser Figur. Kristlein empfiehlt sich ja weder als Nonkonformist, das Haupt umwölkt mit Revolutionsstimmung wie Julien Sorel, noch läßt er sich so aus dem Vollen heraus satirisch ohrfeigen wie der Untertan in den Zeiten Heinrich Manns. Er ist beides, Rebell und Untertan, leidet an pathetischen Abstandsgefühlen, an Zeit- und Weltekel, und fühlt doch das Bedürfnis, immer wieder unterzukriechen in der Stallwärme des Konformismus. Er ist eben der Nonkonformist, der mitmacht. Oder: ein Untertan, der auch einmal respektlos die Hände in die Hosentaschen steckt und sich den Luxus einer aufsässigen Gesinnung leistet wie den Whisky zum Feierabend. Kein Zweifel, genau damit wäre eine Schlüsselfigur unserer Zeit getroffen. An ihr könnte sich ein großer zeitkritischer

Roman auskristallisieren, ein Roman womöglich, der sich den Titel *Halbzeit* wirklich verdient.

Die Frage ist nur: wie kann ein Autor einer solchen Figur Herr werden, mit der einerseits satirisch gespielt wird und durch die andererseits mit Pathos zu predigen wäre, die einmal lächerlich scheint und dann wieder ernst genommen wird? Wie wird verhindert, daß sie zu tief fällt oder zu hoch steigt? Wie halten ihre Gefühle, Motive und Handlungen die dauernden Abwertungen und Aufwertungen aus? Diese Schwierigkeit hat sich Walser noch dadurch saurer werden lassen, daß er Anselm Kristlein selbst den ganzen Roman erzählen läßt und sich damit auf ein halszerbrecherisches Mimikry-Kunststück einläßt. Dauernd muß er seinen Erzähler vor an die Rampe schieben, ihm aber zugleich über die Schulter und auf die Finger schauen. Diese Art Zweideutigkeit durchzuhalten, verlangt viel Disziplin. Natürlich liegt nahe, daß es dem Autor mit seiner Figur ergeht wie dem Regisseur mit der Hauptdarstellerin: er kann sich sehr leicht in sie verlieben. Ich fürchte, genau das ist Martin Walser unterlaufen.

Sehen wir nur auf ein einziges Motiv. In diesem Buch, das alles ansieht mit den Augen eines Fachmanns für Konsum, untersteht auch die Erotik den Gesetzen von Angebot und Nachfrage, der Liebesdialog gilt sozusagen der richtigen Investition und der Ermittlung eines gerechten Preises. Wenn also nach vierhundert strapaziösen Seiten Susanne, Kristleins vierte Freundin, endlich in die Enge getrieben worden ist und in einem Autocoupé am Waldrand die Verführung unmittelbar bevorsteht, macht der Verführer sich Mut mit folgenden Handbuchregeln:

»21. Gebot: Es gibt keinen schlecht aufgelegten Verkäufer.«

»26. Gebot: Geduld, Beharrlichkeit und Begeisterung.«

»28. Gebot: Geben Sie dem Interessenten, wenn möglich, die Ware in die Hand. Er sollte sie ausprobieren.«

Diese Situation scheint wie geschaffen, um den flirtenden Vertreter auf eine satirische Distanz zu schicken. Nicht so Martin Walser: wie Kristlein selbst scheint er diese Slogans zu genießen als Bonmots, die der erotischen Situation die Faust aufs Auge schlagen. Sein Bewußtsein, sein Geschmack, sein Wortschatz feiern Verbrüderung mit Bewußtsein, Geschmack und Wortschatz des Anselm Kristlein.

Diese Situation steht für viele. Je länger der Autor seine Kreatur erzählen läßt, desto glatter und genüßlicher geht ihm Kristleins Redeweise über die Lippen, diese zugleich kennerische und verächtliche Art, mit der von unserer Zeit Maß genommen wird. Immer haltloser verliebt er sich in die pathetischen Eigenschaften seines Helden, den Faltenwurf seines Weltschmerzes und verliert seine satirischen Qualitäten aus den Augen. Seinem eigenen Geschöpf, seinem eigenen Opfer, geht er auf den Leim, stellt ihm seine stupende Intelligenz und einen ungeheuren satirischen Zettelkasten zur Verfügung und muß nun untätig dabei zusehen, wie der redselige Vertreter mit allen diesen Mitteln seine Misere hochputzt zum existentiellen Weltanschauungstheater, wie er hochstapelt als ein neuer Ulysses und aus der Sozialsatire heraus in mythische Nebel tanzt. Er muß zusehen, wie das große und mögliche Thema der *Halbzeit* verspielt wird in den kleinen klingenden Münzen des *Ich, Anselm Kristlein.*

So zerfällt eine ehrgeizige Konzeption in blitzende Scherben. Aber, ist nicht Martin Walser immer schon eher ein intelligenter und unermüdlicher Sammler von Details gewesen als der Autor, der nach einem großen Konzept einen großen Roman durchhalten könnte? Es gibt in seinem Buch eine zwar beiläufige, aber doch verräterische Stelle. Anselm Kristlein, der Erzähler, berichtet dort, er habe während der Niederschrift seines Buches öfters einen Germanisten, den Professor Haberland, aufsuchen müssen, »um ihm zentrale Fragen zu stellen«, wie es heißt: »weil ich mir zentrale Fragen nicht selbst beantworten kann«. Wer immer dieser Professor sein mag, ob es ihn gibt oder nicht gibt, von zentralen Fragen jedenfalls kann auch er nichts verstehen. Denn auch beraten von Professor Haberland bleibt Martin Walser, was er immer war: ein graziöser Taktiker der kleinen satirischen Szene, doch hilflos in den höheren Fragen der Strategie. Aber nur planend mit Weitblick, nur mit Strategie, gewinnt man große satirische Feldzüge, das läßt sich aus *Gullivers Reisen* so genau ablesen wie aus den *Toten Seelen* oder dem *Tod in Hollywood.* In Walsers neuem Roman dagegen scheint es, als würde ein geborener Miniaturist sich zu Tode malen an einem ungeheuren Fresko. Sicher, er ist kurzweilig auf jeder Seite, betet dem Leser seine Pointen vor mit der Lückenlosigkeit eines Rosenkranzes. Aber was wäre langweiliger als gerade ein Abend mit einem geistreichen Menschen, der sich keine Pointe verkneifen mag? Die Gefahr solcher Abende ist auch die Gefahr dieses Erzählers, daß nämlich hinter lauter Glossen überhaupt keine Gegenstände mehr sichtbar bleiben, daß gerade die nervöse und atemlose Sorge, sich hellwach zu zeigen in jedem Augenblick, alle Zuhörenden ermüden läßt. In Walsers Stil entbehrt man das ruhige Gleichmaß, die trockene Zweckmäßigkeit, mit denen große Erzähler auf längeren Strecken immer wieder Ruhepunkte schaffen. Genau wie sein Held, wie Anselm Kristlein, schwelgt er blind, wütend, verzückt im jeweiligen Moment.

Ausschau hält dieser Erzähler nämlich durch das Mikroskop, nicht durch ein Fernrohr. Er ist lange und gründlich in die Schule gegangen bei Marcel Proust, dem größten Feinmechaniker des modernen Romans. Aber Prousts Lupen- und Juweliertechnik, die Triumphe feierte, als sie angewandt wurde auf eine Gesellschaft, in der sich noch die

Schichten jahrhundertealter Traditionen entdecken ließen, muß versagen in den Niederungen der modernen Industriegesellschaft. Diese Figuren aus Walsers Roman, diese Chauffeure, Konservenfabrikanten, Werbelyriker, deren Oberfläche behaftet ist mit lauter typischen Eigenschaften, die gar keine persönliche Tiefe mehr aufweisen, geben unter einem Mikroskop weniger her mit jedem Blick. Denn Mikroskopieren setzt ja voraus, daß ein Gegenstand in feine Scheiben geschnitten, gleichsam in pure Oberfläche verwandelt wird, bevor er durchschaut werden kann. Ein solches Verfahren lohnt nur, ist überhaupt nur sinnvoll für komplizierte Figuren. Nichtigkeit löst sich eher auf unter dem Mikroskop, statt deutlicher zu werden. Doch in diesem Roman stehen Methode und Gegenstand, Aufwand und Ergebnis in einem kostspieligen Verhältnis zueinander. Es gibt Passagen, in denen sieht man den Erzähler operieren mit dem Air eines Chirurgen, der unter Assistenz von sieben habilitierten Oberärzten, einer Herz-Lungen-Maschine und unter den Augen des Auditorium Maximum einen Allerweltsblinddarm entfernt.

So kommt es, daß der Roman sich verausgabt in lauter Qualitäten, mit denen er bei seiner Breite nicht unbedingt paradieren müßte: er hat Tempo, steigert sich zu einer fast verbitterten sprachlichen Intensität, und alle seine Details blenden mit Hochglanz. Er zeigt, genau besehen, die virtuosen Tugenden der Kurzgeschichte, ist überhaupt immer auf der Höhe des Augenblicks, verliert sich in hundert Augenblicks-Höhepunkten und versäumt seinen eigenen Höhepunkt, den eben der Titel *Halbzeit* verspricht.

Aber vielleicht müßte man, um dem nicht leicht auszuschöpfenden Reichtum dieses Buches gerecht zu werden, es nicht nur auf einen anderen Titel taufen, sondern es überhaupt nicht mehr lesen als Roman? Vielleicht verbirgt sich in ihm nicht mehr und nicht weniger als ein Tagebuch, das sich fremder Figuren nur als Marionetten bedient, das Tagebuch eines empfindlichen, nervösen, selbstmörderisch ambivalenten Gewissens? Als ein solches Tagebuch und Dokument verdient es mehr als unsere Achtung. Denn hinter diesem ungeheuren und enervierenden Roman ahnt man das Unglück eines Temperaments, das fast zu persönlich reagiert und leidet, um sich noch objektiv, als Erzählung eben, mitteilen zu können.

(1961)

Ein Riese im Nebel
Uwe Johnson: *Mutmaßungen über Jakob*

Was uns schon oft prophezeit worden ist, was Klappentexte uns voreilig angepriesen haben und die Interessendiener diesseits und jenseits
der Elbe gern beweihräuchern möchten, hier liegt es endlich vor uns:
der große Roman des geteilten Deutschland. Er wird den Interessen-
dienern nicht gefallen. Er verfügt nicht einmal über jene Oberfläche,
an der Tendenzen allein haftenbleiben. Und sein Autor, geboren 1934
in Pommern, aufgewachsen in der DDR, jetzt in West-Berlin, gehört
offenbar zu jener skrupulösen Sorte Menschen, die auch der besseren
Sache nicht vorbehaltlos ihre Dienste anbieten, einfach in der Überzeugung, die bessere Sache müsse noch nicht unbedingt eine gute Sache
sein.

Dieser Jakob nämlich, über den hier mehr gemutmaßt als eigentlich
erzählt wird, hat in der DDR den Boden unter den Füßen verloren.
Aber auch durch West-Berlin wandelt er ebenso fremd wie befremdet.
Hoch über dem Gleisnetz des Dresdener Bahnhofs, im Befehlsturm
der Streckendispatcher, ist sein Arbeitsplatz. Hier wird die Welt, zu-
sammengezogen auf Telefonstimmen, Signale, Diagramme, vollkommen gläsern und abstrakt. Zwischen diese Zeichen gestellt, bleibt dem
Menschen nur noch die eine Freiheit: zu funktionieren. Und Jakob hat
funktioniert, ist aufgegangen in einem Tageslauf technischer Pflichterfüllung, ohne deshalb an Würde, an Menschlichkeit zu verlieren. Doch
nun werfen »die Großen des Landes ein Auge auf Jakob«. Er und seine
Mutter sollen gewonnen werden, um ein Mädchen seiner Heimatstadt, das jetzt in der NATO arbeitet, anzuwerben für den Geheim-
dienst der Roten Armee. Jakob aber, der zwar für sich entschieden hat,
»sich selbst zu versäumen über einem Zweck«, will nicht entscheiden
über Dritte. Seine Mutter ist in den Westen geflohen, er besucht sie und
das Mädchen, auch dort unschlüssig und hilflos, also kehrt er zurück,
aber auf dem Weg zum Befehlsturm, wo der Kreislauf einer klaren,
wertfreien Routine ihn wieder aufnehmen könnte, als er über die
Gleise geht, erfaßt ihn im Nebel ein Zug, und er stirbt.

»Aber«, sagen die Leute, »er ist doch immer über die Gleise gegangen.« Damit fällt gleich zu Beginn des Romans sein Schlüsselwort.
Denn schon, wer den Inhalt nacherzählt wie eben, verschweigt eigentlich alles. Hier läuft keine Fabel glatt über die Schienenstränge und ein
paar kunstvoll gestellte Weichen. Das Geschehen selbst ist durchschossen mit Erinnerungsmonologen der beteiligten Figuren, und als drittes
Element flechten sich ins Muster Gespräche zwischen nie bezeichneten
Partnern, die man nur mühsam errät und die sich zu diesen Unterhal-

tungen getroffen haben, nachdem Jakob schon tot, die Handlung des Buches also zu Ende ist. Nacherzählung, Monolog und Gespräch folgen meditierend den Spuren Jakobs, ohne ihn je einzuholen. Das ganze Buch ist wie im Konjunktiv geschrieben. Es schlägt dem Leser vor, wie alles gewesen sein könnte und beruhigt ihn nie mit Gewißheiten.

Wie weit scheint nun dem Autor die Wirklichkeit selbst undurchsichtig, wie weit verschleiert er sie nur aus erzählerischer Taktik? Schon glaubt man, Uwe Johnson wolle nur, auf gründlich pommersche Art, die Fußstapfen Faulkners ausmessen. Aber an diesem Buch gemessen, klingt Faulkners Erzählweise vollkommen »natürlich«. Sie will nicht mehr vorgeben und demonstrieren, als daß so scheinbar wirr sich komplizierte Lebensvorgänge eben erzählen. Johnsons Roman weiß nichts von solcher Objektivität, hier erzählt nichts sich »von selbst«. Dieser Autor und seine mitsprechenden Gewährsmänner versuchen sich nur an der Wirklichkeit und überliefern sie als einen Torso, der Mutmaßungen gegenüber offen bleibt.

In den Details aber sieht Johnson seine Figuren und Szenen mit einer geradezu gespenstischen Präzision. Wann ist in deutscher Sprache je so genau und imaginativ über die Arbeitswelt geschrieben worden, über eine Schicht im Stellwerk genauso sicher wie über den Gang des philologischen Studiums? Aber diese Details erschöpfen für den Erzähler die Welt ebenso wenig wie Jakob erschöpft wird von der Routine seines Berufes. Die Höhepunkte des Romans sind dorthin gelegt, wo die Personen heraustreten aus Funktion und Verfremdung und sich in nackter Sympathie gegenüberstehen: jetzt beginnt der Hauptmann des östlichen Sicherheitsdienstes zu sprechen mit der Sekretärin der NATO. Den ganzen Kreis von der Determiniertheit des Einzelnen bis zum utopischen Pathos solcher »reinen Menschlichkeit« schreitet der Roman aus, ohne die Enden zusammenzubringen. Der Rest ist Tapferkeit und Melancholie, Mutmaßungen.

Die Melancholie legt sich wie Mehltau über das ganze Buch. Nur mit Mühe sprechen die Figuren so sachlich, ja forsch, wie der Autor es zuweilen haben will. Auch durch diesen Jargon der Tapferkeit hört man, halb heruntergeschluckt, Schwermut und Pathos. Und diese Melancholie ist heilloser als das Entsetzen der Zeitgenossen über das politische Gebaren der jeweiligen Nachbarn, das, so ernst gemeint und so richtig auch immer, schließlich nur das Zeitliche betrifft und das Zeitliche segnet. Johnsons Melancholie geht im Geschichtlichen nicht auf als die Stimmung eines geteilten Landes, einer geteilten Welt, sie kommt von weiter her, betrifft im Zeitgenossen den Menschen. Ob dieser Autor, wäre er nicht aufgewachsen unter den politischen und geistigen Bedingungen der DDR, sich nicht sogar hätte verwachsen können zu einem wohlmeinenden humanen Pathetiker? Manchmal begegnen sich seine Figuren mit wahrer Halligenandacht, allzu selbstverständlich und mythologisch herausgelöst aus den Wahrscheinlichkeiten und ihrer Umwelt. Was wäre heilsamer gegenüber diesem lyrisch-jugendlichen Bedürfnis, die Menschen zeitlos wie Pflanzen vor einen goldenen Ewigkeitshintergrund zu stellen, als gerade die marxistische Zoologie des animal sociale, die monotone Predigt vom Menschen, der festgenagelt ist im Schnittpunkt gesellschaftlicher und ideologischer Einflüsse? Erst in der Spannung zwischen dem Menschen als Person und als Funktionär haben Thema und Sprache dieses Romans Kontur bekommen.

Trotzdem ist die Prosa Johnsons noch verhangen genug, schwerblütig und verknetet. Manchmal glaubt man ihn im Besitz aller magischen Formeln: während er doch erzählt von lauter Bekanntheiten und Allgemeinheiten – Liebe, Freundschaft, Verrat – scheint dennoch alles das schmerzhafte Aroma des Neuen auszustrahlen, weil es sich zuträgt in einer neuen Welt und in einer neuen Sprache. Aber die Prosa zeigt auch Spuren von Überformung, zelebriert manchmal eine Originalität, die schon auf den Namen Eigensinn hört, ist Verschrullungen ausgesetzt, die nicht der erbarmungslosen Amtssprache Kafkas, sondern dem Katasterdeutsch eines friesischen Dorfschulzen abgehört scheinen, ebenso verfloskelt wie verlegen.

Wer also mit Jakob und mit Johnson über die Gleise gehen will, den erwarten ebenso viele Entdeckungen wie Mühseligkeiten, viel Nebel, gesunder Nebel und bloßer Theaternebel. Immerhin, wie alle Melancholiker hat auch Johnson Humor: »Die Dinge sollten klar und handlich sein«, sagt er einmal. »Ja, das möchtest du wohl.« Das erste Buch eines 25jährigen, das nichts wäre als blitzblanke Erfüllung, würde es nicht fast mißtrauisch machen? Dieser Roman verspricht für die Zukunft noch mehr, als er selbst hält. Wir glauben, notgedrungen verschwommen im Nebel, die Umrisse eines kommenden Autors zu erkennen. Nebel täuscht, aber er könnte ein Riese sein.

(1959/60)

Die DDR – ganz nah, ganz fremd
Uwe Johnson: *Das dritte Buch über Achim*

Die deutsche Literatur, der man so gern Weltflucht nachsagt, behagliche Nebelschau im Schatten von Politik und Geschichte, erlebt im Augenblick eine wahre Inflation von engagierten Büchern. Kaum noch ein junger Autor, der sich die unbewältigte Vergangenheit, die unerledigte Gegenwart nicht auf die Schultern geladen hätte, ganz, als seien sie so schwer gar nicht zu tragen, als wären Rechtschaffenheit und Zorn die einzigen Gaben, die für die Erledigung derartiger Probleme legitimieren. Aus solchen Büchern erfahren wir, was wir immer schon wußten, so, daß SS-Ärzte tatsächlich Hölderlin gelesen haben, oder, daß die Schergen der Staatsmacht, unter den Nazis und in der DDR, mit Vorliebe in Lodenmänteln auftreten. Die Gesinnungen dieser Autoren sind so achtenswert wie ihre Einfälle plausibel. Alles leuchtet ein auf den ersten Blick. Wir kannten diese Bücher im Grunde schon, bevor wir sie gelesen hatten.

Solchen treuherzigen Naivitäten schien Uwe Johnson schon mit seinem ersten Roman, schon mit fünfundzwanzig Jahren entwachsen. Schon in den *Mutmaßungen über Jakob* erzählte er so, als hätte er als einziger unter siebzig Millionen Deutschen keinerlei vorgenommene Meinungen, weder über die DDR noch über die NATO, als könnte sich irgend etwas Gewisses erst bei ganz genauem Hinschauen ergeben. Es ergab sich, natürlich, nichts Gewisses, es ergaben sich nur Mutmaßungen. Gerade für jemanden, der so genau hinsah wie Johnson, begann die Szene zu flimmern.

Jetzt, zwei Jahre später, liegt der zweite Roman vor, unter dem Titel *Das dritte Buch über Achim*. Auch er beschreibt die Situation »drüben«, in der DDR, oder genauer: er handelt von der fast unausmeßbaren Entfernung, welche diese Grenze zwischen den beiden Deutschland eingerichtet hat. Deshalb erzählt der Roman die Geschichte eines Besuchs, der von Westen nach Osten fährt. Dieser Herr Karsch, Journalist aus Hamburg, ist nach Leipzig nur eingereist, um eine Freundin von früher, die Schauspielerin Karin zu besuchen. Das Land hinter der Grenze kommt ihm fremder vor als alle fremden Länder, die er bisher bereist hat. Es erstaunt ihn, ohne ihn zu entsetzen, denn er darf sich damit beruhigen, daß er schließlich nur privat, nur zu Besuch eingereist ist. Ein Buch jedenfalls, sagt er sich, wird er über diese Reise nicht schreiben müssen, wie etwa über frühere Reisen in fremde Länder.

Genau dazu kommt es aber. Durch Karin lernt Karsch nämlich den gefeierten Radrennfahrer Achim T. kennen, drüben ein Nationalheld, Weltmeister und Mitglied der Volkskammer. Eines Tages hat Karsch, selbst davon überrascht, den Vertrag eines ostdeutschen Verlags unterzeichnet: er soll ein Buch über diesen Achim schreiben. Damit hat Johnson sich selbst eine Fangfrage gestellt. Ist das Leben eines mitteldeutschen Radsportlers, so lautet sie etwa, unverfänglich, unpolitisch genug, daß ein Journalist aus Hamburg es für einen Verlag der DDR aufzeichnen könnte? Ist dieser bescheidenste aller unbescheidenen Aufrufe zur Wiedervereinigung, diese, wie Johnson sagt, »Wiedervereinigung für zwei Personen« noch möglich? Die schon in der Frage mitenthaltene Hoffnung – es *sollte* möglich sein, daß jemand aus Hamburg über jemanden aus Leipzig ein Buch schreibt, das in Leipzig verlegt wird – diese Hoffnung ist ebenso selbstverständlich wie absurd. Daß sie heute noch selbstverständlich sein kann, macht sie fast lächerlich. Daß sie absurd ist, sollte uns entsetzen. Genau auf diesem schmalen Grat, zwischen Gelächter und Entsetzen, balanciert der ganze Roman, balanciert Johnson mit der Fassung eines Nachtwandlers, mit der Seelenruhe des großen Erzählers. Die ganze Handlung trägt sich also zu im »östlichen deutschen Teilstaat«, wie Johnson schwermütig und salomonisch formuliert, unter Menschen, die deutsch sprechen, scheinbar unsere Sprache, die mit uns eine gemeinsame geschichtliche Vergangenheit teilen. Die Handlung spielt »nebenan«, aber diese Nachbarschaft trügt. Das Land, das Karsch bereist, Leipzig und seine Umgebung bis nach Thüringen hinein, scheint dem Reisenden aus Westen – exotisch. Früher, in den fremden Ländern Westeuropas, hatte er sich mit Vergleichen zurechtfinden können. Überall wiesen ihm ähnliche Gewohnheiten, ähnliche Reklamen, Automarken, Geschäftsauslagen den Weg. Hier dagegen finden alle Vergleiche ein Ende. Er spricht deutsch, ohne sich genau verständlich zu machen. Schon der Versuch, eine Schreibmaschine zu kaufen, erstickt in einem chinesischen Zeremoniell von Formalitäten und Rücksichten.

Karsch, ein Mann aus Hamburg in Leipzig, fühlt sich bald als ein Mann vom Mond. Fremder war auch der Landvermesser K. nicht, als er in das Territorium des Kafkaschen Schlosses einreiste. Aber Karsch läßt sich von dieser Fremdheit, die sich wie eine Glasglocke über ihn stülpt, keineswegs paralysieren. Obwohl von Beruf Journalist, verhält er sich so methodisch und unvoreingenommen wie ein Wissenschaftler auf Forschungsreisen, ein Ethnograph, der die Gebräuche unerschlossener Südseegebiete in Zettelkästen aufarbeitet. Die Verfremdung, in der das östliche Deutschland so abgebildet wird, erreicht schmerzhafte Grade. Karsch registriert das Straßenbild Leipzigs, das Benehmen der Bevölkerung bei Radsportveranstaltungen und in Tanzlokalen, den vorsichtigen Umgang der Menschen untereinander. Er umstellt vor allem sein eigentliches Forschungsobjekt, eben Achim, in seinen Aufzeichnungen und Gesprächen mit einem kunstvollen System von

Spiegeln, und in jeder Spiegelung zeigt dieser scheinbar gemütsschlichte Mann ein anderes Gesicht. Er ist bescheiden und ehrgeizig, rechtschaffen, doch zu jeder zweckdienlichen Retusche seines Lebenslaufs entschlossen, ein Idol, ein guter Kerl, selbstsicher und voller Unruhe.

Wozu, fragen wir uns zwischendurch, wendet der Erzähler so unerschöpfliche Geduld auf für diesen biederen Sportsmann, der sein Pflichtpensum auf Rennstrecken so anstandslos erledigt wie im ostdeutschen Parlament, wo er von Zeit zu Zeit aufsteht, um in sächsischer Aussprache Ergebenheitsadressen aufzusagen? Könnten wir ihn auf Anhieb und in geläufigen Begriffen nicht viel schneller feststellen, als Mitläufer, als einen Nutznießer mit Gemüt, den nicht einmal unsympathischen Funktionär einer längst als schlecht durchschauten Sache? Mit solchen Begriffen wäre, auch in der Sprache und im Bewußtsein, der eiserne Vorhang vorgezogen, die Betonmauer von Berlin gerechtfertigt. Und wir, als Pharisäer, im Besitz des richtigen Denkens und der Wohlanständigkeit, wären endlich unter uns.

Johnson aber leistet sich den ungeheuerlichen Luxus, wie der erste Mensch aufzutreten, in einer durch Informationen fixierten Welt. Wenn wir ihm zuhören, wissen wir nichts mehr. Wir müssen umlernen von Anfang an. Sicher, die Anstrengung, alles neu beim Namen nennen zu müssen, treibt in dieser Sprache auch Schnörkel. Wenn »Berichterstatter« umgetauft werden in »Erstatter von Berichten«, wenn stellenweise jeder Punkt und jedes Komma aus dem Text geblasen werden, so hat davon niemand Gewinn, weder der Autor, noch der Leser oder der Setzer. Meistens ist aber auch dieser bastlerische Eigensinn im Recht gegen unsere Ungeduld, so etwa, wenn uns Johnson Sätze zumutet wie diesen: »Fünfzehn Jahre nach dem verlorenen Krieg war Achim in Ostdeutschland berühmt für schnelles Fahren auf einer zweirädrigen Maschine, die angetrieben wurde durch kreisende Tretbewegung seiner Beine mit Zahnrädern und Kette in die Drehung der Hinterräder übersetzt.« Ohne Zweifel, einfacher ließe sich das auch sagen, aber man ahnt, worauf diese Prosa hinaus will, die rechtschaffen und zäh nur das Offensichtlichste und immer mehr Offensichtliches festhalten möchte. Sie ist der bis zur Erschöpfung vorangetriebene Versuch, alle vorgefaßten Meinungen zu unterlaufen, für alles neue Augen zu öffnen, uns die Sicherheit jedweder Wort- und Denkklischees unter den Füßen wegzuziehen. Während wir uns zum Tagesgebrauch alle Erscheinungen zukleben mit kleinen listigen Etiketts und lauter Namen erfinden, die in Wirklichkeit Kampfansagen sind: – Ostzone, DDR, NATO, Ulbricht, Faschismus – läßt Johnson durch Karschs Blick die Welt in jedem Augenblick neu, noch lange nicht verstanden, also auch absurd erscheinen. Diese Strategie des ersten Blicks ist poetisch wie politisch gleich kühn. Denn, wie Johnson in einem theoretischen Aufsatz kürzlich formuliert hat: »Der Text sollte so angelegt werden, daß die Raster von Schema B (sprich: westdeutsche Interpretation der Lage) oder A (sprich: das ostdeutsche Pendant) seine Bezüge weder umgruppieren noch eingemeinden können.«

Der Roman endet damit, daß ein drittes Buch über Achim nicht geschrieben werden kann. Karsch fährt, bedauernd, zurück nach Hamburg. Achim bleibt, bedauernd, in Leipzig. Es findet auch für zwei Personen keine Wiedervereinigung statt. Aber – haben wir das nicht vorausgeahnt? Wozu dieser Aufwand an Sprache, Dialektik, Verständnis, Humor und Verzweiflung, um nur in Ratlosigkeit zu enden? Auch Karsch, so dürfen wir zwischen den Zeilen lesen, hat vorausgeahnt, daß dieses Ende im Anfang schon mit enthalten war. Doch es ist etwas anderes, über diese Unmöglichkeit resigniert und ohne Stichprobe nur Bescheid zu wissen, oder sie Schritt für Schritt, Seite für Seite aus den Illusionen der Hoffnung heraustreten zu sehen. Ich hoffe, ich treibe nicht Schindluder mit einem oft mißbrauchten Begriff, wenn ich diesen Prozeß, der uns so viele Vorurteile und Gewißheiten kostet, wenn ich Johnsons Erzählen überhaupt »sokratisch« nenne. Karsch beobachtet, hört zu und fragt genau, wie Kierkegaard den Sokrates fragen sah. »Man kann nämlich«, schreibt Kierkegaard, »fragen in der Absicht, eine Antwort zu erhalten . . ., oder man kann fragen . . ., um durch die Frage den scheinbaren Inhalt herauszusaugen und dann eine Leere zurückzulassen.« Genau das ist die Methode von Karsch. Er besucht »unsere Brüder und Schwestern in der Zone«, wie Sonntagsredner sie noch gern apostrophieren, und wendet auf die probeweise alle Illusionen an, mit denen wir uns über sie beruhigen. Er weiß, daß sie der Wirklichkeit nicht standhalten werden. Genau das will er uns zeigen. Zurück bleibt Ratlosigkeit und Leere, die Routine des Alltags: Karsch an der Schreibmaschine in Hamburg, Achim auf der Asphaltbahn in Leipzig.

Ein sokratischer Roman, also ein Buch, das scheinbar mit Hoffnungen aufbricht, um mit fast leeren Händen zurückzukehren. Oder, wie Johnson sich selbst kommentiert hat: als »reine Kunst« kann nicht ausgegeben werden, was noch eine »Art der Wahrheitsfindung« ist. Das Gefälle der Spannung zieht den geduldigen Leser allerdings von der ersten Seite an mit sich. Diese Spannung wartet nicht mehr auf unerwartete Ereignisse, Todesfälle, Liebschaften oder den Deus ex machina, sie wartet schlechthin auf die Wahrheit. Natürlich wird sie uns auch am Ende nicht beschert. Wir können keine Gewißheiten über Achim oder Karsch, über Karin oder die Wiedervereinigung beruhigt nach Hause tragen und über ihnen einschlafen. Wir sind, im Gegenteil, nach den Erfahrungen dieser Lektüre unruhiger als vorher, mißtrauischer gegenüber allem Vorgedachten, also einer möglichen Wahrheit immer näher. Und: wir sind nicht nur über die DDR eines Besseren oder Schlechteren belehrt worden, nicht als Pharisäer mit neuen Denkkonventionen versorgt, sondern haben etwas über die Unverläßlichkeit unserer Lage in der Welt schlechthin erfahren.

Auch für diesen Erzähler nämlich, der den Menschen als politisches Wesen so genau beschrieben hat wie kaum ein deutscher Autor vor ihm, auch für ihn sind seine Figuren mehr als nur die Funktionäre richtiger oder schlechter Ideologien. Was er am Ende seiner kostspieligen und schwermütigen Untersuchungen in den Händen zurückbehält, das ist der Mensch, entschlüpft dem Kostüm des Zeitgeistes, seltsam nackt, vorindividuell, allgemein wie aus einer poetischen Anthropologie: ein Wesen, das sich ängstlich anpaßt und doch über die Möglichkeit zur Ausnahme, zur Rebellion verfügt, das tapfer ist, bequem, ratlos und vernünftig.

Auch das ist in diesem Buch enthalten, aber ich möchte es deshalb nicht als »zeitlos« oder gar »ewig« jener Literatur der Weltflucht zuschlagen, die hierzulande gern »Dichtung« genannt wird. Es unterscheidet sich allerdings von der Flut jener Romane, die sich am Tag nur engagieren, um mit ihm vergessen zu werden. Es unterscheidet sich von solchen Büchern durch seine Sprache, Intelligenz, seine atemlose Ruhe, allerdings auch durch seine Schwierigkeit. Diese Schwierigkeit aber enthält die Schwierigkeiten unserer Welt, über die sich alles einfache fast schon so leicht hinwegsetzt wie Lüge.

(1961)

Nicht Romeo, nicht Julia
Uwe Johnson: *Zwei Ansichten*

»Dichter der beiden Deutschland« – ob er will oder nicht, sein eigener Verlag wirft Uwe Johnson seit Jahren diesen Slogan nach, froh, für einen verläßlichen, aktuellen Markenartikel zu werben. Was immer diese Formel meinen mag: ihr politisches Timbre klingt fatal. Als würde da einer staatsbürgerlich pflichtbewußt Erzählstoffe aufheben, die sprichwörtlich »auf der Straße liegen«, um dann in Worten, erzählend und tröstlich, zu umarmen, was die kältere Wirklichkeit getrennt hält.

Auf den ersten Blick allerdings scheint auch Johnsons viertes Buch dem Slogan zu genügen. Schon der Titel verrät es: Wie eine Symmetrie-Achse zieht sich die innerdeutsche Grenze auch durch diesen Erzählbericht, hält diesmal eine Krankenschwester D. aus Ost-Berlin und einen Fotografen B. aus Holstein getrennt, zwei Personen und zwei Ansichten, auch von der Möglichkeit oder Unmöglichkeit, zueinander zu kommen. Das Buch setzt ein Mitte August 1961, in den Tagen des Mauerbaus.

Es nimmt die Trennung seiner beiden Hauptfiguren in die Komposition auf, ist zerschnitten in zweimal fünf Kapitel, die abwechselnd und streng parallel nebeneinanderher laufen. In fünf Episoden steht jeweils »der junge Herr B.« handelnd und überlegend im Zentrum, in fünf weiteren die Krankenschwester. Soweit herrscht Symmetrie und Gerechtigkeit.

Die beiden Rollen allerdings, die westdeutsche und die ostdeutsche, sind ungleich besetzt. Dieser »junge Herr B.« aus Holstein scheint wie abgerichtet für die Blamagen, in die ihn der Erzähler mit leichter Hand hineinschiebt. Mitten im August 61 verliert er in Berlin zweierlei, einen schneidigen Sportwagen durch Diebstahl und die D. durch die Absperrung. Genau hält er in seinem labilen Kopf den doppelten Verlust nicht auseinander, ja, eigentlich entbehrt er den Sportwagen mit exakterer Trauer.

Den solideren Sorgen der D. in Ost-Berlin sind solche kaum gewachsen. Wenn sie ein illegal gemietetes Zimmer verliert oder den jüngsten Bruder durch Flucht, so wissen wir wie der Erzähler: das ist ernster zu nehmen. Festgehalten im Krankenhausdienst, beaufsichtigt von ihrem Staat, dem »wunderlichen Lehrer«, materiell wie moralisch eingeengt, macht sie gründlichere Erfahrungen als der mobile Herr B., den Flugmaschinen, Züge, Autos von Holstein nach Hamburg, nach West-Berlin, nach Stuttgart befördern, dessen Gedanken so flüchtig sind wie seine Bewegungen. Die D. lebt bedrückt und gefährlich. Ihr Gegenspieler sieht sich selbst gern genußvoll als Kinoheld. Penibel hält ihn der Erzähler auf Distanz, humoristisch. Der D. dagegen folgt er mit schwermütigem Wohlwollen.

Leise, zwischen den Zeilen, wird gelegentlich darauf gepocht, diese beiden Personen seien typisch, seien Produkte zweier Gesellschaftsverfassungen. Es ist gut, daß diese Andeutung oder Absicht zwischen den Zeilen steckenbleibt. Sie ist armseliger als dieses Buch, sie entspricht bestenfalls dem Klischee vom »Dichter der beiden Deutschland«. Denn endlich, in diesem vierten Buch, bestätigt sich, was immer zu ahnen war, daß Johnson nämlich ein Erzähler von Zuständen der Trennung, der Fremdheit schlechthin ist, daß ihm die »beiden Deutschland« nur das nächstliegende, aktuellste Modell liefern. Eine Schwester aus Bethel, ein Fotograf aus Schwabing hätten sowenig Chancen zueinanderzukommen wie diese B. und D.

Die am 13. August eingerichtete Grenze allerdings ist das denkbar schärfste Reagens für so unsichere Beziehungen und Illusionen. Sie isoliert die Auseinandergesperrten vollkommen, verlegt die intensivste Handlung des Buches nach innen, in die gleich ungreifbaren Erinnerungen und Hoffnungen, mit denen beide übereinander rätseln.

In dieser Gedankenerzählung erreicht Johnson eine Genauigkeit und Vorsicht, die beispiellos ist in der zeitgenössischen deutschen Prosa. Er schickt nun nicht mehr Mutmaßungen gegeneinander, zerstört nicht Beschreibung durch ihre Beschreibung, sondern behauptet, wie der alte psychologische Roman, Einsicht in seine Figuren. Das Unsichere wird nicht mehr als unsicher beteuert, es ist ausgelassen, fällt in jenen breiten Streifen Niemandsland, den die beiden Ansichten und Parallelen zwischen sich lassen.

Der 13. August, so zeigt sich, verändert eine Beziehung, die vage und absichtslos erotisch begonnen hat. Dem zerstreuten Herrn B. werden nun Verpflichtungen zugeschoben, die er wütend oder bieder einsieht, die ihm lästig sind. Was ihn vor allem an die D. erinnert, sind Reizbilder: Körperfragmente, Bewegungsfragmente fremder weiblicher Personen. Ihn trifft, sagt der Erzähler bärbeißig puritanisch, vor allem »die Trennung von Gesicht und Geschlechtsteil«. Mit vollem halben Herzen ist er dabei, der D. einen Ausgang nach Westen zu suchen. Während die D., ebenso unwillig, zögernd, sich nun in die Rolle einer Hilfsbedürftigen gedrängt sieht. Also sucht sie in Gedanken den B. aufzubauen als ein Denkmal der Gutmütigkeit, Rücksicht, Hilfsbereitschaft.

So laufen die Ansichten, die Personen auf und ab vor der geschlossenen Grenze. Beide, D. und B., geraten in Zustände ähnlich der Schizophrenie. Neben ihrer wirklichen Person, dem »zerstreuten jungen Herrn von bürgerlichen Formen«, der trocken verläßlichen Krankenschwester, geht immer eine andere her, aufgelöst in Phantasien.

Daß sie auch füreinander Fremde sind, zeigt endgültig das letzte Episodenpaar. Während die D. über Dänemark flieht, bereitet B. einen Kinoschluß vor: Er möchte die endlich gewonnene D. in einem endlich wieder erworbenen Sportwagen begrüßen, den doppelten Verlust also mit einem Schlage wettmachen. Es ist seine letzte Blamage.

Was wir hier lesen, ist also nicht das handelsübliche Melodram, kein Abguß von Romeo und Julia, denen nun eine Grenze zerstört, was Liebe genannt werden könnte. Erzählt wird die Geschichte einer doppelten Illusion und Enttäuschung, eine private Geschichte, nur forciert durch eine zeitgeschichtliche Bedingung, eben die Grenze.

Sie ist lesbar für jeden – offenbar muß das für ein Buch von Johnson betont werden. Diesmal läuft seine Sprache ruhig, fast widerstands-

los. Beschreibung ist ihre Absicht, sicher nicht die einzige oder rang-
höchste der Literatur, doch sie ist vollkommen eingelöst. Man fühlt
Behagen, ein fast unzeitgemäßes Behagen über die Lektüre. Vor unseren Augen arbeitet ein Erzähler, dem das Mitzuteilende ohne Rest und
Überfluß aufgeht in Sprache.

Als Johnsons erstes Buch erschienen war, sagte jemand, das sei un-
reif wie Schillers *Räuber* – es war mißtrauisch und als Kompliment gemeint. Verglichen damit lesen sich *Zwei Ansichten* wie ein klassischer
Text. Das wird manche mißtrauisch machen, anderen ein Kompliment
scheinen. Ich gehöre, selbst verwundert, zu den anderen.

(1965)

Selbstgespräche für Leser
Hans Magnus Enzensberger: *blindenschrift*

Den ersten beiden Gedichtbänden Enzensbergers waren kleine, etwas
naseweise Zettel beigelegt. »Gebrauchsanweisung« war der eine ausdrücklich überschrieben. Beide Bände verrieten, daß der Autor mit seinen Gedichten »Gebrauchsgegenstände« liefern wollte. Als »Inschrif-
ten, Plakate, Flugblätter«, wie das »Inserat in der Zeitung« wollte er
sie gelesen wissen. In diesem neuesten Band findet sich nichts dergleichen, kaum zufällig. Hat Enzensberger, hat sein Gedicht nun Frieden
geschlossen mit der Welt und ihrer Gegenwart, haben sich beide zurückgezogen ins erhaben Nutz- und Zeitlose, in die gute Stube und
(gleich gute) Natur?

Für alle politischen Beckmesser, die Engagement nur aus der wort-
wörtlichsten Oberfläche der Gedichte ablesen, denen diese nicht mehr
scheinen als die blaublütigeren Halbschwestern der Leitartikel, mag
dieser neue Enzensberger tatsächlich eine Enttäuschung sein. Wenig
Parole, wenig Spruchband, wenig Gebrauchsfertiges überhaupt läßt
sich diesen Versen entreißen. Früher kochte ihr Vokabular oft rhetorisch, zu oft und zu leicht und vor allem: zu schön. Nun ist die Ansprache gebrochen zum Monolog. Statt der großen Gebärden des Pathos
jetzt die kleinen Schritte der Reflexion. Auf das Clair-obscur, das diesen Band durchzieht, lassen sich die alten Neonlichter, die wütenden
Verbalkontraste etwa, kaum noch setzen.

Der Autor ist vier beziehungsweise sieben Jahre älter geworden seit
der *landessprache* und der *verteidigung der wölfe*, und älter geworden sind
die Zustände, gegen die er ansprach. Sollten sie damit unveränder-

licher geworden sein, sollte Alter nur wieder als Deckname gelten für Resignation? So einfach, hoffe ich, geht die Rechnung nicht auf. Wer noch die ersten Gedichte von Enzensberger im Ohr hat, den werden die letzten weniger erstaunen. Damals sprach und hier spricht wieder einer, der lieber Zeit und Politik behaglich den Rücken drehen würde, mit kleinen Dingen und Vergnügungen zufrieden.

Doch über seinen abgekehrten Rücken werfen immer noch Zeit und Politik ihre Schatten. Idyllische Motive setzt er, Grauweiden, Landregen, ein Glas frisches Wasser, doch nichts schließt sich idyllisch »selig in sich selbst«. Natur und häusliches Stilleben erscheinen nicht als Überredung zum kontemplativen Einschlafen, sondern als Anlässe für eine Reflexion, die auch den Weltwinkel auf die Welt, selbst nature morte auf menschliche Geschichte bezieht.

Gegenstände, Widerstände entdeckt der Lyriker jetzt vor seinem Fenster, auf dem Küchentisch, an einem Flußufer, seltener in der Zeitung. Er diskutiert wenig, will kaum überreden, er nimmt wahr und entwickelt Überlegungen. Die Rückschläge seiner Zweifel und Gegenzweifel halten das Gedicht in Bewegung und auch in Ungewißheit. Nur selten ist das Detail noch metaphorisch hochgetrimmt, eher redensartlich. Wichtiger als seine herausgetriebenen Momente scheint der Prozeß des Wortlauts.

Sind solche Gedichte, am Alltag, an toten oder Naturdingen haftend, an verhältnismäßig Zeitlosem, sind sie politisch oder unpolitisch? Eine ähnliche Frage hat Enzensberger einmal an ein ähnliches Gedicht von Brecht gestellt, den *Radwechsel*. »Sechs Zeilen«, so sagte er, »vor denen der Eifer der ideologischen Splitterrichter stockt. Auch sie sehen den Radwechsel mit Ungeduld, denn für ihre Zwecke läßt sich das Gedicht nicht ausmünzen ... Das Gedicht spricht mustergültig aus, daß Politik nicht über es verfügen kann: das ist sein politischer Gehalt.«

Brechts Lyrik, oft die Folie, von der man Enzensbergers Eigenes ablesen mußte, stellt mit ihren späten Proben tatsächlich das Muster für das Beste in der *blindenschrift*. Nie war Enzensberger, sonst gern verzückt in Verbalrausch oder vor Zorn, so genau im Hinsehen, so geduldig und konkret. Und selten seit seinen frühesten Gedichten war seine eigene Person so anwesend in seinem Gedicht. Früher schien er aus einem hohen Nirgendwo, von namenlosen Tribünen oder Kanzeln auf uns herabzureden. Jetzt erfährt man zum Beispiel in und zwischen seinen Versen: Er wohnt in Norwegen.

Präzis zeichnet oft gleich der Einsatz eine autobiographische Situation: die Abendnachrichten überm Abendessen, die Morgenmeldung zum Frühstück, den Blick auf die zugefrorene Bucht oder eine alte Graphik, den Spaziergang über Land, das Anlegen im Fjord. Gedichte, die so einsetzen, fliegen nicht mehr auf ins rhetorisch Abstrakte, sie bleiben so konkret wie vertrauenswürdig, Geschöpfe einer persönlichen Erfahrung, statt eines Ärgers, der allgemein in der Luft liegt.

Leicht und bereit wie früher fließen diese Zeilen nicht mehr. Stocken und Untertreibung, ein bitterer Charme von Ratlosigkeit hemmt ihren Ablauf. Wer Enzensberger kennt, statt nur seine Gedichte, kennt auch längst diese Züge an ihm. Sein Zorn, dieser fast fröhliche Zorn, dem offenbar nichts die Sprache verschlagen konnte, hat lange getäuscht. Jetzt sind die Zeilen und die Absätze kürzer geworden in seinen Gedichten. Viel Pause ist in sie einkomponiert, viel Schweigen haben sie in immer neuen Anläufen zu überspringen.

Da sie seine Person genauer verraten, verraten sie auch deren Schwächen. Längst wissen wir zwar von seiner Sehnsucht nach Goldenem Zeitalter, nach einem Jenseits von Politik und Geschichte. Doch früher gingen solche Ausrufungen eines alten, neuen Utopia stets durch einen Filter von wissender Parodie. Jetzt erscheint dem Spaziergänger unveränderliche Natur, ein Felsen oder eine tausendjährige Flechte, zuweilen fast wie ein ernstes Gleichnis, ein denkwürdiges Vorbild. Die haben Barbarossas nicht geachtet, sagt er, sie hatten und haben Zeit. Fragt sich nur: wofür?

Das sind die Stellen, wo der lyrische Freischärler tatsächlich ermüdet den Kopf wenn nicht im Sand, so eben in Moos und Gestein verbergen möchte. Nur vorübergehend allerdings, denn er hebt ihn wieder, und wieder läuft sein Gedicht in Hakenschlägen. Zweifelnd, ängstlich, provokativ wechselt es seine Richtung. Auch die scheinbar endgültige Idylle hält sich nur als Moment in dieser lyrischen Dialektik.

Auf seinen besten Seiten liest sich der Band wie ein lyrisches Notizbuch, immer an die notierten Momente, an die notierende Person gebunden. Seine Stärke beweist sich nicht mehr durch dieses oder jenes Einzelstück, sondern durch ihren Zusammenhang. Glänzender, aufreizender mag Enzensberger oft geschrieben haben, authentischer selten.

Über die ahnungslose Alternative zwischen engagierter oder nicht engagierter Literatur jedenfalls ist dieses Buch hinaus, so gut wie jedes, das mehr ist als erlauchtes Kunstgewerbe und das die Kosten seiner Zeitgenossenschaft ehrlich bezahlt.

(1964)

Othello als Hamlet
Max Frisch: *Mein Name sei Gantenbein*

Bedeutende Autoren verraten sich nicht zuletzt durch Monomanie, durch ein einziges, eigensinnig festgehaltenes Thema. »Ich bin nicht Stiller«, der erste Satz damals –, *Mein Name sei Gantenbein*, der Titel jetzt –, jene Verleugnung und diese Verkleidung sind nur Stationen ein und derselben Flucht. Wieder einmal möchte und muß jemand im allerwörtlichsten Sinne »außer sich sein«. Identität, die geforderte und doch versagte Übereinstimmung von Ich und Rolle, ist hier wie dort Thema.

Wäre ihm schon während der Niederschrift des *Stiller* dieses Stichwort »Identität« zugerufen worden, so hat Frisch einmal gestanden, er hätte den Roman womöglich nicht zu Ende gebracht. Kein Wunder also, wenn dem neuen Buch die Mühe anzumerken ist, im Rücken einer verlorenen ersten eine zweite Spontaneität zu gewinnen. Der Roman ist ein Beicht- und Ichwerk, so rücksichtslos und riskant privat wie sonst nur Tagebücher, und doch mit virtuosem Aufwand zum Kunstmuster stilisiert, energischer als der *Stiller*. Zwischen den Anstrengungen des Monologs und der Montage, zwischen artistisch heller Laune und dem Druck der Emotion steht er in Spannung, reich also, doch gefährdet.

Solche Behauptungen allerdings scheinen weit vorzugreifen. Denn zunächst und zuallererst wäre doch nachzuerzählen, was vor sich geht in diesem Roman. Schon hier schlägt die Tücke des Objekts zurück auf seine Beschreibung. Nicht Vorgängen nämlich, sondern Vorstellungen läuft der Roman hinterher. Der ihn erzählt, träumt, allerdings mit hellwachen Augen. Eine Phantasie, eine von Erfahrung verletzte Phantasie beginnt zu fabulieren.

Die vorausgegangene Erfahrung, als Anfang vor allen anderen Anfängen des Romans, scheint noch zu entziffern. Sie ist einfach, von strenger, melodramatischer Alltäglichkeit: ein Mann und eine Frau haben sich verlassen. In der eben noch gemeinsamen Wohnung sitzt der Erzählende. Noch scheinen die Gegenstände ringsum ihn zu erinnern, doch auf das Erinnerte selbst ist kein Verlaß mehr. Genau diese Lage setzt Phantasie frei. »Ich stelle mir vor«, so intoniert der Erzählende, einmal, unzählige Male. Er schlägt vor, wie es gewesen sein könnte, was möglich wäre, was kommen mag. Zukunft, Gegenwart, Vergangenheit manipuliert seine Imagination ununterscheidbar.

Man könnte, zum Beispiel, Liebhaber einer verheirateten Frau gewesen sein (oder eben: sein, oder auch: werden), einer Schauspielerin namens Lila, einmal ohne, dann mit Kind imaginiert, später statt

Schauspielerin Contessa, zwischendurch Medizinerin, am Ende nichts als Hausfrau. Man könnte ihr Liebhaber sein, aber auch der Zuschauer dieser Affäre, oder aber: man könnte der Hahnrei selbst sein, Lilas betrogener Mann, und schließlich, wieder ein Vorschlag und Umschlag, ebensogut dessen Nachfolger, der eifersüchtige zweite Ehemann. »Ich probiere«, sagt der Erzählende, »Geschichten an wie Kleider«.

Am liebsten und ausdauerndsten jedenfalls möchte er Gantenbein sein, ein Blinder, der durch Blindenbrille und trotz Blindenstock alles sieht, der Blindheit recht eigentlich vortäuscht, um desto besser sehen zu können, was die scheinbar Unbeobachteten um ihn und mit ihm spielen. Gantenbein natürlich ist der willkommene Partner in einer Welt des gesellschaftlichen Scheins, soll er doch alles, was man ihm vorsimuliert, wortwörtlich »blindlings« glauben, auch etwa die Treue einer Frau namens Lila.

Alle diese Rollen und Lagen durchläuft der Erzählende, belegt sie mit Geschichten. Flüchtig, chamäleonfarben, wechselt er dauernd die Positionen, nennt sich Gantenbein, Enderlin, Svoboda, erzählt von jemandem in der dritten Person, der eben noch seine eigene, erste Person gewesen zu sein schien. Hermes, der täuschende Gott, wird nicht umsonst oft zitiert. Nichts hält hier lange, was es für einen Augenblick verspricht, alles scheint austauschbar, die Namen, die Zeiten, episches Ich und Er. Eine Episode, eben aus dem Nur-Möglichen ins Schon-Wahrscheinliche hineinfabuliert, fällt gleich wieder ins Bodenlose der reinen Phantasie, war auch nur Erfindung, Finte, Kulisse.

Geboten werden, so heißt es, »Entwürfe zu einem Ich«. Denn hinter der verwegenen Partitur des Romans, der Geschichte gegen Geschichte setzt wie Punkt gegen Kontrapunkt, der dauernd vorschlägt und ebensooft zurücknimmt, der wie ein Strudel die Episoden herauftreibt auf seine Oberfläche, und jäh wieder hinunterzieht ins Vergessen –, hinter diesem schwindelerregenden Schwindel steht eine These über die Erfahrung und das Erzählen, die Frisch schon vor Jahren formuliert hat.

»Jede Geschichte«, so behauptet diese These, »ist eine Erfindung.« Wer sie erzählt, möchte nur den »zwei oder drei Erfahrungen«, die er haben kann (»wenn's hochkommt«), ein Muster aufstülpen, um diese Erfahrungen lesbar, plausibel zu machen, um seinem Ich Unterkunft zu bieten in einer Rolle. Doch der hier erzählt, behauptet von sich, gerade er wüßte keine Geschichte, die sich reimt auf seine Erfahrung, keine Rolle für sein Ich. Also ist er fortwährend unterwegs durch mögliche Rollen, also probiert er Geschichten an wie Kleider.

Kopflastig mag ein Roman sein, der so gewagte Hypothesen zu seinen Spielregeln erklärt, doch in seinen ersten, herrlichen Läufen beschämt er alle Vorbehalte. Nur allmählich verlieren die erstaunlich zusammenstürzenden, auseinanderfallenden Erzählmosaike an Reiz, vor allem: an Verbindlichkeit. Zufälliges und Beliebiges an Geschichten wird einmontiert, allzu flott perlende Variationen beuten das Blinden-Thema aus. Und schließlich scheint unter den bunten Kleidern doch die Figur zu fehlen, die sie trägt, und es tröstet wenig, daß sie ja eben behauptet, keine Figur zu sein, sondern jemand ohne Geschichte, Rolle, Gesicht.

Auch eine quer durch die erste Romanhälfte geflochtene Liebeshandlung, allzu säuberlich routiniert, nach *Homo faber*-Manier in Sequenzen geschnitten, trägt als Gerüst nicht, was sich rundherum an Parallel- und Gegenepisoden ansetzt. Im Gegenteil, ihr Pathos, das die schönen Gemeinplätze des Gefühls auf neuen Glanz sprechen möchte, stört nur den freien Auslauf der Phantasie in den benachbarten Geschichten, trübt deren präzisen und ausschweifenden Humor durch sentimentale Verschleierung.

So scheint es, gegen Mitte des Romans, als liefere der nur ein perpetuum mobile von Kurzgeschichten, als sei er nichts weiter als Kleider- und Geschichtenständer und die erzählende Figur der stumme Diener, der sich geduldig alles überwerfen läßt, was einem Fabulierer wie Frisch so reich wie beliebig einfällt. Doch eben von diesem toten Punkt weg, da die offene Form fast zur virtuosen Formalität erstarrt, kommt der Roman als Zusammenhang des Zerstreuten wieder ins Laufen. Denn darauf, daß zum Ende hin Beschleunigung und Geschlossenheit zunimmt, war in Frischs Büchern immer Verlaß, so auch hier.

Der Erzählende hatte es uns schon im voraus wissen lassen: so viele Kleider (also Geschichten) man auch anprobieren mag, sie werfen doch an immer derselben Stelle die gleichen Falten. Was schließlich auch seine Geschichten immer monotoner und intensiver verraten, was sie rechtfertigen möchten und nicht verwinden können, ist eine einzige Passion: Eifersucht.

Treuherzig, mit dem Brustton der Konvention, beschreibt der Roman Liebe, genauer: Verliebtheit, doch deren Kehrseite, die Eifersucht, läßt ihn hellsichtig werden. Jetzt gerät sein Ernst scharf und graziös, statt tolpatschig, wehleidig wie vorher. Nur der Verdacht, Mißtrauen gegen die vorgespiegelte Realität, scheint eine verläßliche Muse für diesen Autor, nicht Hingabe und Übereinstimmung.

Leichtflüssig, in Aquarellmanier, arbeitet nämlich seine Prosa. Für pastosen Auftrag und Spachtelwerk, zu Pathos will sie nicht mehr taugen. Selbst die andächtigen Porträts der jeweiligen Geliebten geraten ihr nur duftig, konturenlos wie gefälliger Dufy. Der Komödie des Zweifels und der Täuschungen aber, in der die Figuren und Situationen ohnehin nur Vorschläge sind, luftige, durchlässige Schemen, ist diese Sprache leicht und bitter gewachsen. Da sprüht sie vor Ernst, und auch ihre Heiterkeit sinkt nie ab ins Gefällige.

Denn die Eifersucht, von der immer ausschließlicher erzählt wird, verrät ebenso ihre Größe wie ihre Lächerlichkeit. Aus allen Verschleierungen taucht endlich doch die erzählende Figur auf: ein Othello mit den Nerven Hamlets, ein tragikomischer Fall. Dieser Eifersüchtige geht durch die Welt wie durch Nebel, den sein Mißtrauen und seine Erfindungen mit Blitzschlägen erhellen möchten. Vielleicht ist er, der simulierte Gantenbein, tatsächlich blind? Verdacht jedenfalls wuchert ihm alle Realität zu. Zu Hause und folglich heimatlos ist er in allen Vermutungen, allen Rollen, nur, versteht sich, nicht in der Rolle der Frauen, das würde die blinde Eifersucht ja sehend machen.

»Ich lechze nach Verrat«, in diesem Satz hat der Roman, gelesen als Protokoll der Eifersucht, einer tragikomischen Anstrengung des Mißtrauens und der Phantasie, endgültig sein Zentrum erreicht, die bündige Einsicht in sich selbst. »Eifersucht«, heißt es dort, »ist die Kluft zwischen der Welt und dem Wahn ... Schock: die Welt deckt sich mit dem Partner, die Liebe hat mich nur mit meinem Wahn vereint.«

Von hier aus knüpft sich auch der feste Zusammenhang mit *Stiller*. Nicht nur, daß Erzählen hier wie dort durch die Dialektik von Sich-Verbergen und Sich-Enthüllen läuft, daß der Erzählende sich zwar in einen Maulwurfsbau von Geschichten gräbt, unverhofft aber doch wieder ans Licht schaufelt. Beide Male wird auch die Geschichte eines der Welt entfremdeten, gegen die Entfremdung wütenden Bewußtseins erzählt. Stiller allerdings scheint dann der größere Fall, verglichen mit dem Erfinder des Gantenbein, der nur unter dem Druck der Eifersucht »außer sich« gerät, der den Schmerz einer phantastischen Zerstreutheit eher als den der hoffnungslosen Rebellion verrät.

Hier und da deutet der Roman selbst seine Verlegenheit an, eine vermeintlich so enge und private Geschichte so breit vorzutragen in einer Zeit, da etwa in Algier gefoltert wird, die penetrante »Ich-Geschichte« auszuspinnen, statt sich der Zeitgeschichte zu stellen. Verbindlich, das weiß auch Frisch, sind solche Alternativen nicht. Sicher, sein neuer Roman enthält auch ungleich weniger konkrete Gegenwart, etwa Berufswelt oder getroffenes Milieu als die beiden voraufgegangenen. Seine Gegenwärtigkeit und sein Engagement freilich hängen auch davon nicht ab. Sie verlieren sich immer nur dort, wo der privaten Not die Stellvertretung mißlingt, wo der Tagebuchton, ohne Resonanz, klingt wie belauschte Intimität.

Diese Spannung hält sich bis zum Ende. Einerseits steht dort eine Episode von nahezu Beckettscher Konsequenz, ein Wunschbild vollkommenen Untertauchens: da treibt ein Toter anonym die Limmat hinab, um »abzuschwimmen ohne Geschichte«. Andererseits folgt als Letztes eine Idylle von schon konformistischem Schick, das Genrebild eines Dejeuners nahe den Etruskergräbern, Touristenbehagen, ausgegeben als Behagen in der Welt schlechthin.

Solche Risse laufen oft durch dieses Erzählgebäude. Der Kühnheit seiner Planung und seines Humors ist es nicht durchgehend gewachsen. Daß dieses Buch gerade durch seine Widersprüche, durch seine ästhetische wie humane Offenheit vertrauenswürdiger wird als so manches nur handwerklich, also nur fatal und scheinbar Runde (*Andorra*, zum Beispiel), das muß sofort hinzugefügt werden. Hier wird unsere Imagination nicht bedient, sondern aufgestört: ein unbehagliches, ein unerschöpfliches Vergnügen.

(1964)

Geschichten als Spielzeuge
Reinhard Lettau: *Schwierigkeiten beim Häuserbauen*

Bevor Erzählungsbände an die Öffentlichkeit treten, haben die in ihnen versammelten Erzählungen oft schon ihr Debüt gehabt. Vor Monaten oder Jahren ist man ihnen in einer Zeitung oder literarischen Revue begegnet. Jetzt stehen sie also, fast unkenntlich in einer Horde von ihresgleichen oder geordnet, in Formation und blinzeln uns an wie alte Bekannte. Erkennen wir sie wirklich wieder? Fällt Licht oder Schatten von den Geschichten rechts und links auf diese alten Bekannten? Jetzt jedenfalls steht nicht mehr der gelungene Spaß oder Ernst der einzelnen Erzählung zur Diskussion, jetzt taucht über und hinter ihnen der Autor auf, der sie allesamt verantwortet. War sein Gelingen in den ersten Proben nur dem Glück und einer guten Laune zu verdanken, oder setzt es sich in der ganzen Sammlung durch?

Solche Fragen, so scheint es zunächst, verhalten sich schulmeisterlich und linkisch zu dem Buch, um das es hier geht, hängen sich wie Bleigewichte grau an seine luftige leichte Gestalt und zwingen es zurück in das Gravitationsfeld sogenannter Probleme, in all die Erdenschwere, der es sich gerade entheben möchte. Denn dieser Band, der erste seines Autors, ist das Bravourstück eines geborenen Meisters der leichten Gewichtsklasse. Schon deshalb steht er in Gefahr, als eine bloße Hübschheit oder gar als literarisches Nippes verkannt zu werden. Hierzulande schwelt untergründig immer noch die Überzeugung, daß der Ernst des Lebens literarisch nur unter den Fäusten der

Halbschwer- oder Schwergewichtler wohlaufgehoben ist, daß Rang, Reife und der moralische Nutzen eines Autors sehr wesentlich von dem Gewicht abhängen, das er mit in den Ring bringt. Das ist die Rechnung, bei der Hebbel besser abschneidet als Heine, die Trakls Gedicht zum abendländischen Dornengeflecht verklärt und Robert Walsers Prosa bestenfalls gelten läßt als duftiges Spinnengewebe.

Sollte also Lettaus Sache von vornherein verloren sein? Doch seine Geschichten weisen etwas auf, das auch die bärtigsten Vorurteile leicht unterlaufen kann: sie haben Charme. Das ist, wohlgemerkt, auch eine literarische Kategorie, dann nämlich, wenn die Sprache selbst diesen Zauber, den Charme veranstaltet, wenn sie mit wenigen leichten Handgriffen dem Leser den harten Asphaltboden der Wirklichkeit und des Alltags unter den Füßen wegzieht und den Schwebenden, Fallenden auffängt in ihren eigenen Netzen. Genau das geschieht hier. Denn was erzählen diese Geschichten?

Da erfindet ein Herr Muck-Bruggenau ein neues Kursbuch, unzufrieden mit dem zu »vordergründigen« landläufigen Standardwerk. Anhänger fallen ihm bald zu, auch Auskunftsbeamte, und schließlich muß sich das ganze offizielle Eisenbahnwesen dem erdichteten Kursbuch anbequemen, das die Reisenden künftig umständlicher, irrationaler, aber auch glücklicher zum Zielort gängelt.

Oder: Ein Literaturprofessor, der mit philologischen Entdeckungen über einen vergessenen Dichter nicht an die Öffentlichkeit dringt, »schreitet zum Äußersten«: besetzt mit einer Handvoll bewaffneter Studenten das Funkhaus und verliest sein gelehrtes Vorwort über den (leider abgeschalteten) Sender, während Polizeitruppen wütend das Gebäude berennen.

Oder, ganz einfach: Unter dem Weihnachtsbaum wird eine elektrische Eisenbahn ausgepackt, aufgebaut, und diese Welt des Spiels, die zischelnden, kletternden Züge, die Tunneleinbrüche, die Erdbeben unter dem Teppich, überwuchern schließlich fast die wirkliche Welt, aus der heraus die Hausfrau trübe, verzweifelt zum Weihnachtskarpfen ruft.

Das sind drei Fabeln aus 21 Geschichten, und gerade die besten sind kaum nachzuerzählen, um so viele Ecken läuft dort das Geschehen und eröffnet dem Leser immer neue täuschende Ausblicke. Ja, eigentlich lassen sich die Fabeln aus der Sprache gar nicht abziehen: Nur die Worte machen hier Geschichte, benehmen sich wie auf Steinbergs Zeichnungen der Strich, nur in ihnen erfüllt sich die Pointe, nur sie halten auch das Unmöglichste glaubwürdig und wahr. Tatsächlich, die verworrene und genaue Welt der großen Karikatur feiert in diesem Band literarische Wiedergeburt, ihre Alpträume, ihre heitere Geometrie, diese widersprüchliche Hochzeit von Berechnung, Grazie und bösem Blick. Es ist Marionettenkunst, die dieser Erzähler spielen läßt. Ruckhaft, sprunghaft und doch mit Anmut bewegt er seine Figuren und Geschichten vorwärts. Er läßt sie in Irrgärten laufen – *Der Irrgarten* heißt nicht umsonst eine Geschichte – dort ziehen sie den Leser in eine in sich geschlossene Welt voller Windungen und Kehren. Seinem Entzücken ist ein gesundes Entsetzen beigemischt. Denn diese Irrgartenwelt scheint dem Kombinationsspiel einer freilaufenden Phantasie ausgesetzt, sie ist bodenlos und verrückt. Doch ihre Verrücktheit wird höchst penibel beschrieben, sie leuchtet ein. Das Absurde, der Vernunft nicht Zumutbare, das sich gläsern und klar, heiter wie höhere Mathematik in Szene setzt – sollte es etwa von Kafka geborgt sein oder von Robert Walser, dem von Kafka verehrten Meister der »abstrakten Metapher«? Genauso gut freilich könnten E. T. A. Hoffmann oder Poe als Ahnen zitiert werden. Solche literarischen Vererbungs- und Ansteckungsspiele sind selbst Irrgärten ohne endlichen Ausgang.

Daß viel Tradition, viel witzige Literaturkenntnis in Lettaus Erzählungen steckt, daß sie sozusagen aus gutem Hause stammen, läßt sich nicht leugnen. Überhaupt, sie atmen eine gewisse Hochwohlgeborenheit. Die Personen, von denen berichtet wird, leben in den sogenannten »gesicherten Verhältnissen«, behaglich und kostbar, Dienerschaft steht ihnen meist zur Verfügung. Diese wohlhabende Windstille und Idylle, mit der so viele Geschichten eingeläutet werden, macht die Verwüstungen nur um so deutlicher, die Lettaus grausam verspielte Phantasie dann anrichtet. Er braucht die geordnetste aller Welten, um sie drastisch in Unordnung bringen zu können.

Auch seine Sprache gibt sich wohlhabend, lässig, wie saturiert. Wortwahl und Syntax klingen preziös und doch gefährlich. »Wenn die Herren«, heißt es da, »in Feuer geraten, zu Handküssen schritten . . . « Und man entdeckt auch die feine Bosheit, mit der einst der junge Thomas Mann die Figuren wie mit silbernen Pinzetten anfaßte: »Frau Saatmantel, eine großleibige Witwe« – das könnte im *Kleinen Herrn Friedemann* stehen. Diese Sprache hat Kultur, aber sie erfüllt sich nicht in leeren Gesten. Feierlich wie Portieren bewegen sich zuweilen die Perioden, Kristallglas läutet fein, Silberbestecken gleich heben sich die Worte ins Licht – doch das Zeremoniell, das diese Prosa regiert, regiert auch unsere Träume. Nur in dieser unheimlichen Kunstsprache hat Lettaus verrückte Welt Platz.

Ein solcher Stil ist Drahtseilkunst. Kleinste Schwächeanfälle rächen sich mit tiefen Abstürzen. Manchmal werden die Knoten in Lettaus Netzen zu dick, und man sieht ihnen nichts mehr an als die Mühe, sie zu schürzen. Eine gewisse Sprach- und Pointenbewußtheit wird dann aufdringlich. Oder die Phantasie hat eine Geschichte hochgesteigert, daß der Autor selbst die Schlußpointe nicht mehr erreicht.

Er springt, und fällt. Auch in dieser kleinen Form wird also mit Risiko gespielt.

Die Geschichte als Spielzeug, als Puppentheater, ist das nun eine eitle, selbstzweckhafte Veranstaltung, bei der sich nichts weiter vergnügt als die Verspieltheit des Autors? Alle, die sich um die tiefere Bedeutung und den öffentlichen Nutzen der Literatur ängstigen, dürfen beruhigt sein: auch diese kleinen theatralischen Maschinen, diese Marionettengeschichten, transportieren Bedeutung und werfen ihren Nutzen ab. »Die Welt wird zur Gasse«, das ist freilich ein Glaubensbekenntnis von Lettau, doch der Sandkasten, in dem er operiert, enthält durchaus unsere Welt, und zwar nur scheinbar idyllisch, zart, handlich, in Wirklichkeit aber zusammengerafft und unheimlich verzerrt. Diese Geschichten sind Modelle (oder, in Bewegung geraten, Parabeln) unserer rationalisierten, scheinbar total verfügbaren Welt. Sie steigern Rationalität und Berechnung so hoch, daß diese umschlagen. Die Ergebnisse sind heiter und doch nicht geheuer. Das Schreckliche macht sich mit Grazie sichtbar. Die Heiterkeit wird zur Gratwanderung.

Nein, gute Literatur gibt sich nicht unfehlbar daran zu erkennen, daß sie mühsam und gravitätisch durch Lehm watet oder eine Scherbenspur von kühn zertrümmertem Porzellan hinter sich zurückläßt. Auch das Entzücken, das Lettau in seinen Lesern anrichtet, kann die Zeit und die Menschen entdecken helfen, hat seine Würde und, wenn das Wort schon fallen muß, seine Tiefe.

(1962)

Erkenne die Lage

Das war ein weiser und fataler Grundsatz aller literarischen Debatten in der Gruppe 47: diskutiert werden durfte nur konkret und genau über einen gerade gelesenen Text, ohne jede Abschweifung ins Allgemeine und Theoretische, jede Erklärung über Maßstäbe und Methoden, etwa der Kritik. Damit war freilich nur unter den Teppich gekehrt, was nun unsichtbar die Debatte bestimmte, jene stillschweigenden Erwartungen, die entschlossene Urteile erst hervorbringen.

Aug in Aug nur mit dem jeweiligen Werk – so möchte, so sollte der Kritiker lesen, berichten, entscheiden. Aber schon aus dem Werk blicken ihn unzählige andere Werke an, die alle an ihm mitgeschrieben haben, und selbst in seiner Lektüre lesen seine alten Leseerfahrungen mit, Erfahrungen auch mit der Zeit- oder Literaturkritik anderer Autoren.

Erkenne die Lage – das hieß damals: die Texte vergleichend überprüfen, im Lichte einer einzigen Fragestellung. Das heißt heute: den Bezugsrahmen damaliger Kritik, das System ihrer Erwartungen oder Vorurteile in sie selbst zurückprojizieren. Denn diese sind uns heute womöglich ferner gerückt als die Werke selbst, und doch überliefern sie, meine ich, genau die Druckbedingungen, unter denen damals die Literatur entstanden ist, Bücher, wie sie heute, anderen Erwartungen ausgesetzt, nicht mehr geschrieben werden können.

So zäh die folgenden Essays und Kritiken auch hadern mit einem zu engen Begriff von Realismus und Engagement – was sie bis hinein in die siebziger Jahre tun werden –, der Realitätsbezug der Literatur, ihre historische Verantwortung und mögliche Wirkung stehen ernsthaft nie in Frage.

Tempi passati – für immer?

Unmenschlichkeit beschreiben

Von Unmenschlichkeit läßt sich kaum noch verbindlich reden. Der Begriff ist zum Schimpfwort degeneriert, jedweder Propaganda dienstbar. Wo das Wort als Parole dient, schützt die Rede über Unmenschlichkeit weit vor den eigenen Grenzen die näherliegende, und gern wird gerade dort eine unmenschliche Vergangenheit angeklagt, wo ihre gegenwärtige Erbschaft verschleiert werden soll.

Ein Blick auf die Literatur aber könnte den Begriff wieder streng machen, denn längst vor Hitler und Stalin, vor Brecht und Koestler zeichnet sie Lagen auf, die der alten Humanität unbegreiflich sein mußten. Schon Kafkas Parabel *In der Strafkolonie*, 1916 im scheinbar stillen Prag entstanden, beschreibt, was nachher in Mauthausen oder Auschwitz offenbar unvorhergesehen praktiziert wurde: die Exekution eines Individuums, ein offenbar alter Fall, doch bei Kafka geben sich Opfer und Täter gleich willig her zu diesem Geschäft. Beide sind einverstanden. »Die Erzählung ist peinlich«, schrieb damals Kafkas Verleger Kurt Wolff an seinen Autor. »Die Zeit ist peinlich«, schrieb Kafka zurück.

Kein Datum hält fest, wann die Zeit »peinlich« wurde, doch als Anhaltspunkt genügt das Jahr 1914. Der Krieg, der damals einsetzte, verdiente den Titel Weltkrieg nicht nur, weil ein halbes Hundert Staaten in ihn verwickelt war. Zum ersten Mal war auch drastisch und allgemein, für die ganze Welt deutlich, welche Dimensionen die Geschichte erreicht hatte, daß sie eben als Weltgeschichte unmenschlich geworden war, unmenschlich in einem scheinbar neutralen Sinn: es kam in diesen Materialschlachten auf den Menschen als einzelnen nicht mehr an, der war so unsichtbar wie unerheblich geworden. Die Unmenschlichkeit des Geschehens war seine Anonymität.

Verdun und Arras mußte die bisherige, die bürgerliche Literatur treffen wie ein Schock. Denn sie war ja gewohnt, auf das Individuum, auf sein beispielhaftes Leiden und Handeln zu schauen. Individualisierung war ihre Absicht. Was aber jetzt, durch den langen Hebel der Technik, dem Menschen zugefügt werden konnte, in welchem Ausmaß und mit wie wenig Aufwand an Gewissen, schien die moralischen Kategorien von Schuld und Sühne und damit die noch immer geglaubte Autonomie des Individuums zu zerstören. Während die Kirchen den Krieg an allen Fronten einsegneten, sank der Literatur das christliche Fundament unter den Füßen weg. »Paternoster«, so notierte Karl Kraus 1915, »heißt ein Lift. Bethlehem ist ein Ort in Amerika, wo sich die größte Munitionsfabrik befindet.« Er selbst zeichnete noch während des Krieges in Szenen und Dialogen auf, was ringsum getan und geredet wurde.

Auf 800 Seiten entstanden *Die letzten Tage der Menschheit*, und in seinem Vorwort notiert der Autor:

»Die Aufführung des Dramas, dessen Umfang nach irdischem Zeitmaß etwa zehn Abende umfassen würde, ist einem Marstheater zugedacht. Theatergänger dieser Welt vermöchten ihm nicht standzuhalten. Denn es ist Blut von ihrem Blut, und der Inhalt ist von dem Inhalt der unwirklichen, undenkbaren, keinem wachen Sinn erreichbaren, keiner Erinnerung zugänglichen und nur im blutigen Traum verwahrten Jahre, da Operettenfiguren die Tragödie der Menschheit spielten. Die Handlung, in hundert Szenen und Höllen führend, ist unmöglich, zerklüftet, heldenlos wie jene.«

Fast vollständig verzeichnen diese Sätze die Ohnmacht der herkömmlichen Literatur vor dem, was geschehen war, eine Ohnmacht, über die sich auch Kraus auf 800 Seiten kaum hinausretten konnte. Die alten Gattungen schienen umgestülpt: Was doch Tragödie bedeutete, hatte sich abgespielt als Operette. Zu Handlung ließ sich das Geschehene nicht mehr einfrieden und ordnen. Die Helden waren unsichtbar geworden. Zwischen Motiven und Taten, Verbrechen und Gewissen ließ sich kein Kausalzusammenhang mehr flechten. Dem Chaos der Widersprüche schien keine Dialektik, sondern nur noch seine eigene Reproduktion gewachsen.

Gerade der Eifer, mit dem Propaganda versuchte, aus dem anonymen Krieg noch immer einzelne Gesichter, ja Helden zu isolieren, verriet nur die wahre Lage. Im Luftkrieg, später im U-Boot-Krieg, mochten sich noch Residuen alter Ritterlichkeit, noch moralische Naturschutzgebiete erhalten lassen. Diese Richthofen und Boelcke, die Mölders und Prien sollten demonstrieren, was kaum noch möglich war: Bewährung der Person mitten im Massenmord, persönliche Sinnerlebnisse in einer undurchschaubaren Lage. Notdürftig hat Gerd Gaiser diese alte, schäbige Romantik selbst noch dem Zweiten Weltkrieg abtrotzen wollen. Seine *Sterbende Jagd* meint freilich auch sterbendes Heldentum. Noch tituliert man sich da mit »Herr Feind« oder gar »Herr Kontra«, noch tauschen diese letzten verschämten Helden nach Sieg und Niederlage Geschenke aus – wie bei Homer, sagt Gaiser, belesener als seine Helden. Denen wiederum schlägt ihr anachronistischer, sentimentaler Schneid aufs Gemüt: sie sind verlegen, unentschieden zwischen Trotz und Resignation.

Seit 1914 war etwas sichtbar geworden, nur scheinbar jäh, nur scheinbar noch im Rahmen eines konventionellen Krieges, was sich doch genau fortsetzte bis nach Auschwitz und Hiroshima. Hinter der technischen Kriegsmaschinerie ließen sich Täter nicht mehr fixieren. Zerrissen war der beruhigende Kausalnexus von Tat und Schuld und Sühne, der dem Individuum seine Würde lieh, von dem so viel Literatur so lange gezehrt hatte. Dreißig Jahre später wird Rudolf Höß, Kommandant in Auschwitz, in seine Erinnerungen schreiben: »Ich muß offen sagen, auf mich wirkte diese erste Vergasung beruhigend ... Mir graute immer vor den Erschießungen, wenn ich an die Massen, an die Frauen und Kinder dachte.«

Vergasung, das bedeutete: Täter und Opfer stehen sich nicht mehr gegenüber. In dieser neuen, anonymen Situation versagen die letzten, die tief im Instinkt eingeübten Hemmungen. Deshalb und in diesem Sinne ist die neue Lage unmenschlich. Eine herkömmliche Literatur, eingerichtet nur für Individuen und ihre Konflikte, konnte sie nicht mehr beschreiben, nicht nach dem Ersten Weltkrieg, nicht nach dem Zweiten.

Wieder, wie schon von Karl Kraus, wurde auch nach 1945 versucht, die neue Dimension der Geschichte durch eine ungeordnete Breite der Darstellung aufzufangen. In seinem Stalingrad-Zyklus etwa durchbricht Plivier zwar die Konventionen des Kriegsromans, verzichtet auf tragende Helden, durchlaufende Fabel und verteilt das Geschehen auf Hunderte von Einzelrollen und -episoden, doch noch immer runden sich die Episoden zu Geschichten, und die Schlacht zerfällt, so sinnlos sie auch als Ganzes scheint, dauernd in kleinere Sinneinheiten, in die Schicksale von einzelnen. Von nahem besehen, gerät dem Erzähler das riesige Geschehen wieder menschlich, allzumenschlich. Sogar eine schöne Spanne Entscheidungsfreiheit räumt er seinen Figuren ein. So riesig sich die Oberfläche des Romans ausbreitet, das Wesen des neuen Krieges, seine Anonymität, fängt sie nicht auf. Nur dadurch, daß sie in die Breite wuchert, holt die Beschreibung nicht mehr ein, was Weltkrieg bedeutet.

Eine Ausnahme, welche diese Regel scheinbar bricht und doch bestätigt, ist mit Alexander Kluges Stalingradbericht, der *Schlachtbeschreibung*, aufgetaucht. Hier wird zwar Überblick behauptet, aus noch größerer Distanz, mit noch größerer Reichweite als Tolstoj sich über die Schlacht bei Borodino einräumte, doch der Autor organisiert dieses Panorama nicht mehr erzählend, er »belegt« es nur noch mit Fakten und Dokumenten. Deren Überfluß, Fragmentarik und Widersprüchlichkeit ist durchaus nicht dazu angetan, das unübersehbare Geschehen als durchschaubar zu ordnen. Im Gegenteil: gerade die konventionellen Stalingrad-Fragen, nach der Schuld dieses oder jenes einzelnen, nach dem Tag, an dem noch zu retten gewesen wäre, was dann doch verloren wurde –, diese der Kriegsdimension schon unangemessenen Fragen treibt Kluge absichtsvoll in einen Maulwurfsbau von Sackgassen. Sein Überblick vereinfacht nichts, liefert auch keine anschaulichen Schlachtenbilder, keine zu Geschichten stilisierten Episoden mehr. Der Abstraktheit und Absurdität der Schlacht wird hier nirgends gefällig nachgegeben. Was freilich auch bedeutet: dieser Bericht hat keine Moral, denn er beweist nur die Unvermeidbarkeit des Geschehens, seine Fatalität. Stumm fängt er die Tatsachen auf. Die Dokumente reden, der Autor arrangiert nur noch die Fakten. Dem Erzählen hat es die ordnende Sprache verschlagen.

Daß es dazu notwendig kommen mußte, läßt sich aus einem einzigen Beispiel nicht folgern. Kluge hat noch einmal ein Schlachtpanorama aufgerollt, nur um zu zeigen: auch aus Generalstabshöhen angesehen, klärt sich eine Schlacht solchen Formats nicht mehr auf. Die eingerichtete Distanz, der Blick von hoch oben her, ist ohnehin nur vorgetäuscht, denn aus Dokumenten redet ja immer nur die Sache selbst. Es war also auch möglich, die Distanz von vornherein einzuziehen und den Krieg strikt von unten her, vollkommen kurzsichtig zu erzählen –, genau das hat Gert Ledig in der *Stalinorgel* versucht, Jens Rehn in *Nichts in Sicht*.

Im kleinsten Ausschnitt und deshalb um so drastischer wollen beide die Anonymität des Krieges feststellen. Wenn bei Ledig gar keine Namen mehr genannt werden, sondern nur noch Dienstgrade auftreten, so will auch das programmatisch verstanden werden. Weder den Figuren noch der Landschaft, einem beliebigen Frontabschnitt vor Leningrad, wird noch ein Gesicht, wird noch Individualität gegönnt. Und wie der Frontausschnitt, so scheint auch der Ausschnitt an nacherzählter Zeit durchaus beliebig. Jede Tendenz zu »Gestaltung« würde ja Sinngebung immer schon voraussetzen. Ledig aber entdeckt im Krieg keinerlei Sinn mehr, sondern als seinen nackten Inhalt nur die Fristung und Erhaltung des Lebens.

Noch enger hat Rehn seine Szenerie zusammengeschnitten. »Kriegsschauplatz« ist nur noch ein im Atlantik treibendes Schlauchboot, in dem sich zwei ehemalige Feinde, ein amerikanischer Flieger und ein deutscher Matrose, verständnislos und fast sprachlos gegenübersitzen. *Nichts* ist in Sicht, der Titel sagt es. Nichtssagend, episodisch erscheint der Mensch auf dem Hintergrund der Elemente. Die Natur vollzieht ringsherum auf dem Wasser und am Himmel noch wie autonom, ungerührt ihre Schauspiele. Auch vom Krieg gerät nichts mehr in Sicht: kein Schuß fällt in diesem Kriegsbuch. Alles, was noch geschieht, ist von der äußeren Szene weg auf eine innere verlegt, in die Träume, Erinnerungen, Monologe und Halluzinationen der beiden Überlebenden, ein Versuch, der an Beckett eher als an Remarque erinnert. Der Krieg als Abenteuer, als verwegene oder trübe Steigerung des Menschen in einem Ausnahmezustand, hat hier endgültig ausgespielt. Rehn bildet lediglich die Lage der Überlebenden, langsam Sterbenden ab. Absurd, so zeigt sich, ist die Freund-Feind-Alternative nach dem Kampf, absurd die Alternative Sieg oder Niederlage angesichts des Todes.

Neun und zehn Jahre nach dem Waffenstillstand sind die Bücher von Ledig und Rehn erschienen, und mit der gleichen Optik wie sie, der Blickrichtung von unten nach oben, mit zerstreuten Episoden statt in geordneten Panoramen haben Erzähler und Stückeschreiber seitdem auch die Diktatur Hitlers beschrieben als einen Bürgerkrieg, der auch im Winkel, in der Wohnstube ausgetragen wurde, und gerade dort. Kleine Leute treten auf, als Mitläufer oder Opfer, bei Walser und Grass, Schnurre oder Lind, nicht jedenfalls die großen, die Geschichte angeblich immer noch treibenden Figuren. Während Büchner noch Danton und Robespierre auf die Bühne schickt, Grabbe sogar Napoleon, während dort das Volk nur als Chor auftrat, hat schon Brecht die Verhältnisse auf den Kopf gestellt: bei ihm dienen die Figuren Hitler und Göring als Glossen zur Geschichte des braven Soldaten Schweyk, statt umgekehrt.

Wo aber heute noch große historische Personen auf der Bühne reden und handeln, bei Hochhuth etwa Pius XII., da wirken sie leicht wie Wachsgespenster aus dem Kabinett der Madame Tussaud. Täuschend ähnlich mögen sie aussehen, aber eben nur täuschend. Hochhuths Schlüsselszene, die Audienz Pater Riccardos beim Papst, arbeitet mit der gleichen Rhetorik und Dramaturgie, mit der Schiller den Marquis Posa vor Philipp führt, was nur heißt: es wird hier für das Jahr 1943 die Geschichtsdimension des Absolutismus vorgetäuscht. Ein Disput im Salon und unter prominenten Figuren, so sollen wir überredet werden, das hoch stilisierte Gespräch zwischen zwei Prinzipien, zwischen Opferbereitschaft hier und realistischer Rücksicht dort, entscheide über das Leben von Hunderttausenden. Handlich schrumpft eine fast unübersehbare historische Lage auf einen Blick durchs Schlüsselloch zusammen, und die patente Psychologie einer einzigen hohen Figur, des Papstes, muß hinhalten für das Versagen einer ganzen Kirche. So wird das Stück theatralisch und spielbar gehalten auf Kosten seines historischen Gehalts. Es provoziert zwar aktuelle politische Emotionen, doch es zeigt kaum, wie es gewesen ist. Es hat sein Objekt aufgelöst in Thesen und die Moral der Geschichte gefunden, ohne die Geschichte selbst zu erzählen.

Was der Blick auf prominente Figuren und die angeblichen Entscheidungen hoch oben eher verfälscht, das zeigte sich sehr konkret, ohne Pathos, aus einer literarischen Froschperspektive, zuerst in Brechts Szenenfolge *Furcht und Elend des dritten Reiches*. Da stellt nirgends die Reichskanzlei die Szenerie, sondern ein Milchgeschäft in Calw, der Gefängnishof von Landsberg, das Physikalische Institut der Universität Göttingen. In den engen Winkeln der Diktatur addiert sich, was ihre offizielle Fassade nicht mehr preisgibt. Je kürzer die Szenen sind, manche knapp wie Blitzschläge, desto greller werfen sie ihr Licht auf die geschichtliche und moralische Lage. Eine Art Stenographie rafft szenisch zusammen, was in breiter Erörterung leicht seinen Schrecken verliert oder, gerade bei Hochhuth, durch feierlich eingeräumte Entscheidungsfreiheit über die Zwangsläufigkeit der Vorgänge hinwegtäuscht.

Nicht nur hier oder im *Schweyk* bei Brecht, auch in der *Blechtrommel* und den *Hundejahren*, in Walsers *Eiche und Angora* genau wie in Qualtingers *Herr Karl* fällt der Blick immer penetrant aus unterem Milieu, von kleinen Leuten aus, auf die historische Stunde. Die ungeheure Zeit erscheint da im engsten und geheuersten Rahmen. Noch in der Wohnküche, im Plausch des Kleinbürgers, wird der Abklatsch unmenschlichen Denkens entdeckt. Den riesigsten dieser Konkavspiegel hat Günter Grass aufgestellt. In Danzig-Langfuhr schimmert Weltgeschichte auf wie in einer Pfütze. So wird erzählbar, was jedem Pathos nur die Sprache bläht, etwa die sogenannte »Kristallnacht«. Denn für Oskar, der schräg von unten, aus einer Kinderperspektive zusieht, läuft diese Nacht nur hinaus auf die Verwüstung eines Spielwarenladens, den Selbstmord eines jüdischen Spielwarenhändlers, eine ebenso enge wie scharfe Erfahrung, genau definiert, genau erzählbar. Auch hier repräsentiert eine kleine Situation die große, statt umgekehrt. Eine andere weltgeschichtliche Episode, der Einmarsch der russischen Armee, wird noch drastischer von unten her erzählt:

»Was blieb mir zu tun übrig, als mich vor Marias zitternde Knie zu hocken und Ameisen auf dem Betonfußboden zu beobachten, deren Heerstraße von den Winterkartoffeln diagonal durch den Keller zu einem Zuckersack führte. Ganz normale, leichtgemischte Russen, schätzte ich, da an die sechs Mann auf der Kellertreppe drängten und über Maschinenpistolen Augen machten. Bei all dem Geschrei wirkte beruhigend, daß sich die Ameisen durch den Auftritt der russischen Armee nicht beunruhigen ließen. Die hatten nur Kartoffeln und Zucker im Sinn, während jene mit Maschinenpistolen vorerst andere Eroberungen anstrebten. Daß die Erwachsenen die Hände hochhoben, fand ich normal. Das kannte man aus den Wochenschauen.«

Hier sind absichtsvoll alle Vorzeichen ausgelassen, die üblicherweise im Erzählen Bedeutendes und Unbedeutendes unterscheiden. Die Ameisen, die Russen, die Deutschen – darunter Oskars Vater, der Minuten darauf erschossen wird – alles steht gleich groß nebeneinander, alles gleich wichtig und gleich belanglos. Vergleichsweise menschlich benehmen sich die Ameisen. Wie Ungeziefer, der großen Zeit im Pelz sitzend, erscheinen die Menschen. Es triumphieren die Fakten. Nur ein hilfloses, reaktionsloses Hinsehen scheint ihnen noch gewachsen.

Die Haltung Oskars, sein robuster Infantilismus, empfiehlt sich weder hier noch irgendwo sonst als Vorbild, doch sie wird auch beileibe nicht zurechtgewiesen. Grass will nur demonstrieren: zeigen, was ist. In einer determinierten Lage, so zeigt er, überlebt der, welcher sich dem Niveau der Lage anpaßt, auch auf die Gefahr hin, daß er selbst unmenschlich scheint. »In solchen Zeiten muß man sich unterwerfen. Es is Übungssache«, sagt Brechts Schweyk.

Die Mechanismen solcher Anpassung und Unterwerfung werden uns überall vorgeführt: durch Grübel in *Eiche und Angora*, durch den *Herrn Karl*, durch Wohlbrecht in Jakov Linds *Seele aus Holz*. Sie alle sind, weniger listig als Schweyk, heitere Mitläufer, biedere Barbaren. Ihre Gemütlichkeit schillert wie Irrsinn, ihre Verrücktheit wirkt anheimelnd. Sie werden schuldig, mit unschuldsvoller Miene, ja unschuldigem Bewußtsein. Doch was sie reden und tun, verrät unaufhörlich die Lage, in die sie unter dem Druck der Zeit geraten sind. Parolen und ideologischer Wahn, ausgeheckt in Reichskanzlei oder Wolfsschanze, erscheinen reproduziert in Kleinbürgerhirnen und Kleinbürgerlogik. Diese Personen sind die Hefe, die das faschistische Projekt erst ins Große aufgetrieben hat.

Denn: sind das nur Kunstgriffe, artistische Erfindungen, um Unmenschliches noch in Menschen, in Figuren zu fassen und satirisch auf Distanz zu halten? Es scheint eher, daß diese Karikaturen, wenn auch im Maßstab verzerrt, sehr treu wiedergeben, was gewesen ist und wie es möglich war. Selbst an *Eichmann in Jerusalem* entdeckt Hannah Arendt das »Dilemma zwischen dem namenlosen Entsetzen vor seinen Taten und der unbestreitbaren Lächerlichkeit des Menschen, der sie begangen hat«. Denn Eichmanns sozusagen bewußtlose Sprache – Hannah Arendt: »Er hat sich ... niemals vorgestellt, was er eigentlich anstellte« – verriet die gleiche Mimikry, lief mit der gleichen rücksichtslosen Mechanik ab wie die Sprache der Mitläufer. Sie war vollkommener Jargon, eine lückenlose Kette von Klischees, abgedichtet gegen die Wirklichkeit ebenso wie gegen die sprechende Person. Ausgerechnet dieser prominenteste Handlanger der »Endlösung« schien unerreichbar für jede Empörung: sie hätte an ihm keinen Widerstand gefunden. Es fehlte Eichmann schlechthin an Individualität, an Menschlichkeit für die Rolle eines Richard III., zu der ihn die Anklage in Jerusalem aufdonnern wollte. Literatur, wenn sie sich je an ihn wagen dürfte, könnte ihn nur zeigen als den hochgekommenen Verwandten der Wohlbrecht und Herr Karl, als komische Figur also, entsetzlich komisch im Wortsinn.

Diese Konsequenz ist vorerst unvorstellbar, ja, man darf sagen: unnötig. Denn was zu vermuten war, hat sich in Jerusalem nur bestätigt: auch Eichmann und seine entsetzliche Lächerlichkeit ist anwesend in den Mitläuferfiguren, sie sind seine »Stellvertreter« in der Literatur. Es sind kleine Figuren, Helden nur im Reagieren, also wachsen sie einer realistischen Beschreibung nicht über den Kopf. Das Ungeheuerliche zeigt durch sie seine lächerliche Kehrseite, ohne allen dämonischen Glanz, greifbar für die Satire.

Satire allerdings muß ihre Objekte klein und niedrig halten. Selbst Brecht ist eine Hitler-Parodie im *Arturo Ui* vorbildlich mißlungen. Noch peinlicher freilich erscheint Vergangenheit, wenn die von fern zurückblickende Wut sich hinreißen läßt zu Pathos, wenn sie jeden beliebigen SS-Mann ausstattet mit den Attributen des leibhaftigen Bösen, schneidend mephistophelisch, Sadismus nicht nur praktizierend, sondern philosophierend. Dann ist, was war, zu groß geraten einerseits, zu harmlos aber auch, weil das traditionelle Figurenmuster des rationalistischen Schurken nur nachgeschrieben, der Blick auf die Wirklichkeit also gescheut wurde. Literatur kann uns nicht nachträglich überreden, daß damals in jedem Haus ein Reinhard Heydrich wohnte, es wohnte dort nur der Blockwart. Auch wo Greueltaten in Büchern aufeinander getürmt werden, entartet die Beschreibung notwendig zur Moritat. Starr ist der Blick dann auf die einzelne Grausamkeit geheftet und verliert leicht die Übersicht. Was als Erinnerung bleibt, ist eine wüste Summe von Brutalitäten und Rechtsbrüchen, alle scheinbar ähnlich jedem beliebigen privaten Raub- und Lustmord. Doch politische Geschichte darf nie erscheinen wie Kriminalgeschichte. So wird, wenn auch mit guten Absichten, nur genießbarer Horror verkauft.

Kann und soll Literatur überhaupt die extremen Inhalte unserer Vergangenheit, die einzelnen Akte des Terrors zurück ins Gedächtnis rufen? Der Terror ist ja, als Herausforderung an jede Phantasie, in unübersehbaren Dokumentationen festgehalten. Bücher, Tonbänder, Fotokopien, jeder neue Tag im Auschwitzprozeß haben überliefert, was der Jargon der Herrschenden damals die »Endlösung der Judenfrage« nannte, die letzte Konsequenz aller damals geplanten Unmenschlichkeit, – und gerade davon sprechen die Zeugnisse und die Zeugen so, daß es ein für allemal für sich selbst spricht. Wie unsere Rechtsprechung, die das Verübte mit den Paragraphen des Strafgesetzbuches von 1871 zu begreifen und abzuurteilen sucht, ohne es doch zu fassen, scheint auch Literatur unzulänglich vor Wesen wie Höß, Eichmann und ihren Helfershelfern. Während diese Handlanger beliebig erscheinen, austauschbar durch beliebige andere Pedanten und Sadisten, hat sich durch sie vollzogen, was in der bisherigen Geschichte kein Beispiel findet. Hier versagt die alte Kategorie der Person endgültig, die Begriffe von Schuld und Unschuld klingen wie Anstandsregeln aus der Kinderstube. »Ich war in Auschwitz«, schreibt der Kommandant des Lagers, »seit Beginn der Massenvernichtung nicht mehr glücklich. Ich wurde unzufrieden mit mir selbst ... Und doch glaubten alle in Auschwitz: der Kommandant hat doch ein schönes Leben. – Ja, meine Familie hatte es in Auschwitz gut. Jeder Wunsch, den meine Frau, meine Kinder hatten, wurde erfüllt. Die Kinder konnten frei und ungezwungen leben. Meine Frau hatte ihr Blumenparadies.«

Was könnte Literatur diesen Zeilen von Rudolf Höß hinzufügen, was entgegensetzen? Sie verraten ihren paradoxen Schrecken von selbst. Und alles, was die Opfer oder Henker des Regimes hinterlassen haben, liest sich genau so. Literatur, scheint es, müßte sich schämen, es noch zu reproduzieren, es durch Kunstmittel womöglich faßbarer, das heißt also: sinnvoller und genießbarer machen zu wollen. Eine einzige Serie Hochverratsakten des Volksgerichtshofs, die hinausläuft auf die Hinrichtung eines fast unzurechnungsfähigen Rentners, klagt genauer an als jede literarische Rekonstruktion. Vor solchen Objekten wird jeder Roman, der über Reportage nicht hinauskommt, diese aber durch Kunstornamente tarnt, peinlich durch seine Eitelkeit, und jedes Stück »zum Thema«, das nichts weiter als eine These und Tendenz unters Publikum bringen möchte (und zwar mit den Mitteln einer Podiumsdiskussion mit fiktiven Rollen), kann durch seine handwerkliche Robustheit entsetzen. Denn hier beginnt offenbar eine Zone, die tabu bleibt. Den äußersten Schrecken, so scheint es, halten nur noch die Dokumente. Und wenn Adorno behauptet hat, nach Auschwitz noch Gedichte zu schreiben, sei barbarisch, so könnte dieses Verdikt mindestens gelten für jedes Gedicht *über* Auschwitz.

Trotzdem, es gibt diese Gedichte. Nicht nur Celan in der *Todesfuge*, nicht nur Nelly Sachs haben sich auf diese Herausforderung eingelassen. Auch Erzähler haben versucht, von Auschwitz zu berichten. Das zwang zu Verzicht ebenso wie zu Neuheit. Die Prosa mußte so nah und unfertig an das Entsetzen herankommen, so tatsächlich sprechen wie die Dokumente selbst. Tadeusz Borowski, ein Pole, selbst Häftling in Auschwitz, ist auf diesem Weg am weitesten vorausgelaufen. In seinen Geschichten, deutsch unter dem Titel *Die steinerne Welt*, wird kaum noch erzählt, nur noch notiert. Fabeln, die ja immer schon Sinn in die Vorgänge mischen, wollen sich durchaus nicht mehr entwickeln. Helden, die ja an individuelle Würde, an Wahlfreiheit, immer noch erinnern, treten nicht auf. Was in Auschwitz fast ausgelöscht war: Mitleid, Tragik des einzelnen Geschicks, das Aug in Aug von Mörder und Opfer – das will Borowski dem Lager auch nachträglich nicht aufstilisieren. Ratlos, faktisch wie Protokoll, nennt er nur das, was gewesen ist, Stunde um Stunde, in Harmence, Auschwitz, Birkenau. Freizeitgestaltung und Vernichtungsbetrieb, so sieht er, laufen nebeneinander ab, Einrichtungen für den Mord und für die Liebe, Krematorium und Puff, liegen hinter ein und demselben Stacheldraht. So ungeheuer

»natürlich« wie der selbst im Lager eintreffende Frühling erscheint bald auch der tägliche Zug zu den Vergasungskammern. Längst sind die Grenzen menschlicher Leidensfähigkeit überschritten. Auch das Entsetzen hat sich im täglichen Umgang mit dem Entsetzen verbraucht. Es ist gelähmt.

Ein Schleier von furchtbarer, gelassener Eingeweihtheit hüllt diese Berichte ein. Zuschauer, die von außen etwas zu begreifen glauben, werden lächelnd beiseite geschoben: »Diese Zivilisten sind komische Leute. Sie reagieren beim Anblick des Lagers wie die Wildschweine beim Anblick einer Feuerwaffe. Sie verstehen nichts vom Mechanismus unseres Lebens und vermuten dahinter etwas Unwahrscheinliches, etwas Mystisches, etwas, was über menschliche Kräfte geht ... Heute sind wir mit dem Unwahrscheinlichen, dem Mystischen, auf du und du. Das Krematorium gehört zu unserem täglichen Brot ...« Schon zeigt sich selbst das Opfer scheinbar einverstanden mit dem Verbrechen, einverstanden wie die Opfer in Kafkas *Strafkolonie*. Denn darauf wollen Borowskis Demonstrationen hinaus: nicht nur Menschen, Individuen wurden in Auschwitz vernichtet, die Menschlichkeit selbst, die Individualität ist dort liquidiert worden. Statt mit Pathos bequem zu stilisieren, mit Haß für die Mörder, Gloriole für die Opfer, läßt er über und hinter ihren Köpfen das System erscheinen, das diese Lager eingerichtet hat. Nur weil der Erzähler sich unmenschlichen Bedingungen vollkommen unterwirft, scheinbar schon einverstanden, können sie sich auch vollkommen verraten.

Als ein ästhetischer wie moralischer Gewaltakt fallen diese Geschichten heraus aus der herkömmlichen Literatur. Sie sind so gut Zeugenberichte wie Erzählungen – aber sie borgen von beiden Gattungen nur, ohne sich ihren Regeln ganz auszuliefern. Eine schwierige, bisher kaum geübte Mittellage zwischen Protokoll und Erfindung wird hier gehalten. Um Auschwitz gewachsen zu sein, haben sich die Grenzen der Literatur erweitern müssen, erweitern auch durch Verzicht, denn der Erzähler hat sich moralisch, als einer, der es besser weiß, offenbar ausgelöscht und auch ästhetisch die Macht über seine Geschichte verloren: sie läuft wie von selbst, rein faktisch, ungegängelt von Absichten.

Ähnlich, auf den ersten Blick, scheint Peter Weiss die Protokolle des Frankfurter Auschwitzprozesses für seine szenische *Ermittlung* bearbeitet zu haben. Mit wenigen, fast notdürftigen Handgriffen wird arrangiert, was vor Gericht geredet wurde. Gegliedert wird vor allem topographisch, nach Schauplätzen, also ganz äußerlich. Die Prozeßsprache ist gehoben und abgeschliffen auf eine gemeinsame mittlere Höhe, und auch die Aufteilung in Verszeilen erweist sich als scheinbar, denn nicht rhythmische, sondern syntaktische Einheiten sind zusammengefaßt. Bewußt ununterscheidbar sind die Zeugenfiguren gehalten, doch auch die Angeklagten werden nur vorübergehend deutlich. Alle diese Entscheidungen des Autors sind so richtig wie vorerst negativ: sie verzichten, zugunsten der Dokumente, auf alle naheliegende theatralische Stilisierung.

Doch spürbar widersetzt sich die Absicht des Prozesses, juristisch greifbare Einzeltäter zu verurteilen, der Absicht des Textes, ein Abbild des ganzen Lagers zu entwerfen, und wie gedankenlos hat Weiss diesem Widerstand nachgegeben, statt ihn, schon durch genaue Auswahl, zum Verschwinden zu bringen. Entscheidungslos reiht er also die grellen Bilder einzelner Greueltaten, untermischt mit litaneihaften Orts- und Organisationsbeschreibungen. Er vertraut auf den Effekt der Häufung, statt auf den zwingenden Zusammenhang des wenigen. Episodisch tauchen dann doch einzelne Gesichter auf, grausame, rührende, nur kurzatmig wird zwischendurch Anlauf genommen zu aktueller politischer Tendenz, verlegen hebt sich mancher Lyrismus aus der Ebene der Prozeßsprache, immer wieder stockt der Ansatz, den Prozeß selbst kritisch einzubeziehen in die Darstellung. Die Wahllosigkeit dieses Zugreifens und Fallenlassens scheint nur von konventioneller Theatertechnik kontrolliert: da wird einmal eine emotionale Steigerung arrangiert, dort effektbewußt ein Antiklimax gesetzt. Solche Eingriffe verraten Fertigkeit, kaum je Verständnis oder Absicht, schon gar keine politische.

So ist hier zwar verzichtet worden (auf übliches Prozeßtheater, das die Originalprotokolle oft genug drastisch anbieten), doch ohne Gewinn. Diese Ermittlung ermittelt nichts, sie vermittelt nur, eine wüste Summe nämlich von Fakten und Aspekten. Daß sie ein Oratorium sein möchte, also offenbar Gedenken feiern, aber auch Information transportieren, daß sie als kultische Tragödie gedeutet wurde, als Pamphlet gegen westdeutsche Klassenjustiz, als Abbild der verwalteten Gesellschaft in Ost und West, obwohl sie doch wiederum einen Kausalnexus knüpfen möchte zwischen Monopolkapitalismus und Auschwitz, – das läßt vermuten, daß sie das alles tatsächlich wollte und darüber nichts weiter geworden ist als der Katalog dieser wirren Absichten. Ein nur technisch geschicktes Collagieren von Dokumenten bringt Auschwitz nicht zum Vorschein.

So pocht *Die Ermittlung*, offenbar gegen den Willen ihres Autors, auf nichts als auf die Unbegreiflichkeit des Geschehenen. »Gelähmt vor Entsetzen«, hieß es, saßen die Zuschauer im Theater. Das war zustimmend gesagt, und ich fürchte, es traf zu. Immerhin, den Widerstand seines Objektes gegen alte Formen hat Peter Weiss wahrgenommen, auf Theater im üblichen Zuschnitt hat er verzichtet. Das fatalere Gegenbeispiel, die theatralische Ausbeutung von Auschwitz, liefert der *Stellvertreter* von Hochhuth.

Als »Schillersches Ideendrama«, sagt Piscator, möchte dieses Stück verstanden werden. Es mußte also an Ausstattung alles aufbieten, was Borowski, der Zeuge, im Lager verkommen sah: den Helden, als »Stellvertreter« der Idee, frei in der Entscheidung für sie – seinen dämonisch ins absolut Böse hochmythologisierten Gegenspieler – und zwischen ihnen die Opfer, unfrei, ohne Wahl, doch noch im anonymen Untergang ihre persönliche Würde wahrend.

Genau dieses Personal führt Hochhuth tatsächlich in seinem fünften Akt, in Auschwitz, auf die Bühne. Für seinen SS-Doktor könnte die Theater-Kanaille Franz Moor, für Pater Riccardo der Marquis Posa unglücklich Modell gestanden haben. Während über der Kulisse, laut Bühnenanweisung, die Krematoriumswolke von Auschwitz steht, läuft unbefangen der Mechanismus des klassischen Dramas ab. Was hinter der Bühne geschieht, wird auf ihr diskutiert. Tirade mißt sich hochherzig an Gegentirade, mit Sentenzen wird nicht gespart. Spannung wird auf zwei Ebenen entwickelt, durch Gewissenskonflikt in einer noch unverbrauchten Innerlichkeit, und auf der Bühne selbst durch Verrat und Mord.

So führen hier Oper und Kolportage abwechselnd Regie, die Fassade des Konflikts glänzt wie *Fidelio*, seine Kehrseite ist düster wie *Frankenstein*. Was für sich besehen als unfreiwillige Komik hingehen könnte, das verdirbt an dem Vorwurf, an Auschwitz gemessen, zu unfreiwilliger Frivolität. Denn an Hochhuths aufrichtigen Absichten ist nicht einen Augenblick zu zweifeln, doch wer Schillers Parolen und Schillers dramaturgischen Apparat ausborgt, bleibt auf Schillersche Konflikte angewiesen. Sein Freiheitsbegriff, sein Pathos ist nur dem Widerstand des Absolutismus gewachsen. In Auschwitz aber, angesichts seiner eigenen Liquidierung, müßte es dem alten bürgerlichen Humanismus nur die alte Sprache verschlagen. Hier entartet, was um 1800 noch Würde bewies, zu deklamatorischem Geschwätz, so, wenn ein Opfer auf dem Weg zur Gaskammer Verse aufsagt wie diese:

> Keine Hoffnung, Geliebter, daß du mich findest.
> Kalt wie die Pracht in San Giovanni ist Gott.
> Ihn rührt nicht, daß die Schwangere neben mir
> niemals zur Mutter wird, daß ich dir niemals gehöre.
> Gott ist kalt, die Hände werden mir steif, wenn ich sie falte.
> Und die Götter der Alten sind tot wie ihre Sagen und wie
> das antike Geröll im Museum des Vatikans, im
> Beinhaus der Kunst. – Ach, sonst bliebe doch
> Hoffnung, daß du mich findest, wie
> Orpheus Eurydike fand.

Solche Sprache, satt vom Pathos und Plüsch bürgerlich-wilhelminischer Bildung, kann Auschwitz nicht sehen, nicht begreifen, und zwar nicht nur, weil ihre Klischees blind sind, sondern vor allem, weil sie dem Individuum einen festlich tragischen Abgang noch im Massenmord garantieren möchte. Borowskis Erzählungen sind »martyrologische Literatur« genannt worden. Zeugenschaft ist ganz offensichtlich die Voraussetzung seiner Poetik. Wenn irgendwo, so kann hier kein Pathos mehr einholen, was nicht mit eigenen Sinnen erfahren wurde. Läßt sich aus einer Zuschauerposition, nur unterrichtet durch Dokumente, überhaupt über Auschwitz schreiben? Möglich allerdings bleibt, nützlich könnte es sein, sich bescheiden und didaktisch vom Rande her dem zu nähern, wofür der Name »Auschwitz« steht. In Heinar Kipphardts *Joel Brand* steht eine Episode fürs Ganze, denn Auschwitz ist immer mitgedacht im genau abgebildeten Mechanismus der Budapester Blut-gegen-Ware-Verhandlungen, der das Unbegreifliche durchaus begreiflicher werden läßt. Greueltaten und Sadisten, das setzt seine Konzeption voraus, sind schließlich auswechselbar, die wären im befreiten Prag des Frühjahrs 1945 und später im Kongo, im Budapester November, in Algerien und Vietnam so gut aufzufinden wie in Auschwitz. Was sich schleichend fortsetzt, was Literatur festhalten kann, sind Praktiken und Denkweisen, die zu Auschwitz geführt haben. Das scheint wichtiger, als für die damals geflissentlich verdrängte Vernichtung der Juden nachträglich Emotionen aufzustören, die dann ansehnlich wie Kränze die Gräber der Ermordeten schmücken.

Selbst Erschütterung kann ja wohlfeil und fruchtlos bleiben, wenn sie dem Massenmord nichts als ein Mitgefühl für einzelne Opfer abzupressen sucht. In Andrzej Wirths Kommentar zu Borowskis Geschichten steht ein ungeheurer Satz: »In einer unmenschlichen Situation ist kein Platz für menschliche Reaktionen. Auf die einfachste Formel gebracht: Mitgefühl wäre Zustimmung zum Mord – eine mörderische Geste.« Was so ungeheuerlich klingt, kann ein einziges Beispiel erläutern. Eine Frau, so wird berichtet, die eben das Anne-Frank-Stück gesehen hat, sagt nachher erschüttert: »*Dieses* Mädchen wenigstens hätte man verschonen sollen.« Der Satz klingt wie eine moralische Fehlleistung. Dem Mord als Ganzen scheint er zuzustimmen, verschont bleiben soll nur ein einziges Opfer. Doch auch diese Fehlleistung fällt zurück auf ihren Anlaß, auf das Stück über Anne Frank. So wünschenswert es aufgeklärt hat, so viel hat es offenbar doch verwischt. Durch Einfühlung konnten sich die Zuschauer mit der Heldin verbünden, so sehr, daß es am Ende nur noch auf diese Heldin, auf Anne Frank, anzukommen schien. Dieses Bündnis mit einzelnen hat die bisherige Literatur, soweit ihre Individuen Helden waren und ihre Helden

Individuen, immer herausgefordert. Wo Massenmord ihr Gegenstand wird, kann sie sich den Luxus solcher Individuation nicht mehr leisten. Es wird ästhetisch zur Lüge, moralisch zur Heuchelei.

Im Lebensbericht des Rudolf Höß findet sich eine verräterische Stelle. Als er eine Mutter die widerstrebenden Kinder in die Gaskammer zerren sieht, sagt er: »Ich wäre am liebsten vor Mitleid von der Bildfläche verschwunden.« Ob diese Zeilen nun ehrlich oder unehrlich sind, sie sagen etwas Wahres: Sobald der Mitleidige sich überfordert sieht, möchte er »von der Bildfläche verschwinden«. Der Selbstgenuß des Gefühls, Sentimentalität also, bleibt seine einzige Ausflucht. Es ist derselbe Kommandant von Auschwitz, der rückblickend Sätze komponiert wie diesen: »Im Frühjahr 1942 gingen Hunderte von blühenden Menschen unter den blühenden Obstbäumen des Bauernhofs, meist nichtsahnend, in die Gaskammern, in den Tod.« So wohlfeil, so pervers ist solches Sentiment und sein Lyrismus geworden – auch die Mörder beherrschen diesen Zungenschlag. In solcher Konkurrenz beweist die vermeintliche Härte Borowskis noch einmal ihren wahren Kern, ihre Humanität. Er sieht die Sinnlosigkeit der Vernichtung und ziert die Leere nicht mehr mit einem nur noch dekorativen Gefühl.

Welche Sprache heute ein Moralist spricht, wenn er sich einläßt auf die Geschichte anonymer Täter, das demonstrieren auch die *Lebensläufe* von Alexander Kluge. Hier taucht, gleich im ersten Lebenslauf, ein lebendiges Gespenst auf, jener Oberleutnant Boulanger, der die Reichsuniversität Straßburg damals mit den abgeschnittenen und präparierten Schädeln sowjetischer Kommissare beliefert hat. Er erledigt den Auftrag wie Rudolf Höß den seinen: pedantisch und subjektiv im Gefühl erhaltener Unschuld. Ein solches Wesen weist jeden Autor auf Distanz, keine Dostojewskijsche Psychologie könnte es noch einfühlend und räsonierend durchdringen, könnte die ungeheuren Handlungen ins Geheure motivieren. Kluge beschreibt also Karriere und Lage des Boulanger streng von außen, er belegt sie mit Dokumenten. Was sich zu Erzählung nicht mehr runden kann, wird fragmentarisch als Fall abgehandelt, wird aktenkundig. Boulanger selbst hat an der Moral seiner Geschichte keinen Anteil mehr, so konditioniert, ausgebeutet und ihm entfremdet ist sein Gewissen. Nur seine Reaktionen beschreiben ihn noch.

Auch in diesen *Lebensläufen* ist das Erzählen also unwillkürlich auf neue Wege geraten. Die Bewußtlosigkeit der Täter scheint undurchdringlich, auffangen lassen sich nur noch Reflexe. Wie ein Sammler und Arrangeur sieht der Erzähler nun aus. Was er herstellt, ist nicht mehr Handlung, sondern Collage aus Tatsachen und Aspekten. Kein Wunder, wenn auch seine Sprache nichts mehr vom alten »Es war einmal« und einem ordnenden und geordneten Behagen verrät, wenn in Juristendeutsch wie unpersönlich abgehandelt wird, was jede individuelle Sprache offenbar genau wie jede Empfindung abweist. Für oder gegen diesen Boulanger ist nicht mehr zu empfinden, über ihn kann nur noch befunden werden. Verrät auch das schon – Unmenschlichkeit?

Hier setzen alte Zweifel ein, in Moskau und Budapest so gut wie im gut-bürgerlichen Westen. Ist die Literatur, wird gefragt, während sie Unmenschlichkeit beschreibt, nicht selbst inhuman geworden? Auch diese Beunruhigung sieht etwas Richtiges an der neuen Literatur. Sie vermißt in ihrem penetranten Realismus die Antwort auf Sinnfragen, die tröstenden Verweise, entweder auf die Metaphysik des Klassenkampfes oder einer Theodizee. Lesen möchte man, was nicht hätte sein sollen, statt was gewesen ist. Immerhin, selbst der Reisende in Kafkas *Strafkolonie*, Zeuge der Exekution, sieht noch eine Alternative: er könnte, statt der Exekution nur in stummem Protest zuzusehen, auch einzugreifen versuchen: »Der Reisende überlegte: Es ist immer bedenklich, in fremde Verhältnisse einzugreifen. Er war weder Bürger der Strafkolonie noch Bürger des Staates, dem sie angehörte. Wenn er die Exekution verurteilen oder gar hintertreiben wollte, konnte man ihm sagen: Du bist ein Fremder, sei still. Darauf hätte er nichts erwidern, sondern nur hinzufügen können, daß er sich in diesem Fall selbst nicht begreife, denn er reise nur mit der Absicht, zu sehen, und keineswegs etwa, um fremde Gerichtsverfassungen zu ändern.«

Doch dieser Reisende wird tatsächlich eingreifen. Die Autoren aber, von denen die Rede war, benehmen sich offenbar nur noch so, wie auch er gern möchte. Sie kommen offenbar mit der »Absicht, zu sehen, und keineswegs etwa, um fremde Gerichtsverfassungen zu ändern«. Ihre Sachlichkeit deutet keine Alternative an, sie pocht nur auf das, was sie vorfindet. Sie ist unbehaglich.

Schon bei Kafka steht aber das »Nein« des Reisenden sehr fremd, fast unglaubwürdig im Text, dessen Sprache, nur noch zu Zeugenschaft begabt, einer moralischen Zensur kaum noch Unterkunft bietet. Der Reisende immerhin kommt von außerhalb, seine Moral und ihre Autorität ist noch nicht gebeugt. Später, in anderen Büchern, ist ein solcher Zuruf von außen nicht mehr zu vernehmen, weil es keine Außenwelt mehr gibt: der Zustand *Strafkolonie*, das System der Unmenschlichkeit, hat sich hermetisch abgeschlossen. Die Totalität der Diktatur, also auch die Blindheit der Untertanen, wird von den Autoren, probeweise, durchaus ernst genommen. Das Unmenschliche erscheint im Munde und in den Handlungen solcher Figuren fast plausibel und selbstverständlich. Es soll sich, beim Wort genommen, selbst verraten und widerlegen.

Genau dieses Verfahren ist das der Satire, die seit jeher Inhumanität, scheinbar in gutem Einverständnis mit ihr, so folgerichtig zu Ende denkt und auf die Spitze treibt, daß sie umschlägt zur Provokation. Jonathan Swift empfahl seinerzeit den Ankauf, die Schlachtung und Einpökelung von Säuglingen aus dem irischen Proletariat, um damit zwei Gefahren auf einen Schlag zu erledigen: die drohende Zunahme dieses Proletariats und seine zunehmende Verarmung. Rücksichtslos in seinem scheinbaren Ernst, im Ernstnehmen der utilitaristischen Zeitmoral und Ausbeutung, berechnete er sorgfältig das anfallende Säuglingsfleisch und den voraussichtlichen Bedarf. Ähnliche Taktiken und Provokationen lassen sich heute überall herauslesen. Auch der Infantilismus des Blechtrommlers übertreibt nur, was an moralischer Indifferenz ringsherum längst auf der Tagesordnung steht. Bei Borowski wiederum beobachtet der Erzähler, ein empfindsamer Zeitgenosse, ein Poet, wie eine alte Jüdin ißt: »Die Alte aß langsam, mit sichtlichem Appetit. Die massiven Goldzähne gruben sich genießerisch in die weichen Brötchen. Ich sah ihr zu; ohne mir dessen bewußt zu werden, versuchte ich, das Gewicht und den Wert ihrer Goldzähne abzuschätzen.«

Eine harmlose, eine haarsträubende Szene. Sie denkt zu Ende, wie der Zwang der herrschenden Menschenverachtung auf jeden einzelnen übergreifen kann. Solche stumme Demonstration, ohne Wimpernzukken oder beigefügte Gebrauchsanweisung, kann leicht aussehen wie Zustimmung, denn die Ansteckungskraft solcher Objekte ist bedeutend, und gerade Realisten wie Grass oder Lind oder Borowski sind ihr fast schutzlos ausgesetzt. Erzählend wird da gezeigt, was Hannah Arendt freigelegt hat in Eichmann, die »Banalität des Bösen«. In Alfred Anderschs *Sansibar* dagegen, das gerade seiner unrealistischen Tendenzen wegen, der tröstlichen Positivität seiner Figuren zuliebe, oft eine »Dichtung« genannt worden ist, dort heißen die Nazis »die anderen«, ebenso in Peter Bamms Rußlandbericht. Da richtet schon die Sprache schützend eine Grenze ein zwischen hüben und drüben, und hüben, jenseits des »Bösen«, darf sich mit dem Autor auch der Leser einrichten und wohlfühlen.

Vertrauenswürdiger scheinen mir jene Autoren, die auch die Rolle ihrer eigenen Feinde wie verständnisvoll mitspielen. Als Realisten wissen sie, daß wir unser selbst nie sicher sein können. Sie haben mitangesehen, wie die Geschichte, in ihren unmenschlichen oder menschlicheren Episoden, scheinbar entgegengesetzte Rollen an die gleichen Personen verteilt. Denn wer gestern noch offiziell mordete, am Schreibtisch oder handgreiflich, kann heute, ohne allen Aufwand an Heuchelei, unser undurchschaubarer Mitbürger sein. Ihn trennt von gestern kein Abgrund, nur die veränderte Lage. Die Bücher, von denen die Rede war, könnten uns also abgewöhnen, mit dem Finger unbefangen auf Schuldige zu zeigen, ganz so, als wäre uns unsere Unschuld angeboren. Das scheint die Moral solchen Erzählens, eine realistische Moral, und wie alle Moral hat auch sie Konsequenzen. Sie bedeutet uns, um Martin Walser zu zitieren, uns nicht »auf subjektive Glanzleistungen zu verlassen«, sondern »empfindlich (zu) werden für die gesellschaftlichen Bedingungen, die uns zum Schlechteren oder Besseren provozieren«.

Doch die Zweifel an der neuen Literatur meinen es auch ästhetisch. Beklagt wird der Verfall alter epischer Ordnungen, der Herrschaft des Erzählers über das Werk ebenso wie der Freiheit des Individuums im Erzählten. Gezeigt wird ja, wie die Umstände den einzelnen zeichnen und entstellen können. Von Handlungsfreiheit kann nicht mehr die Rede sein, wenn das System »Strafkolonie« sich abgeschlossen hat nach außen, während sich natürlich von fernher, aus dem Jahr 1966 schnell eine Moral fürs Jahr 1943 zu Papier bringen läßt. Weil realistische Autoren solche gute und billige Einsicht aus der Ferne nicht mitbringen, sondern sich einlassen auf die Blindheit ihrer Figuren, darum triumphieren die Fakten in ihren Büchern und umstellen den einzelnen als Objekt unter Objekten. Wo der Druck der Umstände übergroß scheint, wie bei Alexander Kluge, kann auch der Realismus fast erstarren in bloßer Dokumentation. Dann ist die letzte Distanz des Erzählers verlorengegangen, und es redet nur noch, diskret arrangiert, die Sache selbst. Hier hat die Geschichte die Literatur tatsächlich an eine Grenze gebracht. Der Literatur ist das kaum vorzuwerfen. Wem sie peinlich scheint, der muß sich, auch heute noch, von Kafka antworten lassen: peinlich ist die Zeit.

Legitimer klingt ein anderer Einwand, denn er nimmt den Gegenstand, eben die Unmenschlichkeit, ernst und fragt: Darf das Geschehene überhaupt zu Kunst gemacht werden, gerät es der Literatur nicht, auch gegen ihre Absicht, allzu formvoll? Laokoon, behauptet die klassische Ästhetik, darf nicht schreien, noch vor den äußersten Zumutungen des Schmerzes soll die Kunst gelassen ihre Regeln, den ästhetischen Abstand und Anstand wahren. Gegenüber solchen Dekreten freilich muß Adorno recht behalten mit der Behauptung, ein Gedicht nach Auschwitz sei Barbarei. Aber ganz zu schweigen vom Gedicht *nach* Auschwitz: haben sich die Gedichte *über* Auschwitz immer freihalten können von jener Schönheit, die das Unsägliche durch Kunstaufwand beredt macht, den Schrecken zur Ordnung ruft, einzirkelt und befriedet? Celans *Todesfuge* etwa und ihre Motive, die »schwarze Milch der Frühe«, der Tod mit der Violine, »ein Meister aus Deutschland«, alles das durchkomponiert in einer effektbewußten Partitur – bewies es nicht schon zuviel Genuß an Kunst, an der durch sie wieder »schön« gewordenen Verzweiflung? Oder, nur stellvertretend für andere Gedichte und Autoren, eine Strophe von Johannes Bobrowski:

Und ich erkenne die Stufen,
den Hang, dieses Haus. Da ist kein
Feuer. Unter dem Dach
lebt die Jüdin, lebt in der Juden Verstummen,
flüsternd, ein weißes Wasser,
der Töchter Gesicht. Am Tor
lärmen die Mörder vorüber. Weich
gehn wir, im Moderduft, in der Wölfe Spur.

Wieder scheint das Grauen heimgeholt in empfindungsreiche und -mächtige Erinnerung. »Weich« geht auch die Sprache »in der Wölfe Spur«. Ihre Schönheit weiß sich wehrlos, sie verzweifelt, will aber auf sich selbst nicht verzichten.

Martin Walser hat kürzlich beschrieben, wie ein Künstler, sozusagen ein Vollblutartist, einen brutalen Modellvorgang darstellen würde: ein Mensch schlägt einen anderen zu Boden: »Der Künstler macht unbedingt etwas Schönes. Was das an Rhythmus und Saftwörtern bringt, bis einer wirklich zu Boden geht, man könnte den Vorgang weder als Schläger noch als Geschlagener so erleben: die Schilderung vermittelt die bekannte Süße des Zuschlagens und den genormt menschlichen Triumph des Opfergefühls. Am liebsten legte man das Buch schnell mal aus der Hand, um zu klatschen. Je grausamer es zugeht, desto herrlicher entfalten sich die Mittel.«

Genau diese Szene entwickelt Grass in den *Hundejahren*, als Eddi Amsel von Walter Matern und seinen Helfern zu Boden geschlagen wird. Zufällig vielleicht, aber doch genau beschreibt Walser die penetrante Versuchung, der auch die Prosa von Grass zuweilen erliegt. Dann produziert sie tatsächlich nichts als rabiates l'art pour l'art, und jedweder Vorgang ist ihr gleich wichtig und nichtig, weil nur noch Material und Widerstand für rhythmische und metaphorische Bearbeitung.

Doch selbst ein heftig engagierter Text wie das folgende Gedicht von Christa Reinig krankt an selbstbewußter Schönheit:

die prüfung des lächlers

als ihm die luft wegblieb hat er gelächelt
da hat sein feind ihm kühlung zugefächelt
er lächelte als er zu eis gefror
der feind rückt ihm die bank ans ofenrohr

er lächelte auch als man ihn bespuckte
und als er brei aus kuhmist schluckte

er lächelte als man ihn fester schnürte
und er am hals die klinge spürte

doch als man ihm nach einem wuchtigen tritt
die lippen rundum von den zähnen schnitt
sah man ihn an – erst ratlos dann erstarrt
wie er im lächeln unentwegt verharrt

Eine Diktion, wie von Stefan George hergeliehen, beginnt hier scharf und schmerzhaft zu schmecken, nach Parodie. Sie will, wie das Lächeln des Opfers, leicht über dessen Qualen triumphieren. Ob sie es darf? Eine fast zu aufdringliche und naive Frage, nicht zu beantworten, ebensowenig zu verdrängen. Adorno hat seine Warnung, das Schreckliche durch Kunst zum schönen Bild zu machen, so formuliert:

»Indem es, trotz aller Härte und Unversöhnlichkeit, zum Bild gemacht wird, ist es doch, als ob die Scham vor den Opfern verletzt wäre. Aus diesen wird etwas bereitet, Kunstwerke, der Welt zum Fraß vorgeworfen, die sie umbrachte. Die sogenannte künstlerische Gestaltung des nackten körperlichen Schmerzes der mit Gewehrkolben Niedergeknüppelten enthält, sei's noch so entfernt, das Potential, Genuß herauszupressen. Die Moral, die der Kunst gebietet, es keine Sekunde zu vergessen, schliddert in den Abgrund des Gegenteils. Durchs ästhetische Stilisationsprinzip ... erscheint das unausdenkbare Schicksal doch, als hätte es irgend Sinn gehabt; es wird verklärt, etwas von dem Grauen weggenommen.«

Solchen Bedenken wären nichts als Phrasen entgegenzuschicken. Sie gelten immerhin Schönbergs *Überlebenden von Warschau* und beweisen dadurch, wie auch durch ihre radikale Allgemeinheit, daß sie jedwede kunstmäßige Behandlung des Geschehenen meinen: daß also unmenschliche Vorgänge auch auf Expressivität hin nicht beliebig zu stilisieren sind, daß nicht etwa nur satirische oder ironische Distanz sie unweigerlich und schamlos verletzt. Jede Form und ästhetische Methode nämlich begeht diesen Frevel an diesem Gegenstand, insofern sie ihn organisiert. Freilich gibt es da Unterschiede. In Goyas Erschießungsszenen zittert mehr nach vom Vorgang als in der so gediegen wie genial ausgewogenen Komposition von Picassos Guernicabild. Auch und gerade das geglückte Gedicht, die geglückte Geschichte machen sich verdächtig, wenn es ihnen geglückt ist, Unmenschlichem in aller Form gerecht zu werden. Dieser Widerspruch läßt sich nicht aufheben. Die Literatur muß ihn, von Werk zu Werk, neu austragen, es bliebe ihr sonst nur, beflissen wegzusehen und zu schweigen – womöglich in der Meinung, das Unmenschliche geschehe eben durch Unmenschen, nicht durch uns und unseresgleichen. Solcher Vogel-Strauß-Trost verriete nur, wovon er sich gerade unberührt glaubt: Unmenschlichkeit.

(1966)

Deutsche Gesellschaft in deutschen Romanen

In den großen Romanen des 19. Jahrhunderts schließt sich um den Lesenden sehr bald und dicht ein Geflecht gesellschaftlicher Beziehungen. Gewöhnlich folgt er einem einzelnen quer, aufwärts und abwärts durch dieses Geflecht, er heiße Heinrich Lee, Julien Sorel oder Tschitschikow. Seine Bewegungen beachten gewissenhaft soziale Spielregeln, um so ängstlicher und höhnischer, wenn er ein Emporkömmling ist. Werden die Spielregeln verletzt, schlägt die Gesellschaft zurück. Indem sie den einzelnen ausstößt, ob Madame Bovary oder Effi Briest, ob Raskolnikow oder Julien Sorel, schließt sie selbst sich wieder, demonstriert ihre Grenzen und Gesetze, die sie zusammenhalten.

Auch das Erzählen solcher Konflikte kennt seine Spielregeln. So undurchdringlich, so »dämonisch« es auch seine Helden halten mag, deren Lage in der Gesellschaft und damit diese selbst bleiben deutlich und definiert. Schon in den ersten Sätzen gibt der Roman oft seine Spielregeln aus, denn es genügen dafür wenige Daten. Die Beschreibung einer Hausfassade, eines Gehrocks, einer Kalesche, der Titel Baron, eine Geldsumme oder Sprechgewohnheit, das alles kann uns gleich auf der ersten Seite unmißverständlich bedeuten, wo wir sind, vor allem: wie weit oben oder unten in dieser Ordnung. Mit der sozialen Höhenlage ist auch das soziale Gefälle schon mitgegeben und das Terrain vorbereitet für eine aufwärts oder abwärts sich bewegende Handlung.

Die Absicht dieser alten Expositionen war offenbar, dem Leser den Raum des Romans sofort wohnlich zu machen. Er wird erinnert an Elemente der eigenen sozialen Erfahrung und Umwelt. Schließlich weiß er, was ein Stabskapitän ist, durch welche Viertel die Rue St. Honoré läuft oder daß die Hoffnungen eines ledigen Fräuleins mit nur siebentausend Pfund Vermögen gering sind.

Was uns heute befremdet, ist der Ton der Selbstverständlichkeit, mit dem solche Romananfänge soziale Spielregeln als gegeben hinnehmen. Da die Sprache Konventionen wie etwas Naturgegebenes ausspricht, sozusagen aufsagt, scheint auch sie uns konventionell. Ein Stabskapitän ist für sie ein Stabskapitän, siebentausend Pfund sagen etwas über die Person, die sie besitzt. Diese Sprache vertraut darauf, daß sie keine imaginierte oder schüttere oder gar undeutliche Welt erzählerisch aufbaut, sondern die wirkliche, festgefügte Welt selbst.

Das nächste Jahrhundert, unser eigenes, setzt ein mit Romanen, aus denen sich ein solches Einverständnis zwischen Sprache und Welt, also auch dem Erzähler und der erzählten Gesellschaft nicht mehr ablesen läßt. Bei Henry James und Proust, von Virginia Woolf und Kafka bis hin zum nouveau roman treibt die Undeutlichkeit menschlicher Beziehungen die Prosa in ein unendliches Zögern. Während früher eine einzige Konversation schon die ganze Gesellschaft andeuten konnte, zerfällt das Panorama nun in enge, trotzdem verdunkelte Bereiche, oder es läuft, bei Döblin, Céline und Dos Passos, nur noch wie Film vor uns ab, zerschnitten in unzählige Orts- und Zeitelemente, aufgesprengt und springend. Mit wilden, oft ohnmächtigen Expansionen sucht das Erzählen also der Gesellschaft nachzuwachsen, oder es vergräbt sich, blind fürs schon unübersehbare Ganze, in Kleinstsituationen. Die kleinste, fast gesellschaftslose Situation wäre der Monolog, in dem das Werk Becketts seinen letzten Halt findet.

Ein solcher Überblick behauptet in wenigen Sätzen natürlich zu viel und kann nur als Skizze und Hintergrund gelten. Denn vor diesem Hintergrund gesehen, scheinen deutsche Romane von heute den Werken der Urgroßväter ähnlicher als denen von Joyce oder Proust oder auch dem »Anti-Roman« zeitgenössischer Franzosen. Selten kämpft im Deutschen die erzählende Sprache mit ihrer drohenden Erblindung. Alte Traditionen haben sich gerade bei repräsentativen Autoren wie Böll, Grass und Johnson entweder erhalten oder regeneriert. Handlung, als die epische Auslegung eines Konfliktes, als Austausch von Aktionen und Reaktionen zwischen Individuum und Gesellschaft, funktioniert in ihren Büchern offenbar noch genauso wie in *Rot und Schwarz*.

Von diesen drei Erzählern lassen sich gediegene Fäden zurück in die Tradition spinnen, und schon meldet gerade konservative Kritik mit Befriedigung diesen Wiedergewinn oder diese Behauptung angeblich verlorener Positionen. Gern wird dann, wenn von Günter Grass die Rede ist, dessen »Vitalität« gefeiert wie ein Elixier, das jeden Scheintoten, also auch den fabulierten Roman, zu neuem Leben erweckt. Wieder oder noch immer erzählen zu können, das wäre dann also keine Frage der historischen Stunde und ihrer Objekte, sondern schlichtweg eine Frage der Kraft des Erzählers. Die Theorie, historisch beschlagen, versucht solche biologischen Ausflüchte zu belächeln.

Fragt sich nur: lassen sich diese drei Autoren, lassen sich Böll, Grass und Johnson überhaupt miteinander vergleichen? In allen drei Werkgruppen sind immerhin gemeinsame Qualitäten zu entdecken, Qualitäten offenbar, die auch das Publikum mit seinem Interesse quittiert. Dieser großzügig verallgemeinerte und deshalb gemeinsame Nenner wäre so zu beschreiben:

Erstens: ihre Romane entfalten zeitgenössische Gesellschaftsbilder, genau wie der repräsentative englische, französische und russische Roman des 19. Jahrhunderts. Das sichert diesen Werken ein breites gesellschaftliches Interesse, das etwa der nouveau roman mit seinen stilisierten Kleinsituationen schon aus stofflichen Gründen nie erreicht. Hier ist jeder Leser noch unmittelbar mitgemeint, und wenn er sich selbst nicht wiedererkennt, so doch ihm geläufige soziale Situationen, denn –

zweitens –: die Schreibweise ist vertraut realistisch. Zeitgenössische Realitäten, vor allem Milieus, werden treu imitiert. Immer wird also angespielt auf eine Wirklichkeit, die draußen vor den Werken steht. Sie soll vertraut gehalten, nicht fremd gemacht werden. Am deutlichsten gelingen diese realistischen Zeitbilder bei Böll, dem Ältesten der drei, unsicher erscheinen sie bei Johnson, dem Jüngsten. Die Breitenwirkung nimmt, natürlich, in etwa der gleichen Reihenfolge ab. Realistisches Erzählen läßt sich am besten konsumieren, weil realistisches Lesen, geschult im Vergleich zwischen erzählter und erlebter Realität, am längsten eingeübt ist. Und schließlich –

drittens –: das Interesse dieser drei Erzähler an der zeitgenössischen Gesellschaft ist kritisch. Erzählend wird gegen die vorgefundene Verfassung der Gesellschaft protestiert. Solche Bücher können also auch politisch, störend oder bestätigend, unmittelbar eingreifen in das Leben des Lesenden. Sie reizen ihn zu Reaktionen.

Da wären drei gemeinsame Kennzeichen, allgemein genug, um etwa auch die Resonanz, die breit empfundene Aktualität dieser Romane erklären zu helfen, die Resonanz und Aktualität eines gesellschaftskritischen Realismus. Und doch sind die hier angebotenen Formeln noch zu weit, denn sie ließen sich auch auf andere gesellschaftskritische Erzähler, auf Andersch etwa, auf Koeppen oder Walser anwenden.

Eine vierte Qualität nämlich bleibt nachzutragen, die merkwürdigste. Die breiten Gesellschaftsbilder, die Böll, Johnson und Grass entwerfen, wie breit sind sie eigentlich? Was an Gesellschaft zeigt sich, was wird ausgelassen? Denn unmöglich könnte ein Roman auffangen, was die Soziologie mit ihren viel energischer abstrahierenden Beschreibungen heute nicht mehr mit einem Zugriff fassen kann: die gesamte zeitgenössische Gesellschaft des Landes.

Was diese Autoren auslassen oder vernachlässigen, läßt sich zunächst leichter beim Namen nennen als das, was sie zeigen und betonen. Wenig technische und zivilisatorische Aktualität wird hier eingelassen. Schon aus der ersten Oberfläche, aus den Kulissen der Romane läßt sich dieses Defizit herauslesen. Da nehmen kaum eine Hotel- oder Fabrikhalle, nie ein Flugzeug, selten ein Appartementhaus, kaum je ein Auto an der Handlung teil. Man mag das, zunächst, für eine bloße Frage der Dekoration halten. Doch scheint es weder zufällig noch belanglos, wenn in diesen Büchern enge Wohnstube oder unangerührte Natur, das altgewohnte Strandbad, die Stammkneipe und der Hinterhof die bevorzugten Schauplätze abgeben, wenn Vorstadt oder Kleinstadt eher Modell stellen als die City, nie jedenfalls die im Netz der Fluglinien schon klein gewordene Welt.

Solche Hintergründe nämlich signalisieren unmißverständlich das Stamm-Milieu dieser Romane: ein kleine, noch wenig bewegte Welt mit engem Gesichtskreis. Sogenannte kleine Leute bevölkern sie, sozial meist in einer stillen Mittellage zwischen oben und unten postiert, Kleinbürgertum aus Kölner Vororten und kleinen Rheinstädten bei Böll, die Vorortshändler in der *Blechtrommel* oder Johnsons Angestellte und letzte selbständige Handwerker. Was heute vor unsern Augen stattfindet: die immer schärfere Rationalisierung des Lebens durch Technik mit allen Begleiterscheinungen, der gesellschaftlichen Mobilität, der Einebnung der Unterschiede zwischen den Provinzen, dem zum Konsum gereizten, durch Konsum betäubten Bewußtsein, dem Absterben der alten bürgerlichen Moral –, das alles ist in diesen Erzählberichten weitgehend ausgespart. Die unteren, die noch immer proletarischen, wenn auch nicht pauperisierten, genau wie die oberen, die noch immer bürgerlich wirtschaftenden Schichten nehmen an diesen Prozessen in aller Breite teil. Das Kleinbürgertum allerdings, wie es die Szene dieser Romane beherrscht, lebt noch immer wie resistent im Windschatten dieser Veränderungen.

Zugegeben, dieser erste Befund ist fast fahrlässig vereinfacht. Er verschweigt, wie sehr aktuelle Arbeitswelt und Technik vom Rande her schon in Johnsons erste Romane eindringt, und daß in *Zwei Ansichten* schließlich Maschinenspielzeuge, zwei Sportwagen, die Handlung mittragen und sogar mitentscheiden. Übersehen wurde, daß eine mindestens in ihrer Illusion sozial freischwebende Artisten-Bohème, daß Bildhauer, Musiker, Schauspieler die Romane von Grass als Handelnde und Erzählende vorantreiben. Der Befund unterschlägt auch, daß selbst Heinrich Bölls zwei letzte Romane vorgeben, in bürgerlichen, ja großbürgerlichen Schichten zu spielen. Dort oben nämlich, das muß sich auch Böll aufgedrängt haben, wird zehn Jahre nach der Währungsreform drastischer über die Verfassung von Gegenwart und Zukunft entschieden als in den windstillen kleinbürgerlichen Miseren unserer Gesellschaft. Doch so richtig diese Einsicht war, so merkwür-

dig folgenlos blieb sie vor allem in den *Ansichten eines Clowns*. Protagonist Hans Schnier, so wird beteuert, stammt aus einer rheinischen
Großindustriellen-Familie, und nicht weit unter Krupp, Thyssen oder
Reusch haben wir deren Status zu vermuten. Doch auch Schnier, der
entsprungene Millionärssohn, sieht das Bürgertum mit jenem intelligenten Ressentiment, das immer den Blick von sozial Unten verrät. Was ihm als Gegenentwurf vorschwebt, ist tatsächlich gut kleinbürgerliche Standesmoral. Noch immer gilt, wie in allen Büchern
Bölls, vorbildlich das Bekenntnis zu Genügsamkeit und Behagen im
Kleinen, das handgreiflich bescheidene Glück, der Spatz in der Hand.
Der Aufstieg in höhere Schichten, der Blick auf ihre Lage will hier
nichts Neues hergeben, er bestätigt nur die kleinbürgerliche Perspektive auf die Welt, ihre so sympathische wie ohnmächtige Moralität.

Warum diese drei Erzähler sich immer wieder Kleinbürgern an die
Fersen heften, das könnte eine konventionelle Literatursoziologie
leicht und leichtfertig erklären: alle drei stammen ja offenbar aus dem
Milieu, das sie beschreiben. Doch weder Herkunft noch – eine andere
landläufige Vermutung der Literatursoziologie – Publikumsinteresse
können einen Autor bevormunden in der Wahl seiner Sujets. Andere
zeitgenössische Erzähler verlassen auch heute bewußt und energisch
die Bannmeile der kleinen Welt, ganz gleich, in welche Schichten sie
selbst hineingeboren wurden. Martin Walser etwa, »obwohl« doch
aufgewachsen im Kleinstadtmilieu am Bodensee, hat in der *Halbzeit* alles dokumentiert, was Böll, Grass und Johnson entweder auslassen
oder an den Rand verweisen. Bis zum Zerreißen fast spannt sich da das
soziale Panorama, die gegenwärtige Arbeits- und Konsumgesell-
schaft, nicht mehr bloß von außen und unten beäugt, sondern im Zick-
Zack durchlaufen von ihrem atemlosen Mitspieler selbst, Anselm
Kristlein. »Mimikry« heißt das erste Kapitel des Romans und bleibt
sein Stichwort, das heißt im aktuellen Jargon der amerikanischen Soziologie: die Prozesse der Mobilität und der Anpassung sind Thema.
Ohnmächtig steht das alte, wohnlichere Milieu, Kristleins Familie, neben der kälteren funktionalen Außenwelt. Kristlein selbst wiederum
wird so umgetrieben und konditioniert, daß er sich als Figur kaum
noch rundet. Er ist nur Repräsentant und Sprachrohr der Prozesse,
eher ihre Allegorie als Held und Individuum, »Charakter« im Sinne
der alten Ästhetik.

Ein ähnlicher Zug zum Allegorisieren setzt sich offenbar überall
durch, wo Romane nicht mehr an einem eng definierten Milieu haften,
wo sie die Provinz hinter sich lassen, also auch bei Koeppen und Andersch, auch in den Romanen Frischs. Dessen Ingenieur und homo
faber etwa, genau wie Koeppens Bonner Politiker oder eben der Vertreter und Werbemann der *Halbzeit* –, sie alle stellen nur noch Verhaltens-

und Eigenschaftsmodelle, erreichen als Charaktere nicht mehr jene Dichte, die im Empirischen gesicherte und also anheimelnde Vertrautheit wie die besten Figuren Bölls oder Johnsons. Solche Unterschiede wären als Unterschiede des schriftstellerischen Vermögens so leicht wie unbefriedigend zu erklären. Das ist durchaus üblich: nicht zufällig hat die Kritik Johnsons ersten Protagonisten aus der neuen westdeutschen Gesellschaft, den B. in *Zwei Ansichten*, als undeutliche, nicht geschlossene Figur beschrieben und dann als mißlungen denunziert. Ob aber nicht vielmehr die jeweils verschiedene, engere oder weitere Perspektive, die entweder noch in einer spezifischen Provinz und einem kleinen Milieu eingenisteten oder aber sozial und auch geographisch beweglicheren Handlungen und Figuren ganz von selbst andere epische Verfahren hervornötigen? Wenn Walser und Koeppen einen breiteren und heute repräsentativeren Ausschnitt Gesellschaft erzählen, sind sie dabei nicht auf Widerstände gestoßen, denen sich Böll vor allem, aber auch Grass und teilweise Johnson noch entzogen haben?

Oder, vom andern Ende her gefragt: welche Art des Erzählens kommt im kleinbürgerlichen Gesichtskreis zum Zuge? Vorteile, die das klein gehaltene, kleinbürgerliche Milieu dem Erzähler liefert, springen gleich ins Auge. Hier ist die Bühne noch eng, ein Guckkasten, wie das Spielfeld im Roman des 19. Jahrhunderts. Auch die Spielregeln lassen sich noch fassen, denn das Kleinbürgertum übt ja, wenn auch verkümmert und dürftig, die bürgerlichen Konventionen immer noch. Wie unter der Glasglocke steht das kleine Leben, und die Kälte der Industriegesellschaft dringt noch wenig, kaum deformierend in die menschlichen Beziehungen ein. Noch ist der Gesichtskreis behaglich, reicht über den Familien- und Nachbarschaftsbereich kaum hinaus. Im Schrebergarten oder beim Kaffeeklatsch begegnen sich die Personen wie heruntergekommene Buddenbrooks, jedenfalls gesellschaftlich fast unvermittelt, und also erzählbar wie die Teilnehmer an einem Souper des 19. Jahrhunderts. Man ist unter sich, im Mief oder in der Intimität, abgeschirmter jedenfalls als ein Handelsvertreter oder Lohnproletarier, dessen Leben tagtäglich heftiger nach außen, in die übrige Gesellschaft hineingerissen wird. Die alte bürgerliche Illusion, die, nach Adorno, behauptet, »das Individuum (sei) ... wesentlich für sich, und die Gesellschaft wirkte von außen auf es ein« –, diese Illusion kann sich in Restbeständen hier noch erhalten. Die Konsequenz, unschätzbar für einen realistischen Erzähler alten Schlages: in diesem Milieu lassen sich die Personen noch isolieren und Charaktere deutlich ausarbeiten, sie runden sich. Sogenannte Persönlichkeiten oder Naturen gedeihen in der abgeschirmten, warmen Enge wie unter Treibhausbedingungen, etwas zu üppig nämlich, schon zu Originalen verkauzt. Ein Intarsientischler etwa, mitten in den gesellschaftlichen Verhältnissen von heute, muß notwendig wie stehengeblieben in einer alten, nun fremden Tradition, muß als Original beschrieben werden.

In Johnsons *Mutmaßungen über Jakob* heißt dieser Intarsientischler Cresspahl. Diese Figur, dieser Mensch kommt von weit her. Reiche Tradition hält ihn in seiner Eindeutigkeit, als Individuum: Raabe oder Fontane könnten bei seiner Konzeption Pate gestanden haben. Um Cresspahls schweigsamen mecklenburgischen Kopf steht noch jene Aura, die Walter Benjamin an alten Porträts entdeckt hat. Aura, sagt Benjamin, sei die »einmalige Erscheinung einer Ferne, so nah sie sein mag«. Einmaligkeit und Ferne, Aura also, zeichnen die besten Porträts aus, die uns aus der kleinbürgerlichen Welt noch immer entgegenblikken, denn nur in solcher Aura geschützt, gedeihen dem Erzähler noch Charaktere statt Verhaltensmodelle. Auch Heinrich Bölls alte Leute, resignativ gestimmt, doch gerade in der Haltung, hätten überall im bürgerlichen Erzählen des neunzehnten Jahrhunderts ihr solides Zuhause. Grillparzers armer Spielmann oder die herb Verzichtenden Storms sind ihre historischen Verwandten.

In diese Bücher dringt kaum der Alltag der 40-Stundenwoche, das blinde Herunterarbeiten von Zeit. Auch der Alltag verläuft menschenwürdig gemütlich. Es wird da noch eine kräftige Poesie selbst des Zubehörs entdeckt, der toten Dinge. So steht bei Böll, für Hans Schnier, ein Teller voll schlichtem Kartoffelsalat fast als Sinnbild des einfachen Lebens. In der *Blechtrommel* treibt Brausepulver als Aphrodisiacum in sexuelle Entrückung. Überall werden, ob feierlich oder frech, noch Idyllen und Stilleben festgehalten. Behaglich springt das Erzählen von Episode zu Episode, dazwischen steht die Zeit fast still, denn die kleine Welt, von Veränderungen noch kaum bewegt oder gar entstellt, hält sich gerade deshalb noch schön ruhig einer Beschreibung hin, steht sozusagen in Pose vor dem Erzähler. Posiert wird ja auch die kleinbürgerliche Moral, die rein rituell in unteren Winkeln nachspielt, was weiter oben einmal Anstand oder Mode war. Auch sie läßt sich also, da selbst starr, scharf porträtieren.

Solche Vorteile für Erzählungen aus dem engen Milieu lassen sich aufzählen. Wo sie genutzt werden, schlägt der Kleinbürger-Roman seinem bürgerlichen Vorläufer nicht von ungefähr nach, herrscht unbefangen über dem und haust im Milieu, hält es zusammen in sinnlicher Dichte, bildet geschlossene Charaktere und entwirft erzählend ein Sittenbild, womit er scheinbar zurückfällt hinter die Positionen von Henry James oder Joyce oder Kafka.

Wer in der Geschichte und also auch in der Literatur nur den folgerichtigen Fortschritt erwartet, so, als müsse jede neue schreibende Generation wie in der Schule in eine höhere Klasse versetzt werden, der mag erstaunt sein. Doch der sogenannte Fortschritt fährt weder linear noch auf einem einzigen Gleis. Auch die Geschichte schlägt Haken und mutiert zuweilen sogar nach rückwärts. Wer nach 1945 in Deutschland zu schreiben begann, war anders beschädigt, verstört, aggressiv als Schriftsteller in Zürich, Montpellier oder San Franzisko. Unter dem Druck der erlebten Geschichte begann sich für eine Episode lang wieder zu formieren, was schon überwunden schien: eine deutsche Nationalliteratur, zusammengebunden durch das gemeinsame Thema der politischen Vergangenheit. Denn so schnell sich auch die Fassade einer neuen Gesellschaft wieder aufbaute, sie ließ sich zunächst nicht von selbst und aus sich selbst verstehen, erinnerte immer nur an ihre berühmte und berüchtigte Vorgeschichte. Was sich da aufbaute, war und nannte sich ohnehin »Wiederaufbau«, und auch die neuen Demokraten fühlten sich zunächst einmal »antifaschistisch«. Alles schien, bis in die Sprache hinein, Reaktion auf Vergangenheit in diesem Land. Noch das »Wirtschaftswunder«, ein Märchenwort, versprach und verspricht vor allem eins: den Alptraum des Zusammenbruchs zu verdrängen. Nur rückblickend, nur historisch ließen sich die Erfahrungen offenbar aussprechen und erzählen. Denn eine politische Katastrophe, wie Döblin schon 1929 schreibt, »die muß man nicht als Schicksal verehren, man muß (sie) ansehen, anfassen und zerstören«.

Von Vergangenheiten handeln tatsächlich und wie unter Zwang die Bücher von Böll, Grass und Johnson. Selbst Johnson, obwohl doch aktuelle Zustände in der DDR beschreibend, stößt dort fortwährend auf stehengebliebenes, unter zwei Diktaturen ins Unfruchtbare und Bedrückte abgesunkenes Bürgertum, auf Vergangenheit also, die auch der gefährliche Grund ist, über den Bölls Gegenwartsromane gebaut sind. Doch am tiefsten zurück in die Zeit führt der Weg von Günter Grass. Geschichte, von der wilhelminischen Ära bis in die Gegenwart, bildet das einzig feste Gerüst in diesen üppig wuchernden Büchern: sie sind tatsächlich historische Romane. Auch zeitliche Distanzierung nützt seinem realistischen Verfahren. Zu Geschichte, ob als Historie oder Fabel, läßt sich nur das längst Geschehene ordnen. Es scheint erstarrt, also für den Rückblickenden so gegenständlich wie übersichtlich, anders als Gegenwart, in der unabsehbare Zukunft immer schon begonnen hat.

Konkret wie die Vergangenheit, fast stillstehend erscheint auch die deutsche Provinz, über die sich Böll, Grass und Johnson, ob mit Behagen oder Unbehagen, beugen. In Mecklenburg oder am Rhein oder in Danzig sind sie erzählerisch so gut zu Hause wie Fontane in Berlin und der Mark, wie Storm in Nordfriesland. Getreu überliefern diese Romane noch immer Deutschlands kleinstaatliche Struktur, die versagte Zentralisierung auf eine Metropole hin, arbeiten syntaktisch und phonetisch auch mit den Spielarten des Dialekts, wieder ein realistisches

Zubehör, mit dem Koeppen oder Weiss oder Walser kaum wirtschaften, da sie ja über die Grenzen der Provinz und auch des Staates hinausgreifen. »Heimatdichtung« eines großen Schlages, so hat Jens mit weitausholendem Hinweis auf Pavese, Kafka, Joyce und Döblin behauptet, sei auch heute noch eine Möglichkeit oder gar Bedingung der Epik, das Fundament der Romane ruhe nur auf einem kleinen Feld sicher. Hier aber zeigt sich, daß auch der Kleinbürger das Erzählen in die Provinz zwingt. Gerade er braucht ja enge Heimat, um sich überhaupt noch bewahren zu können. Der echteste Kölner oder Danziger wird immer der Kleinbürger sein, denn er hat sich vom industriellen Zeitalter am wenigsten berühren, bewegen, nach außen drängen lassen. So zieht die soziale Spezialisierung eine geographische nach sich. Nur mittelbar – durch das gesamtdeutsche Thema bei Johnson, die Chronik des »Wirtschaftswunders« oder der Hitlerjahre bei Grass und Böll – wird in diesen Romanen ein nationaler Umriß angedeutet. Welt im internationalen Sinne aber dringt nirgends ein. Kosmopolitische Stimmung, weltweiter Schauplatzwechsel scheinen immer noch ein Privileg des gehobenen oder niederen Boulevardromans. Remarques oder Greenes Helden mögen um die Erdkugel reisen – Günter Grass dagegen hat vorläufig beteuert, ihm könnten die Einwohner Danzig-Langfuhrs für ein ganzes Autorenleben ausreichen.

Alle diese Befunde sind allgemein, allzu allgemein, denn im Vergleich dreier fast unvergleichbarer Autoren sind sie ja formuliert worden. Präzisierung kann die bisher unterschlagenen Unterschiede nachliefern, die schon genannten ordnen. Bölls Polemik sieht scharf immer nur nach oben, auf das wieder repräsentierende Bürgertum. Die kleinbürgerlichen Helden bleiben bei ihm verschont, werden eher verzärtelt. Rein stehen sie jenseits der gesellschaftlichen Misere, rein, aber jenseits und daher machtlos, rein also und resigniert. Kein Wunder, wenn den *Ansichten eines Clowns* genau jener »mittlere Zustand zwischen Hinnahme und Auflehnung« anzumerken ist, der schon in den Zwanziger Jahren (von Efraim Frisch) als penetrant kleinbürgerlich definiert wurde. Inzwischen hat sich diese weinerliche und ratlos wütende Rebellion auf eine ganze Generation Intellektueller vererbt. In den *Hundejahren* steht Walter Matern als ihr Denkmal und ihre Karikatur.

Denn nie, anders als Böll, verbündet sich Grass mit der Ideologie seiner Figuren. Nur als Material und Widerstand braucht er ihre Illusionen, aus denen er dann seine Satire heraustreibt. Was Ernst Bloch schon vor Jahrzehnten beschrieben hat als die »Ungleichzeitigkeit« des kleinbürgerlichen Bewußtseins, genau diese historische Lächerlichkeit beutet er aus. Seine Figuren sind die Sitzenbleiber der Geschichte. Über ihr enges Milieu hinweg rollt nach Osten und wieder zurück nach Westen ein Weltkrieg, doch sie ducken sich unter ihm weg, wie unberührt. Im Wohnzimmer sitzt Vater Matzerath, die WHW-Sammelbüchse auf dem Schoß, und hadert betrunken mit Führerfoto und Beethovenporträt: in solchen Schnappschüssen verrät sich, wie dort unten alte bürgerliche Tradition heruntergekommen, wie sehr sie zur Klamotte und Parodie ihrer selbst verdorben ist. Nicht umsonst werden diese Figuren von ihrem Erzähler so oft wie Marionetten, mit Stummfilmdrastik bewegt. Sie sind unfrei, vorausgeworfene Schatten jener automatischen Vogelscheuchen, die das Schlußkapitel der *Hundejahre* dann vorführt.

So erscheint in diesen Büchern zwar Zeitgeschichte, doch in einem streng ungleichzeitigen Milieu. Wie fruchtbar allerdings gerade Kleinbürger für eine Beschreibung der jüngsten Vergangenheit werden können, ist früh vorausgesehen worden, Jahre vor Hitlers Triumph. »Mehr denn je«, sagte damals Bloch, »ist das Kleinbürgertum der feuchte Humus für Ideologie.« Und wenn er beschreibt, was er aus allen Häusern dringend roch, den Muff eines abgestandenen Bewußtseins, so liest sich das heute wie ein Miniatur-Entwurf zur *Blechtrommel*: »Muff. Mehr denn je lebt man mit ihm. Kinder werden dem Muff nicht entzogen. Sie nehmen ihn weiter auf und leiden so lange, bis sie selbst wieder Väter sind. Auch wer nicht zuhört, merkt die Gespräche des Spießers; da ist das Hocken am Eßtisch geblieben, der Klatsch, der Besuch, das falsche Lachen und das echte Gift, das sie untereinander streuen. Auch wer nicht mitatmet, den grüßt die enge verbrauchte Luft.« Träge in der Konjunktur, doch reizbar, gefährlich in Krisen, so wurde diese von oben und unten bedrückte Schicht definiert, der schon Marx frühzeitig schwelenden Anarchismus, aggressives Ressentiment nachgesagt hat.

Politische Absicht arbeitet bei Grass mit dem kleinbürgerlichen Material. Ohne heroischen Glanz und Faltenwurf soll die Geschichte des Dritten Reiches erscheinen als eine Götterdämmerung der Kleinbürger. Gerade die Dissonanz zwischen dem, was oben historisch geschieht, und der Art, wie es bewußtlos unten mitgetragen wird, hält diese Bücher zusammen. Fortwährend zerstört dabei die Methode des Zeigens das Gezeigte. Kalt wird der Mief verarbeitet, unbehaglich das Behagen reproduziert. Optik und Mentalität der kleinbürgerlichen Figuren, die sich vertraulich ans Nahe klammern, vertragen sich immer weniger mit der artistischen Mobilität des Erzählers. Das Einverständnis zwischen Welt und Sprache, in dem der alte Realismus lebt, scheint aufgekündigt.

In Johnsons Romanen hält sich dieser Realismus ohnehin nur noch in Restbeständen, schon ruinenhaft, an den Rändern dauernd wegbröckelnd. Er nämlich sieht auch das enge Milieu schon in Auflösung. Das

Kleinbürgertum stellt hier nur noch den morschen Rahmen um das Bild einer Gesellschaft, die nach sozialistischem Plan die Gesellschaft des industriellen Zeitalters verwirklichen möchte, die also alle Kleinbürgerei in sich aufheben will.

Spannung entsteht, weil der Erzähler die Utopien des Sozialismus durchaus ernst nimmt. Im Netz von dessen Ansprüchen und Verfügungen müssen sich alle Figuren bewegen. Gerade ein Regime, so wird entdeckt, das alle Vergangenheit gewaltsam und gründlich aufheben will, hat viel Vergangenheit verstockt und unberührt zurückgelassen. Unterhalb aller Eingriffe des Staates erhält sich alte, gediegene Mentalität und Moral, schweigsam renitent gegen die Partei des »Sachverwalters«, so der Tischler Cresspahl, so Achims Vater. Und gerade ihnen, die sich von Kellers Martin Salander oder Fontanes Stechlin noch gar nicht so weit entfernt haben, gilt unverhohlen die Sympathie des Autors.

Doch was die ältere Generation repräsentiert und wofür sie bürgt, das bleibt nicht nur am Rande. Ganz allgemein fällt an Johnsons ersten Büchern der warme, vertraute Umgang aller Figuren untereinander auf. Die Liebe zwischen den jungen Leuten hat sich dort in der gleichen Scheu, Reinheit und ungebrochenen Verbindlichkeit erhalten wie bei Böll. Der private Bereich, soweit er sich eben noch privat halten kann, scheint durchaus unproblematisch geblieben. Extremer Druck von außen, vom Staat her, hat in Familie und Nachbarschaft eine Nähe konserviert oder neu hergestellt, die auch jeder Besucher in der DDR beobachten kann und oft sogar beneidet. Für uns, vom Westen her gesehen, wirken solche Verhältnisse wie Analogien zu kleinbürgerlich-wilhelminischer Intimität. Denn ohnmächtig, rein privat bleibt auch diese Vertraulichkeit, eingesperrt in einen kleinen Kreis.

Nun erstaunt nicht mehr, daß dieser Erzähler auf beiden Flügeln der Kritik, bei linken wie rechten Ideologen, so ungeteilte Zustimmung gefunden hat. Mißverständnisse regieren mit, doch was Konservative hier anheimeln konnte, das war eben die satte Fülle von Tradition, die Johnson auffängt, sprachlich wie moralisch. Eine beschauliche deutsche Provinzwelt, mit ihren Tugenden und ihrer Enge –, in der DDR und also auch in Johnsons Büchern hat sie sich bewahrt. Noch einmal wird hier erzählt, was Robert Minder an unserer deutschen Lesebuchliteratur verwundert, ja vorwurfsvoll entdeckt hat: »Draußen die wüste Welt, Wald mit Wölfen, und der Mensch darin preisgegeben reißenden Tieren in Menschengestalt. Hier der schützende Zirkel des Hauses, in der engen Heimat das noch engere Heim, die Urzelle der Gemeinschaft, ein ängstlich kleiner Kreis . . .«

Doch Johnson sieht nicht nur auf den Hintergrund, in die alte, fast schon verschollene Intimität. Er liebt zwar Idyllen, doch er sieht die

Konflikte. Die abgeschirmte Stube, in der seine Figuren noch hausen und intim miteinander umgehen, sie stimmt nicht mehr zu der äußeren Arbeitswelt, über die der sozialistische Staat entscheidet. Gegen Cresspahls Intarsienwerkstatt, gegen die Gartenlaube von Achims Vater stehen das Stellwerk und die Radrennbahn. Gegen die würdigen Kleinbürger treten die neuen Funktionäre auf. Über das alte, stehengebliebene Milieu beugen sich, befremdet und doch gerührt, die Intellektuellen, Karsch im *Achim* und in *Reise wegwohin, 1960*, in den *Mutmaßungen* der Linguist aus Berlin, Jonas.

Die Helden allerdings, Achim wie Jakob, sind immer noch ausgestattet und belastet mit der alten, nun unhandlich gewordenen Moral ihrer Familien. Was für sie einnimmt, genau wie für ihre Väter, ist ihr Anstand, ihre Bescheidenheit und Treuherzigkeit, ja schlichtweg: ihr Gemüt. Diese ererbte Moralität, resigniert, doch brauchbar in kleinbürgerlicher Intimsphäre, wird ratlos, orientierungslos in allen Konflikten mit der sozialistischen Plangesellschaft. Jakobs Ausflug in den Westen und nach West-Berlin zeigt ihm und uns nur, daß die neue Gesellschaft in beiden Spielformen, als kapitalistisch oder sozialistisch, für ihn gleich unannehmbar bleibt. Achim dagegen hat, der Karriere zuliebe, Anpassung, ja Korruption schon in Kauf genommen, doch zögernd und vor dem eigenen Gewissen noch verwischt.

So möchte in beiden Büchern der Kleinbürger heraus aus dem Milieu und seiner intakten, wenn auch ohnmächtigen Privatmoral, möchte zum Staatsbürger werden, doch der vorgefundene Staat bietet ihm und seiner Moralität keine Unterkunft. Eine Entscheidung fällt nicht. Jakob entzieht sich ihr durch Tod, Achim durch nahezu bewußtloses Weitermachen, ähnlich auch der westdeutsche Intellektuelle Karsch, der in *Reise wegwohin, 1960* in eine italienische Idylle ausweicht, ein internationales Jenseits zu allen deutschen Konflikten. Die Lage bleibt offen, der Bericht über sie ist undeutlich und verwischt wie sie selbst.

In Johnsons Romanen, wo Kleinbürger nicht mehr als pralle, wenn auch lächerlich zurückgebliebene Wesen auftreten, wo sie sich hineingezogen sehen in die allgemeine Gesellschaft und unabsehbare Zukunft, da das alte Milieu und seine Moralität sich zersetzen, schlägt die Unsicherheit auch auf das Erzählen zurück, und den alten Realismus verläßt die schöne Gewißheit seiner Fiktionen, des »So war es, nicht anders«. »Denkbar wäre«, so hat Siegfried Kracauer vor mehr als dreißig Jahren überlegt, »daß (der Roman) in einer der verwirrten Welt angepaßten Form neu erstünde, daß die Verwirrung selber epische Formen gewönne.«

Doch auch Günter Grass, sobald er Danzig und die Vorvergangenheit verläßt, sobald sein Erzählen nach Westen wandert und sich auf die deutsche Nachkriegsgesellschaft einlassen möchte, selbst er trifft auf neue, unverhoffte Widerstände. Leicht, fast wie Routinearbeit gelingt ihm immer noch alles, wenn er noch einmal das altvertraute Milieu vorfindet, so bei den Düsseldorfer Zeidlers, zu denen Oskar als Untermieter zieht, so in Wohnküche und Schlafzimmer der Sawitzkis, wo Walter Matern als zweiter Ehemann mittrinkt und mitübernachtet. Auch im neuen Wirtschaftsbürger entdeckt Grass noch das alte Kleinbürgerherz: »Diese Vorliebe fürs Wohnküchenmilieu«, erzählt er, »hat sich Jochen (Sawitzki) erhalten: tagsüber ist er Geschäftsmann, in kaum knüllbare Stoffe beispielhaft eingewickelt; am Abend schlurft er in Schlurren vom Eisschrank zum Herd und zupft an Hosenträgern.«

Wieder also der alte deutsche Kontrast zwischen Zuhause und Welt, stehengebliebenem Gemütsmief und scheinbarem Mitwirtschaften auf der Höhe der Zeit. Doch daß dieser Kontrapunkt über unsere Gesellschaft noch viel verrät, darauf vertraut offenbar nicht einmal Günter Grass. Besonders die *Hundejahre* drängen aus dem alten Milieu und auch geographisch in die Breite, sobald Westdeutschland und die Nachkriegszeit erreicht sind. Nun wird nicht mehr, wie in Danzig, Weltgeschichte als Kleinbürgergeschichte aufgefangen, verzerrt in riesigem Konkavspiegel. Eine möglichst breite Gesellschaft, eine möglichst vollständige Lage soll in den Roman hineingezwungen werden. Walter Matern wird mobiler als Anselm Kristlein, und das erweiterte Gesichtsfeld revolutioniert auch die erzählerischen Mittel. Mühsam müssen nun weitgespannte allegorische Konstruktionen stützen und tragen, was im Detail noch realistisch bleiben möchte. Da sagen Mehlwürmer das Wirtschaftswunder voraus, Wunderbrillen entdecken die Schuld der Väter, und die unterirdische Fabrik für Vogelscheuchen, Parodie der Danteschen Höllenkreise, treibt am Ende die Allegorie in eine so willkürliche Abstraktion, daß ihre Gleichnisse zeit- und gesellschaftskritisch vollkommen leer bleiben. Da ist, was einmal deftig, realistisch im Danziger Vorortsmilieu begann, in fast spätbarocker Parabolik erstarrt.

Der Erzähler Grass, so hieß es nach der *Blechtrommel* wie nach den *Hundejahren*, überzeugt nicht mehr, sobald er auf westdeutschem Boden steht. Hier kommt es auf solche Urteile nicht an, es geht um eine Diagnose. Auch der Erzähler Günter Grass, so scheint also, mußte entdecken, daß die kleinbürgerliche Perspektive Wesentliches an unserer zeitgenossenschaftlichen Gesellschaft nicht mehr fassen kann. Was die intime Guckkastenbühne nicht trägt, soll nun auf breitem allegorischem Podium erscheinen. Turbulente, von Schauplatz zu Schauplatz überspringende Pantomimen, Parabeln und Ballette tragen also die Handlung. Mobilität und Übersicht werden versucht, doch die Methoden laufen sich oft heiß, auch im Leerlauf.

Mit den *Hundejahren* geht ein Kapitel deutscher Literaturgeschichte zu Ende, ganz gleich, wie oft seine Muster noch nachgeschrieben werden. Was nachzuholen war, die erzählerische Niederschrift der politischen Vergangenheit, und zwar von unten her, aus einer kleinbürgerlichen Froschperspektive, das ist geleistet. In der neuen Gesellschaft werden längst neue Erfahrungen gemacht, so sehr auch überall noch die durchaus unerledigte Vergangenheit durchscheint. Doch was so leicht und bündig Industriegesellschaft heißt, zeigt sich als Ganzes dem herkömmlichen Erzählen offenbar undurchdringlich, ganz gleich, ob sie kapitalistisch oder sozialistisch organisiert ist. Auch der sogenannte »sozialistische Realismus« füllt ja nur hilflos die Schablonen des bürgerlichen Romans aus. Da wird ästhetisch noch immer der politisch schon verpönte »Personenkult« betrieben: beziehungslos stehen vorbildlich und groß geratene Individuen über, neben, vor einer Masse, die sie zu repräsentieren nur vorgeben. Aus solchen Romanen läßt sich viel erfahren über die Wünsche der Herrschenden, kaum etwas über ihre Probleme und damit über die durch sie regierte Gesellschaft. Erst wenn ein Roman mit dem Satz begänne: »Minsk ist eine der langweiligsten Städte der Welt«, könne er wieder sowjetische Literatur lesen, sagte schon Brecht. Inzwischen sind solche Romane erschienen, denn die staatlich noch immer patentierte und geschützte Schreibvorschrift beginnt sich in der Praxis überall zu zersetzen, und zwar unwillkürlich, nicht nur im Widerstand gegen staatliche Aufsicht, sondern durch den Widerstand der gesellschaftlichen Objekte und der Erfahrungen selbst.

Denkbar wäre allerdings auch, die neue Gesellschaft nur noch negativ zu zeigen, durch ihre Abwesenheit, und den Schauplatz des Romans wieder nach innen, ins Individuum zu verlegen. Von *Malte Laurids Brigge* bis zu Sartres *Ekel* und den Romanen Becketts zieht sich eine Kette von solchen Unternehmungen. Die größten Werke des Jahrhunderts gehören offenbar in diese Kategorie, die neuesten nicht mehr. Sie versuchen, wieder nach außen zu sehen, auch in die Gesellschaft, ohne darüber blind zu werden.

Wo aber wären noch Personen zu entdecken, von denen sich mit den alten Methoden erzählen läßt? Am leichtesten, wie sich gezeigt hat, am Rand, im Kleinbürgertum so gut wie in der Bohème, also in isolierten und schon funktionslosen Gruppen. Ein Erzähler, der absieht von diesen überlebenden Dinosauriern eines auslaufenden gesellschaftlichen Altertums, stößt auf Schwierigkeiten. Gerade jene, die heute hoch oben mitwirtschaften in der Gesellschaft, sind als Individuen kaum zu erkennen. Sie sind nicht einmal mehr, wie die Bürger Balzacs, Helden ihrer eigenen Geschichte. Nirgends zeigt sich das drastischer als dort, wo der Betrug mit allem Aufwand versucht wird, in der romanhaft aufgedonnerten Prominentenbiographie. Sie isoliert ihre Helden und Opfer beflissen aus allen Zeitumständen, hält sie eindrucksvoll privat, so daß sie am Ende hoch über uns hängen und prangen wie über Präsident Johnsons Schreibtisch das Ölgemälde Präsident Johnsons, in dem vermutlich nur er selbst sich wiedererkennt.

Auch in den *Hundejahren* treten zwar die Drahtzieher des »Wirtschaftswunders« auf, die Beitz, Springer oder Münemann, doch beileibe nicht als Personen, nur als Namen, zitiert wie im Leitartikel oder Kabarett-Sketch. Das beweist nicht etwa Unfähigkeit, sondern Instinkt. Denn solche Personen sind selbst für die Phantasie nur noch Namen, Inbegriffe von Macht und Tendenzen, die längst über sie selbst hinausgewachsen sind. Ihre Funktionen lassen sich nicht mehr begreifen aus dem Charakter dieser Funktionäre. Über sie wäre mit der Optik Balzacs nur noch Illustriertenroman zu schreiben, der die neuen Herren dann zeigt als alte, als frühkapitalistische Konquistadoren, deren schöne oder verdorbene Leidenschaften vom Privaten unmittelbar aufs Öffentliche übergreifen. Da herrscht dann immer noch ein flotter, aber unglaubwürdiger Tauschverkehr zwischen psychologischem Innen- und sozialem Außenraum.

Eher als solche »hohen«, lassen sich offenbar mittlere Personen heute sichtbar machen. In seinen *Lebensläufen* hat Alexander Kluge auch eine solche Figur vorgeführt, die so durchschnittlich ist wie ihr Name: Manfred Schmidt. Ganz von außen und weit weg bewegt sich die Erzählung langsam auf diesen ihren Mittelpunkt zu. Mit pedantisch-humoristischem Aufwand ist zunächst immer nur von einem Karnevalsfest die Rede, und wie nebenbei unterläuft dem Erzähler dann auch Manfred Schmidt, obwohl wir doch gleichzeitig erfahren: er ist der Karnevalsprinz.

So zeigt schon die Exposition den früher scheinbar autonomen Helden ganz und gar als Gefangenen der Umstände, durch sie ebensosehr verdeckt wie definiert. Der Erzähler stellt ihn nicht dar, er umstellt ihn nur durch Beschreibung seines Verhaltens, etwa zu seiner Freundin, auf Reisen, Heiligabend, bei einer Bewerbung. Gegeben werden immer nur Daten, Hinweise auf die Person, und als Rest bleibt ein unfeststellbarer Kern, den frühere Erzähler so unbefangen zu Papier brachten. Beides ist in dieser Erzählung anwesend, und zwar untrennbar ineinander verschränkt: die heutige Gesellschaft und einer ihrer Teilnehmer. Denn Privates gibt sich nur soweit zu erkennen, als es sich nach außen, gesellschaftlich manifestiert. Eine Serie solcher Manifestationen soll der Leser kombinieren zur Geschichte des Individuums Manfred Schmidt. Das Erzählen gerät hier in die Bezirke der Verhaltensforschung.

»Die Lage«, so hat Brecht schon früh überlegt, »wird dadurch so kompliziert, daß weniger denn je eine einfache ›Wiedergabe der Realität‹ etwas über die Realität sagt. Eine Photographie der Kruppwerke oder der AEG ergibt beinahe nichts über diese Institute. Die eigentliche Realität ist ins Funktionale gerutscht.« Seinen eigenen Ausweg aus dem Dilemma hatte er schon damals vorgeschlagen, in der *Dreigroschenoper.* Sie sollte ja Praktiken der kapitalistischen Wirtschaft, statt ihre Fassade abzubilden, in einem Modell ihrer Funktionen, durch Analogie treffen. »Ein Modell«, so hat Martin Walser es kürzlich pointiert, »läßt sich von der Wirklichkeit nichts vormachen, (es) macht der Wirklichkeit vor, wie die Wirklichkeit ist.« Genau das tat schon Kafkas Modellwelt. Statt Wirklichkeit zu imitieren, treibt Kafka sie am Beispiel auf die Spitze. Wo er selbst imitiert wurde, und zwar formalistisch, da entstanden fast immer nur Modelle des Modells. Jene Wirklichkeit nämlich, die bei Kafka mit Tausenden von genauen Details den Entwurf der Imagination erst trägt, schlug bei seinen hörigen Epigonen nicht mehr durch.

Kafkas Spuren aber lassen sich überall nachlesen, in der Prosa von Weiss, Lettau oder Ilse Aichinger, aber auch und gerade in den *Hundejahren.* Wenn Grass Verweise auf die Realität, Orts- und Zeitangaben, zeitgeschichtliche Namen, »echte« Milieus verschwenderisch über das ganze Werk streut, so sichern die einem phantastischen Tableau nur noch die letzte Gegenständlichkeit und Erdenschwere. Fabeln, die aller banalen Wahrscheinlichkeit und jeder Milieutreue längst entwachsen sind, werden mit solchen Einzelheiten nur noch realistisch »möbliert« und damit haftbar gemacht. Dabei setzt jener »Realismus aus Realitätsverlust« ein, den Adorno schon an Balzac beobachtete: »Epik, die des Gegenständlichen, das sie zu bergen trachtet, nicht mehr mächtig ist, muß es in ihrem Habitus übertreiben, die Welt mit exaggerierter Genauigkeit beschreiben, eben weil sie fremd geworden ist, nicht mehr in Leibnähe sich halten läßt.« Dieser Satz läßt sich auf die *Hundejahre* so gut anwenden wie auf Johnson, der doch auch geduldig verläßliche, kleine Daten aufeinandertürmt, das Ganze aber, seine Figuren und ihre Zusammenhänge, für vorläufig undurchschaubar erklärt. Und der gleiche »Realismus aus Realitätsverlust« regiert auch den nouveau roman, auch das dokumentarische Erzählen Alexander Kluges, die besten Partien in Hildesheimers *Tynset* und Frischs *Gantenbein.*

Oder wäre mit solchen Behauptungen nur ein großer Hut gefunden, der Unvergleichbares zudeckt? Kritisch hat Helmut Heißenbüttel gemeint, Robbe-Grillets Theorie seines eigenen Romans läse sich schlüssiger als eine Theorie zu Stifters *Witiko.* Daß Adorno schon an Balzac entdeckt, was sich heute mit Händen greifen läßt, ist ebenso merkwürdig. So ohne Tradition sind offenbar die neuen Schwierigkeiten gar nicht. Sie erinnern an eine lange Kette von bald zarten, bald verbissenen Beschreibungsversuchen, die einer längst aus der vertrauten Guckkastenoptik gerutschten, dadurch zunächst fremd gewordenen Welt begegnen möchten. Nur scheinbar unvereinbare Namen, Stifter, Zola und Holz, Proust und Kafka schreiben doch gegen ähnliche Schwierigkeiten. Daß sie seitdem nicht handlicher geworden sind, wird niemanden erstaunen, der nur an das Unverhältnis zwischen ständig expandierender Tatsachenwelt und einer kaum nachwachsenden individuellen Erfahrung denkt. Hier läuft beschleunigt ein Prozeß von Entfremdung, den die erzählende Sprache nicht aufhalten kann und doch austragen muß.

Überwunden scheint trotzdem der erste Schock vor einer neuen Wirklichkeit, dokumentiert durch die große Episode des modernen Ich-Romans mit seinen ins Aussichtslose oder Unendliche abgewiesenen Sinnfragen. Wirklichkeit scheint kein Leviathan mehr, der das erzählende Bewußtsein zurückschreckt in sich selbst. Aus ihren kleinsten und konkreten Bestandteilen bauen sich neuerdings Erzählungen auf. Ein programmatisches Buch der letzten Jahre, ein Buch von Jürgen Becker, trägt den Titel *Felder*. Da werden in sehr kurzen Niederschriften, in Erzähl- und Gedankenschüben drei Jahre Leben in einer deutschen Großstadt, in Köln, fixiert. Eine riesige, unübersehbare Realität schlägt sich, statt in der Breite, in knappen, intensiven, individuellen Momenten nieder, allerdings fragmentarisch. Offenbar muß eine jedem Überblick nur anonyme, nirgends mehr gefällig still stehende Gesellschaft erst in Partikel zerschlagen werden, damit ein Individuum sie noch erzählen kann.

Spöttisch spricht man schon von einer »kurzsichtigen Literatur«. Den Tolstoj- und Götterblick hat sie freilich verloren. Ihre Kurzsichtigkeit allerdings darf sie nicht als einen glücklichen Augenfehler verstehen oder gar feiern, sondern als das Prinzip, durch bequeme ideologische Muster und ohne die alten Erzählschablonen so nah wie möglich an neue Objekte heranzukommen. Wo die neuen realistischen Methoden, statt Realität zu befragen und zu entdecken, sich nur selbst und feiertäglich spazieren führen, verkommen auch sie zur Manier. Solche Epigonen des Neuesten sind nicht weniger weltblind und eitel wie die Routiniers des alten Romanhandwerks, die leicht ein Kommando führen über eine Welt, in der die Widerstände der wirklichen nicht mehr vorkommen. Gern wird auch in solchen Büchern geredet von der Ohnmacht des einzelnen gegenüber der zeitgenössischen Wirklichkeit. Nie wird diese demonstriert durch eine aus Ohnmacht hervorgegangene Erzählweise, die das Geredete erst beglaubigen würde.

(1966)

Plädoyer für eine linke Literatur

Seit Literatur wahrgenommen wird, besetzt man ihren Namen mit Adjektiven, denen sie sich unterwerfen soll. Kirchenväter binden ihr auf die Seele, christlich zu sein, ein Mann namens Ludwig Marcuse wünscht sie obszön, der Staatsanwalt nicht, Politikern kommt sie heroisch oder idyllisch gelegen, je nach Lage, und Philologen behaupten von ihr noch nachträglich, sie hätte sich in einer bestimmten Epoche bedingungslos romantisch gebärdet. Von überallher wird sie annektiert und bevormundet, und jetzt, so scheint die Überschrift zu bedeuten, wird ihr ein neuer Vorname gefunden, eine neue Schublade ist aufgezogen, in die sie verpackt und verschwinden wird.

Außerdem: »links« – oder »rechts« – sind das nicht doch Wortspiele und Quisquilien für Proseminare? Sollte uns nicht gleich sein, auf welchen höchsten und allgemeinsten Namen die Tatbestände getauft werden? Was links vom Präsidenten in westlichen Parlamenten sitzt und auf das Wort der Regierung lauscht, was rechts auf der Landkarte, im Osten, die Staaten beherrscht, was Robespierre redete und Sartre schreibt, was Marx fordert, und wie es der junge Mussolini verstand – wer erwartet noch, daß ein Wort ausreichen soll, um diese verschiedenen Himmel des Wunschdenkens, diese rechtschaffenen und diese terroristischen Praktiken gemeinsam aufs Haupt zu treffen? Klassenkampf und Vaterland, Rotfront und Sedanfeier, ganze Wortfamilien, die sich um die Alternativen geschart haben, sind verblichen. Nur Anführungszeichen könnten noch ihre Blöße bedecken oder aber das regierungsamtliche Wörtchen »sogenannt«. Was soll dann eine sogenannte Linke in einem sogenannten Vaterland? Es fragt sich also, ob das alte Vokabular die neuen Zustände noch trifft. Begriffe sind wie Brillen. Wenn sie die Sicht verwischen statt schärfen, werden neue fällig.

Begriff und Schimpfwort

Sicher: wie überall, haben auch auf politischem Feld die Worte Mühe, den Verhältnissen nachzuwachsen. Aber die Sprache baut sich nicht in jeder neuen Epoche neu auf, sie renoviert sich nur. Auch die Worte »rechts« und »links« werden sich alter Bedeutungen entledigen und mit neuen füllen müssen. Und sicher: es wäre Pedanterie, Ordnungssinn, der nur sich selbst befriedigt, wollte man mit dem Vornamen »links« nur irgendeine Spezialität der gegenwärtigen Literatur prämieren oder gar diese Literatur nach links zur Ordnung rufen. Die Überlegungen haben nur einen Sinn, wenn sie etwas an unserer Literatur bekannt machen, was noch ungenügend erkannt ist.

Bekannt, bis zum Überdruß, ist in unserer westdeutschen Sprache das Adjektiv »links« als Epitheton ornans für einen Berufs- und einen Bewußtseinsstand, dessen Sozial- und Moralprestige hierzulande ohnehin gering ist: für Literaten und Intellektuelle. Doch mich interessiert hier nicht, was jener Angehörige der Intelligenz über Algerien oder Vietnam befunden hat, was dieser Autor zur Berliner Mauer sagt, unter welchen Manifesten ihre Unterschriften zu finden sind und ob sie den Klerikalismus noch für eine politische Gefahr halten. Ihre Stimmzettel kann und will ich nicht einsehen. Ich vermute zwar, wo dort jeweils das Kreuz sitzt, doch was mich hier interessiert, ist nur ihre Produktion, die gegenwärtige Literatur: ob sich auf die der Begriff »links« noch anwenden ließe und was das für den alten Begriff und die neue Literatur bedeutet.

Zwei weltgeschichtliche Parolen

Dazu ist es notwendig, den Begriff der Linken historisch zu verlängern, so daß er über die Geschichte des europäischen Sozialismus oder der kaum älteren liberalen Bewegung zurückreicht. Vor zweitausend Jahren notierte Cäsar in der Rechtfertigung seiner gallischen Kriege einen merkwürdigen Begriff. Jene gallischen Politiker, die ihn und damit angeblich Rom zu ihrer Beseitigung provozierten, nannte er: novarum rerum cupidus, also, auf die einfachste Formel gebracht: neugierig. Das genügte ihm, das galt. Wer Veränderungen für seine Geschichte und Geschichte überhaupt erhoffte, war vogelfrei, den mußten die Legionen, politisch oder auch physisch, liquidieren. (»Pacificare«, »befrieden«, hieß der Kriegsvorgang amtlich, ein Euphemismus, der weder mit Napoleon noch mit Hitler ausgestorben ist.)

Ich kenne diese Unruhigen, gallische Hochfeudale und Quertreiber, nicht. Unsere uneingeschränkte Sympathie für sie wäre vermutlich naiv und beklagenswert unhistorisch, denn es liegt nahe, daß sie durchaus nichts Neues installieren wollten, sondern nur irgendeinen, ihnen bequemen status quo ante. Cäsars Formel aber meint jenen über die ganze Geschichte verbreiteten Schlag Menschen, die sich nicht beruhigen möchten über Zuständen, wie sie nun einmal gegeben sind, gottgewollt früher, einer bestimmten wirtschaftlichen und gesellschaftlichen Stabilität zuliebe heute, die eine mögliche Veränderung der Zustände zum Menschenwürdigeren nicht nur sehen, sondern ihr auch noch nachzuhelfen suchen. In einem viel späteren Buch, bei Thomas Mann, findet die gleiche Formel eine neue Anwendung. Er, selbst eher eine rückwärts gewandte Figur, mit Abschied beschäftigt, wollte den Künstler sehen wie Cäsar seine gallischen Gegner: novarum rerum cupidus. Der Sinnreim über zweitausend Jahre hinweg ist merkwürdig, deutet Wahlverwandtschaft mindestens an.

Rom ist gegangen, und trotz seiner und anderer Mächte und Beamter Sorgfalt haben sich in zwei Jahrtausenden viele einst offiziös unerwünschte, probeweise auch immer wieder offiziell abgewürgte res novae Platz geschaffen, in der Gesellschaft wie in der Kunst. Längst muß sich die Macht nicht nur wie Cäsar vor Mitherrschenden und Konkurrenten rechtfertigen, sondern vor den Regierten selbst. Sie hat in unzähligen Dialekten der Überredung sprechen gelernt, gebrüllt oder geplauscht vor den Mikrophonen, aber zu welcher Kameraderie und Vertraulichkeit sie sich auch herabläßt, geblieben ist durch die Jahrtausende die Angst all derer, die irgendwann von oben aus regieren, es könnte politische Neugier nicht nur die Fassaden renovieren, sondern die Fundamente antasten wollen. Diese Angst hat sich neuerdings die beschwörende Formel einfallen lassen: »Keine Experimente!« Das Hochverratsindiz Cäsars und das Wahlgebet unserer Staatspartei, historisch definiert durch unvergleichbare Zustände, können trotzdem als Merksätze dienen für zwei Haltungen zur Geschichte und ihren Zielen, die älter sind als alle Parlamente und ihre nach rechts und links verlaufenden Bänke. Grob ist die damit eingerichtete Alternative, grob wie jedes Entweder-Oder, doch sie zwingt Luther als Reformator auf die eine, als Politiker neben den Theologen Erasmus auf die andere Seite, Rousseau nach links, nach rechts Burke, Brecht zu den Neugierigen, Perse zu den um Erhaltung Besorgten. Neugier ist freilich nur eine Metapher, aber selbst die enthält schon jene destruktive und jene utopische Tendenz, die jede Linke auszeichnet. Daß die Tendenzen sich in jeder Epoche anders erfüllen, liegt auf der Hand.

Die gute alte Linke

Also wird es auch nicht angehen, an eine heute aktuelle Literatur etwa den Maßstab linker Tendenzen anzulegen, wie sie von Zola bis in die Bücher von Richard Wright plädieren oder toben, leicht ablesbar, leicht wie aus Schlagzeilen der Morgenzeitung. Diese Literatur war eher rechtschaffen als neugierig. Ihr Ehrgeiz war weder Vollkommenheit noch Erkenntnis: es zählte der gute Vorsatz, nicht die Schreibweise. Man kämpfte und agitierte, und in solcher Lage und Stimmung wird Gerechtigkeit und Umsicht gern als Luxus angesehen. Gerechtigkeit konnte sich Proust leisten, nicht Barbusse oder Aragon. Was bei solchem Vergleich als Niveauunterschied ins Auge fällt, ist nicht nur ein Unterschied im Vermögen, es zeigt auch die Kurzsichtigkeit eines nur an den Bedürfnissen des Tages und der Stunde kontrollierten Engagements. Wo Literatur nur das dringlich Reformbedürftige und durchaus Reparable anspricht, da läßt die morgen kommende Reform mit den denunzierten Mißständen auch die Denunziantin, die Literatur vergessen. Für wen aber Roman, Stück oder Lied ohnehin nur im Geschirr politischer Zwecke läuft, den wird unsichere Qualität und unsicherer Nachruhm wenig scheren. Unmittelbar zu wirken, gilt als Rechtfertigung für solche politisch interessierte Produktion. Wie gering diese Wirkung noch sein kann und ist, verglichen mit den Wirkungen der Instrumente, die heute in der sogenannten offenen wie in der staatstotalitären Gesellschaft Meinung machen, diese Einsicht allein müßte einer solchen, wie immer heroischen Literatur den Atem verschlagen.

Denn ein solches Kurzporträt altgewohnter linker Literatur, genauer: der polemischen Erzählliteratur in Stil und Tradition der Jahrhundertwende, läuft auf einen Nachruf hinaus. Sie selbst, unwirsch in ihrem politischen, pietätvoll in ihrem literarischen Gehabe, beerbte den schon bankrotten bürgerlichen Realismus und setzte ihn an auf neue proletarische Milieus, die ihn aus der alten Form brachten und in keine neue, bis ihm die theoretische Dornenkrone des sozialistischen Realismus in die schon tote Stirn gedrückt wurde. Handgreiflich materielles Elend, Klassenenge und Slum-Misere, Ausbeutung und Entrechtung in einer noch physischen Phase mochten den notdürftig verschleierten Naturalismus rechtfertigen und rechtfertigen ihn noch heute in Erdteilen, wo diese Zustände andauern. Doch Upton Sinclairs *Sumpf,* Remarques *Im Westen nichts Neues,* ja selbst *Das Siebte Kreuz* der Anna Seghers – so sehr wir mit diesen Büchern auch heute noch moralisch gemeinsame Sache machen möchten –, literarisch erscheinen sie schon so borniert (ein Marx-Wort!), so realitätsbewußt und realitätsstolz wie das Besitzbürgertum. Die Welt, wie sie in der Morgenzeitung zu sein vorgibt, wird genauso ernst genommen wie in Gustav Freytags *Soll und Haben,* wenn auch von der anderen Front aus, wenn auch am Ende der Epoche, die in seiner Nähe beginnt. »Realismus«, so schreibt Adorno über dieses blind weitergestrickte Muster der Weltbeschreibung, »Realismus in der Kunst ist Ideologie geworden, so wie die Gesinnung realistischer Menschen, die nach den nun einmal bestehenden Institutionen, ihren Desideraten und Angeboten sich richten, dadurch nicht, wie sie es sich einbilden, von Illusionen frei werden, sondern einzig an dem Schleier mitweben, den der Zwang der Verhältnisse, als Schein ihrer Naturgegebenheit, um diese legt.« Und an anderer Stelle heißt es: »Will der Roman seinem realistischen Erbe treu bleiben und sagen, wie es wirklich ist, so muß er auf einen Realismus verzichten, der, indem er die Fassade reproduziert, nur dieser bei ihrem Täuschungsgeschäfte hilft.«

Wenn es noch eines Beweises für das notwendige Schicksal des linksmilitanten Realismus bedürfte, ein Blick auf die staatlich geförderte Literatur unserer östlichen Nachbarn kann genügen. Allein daß der Staat auf Erhaltung von Formen pocht, die sich früher unwillkürlich und ohne Kontrolle aus den Verhältnissen ergaben, zeigt schon, wie sehr sich auseinandergelebt hat, was ist und was in Büchern sein soll. Da ist nicht nur ein roter Expressionismus (der Fall Becher) verelendet zu Stammbuchversen, da erhält sich auch die alte Schule des Erzählens in bewußtlosem Zustand zwischen verdientem Tod und offiziell erwünschtem Leben. Bewußtlos, weil sie nicht mehr wahrnehmen will, kann oder darf, was um sie herum geschieht. Die wenigen, um so auffälligeren Ausnahmen sind bekannt und vermehren sich auch ungefördert. Doch gerade altgedienter Widerspruch gegen die Macht hat sich als Fürsprecher der neuen gewinnen lassen, und protestiert wird mit Vorliebe nur nach draußen, westlich über die Grenzen oder zurück in die Geschichte. Beide Adressaten sind gleich ungefährlich. Dazu als ästhetisches Pensum: keine Experimente. Mit einem Wort, der gewünschte Zustand entspricht genau dem Leitbild einer auf literarische Konventionen eingeschworenen, politisch staatstreuen oder agnostischen, nur noch außenpolitisch oder historisch zur Wut angehaltenen, kleinbürgerlichen rechten Literatur. »Die Ideologien«, hat Sartre früh notiert, »sind Freiheit, wenn sie entstehen, und Unterdrückung, wenn sie da sind.«

Kein Wunder also, wenn in diesen Staatsliteraturen, gerade in der DDR, die Gartenlaube so gern rote Fähnchen hißt. Arbeit und Familie, Liebe, Armee und Wald werden dann besungen wie von wilhelminischen Kalenderbarden. Die Jakobinermütze scheint als Schlafmütze über Stirn und Augen gesunken. Das Positive, die eigentliche Muse des Kleinbürgers, wird zur literarischen Pflichtmarke. Waggerl, mit einigen ausgetauschten ideologischen Versatzstücken, wäre dort womöglich erwünschter als die meisten Linken diesseits und jenseits der Elbe. Zeitlose Poesie, so zeigte sich gerade zwischen Erzgebirge und Ostsee, arrangiert sich behaglicher mit der zeitlichen Macht als jede gesellschaftlich interessierte, und sei sie auch kommunistisch.

Keine Zukunft für Lesebücher

Und die Zukunft der Idyllik unter westdeutschen Bedingungen? So erstaunlich der Blick in neuere Lesebücher auch sein mag – »Agrarliteratur im durchorganisierten Industriestaat!«, ruft ein französischer Kritiker aus –, die Lesebuchautoren scheinen doch auszusterben, jener gefällige, mehr der Schulverwaltung als der Jugend verbundene Schlag von Autoren, die zu jedem Anlaß, zu Weihnacht, Sommersonnenwende, Führers Geburtstag, mit Vers und Traktat zur Stelle waren, die vor Schlag und Gegenschlag der Brandung professionell das launische Wesen der Welt beseufzen oder mit der Geschichte der entsagenden Magd eine überfällige zur ewigen Ordnung ausrufen. Literarisch fast unbeachtet wachsen neuerdings die Wälder und Haine. Eine aufsässigere Poesie hat sich statt unveränderlicher Natur dem Jahrhundert zugewandt. Dichtung in einem noch immer und gerade auf Schulen geförderten Wortverstand, als die Idylle der unverrückbaren Wegweiser, als Geschenk an Verwundete, die Freunde der Natur und von der Gesellschaft Enttäuschten, hat heute kaum noch Glück mit Worten.

Damit wird etwas Merkwürdiges klar. Als der letzte Krieg zu Ende war, fing er in der Literatur erst an, in Frankreich zwischen einer littérature engagée und einer littérature pure, in Deutschland zwischen der wirklichen und einer inneren Emigration. Der Streit ist entschieden worden nicht durch Argumente, sondern durch eine offenbare und doch erstaunliche Tatsache: in den Nachkriegsliteraturen der uns erreichbaren Länder schreibt kaum ein Autor von Belang, den die Rechte für sich oder der sich für die Rechte beanspruchen würde, weder als Garant alter Ordnung noch gehegter Innerlichkeit. Da folgt nichts, so scheint es, auf Jünger oder Claudel oder Gaiser oder gar die Kleinmeister Waggerl und Hausmann.

Also doch: die Literatur steht links

Was bleibt? Wer die Namen nennt, scheut schon den großen Hut, der sie nun offenbar alle bedecken soll. Selbst wo sich Verwandtschaft andeutet, läuft sie vermittelt durch viele Grade. Was hätte denn die gesellschaftskritische Rhetorik Osbornes zu schaffen mit der Suada Kerouacs, mit Pasolinis Kraftgesten? In welcher Unendlichkeit schneiden sich die Parallelen, in denen das Gedicht Enzensbergers, Herberts und Ginsbergs nebeneinander herlaufen? Das Nichtverstehen spielt eine andere Taktik in der *Blechtrommel* und in den Stücken Ionescos oder Mrożeks, das Nachplappern von Alltagsidiomen ergibt jeweils neue Muster bei Queneau, Pinter, Ionesco und Arno Schmidt. Antworten Zorn und Elegie in Koeppens und Castillos Büchern auf vergleichbare Zustände? Treten die epischen Untersuchungen der Sarraute oder Johnsons tatsächlich aus dem gleichen, eben noch für den Erzähler verbindlichen Zwang zur Fabel?

Alle diese Zweifel sind im Recht. Nur eine herkömmliche Literatur-geschichte befriedigt sich damit, Autoren unter Schulen und Epochen zu subsumieren. Trotzdem, wir brauchen nicht nachzusehen, welcher Autor de Gaulle gewählt und welcher McCarthy angegriffen hat, damit uns ins Auge fällt, daß diese ganze heute aktuelle Literatur mit-einander verwandt ist, wenn auch beileibe nicht verbündet, verwandt durch die Gereiztheit, mit der sie überall auf die Autorität des Beste-henden reagiert, auf die literarischen so gut wie die politischen und ge-sellschaftlichen Konventionen. Protest, Wunsch nach Veränderung set-zen alle ihre Entdeckungen voraus, ganz gleich, ob sie dieses ihr Pathos nun in Manifesten eingesteht oder aber mißdeutet, oder ob sie auf sol-che Selbstauslegung verzichtet. Kein Zweifel, wenn das Wort »links« in seiner allgemeinsten Bedeutung gelten soll, dann steht diese Litera-tur links, so einig, daß Sprecher aus jenem Jenseits, das sich heute gern die Mitte nennt, schon an Verschwörung oder Mode oder Fraktions-zwang glauben. Diese Bestürzung, dieser Unwille hat gute Gründe. Während doch die parteipolitische Sache der Linken in fast allen westlichen Staaten, milde gesprochen, schleppenden Geschäftsgang zeigt – wie kann gleichzeitig ihr allgemeinstes Prinzip noch Kredit fin-den? Wie kann, was so offensichtlich keinen Erfolg mit der Macht hat, in der Literatur sich der Gegenwart durchaus gewachsen zeigen? Wie verhält sich der literarische Erfolg der Linken zu den politischen Schlappen ihrer angeblich Verbündeten? Solche Anfragen und Zweifel werden sich nur auflösen lassen, wenn diese Literatur sich tatsächlich emanzipiert hat von den Meinungen, wie sie landläufig noch immer links in den Parlamenten vertreten werden. Viele Anzeichen sprechen dafür.

Entmündigung, ein neuer Prozeß

Ganze Kader der parteipolitischen Linken haben sich längst gütlich allen wesentlichen Widerspruchs begeben, die Flügelspitze nach rechts ausgestreckt und zu einem einzigen Gefieder mit der benachbarten lin-ken Flügelspitze verschränkt, so daß von Kompromiß zu Kompromiß die Parlamente zusammenwachsen. Andere Reste der Opposition ver-harren in einer Ideologie, mit der sich auch heute noch eine Literatur im Stil der guten alten Linken verbünden könnte, das Gedicht mit der O-Mensch-Andacht, der Roman mit parteilichem Rollenproporz, mi-misch und enthusiastisch, der jedenfalls über die Welt und die Kräfte-verhältnisse Bescheid weiß, bevor er zum ersten Satz ausholt. Solche glücklich unangefochtene Gesinnung übersieht freilich, wie sich das Verhältnis der Herrschaft zu den Beherrschten inzwischen verändert und verfeinert hat. Im Lauf der letzten Jahrzehnte ist das materielle Elend, mindestens in Mitteleuropa und den USA, harmloser geworden, als sich das um 1900 hoffen ließ. Selbst das aufsässige Proletariat bewirbt sich um Einbürgerung. Doch der versorgte Staatsbürger, versorgt mit Anteil am Wohlstand, mit Redefreiheit, Freizeit und Wahlrecht, ist durchaus nicht der mündige Staatsbürger – zum Glück seiner unberufenen Gönner. Vor unseren Augen beginnt die Freiheit, die doch überall großzügig verschenkt und rhetorisch erhalten wird, zusammenzuschrumpfen auf die Freiheit, Arbeitsplätze und Markenartikel zu wählen. Das heißt: die von links geforderte, die teilweise von rechts durchgesetzte, die mit Wahlerfolgen quittierte materielle Erweiterung der Lebensmöglichkeiten kann tatsächlich in einem rein materiellen, notdürftigen Stadium zurückgehalten werden. Sie kann einhergehen mit fortlaufender Entmündigung, linder Gängelung des Bewußtseins in jede den Interessenten wünschbare Richtung. »Bewußtseinsindustrie« hat Enzensberger den Apparat getauft, der vom Reklamebetrieb bis zu den Medien der Massenunterrichtung die Unterschlagung der erlebten Freiheit, trotz aller eingeräumten, betreiben kann und schon betreibt. Erzogen werden alle Hörigen zur Nützlichkeit gerade für die unnützesten Zwecke, das sei der Kauf überflüssiger Güter oder die ständige Bereitschaft zum Weltkrieg. Der politische Nutzen solcher Manipulation springt freilich ins Auge: sie hält Menschen als Objekte in Abhängigkeit vom jeweiligen System. Noch nie, außer im Weltkriegszustand, hat die Welt so gedröhnt von Parolen, die dem einzelnen das Denken zu erleichtern versprechen, um es ihm dann möglicherweise abzunehmen. Uns schrecken, begreiflicherweise, die Transparente über den Straßen Leipzigs oder Schwerins, die für das staatlich längst Verordnete im nachhinein werben. Den Besucher aus Osten erschreckt der Kinderchor, der für eine beliebige Kakaomarke singt. Unterschiede wie Analogien liegen auf der Hand.

Literatur spricht durch ihre Methoden

Nicht mehr auf materielles Elend, nicht auf die rein parteipolitisch betriebene Entrechtung, sondern auf die um sich greifende Verelendung des Bewußtseins reagiert heute jene Literatur, die als »links« empfunden wird und es in diesem Sinn tatsächlich ist. Zu ihren Vorläufern wäre eher Kafka als Upton Sinclair oder Sinclair Lewis zu zählen, denn auch politisch liest sich dieser heute belangvoller als jene. Feldforschung hat ihr Verdienst, doch die Felder verändern sich rasch. Etwas anderes ist es, der eben erst heraufziehenden Epoche das Menetekel von der Stirn zu lesen. Kafka konnte sich mit Milieukenntnis, Zeitungslektüre und einem Vorrat humanitärer Losungen nicht behelfen. Literatur geht nicht auf in Gewußtem oder Gemeintem, sie wird gemacht. Nur neue Methoden könnten in Gedicht, Stück oder erzählend abbilden, was sich über unseren Köpfen zusammenzieht.

Methoden aufzuzählen, die dazu heute auf der Bühne oder in Büchern fähig sind, das ergäbe das fast vollständige Inventar der poetischen Mittel neuer Literatur, ihre Poetik also. So wenig das möglich ist, so wenig genügt der Hinweis auf das Nächstliegende, etwa auf das absurde Theater und das Bild, das es von der Gesellschaft entwirft, die ihm doch applaudiert. Oder auf jene Aufrasterung bequemer, weil politisch brauchbarer Denkbilder von »unseren Brüdern und Schwestern in der Zone«, wie sie in den beiden ersten Romanen Johnsons betrieben wird. Auch an unscheinbaren, weil scheinbar nur von der handwerklichen Entwicklung des Schreibens bedingten Methoden entdeckt man bei näherem Zusehen politische Bedeutung. Wenn wir beobachten, wie Schritt für Schritt der einst allmächtige Erzähler des bürgerlichen Romans entthront wird, wie offenbar Ohnmächtige heute die Reste dessen zusammensuchen, was ihm damals so übersichtlich zu Füßen lag – ist das ein Vorgang, in dem sich nichts Politisches ausdrückt? Oder erkennen wir nicht in jenem Erzählpatriarchen des 19. Jahrhunderts, der zuweilen sogar noch im Majestäts-Plural auf uns einspricht, den Erben des aufgeklärten Absolutismus, betulich und herrisch mit dem Leser verfahrend, je nachdem, ihn jedenfalls im Untertanenstand erhaltend? Die Erzähler der neuen Zeit spielen weder Landesvater noch Schiedsrichter, sie sind Mitspieler, Opfer, keineswegs im Vollbesitz der Informationen, sondern auf der Suche danach, wie schon Kafkas Figuren. Durch Robbe-Grillets Bücher tastet sich jemand, der wie vom Mond gefallen durch die Welt geht, datengierig, doch ohne jede Übersicht, fast wie ein Auge, das erst noch Bewußtsein werden möchte.

Wer solchen Erzählern zu folgen sucht, begegnet sich selbst als Geschöpf seiner Epoche, mit Informationen übersättigt und doch ohne Einsicht, ohnmächtig der Übermacht undeutlicher Zustände, unbeherrschter Dinge ausgeliefert. Die Lage ist abgebildet. Sollte die Demonstration noch zu räsonieren anfangen, sich auslegen und erklären, sollte der offene Protest dem Text als Fußnote beigefügt werden?

Die Ästhetik des Quietismus

Daß die neue Literatur vor allem Methoden der Decouvrierung entwickelt und so wenig Gewißheit schenkt, wie sie fertige Botschaft, nachzusprechende Proteste liefert, wird heute von einem Publikum beklagt, das von Büchern lieber bedient, statt zu Überlegungen bewegt sein will. Gern möchte es seinen eigenen Fatalismus jenen in die Schuhe schieben, die sich angewöhnt haben, nicht mehr schreiend, sondern mit Beweisen zu widersprechen. Es ist dieses Publikum, auf das Bewußtseinsindustrie angewiesen ist und das ihr die Literatur gern entwenden möchte. Doch wer Parolen mit Parolen, Gewißheiten mit Gewißheiten bekämpft, verläßt nicht den abgesteckten Bannkreis, in dem nur unbefragte Denk- und Glaubensbedürfnisse befriedigt, Vorhandenes bestätigt, Drohendes verschleiert, die Passivität ins Recht gesetzt wird. Mehr denn je verlangt heute Lesen die Bereitschaft, sich probeweise ins Unerprobte zu wagen. Wer der Realität von vorn, von der Fassade her begegnen will, der hat sie anerkannt und ist ohnmächtig von vornherein – der entsprechende Satz von Adorno ist zitiert worden. Dem Bestehenden nicht mehr mit dem Spiegel zu begegnen, sondern in den Rücken zu fallen, kostet Umwege, Verluste und Verzichte. Von Kunst ist heute selten dort die Rede, wo Kunst gemacht wird, und das erinnert an die Skepsis aller engagierten Literatur. Das schöne Schreiben, das hermetisch abgedichtete Werk, – hält es den Druck einer Zeit aus, zu der sich der Schreibende im Widerspruch befindet? Wer um Hilfe ruft, singt nicht Belcanto. Die Geschäfte der Aufklärung beginnen seit jeher mit der Destruktion aller gängigen Verbindlichkeiten und sehen auf den ersten Blick nur zerstörerisch, wenig trostreich aus. Innerlichkeit, die sich heute mit Recht gefährdet weiß, kann sich über solchen Werken nicht mehr zum Feierabend von den Wunden des Alltags erholen, die der nächste Alltag doch wieder schlagen wird. Als ihre Schutzmacht ist Literatur abgetreten. Sie verspricht nicht mehr, auch nicht durch schöne Vollkommenheit, ein Heil jenseits und trotz dieser Welt. Oder mit verläßlicheren Begriffen ausgedrückt: die neue Literatur arbeitet mit einem geschärften kritischen Bewußtsein und nachlassendem utopischen Vertrauen. Man vergleiche nur das zeitkritische Gedicht Enzensbergers mit dem Tollers, um zu sehen, wie der Zukunftsausblick, früher dem Enthusiasmus vorbehalten, heute der Ironie ausgeliefert ist.

Das Gedicht blickt kaum noch voraus in wünschbare Welten, der Erzähler gebärdet sich nicht mehr als Demiurg oder Anwalt, auf dem Theater wird keine Reinigung nach überstandener Katharsis versprochen. Also umstellt uns diese Literatur mit nichts als Widerspruch und Zweifel, nur mit stumm protestierenden Abbildungen der Zustände, denen sie uns unterworfen sieht? Die Lage läßt sich erklären. Rechtfertigung muß die Erklärung nicht für jeden enthalten. Wo aber die Methoden der Decouvrierung und nicht mehr die Glaubensartikel das erste Indiz für eine Linke geworden sind, da gilt offenbar als Voraussetzung, daß Kritik und Methode unbestechlich bleiben können, Meinung aber mißverständlich und korrumpierbar ist. Gerade lautere

Gesinnung hat heute Schwierigkeiten mit der Sprache. Auf den höchst allgemeinen Nenner des Guten, Wahren, Schönen wollen sich alle einigen, und wer auszog, die schlesischen Weber zu suchen und sich dann bei Iphigenie wiederfand, wurde unschädlich gemacht durch den Beifall auch derer, die er als seine Gegner kaum noch erkannte – der Fall Hauptmann ist nur der prominenteste in der Reihe. Zu Kreuzzügen wird seit Jahrzehnten im Namen der Humanität aufgerufen. Befreiung versprachen schon die Kriege von, aber auch gegen Napoleon. Nichts, was in Worten versprochen werden kann, ist seitdem unbeschädigt. Vom Idealismus ist kaum mehr als seine Sprache geblieben, also eine leere, und die kann sich jedermann dienstbar und wohlfeil erweisen. Sie neigte seit jeher zu Sentimentalität, verlor hinter Tränentrübung ein wenig das Bewußtsein und genoß es. Auch Brecht scheint am wenigsten vertrauenswürdig dort, wo er auf nichts als auf Mitleid pocht, den Freund gefoltert, den Feind grausam zeigt, wie alle politische Traktätchenliteratur seit dem Urchristentum. Dann fällt er sich selbst in den Rücken, bewegt zu Rührseligkeit, statt zum Nachdenken aufzufordern. Das Dunkle schwarz, das Hellere weiß erscheinen zu lassen, verrät pure Ideologie, die auf nichts so ängstlich pocht wie auf ihre Identität mit dem Weltzustand. Erst wo Brecht die Widersprüche arbeiten läßt, die Macht bewußtlos, den Ohnmächtigen listig zeigt und noch an der Feigheit oder Korruption den Schimmer Vernunft entdeckt, da bewegen sich seine Stücke und Gedichte, und zwar nach links.

Links, unbrauchbar, nützlich

Darauf freilich, daß Literatur sich ausmünzt, daß sie Parolen spricht und diese Parolen sich politisch anbiedern und brauchen lassen, haben sich die Aufsichtsbeamten der herrschenden Linken wie der herrschenden Rechten in unbewußter Eintracht geeinigt. Darüber gäbe es zwischen Lukàcs und Weidlé, zwischen Kuba und Schirach keinen Streit. Literatur aber, wie sie heute aufgezeichnet wird, erweist sich für so ungeduldigen Zugriff als unpraktisch. Man hält sie gern für unpolitisch, weil sie sich politischem Tagesgebrauch entzieht, also nicht bestätigt, was ohne Bestätigung leicht an schlechtem Gewissen leidet. Die Bücher haben keinen Kanon mehr zu verkünden, keine christlichen, bourgeoisen oder marxistischen Verbindlichkeiten auf der Zunge, bleiben also undienstbar den herrschenden ebenso wie den um künftige Herrschaft kämpfenden Interessen. Das Paradoxon gilt: nie war eine Literatur so bemüht, sich frei zu halten von Ideologie, nie war eine so unbestechlich links. Sie hat mit ihrer kritischen Distanz und utopischen Spannung so weit ernst gemacht, daß sie sich kurzfristig nicht mehr verbünden kann. Ihre Autoren mögen mit der parteipolitischen Linken oder sogar Rechten zu bestimmten Zwecken gemeinsame Sache machen. Sie selbst läßt sich auf solche Zwecke nicht mehr anwenden.

Aufklärung allerdings betreibt niemand, für den nicht Endzustände mindestens das Regulativ seiner Hoffnungen sind. Die Hoffnung, die sich noch in der Geste bloßen Widerspruchs andeutet, meint Mündigkeit und Selbstbestimmung, »Freiheit« in jener »vaterlosen Gesellschaft«, die auch Sozialpsychologen schon von jenseits des Horizonts antizipieren. Auch wo der Marxismus weiter gedacht wird, statt in Kirchenväterexegese oder machiavellistischer Taktik zu veröden, wird begriffen, daß seine alte Utopie von den fortgeschrittensten Industriegesellschaften schon überholt ist. Eine neue Utopie, so überlegt Herbert Marcuse, müßte ihren Anspruch über die versagte Erfüllung der alten hinausspannen und nicht mehr wie Marx den schöpferisch arbeitenden, sondern den spielenden Menschen meinen, was heute der nur negativ, der zum Zwecke ihrer Selbsterhaltung rationalisierten Gesellschaft noch ein Schrecken und eine Lächerlichkeit scheint.

Die Literatur enthält, und sei es im Negativ, auch diese Hoffnung, so unpraktisch sie scheinen mag: darin besteht ihr utopischer Nutzen. Seine Gedichte, hat Ponge gesagt, seien geschrieben wie am Tage nach der geglückten Revolution. »Die Freiheit des Schreibens«, erklärt Sartre, »schließt die Freiheit des Bürgers ein. Man schreibt nicht für Sklaven. Die Kunst der Prosa ist solidarisch mit dem einzigen Regime, in dem die Prosa einen Sinn hat: mit der Demokratie.« Wobei nur daran zu erinnern wäre, was mit dem Wort gemeint ist und was unter der Bezeichnung sich heute überall verbirgt.

Denn schon wieder zeigt sich, wie abgeschliffen bis auf die bloße Reizoberfläche, wie unbrauchbar die Sprache der Losungen geworden ist. »Freiheit«, »Revolution«, »Demokratie« – die Worte sind ausgebeutet worden bis auf den Grund und dienen längst auch zur Bezeichnung ihres strikten Gegenteils. Eben insoweit sie links ist, dem unbefragt Gegebenen, den offiziellen Werten wie der offiziellen Wirklichkeit mißtraut, ist die Literatur schwierig geworden. Man kann sie nicht mehr brauchen, um Klassen auf die Barrikaden oder aber die Bevölkerung in den Schlaf zu singen. Ihre Hoffnung ist zu groß geworden, um an Teilabspeisungen noch zu ersticken. Wäre das die Hoffnung Davids im Schatten Goliaths?

Intelligenz macht naiv, soweit sie Phantasie hat und erfüllte Hoffnung für möglich hält. Sie macht resignieren, wenn sie auf ihre eigene Geschichte zurückblickt, eine Geschichte der Pyrrhussiege und des Selbstverrats.

Die alte Geschichte von David und Goliath scheint tröstlich. Doch Verheißungen sind nichts als Möglichkeiten. Sie bedürfen der Nachhilfe.

(1963)

Enzensberger kämpft mit Einzelheiten
Hans Magnus Enzensberger: *Einzelheiten*

Als vor Jahren dieser Name aufkam, Hans Magnus Enzensberger, las er sich so gut wie erfunden. Oder war es möglich, mit einem solchen, zur Literatur geborenen Namen schon zur Welt zu kommen? Gleich eines seiner ersten, streng klein geschriebenen Gedichte, die so unerhört waren, so frech und behaglich wie sein Name, gleich eines der ersten begann mit der Zeile: »meine weisheit ist eine binse«.

Die Binsen jedenfalls sind seitdem ins Kraut geschossen, nicht nur die in Verse gefaßten, auch an Essays und Polemiken hat Enzensberger nun zusammengetragen, was im Buch den Tag um einige Jahre überleben soll. Die Sammlung, das muß vorweg gesagt werden, setzt nicht nur der unvergleichbaren Aktivität ihres Autors ein Denkmal, sondern auch der Zeit, auf die sie sich einläßt. Und wenn dieses Denkmal einer Karikatur ähnlicher sehen sollte als einem Ehrenmal, so ist das der Zeit ebenso zuzuschreiben wie der Methode, mit der ihr Enzensberger zu Leib rückt: der Polemik. Aber gerade die Karikatur, gerade die Polemik können mit ihren barschen Zugriffen, den Tricks ihrer Vereinfachungen oft mehr Wahrheit zu fassen bekommen als alle weit und behutsam ausgebreiteten Arme.

Eine Frage allerdings wird aufkommen und ist auch schon gestellt worden: Wie legitimiert sich jemand für Zeitkritik großen Stils, wer wäre auf diesem Felde »Fachmann«? Seminarscheine für Soziologie, Diplome der Volkswirtschaft tun es nicht. Enzensberger hat sie, soviel ich weiß, auch nicht vorzuweisen, in keiner politischen Partei, in keiner politischen Redaktion hat er volontiert. Die paradoxeste Antwort ist hier die richtige: Ja, er ist legitimiert, er ist Lyriker. Zugegeben, seit Heine hat sich hierzulande kein namhafter Autor von Versbüchern derart auf Agitation eingelassen, doch je tiefer man sich in diese *Einzelheiten* hineinliest, desto mehr leuchtet ein, warum ein Lyriker, ausgerechnet, hier kandidiert für die verwaisten Ämter von Maximilian Harden, Kurt Tucholsky, Karl Kraus. Lyrisches Temperament ist es, das hier dem Zorn die Feder führt, eine trotz höchstbeweglicher Intelligenz noch bewahrte Unschuld, die Fähigkeit, schmerzhaft zu staunen auch über das eigentlich schon Gewohnte, und eine ungewöhnliche Verletzlichkeit. Denn wer täglich aufbegehren will, muß eine dünne Haut haben und ein kurzes Gedächtnis, er würde sonst allzuschnell resignieren. Wer, wie eben Enzensberger, den Katalog des Versandhauses Neckermann in die Hand bekommt und gegen ihn mit einem polemischen Aufschrei protestiert, als gälte es die Abschaffung der Folter, der muß in diesem Moment des Staunens und der Entrüstung vergessen haben, was er seit Jahren straßauf straßab sehen oder in Inseratenspalten lesen konnte, denn der Geist Neckermanns, der sanfte Terror zu wahllosem Konsum, ist natürlich nicht von Neckermann erfunden worden. Doch für Enzensberger und in diesem Buch geht es eben nicht um Einsicht, Übersicht, Nachsicht, es geht um Polemik, und Polemik muß von Berufs wegen verallgemeinern, wird immer das Kind mit dem Bade ausschütten wollen, um den Schaden drastisch zum Himmel schreien zu lassen.

Gerade deshalb, weil wütende Verallgemeinerung so naheliegt, ist es gut, daß Titel und Programm des Bandes lauten: Einzelheiten. »Über das Schöne und das Wahre«, schreibt der Autor, »über den Humanismus oder über das Menschenbild unserer Zeit, kurz über große Zusammenhänge und Hintergründe sind wir allzu oft und allzu eilig unterrichtet worden. Weniger harmlos scheint mir, was im Vordergrund steht.« Tatsächlich gerät seine Polemik um so glücklicher, je handlicher, je einzelner die Einzelheiten sind. Der offene Brief etwa an den Ostberliner Schriftsteller und Gesinnungsmacher Peter Hacks; oder: die Aufforderung an die literarische Rechte, sich zu einer literarischen Regierungspartei zu formieren; die satirische und an Günter Blöcker adressierte Untersuchung über die »Gruppe 47«; oder auch: die höhnische und doch gerechte Abfuhr der deutschen Industriemäzene – das alles sind Zurechtweisungen, welche die Angegriffenen kurz und bündig in die Verteidigung drücken, und man ahnt: Es ist keine gute Sache, die sie da zu verteidigen haben.

Doch das Hauptgewicht des Bandes tragen nicht solche knapp entschlossenen Überfälle. Gegen die größeren Einzelheiten sucht sich auch die Polemik systematisch zu organisieren und baut sich vorsorglich ein theoretisches Dach, unter dem sie arbeiten kann. Also prägt und definiert Enzensberger den Begriff der »Bewußtseinsindustrie«, die Bewußtsein produziert und formt genau wie andere Branchen Küchengeräte. Bewußtseinsindustrie, so wird gezeigt, ist ein verfeinertes Mittel der Herrschaft und Ausbeutung, bei fortgeschrittenem Zustand der Zivilisation und Aufklärung notwendig, um die Herrschaft überhaupt zu halten: »Gepfändet wird (dann) nicht mehr bloß Arbeitskraft, sondern die Fähigkeit, zu urteilen und zu entscheiden ... An die Stelle der materiellen tritt die immaterielle Verelendung.« Unter diesen Vorzeichen beginnt die Découvrierung des sanftesten Terrors der bisherigen Weltgeschichte. Zu seinen Instrumenten zählen in diesem Buch die übliche Wochenschau und die Sprache des *Spiegel*, die politische Taktik der *Frankfurter Allgemeinen*, aber auch das Phänomen des Tourismus oder die Legende von der Avantgarde. Hier reagiert die Polemik nicht mehr aus dem Stand und dem Stegreif, sie kommt gelehrt gegangen, bärtig sozusagen und bebrillt, mit Dialektik, Anmerkungsapparat und Beweisketten –, es geht ihr um eine quasi wissenschaftliche Verifikation des Zorns. Denn die Zeiten und mit ihnen die Gegenstände der Zeitkritik haben sich gewandelt. Während sich in den zwanziger Jahren die Gesinnung eines Hugenberg-Blattes noch aus einem einzigen Leitartikel ablesen ließ, derb wie ein Kameradschaftsabend beim Stahlhelm, so kostet es heute Enzensberger einen Essay von 45 Seiten mit 66 Anmerkungen, um die doppelte Zunge im Mund der *Frankfurter Allgemeinen* zu entdecken. Ich fürchte, es ist ihm gelungen.

Doch nicht immer decken die Indizien das aus ihnen Gefolgerte, nicht immer scheint die Ehe von polemischem Temperament und wissenschaftlicher Zurüstung glücklich. Diese Gangart, die zu Adorno ebenso vertraut Tuchfühlung halten möchte wie zu Tucholsky, ist nicht einfach durchzuhalten. Doch, von nahem besehen, sind die meisten Beweisgänge für Enzensberger ohnehin rein zeremoniell. Der Autor spielt mit sich selbst nur Igel und Hase. Als Igel sitzt er immer schon am Ende der Furche und hat immer schon gewußt, was er etwa von der Verläßlichkeit der *Frankfurter Allgemeinen* halten soll. Als Hase aber hetzt er allen triftigen Beweisen nach, glücklich und wie erstaunt, wenn er mit ihnen seine eh und je gehegte Überzeugung tatsächlich einholt. »Kurzschluß als Kunstmittel«, auch so ließe sich, mit einer eigenen Formulierung Enzensbergers, das Verfahren taufen. Denn die Beweisgänge unterschlagen auch gern ein Stück Wegstrecke, überspringen der polemischen Drastik zuliebe einige Zwischenglieder, reisen wie der Strom bei Kurzschluß auf schnellstem Wege zum Ziel und schlagen so die Sicherung durch. Wenn das glückt, hat Enzensberger, hat das Buch seine großen Momente. Doch wo der Kurzschluß allzu rabiat verfährt, da wird keine Sicherung mehr durchgeschlagen, sondern die ganze Leitung brennt ab.

Das geschieht etwa in der »Theorie des Tourismus«, die reichlich Material, Indizien und Aspekte aufbietet, nur um sich am Schluß mit dem höchst pauschalen Schluß zu trösten: »Das Verlangen, aus dem sich der Tourismus speist, ist das nach dem Glück der Freiheit.« Was für unseren Autor soviel bedeutet wie: dieses Verlangen protestiert gegen die gesellschaftliche und politische Verfassung, in der wir leben. Selbstverständlich trifft das, als eine bescheidene Teilwahrheit, auch auf den Tourismus zu. Aber dann ließe sich auch eine Theorie des Skatspiels, des Weihnachtsfestes, der Trunksucht oder des Geräteturnens suchen, um zu beweisen: auch diese Veranstaltungen sind samt und sonders Proteste gegen die politische und gesellschaftliche Verfassung, in der wir leben. Wer mit genügend derben Reagenzien arbeitet, bekommt auf jede beliebige Frage schließlich immer die gewünschte Antwort.

Ungerecht mag es scheinen, ein durch und durch brillantes Buch gerade in einem geistesabwesenden Moment beim Wort zu nehmen, aber eine Methode zeigt sich nun einmal am deutlichsten dort, wo sie unsicher wird und sich in ihrer Unsicherheit an den Phänomenen vergeht, der Horizont eines Kritikers verrät seine Grenzen genau da, wo er sie überschreitet. Nicht Schadenfreude ist in solchen Momenten am Platz, sondern die Frage, welcher Eifer den Autor wohl zwingt, der Sachlage hier und da Gewalt anzutun. Man sieht, das läuft auf die Gretchenfrage hinaus: Welcher Code, welches System von Sympathien und Abneigungen regiert in diesem Band, regiert das Temperament Hans Magnus Enzensbergers? Schon das Inhaltsverzeichnis gibt darüber erste und erstaunliche Auskunft. Der Band wird nämlich beherrscht von einer strengen, fast manichäisch durchgehaltenen Zweiteilung: In einem ersten Teil werden öffentliche Zustände und Institutionen gebrandmarkt, in einem zweiten Teil poetische Leistungen gefeiert. Enthusiasmus ist Enzensbergers vorherrschende Stimmung, doch die gibt es in einer tiefschwarzen und einer leuchtenden Tönung, als Zorn oder Begeisterung. In Zwischentönen wird hier kaum gemalt. Unversöhnlich und extrem auseinandergerissen, stehen sich also in dem Band die Manifestationen der Macht und die der Poesie gegenüber, die einen einem Nein ohne Vorbehalte, die anderen einem ebenso ungebrochenen Ja ausgeliefert.

Denn Macht, oder mit Enzensbergers eigenem Terminus, Herrschaft, das ist für ihn die schlimmste aller Zumutungen, kränkt und empört ihn in allen ihren Erscheinungsformen. Von Herrschaft hört man ihn reden wie den Bundeskanzler von der Opposition: enerviert, ratlos, wegwerfend. Die Einrichtung selbst scheint etwas Widernatürliches und Menschenunwürdiges zu sein. Zu Mißtrauen gegen Herrschende allerdings hatte die Generation Enzensbergers, meine Generation, so viel welthistorische Gelegenheit wie wenige vorher. Nur, hier führt die Erfahrung mißratener Obrigkeit offenbar zu dem Kurzschluß, daß nicht nur die jeweilige Verfassung der Herrschaft schlecht, sondern daß Herrschaft an sich das böse Prinzip sei, daß nur ihre Demontage die Welt sanieren könnte. Verschämt, nur zwischen den Zeilen, schimmert immer wieder die Hoffnung durch auf den absterbenden Staat, das spätromantische Abendrot der Marxschen Verheißung.

Aber kommt diese Zeitkritik überhaupt von »links«, wie unbesehen, unbesehen vielleicht auch vom Autor selbst, angenommen wird? Links jedenfalls im Sinne parlamentarischer Sitzordnung ist sie nicht. Von der sozialistischen Linken borgt sie Methoden zur Entlarvung der Herrschaft, doch keine Entwürfe für deren Besserung. Enzensbergers passionierte Skepsis gegen jedweden Staat und alle staatlichen Mittel, sein Verzicht außerdem, sich zu engagieren für die Sache irgendeiner bestimmten Schicht oder Klasse, machen ihn zu einem höchst zufälligen Bundesgenossen der politischen Linken. Links gebärdet sich seine Polemik nur in einem streng allgemeinen, einem rein theoretischen Sinn, einfach indem sie sich kritisch und utopisch mit den Formen der Herrschaft anlegt. Und links operiert er, unverhoffterweise, auch im Sinn einer fast schon verschollenen Tradition. Denn wenn es überhaupt irgendwo Verwandtschaft zu entdecken gibt zu diesem Mißtrauen gegen alles politisch Obere, gegen alle staatliche Bevormundung, dann am ehesten in jenem frühen, rücksichtslosen Liberalismus, wie ihn der junge Humboldt oder noch höhnischer und anarchischer auch Fichte in seinen Anfängen vertreten haben. Auf einen »Nachtwächterstaat«, hieß es später, wären diese Entwürfe hinausgelaufen, oder – um historisch zu übersetzen – auf einen Staat, der sich um wenig mehr als den Ausbau der Straßen und die Erhaltung des Telefonnetzes bekümmern würde, auf die politische Idylle. Daß aber solcher Individualismus, mit dem Kopf voraus gegen die Wände rennend, historisch nur möglich und gerechtfertigt ist, wenn er seine Dynamik bezieht aus dem Kampf eines frühkapitalistischen Bürgertums mit der feudalen Restgesellschaft, liegt auf der Hand. Kein Wunder also, wenn Enzensberger kein soziales oder politisches Fundament mehr findet für das, was er als »Freiheit« so verzweifelt wie triumphierend gegen die Herrschaftsansprüche der Apparate und ihrer Bediener, gegen Regierungen und Bewußtseinsindustrie ausspielt.

Erst auf den letzten Seiten verklärt sich das bitter gestimmte Buch noch zum Erlösungsspiel. Hier erscheint als deus ex machina die Poesie, die durch den ganzen Band hindurch schon so spontan, so über allen Zweifel erhaben gefeiert worden ist. Sie nämlich, damit sollen wir uns trösten, steht in unserer Welt sichtbar ein für die Freiheit, die sonst überall verraten ist – das ist freilich ein Schluß und Abgesang, dessen Unschuld und Pomp fast bestürzen. An der Poesie verdirbt plötzlich alle hochkultivierte, linkshegelianische Dialektik, in ihr äußert sich ein jederzeit unbeschädigtes, absolut freies Bewußtsein, frei nicht nur von ökonomischer Determination, sondern auch gegenüber allen Ansprüchen der Herrschaft, die rein unpolitische Macht, der schwarze Schimmel. Hier, wenn der Autor sein Glaubensbekenntnis aufsagt, verliert seine Sprache auch die scharfe Kontur, die sie in den Polemiken zeigt, und die Rede hört sich ähnlich listig und sakral an wie die über das Schöne und Wahre am anderen Ufer. Sollte damit wirklich eine neue Innerlichkeit etabliert werden, die Enzensberger doch auf den ersten Seiten seines Buchs so genau ad absurdum geführt hat? Keine servile und dumpfe Innerlichkeit freilich, aber eben doch eine Seelenzone, die immer heil bleibt und in jedem Fall unschuldig, weil sie mit den Sündenfällen der Öffentlichkeit, mit Macht und Kompromissen nichts zu schaffen hat, unberührt von ihnen gedeiht.

Die Frage stellt sich, bleibt aber unbeantwortet. Doch einen solchen Notausgang, wie immer unbenützbar, hatte der Autor ganz offenbar nötig. Wo immer eine radikale Kritik herrschender Zustände vorgetragen wird, geschult an den Methoden der linken Hegelschule, getauft also mit allen Wassern des deutschen Idealismus, da läßt sie sich eben mit bloßen Korrekturen, mit Schönheitsoperationen am Bestehenden schwerlich abspeisen. »Revision, nicht Revolution«, beteuert Enzensberger, sei sein Ziel. Revision aber kann das Prinzip Hoffnung nie vollkommen einlösen, da wird immer die ganze Freiheit, politisch: die bis in den letzten Zipfel egalitäre Gesellschaft verlangt. Die Revolutionen, die das versprachen, haben getäuscht. Die Revisionen können besser machen und können verhüten, doch zu einem wie immer vorläufig guten Ende bringen können sie nichts.

Es ist dieses Dilemma (an dem nicht er allein zu tragen hat), das Enzensberger in seinen bescheidenere Wunder versprechenden Notausgang, in die Arme der Poesie treibt. Wie Münchhausen sich selbst am eigenen Zopf, so zieht hier der Lyriker Enzensberger den Zeitkritiker gleichen Namens aus der Zeitmisere. Aber noch immer ist Schadenfreude nicht am Platz. Im Gegenteil. Üblicherweise hätte sich eine trotz aller Streitbarkeit zarte, verletzliche Natur wie diese gar nicht aus der per definitionem uneinnehmbaren Zone der Innerlichkeit herausgetraut auf den Markt und in die Arena – das wäre eine deutsche Lösung gewesen, zumal für einen Lyriker. Daß die Druckverhältnisse, die in aller Öffentlichkeit herrschen, für ihn eine ständige Zumutung und Beleidigung sind, spürt man auch bei Enzensberger von Zeile zu Zeile. Er aber hat sich ihnen ausgesetzt, es ist ihm notwendig und nützlich erschienen. Ich weiß, er selbst hört dieses Wort nicht gern, aber ich halte diesen ganzen Band für eine der seltenen Demonstrationen von Mut: weil da jemand wissentlich (nicht bloß wie üblich, aus Mangel an Phantasie) sich dem aussetzt, was ihn quält, um einer notwendigen und nützlichen Sache willen.

»meine weisheit ist eine binse« –, das Zitat, das sich so billig gegen den Autor verkehren ließe, spricht für ihn. Nichts Unerhörtes hat er anzubieten, sondern die Binsenweisheit, nur das Vernünftige, unermüdlich, auch im Zorn darüber, daß selbst dieses bescheidene Nächstliegende uns dauernd vorenthalten oder verdreht wird. Und so sehr man in Einzelheiten abweichen mag von den *Einzelheiten* – dieser Tendenz wegen, die sich durch den ganzen Band zieht und die nicht mehr ist und nicht weniger als die Tendenz zu Vernunft, zu einem vernunftgerechten Leben, verdient das Buch für mich nichts als Empfehlung. Es wiegt eine ganze Bibliothek zeitkritischer Romane auf und sollte auch nicht unter der Nachttischlampe vor dem Einschlafen gelesen werden, sondern bei Tageslicht und am Schreibtisch. Auf billige Zustimmung ist es nicht angewiesen, so wenig wie es dummen Ärger verdient. Es lädt zum Dialog ein, gehört nicht zu den Produkten der Meinungsmache, sondern: zur Literatur.

(1962)

Beckmesser oder de Gaulle?
Marcel Reich-Ranicki: *Deutsche Literatur in West und Ost*

Schöner als die Bücher sind oft ihre Titel. Auch dieser, so nüchtern er scheint. Etwas Umfassendes und Tröstliches über deutsche Literatur wird da versprochen. Der Trost hängt an dem Wörtchen »und«. Ein Versuch zur Wiedervereinigung, auch wenn er nur auf eine Wiedervereinigung von Büchern und Autoren hinausläuft, wer möchte da nicht hinsehen?

Wer aber näher hinsieht, sieht sich schnell betrogen. Ober- und Untertitel, beide leben sacht über die Verhältnisse des Buches. Nicht um deutsche Literatur schlechthin geht es, denn nur Erzähler treten auf. Es geht auch nicht um »Prosa seit 1945«. Zu viele, die uns nach dem Kriege wichtig waren, ob Kasack, Andres oder Kreuder, ob Richter, Schmidt, Jens oder die Aichinger, sie werden mit keiner Zeile erwähnt. Was bleibt, ist schlicht ein Bündel mit 23 Essays über 23 Autoren, 13 westlich, 10 östlich der politischen Wasserscheide wohnhaft. Dazu ein Dutzend auffrisierte Zeitungsartikel, früher in der *Zeit*, nun Zuwaage, billig und gutgemeint, leicht zu entbehren.

Und der Trost, das Wörtchen »und«? Was Reich-Ranicki an deutscher Verwandtschaft zusammenzitiert, sitzt höchst beziehungslos und verlegen am durchgesägten Tisch. Es ist nicht seine Schuld, nicht ganz. Mit Stücken und Gedichten aus der DDR wäre für Gemeinsamkeiten gut zu plädieren gewesen, mit Prosa – kaum. Da hätte man mit Anna Seghers, mit Strittmatter und Fühmann das Nennenswerte schon genannt. Die staatsfrommen Dilettanten von drüben, die aufständischen Artisten von hier, wie sollten sie sich gerade in die Augen sehen?

Unversehens also fällt zwischen Ost und West, zwischen erstem und zweitem Teil des Buches, genau der Vorhang, den es lüften wollte. Da wird, entgegen aller Beteuerung, hüben und drüben mit anderen Maßstäben hantiert, schon in der Auswahl. Langatmig hören wir über Arnold Zweigs schlecht und recht aus der Zeit gefallene Bücher. Breit werden auch Hermlins feingestanzte Konventionen durchräsoniert. Hier dagegen, auf unserem Ufer, kein Sterbenswort über Andres, Schaper, Goes oder Zuckmayer. Da hat ein anderer, gewitzterer Geschmack gewählt und ausgelassen.

So richtet sich auch dieses Buch, wohlmeinend und ohnmächtig, ein in der allgemeinen deutschen Schizophrenie. An westlichen Autoren betreibt es Literaturkritik. Von drüben liefert es geduldig und monoton zehnmal Antwort auf eine immer gleiche Frage: Wie nämlich und ob überhaupt unter extremem ideologischem Druck Prosa geschrieben werden kann. Symptomatisches entsteht dabei, erfahren wir, doch kaum Lesenswertes. Ungeduldig liest man ausführlich über angeblich nicht weiter Lesenswertes.

Wer also die Kritik dieses Kritikers kennenlernen möchte, statt nur seinen Lesefleiß, der muß sich an seine westlichen Streifzüge halten. Schon schmilzt das dickliche Buch zusammen auf seine erste Hälfte. Dort ist Reich-Ranicki unterwegs mit seinen Urteilen, straft Gaiser, zweifelt an Bachmann und Walser, streut zögernd Lob aus über Köpfe der älteren Generation, für Koeppen, Nossack, Frisch. Über Bücher nur zu informieren, feierlich oder witzig, wie das oft als Literaturkritik mitläuft, ist seine Sache nicht. Ganz und gar ein Kunstarzt alten Schlages, klopft er Werk für Werk ab auf Kunstfehler und auf Lässigkeit im zeitkritischen Engagement. Ästhetische Gesundheit verlangt er und moralischen Nutzen für eine bessere Welt.

Fragt sich nur, welchen Nutzen, welche Gesundheit. Wo so klipp und klar gerichtet wird wie hier, sind Paragraphen über gutes und schlechtes Schreiben unfehlbar mit im Spiel. Offen möchte Reich-Ranicki die seinen nicht auf den grünen Tisch legen. Das »lebendige Kunstwerk«, sagt er scheu, durchbreche doch alle Regeln. Nur, sobald ihm ein eben noch »lebendiges Kunstwerk« unter die Instrumente kommt, zerlegt er so ritsch-ratsch und regeltreu wie die gute Hausfrau das eben noch lebendige Huhn. Er weiß, oder glaubt zu wissen, wo die Sehnen, wo die Knochen laufen, ob die Leber Wasser gezogen hat oder die Lunge eßbar ist. Das Ganze allerdings, gemeinhin Werk genannt, ist nach der Operation kaum noch zu erkennen. Da liegt es, kleingehackt in Aspekte und Probleme, in »Vortreffliches« einerseits und

»Mißlungenes« andererseits, in »Ergreifendes« hier und »Peinliches« dort, »erfreuliches« Engagement und »fragwürdigen« Vortrag, liegt dem verwirrten Leser vor Augen.

Kein Zweifel, auch das ist Kritik, stichhaltig in mancher Einzelheit, doch von Beckmessers Gnaden, versessen auf Einzelfehler, kurzsichtig für Zusammenhänge. Wo allerdings Kritiker in privater oder ideologischer Blutsbrüderschaft so vercliquet sind wie hierzulande, kann genau ein so Unbestechlicher, ein solcher Tüftler und Regelfuchser, eine Wohltat sein. Noch seine Freude hier und da blüht immer nur halb auf, fast widerwillig. An den Rändern wird sie schon wieder welk und nörgelig. Nie scheint er ganz auf seine Kosten gekommen.

Das erstaunt nicht, wenn man aus Ranickis reichlichem Seufzen, knappen Jubelrufen endlich errät, mit welcher Erwartung er der neuen deutschen Prosa entgegensieht, warum er immer wieder gekränkt wird. Nicht dort, wo er sein Rezept zu verraten scheint, ist er zu fassen. Da qualmen nur Sprachwolken hoch, und von »epischer Bewältigung erlebter Wirklichkeit« tönt die Rede. Da wird den Autoren, monströs und allgemein, »die Wahrheit« abverlangt. Nein, was Reich-Ranicki bei der Lektüre Schritt für Schritt entbehrt, das allein zeigt zuverlässig, was er lieber läse als alle diese Bücher und Autoren.

Er entbehrt, zum Beispiel, immer wieder »Gestalten von wohltuender Konkretheit«. Das »psychologische Porträt«, schlüssig und widerspruchslos, steht auf seinem Wunschzettel. Und schmerzlich wie die prallen Charaktere vermißt er auch die zügige, konsequent gebaute Fabel, den alten, frischen »epischen Atem«. Zustände, klagt er, werden allzuoft nur noch als Zustände abgebildet, ohne den beigefügten Katalog ihrer Ursachen. Also auch verläßliche Kausalität scheint, leider, abgedankt zu haben. Allzu selten entsteht mithin ein »schlüssiges, kleines Kunstwerk«, nie gar ein »abgeschlossenes« großes. Die vorwitzigen Details behaupten sich immer hartnäckiger gegenüber dem Runden Schönen Ganzen.

Das alles ist wahr, nicht neu. Es hat sich seit Jahrzehnten herumgesprochen. Hier nun wird es, scheu hinter vorgehaltener Hand, bejammert. Wahr ist, daß die heute aktuelle Prosa wenig und immer weniger verwandt ist mit jener Schule des Erzählens, für die Ranickis Herz laut und geheim zwischen allen Zeilen schlägt: mit den Franzosen des vergangenen Jahrhunderts. So kommt er, voll von solider Liebe zu solider, alter, großer Kunst und sieht sich um in der neuen, noch unsoliden. Wen sollte sein Mißmut noch wundern? Wer gut auf alten Sofas saß, den drücken harte Stühle.

Ein Don Quijote also, ein de Gaulle der Literaturkritik, edel, weinerlich, blind auf verlorene Größe pochend? Nur, was ihn den üblichen Rittern des Guten Alten Wahren nie ebenbürtig werden läßt, ist sein herber Mangel an Stil. Sein Geschriebenes ist selten mehr als bestes schlechtes Bürodeutsch. Zuweilen hebt sich die Stimme, etwas ölig, so wie wohlmeinende Ministerialräte sprechen, wenn sie, ihrem eigentlichen Zweck entfremdet, Literaturpreise verleihen müssen. Da werden dann von Frisch »Kabinettstücke der Epik« gelobt und von der Bachmann »viele reife Verse«. »Welches Bewußtsein«, wird gefragt, »stiftet Gaisers Epik?« Und welches, wird zurückgefragt, stiftet solche Worte?

Gegen die Versuchungen der Brillanz ist dieser Kritiker unendlich gefeit. Seine Sprache läßt es einfach so weit nicht kommen. Sie reizt, im Gegenteil, einen ganz anderen Verdacht: ob nämlich so grobes Instrument andere als grobe Urteile liefern kann? Ein Beigeruch von Kreidestaub und Tafelschwamm hält sich pedantisch über diesen Seiten. Da verläßt ein Autor nach dem anderen, beklebt mit zwei plus oder vier minus, das Klassenzimmer. Dauernd geht solider Befund über in hausbackenen Gemeinplatz (Walser – zu viele Details, Bachmann – zu wenig konkret, Gaiser – zu weit rechts). Eine kritische Sprache, die nicht differenzieren kann, rettet sich in sonore Parolen. Was heißt da »teilweise vortrefflich erzählt«, was ist »fesselnd und bewegend«? Was wäre »sentimental«, was, gleich daneben, »erschütternd und ergreifend«? So spricht kein Kritiker, so wird, schlimmstenfalls, am Leihbibliotheksschalter geplaudert. Wie das leibhaftige, lautere Denkmal des unbekannten Lesers, so scheint es, möchte sich Reich-Ranicki vor uns aufbauen, der gesunde Menschenverstand, angewandt auf die Literatur.

Solchen gesunden Menschenverstand ins Lächerliche zu schicken, ist hierzulande so billig wie lebensgefährlich. Er hat seine Domäne, er hat, will er weiterhin als gesund gelten, allerdings auch Grenzen. Kafka damals, Beckett heute liegen außerhalb dieses behaglichen Zirkels. Und nicht nur sie. Wo immer das Neue, widersprüchlich, riskant und respektlos, auftaucht in der Literatur, da richtet der nichts als solide Menschen- und Kunstverstand genauso viel und genauso wenig aus wie ein Schraubenzieher im Elektronenhirn. Am bieder Geglückten natürlich, am langweilig Mißratenen bewährt sich auch Ranickis guter alter Werkzeugkasten.

Im Herzensgrund wünscht sich wohl auch dieser Kritiker, einmal aus der Beckmesserhaut zu fahren. Auch ihm, glaube ich, würden ein paar Stunden Enthusiasmus mehr behagen als immer nur dieses säuerliche Bescheidwissen. Doch welcher Autor sollte ihn derart außer sich bringen? Ich fürchte, der müßte Martin Tolstoi heißen oder Günter Balzac, und ein solcher – nein, ein solcher wird nicht mehr kommen.

(1964)

Vernunft als Fahne
Günter Grass: *Über das Selbstverständliche*

Nein, selbstverständlich war das nicht. Literaten hatten bis dahin nur schiedsrichterlich die Fouls der Politik gepfiffen. In einem Wahlkampf für eine Partei zu reden und das ausdauernd, strapaziös, auf 52 Wahlversammlungen für die später geschlagene SPD, auf diesen Einfall kam als erster Günter Grass. Mit teils Widerwillen, teils doch sonorem Wohlwollen wurde die Ausnahme zur Regel damals bestaunt. Ein Dichter sprach leibhaftig und nicht bloß schriftlich zum leibhaftigen und unliterarischen Volk. Der Engagierte war vom Schreibtisch aufgestanden und war sich nicht zu gut, bis ins schwärzeste, den CDU-Stimmenrekord haltende Cloppenburg vorzudringen. Das konnte imponieren, das schien Konsequenz zu beweisen, das war sympathisch.

Nur, selbstverständlich war es nicht. Und als Günter Grass es dann, nach verlorener Wahl, vor der Darmstädter Akademie eben das Selbstverständliche nannte, das seine intellektuellen Standesgenossen nicht wie er getan hätten, da schien das jene Art Bescheidenheit, die der Arroganz schon zum Verwechseln ähnlich sieht. Selbstverständlich war diese Sympathie-Tournee für Brandts und Wehners eher mausgraue als rote Partei wohl zu allerletzt für Grass, den Autor der *Blechtrommel*. Daß ausgerechnet er mit Schlips und Anstand, mit mäßigender Stimme und durchaus nicht unbescheidenen Erwartungen für einen politischen Verband warb, den er selbst als »solide, etwas farblos« beschrieb, wer hätte das von diesem hochtrainierten und -dekorierten Anarchisten und Provokateur erwartet? Sprach nicht sein Ruf, der gute wie der schlechte, der ihm allein die vollen Häuser brachte, leise und penetrant nur gegen ihn? Konnte er überzeugen, oder verblüffte er nur?

Denn zwei Jahre später begann er mindestens die Studenten zu verblüffen: der gleiche Grass, immer noch berühmt und berüchtigt für eine Prosa, deren Grenzüberschreitungen und Tabubrüche, deren antibürgerliche Radikalität ihr Maßstab war, riet nun zu Mäßigung und gediegener Vernunft und das einer Rebellion in die Ohren, die politisch so radikal sein, das heißt nach den Wurzeln greifen wollte wie er literarisch, die nun ebenfalls alle gepflegten, kodifizierten Spielregeln übersprang, mit denen Minderheiten nur integriert werden. Verstand man ihn nun? Oder schlug man ihn kurzerhand, seinem Ruhm und seiner Einkommensstufe gemäß, zum Establishment?

Lauter Widersprüche offenbar, und die nun gebündelten politischen Ansprachen, Aufsätze, Briefe von 1965 bis 1967 helfen sie auf den er-

sten Blick kaum lösen. Es war, fürchte ich, auch nicht sehr selbstverständlich, das für den Tag und seine begrenzten Zwecke Formulierte in
einem Buch zusammenzuraffen. Das meiste wäre für eine Ausgabe
letzter Hand gerade noch zurechtgekommen. Die Zeit nämlich, die sogenannte Große Koalition, die sogenannten Unruhen haben diese
Texte frühzeitig altern lassen. Schon hausbacken scheint jetzt die Aufregung des Wahlsommers '65. Grassens Wahlreden jedenfalls lesen sich
so gemütlich und schal wie die Zeitung von vorgestern. Ihr Neuig-
keitswert ist dahin. Historische Dokumente aber, fremd und würdig
vergilbt, sind sie noch nicht, dazu fehlt es an Distanz.

Oder fehlt doch mehr? Sicher, Lesen macht ungerecht gegenüber
Texten, die zum Vortrag vor gemischtem Publikum entworfen sind.
Was beim Lesen jetzt auffällt: wie konfus in diesen Reden die Ein-
zelteile nebeneinanderliegen. Man stolpert kreuz und quer über
Solospäße, –argumente, –geschichten. Sie bringen es zu keinem Zusammenhang, und sei es nur dem einer durchlaufenden rhetorischen
Spannung. Dauernd bricht dieser Redner auf offener Strecke zusammen, um gleich im nächsten Augenblick sehr scheinfrisch wieder
loszustarten. Fehlte es ihm an systematischem Denken, bündiger Argumentation oder nur an ungetrübtem Enthusiasmus für den Werbear-
tikel, die Es-pe-deh?

Aber nicht diese Buchstabentrinität steht auf dem Hauptaltar des Patrioten Grass. »Welche Hausmacht stützt ihn?« fragt er sich selbst.
»Hier ist meine Antwort: Ich glaube an die Vernunft.« Von Schleswig-
Holstein bis Israel: dieses Glaubensbekenntnis zieht sich als Leitmotiv
durch alle Verlautbarungen. Vernunft ruft er als Nothelfer an wie seine
verblasenen Gegner abwechselnd die Freiheit und die Ordnung. Das
heißt, auch ihm bleibt das große Wort nur ein Wort, eine schöne Fahne,
die Deutlichkeit eines Begriffs will es nicht annehmen. Vernunft
anwenden bedeutet für ihn schlichtweg, das Vernünftige tun, und vernünftig wäre es, Globke nicht als Kanzlerhelfer zu dulden, die Oder-
Neiße-Grenze anzuerkennen, mehr Krankenhausbetten zu planen,
sich der DDR zu nähern und so fort –, Grass wird mit Recht nicht
müde, den Katalog dieser unerfüllten Selbstverständlichkeiten herun-
terzubeten.

Nur: wer tut das Vernünftige? Oder: wer oder was verhindert es?
Hier könnte doch wohl gerade ein Außenseiter die schlichten Tabus des
Wahlkampfs brechen und ein Wort verlieren über materielle Interessen-
lagen oder katholischen Milieuzwang, über Bildung, Presse, Wirtschaft und deren demokratische oder wie sonst Struktur. Doch mit so
überpersönlichen Mechanismen mag der Erzähler, dem alles nur in
Geschichten und an Personen konkret wird, ganz offenbar nicht rechnen. Das Vernünftige, so lese ich folglich den lockeren Beweisgang,

tun die Redlichen, und die Redlichen sitzen in der SPD. Ein paar frisch erfundene Kürzestgeschichten, einige, fast immer nur moralische Belege aus dem Leben der SPD und ihrer Repräsentanten, wenige, mürrisch eilige Hinweise auf die von der Partei zur Bewältigung empfohlenen »Gemeinschaftsaufgaben« (auch »einen modernen, die Gesundheit der Kinder fördernden Schulsport« erwähnt Grass) –, das allein soll das Glaubensbekenntnis luftig untermauern.

Wo so allein auf die Redlichkeit, aufs Vertrauen zu Personen gepocht wird, da kann der politische Katzenjammer nicht ausbleiben. Er kommt, erst nach verlorener Wahl, dann düsterer nach der Großen Koalition, der »miesen Ehe«. Gleich im Oktober '65, in der Darmstädter Büchner-Rede, tritt Grass wieder als unverwechselbar er selbst auf, prustend vor Metaphern, mit graziös boxender Sprachwut. Er muß da, denke ich, trotz aller Enttäuschung doch ein tiefes »Uff« empfunden haben nach Monaten einer selbstverhängten Sprachregelung. Denn anders als etwa Böll, Enzensberger, Augstein oder Walser, wenn die zu Politik reden, verschwindet der wahlredende Grass immer wieder in einer rhetorischen Unperson. Er wollte wohl dem Volk, wenn nicht aufs Maul schauen, so doch nach dem Herzen reden, geriet aber nur in die dröhnenden Klischees eben des Wahlredens und seines Honoratiorenpathos. »Unser Volk, einst anerkannt oder gar führend in vielen Wissenschaften«, »der Schriftsteller ist aufgerufen, seine Stimme zu erheben« –, solche sprachlichen Gummibäume sind nicht eben selten. Hat da eine rauhere Stimme schlau nur Kreide geschluckt, um zu beteuern: Mein Name sei Biedermann? Oder wären das nur Schnitzer, und tun die nichts zur Sache? Ich denke, so groß geredet wird mit Vorliebe dann, wenn nicht klein und genau genug gedacht wird, so etwa, wenn die Moral der Redlichkeit, ganz ohne Basis, strikt verinnerlicht, als Testmerkmal für politische Entscheidungen gefeiert werden soll.

Der Katzenjammer mußte kommen, kam. Die Negativität von Wut und Trauer macht zwar Grass wieder als Günter Grass beredt, und zwischen den Stühlen hervor schimpft er so giftig amüsant auf Enzensberger wie auf Kiesinger. Doch sein Positives, seine Botschaft will die Lehre der Enttäuschung nicht annehmen. War's denn wirklich nur die Redlichkeit, die im Dezember '66, vorübergehend, geistesabwesend versagte, so daß der gut ein Jahr zurückliegende Wahlkampf nun wie Schemenboxen aussah? War's nur ein *moralischer* Kurzschluß, der auch das SPD-Bündnis mit NSDAP-Mitglied Kiesinger bescherte – für Grass, der eben gern moralisch personalisiert, offenbar die schlimmste Klausel des »miesen« Ehekontraktes? Oder wäre es nun an der Zeit, Sozialdemokraten nicht mehr ganz bedenkenlos als »staatsbewußte Pragmatiker« anzupreisen, die »ihr Programm den wechselnden Zeiten anpassen«, neu nachzudenken auch über ihr »gewachsenes Nationalbewußtsein«, das schließlich doch am 4. August 1914, bei der Bewilligung der Kriegsanleihen zur Welt kam? Gegen so naheliegende Skrupel steht weiterhin nur bebend abstrakt: »Für die Vernunft will ich werben.«

Nur durch den letzten Beitrag, die »Zwischenbilanz« vom September 1967, zieht sich unterirdisch ein leichtes Erdbeben. Von nur »kapitalistischer Freiheit« ist da die Rede, von »interessenhörigen« Parlamenten, von nur »formalfreiheitlichen Wahlen«, doch sehr kurz und ohne alle Konsequenz. »Dieses Thema«, so wird über die Krise der Demokratie doziert, »so allgemein es sich anhört ..., stellt sich von Land zu Land, von Demokratie zu Demokratie neu und wird erst dadurch allgemein.« Hier dürfte die offiziöse Vagheit des Ausdrucks wohl doch das legitime Kind von vage offiziösen Gedankengängen sein. Tatsächlich ergibt sich am Ende als finsterer Trost, daß eben nicht die parlamentarische Demokratie versagt hat, nur deren gewählte Repräsentanten: Wäre also auf deren sich irgendwoher und irgendwozu bessernde Redlichkeit und folglich Vernunft weiterhin zu hoffen? Hier wird offenbar in aller Resignation unerschüttert an das *moralische* Gehör, an die *innerliche* Regenerationsfähigkeit des Bonner Systems geglaubt. Sympathisch mag das sein, nach wie vor, gerechtfertigt ist das durch nichts, heute weniger als je.

Doch September '67, das liegt, gemessen am neuen Tempo politischer Entwicklungen, schon reichlich weit zurück. Nur vorläufig ist deshalb hier ein Resumée zu ziehen. Einer von uns notorisch Unbeständigen, ein Literat also, hat versucht, sich verbindlicher auf praktische Politik einzulassen als bis dahin landesüblich war, ein Realist mit dem Markenzeichen der Genauigkeit, der ausdrücklich und bissig alle Utopisten, jedwede Ideologie verachtet. Doch was sich schließlich als Quintessenz aus seinem eigenen Programm herauslesen läßt, ist blauäugiger Idealismus, pure Ideologie, sind die Abstraktionen der Innerlichkeit aus bester deutscher Tradition: Appelle an eine irgendwie wunderwirkende Vernunft, zur Einkehr und Besinnung, gegen »geistlosen Wohlstand«, an die Kraft der inneren Moral. Wenn ein Weimarer Kernspruch (das Xenion: »Zur Nation euch zu bilden, ihr hofft es, Deutsche, vergebens; / Bildet, ihr könnt es, dafür freier zu Menschen euch aus«) eine der Reden abschließend wahrhaft krönt, so ist das nicht etwa Fehlleistung. Utopie wird also auch hier gebaut, nur daß sich diese von anderen und aktuelleren nicht vorteilhaft eben dadurch unterscheidet, daß sie hoch im Himmel hängt, statt weit hinter dem Horizont zu liegen.

Die Liebhaber von Günter Grass' sagen wir erster literarischer Periode werden nun bangen. Schon auf der letzten Tagung der »Gruppe 47«

wurden seine neuesten Gedichte unisono mit für den Autor der *Blech-trommel* unerhörten Argumenten empfangen: er trete da in Moseshaltung auf, er sei zu vage feierlich geworden, zu predigerhaft. Wird er uns also auf seine Art die Gerhart Hauptmannsche Lebenskurve nachzeichnen, sich vom Bürgerschreck zum späten Weimarianer läutern, zum sprechenden Denkmal eines guten, fruchtlosen Glaubens? Noch sind das vorlaute Sorgen und nicht einmal die dringendsten.

Denn aus der Lektüre dieser politischen Schriften sind schon ganz andere, politische Schlüsse gezogen worden. Angeregt von Margaret Boveri und Golo Mann, beginnt in Berlin ein Komitee von Bürgern für Grass als Regierenden Bürgermeister zu werben. Damit allerdings wird die Ideologie seines Bändchens sehr gläubig und entschlossen beim Wort genommen: eine abgewirtschaftete Politik soll renoviert werden durch nichts mehr und nichts weniger als den Einsatz einer neuen Person, deren Redlichkeit und Einsichten den Gaben von Klaus Schütz tatsächlich überlegen scheinen. Noch klingt das eher wie Märchen als wie Utopie. Nur die von Grass selbst so dringend angerufene Vernunft hoch über allen realen Machtverhältnissen spricht für seine Einlösung. Wird sie sich herunter vom Sockel, auf die Erde provozieren lassen? Ich bin so wundergläubig nicht. Doch ich sehe ein, daß dieser hochherzige Berliner Versuch das politische Credo von Günter Grass nachdrücklicher und auch schlimmer testet als jede Rezension.

(1968)

Kunstauftrag oder Auftragskunst?

Fehlurteile eines Kritikers sind keineswegs, wie immer wieder verlautbart wird, untrügliche Beweise seiner Eignung für diesen Beruf, Zeichen nämlich seiner Unerschrockenheit und Entschiedenheit. Sie sind schlichtweg Fehler und richten Schaden an, wie die Fehler jedes anderen Teilnehmers am gesellschaftlichen Verkehr. Der Kritiker ist mit zu hoher Geschwindigkeit gefahren oder ist nachtblind oder war geblendet oder hat seinen abgefahrenen Reifen zu viel zugetraut.

Mein erstes Urteil über das Marat-Stück von Peter Weiss hielt ich später für weitgehend falsch (s. S. 156ff.). Geblendet war ich tatsächlich: durch die Uraufführung unter Konrad Swinarski, der die kulinarischen Qualitäten des Textes so wirkungsvoll ins Publikum servierte, daß ich die dramaturgische Offenheit des Stücks nur noch für einen Leerraum hielt, in dem eine Regie der Arrangements sich frei austoben könnte. Wahrscheinlich wollte ich hier, wie so oft, treu auf der Linie des Autors denken, doch strenger als er, puritanischer also als Peter Weiss.

Solche Enge und Strenge markiert immer wieder die Argumentation und die Urteile, allerdings in einer Art Zweifrontenkrieg: einerseits gegen die Bindung des Schreibens nur an Auftrag und Wirkung, andererseits gegen den Verrat der Themen und der Wirkung an bequeme Effekte, ob ästhetische oder demagogische. Die Spannung und auch Überspannung der damaligen Literatur durch die Überzeugung (oder Illusion) von ihrer politischen Verantwortung, ihrer historischen Rolle, hat diese doppelte Empfindlichkeit sicher provoziert. Sie zielt letztlich auf eine Utopie: auf die restlose Vereinbarkeit von ästhetischer Autonomie und zeitgenössischer Authentizität.

Musical für Staatstheater
Peter Weiss: *Die Verfolgung und Ermordung*
Jean Paul Marats ...

Leute mit Fachgemüt, praxisnah, behaupten gern von Theaterstücken, die seien nur »Vorschläge« für Theateraufführungen. Vollständig also würden sie erst auf der Bühne und für sich besehen, als Texte gäben sie nichts weiter her.

Diese Meinung mag probat klingen für sogenannte Leute vom Bau, für Dramaturgen, Schauspieler, Regisseure, vielleicht auch für Theaterkritiker und -zuschauer. Halten jedenfalls läßt sie sich nicht. Große Theatertexte, die seien von Shakespeare, Ibsen oder Beckett, verlieren auch beim Lesen nichts von ihrer Größe. Sie bauen auch dem Lesenden eine Bühne vor Augen.

Zum Lesen wird jetzt das neue, das zweite Stück von Peter Weiss angeboten: *Die Verfolgung und Ermordung Jean Paul Marats, dargestellt durch die Schauspielgruppe des Hospizes zu Charenton unter Anleitung des Herrn de Sade.* Soweit es nur zum Bühnenverbrauch bestimmt war, hat es sich auf seiner Berliner Premiere längst bewährt, getragen allerdings von einer Regie, für die das übliche Etikett »kongenial« kaum ausreicht. Denn diese Inszenierung Konrad Swinarskis war ihrem Gegenstand vielleicht nicht ebenbürtig, doch sie überragte ihn – genau wie Bastarde oft über ihre edleren und bleichen Väter hinauswachsen.

Wer nämlich die Berliner Premiere gesehen hat, wer jetzt nachträglich das Stück liest, der bringt das Gesehene vom April und das Gelesene vom Mai kaum zur Deckung. Das Schiller-Theater damals gab sich als theatralisches Schlemmerlokal. Alle Aktionen, Tableaus und Pantomimen waren so monumental und zugleich appetitlich aufgetischt, daß dem Publikum vor lauter Sehen das Hören nur zu bald verging. Es kam, wie in der Oper, auf genauen Wortlaut nicht mehr an.

Nun, beim Lesen, fällt auf den Text bald ein langer Schatten. Sein eigener Titel wirft ihn, der lang genug ist und der tatsächlich das Programm zu einem großen Stück formuliert. Ein Irrenhaus als Schauplatz der Revolution, links Marat und rechts de Sade, vor Marats Badewanne die Corday mit Dolch: Mord, Erotik und Politik. 1793 die Anmaßung der Utopie, 1808 die eingetroffene Misere der Restauration – aus diesen Elementen sollte sich etwas bauen lassen. Doch das Geschriebene liest sich wie ein mühsamer Wettlauf mit seinem eigenen Titel. Es kommt nicht über ihn hinaus, will nicht von der Stelle. Wie erschöpft von seinem großen Einfall, lebt Weiss als Rentner von dessen Zinsen, statt mit ihm zu wirtschaften.

Ohne eigentlich miteinander zu reden, geradeaus nämlich und

monologisch, predigt immer rechts de Sade und links Marat, Hohepriester zweier tödlicher radikaler Ideologien. Der Terror des Sadismus, der Terror der Revolution sagen ihre Adressen auf, Hörenswertes und Extremes über Mensch, Welt, Geschichte. Sich selbst und gegenseitig zu sagen haben sie offenbar nichts. Die Reden laufen streng parallel nebeneinanderher, geradeaus auf den Zuhörer zu. Es läßt sich, so entnimmt dieser, kaum überrascht, den ideologischen Angeboten, nahezu alles von zwei Seiten sehen.

Zum Beispiel auch die übrigen Figuren, die einmal, außerhalb des Spiels, schlicht Irre in verschiedenen Stadien sind, dann wieder, im Marat-Spektakel, Revolutionäre verschiedener Couleur bedeuten. Zunächst setzt dieser Rollentausch durchaus wild und heiter seine Pointen. Dann verschleißt der häufige Gebrauch auch dieses Spiel mit Spiel im Spiel. Doch wie pedantisch laufen die Effekte weiterhin vom Fließband. Da werden etwa, vom Direktor des Irrenhauses, die Anstandsregeln der Restauration aufgesagt und dann augenzwinkernd den Zeitgenossen Erhards und Wehners weitergereicht – einmal, zweimal, unzählige Male, bis endlich im Parkett der Klassenletzte auflacht. Monoton wie Pingpong fliegen so die immer gleichen ideologischen Motive durch eine dünne Luft. Aus denselben Fertigteilen fügen sich nur scheinbar neue Szenen.

Da nur die Mechanik der Wiederholung den dramaturgischen Betrieb aufrechterhält, muß auch der Text mithalten in der allgemeinen Monotonie, also auf der Stelle treten. Rhetorik verkommt in ihm zu sanften Litaneien. Viel ariösen Wohllaut, von parodistischem Schlagzeug angenehm durchsetzt, hat Weiss seinen Figuren zukomponiert. Ihre Reden und Gesänge wiederholen altbekanntes oder vergessenes Geschichtspensum. Was die Girondisten fühlten, wie die Vororte murrten und die Radikalen zeterten – hier wird es, schön oder frech, noch einmal aufgesagt. Kein Schulfunk könnte es schöner, kaum ein Nachtstudio frecher, doch auf solchen Nachhilfe-Unterricht waren wir kaum gefaßt.

»Im Theater wird durch Belustigung des Gesichts und Gehörs die Reflexion sehr eingeschränkt« – gemessen an dieser mürrischen Ahnung Goethes, scheint das Stück im Recht und wir im Unrecht. Doch man glaube ja nicht, die innere Monotonie des Wortlauts und der Vorgänge (bei aller szenischen Turbulenz), diese Unentschlossenheit und intellektuelle Lethargie seien ohne Sinn und Absicht. Hier unternimmt, vielleicht hinter seinem eigenen Rücken, ein Autor den Versuch, Weltgeschichte für reine Zuschauererlebnisse einzurichten, als hochherzige Hanswurstiade, als poetisches Tohuwabohu, sinnlos sicher, doch hoffentlich kurzweilig. Fatalismus, der Rohstoff der Tragödien, möchte sein Pathos verschlucken und sich in die Posse flüchten.

Unerlaubt ist das nicht. Einer schreibt *Dantons Tod*, ein anderer *König Ubu*. Hier, im *Marat*, möchte der fatalistische Rest nicht Schweigen heißen, sondern Show. In der nämlich sind alle Nummern, Aspekte, Figuren von vornherein gleich wichtig und gleich nichtig. Doch auch zu dieser geordneten Unordnung will das Stück nicht gedeihen. Redselig, aber in aller Redseligkeit noch längst nicht leer und entsetzlich genug, verhindert der Weiss'sche Text, daß sein Stück werden könnte, was es vielleicht sein möchte: negative Revue, Weltgeschichte als Affentheater.

Was intendiert sei, sagt feierlich jemand vom Fach, sei »absolutes und integrales Theater« (Marianne Kesting). Was vorliegt, sagt respektlos jemand anders vom Fach, sei »dürres Libretto« (Volker Klotz). Beide Befunde, ob zustimmend oder ablehnend, meinen im Grunde das gleiche. Gelesen, also ohne die Nothilfe einer großen Regie, sieht das Stück aus wie ein Musical für Staatstheater. Doch den internationalen Regie-Löwen, den Bergman, Planchon, Brook, ist der Appetit schon über dem kahlen Entwurf gekommen. Hier gibt es üppig zu regieren. Hier ist ein Sprachskelett, das reichlich Regiefleisch ansetzen kann – und muß.

Mit dem Erfolg läßt sich eben weder spaßen noch rechten, und Erfolg wäre Peter Weiss längst zugekommen. Jetzt überfällt er sein womöglich schwächstes Werk. Das ist launisch, schlimm wäre es nur, wenn auch dieser neugierige Autor sich nun spezialisieren wollte auf das scheinbar Gewünschte, wenn er uns demnächst nicht wieder erscheinen würde als das, was er bis jetzt immer war: der immer andere.

(1964)

Plebejer-Spätlese
Günter Grass: *Die Plebejer proben den Aufstand*

Alles scheint gesagt. Der Widerspruch gegen *Die Plebejer proben den Aufstand* von Günter Grass ist durch alle Tonlagen der Kritik gelaufen. Und wenn bewährte Institutionen des Bildungstheaters, die Hersfelder Ruine und die Wiener Burg, das Stück nachspielen wollen, so scheint das nachträglich allem Unbehagen recht zu geben. Empfiehlt sich dieses Trauerspiel nicht tatsächlich als ein auf den trüben Kopf gestellter, ein resignierter *Wilhelm Tell*? Alles scheint gesagt. Doch möglich wäre es, drei Schritte zurückzutreten vom Objekt und Kritik vor allem im Konjunktiv zu betreiben: wie hätte gelingen können, was offenbar mißlang?

Zwingend bleibt der Einfall, enttäuschend ist das Stück, ganz versagt hat seine erste Aufführung –, auf diese Skala des Urteils haben sich viele geeinigt. Ich würde, in schlichter Kausalität, lieber behaupten: aus einem triftigen Einfall hätte doch Grass ein schlüssiges Stück entwickeln und mit diesem selbst eine durchschnittliche Regie nicht derart zäh und ratlos operieren müssen. In einer Shakespeare-Rede bekanntlich, aus der eine Rede über den *Coriolan* und Brecht wurde, hat Grass den schon damals applaudierten Einfall zum ersten Male formuliert, und diesen Anlaß, so zufällig er war, ist er nicht mehr losgeworden. Denn der Kern seiner Erfindung – der kommunistische Theaterintellektuelle, provoziert durch den Juni-Aufstand – hätte sich auch in ein allgemeineres Modell übersetzen lassen. Da brauchtes weder Brecht noch Shakespeare Pate zu stehen.

Denn, erste Frage, mußte es beim *Coriolan* als theatralischem Hintergrund bleiben? Gleich in der Exposition, die zehn Minuten lang nichts als Bildungsstaub aufwirbelt, römische Geschichte, Shakespeare, Brechtsche Theater- und Klassikertheorie, erstickt das Stück fast, bevor es zu atmen beginnt. Belastet durch Voraussetzungen, traut sich das Spiel nicht von einem eigenen Nullpunkt aus anzufangen. Hastig, wie ein Wiederholungskurs, rekapituliert es seine Prämissen.

Da *Coriolan* auf eine Inszenierung wartet, wird (folglich?) auch vom Aufstand mit Vorliebe auf bühnenelisabethanisch gesprochen. Zuweilen scheint dieser 17. Juni ins 16. Jahrhundert zu fallen, dann wieder in »Wallensteins Lager« stattzufinden. Für Parodie läßt sich kaum halten, was in der vom Autor beaufsichtigten Berliner Inszenierung sonor mit Brustton gesprochen wurde. Brecht dagegen wußte, welche Moralität er verletzen, welche Zusammenhänge er aufdecken wollte, als er über Fleischpreise in Schillerschen Jamben und Hitlersche Ideologie à la Paul Gerhardt singen ließ. Wem aber dienen hier Shakespeare und *Coriolan*, die öden metaphorischen Kraftakte, die umständliche Spiegelung des Geschehens in einer allzu entfernten Parallelhandlung? Irgendein Klassiker des kommunistischen Revolutionstheaters, die *Optimistische Tragödie* oder die *Matrosen von Kronstadt*, hätten Hintergrund und Vordergrund, den gespielten und den wirklichen Aufstand drastischer zusammengespannt.

Aber, die wichtigere Frage, mußte es bei Brecht bleiben? Schließlich ist bekannt, und sicher wußte auch Grass, daß Brechts 17. Juni ganz anders ablief, als das Stück uns vormacht. Was Brecht damals wirklich versuchte (so, ein Programm mit Revolutionsliedern für den Deutschlandsender zusammenzustellen), war nicht nur bezeichnender für ihn und die Don-Quijoterie eines literarischen Engagements im Ernstfall, es hätte auch für das Stück mehr Einsicht und Aktion abgeworfen als das monotone Gegeneinander von geprobtem *Coriolan* und probiertem Aufstand.

Wieder hätschelt Grass seinen ersten Einfall statt ihn fortzuentwickeln, denn diesem treu soll sein »Chef« vor allem reagieren als »ungetrübte Theaternatur«. Unter ähnlichen Bedingungen mochten Gründgens oder Furtwängler tatsächlich »Theaternaturen« gewesen sein, und eine »Theaternatur« mag noch Felsenstein genannt werden. Brechts Werk aber nährt sich, seit er erwachsen und zugleich Kommunist wurde, von nichts als Skrupeln, niedergeschrieben in der *Maßnahme*, feierlich auferstanden im *Galilei* oder *Guten Menschen von Sezuan*, bis hin zu den *Buckower Elegien*. Der Vorwurf eines hemmungslos artistischen, ästhetisch ausbeutenden Verhältnisses zur Welt, ungerecht wie er gegen Brecht ohnehin sein mag, wird vollends zweischneidig, wenn Grass ihn erhebt. Zu Ende geführt, würde er zwar nicht die politische Haltung, wohl aber die Politik von Grass treffen, eher als die Brechts. Kein Wunder also, wenn diesem Beweisgang im Stück dann doch die Wucht fehlt, wenn er sich in lustlosen Nummern verzettelt. Weniger als irgendwo sonst kann ein Autor auf dem Theater sich selbst aus den Angeln heben.

Doch, wie gesagt, getroffen werden sollte Brecht, der Typus Brecht. Was er damals getan hat, wissen wir. Was er, eben typischerweise, noch hätte tun können, läßt sich vorstellen, gerade wenn man die eben aus dem Nachlaß edierten ideologischen Aufzeichnungen im *Meti*-Buch liest. Vorstellen ließe sich dann etwa ein »Chef«, ein Zuschauer von Geschichtsprozessen und beschlagener Ideologe, der gemeinsam mit den Arbeitern der Stalinallee einen Aufstandsplan getreu nach Leninschem Leitfaden entwirft, den reinen und integralen Aufstand, auf dem Papier geschützt vor allen Widersprüchen der Wirklichkeit –: wäre das nicht eine Theaterszene, grotesker, kritischer als die von Grass vorgeführte Nörgelei zwischen Tonbandgerät und Regiestuhl? Denn dieser »Chef« gibt nicht her, was er laut verlagsoffiziöser Deutung bedeuten möchte: das »Modell des Dichters und Intellektuellen, der die politische Wirklichkeit, die er so oft angerufen hat, nicht erfaßt«. Dann nämlich müßte er stellvertretend stehen können für Augstein und Harich, für Kuby, Anna Seghers, Enzensberger, Havemann und, in Gottes und Bebels Namen, auch für Grass. Doch von solchen Figuren und hochherzigen Positionen borgt dieser kauzig rote Theaterhase kaum einen Zug. Wäre der Einfall entschlossen gelöst worden von seinem ersten Anlaß, von Brecht und Shakespeare, wäre auf der Bühne eine erfundene Figur erschienen, die am Stichtag in Rostock oder Leipzig etwa die *Optimistische Tragödie* probt, so hätte diese frei verfügbare Figur und Situation die ganze Last der Stellvertreterschaft womöglich tragen können.

Wozu also, die Frage bleibt, Brecht, wenn es weder der authentische ist noch der einem Modell zuliebe veränderte? Einmal vielleicht, weil Grass ein Eifer pro domo die Feder führte, das instinktive Ärgernis daran, daß Brechts Lebenslauf eine so andere Wendung nahm als sein eigener, obwohl er doch ähnlich begann. Denn der früheste B. B., der Autor des *Baal* und von *Trommeln in der Nacht* steht dem ersten Grass nicht eben fern. Sobald also der »Chef« zurückfällt in diese anarchisch freischwebende Vergangenheit, sinnend über »die Zeit mit Paule, dem Halbschwergewicht«, oder, der aufständischen Friseuse hinterher fast auf die Straße stürmend, »wie früher unter leergefegtem Himmel«, ist er immer wohlaufgehoben in der Sympathie seines Erfinders. Brecht fast so sympathisch wie Grass, das muß Grass gefallen.

Doch sicher reicht diese Vermutung nicht aus. Brecht garantierte, deshalb und dafür braucht ihn das Stück, die bedeutende Fallhöhe für seinen Protagonisten, so wie Pius XII. für Hochhuth Fallhöhe und Skandal garantierte. Ungerecht mag ein Vergleich zwischen Grass und Hochhuth scheinen, ganz ohne Anlaß ist er nicht, dazu läuft der dramaturgische Motor hier wie dort auf zu ähnlichen Touren. Voraussetzung des Ablaufs und der Spannungen scheint beide Male die Annahme, eine einzige hohe Figur könnte durch ihr Votum eine geschichtliche Situation verändern. Auf Brechts Ja und Amen wird gewartet wie auf Pius' Nein, ja wie auf Philipps oder Wallensteins Entscheidung bei Schiller. Spät und naiv scheint da eine Dramaturgie durch, deren feierliche Prätention noch das autonome Individuum, die Willensfreiheit war. Wollte Grass im Ernst heimkehren zu den Theaterhelden und -illusionen vor *Dantons Tod*, sich treuherziger stellen, als selbst Grillparzer war, von Ibsen und allen Kommenden ganz zu schweigen?

Das wäre die Gretchenfrage an dieses Stück. Hochhuth immerhin vertraut seiner Voraussetzung unbefangen: ein Wort des Papstes, das gilt, hätte Hunderttausenden das Leben retten können. Doch nichts deutet bei Grass verläßlich darauf hin, daß er von einem Papier Brechts eine ähnlich entscheidende Wirkung erwartet. Durch die Arbeiter, die ihn auf der Bühne verdösen, blamiert sich der Aufstand außerdem von selbst, ob beabsichtigt oder ungewollt. Mithin: einem solchen Aufstand kann gar nicht geholfen werden, einerseits, und ein Intellektueller könnte wohl ohnehin nicht helfen, andererseits. Hätte Grass sein Stück von diesen Schlüssen aus gelesen und renoviert, es wäre dramaturgisch eher auf ein Beckettmuster als auf verlegenen Schiller hinausgelaufen: die Blinden bitten den Lahmen um Hilfe. Statt dessen wird der Leser oder Zuschauer aufgefordert, Erwartungen zu investieren in eine Situation, die das Stück (hinter seinem eigenen Rücken?) als aussichtslos zeigt.

Was bleibt, ist folglich ein blankes Häuflein Idealismus, die enttäuschte Hoffnung offenbar, dieser erfundene Brecht hätte doch eine wie immer wirkungslose, so immerhin mutige Haltung zeigen, einen Tag lang moralisches l'art pour l'art demonstrieren sollen. Wem zuliebe? Offenbar seiner Legende. Damit wir unbefangener an ihn glauben könnten, an das Denkmal eines Intellektuellen, wirkungslos, aber verläßlich?

Merkwürdig fremd und, wie befunden wurde, störend stehen zwei grell theatralische Szenen, die versuchte Hängung von »Chef« und Assistenten und der jäh abbrechende revolutionäre Ausflug des »Chefs« mit der Friseuse, in dem sonst zäh von Botenbericht zu Botenbericht sich hinschleppenden Stück. Hier, in diesem pseudorealistischen Zusammenhang, zerstören sie tatsächlich den letzten Anspruch auf Wahrscheinlichkeit. Doch gerade in ihnen sehe ich die Rudimente eines Stücks, das kein anderer als Grass hätte schreiben können, eine polemische Farce, böser als *Götter, Helden und Wieland*, durch nichts mehr kontrolliert als durch das Vorrecht der Karikatur, statt einer Figur mit Buckel nur noch einen Buckel mit einem Rest Figur zu zeigen. Darin hätte der Ärger an Brecht, als Person und Typ, frei, ohne Rücksicht und Vorsicht auslaufen können, denn wer auch eine Farce noch auf historische Wahrscheinlichkeit oder Porträttreue befragt, greift nur vorbei. Länger als einen raschen, wilden Akt lang kann ein solcher Scheiterhaufen freilich kaum brennen. Hat etwa der Ehrgeiz, zum ersten Male abendfüllend zu sein, diese Möglichkeit verdorben?

Eher der, endlich einmal aus der eigenen Haut zu schlüpfen. Grass nämlich hat mit diesem Stück etwas versucht, was in seinem bisher vorliegenden Werk kein Beispiel hat. Längst ist bemerkt worden, welchem Kunstgriff seine Stücke wie seine Bücher ihre Schocks und ihre Erkenntniskraft verdanken: einer rücksichtslos eingehaltenen Froschperspektive. Oskars Blick, wie voraussetzungslos, hemmungslos infantil, ungetrübt von aller anerzogenen, ideologischen Moralität, prägt nicht nur in der *Blechtrommel* alle Wahrnehmungen. Nicht auf Danzig ist Grass angewiesen, nicht an Westdeutschland versagt er: angewiesen war er bisher auf Kinder oder Halbwüchsige als Protagonisten und Berichterstatter. Erwachsene bewegen sich bei ihm lächerlich wie Marionetten, tickhaft, zappelnd, unfrei, durch bestimmte Verhaltensmechanismen gegängelt, genauso wie der anarchisch-pubertäre Blick von unten herauf sie sieht, als mechanische Vogelscheuchen, wie das Schlußkapitel der *Hundejahre* schließlich demonstriert.

In den *Plebejern* erinnern nur noch die Arbeiter, kraft ihrer Diktion ohnehin die glaubwürdigsten Figuren, an das minderjährige Lieblingspersonal von Grass. Sie reden und agieren tatsächlich wie Halbstarke auf einer Polizeiwache. Die übrigen Personen sind, genau besehen, nur wandelnde Sentenzen und Argumente. Sie schließen sich nicht zur Figur. Was sie sagen und wie sie es sagen, bleibt zu oft austauschbar.

Beim Versuch, beim ersten Versuch, Erwachsene einmal unverzerrt, nicht mehr aus der grotesken Perspektive von unten zu sehen, sondern von vorn, als fast rationale, um Bewußtsein bemühte Wesen, ist Grass gescheitert. Deshalb sollte niemand leichtfertig voraussagen, dieser Autor wäre auf Lebenszeit angewiesen auf pubertäre Handlungen und Blickwinkel als einzigen Stoff und einzige Perspektive. Doch der General, der in seinem nächsten Stück im Sandkasten verlorene Schlachten weiterspielen soll, scheint schon nach dieser ersten Beschreibung beides: infantil und Vogelscheuche. Ob das Geplante mißlingt oder nicht, es wird wohl ein Stück von Grass sein.

Dieses dagegen, würde es Philologen des nächsten Jahrtausends ohne Verfassernamen und Datierung in die Hände fallen, wem sollten sie es zuschreiben? Manches scheint wild nachgedrechselter Schlegel-Tieck, anderes müder Schiller, einiges ist Brecht, vieles wie von Gerhard Zwerenz. Nur zwei Gedichte, zwei gute, dem »Chef« in den Mund gelegt, zeigen verläßlich die Handschrift ihres Autors.

(1966)

Vernunft, Gefühl und Schnauze
Volker Braun: *Provokation für mich*

Es gibt eine Theorie, die redet von zwei (oder gar drei) deutschen Staaten, auch schon von zwei (nicht drei) deutschen Literaturen. Es gibt Gegenbehauptungen, die sehen nur sogenannte Grenzen durchs einstige Deutschland und die heutige deutsche Literatur laufen. Demnach soll es zwischen Büchern von hüben und drüben nur den einen, allgemein üblichen Unterschied geben, den zwischen guten und schlechten.

Allen diesen Proklamationen ist nur eines gemeinsam: Einen genauen Vergleich mit der Wirklichkeit halten sie nicht aus. Das Wunschdenken sitzt ihnen im Genick, lenkt ihre Blicke. Denn wahr ist bei näherem Zusehn auch nicht, daß etwa deutsche Gedichte, die heute in Halle gedruckt werden, solchen aus Köln oder Stuttgart zum Verwechseln ähnlich sehen. Das und anderes beweist der erste, tatsächlich in Halle erschienene Gedichtband Volker Brauns. Er setzt, meine ich, neue Maßstäbe für alles, was heute und künftig in der sogenannten und wirklichen DDR geschrieben wird.

Sein Autor, Jahrgang 1939, hat lesen und schreiben erst gelernt, als

Hitler schon tot und Dresden, seine Heimatstadt, schon zerstört war. Seit er denken kann, findet er sich in einem Staat, der selbst von Gedichten etwas erwartet, Unterstützung nämlich oder Gefahr, beides nicht ohne Aberglauben, denn so mächtig ist die Macht lyrischer Worte ja nie gewesen. Doch in diesem Klima der Beobachtung von oben müssen andere Verse gedeihen als zwischen Rhein und Elbe, wo das Gedruckte nur reguliert von Angebot und Nachfrage, also scheinbar frei umläuft.

Wie bedient nun Volker Braun, ein Sechsundzwanzigjähriger, die offiziösen Erwartungen? Nun, er bedient sie gar nicht, weder mit notdürftig versifizierten Lippenbekenntnissen noch gar mit dem roten Schmalz einer neuen, alten KdF-Volkstümlichkeit. In einer dem Band angehängten Gebrauchsanweisung heißt es:

> IchkanndirdasJahrhundertwieeine
> Drehorgelrausleiern
> FÜR DIE LIEBHABER PUCCINIS
> IchkanndirimklarenWassermeine
> Denkerstirnspiegeln
> WENN DU MIR DEN FLUSS ANHIELTEST!

Das heißt, er könnte, aber er kann nicht. In den besten Gedichten sitzen als Gelenke die Widerhaken einer früh eingeübten Dialektik. Sie sind verschlagen und vertrackt, schwierig, in die Lehre gegangen bei schwierigen Meistern, bei Majakowski und Brecht, sogar bei Hölderlin, dessen hoher Odenton hier und da sehr handgreiflich, sehr realistisch beerbt wird, wie Bibelton und Kirchenlied bei Brecht.

Doch alles, was Braun kann, macht seine Texte nicht etwa poetisch gelehrt, bricht sich immer wieder an der Wucht und Unruhe seiner Jugend. Nichts soll da selig ruhen in sich selbst:

> Kommt uns nicht mit Fertigem! Wir brauchen
> Halbfabrikate! Weg mit dem Rehbraten –
> her mit dem Wald und dem Messer!

Zwischenrufe dieses Tonfalls sträuben den Gedichten immer wieder das nie gestriegelte Fell. Da wird sehr oft mit großer Lautstärke aufgesprochen, zu Versammlungen eher als zum Zirkel. Jargon schießt ein, bricht den Odenton. Nie erreicht das Zeitgedicht, wie so oft und trotz allen Zorns bei Alberti, Enzensberger oder Eluard, einen schönen, lästigen Perlmuttglanz. Nur: zuweilen wirkt das rauh belassene Rauhe, wirkt die »Schnauze« auch bei Braun chargiert. Er kann's zwar spielen, ist aber nicht so.

Was er ist und kann und will, zeigt er vor allem in einem althergebrachten, nur scheinbar abgeernteten Genre, dem Liebesgedicht. Da wird nicht Einsamkeit gefeiert, geteilt und genossen durch zwei, kein todes- und tristansüchtiger Eros fliegt auf. Eine heikle Schwebe zwischen Lust, Gefühl und moralischer Reflexion hält sich. Denn auch die Liebenden, so möchte Brauns Gedicht, sind keine geschlossene Gesellschaft für sich, sind nur ein Teil der allgemeinen Gesellschaft.

Das zu beweisen, setzt mehr voraus als guten ideologischen Willen, eine Empfindung nämlich, die nie den Verstand verliert und doch nicht austrocknet vor lauter Verständigkeit, eine Wärme der Vernunft. Solche Qualitäten machen diese Liebesgedichte so ungenießbar für Empfindsame wie für eingefrorene Marxisten. Intimität und Politik, »Lied und Ansprache« (in Brauns eigener Unterscheidung) sind in diesen Gebilden schwierig, aber glücklich verheiratet.

Auch wo die Gedichte sich Arbeits- und Industriewelt zu Motiven wählen, etwa die Trockenlegung des Rhinluchs, den Aufbau des Kombinats Schwarze Pumpe, auch da erledigen sie kein Pflichtpensum, sondern nur das Pensum der eigenen Erfahrung.

Zuweilen sieht Brauns lyrisch-deutscher Osten dann aus wie ein edlerer Wilder Westen, wie eine Heimat für Rauhbeine mit Pioniergeist und -güte. Stolz auf den gesellschaftlichen Nutzen der Arbeit mischt sich verquer mit vage-vehementen Goldgräber- und Trampgefühlen. Wie früher in den Gedichten Walt Whitmans versöhnen sich das romantische und das demokratische Ich. Die Sprache, satt von Realität, dann wieder hallend vor Optimismus, ist gleich vertraut mit Naturdingen und technischem Gerät. Ganz natürlich gelingt ihr auch, aus der Spannung zwischen abenteuerlicher Ferne und alltäglicher Nähe, ein Gagarin-Gedicht, das alle übliche Weltraumlyrik gelassen aussticht.

Zitieren läßt sich gerade aus den besten Proben kaum. Sie suchen ihr Glück nicht in einzelnen poetischen Formulierungen. Fest sind die Teile in den größeren Zusammenhang gebunden, der sich oft stockend aus Spruch und Widerspruch zusammenbaut. Braun liebt zwar auch kurze dialektische Kehrtwendungen, ganz im Stil Brechts – »Kreidet«, sagt er etwa, an die »reifere Jugend«, die Funktionäre gewendet, »Kreidet uns nicht unsere Freiheiten an: seid frei!« –, doch lieber noch läßt er sein Gedicht weiter ausholende dialektische Schleifen ziehen, treibt seine Beweisgänge durch Begeisterungen und Zweifel wie über Stock und Stein.

Wer Fehler sucht, wird natürlich auch Fehler finden, und nicht nur einzelstehende. Zwischen wuchtig behauene »Halbfabrikate« mischt sich auch Ausschuß. Doch der Band ist eben nicht nur zu lesen als eine

Sammlung lyrischer Leistungsproben. Er enthält merkwürdigere Nachrichten als ein Wust von Zeitungsnotizen und Reportagen aus diesem uns nahen und fernen Land, Nachrichten über das Bewußtsein der dort in den letzten zwanzig Jahren aufgewachsenen Generation.

Wie harmlos, wie unzuverlässig eine Information durch Gedichte auch sein mag: Selbst diese Kollektion beweist, daß die deutsche Gesellschaft nebenan längst nicht mehr bequem zu begreifen ist als eine Zwangsgemeinschaft von Funktionären und Duldern, daß der sogenannte Ulbricht schon zu Lebzeiten nicht unsterblich ist.

(1965)

Aus zweiter, heißer Hand
Christian Geissler: *Kalte Zeiten*

Um es vorweg zu sagen: über diese Erzählung wären nicht viel Worte, wäre nicht viel Ärger zu verlieren, würde sie sich um einen landesüblichen Vorwurf bemühen, das sei ein erotisches Dreiecksverhältnis, der Sprung über die Mauer oder der neue Studienrat als alter Nazi. Sie würde dann mittreiben in der Nachhut der jährlich angeschwemmten Belletristik, höflich und also gar nicht beachtet.

Doch so salopp ist Christian Geisslers Thema nicht vom grünen Tisch zu wischen. *Wilhelmsburger Freitag* hieß der Fernsehfilm, der diesem Erzählbericht zugrunde liegt. Gefragt wurde damals, in Bildern, nach dem Alltag eines jungen und jungverheirateten Hamburger Baggerführers und seiner Frau, und demonstriert werden sollte die soziale und politische Bewußtlosigkeit dieses gutbezahlten oder gutbestochenen Proletariers. Denn daß er, wie gutbezahlt immer, doch im klassischen Sinn Proletarier bleibt, nur angewiesen auf den Verkauf seiner Arbeitskraft, daran gibt es für Geissler keinen Zweifel.

Gefragt wird diesmal nach dem Gleichen, doch in Sprache, erzählend, und daß Geisslers Prosa die Beweiskraft der besten Filmpassagen nicht erreicht, zeigen kläglich gleich die ersten Seiten. Ohne Wortaufwand, stumm dokumentarisch – so etwa auf einer Autofahrt zur Arbeitsstätte, durch Blicke hin und her zwischen den fahrbaren Statussymbolen und hinüber zur vollgepferchten Straßenbahn – so konnte der Film damals die Zeichen der durch Konsum formierten Gesellschaft zitieren.

Die Sätze, mit denen Geissler nun Ähnliches durchpauken möchte, sind entweder nur die Inhaltsangaben ihrer selbst oder agitatorischer

Sing-Sang. Selten trifft er zwischen bloßer Reportage und bloßer Rhetorik eine Mittellage. Erzählung aber läßt sich nicht ersetzen durch eine Litanei aus Fakten, beklebt mit Gebrauchsanweisungen. Immer wieder verdeckt uns streng und plump ein didaktischer Zeigefinger die Wunden, auf die er zu zeigen beteuert.

»Die können mit uns machen, was sie wollen, sagt Ahlers, sagen viele, ohne Vorwurf, treu.« Das ist ein Mustersatz. So wie hier wird das zu erzählende Besondere fortlaufend erstickt unter dem ihm aufgestülpten und dozierten Allgemeinen. Kaum glaubt man, daß dieser Held Ahlers tatsächlich Ahlers heißt. Sein wahrer Name ist Schmidt, er ist der kompilierte Durchschnitts- und EMNID-Arbeitnehmer.

Genau besehen, sind hier alle Rollen besetzt mit Schmidts und Meiers, und diese Typen tun drastischerweise nur Typisches. Der typische Chef (zackig, unangenehm, prima, Porschefahrer) hat einen typischen Chefsohn (sein typischer Satz: »Mein Pappi hat aber ein schickeres Auto«). Der typische Altgenosse steht typisch ratlos vor dem typischen Verrat der Klassensolidarität durch seine typisch jüngeren Kollegen. (Diese, die einzige dramatisch gebaute Szene wird seit Jahrzehnten als Fertigteil durch konfektionierte Arbeiterromane weitergereicht.)

Spätestens auf der vierten Seite ist die These verraten, die dann noch über hundert Seiten lang schwerfällig illustriert wird: die trotz (und durch) materiellen Wohlstand erhaltene Unfreiheit der Arbeiterklasse. Einer Prämisse also läuft die Erzählung hinterher, bitter und monoton, statt sich auf ein Resultat zuzubewegen. Sie deduziert nur, spart sich die Mühe der Untersuchung. Auf die immer gleiche Absicht pappt der Autor eine Serie von immer ähnlichen Abziehbildchen. So verrät sich auch der Realismus der Beschreibung bald als nur vorgetäuscht, als bloße Kulissenschieberei. Wieder einmal erweist sich, daß Langeweile schlecht nachzuerzählen ist durch Langeweile.

Zwar bemüht sich Geissler, dem notdürftigen Bewußtsein seiner beiden Hauptfiguren durch Überblick zu Hilfe zu kommen. Er versucht es mit modischen Montagetechniken, blendet Rundfunkstimmen, Zeitungsschlagzeilen oder parallel verlaufende Alltagsmiseren anderer Figuren ein, um den Einzelfall repräsentativ zu machen für die *Kalten Zeiten*. Doch das Eingebastelte addiert nur Symptome, erweitert nie den Blickwinkel. Schließlich steht die Lage eines Hamburger Baggerführers in einem zu weiten internationalen Kontext, als daß eine Handvoll epischer Collagen sie noch vollständig erfassen könnten. Mit anderen Worten: erzählen müßte man können, den Blick nicht ins Weite, sondern fest nur auf diesen Einen und seine Frau gerichtet.

Mit zu großgeratenen Absichten zu scheitern, ist keine Schande. Ärgerlich bleibt diese engagierte Fleißarbeit nur, weil sie alle befriedigen muß, die nun von einer dilettantischen Ausführung schließen werden auf Geisslers kritische Intentionen, ganz als sei eine These falsch, nur weil ein Autor sie nicht vorzutragen versteht. Hätte er sich nicht besser die Mühe machen und die Geduld zumuten sollen, um eine faktisch reiche und fundierte Sozialreportage über einen Wilhelmsburger Alltag zu schreiben, ausgerüstet mit Tonbändern statt belletristischen Ambitionen?

Die Resultate wären dann weniger vage und haltbarer ausgefallen, die Beweisführung hätte sich spannender gelesen. Wem Erzählen ohnehin nur ein Zweig der Verpackungsindustrie scheint oder ein Transportunternehmen, das gratis Absichten und Gesinnungen an bestimmte Ziele befördert, der sollte seine Thesen lieber unverpackt verkaufen, seine Fakten besser auf ihre eigenen Beine stellen.

Über einen anderen und anders mißglückten deutschen Arbeiterroman ist kürzlich (in der neuen Literaturzeitschrift *Kürbiskern*) ein Briefstreit ausgetragen worden, an dessen Ende ein genauer Briefschreiber aus Leipzig einem schwärmerischen aus München diese Binsenwahrheit vorhält: »Zu sehr hängt in der Kunst das Was ab vom Wie, zu sehr ist die Richtung dessen, was dargestellt werden soll, abhängig von der Darstellungsweise.«

Vor dieser einfachen Auskunft fliegt auf, was nur ideologischer Nebel ist im Streit zwischen Formalismus und Engagement. Auch in Leipzig, wo man genügend Erfahrung gesammelt hat mit schlecht inszenierten guten Absichten, gibt es also inzwischen verläßliche Blindenführer für erzählende Ideologen.

Mit Absichten, Überzeugungen, Kenntnissen allein lassen sich nämlich ebensowenig Erzählungen schreiben wie mit flott beherrschtem Handwerk. Da gedeiht dann immer nur, wie auch angeheizt durch Engagement, eine Prosa, die aus guter Distanz Bescheid weiß und gibt, Zuschauerprosa. Denn ob es von Buddenbrooks handelt oder von Wilhelmsburg, immer noch setzt Erzählen Erfahrung voraus. Nur eigene Erfahrung, und das heißt: eigene Perspektive und eigene Sprache verbürgen einem Erzähler glaubwürdiges Engagement. Billiger, proper von der Stange ist das weder zu haben noch zu verkaufen.

(1965)

Jenseits aller Einempfindung
Alexander Kluge: *Lebensläufe*

Über die Krise des herkömmlichen Erzählens pfeift es mittlerweile von allen Dächern, doch der Lärm wäre nicht nötig: den Werken selbst sieht man alles an. Bleich und erschöpft sehen gerade die berühmten Bücher der letzten Jahre aus. Andere wieder tragen ihre sogenannte und scheinbar unangegriffene Gesundheit wie eine Monstrosität auf den Markt. Und die berühmtesten beginnen, vom Erzählen und seiner Unmöglichkeit zu erzählen.

In solcher Lage erwartet man, wie am Bett des Moribunden den Heilpraktiker, allzugern Hilfe von unberufener Seite, von jenen nicht in der Literatur großgewordenen Sonntags- und Gelegenheitsschreibern mit schwer durchschaubarer Naivität, die nichts wissen oder nichts zu wissen vorgeben über die Schwierigkeiten heutigen Erzählens. Sie sind gekommen, gekommen wie gerufen, so Ernst Augustin, der Psychiater, mit seinem *Kopf*, so jetzt ein Jurist namens Kluge, einunddreißig Jahre alt.

Naivität allerdings wäre das letzte, was man diesem Autor nachsagen könnte. Seine Intelligenz ist um so fühlbarer, als sie noch nicht überall ihre eigene Sprache gefunden hat, hier und da also wie Zugabe und Überschuß aus der Prosa heraushängt. Und doch: mühelos, selbstverständlich, also nahezu naiv sieht es aus, wie Kluge alle erzählerischen Schwierigkeiten einfach unterläuft, indem er sie in seiner Weise zu erzählen mit abbildet. Denn weder er noch seine Figuren geben vor, Geschichte und Geschichten zu machen. Sie haben statt dessen: Lebensläufe. Als Helden, wie früher die Protagonisten hießen, haben sie längst abgedankt. Sie handeln zwar noch, entscheiden aber dadurch nichts mehr. Ihnen kommt alles nur zu. Wie lassen sich solche Menschen, Geschöpfe des Zweiten Weltkriegs und der nach ihm sich ausbreitenden Massengesellschaft, überhaupt noch abbilden?

Von ihnen zu erzählen im Stil der alten, kontinuierlich vorgetragenen, auf Geschlossenheit, Steigerung, Symbolik und Fazit angelegten Erzählung, das hieße, Sinn und Ordnung in Lebensläufe einschmuggeln, deren nicht mehr ablesbarer Sinn ihre melancholische Pointe ausmacht. Kluge also erzählt nicht mehr, er sammelt Daten und arrangiert sie. Denn auch seine Opfer hinterlassen überall Spuren in der Welt, in Polizeiberichten, Interviews, Briefen, in Schnappschüssen und den Klischees ihrer täglichen Gewohnheiten und Ticks. Es sind solche Spuren, die Kluge aufliest, in Worte faßt und dann als vorläufige Hinweise auf seine Figuren neben- und gegeneinanderstellt. Was früher Erzählung war, wird ihm unter der Hand zu einer Sammlung von

Indizien, zur Collage. Manches Indiz zeigt die Person nah, intim. Andere werfen über sie und ihre Lage nur Generalstabsblicke. Jedes bleibt ein Fragment. Die Fragmente ergänzen sich zum Torso. Das Offengebliebene auszufüllen, bleibt den Bedürfnissen und der Phantasie des Lesers überlassen.

Kluges Methode, dargestellt ohne Blick auf das, was sie behandelt, könnte leicht nach Ambition und Willkür aussehen. Doch diesem Autor ist es um avancierte Kunststücke wahrhaftig nicht zu tun. Was er anstrengt, ist im Gegenteil eine strikt moralistische Untersuchung, und ihre Frage gilt, wie er selbst gesteht, der Tradition: wie beschädigt oder unbeschädigt die sich nämlich durch die Zerstörungen des Krieges und die nachfolgenden Verwüstungen des sogenannten Wiederaufbaus hindurchgerettet hat. Wer soziologische Formeln liebt, der kann diese *Lebensläufe* fortlaufend als einen Dialog zwischen den von Riesmann entdeckten Typen innengeleiteten und außengeleiteten Verhaltens in der Gesellschaft lesen. Thema und Gegenthema setzen gleich die beiden ersten Berichte. Der erste zeigt ein lebendiges Gespenst, den Oberleutnant Boulanger, der laut Auftrag, treu und subjektiv unschuldig, die Reichsuniversität Straßburg mit den präparierten Schädeln »jüdisch-bolschewistischer Kommissare« beliefert hat. Und im zweiten Lebensexposé fährt ein Kriminalrat Scheliha auf Irrwegen durch die zusammenbrechende Provinz Ostpreußen Januar 1945, wo er eine verschleppte Mordsache noch vor dem Untergang des Reichs ins Reine bringen möchte, einen rigorosen Kantsatz als letzten Glaubensartikel im Kohlhaas-Herzen. Mit zwei Entwürfen hat so der Erzähler sein ganzes Feld abgesteckt: den einen Pol hält der Beamte als Vollstrecker der Weltsittlichkeit, ein Individuum, wie von Hegel entworfen, das aber das Verständnis seiner Zeit nicht mehr findet (*Hinscheiden einer Haltung* nennt sich die Geschichte Schelihas) –, am anderen Pol wartet als Gegenspieler der willige Zuhälter seiner Epoche, das bis auf den Herzensgrund konditionierte Menschenwesen, dessen Moral ausgebeutet und ihm entfremdet worden ist.

Hundertfünfzig Jahre deutsche Seelen- und Staatsgeschichte enthält dieses Programm, und durch das Spannungsfeld zwischen solchen Extremen laufen alle, die Kluge noch auftreten läßt: der Richter, die Adlige, zwei Lehrer – alle also aus dem Personal altüberlieferter, gut deutscher Standeselite. Und zwischen ihnen tauchen wie Schatten die vagen Augenblickspersonen einer neuen Gesellschaft auf, nicht festgelegt, allgemein wie jener Faschingsprinz mit Namen Schmidt, flüchtig, im wörtlichen wie im metaphorischen Sinne, wie eine Anita G., aus der DDR in den Westen geflohen, wo aber Flucht von Station zu Station weiterhin ihr eigentlicher Beruf bleibt.

Von Juristen vermutlich – und nicht von Kafka, dem Versicherungsangestellten – hat Kluge auch für seine Sprache gelernt. Er weiß, daß das Außerordentliche nur noch erschrecken kann, wenn es in einem scheinbar zu klein geratenen Rahmen, gefaßt in einer scheinbar nichts als ordentlichen Sprache gezeigt wird. Versuche wie die über den Oberleutnant Boulanger oder über einen staatlich beaufsichtigten *Liebesversuch* zwischen sterilisierten Häftlingen würden zu nichts als unwürdigen Gruselgeschichten ausarten, wenn die Sprache mit Sentiment noch auf das reagieren wollte, was die Grenzen des Gefühls längst überschritten hat. Das Herz, um das allegorische Organ noch einmal so zu nennen, kann nur mitsprechen, wo es sich noch zurecht findet. Die Familientragödie versteht es, also auch Ödipus. Auschwitz ist es nicht gewachsen. In Kafkas *Strafkolonie* friert das herzliche Deutsch Werthers oder Gerhart Hauptmanns zu Kristallen. Herzlos, in einem so hohen (wenn auch nicht so vollkommenen) Sinn, ist auch die Sprache von Kluge, eine Amtsprosa, ein Gutachtendeutsch von anonymer Rationalität und furchtbarer Gelassenheit. Sie enthält sich des schnell befriedigten Mit- und Nachempfindens, gestattet sich weder Wärme noch Farbe, keinerlei malerische Valeurs, bleibt strikt damit beschäftigt, das Notwendigste, die Umrisse festzuhalten, reine Grafik. Metaphern gedeihen manchmal in ihr unwirklich wie Blumen in der Wüste, manchmal hängen sie auch wie Blumen aus korrektem Knopfloch, leicht schulmeisterlich und unfrei burschikos. Es ist eine Prosa, die beschreibt und beurteilt, genauer: befindet. Sie zieht ihre Figuren nicht verstehend an die Brust, sie verwaltet sie, macht ihr Fälle aktenkundig.

Nicht nur an der Sprache läßt sich dieser juristische Gestus beobachten. Diese *Lebensläufe* geben sich fortlaufend als Beweisaufnahmen, eben zum Fall der deutschen Tradition. Was die Gerichte nicht interessiert, die sinnliche Erscheinung der Welt und der Menschen, das interessiert auch Kluge nicht. Über Wetter und Natur, über Gerüche, Haarfarben, Mimik oder Physiognomien erfahren wir bei ihm nichts, so gut wie nichts. Atmosphäre enthalten seine Geschichten so viel wie ein Vakuum. Der Mensch wird wahrgenommen als Aktenwesen, ohne Wehmut und Freude, mit den ungerührten, unbestechlichen Blicken der Gerechtigkeit. Der naive Versuch aber, hinter die Außenansicht der Figur, hinter ihre Stirn und Brust zu dringen, ihre Innenperspektive zu gewinnen, wird kaum noch unternommen (außer in einer, der umständlichsten, weil der Innerlichkeit gewidmeten Geschichte).

Man wird fragen, ob solche juristisch inspirierte Verhaltensforschung, dieses Zusammenspiel von Aktenfund, Weltklugheit und Phantasie, noch zur Literatur zu zählen sei. Ähnlich ist, als in der bildenden Kunst das Materialbild auftauchte, schon einmal gefragt worden. Auch Kluge arbeitet mit viel vorgegebenem Material, mit fertigen Daten und einem schon festgelegten Amtsdeutsch, so wie das Materialbild Nägel, Segeltuch, Billets, ebenfalls vorgegeben und nicht mehr umzugestalten, in sich aufnimmt. Kunst wäre hier wie dort die geplante Ordnung zwischen zufälligem Material. Kantzitat und Faszikelprosa, Wehrmachtsbericht, Auszug aus dem Standesamtsregister, Maxime und Schnappschuß des Helden beim Mittagessen – das alles gerät in einen Dialog miteinander und entwirft Umrisse der Figur, vertrauenswürdiger, als dies konventionelles Erzählen noch vermag. Aber auch diese auf den ersten Blick so fertige, so nichts als rationale Prosa arbeitet beileibe nicht nur mit Versatzstücken. Durch die Kulissen der übernommenen, der vorgefertigten Sprache bricht immer wieder und um so erstaunlicher ein persönliches Idiom durch, mit einem vor Staunen und Befremdung scharf gewordenen Blick, der die Rätsel menschlichen Verhaltens registriert, ohne sie patent zu lösen.

Denn auch hier, wo doch alles so genau festgehalten ist, jeder Satz apodiktisch ein Datum liefert, ein Urteil spricht, gehen am Ende keine Gleichungen auf. Es ergibt sich letztlich, wie eh und je, die Unfeststellbarkeit des Menschenwesens. Das Buch entfaltet sogar, weil als Rätsel und Fragment angelegt, ohne Anspruch auf jene Vollkommenheit, die jedem Weiterfragen die reine, ästhetische Stirn bietet –, es entfaltet seine besonderen Energien erst nach der Lektüre, verändert sich im Nachdenken, wächst dauernd über seine eigenen Dimensionen hinaus. Als Beisitzer, der mitbefinden muß über die Opfer, sieht sich der Leser aus seiner passiven Rolle herausgefordert und ins Spiel gezogen. Allein der letzte Fall, der ihn erwartet, der Fall des Amtsgerichtsrat Korti und der sich über ihm auftürmenden Vision von der Liquidierung der Gerechtigkeit durch die Justizverwaltung – schon das lohnt die Lektüre des ganzen Buches. Kein Zweifel, mit diesen *Lebensläufen* ist etwas gelungen, was keinen Vergleich zu scheuen braucht, ein Original.

(1963)

Stalingrad – logisches Unglück
Alexander Kluge: *Schlachtbeschreibung*

Mindestens seit Homer sind Schlachtbeschreibungen beliebt in der angeblich schönen Literatur. Dieser breite, blutige Hintergrund lohnt sich immer. Vor ihm wird Größe und Elend, Glück und Unglück jedes Helden gleich ansehnlicher. Aber auch fürs Kollektiv lassen sich »Sternstunden der Menschheit« empfindsam aus symptomatisch verlorenen oder gewonnenen Schlachten ablesen.

Eine solche Sternstunde belletristischer Lust könnte wohl auch Stalingrad abwerfen. Denn Stalingrad ist gemeint mit dem »bekannten Unglück von St.«, über das Alexander Kluge hier so ausschweifend wie lakonisch schreibt, mit energischer Umständlichkeit sozusagen. Was ihn an dieser Schlacht zwischen Wolga und Don interessiert, genau wie Goethe an Valmy, Tolstoi an Borodino, das ist die Stunde der Peripetie, der jähe Umschlag eines Krieges und der Geschichte. Doch ihm gedeiht die Schlacht nicht mehr, wie den großen Kollegen früher, zum leuchtenden Tableau mit beigefügten geschichtsphilosophischen Thesen. Das bekannte und doch so unübersichtliche Unglück von St. scheint alle probaten Gattungen der Literatur zu sprengen.

Da werden Dokumente monoton aufeinandergehäuft, Gefechtsszenen skizziert, Stellungnahmen vorgeschlagen und wieder verworfen. Das alles hat zwar zwischen zwei Buchdeckeln Platz, doch in keiner der üblichen literarischen Schubladen. Andes als alle erzählende Literatur (im Englischen: »fiction«), möchte Kluge ganz ohne Erfindungen auskommen. Rabiater, konsequenter noch als in seinem ersten Buch, den *Lebensläufen*, wirtschaftet er lediglich mit Vorlagen, das sei nun Zeugen-, Wehrmachtsbericht oder Schlieffenzitat. Nur in der Kombination und Montage, der freien Verfügung über das gegebene Material will seine Phantasie noch regieren.

Was so entsteht, ist ein Stalingrad-Weißbuch, arrangiert als Puzzle, scharf rhythmisiert und dissonant geschnitten. Zerschlagen wird da die Kontemplation schulmäßiger Geschichtsschreibung, der ein Schreibtisch oft nachträglich als Feldherrnhügel dient, die gern eine behäbige Übersicht, ein wohlhabendes Verhältnis über aller weltgeschichtlichen Verheerung behauptet.

Und doch, wer hier mitlesen will, muß genausoviel Geduld aufwenden wie der Autor selbst. Kluge beginnt mit einer Serie von Wehrmachtsberichten, zitiert dann Sequenzen aus den Akten des Reichspresseamts und der Heeresdienstvorschrift, memoriert Ärzteaussagen und einschlägige Kriegspredigten, liefert schließlich Stichproben aus Zeugen-Tonbändern. Bis er selbst annähernd zu Wort kommt, nämlich als Arrangeur, ist fast die Hälfte des Buches verbraucht. Doch noch immer bleibt dieser Autor so gut wie unsichtbar. Er spielt den Fachsimpler, in weitläufigem Exkurs oder jähen Zwischenrufen, er wütet derart in Sachkenntnis, daß jedem Laien der Nebel über der Schlacht nur dichter wird statt durchsichtiger. Hatte er das womöglich im Sinn?

Das »bekannte Unglück von St.«, je neugieriger man sich mit Kluge darauf einläßt, desto unbekannter scheint es. Die Entwirrung von Einzelheiten steigert nur die Verwirrung des Ganzen. Ein Wust von Fachjargon und Beherrschung der Lage wird aufgeboten, wie um zu demonstrieren, daß all diese nützliche Beschlagenheit, die militärische während der Aktion, die historische im bequemen Nachblick, daß sie gegenüber solchem Unglück nur leer läuft.

Genauso leer läuft wie das landesübliche Stalingrad-Pathos, das Kluge im gleichen Arbeitsgang untergräbt. Emotion nämlich kann in die dichten Reihen seiner Belegstücke nirgends eindringen. Das Weißbuch gestattet sich kein Wimpernzucken. Es will Information, nicht vaterländische Rührung. Solche klaglose Hinnahme alles Geschehenen, des kollektiven Unglücks und aller mitlaufenden individuellen Miseren, könnte fast verwechselt werden mit Fatalismus. Für alle, die starke Töne lieben, wird Kluges Zorn zu leise sein und – zu pedantisch.

Denn dieser Autor sieht die Schlacht von sehr fern und doch vergrößert, wie unterm Mikroskop also, auf Objektträgern zurechtpräpariert. Selbst Kommandeure, Stabschefs werden ihm zu Infusionstierchen, schwimmen im Unglück. Nicht umsonst nennt er sie nicht einmal mit vollem Namen, läßt sie nur als Zei., P., Ma., oder Hi. vorübergehend auftauchen. Das offenbar unaufhaltsame Unglück reißt alle gleichermaßen in die Anonymität.

Und auch der Autor selbst, wie gesagt, operiert sozusagen nur noch als Klu., halb bis dreiviertel anonym. Er hat darauf verzichtet, etwa durch eigenen Stil sich eindrucksvoll und persönlich über der Sache zu behaupten. Selten löst sich seine Sprache von dem, was ihr das Stabs-, Landser- oder Kasino-Rotwelsch als Material anbietet. Auch diese Prosa also mimt den Mitläufer des Unglücks. Doch immer wieder, sehr plötzlich, übertreibt sie verräterisch ihren scheinbaren Konformismus. Sie spricht etwa von »aufreiben« und »vernichten«, genau im Jargon der Militärs, und plötzlich sagt sie: »totgemacht«. Es klingt wie Fehlleistung und nennt doch endlich die Sache beim Namen.

So wird im Kleinen verfahren, so auch im Großen. Rein konformistisch, fast belustigt, sicher gelangweilt, stellt Kluge auch die Schuldfrage: Sie gehört dazu, scheint ihn aber wenig zu interessieren. Er fragt penetrant nur immer nach dem »organisatorischen Aufbau« des Unglücks. Der böse Sinn dieser Frage offenbart sich erst spät. Das Unglück, so stellt sich heraus, war alles in allem doch befriedigend organisiert und in sich logisch. »Rein militärisch gesehen war es so, wie es geschah, in Ordnung.«

So monoton wie das Buch einsetzte mit Akten-Wust und Wehrmachtsbericht, so stimmungsvoll endet es mit Einblick in gute alte Parade-, Kasino- und Generalstabsbräuche. Eine riesige Klammer, rund dreihundert Jahre preußisch-deutscher Armeetradition, umschließt das riesige Ereignis. Am Ende, so scheint es, gebiert ein Berg an Empirie nur eine Maus, eine feldgraue: »Schuld« nämlich an Stalingrad und an allen exemplarischen Kriegsunglücken haben – die Urheber und Abwickler von Kriegen.

Ich wette, man hält das für eine Binsenweisheit, keiner Aufregung, keines Beweisgangs wert. Wie Binsenweisheit klingt ja auch das Schlußmotto von Diderot: »Kein Mensch hat von Natur aus das Recht, über andere zu befehlen.« Doch wer möchte aus solchen Binsenweisheiten Konsequenzen ziehen? Anregen könnte dazu folgende Überlegungskette, logisch-absurd, also von Kluge:

»Wen schützen die Soldaten? Die innere Ordnung. Um welche Ordnung handelt es sich? Um die bestehende. Worin besteht sie? In der Einteilung der Wirtschaft. Was tut diese? Die Arbeiter dienen, die Arbeitgeber dienen. Wem dienen beide? Kirche und Soldaten. Wem dienen diese? Der Ordnung. Wem dient diese? Kirche, Militär und der Einteilung der Wirtschaft: wer schützt sie? Die Soldaten.«

(1964)

Krieg, Blut und Unterwäsche
Jakov Lind: *Landschaft in Beton*

Als im vergangenen Herbst Linds erster Erzählungsband erschien, *Eine Seele aus Holz*, meldeten sich die Stimmen der Kritik laut und uneinig wie selten: feierlich enthusiastische, höhnische, heikel abwartende. Jeder schien jedem zu widersprechen. Wolfgang Weyrauch grüßte den Neuling als einen Weisen und Rabbi, der schonungslos und doch verschont durch die Zonen des äußersten Grauens gegangen war. Reinhard Lettau wiederum nahm ihn als ein eitles Rauhbein mit hemmungslos vertrotteltem Deutsch. Auch wenn sich das widersprach: ein Autor, der das Lager der Kritik so entzweit, der nicht nur gleichgültig gelten, gleichgültig fallen gelassen wird wie das meiste, an dem mußte auch etwas Neues und Unerhörtes entdeckt worden sein, das übliche Sprachregelung und Konvention quer durchschlug.

Ob es also klug war, nach der notdürftigsten Atempause gleich ein zweites Buch in die noch zitternden, noch unausgeglichenen Waagschalen zu werfen?

Klug wäre das nur gewesen in der vernünftigen Hoffnung, das Urteil über Lind könnte damit eindeutiger für ihn ausschlagen. So aber ...

Doch es ist billig und gerecht, gerade gegenüber diesem Buch, zunächst mit seinem Anfang zu beginnen. Denn in diesem Anfang scheint auf weite Strecken Linds Rechnung aufzugehen wie nur in den besten Stücken seines ersten Bandes. Er hat sich einen Helden erfunden, mit dem er sich auf Anhieb zu verstehen scheint: einen Unteroffizier Bachmann, der hier zunächst durch die Ardennen und das Frühjahr vierundvierzig taumelt, auf der Suche nach seinem Regiment oder irgendeiner beliebigen Truppe, die ihm Obdach, Verpflegung und Kameradschaft bieten kann. Diesem Bachmann (wie ja auch Walsers Alois Grübel) merkt man es bald an, daß er als ferner Vetter in die Verwandtschaft des Soldaten Schwejk gehört.

Auch er, eine eigentlich zivile Seele, von Beruf Goldschmied, mit Sinn für alles Schöne, hat doch empfunden, daß harte Zeiten nur durch Mitmachen zu überstehen sind. Ja, er übertreibt es sogar ein bißchen. Denn eigentlich stand ihm wegen seines nach Woronesch gestörten Gemüts schon die Entlassung aus dem Heer bevor, doch er entspringt den Ärzten und beginnt, auf eigene Faust die Heimat, sein Regiment, zu suchen. »Die hassen ja alle, Soldat zu sein«, sagt er pikiert, »merkwürdig, ich hasse es nicht. Die gehören zusammen, haben eine Kameradschaft, und ich bin allein.«

Genauso schlicht, logisch und bedürftig geht es zu in seinem Kopf.

Linds Absichten mit diesem sensiblen, sanft blutrünstigen Trottel liegen auf der Hand. Es möchte da jemand nur sein wie alle, ein guter Deutscher im deutschen Krieg, nur Mimikry spielen. Aber je besser er zu spielen glaubt, desto übler wird ihm mitgespielt, desto entsetzlicher blamiert sich auch die gute Sache, der dieser liebenswerte Halbwahnsinnige nur gut dienen möchte: eben der deutsche Krieg. Eine einfache, eine drastische Methode, doch für siebzig Seiten, für die erste von drei Episoden entdeckt sie, was sie entdecken kann. Hier hält Lind seinen Moritatenton, der Greuel vorträgt wie Gaudi und Gaudi wie Greuel. Hier bewährt sich noch sein genauer Blick für die Mechanik primitiver Seelen. Handlung und Denken verlaufen so einfach, so klipp und klar, daß sie dauernd umstürzen ins Absurde. Auch das zum Himmel Schreiende, auch Mord und Verrat, verstehen sich dann in dieser Sprache ganz schlicht von selbst (und schreien desto deutlicher zum Himmel).

Bachmanns Gang durch die leere Ardennenlandschaft, seine Kumpanei mit dem desertierten Schnotz, ihr gemeinsamer Kampf um eine Gänseleber oder am Ende eine Exekution, in der Bachmann unverhofft Schnotz den Kumpan hinrichtet – solche Momente werden nicht leicht zu vergessen sein. Noch die letzten Sätze der Ardennenepisode verraten das heimliche Reservoir ihres Autors. »Der Duft«, heißt es da, »von Bratkartoffeln und gebackenen Würstchen wehte durch das Land, daß ihm das Wasser im Mund zusammenlief.« Das ist, ganz unverfroren, reines Kasperle-Deutsch. Kasperle-Logik und die handgreiflichen Hoffnungen des Märchens, Lind setzt sie vor einen schwarzen, zeitgenössischen Hintergrund. Drastisch wie in den Überlieferungen der Gebrüder Grimm liegen sich hier, Frühjahr vierundvierzig, nackte Angst und eine unverschämte Sehnsucht, Alpträume und Schlaraffenlandphantasie in den Haaren.

Doch Lind, statt sich mit dem Fragment zu begnügen, will weiter, aus den Ardennen nach Narvik, aus der Erzählung in den Roman. Denn gleich in Narvik passiert Bachmann, Lind und uns ein bedeutendes Unglück: Ein Mann namens Halftan, ein provinzieller Quisling, läuft über den Weg und macht langatmig keinen Hehl aus seiner Seele. »Ich bin ein böser Geist«, sagt er, »durch und durch, und ich habe keine Gewissensbisse.« Er sagt seitenweise noch viel Ähnliches, aber darauf läuft es doch immer wieder hinaus: ein Theaterschurke, durch und durch, und natürlich verfolgt er auch den obligat schurkischen Plan. Es gilt, eine altadlig norwegische Familie wegzumetzeln, und zu diesem Ausflug über Land und Schlachtfest lädt er den träumerischen, wenn auch sehr gut schießenden Bachmann ein.

Unsägliches geschieht nun in notdürftigem Deutsch. Was uns von jetzt ab zur Lektüre vorgeworfen wird, sind Abfälle einer Phantasie, die sich offenbar für reich hält oder gar gefährlich, obwohl sie nur noch leer- und heißläuft. Und da sich nicht gut zusammenfassen läßt, was selbst keinen Zusammenhang mehr achtet, bleibt auch der Kritik nichts weiter übrig, als das Abgefallene nur eben Stück für Stück kopfschüttelnd wieder aufzulesen.

Da wird zunächst ein abgesäbelter Jünglingskopf, Kopf eines Sohnes, der staunenden Familie unter die Wohnzimmerlampe gelegt. Dann kommt gebündelt Lösegeld aus dem Tresor – trotzdem spritzt nacheinander alles Familienblut über Teppich und Wände, am Ende rauchen sogar Eingeweide. Was jetzt an Lust und Weh noch vermißt wird, läßt nicht lange auf sich warten. Tatsächlich, zwischen den Leichen der Angehörigen bietet die Tochter des Hauses sich kalt und freudig den Mördern zur Schändung an. »Das habe ich mir schon oft gewünscht«, sagt sie sehr schlicht: »Das Lächeln hing wie eine Maske über ihrem Mund.«

So flott und schwülstig ist das heruntergefabuliert, konventionell wie Schund vom Kiosk, sadistisch wie der Wunschtraum eines schwermütigen Tertianers. Doch Lind, offenbar besorgt, dem bunten Gemetzel wenigstens per Eselsbrücke zu etwas Sinn zu verhelfen, hat das alles noch reichlich unterlegt mit Weltanschauung. Vor, nach und während der Morde bereden sich die beiden Mörder durchaus philosophisch, geben ausführlich Einblick in ihre wüsten, hochgestimmten Seelen. Gott, Geist und Macht, die Weltgeschichte und die deutsche Seele, kein großes Thema bleibt unangerührt.

Was sich dabei aus trotzigen Platitüden zusammenpalavert, klingt wie ideologisches Tuttifrutti aus Spengler, Mackie Messer, Frankenstein und Gottfried Benn. Ganz offenbar soll auch dieser ausführliche Schwachsinn uns erheitern. Da sehen wir nun den Unteroffizier Bachmann in norwegischer Nachtlandschaft feierlich urinieren: »Ewigkeit, Ewigkeit, rauschte es nietzschehaft in ihm, wie groß du bist. Du, Sternenlicht, das sich ins All ergießt (sein Bogen wurde immer kürzer).« Wer über so mühevollem Frohsinn nicht gleich herausplatzt, der hat fortan hier nichts mehr zu lachen.

Denn im dritten und letzten Teil, jetzt in Bad Honnef, verkommen Held und Autor, wenn's möglich ist, noch hoffnungsloser. Niveau und Ehrgeiz einer pervers trostlosen Abart deutscher Filmlustspiele scheinen erreicht, womöglich unterboten. Erst setzt es eine Keilerei, dann folgt Einblick in weibliche Unterwäsche. Sehr heftiger Kegelbruderulk, mit anderen Worten, zumal das Mädel, um das sich hier die deutsche Etappe prügelt, auch noch zwei Zentner wiegt und aus Bayern stammt. Doch der größte, wenn auch unverhofft feierliche Klamauk wird am Ende beschert, wenn über und unter Bachmann und dieser bayerischen Helga die ganze fade wilde Welt buchstäblich und endlich zusammenbricht.

Die letzte Szene muß offenbar streng apokalyptisch verstanden werden, und schon fängt die Stimme des Erzählers zu singen an: »Ihr Hals zuckte *wie* eine Schlange. Mit der Stirn fühlte er die Schlagader *wie* ein Rückgrat. Ihre Nasenlöcher waren schmal und dunkel, *wie* kleine Erdlöcher, in denen sich nachts die Würmer verkriechen. Ihre Wangen waren weiß, *wie* gekneteter Teig. Er schloß die Augen und warf das linke Bein und den linken Arm über sie, sie sogen sich *wie* ...« So sind und machen sie nun alles »wie«, und Lind, an dieser wie an ähnlich ins Poetische hochgestimmten Stellen, macht es wie die Dichter. Er macht es nicht einmal sehr schlecht, doch solche ariöse Prosa ist eben billig wie alles aus zweiter Hand, und am Ende klingt dieser von weither nur nachgeträllerte Expressionismus nicht anders als Bartók auf der Kinoorgel.

Womöglich ist das schon zuviel Lärm um nichts als ein schlechtes Buch? Weniger Zorn wäre gerecht, wäre Lind ein geringeres Talent. Doch noch in den faulsten Partien – faul, fürchte ich, auch und gerade in einem strikt moralischen Sinn – blitzt in unkorrumpierten Resten immer wieder etwas durch von seiner eigentlichen Qualität, dieser Sonntagsmalerei mit dem bösen Blick. Doch selbstzufriedener Amoklauf und schale Büttenrede schwemmen das unaufhörlich mit sich fort. In diesem Autor haben sich offenbar Illusionen über Kunst, Literatur und Schreiben eingenistet, die man in einem solchen Kopf keineswegs vermutet hätte, schon weil sie jedes Spießerherz schmücken. Denn nur dort wird der Künstler noch so imaginiert, wie Lind sich aufspielt, als schlimmer Wüstling und – als Seher. (Seher, hat Gottfried Benn bekanntgegeben, heißen hierzulande Leute, die ihrem Weltbild sprachlich nicht gewachsen sind.)

Nur sentimentale Dilettanten können noch vermuten, der wüste, öde Rohstoff irgendeiner Phantasie allein würde als kühn schon hingehen, alles hochtrabend Vage könnte für Kraft und jede metaphorisch wuchtig möblierte Prosa für poetisch genommen werden. So banalen Illusionen kann nur das banalste Selbstverständliche entgegengehalten werden: daß Literatur nur kontrollierte Sprache und Phantasie ist, daß auch Talent Arbeit beileibe nicht überflüssig macht. Ob der Verlag das seinem Autor wenigstens versuchsweise vorgehalten hat?

Luchterhand hat dem Buch einen eindrucksvollen Umschlag und einen tiefsinnigen Klappentext auf den Weg gegeben. Ein Lektor an der Seite von Lind wäre nützlicher und menschlicher gewesen. Das hätte allerdings ein Wesen sein müssen mit dem Gemüt eines Racheengels, einer, der nicht nur die Grammatik ins Rechte steuert (was hier und da auch noch fällig wäre), sondern der das Vorgelegte von Anfang an als das traktiert hätte, was es tatsächlich ist: ein Rohmanuskript, bestenfalls. Zorn, Mühe und Geduld hätten es im Lauf von Monaten oder Jahren vielleicht noch zu einem lesbaren Buch retten können. Allerdings, bevor Lind nicht der muffigen und bequemen Dämonie seines Selbstverständnisses entwachsen ist, dem Pathos von Ich-Künstlernarr, Ich-Endzeitmensch und Ich-Prophet, wird er auch kaum zu dem werden, wozu ihn sein Talent bestimmt hat, wozu ihn aber nur Arbeit und Selbstkritik befördern können: zu einem der wichtigen deutschen Autoren seiner Generation.

(1963)

Politisches Theater oder moralische Anstalt?
Zur Entwicklung von Peter Weiss

»Auf welche Seite stellen wir uns? ... Sind wir fähig, unsere Zweifel und unsere Vorsicht aufzugeben und uns zu gefährden, indem wir eindeutig aussprechen: Wir sind solidarisch mit den Unterdrückten und wir werden als Autoren nach allen Mitteln suchen, um sie in ihrem Kampf (der auch der unsere ist) zu unterstützen?«

Diese Frage richtete Peter Weiss im August 1965 an Hans Magnus Enzensberger, und im März 1966 kam gereizt die Antwort:

»Wer klopft sich da eigentlich immerfort selbst auf die Schulter? Wer behauptet im Ernst, er gefährde sich, und nimmt den Mund voll mit seinen Mutproben? Ist der Klassenkampf ein Indianerspiel, die Solidarität ein Federschmuck für Intellektuelle? ... Peter Weiss ist gegen den Mord, gegen die Ausbeutung, gegen den Hunger, gegen die Unterdrückung. Er sagt es sich selber, er sagt es allen anderen vor. Das ist ein begreifliches Bedürfnis. Ihm nachzugehen, schadet niemandem, nützt niemandem. «

Bruchstücke eines sieben Jahre zurückliegenden Wortwechsels. Die Erregung hinter den Sätzen ist abgestanden, doch die Ansichten und Einsichten, die diese Erregung trugen, sind nicht überholt. Nur scheinbar waren zwei linke Autoren wegen einer verschiedenen Beurteilung des internationalen Klassenkampfes, des Verhältnisses der Dritten Welt zu Europa, aneinandergeraten. Scheinbar, denn der Kern ihres Streits ist nicht in den Inhalten, sondern schon in der Form der Argumentation zu suchen, er liegt weniger in der beredeten Sache, als in den redenden Personen verborgen. Was Enzensberger zuwider ist, weil politisch nutzlos scheint, die rhetorische Moralität nämlich des Weiss-'schen Aufrufs, sie ist gerade dessen wesentlichste Botschaft. Über alles taktische Kalkül oder strategische Zweckdenken, über jede desillusionierende Analyse hinweg wird da eine richtige existentielle Entscheidung als Zeichen richtigen politischen Handelns eingeklagt.

Wer sie trifft, sagt Weiss, wird sich »gefährden«. Immer wieder taucht dieser drohende, sowohl Mut wie Angst provozierende Aspekt eines politischen Engagements gerade 1965 in den Schriften von Weiss auf. In der Bundesrepublik, schreibt er in einem Brief zur damaligen Bundestagswahl, gebe es weder Arbeiter noch Intellektuelle, die »sich gefährden, sich aussetzen«, und gerade der Sozialdemokratie fehle der »Mut« zur Radikalität. Dante dagegen, heißt es in einem Essay der gleichen Zeit, der »ergriff Partei: Er *gefährdete* sich politisch«.

Zweifellos, hier wird zu allererst auf der moralischen Schönheit von politischen Entscheidungen insistiert: Entschlossenheit für die richtige

Sache soll auch als Schauspiel, auch ästhetisch ansehnlich sein. Was sie leistet oder nicht, gerät dabei fast aus dem Blick. Auf solche Zitate gestützt, ließe sich das politische Engagement von Peter Weiss leicht als nur moralisches, als wohlgemeint, doch ahnungslos diskreditieren. Nur: gerade die politischen Stücke von Weiss widerstehen offenbar einem so schnellen Schluß. Der gleiche Autor, der damals nur zu schönen, entschlossenen Haltungen aufzufordern schien, hatte damals, 1965, gerade das Auschwitz-Oratorium *Die Ermittlung* geschrieben, und daß Moral, ob urteilend oder feiernd, nicht mehr an das heranreicht, was in Auschwitz geschehen ist, genau dieses Entsetzen und diese Einsicht konstituieren die Form des Stücks. Hier hat es einem Theatertext außer der Sprache alles verschlagen, was Theater angeblich braucht: jede dramatische Spannung, alle Individualität der Figuren. Hier wird Heldentum, moralische Haltung nicht mehr ausgestellt.

Die Ermittlung war der erste Versuch von Weiss, das politische Theater herauszusprengen aus der Guckkastenperspektive, ihm wieder einen kollektiven Gestus zu erfinden, der ohne Umwege über Fabel, über individualisierte und moralisierende Konflikte historische Situationen abbilden könnte. Doch was der *Gesang vom Lusitanischen Popanz* und der *Vietnam-Diskurs* dann fortführten, schien halb schon wieder zurückgenommen durch *Trotzki im Exil* und erst recht im *Hölderlin*. Plötzlich sollte sich der historische Prozeß auf der Bühne wieder groß, auch tragisch personalisieren in hochgewachsenen und berühmten einzelnen. Unverstandene standen gegen unverständige Umwelt: der Rückgriff aufs traditionelle Heldenformat lockte also auch traditionelle Zuschauergefühle an, denn auf diesen Antagonismus von Umwelt und Charakter ist gerade das bürgerliche Kulturgefühl genußsüchtig und genußvoll trainiert.

Solche Widersprüche einer Entwicklung werden sich nur erklären lassen, wenn man ihre Stationen geduldig noch einmal zurückgeht. Drohend stand Politik schon immer hinter dem Denken und Schreiben von Weiss, drohend, weil sie ihm in einer scharfen Alternative nur die Wahl zwischen Eskapismus oder totalem Engagement anzubieten schien, zwischen der Flucht in eine scheinbar geschichts- und gesellschaftslose Subjektivität und einem »Leben in der dritten Person«. Solange dieser Konflikt allerdings nur als einer zwischen Zuschauen und Parteinehmen verstanden wird, bleibt er psychologisch, läßt sich moralisch analysieren, auch beurteilen, doch nicht politisch entscheiden. Genau in diesem vorpolitischen Zustand wird er noch im *Marat-Sade*-Stück ausgetragen, und das heißt: eben nicht ausgetragen, sondern in Schwebe gehalten.

»Was uns in der Konfrontation von Sade und Marat interessiert«, schrieb Weiss, »ist der Konflikt zwischen dem bis zum Äußersten geführten Individualismus und dem Gedanken an eine politische und soziale Umwälzung«, eine Konfliktformel, die er noch öfter aufschreibt. Sie faßt freilich nur den intellektuellen Vordergrund des Stücks, genau das, was nur Konversation und Streitgespräch an ihm ist, der dünnblütigen Gattung der Philosophen-Dialoge nachgebildet.

Doch Weiss hat die Szene beileibe nicht nur, um bloß äußerlich Effekt zu machen, ins Irrenhaus Charenton verlegt. Wenn hier Tollhäusler in festen oder improvisierten Rollen Weltgeschichte mimen, so bestätigt das auch die Perspektive, in der Weiss bis dahin auf weltgeschichtliche Katastrophen sah. »Die Ansicht eines großen Wahnsinns« bescherte ihm das, wie wir so oder ähnlich immer wieder lesen, wenn auch in immer leidenderem Tonfall notiert. Solange sich der auf Lügen und Verbrechen zugespitzte und reduzierte historische Prozeß wie eine wahnwitzige, sinnlose Theaterveranstaltung anschauen ließ, von sehr weit oben und weit weg, gnadenlos und entsetzt, solange dieses Geschehen unerreichbar, dem Eingriff eines einzelnen ganz entzogen schien, solange konnte, ja mußte man als Autor nur Auge und Zuschauer spielen.

De Sade versucht dieses Auge zu sein, weder von Mitleid, noch von Sentimentalität getrübt, so außermenschlich, wie, sagt er, auch die Natur zusieht:

> Dieses reglose Zusehn dieses Gesichts aus Eis
> Daß nichts sie erschüttern kann
> daß sie alles erträgt.

De Sade wird in diesem Spiel mächtiger als Marat, nicht kraft besserer Argumente, nicht einmal, weil ja er der Spielveranstalter ist, sondern allein dadurch, daß seine Perspektive auf die Welt auch die Perspektive des Stücks ist. Ihm wird Recht gegeben, bevor er noch angefangen hat zu reden, denn die Bühne zeigt unaufhörlich, was er nur behauptet: die Fatalität aller politischen Bemühungen, den Kreislauf der Geschichte, ihre bunte, bestenfalls ästhetisch verwertbare, theatralisch arrangierbare und genießbare Absurdität. Gegen diese sinnlichen »Beweise« (die natürlich keine sind) können die Bühnen-Revolutionäre Marat oder Roux nur rhetorisch aufbegehren, also nach Bühnengesetzen vergleichsweise ohnmächtig. Als Ästhetiker und Voyeur hat Peter Weiss hier seine Bühnenmittel gefunden. Seinem schlechten politischen Gewissen dagegen bleibt als Ausdruck fast nur Sprache ohne sinnliche Erscheinung, eben Rhetorik.

Beide, die Stärken wie die Schwächen dieses Stückeschreibers, treffen hier so zugespitzt aufeinander wie in keinem anderen seiner Bühnentexte: einmal seine Fähigkeit, Figuren wie Thesen zu behandeln (oder: Thesen als Figuren zu versinnlichen) und eigentlich starre Situationen bewegt zu theatralisieren –, andererseits sein Unwille, in einer Person mehr zu sehen als eine Summe von Ansichten, und seine Unfähigkeit, über eine Situation hinaus in einen Ablauf, zu einer spannenden und gespannten Folge von Ereignissen zu kommen. Gerade die im Titel angekündigte und lockende Geschichte, *Die Ermordung Marats*, wird nicht erzählt, sondern bewußt immer wieder aufgehalten, zerrissen. Noch aus dieser dramatischen Not zaubert Weiss seinen szenischen Triumph: was in Nummern zerfällt, setzt er wieder zusammen als Revue. Was an Spannung fehlt, wird wettgemacht durch ein Klima ständiger sinnlicher Exaltation.

Es wäre arglos, wollte man solche formalen Indizien nur als handwerkliche Kniffe verstehen, über die Peter Weiss also nach Laune und artistischem Kalkül frei verfügen könnte. Daß in diesem Revolutionsstück kaum gehandelt wird, es sei denn verbal, daß kaum je ein Denkvorgang abläuft, sondern immer nur Denkresultate aufgesagt werden, daß gerade Marat, der Aktivist, festgehalten wird in seiner Wanne –, das alles sind weder Zufälle noch freie Einfälle ihres Autors. So mußte sich ein Bewußtsein formulieren, dem die Weltgeschichte zum Welttheater geworden war, zerfallen in Schreckbilder und Deklamationen, in ästhetische Vision und ideologische Arien, ein Bewußtsein also, dem die praktische wie theoretische Dimension von Politik, Aktion wie Analyse, gleich fremd geblieben war.

Je mehr Revue und Pantomime und Songs auf der Bühne entfesselt werden, desto deutlicher merkt man dem Trubel an, daß er gerade nicht Aktion ist, sondern ihr Fehlen bestenfalls überspielt. Was da auch inszeniert wird, kommt nur als Bildkommentar, als Illustration den Reden zu Hilfe. Eigentlich *geschieht* gar nichts auf der Bühne, alles wird nur vorgeführt und nachgestellt. Selbst die von Sade und Marat gegeneinandergeführten Antithesen geraten in keine Bewegung, keine Dialektik, wollen zu keiner Entscheidung kommen. Die einzige Moral des Stücks bleibt die, daß es keine zuläßt. Einmal noch, zum letzten Mal, hat die ästhetische Radikalität von Weiss, dieser von der Sinnlosigkeit der Erscheinungen gebannte und befremdete Blick, alle moralischen Skrupel übertrumpft, die ihn drängten, sich zu *entscheiden*, sich *auszusetzen*, sich zu *gefährden*.

Zum letzten Mal, denn noch während der Arbeit an der *Ermittlung* bereitet sich vor, was Peter Weiss dann in seinen *10 Arbeitspunkten* urbi et orbi mitteilt: daß er sich entschieden hat, für Marat, gegen die Zuschauerposition de Sades, für den Sozialismus.

Merkwürdig, wie Fehlleistungen fast klangen die Sätze, mit denen Marat sich gegen die Voyeurhaltung Sades absetzte:

Gegen das Schweigen der Natur
stelle ich eine Tätigkeit
In der großen Gleichgültigkeit
erfinde ich einen Sinn
Anstatt reglos zuzusehn
Greife ich ein
und *ernenne* gewisse Dinge für falsch ...
Es kommt drauf an
sich am eigenen Haar in die Höhe zu ziehn.

Da verrät sich eine Figur, die sich doch zum Materialismus bekennen soll, in schönem Wortlaut als Idealist. In der Sinnlosigkeit des Geschehens wird Sinn nicht etwa entdeckt, sondern »erfunden«. Mißstände werden als solche nicht etwa erkannt, sondern zu Mißständen »ernannt«. In der Tat: »am eigenen Haar«, am eigenen Kopf zieht sich da jemand aus Melancholie »in die Höhe« optimistischer Gesinnung. Die revolutionäre Welt dieses Marat ist eine Welt als Wille und Vorstellung.

Merkwürdig idealistische Sirenentöne ziehen sich aber auch durch die neuen Bekenntnisse von Peter Weiss. In seiner Princetoner Rede vom April 1966, die dem Muster christlicher Sündenbekenntnisse und Bekehrungsberichte zu folgen scheint, gesteht er über frühere, glaubenslose Zeiten: »Ich konnte keine Ideologie erkennen, die mir das Opfer meines Lebens wert war.« Jetzt also ist dieser Glaubenskodex gefunden, denn wie ein solcher wird er beschrieben: »Die Richtlinien des Sozialismus enthalten für mich die gültige Wahrheit«, heißt es in den *10 Arbeitspunkten*, was sich so anhört, als würde ein Katalog von Vorschriften angenommen als eine Summe von Erkenntnissen.

Doch am merkwürdigsten bleibt, daß gerade das Auschwitz-Oratorium *Die Ermittlung* weder nach »Richtlinien des Sozialismus« noch nach marxistischen Erkenntnissen organisiert ist. In einigen Zeugenaussagen werden zwar auch marxistische Interpretationen der faschistischen Lager laut, doch nur als Kommentar und Stimme im Stimmengewirr, ohne Einfluß auf die Struktur des ganzen Textes. Dieser verrät immer noch, daß er ursprünglich als dritter Teil eines neuen *Welttheater*-Projektes geplant war, in dem der Dante der *Göttlichen Komödie* als neue Weiss'sche Zuschauerfigur zeitgenössische Stationen von Hölle, Fegefeuer und Paradies durchlaufen sollte.

Dante als Spielmacher und Augenzeuge, als Nachfolger de Sades, ließ sich für das Auschwitz-Stück nicht halten. Das Entsetzen, das dieses Material des Grauens nun kunstvoll ordnet, bleibt unpersönlich, anonym, doch diese angestrengte Objektivität wirkt schon überanstrengt. Soweit sich im Frankfurter Auschwitz-Prozeß für Peter Weiss nur bestätigte, daß alle Herrschaft, besonders in ihrer faschistischen

Nacktheit, letztlich auf Menschentortur und Menschenvernichtung aus ist, hätte gerade diese Erfahrung sein bis dahin geübtes Zuschauen mit Kopf im Sand nur wieder und schärfer provozieren können. Nicht nur die Grausamkeit, auch die krude Quantität von Verbrechen hat die Phantasie dieses Autors immer wieder aufgestört. Oft lesen wir ihn aufzählen, wo »zehntausende«, wo »hunderttausend«, wo »Millionen« unterdrückt oder gequält oder ermordet werden. Für solche Katastrophensensibilität, ja -süchtigkeit hätte gerade Auschwitz die endgültige Steigerung des Unbegreiflichen ins nicht mehr aufklärbare Absurde bedeuten können. Dieser Versuchung gibt das Oratorium nicht nach, aber auch nicht der anderen, den Stoff zum sozialistischen Lehrstück aufzuarbeiten. Jener Welttheater- und Auge-Gottes-Blick, der im *Marat-Sade* sich noch ungehemmt an Revueformen weidet, ist jetzt starr, fassungslos gefaßt geworden. Doch die grellen Einzelheiten des Schreckens, Bogners Schaukel oder Starkes Genickschüsse, behaupten sich gegen den nur zögernd, nur fragmentarisch in das Stück eingeführten politischen Sinnzusammenhang.

Erst rückblickend, erst von den nächsten Stücken, dem *Gesang vom Lusitanischen Popanz* und *Vietnam-Diskurs* aus, läßt sich ausmachen, was diese *Ermittlung* dem politischen Theater von Weiss an Neuerungen doch eingebracht hat. Gefunden war da immerhin eine Bühnenmöglichkeit, ohne große, individuell durchgezeichnete Figuren eine historische Situation wiederzugeben. Bewiesen schien, daß die Anonymität von Figuren nicht auch jede Emotion auf der Bühne auslöscht, daß der Chor der Zeugenstimmen an kollektivem Ausdruck gewinnt, was den einzelnen Zeugen an privatem Pathos versagt ist. Ließ sich also ein politisches Podium-Theater machen, das den Guckkastenrahmen verläßt, auf dem der Geschichtsprozeß sich also unmittelbarer, ohne den illusionären Umweg über Helden und Fabel, darstellen würde? Dieser Frage hat Peter Weiss nun nachzuschreiben versucht.

Gleich der *Gesang vom Lusitanischen Popanz* setzte die Formen, die in der *Ermittlung* noch zum bloßen Oratorium, zu einer Litanei von Stimmen, Auf- und Abtritten erstarrt waren, wieder frei in Revueaktionen, die unmittelbar anknüpfen an die Pantomimen und Song-Nummern des *Marat-Sade*. Hier aber werden diese Nummern keinem de Sade, keinem reglosen Welttheatervoyeur als sinnliche Belege seiner Thesen angeliefert. Ihre Bewegung soll den Zuschauer unvermittelt treffen. Was sich da auf der Bühne inszeniert, wird nicht nur durch keine zwischengeschaltete Figur mehr neutralisiert, es gibt sich auch selbst nicht mehr neutral oder gar zynisch. Der Text ist einseitig, parteilich, in jeder Zeile, jeder Geste offen agitatorisch: er hat sich engagiert, gegen die portugiesische Kolonialherrschaft, für die von ihr Ausgebeuteten und Unterdrückten.

Auf der Bühne soll sich etwas durchsetzen, was das ungenaue Wort »Schwung« vorläufig noch am genauesten treffen kann. Der Popanz, die überlebensgroße Drohfigur des Imperialismus, wird aus Abfall und Lumpen nicht nur zum Jux am Anfang des Stückes vor den Augen der Zuschauer zusammengebaut. Vielmehr: der Jux gibt gleich zu verstehen, daß dieses Stück gar nichts zu beweisen vorhat, daß es seine Beweise von vornherein als bewiesen voraussetzt. Der theatralisch fix und effektvoll zusammengebaute Popanz wird sich am Ende genauso effektvoll, fast ebenso fix auf der Bühne auch umstürzen lassen. So hat Peter Weiss die Revue sehr unbefangen beim Wort genommen und ihre Dynamik für ein politisches Animations- und Agitationsspiel ausgenutzt. Denn Revue spielt immer in einer vordefinierten Welt. Auch ihr Optimismus, ihre Klipp-Klapp-Lösungen sind schon vorgegeben durch eine Form, die alle realen und rationalen Widerstände schlichtweg erledigt durch Glanz und Tempo.

Etwas so rücksichtslos Entschlossenes und Freies, nur auf Mitreißen hin Komponiertes hat Peter Weiss weder vorher noch nachher je geschrieben. Sieht man heute auf diese zwei Akte Theater zurück, scheinen sie wie ein Ausbruch von Glück und Enthusiasmus über das endlich gefundene Engagement, die neue politische Entschiedenheit. Voreilig war das Satyrspiel den kommenden Trauerspielen vorausgelaufen.

Gedämpfter und behäbiger, den Gestus eher von alten Mysterienspielen als von der Revue herleihend, setzt dann der *Vietnam-Diskurs* den Apparat eines kollektiven Geschichtstheaters in Gang. Faktenvermittlung, Instruktion scheint jetzt der Ehrgeiz. Die vorführende Haltung ist unverkennbar didaktisch und zwar bis zur Pedanterie. Keine wichtige Geschichtsperiode Vietnams soll dem Zuschauer geschenkt werden, eine nach der anderen wird gleichsam abgehakt, als theatralisiert und damit erledigt.

Doch fortwährend fährt der rituelle Vortrag der didaktischen, aufklärerischen Absicht in die Parade. Wie die spätmittelalterlichen Mysterienspiele oder das Theater der Gegenreformation, denen der *Diskurs* zunächst nur äußerlich ähnelt, scheint auch er weder begabt noch bereit, Einsichten überhaupt zu vermitteln, sondern setzt Verständnis und Einverständnis schon voraus. An eine Gemeinde der Gläubigen, schon Eingeweihten scheint auch er adressiert. Der Text wiederholt wie eine szenische Liturgie gemeinsame Überzeugungsinhalte. Die Faktenfülle wie auch die Mühe, eine hohe, abstrakte Stilisierung durchzuhalten, werden auf eine so tödliche Spitze getrieben, daß das Stück schließlich in der breiten Monotonie des Stoffes wie der langsamen Monotonie seiner Zelebrierung erstickt.

Doch in immer neuem Anlauf hat Weiss in den *Diskurs* auch hineinzuschreiben versucht, was ihm gerade abgeht: Emotion. Oft tauchen dabei wieder Spuren seines alten Verständnisses von Weltgeschichte als leerlaufendem Welttheater auf. »Immer wieder« –, das ist die Formel dieser pessimistischen Vision. Der Kreislauf, die Wiederkehr des immer gleichen ist ihre Figur. »Immer wieder waren die Unterdrücker da und die Leidtragenden«, hieß es lapidar schon im *Gespräch über Dante*, und genau das führt der *Diskurs* jetzt vor am Beispiel Vietnam. Immer wieder ist auch dort partielle oder episodische Befreiung zurückgebogen worden in neue Herrschaft. Das Stationen-Theater von Weiss stellt solche historischen Zustände wie ähnliche nebeneinander. Unfähig oder unwillig, die bloße Reihung von Zustandsbildern in einen Prozeß, in Dialektik zu überführen, bleibt der Autor auf einer Indizienkette sitzen, die eigentlich nur hergibt, was dieses Stück gerade nicht vermitteln wollte: Fatalismus, Frustration. Denn was könnte den Zirkel des »Immer wieder« durchbrechen?

Der *Lusitanische Popanz* hatte dieses Dilemma schlichtweg durch schwungvolle Form übersprungen. Im *Diskurs* wird nun mit moralischem Schwung der Voluntarismus als Nothelfer eingeführt. Beispielhaft heißt es etwa von der russischen Oktoberrevolution:

> Gering war die Anzahl der Revolutionäre
> Unerfahren die Arbeiter und
> ohne Bildung *doch groß*
> *ihre Leidenschaft und ihr Mut*
> So errichteten sie ihre Herrschaft

So also –, gerade diese schöne, idealistische Verheißung, verstanden als Gebrauchsanweisung für Revolution, dürfte »immer wieder« nur ins Fiasko führen. Doch nicht, wie realitätstüchtig die Überzeugungen von Weiss sind, steht hier in Frage, sondern nur, wie sie zustande kommen und wohin sie führen, auf dem Papier und auf der Bühne.

Gerade die Abbildung kollektiver Geschichtsprozesse hat Weiss offenbar wieder zurückgeworfen auf die alten Schemata seines Fatalismus, gegen die seine sozialistische Gesinnung nun aufbegehrt. Seine Gesinnung, kaum Einsicht. Gegen die Klagegebärde des »Immer wieder« wird das optimistische Pathos des »Endlich einmal« aufgeboten wie ein deus ex machina. »Leidenschaft« und »Mut«, die Kollektive als Moralträger, sollen die Geschichte aus ihrem Kreislauf erlösen. Gerade weil die Welt absurd scheint, muß Idealismus (wie schon den Marat) sich selbst am eigenen Zopf und Kopf aus der Misere ziehen. »Ich kann den Glauben an die Vernunft, an die menschliche Solidarität nicht aufgeben«, wird Trotzki in Weissens nächstem Stück sagen, unmittelbar vor seiner Liquidierung durch einen Agenten der GPU. Alle Befunde dieses Stücks haben sich vorher aufgetürmt wie Gegenbeweise gegen solchen »Glauben«. Aber »Glauben« muß wohl genannt werden, was alle Logik und Beweise herrlich vom Tisch fegt.

Im *Vietnam-Diskurs* steht das Bekenntnis zur Moral als geschichtsbewegender Kraft noch quer zu einem Stück, das doch eine materialistische Geschichtsinterpretation im Anschauungsunterricht durchexerzieren wollte. Trotzkis »Glaubens«bekenntnis dagegen widerspricht nicht mehr einem Schauspiel, das ja Szene für Szene aus der Erinnerung seiner Zentralfigur, aus seiner Subjektivität heraustritt. Weiss hat nun auch formal die Konsequenz aus seiner neuen idealistischen Kehre gezogen. Aufgegeben ist der distanzierte, vorzeigende Welttheatergestus. Die Szenen, verstanden als Erinnerungsfragmente Trotzkis, sind selbst nur noch nach außen geworfene, sinnlich gemachte Innenwelt. Doch die didaktische Haltung, die Weiss sich mühsam genug antrainiert hat, läßt diesen subjektivistischen Ansatz noch nicht voll zur Entfaltung kommen. Was ein Pamphlet gegen die Verzeichnung und Auslöschung der Figur Trotzkis in der offiziösen kommunistischen Geschichtsschreibung hätte sein können und wollen, gerät unter der Hand zu einem Schnellkurs in russischer Revolutionsgeschichte. Noch wird Trotzki eher als Ansager seiner Geschichte, kaum als ihr Held durch die Szenen geführt. Erst im *Hölderlin* wird dann das Pathos, das Martyrium einer Bühnenfigur zum wesentlichsten Argument eines ganzen Stücks.

Erinnern wir uns: Schon der Marat hatte sich dem Zuschauer auch als eine existentielle Sehenswürdigkeit, als Opfer und Schmerzensmann hingehalten. Gerade in den Texten seines politischen Entscheidungsjahres 1965 hatte Weiss auf »Gefährdung« und »Mut« als moralisch-ästhetischen Zeichen des Engagements insistiert, und noch aus dem Wortlaut seiner kommenden Theaterstücke winkte jener Idealismus, der Berge zu versetzen verspricht, während die Stücke selbst doch eine materialistische Geologie dieser Berge versprachen. »Wir brauchen keine Heiligen«, schrieb Weiss dann 1967 in einem Nachruf auf Ché Guevara, um wenige Zeilen später Guevara genau als solchen Heiligen auszulegen, als eine Figur nämlich, deren Opfer uns »etwas zu lernen« gibt, deren Tod »auf unsere« Niederlage »und unsere« Feigheit »deutet«, weil er beweist: »Die Erde gehört dir nicht, wenn du dein Leben nicht aufs Spiel setzt.« Hier hat religiöse Rhetorik jede politische Argumentation ganz offensichtlich überrollt. Wer, sagt Weiss mit Blick auf Kommentare in Moskau, den bolivianischen Sololauf Guevaras für »romantisch« oder »weltfremd« hält, der denkt »niedrig«, denn: »Die sogenannte Sprache der Vernunft vermag gegen diese Handlungen nichts.«

Diese spontane, feierlich und irrational flammende Rede auf Ché Guevara steckt schon den Spielraum ab für das Hölderlin-Stück, das dann vier Jahre später auf der Bühne erscheint, den Spielraum zwischen jener »Vernunft«, die Goethe oder Schiller oder Hegel zu ängstlicher bis listiger Anpassung an gegebene Zustände bewegt, und jener revolutionären »Reinheit«, in der sich Hölderlin schließlich einpuppt im Tübinger Turm und in einen Wahnsinn, der nach dem Willen des Stücks eben »höher ist als alle Vernunft«. Tatsächlich bestimmt das christliche Schema der Heiligenlegende den Ablauf der Szenen. Hölderlin wird durch die Versuchungen der Welt und schließlich auch durch physische Torturen geschickt. Seine Idee, dieses Festhalten an den jakobinischen Versprechungen der Französischen Revolution, kommt durch ihn, durch seine Handlungen auch zu keinem weltlichen Erfolg. Er steht für sie nur als ihr Zeuge und Opfer, als ihr Märtyrer. Andacht und Andenken will dieser Theatertext offenbar provozieren. Die Frage nach jeder praktischen Wirkung scheint abgeschnitten. Denkt, wer sich danach erkundigt, zu *niedrig*?

Auf politischen Umwegen ist Peter Weiss zurückgekehrt zu seiner alten moralischen Alternative, der zwischen radikalem Eskapismus und radikalem Engagement. Für diesen Konflikt bietet der *Hölderlin* nun eine verblüffende Lösung: gerade die totale Weltflucht Hölderlins in Wahnsinn und Turm wird als pathetisches Zeichen unbedingter Hingabe an die Revolution verstanden. Noch Eskapismus ist Engagement –, damit scheint die Zauberformel, der rote Schimmel gefunden. Nur »Filosofen und Dichter im Überbau« zeige es, sagt das Stück zwar scheinbar entschuldigend und ruft auch seinem Helden zu, er wisse nicht, wie »sich der Gedancken schöne Gestalt verwandelt in materielle Gewalth«. Doch zu schnell wird diese Not erhöht zu Tugend, um Hölderlin, den Wirkungslosen, als Denkmal der reinen, geraden Haltung aufzubauen.

Gerade die *Subjekte* der von Hölderlin geträumten Revolution huschen auch durch die letzte Fassung des Stücks nur als theatralische *Objekte*: hier ein paar fluchende Arbeitsleute, da zwei jammernde Mägde, grau und sentimental, lesebuchhaft hinskizziert. Auf eine revolutionäre Arbeiterklasse auch in Europa, die sich vom Beispiel Guevaras mitreißen lassen könnte, hatte Weiss noch in seinem emphatischen Nachruf auf diesen gehofft. Die flüchtig, beziehungslos in das *Hölderlin*-Stück hineingeflickten Proletarier scheinen nun zu beweisen, was sie kaum sollen: daß zwar der linke Überbau, doch weit über jeder Basis und also auch nur in Gedanken an der Revolution hängt. Eine politische Illusion, statt ihre Ursachen zu reflektieren, stellt sich hier aus als moralischer Triumph. Hölderlin hat das Beste gewollt, wenn auch praktisch nichts erreicht –, das ist die Botschaft, die hier auf Andacht wartet.

Heldentum – darin denkt Weiss getreu den Kategorien der bürgerlichen Ästhetik –, das heißt für ihn offenbar immer: vergeblich einstehen für eine richtige und gerechte Sache. Dem Marat war das schon anzumerken, deutlicher dem Trotzki, doch erst in Hölderlin erfüllt sich die schmerzliche Assoziation von Vorbildlichkeit und Scheitern ganz. Immer wird einer Nachwelt vorgehalten, was in zeitgenössischer Umwelt notwendig erfolglos blieb. Doch gerade die lehrreiche Notwendigkeit des Hölderlinschen Scheiterns verwischt Weiss, um das Pathos der Figur frei in die Rührung des Zuschauers laufen zu lassen. Anders als Marat, den Sades Anti-Idealismus freihielt von allem Sentiment, bietet jetzt Hölderlin das Schauspiel einer für die korrupte Mitwelt zu schönen Seele. Was nur heißt: hier ist politischer Protest zurückgefallen auf seine frühbürgerlich empfindsamen Ausdrucksformen, in diesem Hölderlin sind Werther, Karl Moor und Ferdinand von Kalb spät und verspätet noch einmal auf die Bühne gekommen.

Auch der Irrsinn der Charenton-Spieler taucht als Hölderlinscher Wahnsinn bedeutend wieder auf, auch er verinnerlicht, idealistisch auf den Kopf gestellt. Charenton, das galt damals als szenisches Symbol für jenes irdische Jammertal, das noch im *Hölderlin* (der ersten Fassung) mit barocker Welttheater-Phrase das »irdische Spital, dies Asyl voll Wahn und Qual« genannt wird. Doch jetzt ist Wahnsinn nicht mehr die richtige Formel für eine unerlöste Welt, sondern ist eine richtige, das heißt »wahre« Haltung in ihr und gegen sie. Dieser Wahnsinnige »hat Recht«, so die unübersehbare These des Stücks, denn ver-rückt, aus ihrer möglichen, wünschbaren Ordnung, ist die Welt, während der scheinbar Verrückte nur seiner »fixen Idee« treu ist. In Hölderlins gegen die Außenwelt abgeschlossenem Kopf überwintert die uneingelöste Botschaft der Französischen Revolution, »überwintert« durchaus im Wortsinn, gefroren zu Wahnsinn, unfruchtbar, doch »rein«. So muß sich ein idealistischer Kopf an einer Gesellschaft »rächen«, die seinen Ideen noch nicht nachwachsen wollte.

Im *Hölderlin* scheint also vorschnell versöhnt, was im Marat-Sade-Stück noch unversöhnlich auseinandergerissen war, der, wie Weiss damals sagte, »bis zum Äußersten geführte Individualismus« und der »Gedanke an eine politische und soziale Umwälzung«. Da die Revolution hier tatsächlich immer nur *Gedanke* bleibt, läßt sie sich gerade in einer bis zur Schizophrenie gesteigerten Subjektivität bewahren. Hölderlin als Marat plus Sade in eine Person gezwungen, als die Personalunion des Zuschauenden und des Engagierten, als nur noch dichtend Handelnder: die Lösung, die Peter Weiss jetzt seinem Grundkonflikt beschert hat, besticht durch ihre Logik. Sie löst den Widerspruch allerdings nur auf in dem Bereich, in dem er ausgebrochen war, nur psychologisch. Gerettet wird eine reine Gesinnung, gerettet um den Preis ihrer Wirkungslosigkeit. Weiss hat seine politischen Fragen in moralische Lösungen entwischen lassen.

Daß nur der Betrachtende Gewissen habe, daß der Handelnde immer gewissenlos sei, steht schon bei Goethe. Vom *Werther* bis zum *Tonio Kröger*, bis hin zu Peter Weiss zieht sich die Klage über dieses bürgerliche Dilemma. Noch der *Hölderlin* verteidigt kompromißlose Vision gegen die Praxis jener Goethes oder Hegels, die sich handelnd die Gedanken und Hände beschmutzten. Fragen der Taktik und Strategie werden dabei verkürzt und aufgeschminkt als moralische. Zwischen Feigheit und Mut, Anpassung und Reinheit, heuchlerischer Affirmation und ehrlichem Wahnsinn pointiert das Stück seine Entscheidungen.

Sehr folgerichtig hat sich auch die Dramaturgie diesen moralisierenden Absichten anbequemt. Die Figuren reden zwar unermüdlich aufeinander ein, ohne sich aber aneinander zu verändern. Bewegung herstellen, Prozesse verfolgen, das hatte sich das Weiss'sche Geschichtstheater vorgenommen. Jetzt, da wieder große, berühmte Figuren die Bühne besetzen, werden nur deren verschiedene Haltungen deklamierend ausgestellt. Selbst die Hauptfiguren halten von Anfang bis Ende ihren Grundriß, erscheinen als fertige Persönlichkeiten, wie Charaktermuster. Musterhaft fallen alle ihre Aktionen und Reden aus. Daß Hegel sich immer hegelsch, Goethe stets goethisch vernehmen läßt, das wird als Pensum immer wieder erfüllt. Würde ihre Veränderung vorgeführt, ließe sich die Bedingtheit der Charaktere durch die Umstände zeigen. Doch die Weiss'sche Psychologie ist wieder idealistisch erstarrt zur Typenlehre, das Drama zu einer Mustersammlung von Haltungen, zum moralischen Panoptikum. Dem nicht zu Gedanken bewegten Zuschauer bleibt nur die eine Chance: sich bewegt einzufühlen.

»Denn er«, sagt Hölderlin im Stück über seinen Empedokles:

> Denn er
> der nie sich selber
> zum *Verräther* wurde
> der keinen Tag
> von seinen Tagen abgab
> an die *Feigen*
> er wird den nach ihm Kommenden
> zum *Vorbild*.

So steht auch dieser Hölderlin auf der Bühne, als »Vorbild« bestenfalls einer richtig, wahr gelebten Verzweiflung, wie sie schon die frühen Prosabücher von Peter Weiss aufgeschrieben haben. Ein Autor, der aufgebrochen war, um schreibend die Revolution zu befördern, hat schließlich nur seinem radikalen Individualismus eine Moral, eine Rechtfertigung, fast eine Heiligsprechung erfunden. Was Brecht der Marxismus eingebracht hat, die Möglichkeit nämlich, sich selbst historisch zu verstehen, »in der dritten Person« zu leben und zu schreiben, das ist Peter Weiss (vorerst) nicht gelungen. Wollten seine ehrgeizig und imponierend entworfenen kollektiven Theaterpanoramen etwa nur voreilig liquidieren, was in ihnen nicht aufzuheben war: die Subjektivität ihres Autors? So sieht es aus. Doch die nächsten Stücke von Weiss werden diese Frage neu aufwerfen und vielleicht auch neu beantworten.

(1973)

Über Uwe Johnson

1. Ein gelassener Autor

Ein Kunstpreis soll an Uwe Johnson fallen, doch »Kunst« – dieses allzu goldene Wort hat er selbst nur zögernd, eigentlich ungläubig auf seine eigenen Produktionen anwenden wollen. Kunst, schrieb er über sein zweites Buch, sollte womöglich nicht genannt werden, was nur »eine Form der Wahrheitsfindung« sei. Und doch hat dieser Autor, so ausschließlich wie nur wenige seiner Generation, fast nur hervorgebracht, was gegen seine oder mit seiner halben Zustimmung für Kunst gehalten wird: rund 2000 Seiten Erzählungen und Romane bis dato. Was er daneben publiziert hat in direkter Rede, ohne den Umweg über Fiktionen, das fällt schon als Quantität kaum ins Gewicht. »Bilde Künstler, rede nicht« –, an diese selbstbewußte, aber auch resignative Formel hat Uwe Johnson sich gehalten, bewußt oder unbewußt. Er hat der Kulturindustrie reichlich Anlaß gegeben, Meinungen über ihn zu produzieren – und auch Sie hören mich hier wieder solche Meinungen aufsagen, nolens und volens –, doch er selbst hat seine Meinungen merkwürdig selten bekannt gegeben. Nirgends ein Aufsatz, eine Nachtstudiothese von ihm über unsere SPD, über John Lennon, kapitalistischen Wohnungsbau oder Kafkas Nachlaß. *Er* hat sich nicht beteiligt an diesem öffentlichen Reden »zu« und »über«, anders als fast alle seine Kollegen, ob aus Neigung zum Honorar oder zum Thema. Verschwiegen darf man ihn nennen, trotz, ja wie sich herausstellen wird, gerade wegen dieser 2000 Seiten erzählender Prosa.

Dieser fast nur bildende, fast nicht redende Künstler hat also fast ausschließlich auf etwas gesetzt, was sehr honoriert, aber nicht genügend honoriert wird. Ob ihm auch dafür und deswegen ein Preis gegeben wird? Vermuten wir ruhig: Ja. Wie aber verhält sich der *Büchner*-Preis, wenn wir seinen Namen pedantisch ernst nehmen, zu diesem Werk? War Büchner verschwiegen? Eine überflüssige, eine rhetorische Frage. Er war nicht verschwiegen, er war unter Lebensgefahr vorlaut, er war nicht gelassen, er war ein Agitator und war, behaupteten später seine Entdecker in diesem Jahrhundert, ein erster Expressionist. Keine Chance also, zwei unvereinbare Köpfe, Uwe Johnson und Georg Büchner, einer Feierstunde zuliebe auf einen gemeinsamen Nenner zu nivellieren. Doch Georg Büchner, als er starb, war ja gerade im Begriff, der Kunst zu entlaufen in unverdächtigere »Wahrheitsfindung«, in sogenannte reine Wissenschaft, und war, als er starb, ganze 23 Jahre alt –, vieles spricht dafür, daß wir diesen Expressionisten mit 40 vor lauter wissenschaftlicher Gelassenheit nicht wiedererkannt hätten.

Verschwiegenheit, Gelassenheit – die Stichworte sind gefallen, denn auf sie reimt sich, was an Johnsons Erzählungen zu allererst ins Auge fällt: ihr Realismus. Hier läßt jemand alles und alle, die Personen, die Dinge, die Verhältnisse, so ausgiebig, neugierig, unermüdlich zu Worte kommen, daß man nur an Stellen der Überanstrengung noch merkt, wie sehr er selbst sich doch heraushalten möchte aus dem Erzählten. Hier hat sich jemand entschlossen, in Zungen zu reden, lieber eine Geschichte in babylonische Sprachverwirrung hineinzuerzählen, als ihr die eigenen Ausdrucksbedürfnisse aufzuprägen. In *Mutmaßungen über Jakob* sah dieser Wille zur Objektivität, weil radikal, schon aus wie der Umschlag ins krasse Gegenteil. In den *Jahrestagen*, hieß es, würden die mitgeteilten Fakten fast schon verbergen, daß sie überhaupt noch von jemandem erzählt werden. Geblieben ist vom Anfang bis jetzt als Schreibimpuls, Anschauung hervorzubringen um den Preis der eigenen Unsichtbarkeit, so viel Informationen anzubieten wie möglich, nicht aber eine, die fertige eigene Meinung. »Ich meine nicht«, so Johnson, »daß die Aufgabe der Literatur wäre, die Geschichte mit Vorwürfen zu bedenken. Die Aufgabe der Literatur ist vielmehr, eine Geschichte zu erzählen.« Ein gelassenes, ein stoisches Programm.

Kein Wunder, daß man auch an Johnsons Figuren wiedererkennt, was an seiner Erzählweise auffällt: die gleiche Gelassenheit. Der letzte Satz in Johnsons erstem Buch lautet: »Und sie sah nicht aus wie eine, die geweint hat, das wollen wir doch mal sagen.«

Gemeint ist Gesine Cresspahl, die gerade zu Rohlfs kommt, nach Jakobs Tod zum Staatsagenten Rohlfs, der mutmaßlich eben Jakob doch auf dem Gewissen hat. Sechs Jahre später, auf der letzten Seite der *Zwei Ansichten*, besucht die Krankenschwester D. einen eben noch geliebten Herrn B., den sie hinter der Mauer in Berlin verloren hat, besucht ihn im Krankenhaus »der Form halber«, wie es höflich heißt: »Er war ein Kranker wie alle«, findet sie, und: »Sie hielt sich nicht lange auf« und verschwindet dann tatsächlich in den letzten Zeilen gelassen in ihren kleinen, praktischen, übersichtlichen Sorgen.

Was die Epoche ihnen auch zumutet an Verlusten, Kränkungen, Enttäuschungen –, diese Figuren versuchen es durchzustehen ohne jede Exaltation, ruhig nach außen, gefaßt. Jakob, Johnsons erster Protagonist, dieses Denkmal des Gleichmuts und der gediegenen Zuverlässigkeit, er scheint immer noch der Stammvater aller wichtigen Figuren. Achim und Gesine, die Krankenschwester und der Kunsttischler Cresspahl, alle scheinen sie gesegnet und geschlagen mit dieser nützlichen stoischen Fassung, die nach außen schon wirken kann wie Phlegma. Daß Freiheit des Individuums in diesen Zeiten auf nichts weiter hinausläuft als Einsicht in die Notwendigkeit –, hier scheint diese Formel begriffen und angenommen. Soll das nun heißen, daß in Johnsons Büchern Ruhe gefeiert und bestätigt wird als erste Bürgerpflicht? Ich will nur behaupten, daß dieser Autor seine Personen bis in ihre letzten Regungen politisch versteht, daß er sie immer nur reagieren sieht auf die Verhältnisse, in die sie eingesperrt sind. So genau, so illusionslos hat seit Brecht kaum ein Erzähler den Menschen durchdefiniert als Gesellschaftswesen, als zoon politikon.

Denn überall, wo man sonst hineinliest in zeitgenössische Erzählungen, werden die sozialen Rollen durchaus nicht mit Ruhe und Gelassenheit hingenommen und durchgehalten, im Gegenteil: überall zappeln und zucken da die Figuren, schlagen um sich, demonstrieren Gereiztheit, Erschöpfung, Rebellion, eine Empfindsamkeit bis zur Neurose, bei Weiss oder Frisch, bei Böll, Koeppen, Walser, Bernhard, Grass oder Hildesheimer. »Überlegsam«, das Stichwort für Jakob, will dort offensichtlich niemand sein. In dieser Literatur gilt offenbar gerade alles Außersichsein als Zeichen moralischer Gesundheit und Integrität. Gemessen an solchen Bewußtseinstumulten, von was erzählt eigentlich Johnson, von der Ruhe vor oder nach oder mitten im Sturm?

Natürlich weiß auch er, daß mehr Unruhe möglich ist, als er seinen wichtigsten Figuren anmerken läßt. Natürlich hat er den jungen Herrn B., den Sportwagen- und Konsumfan in den *Zwei Ansichten*, genauso strampeln lassen im Netz der gesellschaftlichen Reize wie Walser seinen Anselm Kristlein. Auch der lange so geduldige Karsch ist seinem Erzähler schon zweimal entkommen in spektakuläre idealistische Amokläufe. Aber mit soviel Ungeduld hat Johnson ganz offensichtlich keine. Für ihn verlieren solche Leute, die außer sich sind, schnell das

Gesicht. Er läßt sie gern verkommen zu Karikaturen. Auch seinen Kollegen Vietnam-Protestierern ist er über den heißen Mund gefahren: »Die guten Leute«, so steht im *Kursbuch 9*, »wollen eine gute Welt; die guten Leute tun nichts dazu... Die guten Leute sollen das Maul halten. Sie sollen gut sein zu ihren Kindern, auch fremden, zu ihren Katzen, auch fremden; sollen sie aufhören zu reden von einem Gutsein, zu dessen Unmöglichkeit sie beitragen.« Das ist nun endlich einmal Klartext, durchaus nicht gelassen, auch über keine fremde Zunge gesprochen, ein Wutausbruch über Ausbrüche von politischer Verbalwut, über unverbindlich private Reaktionen auf einen Kolonialfeldzug, dessen Daten in den *Jahrestagen* nur registriert werden in Zeitungsauszügen, lakonisch, ohne jede Dreingabe von Emotion.

»Unglücklich das Land«, heißt es bei Brecht, »das Helden nötig hat.« Unglücklich die Zeit, so ist aus Johnsons Büchern herauszulesen, die Gelassenheit braucht. Die Ruhe seiner Figuren ist also kein Gebrauchsmuster, nicht angeboten und fertig zur Nachahmung. Erzählt werden hier lauter graue politische Bildungsromane, Romane der Anpassung. Von Jakob konnte es noch heißen: »alles was wir als Regel und Vorschrift auswendig wissen und hersagen wenn wir uns bewegen hatte er in sich war in ihm aufgesogen jenseits der Worte« – ein Satz ohne Satzzeichen, die reine Formel für eine restlos sozialisierte Person, eine Formel für Frieden zwischen Individuum und Gesellschaft, für Konfliktlosigkeit, fast Glück. Doch wenn wir Achim hinüberwachsen sehen von der HJ in die SED, wenn das Bewußtsein des SPD-Genossen Cresspahl vorübergehend einen zähen, trüben Frieden schließt mit dem Dritten Reich, dann wird Gelassenheit zur Fassade der Ohnmacht. Sie zeigt nichts, sie verbirgt etwas. Was an Jakob aussah wie fast Glück, das sieht an Achim aus wie nur noch Bequemlichkeit, an Cresspahl ratlos wie Melancholie. Mit dieser Gelassenheit wahrhaftig wäre »Staat zu machen«.

Doch irgendwann in Johnsons Büchern erreicht die ruhige Annahme der Ohnmacht, das geduldige Sichfügen eine kritische Grenze. Außerdem: auch wenn Gelassenheit eine epische Grundkategorie ist –, unendlich läßt sich von ihr und mit ihr nicht erzählen. Irgendwann hat sich bis jetzt jede Erzählung Johnsons verwandelt in eine Kriminalgeschichte. Geheimnisse fangen an zu wuchern. Anonyme Herren treten auf und stellen vieldeutige Fragen. Telefone klicken, Gebäude brennen ab, Karteikarten verschwinden. Plötzlich reizt die vorher so nüchterne Erzählung mit dunklen Effekten. Hat dieser Erzähler geduldig, auf Umwegen nicht immer nur auf diesen einen springenden Punkt zu erzählt, an dem seine Figuren anrüchig, verdächtig werden, weil sie den über sie verhängten Normen und Gesetzen entlaufen? Die Krankenschwester geht über die ihr unzumutbare, zugemauerte Grenze.

Karsch redet plötzlich gegen die Illusion einer Wiedervereinigung. Cresspahl wird britischer Agent, seine Frau hat Selbstmord begangen. Jakobs Tod sieht zwar aus wie ein Zufall, doch wie ein sinnvoller Zufall. Und wird nicht Gesine Cresspahl am Ende der *Jahrestage* wahrscheinlich in Prag sein, ausgerechnet im August 1968, mit welchen Hoffnungen oder Aufträgen, wie kriminell oder wahnsinnig, wie weit jenseits der Legalität?

Die ordentlichen und geordneten Figuren Johnsons, durch die jeweiligen politischen Verhältnisse scheinbar hoffnungslos definiert und bewegungsunfähig –, da sehen sie plötzlich aus wie Abenteurer und Verbrecher. Freiheit gibt es für sie nur kurzfristig und immer unter dem Verdacht der Kriminalität. Johnsons Bücher, so gelesen, als Geheimnis-, Flucht- und Verfolgungsgeschichten, als politische Kriminalromane, entdecken unter ihrer dichten realistischen Oberfläche ihren romantischen Reiz. So wohl, wie ihre Gelassenheit vermuten läßt, ist diesen Figuren durchaus nicht auf der gegebenen Welt. »Ich möchte auf die Wolken«, sagte Gesine Cresspahl schon im ersten Buch. Ein hoffnungsvoller, hoffnungsloser Wunsch.

Daß alles, was ist, vernünftig sei, diese stoische Basis der Hegelschen Philosophie, sie könnte auch die Basis abgeben für allen reglos zuschauenden Erzählrealismus. Doch vor ihm, so behauptet Heinrich Heine, hätte Hegel diesen olympischen, scheinbar affirmativen Spruch listig und revolutionär auf den Kopf gestellt und gesagt: »Das könnte auch heißen: Alles was vernünftig ist, muß sein.« Genau diese Spannung zwischen Anschauung und Hoffnung, hingenommener Realität und nie aufgegebener Utopie hält auch Johnsons Bücher erst zusammen. Ohne diese Spannung wäre seine Gelassenheit nur zynisch, das Auf-die-Wolken-Wollen nur sentimental. Zwischen Zynismus und Sentimentalität aber läßt sich am besten in einer Haltung balancieren, die einen viel zu betulichen Namen trägt: mit Humor.

Humor, da er gewöhnlich für das gehalten wird, was er gerade nicht sein will, für sorglose Gemütlichkeit, Kurzweil, dröhnendes Gelächter –, Humor ist in Johnsons Büchern bisher eher vermißt worden. Nur gelernte Ästhetiker wird vermutlich überzeugen, daß Humor nichts Lächerlicheres ist als die dauernd versuchte Versöhnung zwischen dem Wünschbaren und dem Wirklichen. Daß er aber nicht schlagfertig, witzig, sondern melancholisch und umständlich umgeht mit der Welt, das ließ sich von den *Mutmaßungen* bis zu den *Jahrestagen* schon erfahren aus einer Sprache, die aus lauter Scheu, ja Ekel vor allem patenten Begreifen sich so oft suchend windet und verschnörkelt, der es der vorhandene Wortschatz und die vom Duden verwaltete Sprachrichtigkeit nicht immer recht machen können. Oft sah dann gerade die äußerste Genauigkeit aus wie Verwirrung. Das Exakte geriet komisch. Ärgerlich ist solcher Humor für alle, die gern schneller bedient sein möchten. Johnsons humoristische Energie und Geduld, selbst nur Ungeduld gegenüber allen fertigen Worten, Formeln, Lösungen, macht gerade jene Ideologen ungeduldig, denen alles klipp und klar ist, bevor sie noch genau hingesehen haben. Solchen Leuten ohne Neugier, findet er wohl, kann gar nichts mehr erzählt werden.

Ein politischer Schriftsteller, habe ich behauptet, doch ein gelassener, ein Erzähler von Kriminalgeschichten und ein Humorist auch noch –, diese Merkmale scheinen sich kaum zu reimen. Selbstverständlich ist das, was Johnsons Bücher leisten, also sicher nicht. Schule haben sie nicht gemacht. Politische Literatur wird üblicherweise verstanden als Agitation mit heißen, fertigen Prämissen. Humor vergräbt sich in private Thematik. Kriminalromane gelten als gute Aufregung vor dem besseren Einschlafen. Die Gelassenheit wiederum mögen Johnsons Leser an ihm lieben –, seine Kollegen jedenfalls schreiben mit höherem Blutdruck. An ihren Texten ist auch deutlicher, was in Johnsons letzten Büchern immer unauffälliger wurde: die Kunst, der Aufwand an Schreibweise und Konstruktion. Dieser Kunstpreis, kein Zweifel, fällt an einen Außenseiter.

Doch Kunstpreise, auch wenn sie sich so nennen, werden fast nie für das gestiftet und verliehen, was sie zu meinen glauben: für Kunst, sondern fast immer nur für das, was mehr ist als Kunst an den prämiierten Werken –, für ihre Moral, so hätte man es vorvorgestern bescheiden ausgedrückt, für ihre Botschaft, so hätte man vorgestern mit schwerem Augenaufschlag gesagt, für ihren ideologischen Mehrwert, möchte ich heute kleinlaut oder schon denunziatorisch formulieren.

Johnsons selbstloser, puritanischer Realismus, der ihm selbstverständlich ist, seine Gelassenheit, die auch ihm ganz offensichtlich schwer fällt –, sie mögen aller Preise dieser Republik wert sein. Doch vergessen sollte man nicht vor lauter hochherziger Genugtuung: Glücklich ein Land, in dem solche Gelassenheit keine Leistung mehr wäre. Glücklich auch eine Literatur, die keine Preise, keine Feierstunden mehr braucht.

(1971)

2. Das realistische Programm

Als ich wochenlang gelesen hatte, was Zeitgenossen über einen Zeitgenossen, Schriftsteller über einen anderen Schriftsteller geschrieben hatten, begann ich am Ende und unverhofft doch noch zu staunen. Wie einig, schien mir, waren sich doch im Wesentlichen diese scheinbar

Uneinigen, diese Gegner oder Bewunderer von Johnsons Büchern, Sprache, Thematik, Überzeugungen, fast alle doch einig mindestens darin, daß die literarischen Aprioris dieses Autors, die elementarsten Grundsätze seines Erzählens nicht erörtert werden müßten, ganz als wäre Johnsons Entscheidung, wie und was heute zu erzählen sei, allgemeinverbindlich und also schlechthin selbstverständlich. Er selbst allerdings würde wohl als erster bestreiten, irgendwelche generellen Schreibvoraussetzungen überhaupt zu kennen.

Immer wieder hört man Johnson zu Interviewern sagen, er bringe keinerlei allgemeine Prinzipien mit für ein bestimmtes Buch, jede Geschichte führe ihn zu jeweils neuen Schreibentscheidungen. Diese Argumentation läuft 1962 so unbefangen, wie sie 1967, fast wörtlich, wiederkehrt. Sie versucht vor allem, von jedem Buch eilige Mißverständnisse der Verallgemeinerung abzuwehren: weder *Mutmaßungen*, noch *Beschreibung einer Beschreibung*, noch die Beschränkung der Erzählperspektive auf »zwei Ansichten« seien für ihn zwingende Regeln, Grundsätze einer Poetik, denn: »Was meine Mittel oder Erzählweisen angeht, so habe ich da keine Experimente gemacht. Ich habe gewartet, bis ich für die Geschichte, die mir bekannt war und die ich erzählen wollte, die Form wußte und hatte, die ich brauchte.«

Paradebeispiel für solche Beteuerungen bleiben die *Mutmaßungen über Jakob*, deren Niederschrift zunächst, über ein Viertel der Strecke in einer »traditionellen Manier, chronologisch« versucht wurde, bis die Perspektiven der Einzelerzähler schließlich den generalisierenden Ton, die künstlich chronologische Zeitordnung des Autors durchbrachen. Damit, so weiß der Verfasser nachträglich, hatte auch diese Geschichte nur *ihre* Form gefunden, denn ein Toter, also Jakob, ist nach seinem Tod nur noch anwesend in den Erinnerungen, Gesprächen, Überlegungen derer, die ihn gekannt haben. In der »Schwierigkeit« ihrer Fassung erscheint also nichts weiter als die Schwierigkeit der mitzuteilenden Geschichte selbst und nicht etwa irgendeine vor der Geschichte zurechtliegende Poetik des Verfassers. So jedenfalls will sich Johnson verstanden wissen.

Doch einer seiner Interviewer stellt eine nur scheinbar naive Frage:

Michael Roloff: Glauben Sie – und das kann nur eine sehr persönliche Frage sein –, daß es immer noch möglich ist, in der traditionellen Romanform zu schreiben, daß es immer noch möglich ist, in ihr irgend etwas zu sagen . . .?

Uwe Johnson: Das ist eine ziemlich grundsätzliche Frage und sie erfordert eine umfassende Antwort, und ich weiß keine umfassende Antwort. Ich bin sicher, es gibt Geschichten, die man so einfach erzählen kann, wie sie zu sein scheinen. Ich kenne keine.

Er kennt keine –, aber kann das schon eine Entscheidung genannt werden, keine solchen Geschichten zu kennen? Nach den *Zwei Ansichten*, als ihm vorgehalten wird, das wäre ja im Kontrast zu den ersten beiden Büchern eine »einfache« Geschichte, da räumt er das auch bereitwillig ein (»eine einfache Geschichte, größtenteils sogar geeignet für das traditionelle Verfahren, die Entwicklung von Gefühlsregungen zu beschreiben«), und im nächsten Satz kommt es, mit einer Definition, zu dieser Volte:

»Unter einer solchen Geschichte verstehe ich einen erfundenen Zusammenhang, dessen Beschaffenheit die Art der Erzählung vorschreibt; aber über eine ›Poetik‹, wie die Klappe des Schutzumschlags sie mir nachsagt, verfüge ich nicht.«

»Das zugegebene Wissen des Autors«, so hatte der Verlag auf dem Schutzumschlag behauptet, »geht, Uwe Johnsons Poetik zufolge, über das Wissen seiner Figuren nicht hinaus«, und das, wissen wir nun im Schlaf, deutet nach Johnson auf kein Regelsystem, keine Poetik hin, sondern soll nur als eine spezifische Entscheidung für die Fassung dieser bestimmten Geschichte gelten. Die Johnsonsche Definition von »Geschichte« aber lege ich mir so aus: er, der Autor, »erfindet« einen »Zusammenhang« (der entweder »einfacher« oder »schwieriger« erfunden sein mag), und von diesem Zusammenhang, also von seiner eigenen Erfindung, also von sich selbst nimmt er dann den Auftrag an, entweder »einfacher« oder »schwieriger« zu erzählen. Schlichter gesagt: die schlichten Geister haben eben doch recht, wenn sie in der Entwicklung von den *Mutmaßungen* zu den *Ansichten* (und sie wird sich fortsetzen in der kommenden Chronik *Jahrestage*) eine merkwürdige Folgerichtigkeit entdecken, eine Entwicklung zum »Einfacheren«. Andererseits: Uwe Johnson hat sicher nicht einer glatteren Rezeption zuliebe seine sogenannte Poetik verbindlicher, eingängiger werden lassen, er kennt oder erfindet nun aber immer »einfachere« Zusammenhänge. Wofür ich noch keinen plausiblen Grund wüßte und was mich hier weder beunruhigen noch freuen soll.

Ich möchte nur behaupten: was ein Klappentext, was Kritiker oder Interviewer für Johnsons Poetik halten und was er von ihnen nicht untergeschoben haben möchte, das ist wahrhaftig nicht seine und auch nicht das, worauf ich hier hinaus will. Aus diesem Instrumenten- und Methodenkasten bedient er sich tatsächlich für jede Erzählaufgabe anders. Chronologie mochte in den *Mutmaßungen* nicht funktionieren, in *Karsch* funktioniert sie. Für Jakob als für einen Toten erfand sich Johnson die Schwierigkeit, nichts über sein Inneres, seine Motivationen zu wissen, außer mutmaßend durch das Medium anderer Personen. Von dem B. und der D. aber weiß er genug, und daß diese beiden, anders als Jakob, noch leben, taugt dafür höchstens als eine Ausrede. Denn nur von außen konnte der Erzähler auch diesmal diese Intimitäten erfahren habem, und sie übersteigen bei weitem das, was die schlichten Hauptpersonen seiner Handlung ihm je verläßlich über sich selbst hätten mitteilen können.

Das erzähltechnische Instrumentarium mag sich also ändern, nicht geändert haben sich bis jetzt die elementaren Voraussetzungen des Johnsonschen Erzählens. Daß sie schon im Stoff liegen und also auf unabsehbare Zeit gebunden wären an die Teilung des früheren Deutschland in zwei Gesellschaften und Staaten, hat man lange genug geglaubt. (Johnson selbst: »Eine Grenze an dieser Stelle wirkt wie eine literarische Kategorie. Sie verlangt die epische Technik und Sprache zu verändern, bis sie der unerhörten Situation gerecht werden.«) Auch das kann erstaunen, wenn man die bisherige Rezeption dieses Autors überblickt: welchen unproblematischen Respekt, welche patriotische Ehrfurcht man fast durchweg vor der Stoffwahl der ersten vier Bücher aufbrachte. Die Zustimmung zu Johnsons Thematik fiel feierlich, als Vorschußsympathie wie vom Himmel, aus aller Erörterung ausgeklammert, und mehr als nur das nationale Trauma der Teilung schien das zu rechtfertigen, mehr auch als eine kollektive Angst oder Hoffnung (»Und wir werden ja daran umkommen – oder zu einem guten Ende«, so Johnson selbst), die Annahme nämlich, »daß diese Grenze in Deutschland vielleicht stellvertretend ist für den Unterschied in den beiden heute angebotenen Arten zu leben«. Aber »das ist natürlich eine Ausrede«, sagte Johnson schon damals, 1961.

Er offenbar hat sein Thema nie als nationale oder welthistorische Pflichtübung genommen. Es war ihm zugefallen. Der historische Umzug vom Dritten Reich in die Deutsche Demokratische Republik, der geographische Umzug aus dieser nach West-Berlin, das waren bis jetzt seine wesentlichsten Erfahrungen, und an das *empirische* Material seines eigenen Lebenslaufs glaubte er als Erzähler gebunden zu sein. Als er lange genug in New York war, begann sich ein neuer Stoff zu ordnen, die Chronik eines Jahres in New York, die *Jahrestage*. Kenntnisse entscheiden die Formulierung seiner Themen: »Ich bin hier in den Vereinigten Staaten und versuche nur, meine Augen und Ohren offen zu halten. In diesem Beruf, wissen Sie, ist man darauf angewiesen. Man hat kein anderes Material als seine eigenen Erfahrungen.«

Das klingt so schlichtweg selbstverständlich, wie es auf den zweiten Blick schon kaum noch ist. Aber von diesem Grundsatz und realistischen Credo würde sich dieser Autor, Poetik hin oder her, kaum etwas abhandeln lassen. Immer würde er folglich auch darauf bestehen, daß jedes Detail einer seiner Geschichten *richtig* sein muß und auch ist, richtig im Sinn von recherchierbar, auffindbar, verifizierbar in einer Wirklichkeit vor, neben, jenseits dieser Geschichte. Aber welches Gewicht hätte solche faktische Richtigkeit in ohnehin »erfundenen Zusammenhängen«, in Erzählungen? Viel schöne oder empörte Energie haben seine Rezensenten darauf verschwendet, ihm solche Richtigkeiten zu bescheinigen oder irgendwelche Unrichtigkeiten aufzurechnen (und daß die »Fehler« für westliche Kritiker vor allem in den westlichen Passagen steckten, für östliche in den östlichen, während »richtig«, gut getroffen fast alles schien in den Erzählabschnitten von jeweils jenseits der Grenze, wo also die eigene Erfahrung nicht hinreichte, versteht sich als Kuriosum von selbst). Auf diese Weise eine Deckungsgleichheit von »erfundenen Zusammenhängen«, von Geschichten mit ihrer angeblichen Vorlage, der Tatsachenwelt einzuklagen, mag nur den vulgärsten Auffassungen von Widerspiegelungs-Realismus selbstverständlich sein, doch Johnson selbst schien derartige Vergleiche geradezu einzuladen.

Redet er nicht, in seinem einzigen theoretischen Text, *Berliner Stadtbahn*, fortlaufend von »Informationen«, die in seine Geschichte eingehen und durch sie vermittelt werden sollen, ohne doch je anzudeuten, wodurch sich die Glaubwürdigkeit seiner fiktiven Berichte unterscheiden sollte und dürfte von der eines Berichts? Die erzählerische Anstrengung wäre, so lesen wir immer wieder, »Wahrheit« zu erreichen, aber das hohe Wort scheint am Ende nicht viel mehr zu bedeuten als die Summe aus vielen verifizierbaren Richtigkeiten, unter melancholischer oder ironischer Aussparung alles dessen, was ideologisch und also sprachlich schon so eingefroren ist, daß es richtig oder unrichtig nicht mehr verläßlich zu benennen ist (und das ist am Ende des *Achim* schließlich alles, was eigentlich erzählt werden sollte). Mich jedenfalls frappiert die Paradoxie eines Satzes wie: »Der Verfasser sollte zugeben, daß er erfunden hat, was er vorbringt, er sollte nicht verschweigen, daß seine Informationen lückenhaft sind und ungenau« –, denn einmal werden da die erzählerischen Informationen freigesetzt als erfundene, die sich nur noch nach den Intentionen der Geschichte richten könnten, andererseits aber wieder skrupulös abhängig gemacht von einer erkennbaren, vielmehr unerkennbaren oder nur schwer erkennbaren Faktizität vor und jenseits dieser Geschichte.

Doch im gleichen Text werden auch einige mögliche, entscheidende Irrtümer eines realistischen Erzählers aufgezählt: »Er kann für allgemein halten, was einzeln ist. Er kann typisch nennen, was privat ist. Er kann ein Gesetz erkennen wollen, wo nur eine statistische Häufung erscheint. Unablässig ist er in Gefahr etwas wirklich zu machen, was nur tatsächlich ist.« Damit ist negativ ein Grundsatz für die realistische Erzählung formuliert, der sie von naturalistischer Reproduktion eines Wustes nur richtiger Fakten immerhin unterscheiden soll: sie soll aus dem unendlich Möglichen das Repräsentative auswählen. Ist, fragte folglich auch die Kritik, Karschs bundesrepublikanisches Scheitern mit seiner Anerkennungsparole tatsächlich repräsentativ oder nur ein tendenziös zu Bedeutsamkeit aufgeblasener Einzelfall? Oder, mit gleich drohendem Unterton: soll des B. alkoholisierte Unentschiedenheit und Sportwagenlibido etwa stehen für »die« westdeutsche Jugend? Solche Fragen schienen erpicht auf eine geradezu statistische Deckung für erzählerische Mitteilungen, doch von der (schlüssig ohnehin nicht zu erbringen) kann schwerlich abhängen, ob in einer Geschichte etwas »wirklich« wird, statt nur »tatsächlich« zu bleiben.

Johnsons Sorgen um den repräsentativen Rang seiner Figuren schielen auch nicht nach solchen Scheinbeweisen. »Beispielhaft« sollen seine Personen sein, was nur heißt, daß möglichst viel gesellschaftliche Umwelt sich durch sie erzählerisch erschließen lassen soll. Keine Zweifel, ein Radrennfahrer ist in der DDR eine solche »sehr vermittelnde Figur«, ein Streckendispatcher ist ein »Beispiel für die tiefe Verwicklung einer Person in den Prozeß einer Industriegesellschaft« oder, nach diesen nur funktionalen nun eine engagiertere, eine moralisierend politische Rechtfertigung, und zwar der angeblich »banalen« Figuren in *Zwei Ansichten*: »Ich bin überzeugt, daß die ›einfachen Leute‹ das erheblichere Beispiel abgeben für Lebensverhältnisse in unserer Zeit, nicht allein wegen ihrer Überzahl ...; insbesondere, weil sie jede Verschlimmerung der Lage unerbittlich ausbaden müssen, ihre Schwierigkeiten mit dem schärfsten Risiko überwinden müssen, ohne daß Geldreserven sie auffangen und Privilegien sie schützen ...«

Da hat wieder eine Gretchenfrage den Autor aus der Zurückhaltung seiner scheinbar ungerührten Objektivität provoziert: selbstverständlich bedeutet jede Auswahl schon Anteilnahme und sogar Parteinahme (also etwa auch für den möglicherweise untypisch scheiternden Karsch), ganz gleich, wie gelassen oder bemüht unparteiisch dann der gewählte Stoff erzählt wird. Johnsons Nichteinmischungs-Doktrin also: »Ich meine nicht, daß die Aufgabe der Literatur wäre, die Geschichte mit Vorwürfen zu bedenken. Die Aufgabe der Literatur ist vielmehr, eine Geschichte zu erzählen« –, sie verrät bestenfalls die halbe Wahrheit, eine über die Ausführung, nicht über die Stoffwahl. Doch wie funktioniert das: engagiert sein für eine Geschichte, aber dann nicht mehr in ihr?

Johnson hat den merkwürdigen Prozeß beschrieben, in dem seine Bücher entstanden sind: »Mir fällt eine Geschichte ein und zwar stückweise, mit immer dazugehörigen Einzelheiten. Es ist eine Art Erinnerungsvorgang ... Skizzen und Entwürfe wären mir zu unvorsichtig, denn das wären Festlegungen in einer viel zu frühen Zeit, da man noch nicht alles genau weiß. Ich schreibe mir vorher gar nichts auf, ich überlege mir die Geschichte. Bisher hat das immer ein Jahr gedauert, und wenn ich sie von Anfang bis Ende weiß, beginne ich sie aufzuschreiben. Das dauert dann meist auch ein Jahr.« Ein Jahr also ohne jede schriftliche Fixierung, etwas sozusagen »erinnernd«, das doch so nie vorgekommen ist, eine Fiktion, bis schließlich die Geschichte (soweit sie es sein kann) vollständig im Bewußtsein vorhanden ist, abrufbar für ihre Erzählung. Kein Wunder, wenn dieser Autor sich während der Niederschrift dann vorkommt wie nur das Medium der Geschichte selbst, ohne Freiheit ihr gegenüber, nur noch ihr Durchlaß, ohne »Poetik« also, ohne »Vorwürfe«. Er möchte mehr als nur bei der Sache sein, in der Sache nämlich aufgehen. Wenn das gelingt, sagt die Kritik:

Ich kann mir keine Prosa denken, die sich weniger aufspielt, die so dienlich ist, die ihren Reichtum nie beweisen will, die ihn nur der Sache zugute kommen läßt und das unerschöpflich (Martin Walser).

Vielleicht ist das auch ein Akt so vollkommen realisierter Einbildungskraft, daß man gar keine Einbildungskraft mehr wahrnimmt –, sie ist aufgegangen in das, was sie darstellt (The Times Literary Supplement zu *Zwei Ansichten*).

Man fühlt Behagen, ein fast unzeitgemäßes Behagen während der Lektüre. Vor unseren Augen arbeitet ein Erzähler, dem das Mitzuteilende ohne Rest und Überfluß aufgeht in Sprache (Baumgart zu *Zwei Ansichten*).

»Vor unseren Augen arbeitet« –, genau das stimmt eben nicht, es arbeitet dann nur noch die Geschichte selbst, und die für sie und in sie investierte Einbildungskraft wird tatsächlich nicht mehr wahrgenommen. Das sieht wie ein Triumph aus und beschreibt zugleich auch die Grenze eines erzählenden Realismus, der sich in der scheinbaren Identität von Mitteilung und Mitgeteiltem erfüllt. Und zwar nur, weil er seine Mitteilungen als die zur Sprache kommende Wirklichkeit selbst versteht, von der diese Mitteilungen als »Informationen« oder »Beschreibungen« oder »Erinnerungen« strikt abhängig gehalten werden (ein Akt von »Affirmation«, wenn das nicht inzwischen ein Schimpfwort wäre), weil dieser Realismus sich der Fiktivität alles Erzählten eher schämt, sie am liebsten zum Verschwinden brächte, statt sie so unverschämt wie nötig auszunutzen.

Daß zwischen Johnsons Mühe, richtige Wirklichkeit erzählerisch zu erfinden, und dem anderen Risiko, erzählerische Erfindungen, auch unrealistische, wirklich zu machen, ein grundsätzlicher Unterschied sein soll, mag zunächst wie ein Wortspiel klingen. Doch es könnte sein, daß eine eben erst anlaufende Fortentwicklung des Erzählens, die lange gewohnten Simulationen und Wahrscheinlichkeitskunststücke des Realismus hinter sich lassend, diesen Unterschied bald wieder deutlicher machen wird. Wie wird sich Johnsons bis jetzt vorliegende, ganz auf Beschreibung, auf Durchlässigkeit trainierte, auf ihren Höhepunkten so enthaltsame, ja mediale Prosa dann lesen? Oder wird auch er einmal für möglich halten, daß Literatur der Geschichte doch »Vorwürfe macht« oder sogar Vorschläge vorspielt, daß erzählende Prosa also auch anderes erreichen kann als Mimesis? Johnsons Voraussetzungen immerhin waren so einseitig wie erfolgreich. Von den Voraussetzungen eines nach-realistischen Erzählens kann vorerst weder das eine noch das andere behauptet werden.

(1970)

Eine erste Postmoderne

Kritische Begriffe, so meint man, werden geprägt und in Umlauf gesetzt, um Krisen voranzutreiben, um Bewegungen entweder zu verstärken oder aufzuhalten oder abzulenken. Dazu müssen sie allerdings rechtzeitig auf dem Schauplatz eintreffen. Daß in Deutschland tatsächlich schon 1968 und weithin hörbar für eine literarische Postmoderne geworben und dann darüber monatelang gestritten wurde, doch ohne Gebrauch des Begriffs und praktisch folgenlos – das ist eine der merkwürdigsten deutschen Sonderentwicklungen der Nachkriegszeit (dazu ausführlich S. 534 ff.).

So kam kurz und heftig gegen Ende der sechziger Jahre eine Schreibbewegung in Gang, die zwar viele Merkmale der hierzulande mit fast zwanzigjähriger Verspätung ausgerufenen Postmoderne schon aufwies, doch damals nur als Pop mit kulturrevolutionärer Allüre verstanden wurde, eine rasch verlöschende Episode.

Froher Frust über und gegen eine engagierte Literatur im klassischen Stil der Gruppe 47 scheint diese Autoren und Bücher zu motivieren. Der »Tod« der Literatur, wie ihn das Kursbuch 15 ausrief, gemeint nur als Verlust ihrer politischen Funktion, hat für sie seinen Schrecken verloren: man träumte in ganz andere Richtungen, spätromantisch, postrationalistisch, von einer Revolte aus dem Volks- und Phantasievermögen. Doch dem Druck einer immer rigideren Politisierung aller Lebensbereiche war diese bunte Revolte nicht lange gewachsen. Ihm gehorchend und ihm ausweichend zog Literatur sich zurück, ins Dokumentarische und Autobiographische – und damit in einen neuen Widerspruch.

Was kommt nach der modernen Literatur?

»Modern«, sagen die Wörterbücher, leite sich zurück auf lateinisch modo mit der Bedeutung »eben jetzt«, erscheine in der deutschen Sprache Anfang des 18. Jahrhunderts und entwickle die Bedeutungen »neu, heutig, neuzeitlich, zeitgemäß«, später auch »modisch«. Es wäre an der Zeit zu fragen, ob diese schlichten Wortbedeutungen noch zutreffen auf das, was gemeinhin »moderne Literatur« genannt wird, ob deren Modernität also noch Gegenwart enthält, und vor allem: noch Zukunft beanspruchen kann. Drei prominente Aussagen zu dieser Frage, Aussagen aus drei Generationen, haben in der literarischen deutschen Öffentlichkeit in diesen Jahren Furore gemacht.

Die erste, die in jedem Sinn älteste kam aus Zürich, wo Professor Emil Staiger im Dezember 1966 in einer Feierstunde aufstand, um sich zu bedanken für den Literaturpreis dieser Stadt. Was er damals sagte, daß also neuerdings Literatur so auffällig »im Scheußlichen und Gemeinen wühle«, daß es ihr fehle an »Gerechtigkeit, Wahrheit, Maß«, an »sittlicher Gesinnung«, an »Willen zur Gemeinschaft« –, das alles war in Wort und Gefühl nicht neu und sicher einer weiten, anonymen Gemeinde aus dem dumpfen Herzen gesprochen. Zu später Stunde wurde da noch einmal die Kluft zwischen einer Goethe-Kellerschen Literaturwelt und der Moderne aufgerissen, doch es war beileibe nicht das Neueste, es war die Avantgarde von vor- und vorvorgestern, es waren Büchner, Baudelaire, Zola oder Strindberg, die Staiger da in den Anklagestand versetzte. Trotzdem: das Entsetzen, die Befriedigung waren damals groß. Durch Dutzende von Zeitungen und Zeitschriften, über hunderte von Spalten lief der sogenannte Zürcher Literaturstreit.

Im Sommer 1968 sprach dann in Freiburg im Breisgau ein anderer Professor, Leslie Fiedler aus Buffalo, USA, »the wild man of literary criticism«, auch er über moderne Literatur, und auch er redete gegen sie, doch mit einem anderen Interesse und einem anderen Pathos als Staiger: diese moderne Literatur, behauptete Fiedler, sei tot. Wörtlich: »Die Literatur, die den Namen ›die Moderne‹ für sich in Anspruch nahm – womit sie die Auffassung verband, daß sie die ultima ratio an Sensibilität und Form darstellte, daß über sie hinaus nichts Neues mehr möglich sei, und deren Triumph von kurz vor dem Ersten Weltkrieg bis kurz nach dem Zweiten dauerte –, diese Literatur ist tot, das heißt, sie gehört der Geschichte und nicht mehr der Gegenwart an.« Joyce also so »tot« wie Goethe, selbst Robbe-Grillet schon tot wie Stendhal. Tot im Sinne von: sicher noch lesbar, sei es auch nur als Bildungsinformation, aber doch unproduktiv geworden, ohne Nutzen und Impuls für die tatsächlich aktuelle und vor allem: für eine zukünftige Literatur. Auch über diese Rede lief wochenlang eine Diskussion durch die Spalten einer deutschen Wochenzeitung, und fast alle, die Emil Staiger widersprochen hatten oder sicherlich hätten, widersprachen nun auch Fiedler. Niemand wollte einen so krassen Abschied.

Doch im berühmten, berüchtigten *Kursbuch 15* ging Hans Magnus Enzensberger Ende 1968 dann noch einen vehementen Schritt weiter, erklärte nicht nur eine Epoche, sondern die ganze Gattung Belletristik für tot, tot in der Bedeutung von: noch existierend, aber gesellschaftlich irrelevant, politisch folgenlos und folglich nahezu überflüssig, nur noch beschäftigt mit sich selbst. Modernität in allen Künsten, so Enzensberger, könnte nur noch als progressiv in einem rein artistischen, rein kunsttechnologischen Sinn verstanden werden. Sie entwickle vielleicht Gedichtformen, revolutioniere Theaterspielweisen oder breche mit der gewohnten Kontinuität des Erzählflusses, sonst aber revolutioniere sie, entwickle sie, breche sie mit nichts. »Heute«, schrieb Enzensberger, »liegt die politische Harmlosigkeit aller literarischen, ja aller künstlerischen Erzeugnisse überhaupt offen zutage: schon der Umstand, daß sie sich als solche definieren lassen, neutralisiert sie. Ihr aufklärerischer Anspruch, ihr utopischer Überschuß, ihr kritisches Potential ist zum bloßen Schein verkümmert.«

Drei Stimmen aus drei Generationen, die dreifach und mit verschiedener Motivation die moderne Literatur totsagen, doch der Druck auf jeweils eher moralischen, literarischen oder politischen Argumenten verdeckt nicht die gemeinsame Überzeugung, daß für die drei Redenden alles unter dem Schutznamen »modern« Geschriebene aus seiner sozialen Funktion, in einen Leerlauf geraten ist. Wogegen also nicht spräche, daß der Markt heute für moderne Produkte zweifellos aufnahmefähiger ist als zu ihrer Entstehungszeit, wo Kafka ein Zirkelautor war und Musil nur ausgehalten leben konnte, während Wassermann oder Galsworthy in Großauflagen umliefen. Noch immer besteht Nachholbedarf. Das alles könnte täuschen.

Von Thomas Mann, für Fiedler sicher unmißverständlich »tot«, für Staiger vermutlich gerade noch akzeptabel, für Enzensberger wohl bestenfalls rührend als ein Artist mit aufklärerischen Illusionen –, von Thomas Mann sind aus dem Jahr 1951, als er seinen Roman *Der Erwählte* verteidigen wollte, einige düstere, resignativ prophetische Sätze überliefert. »Amor fati –« schrieb er damals:

»Ich habe wenig dagegen, ein Spätgekommener und Letzter, ein Abschließender zu sein und glaube nicht, daß nach mir diese Geschichte (des Papstes Gregor) und die Josephsgeschichten noch einmal werden erzählt werden. Als ich ganz jung war, ließ ich den kleinen Hanno Buddenbrook unter die Genealogie seiner Familie einen langen Strich ziehen, und als er dafür gescholten wurde, ließ ich ihn stammeln: ›Ich dachte – ich dachte – es käme nichts mehr.‹ (Auch) mir ist, als käme nichts mehr. Oft will mir unsere Gegenwartsliteratur, das Höchste und Feinste davon, als ein Abschiednehmen, ein rasches Erinnern, Noch-einmal-Heraufrufen und Rekapitulieren des abendländischen Mythos erscheinen, – bevor die Nacht sinkt, eine lange Nacht vielleicht und ein tiefes Vergessen. «

Da sprach ein Fachmann, ein geborener und hochtrainierter Alexandriner, der ein ganzes Werk lang abendländische Literaturthematik noch einmal und immer wie zum letzten Mal aufgegriffen, durchproblematisiert und -musiziert, aufgehoben hatte, der Buch für Buch eine wahrhaft genialische Resteverwertung betrieb. Aber nicht nur der offensichtlich und offenherzig alexandrinische Thomas Mann, auch andere längst kanonisierte Kronzeugen unserer Literaturmoderne, ob Benn oder Kafka, Celan oder Musil, lassen sich schon jetzt eher von hinten, aus der Literaturgeschichte begreifen, die sie konsequent fortgesetzt haben, als von uns aus (die sie immer noch lesen). Sicher ohne Schadenfreude hat Max Frisch auch dem größeren Kollegen Brecht »die durchschlagende Wirkungslosigkeit eines Klassikers« bescheinigt.

Vor unseren Augen beginnt diese ganze Moderne, von Baudelaire bis Pound, von Henry James bis Beckett, von Strindberg bis Brecht, zurückzusinken in die Tradition, klassisch zu werden. Zu Klassik aber verkommt etwas oder steigt etwas nur auf, wenn es sich dem aktuellen Gebrauch schon entzogen hat, wenn es tabu geworden ist, wenn es also entgegen diesem Begriff »klassisch« gerade nicht mehr vorbildlich ist im Sinne von produktiv, sondern nur noch Muster anbietet für Epigonen. Klassisch sein heißt: reif fürs historische Museum, musterhaftes Kulturgut, nur noch auf dem Umweg über gebildete Interpretation verständlich und nutzbar. Klassisch ist eine den Fachleuten an Schulen, Universitäten, Theatern überlassene, vom Publikum als Bildung, als Besitz erlebte Literatur.

Längst ist es so weit: Das Lesebuch stellt nun, nach Hofmannsthal oder Benn, auch die häretische Moderne aus (der tote Indianer, aufgebahrt, ist immer ein guter). Die eben noch unerträglichen antibürgerlichen Analysen und Provokationen der Wedekind, Sternheim, Brecht erscheinen auf dem Bildschirm wie Kulturinformationen. Über dem Wohnküchensofa hängen die Bilder des Amokläufers van Gogh, vielleicht schon neben Picassos *Guernica*. In aller Unschuld hat also die Rezeption, hat der Gebrauch die angeblichen Widersprüche zwischen Tradition und Moderne schon abgeschliffen.

Beckett etwa, der, wie viele Schriftsteller immer noch vermuten, vermutlich größte lebende Schriftsteller und sicher, deshalb scheint er seinen Kollegen so groß, sicher einer der radikalsten modernen, gerade Beckett fällt keineswegs aus dem historisch gegebenen Spielraum für Literatur. Mit gutem Grund sieht Heinrich Vormweg in ihm »den letzten Schreibenden, dem uneingeschränkt die Bezeichnung ›Dichter‹ zukommt«. Musterhaft erfüllt gerade er Thomas Manns Definition: er rekapituliert »abendländischen Mythos«, legt die ästhetischen, die theologischen und moralischen Fundamente der bisherigen Literatur frei, schreibt zitierend. Nackt und monumental werden da historisch geläufige Fragestellungen und ihre Formen noch einmal und immer wie zum letzten Mal durchgespielt und –getestet, der Bildungsroman etwa in *Comment c'est*, das Theater als Erlösungs- und Himmelfahrtsspiel im *Godot*, der Monolog à la recherche du temps perdu im *Letzten Band*, die Eifersuchts- und Dreiecksgeschichte in *Spiel*. Und immer, wenn dann der Vorhang fällt, die letzte Zeile endet, scheint Thomas Manns »Mir ist, als käme nichts mehr« den Refrain zu sprechen. Doch Mann hat dieses »Nichts«, die »lange Nacht« und das »tiefe Vergessen« noch bei einem anderen Namen genannt: »Barbarei«. Ein anderes Jenseits zum »abendländischen Mythos« konnte er sich nicht vorstellen.

Abendländischer Mythos –, es klingt so groß wie vage, unhandlich bis unfaßbar. Doch wenn ich diese klassisch gewordene, ob ältere oder jüngere Literatur lese, ganz gleich also ob die *Wanderjahre* oder Proust, ob Schiller, Brecht, Beckett, Grillparzer, Valéry oder Dostojewski, dann fallen auch mir Gemeinsamkeiten auf, Analogien also zwischen angeblich traditionellen und angeblich modernen Schreibweisen und Schreibabsichten. Robbe-Grillet hat diesen Befund auf eine knappe Formel gebracht: in diesem Texten soll alles »etwas bedeuten«, bevor es noch »da« ist. Da wurde offenbar immer auf Erkenntnis und Sinngebung hin geschrieben. Da war ein karges, leeres Zimmer, in einem Gedicht oder Prosastück, schon immer mehr und damit auch etwas anderes als nur ein leeres, karges Zimmer, nämlich ein Signal und Beweisstück (für Adel der Armut oder gesellschaftliche Verlassenheit oder die richtige Position im Klassenkampf oder was immer). Pauschaldeutungen verpflichteten noch die Details, Weltbilder schimmerten durch alle Einzelheiten durch, und seien es absurde. Allem zugrunde lag offenbar, ausgesprochen oder nicht, die Dialektik von heiler und unheiler Welt. Als Pensum hatte sich diese Literatur verordnet: Sinnfindung, Weltenträtselung durch Sprache, ein Pensum, das sich immer trostloser selbst in Frage stellte, um schließlich in Becketts oder Bernhards unendlichen Ignorabimus-Monologen auszulaufen.

Wären mit so pauschaler Beschreibung zweihundert Jahre Literatur, die letzte Phase des »abendländischen Mythos«, auf einen Nenner, unter einen Hut zu bringen? Natürlich läßt sich Geschichte, ein Prozeß, nicht systematisieren in Epochen, weder in dieser fahrlässigen

Kürze, noch aufwendig in aller Breite. Die Formel ist nur als neuer Absprung in die noch immer offengelassene Frage gedacht, ob uns tatsächlich in der Literatur eine »lange Nacht«, »tiefes Vergessen«, eine »Barbarei« bevorsteht. Mit weniger Wehmut gefragt: ob uns eine Literatur erwartet, die verhältnismäßig traditionsblind ist, eine also, die kaum noch aus ihrer unmittelbaren Vergangenheit, sondern eher von ihrer möglichen Zukunft her zu verstehen wäre, an der nicht Folgerichtigkeit auffällt (als noch modernere Fortsetzung der »modernen« Literatur), sondern der Entwurf auf etwas Neues zu, das auch den Kanon der Moderne sprengen könnte.

Ein solcher Bruch, mit Keller also *und* Beckett, mit Stendhal *und* Broch, könnte tatsächlich »Barbarei« genannt werden. Aber Barbarei, das war einmal nichts Schlimmeres als die Kultur außerhalb der hellenischen Kultur, und Barbarei, das könnte auch heute nicht mehr und nicht weniger bedeuten, als Abschied von Athen, Rom, Florenz und Weimar, von allen Renaissancen also der Renaissance, das hieße, nun zu einer positiven Phrase aufgeblasen: Kulturrevolution –, nicht Abschied von Kultur überhaupt, sondern von *einer* Kultur, einer lange verbindlichen und produktiven Interpretation von Mensch, Gesellschaft, Geschichte.

Im Jahr 1968, im Jahr des Pariser Mai und der größten antiautoritären Demonstrationen auch in Berlin und in der Bundesrepublik, erschienen kaum zufällig, wie verabredet drei Bücher, die mit den bis dahin verbindlichen Konventionen des realistischen Erzählens brachen, die so zehn Jahre früher in Deutschland nicht hätten geschrieben werden können, Hubert Fichtes *Palette*, *Die Insel* von Chotjewitz und *Innerungen* von Uwe Brandner. Sie sind inzwischen schon abgelegen, sicher ohne weitreichende Resonanz, ja womöglich wie das meiste, was nun an Literatur auf uns zukommt, mit Aktualität und das heißt mit Vergänglichkeit so aufgeladen, daß sie ihre Saison weder lange überdauern wollen noch können. Für diese Namen und Titel ließen sich längst auch andere einsetzen, Bücher von Augustin, Jelinek, Herburger, Wühr, Achternbusch oder Kühn etwa, und auch sie wären nicht etwa Kronzeugen einer neuen Epoche, aber doch Indikatoren für die Richtung eines Prozesses, in dem sie alle stehen.

Etwas Gemeinsames fiel aber damals schon an den denkbar verschiedenen Romanen von Fichte, Brandner und Chotjewitz auf: sie turnen nicht mehr die Pflichtübung nach, die der erzählenden Literatur im Nachkriegsdeutschland stillschweigend vorgeschrieben war, sie leisten kaum noch realistische Gesellschaftskritik, Mimesis also vor dem Hintergrund einer Vision vom »richtigen Leben«. Sie nehmen Abschied vom Bürgertum als Stoff, erzählen vom Rand der Gesellschaft her und auf Utopie zu, und verabschieden sich zugleich vom bürgerlichen Realismus als Schreibmethode. Statt Faktentreue, Widerspiegelungskunststücken, entwickeln sie eine neue Freiheit der fiktiven Phantasie, denn erzählt wird hier wieder mit einem so unverschämten Einsatz an fabulierenden Erfindungen, wie es nach den skrupulösen, kurzsichtigen, quasiwissenschaftlichen Erzähluntersuchungen der Spätmoderne, vor allem des nouveau roman, nicht mehr möglich, ja, für ambitionierte Literatur schlechthin nicht mehr »erlaubt« schien.

Der Vortrag ist in allen drei Büchern sprunghaft, schnell geschnitten wie Film, zerstreut, ohne jede Kontinuität, durchsetzt von Montagen aus lauter Fertigteilen, einpräparierten Redeweisen, Zeitungsartikeln, Parodien. Diese auffällige, diese sozusagen energische Zerstreutheit hat eine doppelte Konsequenz. Einmal scheint es, als käme in diesen Büchern nur noch das Erzählrohmaterial selbst zum Vorschein, grellbunt splitternd, anarchistisch, als könnte und wollte es sich gar nicht mehr auf ein Thema zu organisieren, das alle Einzelheiten als »Motive« gleich wieder in Dienst nehmen würde. Andererseits verwischt sich die früher deutlich, schon sprachlich profilierte Individualität des Autors in Vielstimmigkeit: ein Kollektiv scheint zu reden. Beide Tendenzen sind zunächst nur destruktiv, enttäuschen sicher althergebrachte Lesererwartungen: hier entstehen vor unseren lesenden Augen nicht Stellungnahmen zur Welt, nicht *Werke*, also auf Struktur, Stimmigkeit, Sinne entworfene Gebilde, sondern hier wird jeweils ein Buch lang versucht, Offenheit durchzuhalten, Erfahrung und Phantasie nicht zu Kunstbeispielen gefrieren zu lassen. Spontaneität und Spiel sind zugelassen bis zur Albernheit.

Diese merkwürdige neue Art Literatur drängt ihre Beschreibung also in lauter Negationen: sie will offenbar *nicht* mehr vorgeben, Kritik und Erkenntnis zu sein, ihre Fiktionen wollen Wirklichkeiten *keineswegs* nachmachen. Doch dieser Verzicht auf Widerspiegelung, Sinnsuche oder gar Sinnfindung wird hier, anders als in klassischer Spätmoderne, geleistet ohne jede bittere Allüre, ohne Becketts »Gott-ist-tot«-Exegese, ohne Bernhards eschatologisches Pathos und ohne die manischen Infinitesimalrechnungen des nouveau roman. Aggressiv und entspannt lesen sich die Bücher, heiter provozierend, eine widersprüchliche Stimmung, die auch politische Protestbewegungen der Jahre 1967/68 produzierten, damals, als man noch glaubte, allen bürgerlichen Traditionen mit einem Sprung zu entkommen. Vor allem (wieder ein Kontrast zu der hochfahrenden Exklusivität der konsequenten Moderne): diese drei Autoren schreiben der Absicht nach unterhaltend, wenn auch nicht spannend –, ein Unterschied, den man hier wieder lernen kann und der auch erklärt, warum solche Zerstreuungsliteratur als schwierig gilt, nicht in die Breite wirkt.

Denn alle drei Bücher lassen sich tatsächlich nur mühsam lesen, falls nämlich lesen immer noch ein Vorgang der individuellen Konzentration sein soll. Ihre Zerstreutheit, kein Wunder, verlangt auch eine zerstreute Rezeption, appelliert an einen kurzfristig neugierigen Leser, der beliebig aufschlägt, zuschlägt, anfängt, aufhört, so wie jemand, sagte damals Bichsel in einer Rezension, der durch eine großstädtische Hauptstraße geht, der gern und deshalb alles nur Lesbare liest, Schlagzeilen, Reklameinschriften, Plakate. Der Buchrücken scheint diese zentrifugalen, in Nummern zerfallenden Erzählungen in einem schon falschen Medium zusammenzuhalten. Das ist offenbar kaum noch Buchliteratur.

Diese Gestikulationen oder Ausbruchsversuche fallen in eine Zeit, in der Bilderfolgen, Filme oder Comics, längst neue, populäre Konventionen des Geschichtenerzählens und Geschichtenerlebens eingeführt haben, in der Fernsehen und Computer mit dem Buch auch als Informations- und Lehrmittel konkurrieren. Die Gutenberg-, die Buchstabenkultur, eine allein durch Lesen erzogene Sensibilität wird die Ausbreitung der neuen Medien kaum unangefochten überstehen. Aus Selbsterhaltungstrieb, so scheint es, drängt auch Literatur heraus aus den alten Institutionen der Öffentlichkeit, die sie eine Epoche lang wahrhaft »in Form« gehalten haben, aus dem Buch und sicher auch aus dem Guckkastentheater, in denen sie inzwischen einzufrieren droht zu Bildung und Besitz.

Noch ist, bestenfalls, nur die Richtung solcher anlaufenden Prozesse zu bestimmen, kaum ihr Ziel. Doch schon diese Richtung weist offenbar über das hinaus, was das Gros der modernen Literatur konnte und wollte. Die von ihr forcierten »Revolutionen« waren in Wirklichkeit immer nur Progressionen, nicht Sprünge, blieben tatsächlich fast immer immanent, Fortschritte nur innerhalb des seit dem 18. Jahrhundert eingerichteten Spielraums für Literatur. Selbst destruktive Endwerke, *Finnegans Wake* oder *Comment c'est* oder *Der Augenzeuge*, konnten also bald schon die Aura des groß Geglückten, Vorbildlichen ansetzen und zu Mustern, Klassikern einer Dennoch-Kunst-Ideologie werden.

Gattung für Gattung betrieb man einen logischen, kunst-techno-logischen Fortschritt, Auflösung und Erneuerung in einem, hob auch die Reinheit der Gattungen auf und erfand lauter schwarze Schimmel: das epische Theater, das dokumentarische Gedicht, in Monologen erblindende, sensibilisierte Romane. Doch selten (nur in den Eruptionen von Dada, Futurismus, Surrealismus) stand die Funktion von Literatur selbst in Frage, die seit dem 18. Jahrhundert, getragen von Buch und Theater, fast ausschließlich ein Mittel der Artikulation, der Selbsterkenntnis, Selbstkritik und schließlich Selbstentfremdung einer einzigen Klasse gewesen war, der bürgerlichen. Ob sich das künftig nicht ändern könnte und muß? Ob sich in den neuesten Texten nicht ein neues Verhältnis zwischen der Literatur und dem Publikum, eine Neudefinition des Gebrauchswertes der Literatur nicht mindestens als Möglichkeit andeutet? Ob sich damit schon mehr als nur eine weitere »Revolution« innerhalb der Literatur, nämlich eine Revolution der Literatur selbst ankündigt?

Die sozialen, sozialpsychologischen Konsequenzen einer solchen Entwicklung lassen sich immerhin vermuten. Aus ihrer möglichen Zukunft, wie gesagt, eher als aus ihrer literarischen Vorgeschichte läßt sich die neueste Literatur verstehen. Denn vermutet werden kann schon jetzt, daß auch Literatur, wie viel deutlicher schon die bildende Kunst und auch das Kino, jenen Entwurf einer künftigen Massenkultur miteinlösen muß und wird, den Walter Benjamin vor über dreißig Jahren in seiner Theorie vom *Kunstwerk im Zeitalter seiner technischen Reproduzierbarkeit* andeutend umschrieben hat. Massenkultur, das bedeutet von vornherein eine durch Tradition kaum gestützte, nicht bedrückte, eine Kultur ohne Bildungsprivileg, eine, zurückübersetzt ins elitäre Vokabular, allerdings »barbarische«. Um die neuesten und erst recht, denke ich, kommende Bücher zu lesen, muß man nicht mehr beschlagen und eingelesen sein in ihren Voraussetzungen, weder in Tolstoi noch in Proust oder Virginia Woolf. Im Gegenteil: solche gebildeten Konditionierungen und Erwartungen sperren eher den Zugang, so wie jede Erinnerung an historische, aber gerade auch an moderne Malerei die Rezeption der ihren Werkcharakter schon negierenden Beispiele aktueller Bildkunst stört. Literarische Bildung also, wie sie unsere schlechten genau wie unsere besseren Lesebücher oder Universitätsseminare immer noch trainieren, beginnt schon zur Verbildung zu werden.

Massenkultur nämlich zerstört, so Benjamin, den Andachtswert, die Aura der Einmaligkeit, der herkömmliche Kunstwerke als Erinnerung an ihren religiösen, kultischen Ursprung umgab und einschloß. Indem sie den kultischen Bann sprengt, befreit sie das Publikum aus seiner Kontemplations- und Ehrfurchtshaltung, befreit sie einen neuen ästhetischen Gebrauchswert der Werke. Statt individuelle Konzentration zu fordern, gewährt Massenkultur Zerstreuung, doch auch in der Zerstreuung ist, nach Benjamin, Distanz, Kennerschaft und Kritik möglich. Zerstreutheit und Entspannung, verbunden mit Kennerschaft und Kritik –, solche gemischten Haltungen lassen sich schon heute auf Schauplätzen der »profanen« Massenkultur beobachten, in Kinos, in Diskotheken und Fußballstadien. Dieses zukünftige Kulturpublikum (»ein Examinator, doch ein zerstreuter«) wäre also angewiesen auf eine Kunst, die radikal demokratisch wäre in einem zweifachen Sinn: erreichbar für jeden – und weiterhin: ohne jeden autoritären

Zwang, und sei es den einer bindenden Handlungsanweisung zur Emanzipation, einer Dressur zur Humanität. Solche Kultur, Kunst entlastet, befreit durch ihre Form, ihren Spielcharakter eher als durch in ihr untergebrachte Informationen oder gar Appelle.

Merkwürdig, das fällt spätestens jetzt ins Auge, wie nah sich doch in ihren Absagen an die moderne Literatur eine konservative und eine linke Argumentation kommen können, wie brüderlich oder stiefbrüderlich also selbst Emil Staiger und Enzensberger klingen. Zwar, wenn der eine vom »Dichter« den »Willen zur Gemeinschaft« fordert und der andere von Literaten die »politische Alphabetisierung« der Bevölkerung einklagen möchte, so verweist schon der verschiedene Wortschatz auf verschiedene Tradition, auf Fichte oder Börne, aber beide Male doch auf Vergangenheit. Beide Male wird nicht auf »ästhetische Erziehung« vertraut, sondern ideologische Ausrichtung verlangt, wie das seit der Verballhornung Lessings und Schillers, seit einer zu Didaktik vulgarisierten Aufklärung auch auf deutschen Schulen üblich war. Nur zögernd beginnt sich auf der Linken die Einsicht durchzusetzen, daß eine (von Benjamin beschriebene) Rezeptionsweise eher als der Überzeugungsdruck rezipierter Inhalte Bewußtsein verändern kann. Noch immer erwartet man von Literatur Analyse, Gesellschaftskritik, den Kurzschluß zur Praxis und wünscht sie dann in den Orkus, wenn sie das Gewünschte nicht apportieren kann.

Was heute eine Literaturtheorie sagt und wie heute literarische Texte aussehen, die immer noch dem Fortschrittszwang der Moderne gehorchen, also methodisch avanciert auf der Höhe der Entwicklung stehen möchten, andererseits aber immer noch gesellschaftskritisch zu operieren meinen, das läßt sich bei Heißenbüttel oder Franz Mon oder Jürgen Becker oder auch in den frühen Etüden von Peter Handke nachlesen. Sie sind tatsächlich radikal, im Wortsinn, greifen also an die Wurzeln: für sie ist Sprache der einzige noch denkbare Gegenstand der Literatur. »Realistisch«, sagt Heißenbüttel, »wäre (heute) eine Literatur, die Welt und Sachen im abgelösten Sprachzitat zu verdoppeln suchte und in dieser Verdoppelung zeigte, daß wir nicht mehr ordnend und sinngebend in die Welt einzudringen vermögen.« Zitatmontagen, Sprachreproduktionen also statt wie früher Weltbeschreibung, Weltdeutung in fiktiven Modellen. Gesellschaftskritisch behauptet gerade diese Literatur zu sein, aber von der Kritik der Lebensformen ist nur noch eine Kritik der verbal und grammatisch verdinglichten Ideologien, eine Kritik der Redensarten übrig geblieben. Die Lösung dieser modernsten Moderne scheint zu sein, wie Karl Markus Michel festgestellt hat: »Statt falscher Kommunikation – gar keine. Ihr Protest steht an Radikalität dem der Studenten kaum nach, aber er genügt sich selbst; er wird nicht zur Provokation ..., denn er ist a-ästhetisch in einem Ausmaß, das jede Ansteckung durch sinnlichen Reiz ausschließt. Das asketische Element der bürgerlichen Kunst hat die Oberhand gewonnen.«

Wieder ein Grabspruch für die Moderne und womöglich der genaueste. »Kunst will Erkenntnis werden«, groß und finster vorgeträumt in Thomas Manns Adorno-Exegesen im *Doktor Faustus* –, genau diese falsche Ambition hat die Literaturmoderne immer hoffnungsloser in Exklusivität, Selbstreflexion, Selbstzweifel, schließlich in die positivistische Grundlagenforschung des konkreten Schreibens treiben lassen, bis schließlich alle nicht ideologiekritisch abzusichernde Sinnlichkeit und Phantasie verdächtig, verboten schienen. Askese wurde bezahlt mit Lebensverzicht. Diese neuen Künstler, heißt es im *Doktor Faustus*, sähen alle aus wie »kranke Adler«, und so sahen die Größten tatsächlich aus, lauter Märtyrer einer nicht mehr humanen Kunstideologie: Lautréamont, Kafka, Beckett, Pound.

»Wer Dichtung sagt, sagt Leid« (Balzac) – »Wer Werk sagt, sagt Opfer« (Valéry) – »Nichts ist heiliger als das Werk, das im Entstehen ist« (D'Annunzio) –, das sind wahrhaftig Adlersprüche, aber kranke. Andy Warhols Filme genau wie Allen Ginsbergs Gedichte oder Herburgers und Achternbuschs Erzählungen sind immerhin nicht als »Werke« einem verkümmerten Leben abgekämpft. Nach einer rigoros puritanischen, repressiv verinnerlichten Literatur scheint nun eine sinnliche, extrovertierte, sozusagen katholische bevorzustehen, auch dafür setzten Bücher wie die von Fichte, Chotjewitz oder Brandner erste und sicher noch provisorische Zeichen.

Kino war schon für Benjamin der Hauptbeleg für seine Skizze einer Massenkultur. Er beobachtete, wie das gleiche bequeme oder verschreckte, »rückständige« Publikum, das damals Picassos bildnerische Fortschritte ablehnte, zum fortschrittlichsten wird, wenn es unbefangen, uneingeschüchtert die vergleichbar avancierten Filmmontagen Chaplins genießt. Was Chaplin damals gelungen ist, das wäre heute, nach dem Godard-Wort: Filme zu machen nicht nur über, sondern *für* »die Kinder von Karl Marx und Coca-Cola«. Die Konsequenzen lassen sich schon heute auch aus der Literatur ablesen: immer mehr populäre, vulgäre, nur für kurzfristigen Gebrauch bestimmte Ausdrucksformen dringen gerade in solche Texte ein, die als besonders progressiv gelten, Methoden des Kriminalromans, der Comics, der Science Fiction, Slapstick- oder Kalauertechniken, Agitpropgesten und Songmuster. Immer mehr Trivialliteratur wächst in der Hochliteratur, so daß die Höhenunterschiede nicht mehr sicher auszumachen sind.

In dieser allgemeinen Tendenz konvergieren heute die Künste, denn Ähnliches, getragen von der überall gleichen Aggression gegen den alten Begriff vom »auratischen«, in sich und gegen alltägliche Umwelt

abgeschlossenen, sinnstiftenden Kunstwerk, setzt sich in allen Kunst-
bereichen durch, im Underground Cinema, im Off Theatre, in Pop
oder Concept Art oder Happenings, in der konkreten wie der visuellen
Musik: die Differenzen zwischen trivialen Mitteln und seriösen Absichten, zwischen Zirkus und Kunst-Kunst versprechen nicht mehr
lange zu halten. Da beginnt offenbar eine Kunst und in ihr auch eine Literatur zu entstehen, die nicht mehr gesellschaftlich und politisch sein
möchte nur dadurch, daß sie von einem aussichtsreichen Parnass, enthoben der Zwecksphäre, ihren Widerspruch und ihre Utopien gegen
eine bestehende Gesellschaft anmeldet, sondern die selbst politisch
wird, indem sie überhaupt wieder nicht-exklusiv, also gesellig und gesellschaftlich, also demokratisch sein möchte, die mindestens versucht, Kulturrevolution nicht nur zu formulieren, sondern zu sein.
Denn die gesellschaftliche Bedeutung von Kunst, um zum letzten Mal
Benjamin zu zitieren, läßt sich noch immer daran erkennen, »daß die
kritische und die genießende Haltung im Publikum (nicht) auseinan-
derfallen«. Gerade die Moderne hat solche Einheit der Widersprüche in
ihrer Rezeption unmöglich gemacht und, wie es lange schien, endgültig. In ihrer Epoche war alles Neue und Bedeutende schwierig, alles
Konventionelle und Unterhaltende leer. Keine Brücke, die vom Hei-
matroman zu den Gedichten Celans führte. Es gab nicht eine, es gab
mindestens zwei Literaturen. Die Klassengesellschaft schien nichts anderes zuzulassen.

Daß sie sich nun auf belletristischem Papier, weit oberhalb ihrer Basis überwinden läßt, ist nicht zu erwarten, wohl aber, daß Schreiben
und Lesen wieder begriffen und geübt werden als übers Bestehende
hinausschießende Tätigkeiten, als Energien der Antizipation. Ernst
Bloch, nicht zufällig ein Liebhaber des Kintopp und Karl Mays, hat
diese Gegenwart der Zukunft, solches Existieren im Noch-Nicht beschrieben, und Schiller schon in seiner »ästhetischen Erziehung« die
Literatur auf ähnlich utopische Anspannung verpflichten wollen.
Nach dem Pariser Mai hat Herbert Marcuse dann noch einmal daran
erinnert, was die mögliche Realisierung solcher Utopie wäre: der Umschlag von geglückter Kunst in geglücktes Leben. Bloch, ein Marxist,
Marcuse, die Leitfigur der antiautoritären Jahre, Schiller, ein Klassiker –, so läßt sich hoffen, daß in dieser vielleicht möglichen, sicher
wünschenswerten Literatur der Zukunft sich alle wohl und zu Hause
fühlen könnten: die Kinder Enzensbergers, die Enkel Leslie Fiedlers
und sogar die Urenkel Professor Emil Staigers.

(1973)

Volksgesang, Volksgestank
Peter Rühmkorf: *Über das Volksvermögen*

Ein solches Buch hat es noch nie gegeben, ich jedenfalls kenne kein vergleichbares: eine Sammlung dessen, was geflüstert oder gegrölt, doch ungeschrieben, von anonymen Absendern an Millionen Empfänger durchs Vaterland läuft, Kinderscherze, Frauwirtinnenverse, Schlagerparodien et cetera, und das Ganze nennt Rühmkorf die Volkspoesie, statt innig, erbaulich hier also drastisch, vulgär, zersetzend im besten Sinne.

> Himmel Sterne Rotzkaserne
> Freßmaschine Milchkantine
> Kinderstube Selterbude
> Wurstfabrik

So lautet da eine Beschreibung des Menschen, eine gereimte Kurzanthropologie. Aber ähnlich geht, sagt Rühmkorf, Volkes Weise immer, auf Dissonanz gestimmt, durch keine falsche Andacht getrübt, und wer es nicht wußte, kann es hier nachlesen: aus »dreitausend Stück Handlese« veröffentlicht der Herausgeber 580 Belege.

Doch er wollte mehr als etwa nur eine Zotenfibel verkaufen. Das Gesammelte soll etwas beweisen, kommt also dick verpackt in einen Essay, der den alten Begriff von Volkspoesie auf den Kopf stellt, besser: auf den Hintern setzt. Das geschieht in wahrer Erkenntnisgenüßlichkeit, in einem Stil, der Gelehrtheit mit Schnauze vorträgt. Lästig ist es oft, nie langweilig, Rühmkorfs burschikoser Umständlichkeit zu folgen.

Für seine Polemik baut er sich zunächst den Hintergrund: jenen zeitgenössischen Kult der Antiquitäten, die Verwechslung von »Wurmstich und Wahrheit«, der auch die Volkskunde ihre angeborenen Illusionen verdankt, denn ihr und den Lesebüchern zufolge war ja gerade das Volk der treuherzigste Bewahrer alteingeführter Werte. »Radikale Entzauberung«, so Rühmkorf, tut not.

Ihr erstes Opfer wird Hans Magnus Enzensbergers innig geschätzte Kindesversgut-Anthologie *Allerleirauh*. Die, weist Rühmkorf dem Kollegen nach, war ein bißchen weit hinter den sieben Bergen hergeholt, das romantische Entzücken über das zeitenthobene Kinderreich feiere fröhliche Urständ in diesem »Entrückungsmittel für die deutsche Familie, die noch an Ewigkeitswerte glaubt und schon wieder betet«. Das klingt bitter und ist doch gerecht.

Anders als jener Hausschatz nimmt nun Rühmkorfs Blütenlese das

Allerleirauh wörtlich. Volk heißt hier allemal Vulgus, und das »gesunde Volksempfinden«, das fünfhundertfach zu Wort kommt, ist nicht etwa, wie Richter und Zensoren uns weismachen, sittlich gesund, sondern vor allem gesund ordinär. Die Beispiele beweisen es, der Kommentar behauptet es: »Was man Volksmund heißt, streckt seinen wundersüchtigen Ideologen die lange Zunge heraus.«

So weit, so gut. Aber es kommt noch besser. Gerade den Kindervers traktiert Rühmkorf mit einem bisher kaum üblichen Scharfsinn. Er versetzt diese derben, selten stubenreinen Produkte wieder zurück ins Milljöh, in den Schul- und Hinterhof, er fragt den »Tast-, Schlag-, Schimpf-, Spott-, Fallen-, Orientierungs- und Entlarvungsversen« ihre sozialen und psychologischen Funktionen ab. Das sind gar nicht, entdeckt er, Kulturgegenstände, und Poesie hervorzubringen ist ihre letzte Absicht. Sie regeln nur das Verhältnis zu den Erwachsenen und den Verkehr untereinander, sind also praktisch und verhältnismäßig human selbst dann, wenn das Gift der Aggression aus jedem Reim spritzt. Wo man schimpft, so etwa möchte Rühmkorf sagen, da laß dich ruhig nieder. Böse Kinder hauen.

So weit, so gut. Doch weiterlesend, über die ersten hundert Seiten Handlese und Scharfsinn hinaus, während der kindliche schon in den erwachsenen Volksmund übergeht, sah ich Rühmkorf vor meinen Augen zum Volkskundler neuer Façon werden: Unaufhaltsam verliebt auch er sich ideologisch in seinen Gegenstand. Diese herrlichen Kinder! höre ich ihn rufen (sicher in komplizierterem Wortlaut), diese zwar keineswegs süßen, aber herrlich rotzfrechen, dieses Vers um Vers gegen jede Autorität rebellische Volksmaul, unverdrossen andichtend gegen alles, was ihm von oben an Idealem aufgehalst wird, gegen Kultur, Schmeling, Schlager, Adenauer oder Zahnpastareklame.

Wie es mit Entzauberungen, Entmythologisierungen so geht: deren Propheten haben den neuen Glauben meist schon parat, zu dem wir nun überlaufen sollen. Als Ersatz für die rechte, die reaktionäre Glorifizierung von Volkes Weise (Typ: reiner Quell) soll uns nun eine linke, progressive untergejubelt werden, der zufolge spielt das Volk immer nur Provo. Große, enthusiastische Namen setzt Rühmkorf für das, was der subpoetische Untergrund angeblich artikuliert: Freiheitsbedürfnis, Majestätsbeleidigung, Volksentscheid, Denkmalsschändung, Entschleierung, materialistische Kulturkritik, Gegenmythos, Gegenterror, Gegenpropaganda.

Drückt er nicht ein bißchen heftig und monoton auf sein Argument? Oder sollte auf das alte Konzept von Volksdichtung nur der denkbar gröbste Keil gesetzt werden? Das Volk jedenfalls wird hier in neue Wunschhimmel hochgestemmt. Gemessen am hochherzig optimistischen Kommentar, lesen sich die Beispiele harmlos.

Macht hoch die Tür
Die Tor macht auf
Es kommt der Herr
Im Dauerlauf ...

Goethe sprach zu Schiller
Hol aus dem Arsch nen Triller
Schiller sprach zu Goethe
Mein Arsch ist keine Flöte

Deutschland Deutschland ohne alles
Ohne Butter ohne Speck
Und das bißchen Marmelade
Frißt uns die Besatzung weg

Eines freilich kann man solchen Produkten ansehen: das Volk läßt allen Idealen am liebsten die Hose runter. Was noch nicht unbedingt Idealismuskritik ist, sondern zunächst einmal Freude an fallenden Hosen schlechthin verrät. Wenn sich auf »Marsch« spontan das allbekannte Reimwort einstellt, auf »Tanz« ein anderes, so wird das nicht gleich als Antimilitarismus oder Mißtrauen gegen U-Musik zu bewundern sein.

Ganz so leicht natürlich macht es sich Peter Rühmkorf nicht, doch allzu flott deutet er den dichtenden Untergrund als Fünfte Kolonne, statt bescheidener das nur kurz und dumpf aufrülpsende Unterbewußtsein herauszuhören.

Denn ganz wird eben auch der erwachsene Volksgeist den rebellischen Kindergeist nicht in sich los. Mit Fäkal-, Anal-, Genitalphantasien beantwortet er weiterhin die Aufforderungen der Welt zum Höheren und zur Disziplin. Gesund möchte auch ich den frohen Mief dieser Denkungsart nennen, verglichen mit dem synthetischen Geruch der Parolen, gegen die er anstinkt.

Doch wo Rühmkorf nur immerwährenden Aufstand entdeckt, sehe ich auch die Gemeinheit durchschlagen, ein kurzatmiges Aufmucken und Meckern, ein Kratzen am Detail, das dem frommen Einverständnis mit dem Großen und Ganzen leicht als nur zu fragwürdige Kompensation dient. Die Aufsässigkeit der Mitläufer höre ich da heraus.

Wen sollte das wundern? Schon die Kinder, so gern sie in Versen »scheißen«, halten realiter die Hosen rein. Wer sich an Schlager- und Reklameparodien vergnügt, beweist zunächst und vor allem, wie sehr ihm selbst der Kopf von Schlagern und Reklame summt. Und der gleiche Volksgeist, der den »Doktor Adenauer« lachend auf die »Lokusmauer« setzt, hat ihn vermutlich auch gewählt. Freiheit gibt es hier zwar im Lied, aber auch nur im Lied.

Ich halte Rühmkorfs Subpoesie, gegen allen äußeren Anschein, für eine bitter idealistische Gattung.

Wenig »Staat zu machen« ist mit ihrer aufrührerischen Gesinnung, von Revolution ganz zu schweigen. Sobald das widerständige Kollektiv extremem Druck ausgesetzt ist, ob Kinder in der Schule oder Soldaten im jeweiligen Weltkrieg, da intoniert Volkes Weise nur noch mürrischen Katzenjammer, »zwischen Anpassung und Widerstand« – hier hat Peter Rühmkorf wieder genauer hingehört, als ihm wohl selbst lieb gewesen sein mag.

Lassen wir also die Kirche im Dorf, das heißt, bescheinigen wir dem Volk nicht Lieder, die besser sein sollen als es selbst. Der Subpoesie sympathisches, vielstimmiges »Uff« ist keine explosive volonté générale. Wie rotzfrech, hinter vorgehaltener Hand, deutscher Volksgeist sein kann, das wissen wir nun. Wie schlager- und BILDselig, staatsfromm, hygiene- und autoritätsbedürftig er trotzdem ist, wissen wir auch.

(1967)

Eine wüste Idylle
Hubert Fichte: *Die Palette*

Literaturkritiker müßte man sein, ein Profi mit nur professionellen Interessen, der täte sich leicht mit diesem Buch. Er würde erst kurz beschreiben, was drin vorkommt (Gammler, Ganoven und Hamburg), dann ausführlicher, wie es gemacht ist und warum es heutzutage so oder doch ähnlich gemacht werden muß, darauf Exkurs über die Fortschritte des Autors (dessen Früheres neben der *Palette* tatsächlich aussieht wie säuberliche Etüde) und schließlich ein öffentliches Hadern darüber, ob das Geschriebene eher mit Note eins oder einsminus zu bewerten wäre.

Ganz unrecht hätte ein solcher Profi oder neuerdings Fachidiot nicht: so genommen, als Schreibkunstwerk, könnte der Roman sich auch neben der *Blechtrommel* behaupten und ist außerdem zehn Jahre jünger und folglich weiter. Mir allerdings hat sich nach jeder halben Stunde Lektüre neu die (meinetwegen: blauäugige) Gretchenfrage gestellt, ob Kunst zu nichts weiter da sei, als mit Kunstgriffen Kunst hervorzubringen, etwas zeitgemäß witzig Schönes, dem berühmten interesselosen Wohlgefallen oder Entzücken zum Fraß vorgeworfen, ob Literatur nicht mehr sein kann oder sollte als eine Summe von genauen Sätzen.

Denn Genauigkeit ist Fichtes Trumpf. Drei Jahre lang, läßt er uns wissen, hat er tagtäglich Zeit unter Hamburgs Gammlern in der damaligen »Palette« abgesessen. Er sagt leider nicht, ab wann er nur noch hinging, um Schreibmaterial zu sammeln. Denn das Erlebte wird ganz von selbst fast Literatur, wenn man es nur noch erlebt mit dem Vorsatz, daraus Literatur zu machen.

Jedenfalls kennt er, was er aufschreibt, und diese Fach- und Sachkenntnis macht ihm ein lockeres Handgelenk. 350 Seiten lang wird ein gutes Jahr Palette-Zeit protokolliert, quatscht und agiert eine Raritätenschau am Rand der offiziellen Gesellschaft: Preluschluckerinnen, toupierte Knaben, Lederjackenamateurganoven, High-Spezialisten, Männer in Tüll und Seide, Wittgensteinleser vor der Musicbox, Berufssyphilitiker, das alles Coca-Cola-Nachmittage lang oder nachts versprengte Bürger abstaubend, auf Ostermarsch oder eher aschgrauen Orgien, ziellos bewegt, bunt, monoton.

Fichte stellt keine Fabel, keine Konflikte, läßt keine Personen sich folgenreich wandeln, wendet keine Psychologie auf. Er macht Inventar: ein Jahr Palette eben, aber auch das nicht kontinuierlich vorgeführt, sondern in splitternden Reihungen, in kurzen Szenen- und Reflexionsschüben. Er legt ein Mosaik aus, dreht Kaleidoskop. Verglichen damit wirkt die Erzählweise von Grass oder Johnson schon altmeisterlich. Fichte beschreibt nichts und erzählt nichts nach. Er läßt die Sache in ihren eigenen Wörtern zu Wort kommen, spielt das Medium.

Unaufhörlich beschert er dem Leser, der schließlich nicht in der »Palette« eingesessen hat, ein So-war-das-also-Gefühl. Man lernt also, fragt aber zwischendurch schon: wozu? Daß alles so genau stimmt, ist das schon ein Triumph? Gut, die Typen sagen also »pofen«, »Mütze« und »toff«, das ist authentisch. Doch wenn sie statt dessen »schwiemeln« sagen würden oder »spick« oder »Tute« (was alles nicht »stimmen« würde), wäre das nicht als Wortmusik genauso toff? Andererseits: zur bloßen Information über Hamburgs Gammler im Jahr '63 würde ich doch lieber Wortwörtliches vom Tonband samt soziologischer Vorder- und Hintergrundanalyse lesen.

Wozu also der effektvolle Aufwand an Kenntnissen und Arrangement? Wie uns der allgemeinverbindliche Appell dieser Spezialstudie verkauft werden soll, ahnte ich: als Herausforderung der spätbürgerlichen Gesellschaft natürlich. Im Klappentext las ich es dann, nicht im Buch. Fichtes Ganoven und Gammler spielen nämlich geschlossene Gesellschaft. Selten weht ein Luftzug Außenwelt in die wüste Idylle.

War die »Palette« dem Autor also nichts weiter als eben ein dankbares, ein exotisches Sujet? Könnte man dieses hochtrainierte Schreibtalent überallhin auf eine Schule des Lebens schicken, ob unter Fernlastfahrer oder zur Mafia nach Sizilien, und käme er von überallher mit einer immer gleich glänzenden Schularbeit zeitgemäß erzählender Prosa wieder? Wäre ihm denn alles nur Material und darüber hinaus gleichgültig? Vorlaute Fragen, aber ich bin sie lesend nicht losgeworden.

Dabei tritt dieser Hubert Fichte sogar als Erzähler und Zentralfigur im eigenen Buch auf. Er schiebt keinen Stiller-, Matzerath- oder Kristlein-Strohmann vor, wenn er von sich selbst redet. Rücksichtslos wie er haben bisher nur Henry Miller oder Genet die eigene Person dokumentiert, sicher kein deutscher Autor, und bei Fichte kommt das alles ganz ohne Druck und exhibitionistische Gockelei, zutraulicher und sympathischer, als sich sonst nackte Bekenntnisse lesen.

So treuherzig persönlich der Autor vom Rand des Protokolls auf uns einspricht, so neutral und anonym bleibt dieses Protokoll selbst. Dort am Rande sinniert er ausführlich, auch darüber, daß er ja immer nur als Mitgammler und Mitläufer danebenhocke, als Hospitant mit Schreibabsichten. Da macht es ihm auch Skrupel, daß er auch dann noch zuschaut und wohl schon an literarische Verwertbarkeit denkt, wenn einige einen zusammenschlagen.

Doch zu mehr als Skrupeln am Rande gedeiht das nicht. Auf das Erzählte greift der eigene Standpunkt nicht über. Da feiert immer nur das Material sich selbst. »Ich greife nicht ein«, sagt der Erzähler. »Ich beobachte die Bewegungen anläßlich Raubüberfällen oder Parties.« Unverbindlichkeit, Rücksichtslosigkeit, so sieht er, ist die Pointe aller Beziehungen in der von ihm beobachteten sozialen Gruppe. Sein Schreibprogramm nimmt dieses Verhaltensprogramm auf, mit Genuß.

Stoff breitet sich also aus, reicher und genauer Stoff. Was ihm fehlt, ist das Thema. Schließlich, auch dieses nur Zuschauenkönnen, dieses ratlos genaue, kunstvoll gleichgültige Notieren wäre ein Thema gewesen, nach Hemingway und Camus und Weiss kein nagelneues, aber auch zu ihm hat sich Fichte nicht entschließen können. Sein Mut bleibt Artistenmut.

Was ihm schließlich gelingt, ist die Herstellung einer präzis detaillierten Wahrnehmungsoberfläche, geistesgegenwärtig und bewußtlos, das reine Schreibkunstwerk, der Artefakt, nicht mehr, nicht weniger. Staunen werden darüber jene halblinken Literaturpropheten, die Faktentreue, Milieugeruch, Recherche am Tatort jahrelang als Vorbedingungen gerade des Engagements gepredigt haben. Fichte ist diesen gepredigten Weg so kühn wie musterschülerhaft zu Ende gegangen, ohne das verheißene Ziel zu erreichen. Sein Buch liest sich wie ein Modell für die Zerstreutheit und Unverbindlichkeit einer nur auf den Reizwert des Genauen eingeschworenen Schreibkunst. Realismus als l'art pour l'art, das gibt es also auch.

(1968)

Texte zum Tränenlachen
Günter Eich: *Maulwürfe*

»Später Eich«, werden die Kenner über diesem Buch sagen, und es wird möglicherweise klingen wie: »Später Beethoven«. Ganz falsch (wenn auch einschüchternd) wäre das kaum. Auch in diesen *Maulwürfen* geht, ähnlich wie damals in opus 111 oder 131, etwas Schönes, Großes, Gewohntes, eine Tradition zu Bruch, diesmal merkwürdig heiter. Mit einer Serie von bitteren Scherzi wird da viel herkömmliche und bekömmliche Literatur ins Jenseits musiziert, Literatur nämlich als Weltsinnsuche, Lebensrätselkunde, ob von Goethe oder seinem letzten Großnachfolger, Brecht, und nicht nur sie, sondern mit ihr, worum es wohl weniger schade ist, auch die ehrfürchtig dazugehörige Literaturkritik. Ihr nebliger Kunsternst, ihr zartes oder robustes Bescheidwissen, oder die beliebt inquisitorische Frage, ob das Gelesene nun auch engagée sei oder nur pure –, alle diese Lieblingsattitüden, -geschmäckereien, -alternativen landläufiger Rezension laufen leer vor diesen knapp sechzig bedruckten Seiten. Man sieht es ein. Man kanns nicht lassen.

Kaum sechzig Druckseiten, dreiundfünfzig Prosastückchen, launisch kurz wie Gedichte, Konzentration erreicht durch Auslassung und Sprünge –, ich gestehe: schon das gefällt mir. Schließlich, nicht nur Leser, Buchhändler, Kritiker und Verleger, selbst Autoren verwechseln in unserem spätgermanischen Land noch immer Dicke, also auch Buchrückendicke mit Vitalität und Vitalität dann mit Qualität, mit Anspruch auf Macht und Rang (unser damaliger Reichsmarschall oder jetziger Finanzminister oder die *Hundejahre* als Beispiele).

Hier also endlich nichts mehr zum wuchtig Schmökern. Schon die wilde Kürze dieser Sprachstücke ist ein böses Zeichen. Von Satz zu Satz, oft auch über ein Komma springen sie dem weg, der sich zutraulich in sie versenken möchte. Fortlaufend scheint dieser Autor »mit den Gedanken ganz woanders«, auch wenn er einmal ganz geheuer beginnt: »Ein Korn an der Theke, zwei Korn. Morgens, sonst hat es keinen Zweck. Die zwanziger Jahre, in Wirtschaftsgeographie ein Schweißausbruch, Gedichte in der Neuen Rundschau, und sonst taubstumm. In Worten versinken, ehrfürchtig vor hottentottenschen Schnalzlauten. Fehling hat Barlach inszeniert, mag sein.« So Seite für Seite, heiterste Verzweiflung, etwas wie ein melancholisches Kichern. Warum und worüber, an welche Adresse?

Die, wie schon angedeutet, erste, offensichtlichste und sicher nicht aufregendste Antwort wäre: hier macht sich Literatur traurig lustig über Literatur, Sprache über Sprache, über das, was in ihr und mit ihr möglich ist, nämlich nahezu alles und also fast nichts. Kurz ist die Kunst, das Leben lang –, der Satz kommt nicht vor, könnte aber. Das Unverhältnis jedenfalls des Schreibens, des Geschriebenen, der Schreibenden zur sogenannten Übermacht des Faktischen läuft als Generalthema durch fast alle Stücke, auch wenn nicht ausdrücklich davon die Rede ist. (»Uns liegt es, hundert Jahre zurück oder hundert Jahre voraus zu sein«, heißt es dann, oder: »Lügen haben kurze Beine und lange Ohren, dazwischen ist alles möglich, Schönheit und Gestalt.«) Autorennamen tauchen vorübergehend, hastig auf, Namen wie Leibniz, Liebknecht, Dante, Kant, Keller, Hölderlin, Sartre oder Karsunke, eine merkwürdige Mischung. Oder wären das etwa jene beneidenswert positiven Schriftsteller, die uns schreibend Heilmittel, Erlösungen, Orientierungssysteme, Weltordnungen verschreiben?

Eich jedenfalls behauptet für sich: »Wäre ich kein negativer Schriftsteller, möchte ich ein negativer Tischler sein«, was er nach einigen Zwischensprüngen auch vorübergehend näher erklärt: »Späne sind mir wichtiger als das Brett.« Zweifellos, genauso schreibt er, und wenn er schließlich bekennen möchte, warum, wird er fast ernst, fast grob vor Deutlichkeit: er ruft ein Vivat für die Unordnung, die Anarchie aus, er huldigt Bakunin. Er gesteht: »Was mir am meisten auf der Welt zuwider ist, sind meine Eltern. Wo ich auch hingehe, sie verfolgen mich, da nützt kein Umzug, kein Ausland. Kaum habe ich einen Stuhl gefunden, öffnet sich die Tür und einer von beiden starrt herein, Vater Staat oder Mutter Natur.«

Unbescheidener, gelassener kann einer seinen Protest gegen die probate Weltordnung, nicht gegen Zustände hier und da, sondern gegen das ganze Reich der gutgeölten Zwänge, gegen Naturnotwendigkeit wie Realpolitik, kaum zur Sprache bringen, bissiger schon, auch Eich (»Liebe und Eiter sind eins in Gott, und alles freiwillig«). Er aber zimmert sich und uns keine Gegenwelten (sein Rezept für solche: »die zehn Gebote sollten neu formuliert werden, sogar das Alphabet«), er macht geduldig, aufsässig aus Brettern weiterhin Späne, statt Harmonie Dissonanzen (»die Dichter und Dichterinnen mit ihren wohlriechenden Strophen . . . –, ja, wenn man Messer und Stricke genug hat, ist alles in Harmonie«). Doch andererseits fühlt er sich nicht etwa schon deshalb wieder wohl und »in Ordnung«, weil er seine Empfindlichkeit gegen Vater Staat, auch gegen Vietnam und Gummiknüppel hier wortwörtlich auf Papier setzt, schließlich, er weiß: »Für Maulwürfe ist nichts gemütlicher als das Mekongdelta vom Parkett aus.«

Nichts kommt da zu Ruhe und Ordnung, weder eine gute Gesinnung, noch der Witz, noch die Trauer. Humor, wenn er aufs Ganze geht wie hier, ist die ungemütlichste Sache von der Welt. Goethe, das immerhin menschlichste Nationaldenkmal für die Partei der Ordnung hierzulande (auch die DDR legt da ihre rotbeschleiften Dankeskränze ab), er wußte genau, warum ihm davor graute: er roch den »Nihilismus« im Humor, den Anarchismus, um ins Aktuellere zu übersetzen. Wer also Analogien zu diesen *Maulwürfen* sucht, der sollte nicht beschlagen von automatischer Schreibweise, von Breton und surrealistischem Manifest zu reden anfangen, er darf ruhig lieber zu Bob Dylan oder Fritz Teufel hinüberdenken.

Freilich, wenn auf irgendeinen der Titel von Kluges neuestem Film zutrifft, dann auf Günter Eich, ein Artist in der Zirkuskuppel: ratlos. Hoch oben, ohne Übersicht. Man sollte eigentlich fliegen können, überlegt er und dann: »Jetzt abtreten vom Beruf, und auf die Wasserkuppe!« So geht das dauernd zu bei ihm: schwerelos schwermütig. Und immer, wenn mans formulieren möchte, bündig, werden lauter Paradoxe, schwarze Schimmel daraus. Sind es aber nicht wirklich Texte zum Tränenlachen, ist es nicht littérature pure engagée, eine gestochene Unordnung, geschwätzig lakonisch, konzentriert vor lauter Zerstreutheit, eine kalauernde, antimetaphysische Metaphysik? Auf eine nichtssagende Weise stimmt das wohl alles.

Doch, um am Ende noch einmal an den Anfang zu erinnern: während man (wie ich hier) über dieses Buch schreibt, juckt einen eben dauernd und besonders gegen Ende (also jetzt), ein zunehmend schlechtes Gewissen, ein Lachreiz. Es ist klar, diese Dinger selbst lachen alle um sie bemühte Sekundärschlauheit hinter dem Rücken aus. Analyse, Exegese, Interpretation, diese bärtige Kunstbehandlung, sezierend und wieder zusammennähend, kann ihnen nichts anhaben, ist ihnen lächerlich, mit Recht. Natürlich wird sie ihnen in diesen Wochen trotzdem spaltenlang tiefsinnig fundiert angetan werden. Sie aber wollen, mit Recht, nichts als gelesen werden.

(1968)

Nur für Neugierige
Herbert Achternbusch: *Zigarettenverkäufer. Hülle. Rita*

Jetzt habe ich drei Erfolgs- und Prestigeromane der Saison schon durchgestanden, einen Grass, einen Updike, einen Peter Härtling, und wußte am Ende durchaus zu unterscheiden, welcher mir nur langweilig, welcher mir eher ärgerlich, welcher mir langweilig und ärgerlich vorgekommen war –, aber: was soll nur solche Lektüre? Daß Lesen neue Aufmerksamkeiten reizen statt alte besäuseln, daß es schlichtweg

Spaß machen kann, habe ich erst wieder bei Achternbusch erfahren, von dem ich bis dahin nicht viel mehr wußte, als daß er am Starnberger See wohnen soll.

Martin Walser, der diese schmale Neuheit offenbar für Suhrkamp entdeckt hat, schrieb für den Suhrkamp-Herbstprospekt 8 Zeilen Achternbusch-Werbung. Achternbusch, mißtrauisch genug, schrieb in sein Buch seinen eigenen 23-Zeilen-Klappentext. Beide sind mit dem, was sie da anzeigen sollten, etwa gleich schlecht zurande gekommen. Ein merkwürdiger Krampf hemmte diese Schreibhände. Jetzt spüre ich den auch.

Irgend etwas *über* dieses Buch zu formulieren, fällt schwer, denn sein erstes Gütezeichen ist gerade, daß da fast nie *über* oder *von* etwas die Rede ist, daß in diesen drei, vorsichtig gesagt, Prosastücken »ganz einfach« eine Rede abläuft. Zum Beispiel (jetzt kommt durchaus keine Glanzstelle, nur eben ein Schnappschuß) so: »Sporer spielt mit seinen Hanseln den Bayerischen Defiliermarsch. Langsam komme ich die Treppe herunter, das ist wie von Delfi aufs Meer schaun. Alle: O mein Papa wie ist er herrlich anzuschaun. «

Erraten: Oktoberfest. Aber nicht etwa seine Beschreibung. Es findet hier statt, mit Rede, Gegenrede, Volksgesang, Verkaufsgesprächen, ein Gerempel ohne Steigerung, Höhepunkte, Symbolik. Lauter Tatsachen reihen sich aneinander, durcheinander, und auf dieser Basis aus Sprache steht keine Dekoration, kein Überbau.

Hier versucht jemand das Schlichteste und letztlich Unmögliche: sich selbst, seine Erfahrungen *unmittelbar* zu Papier zu bringen, ohne den Umweg über den schönen Schwindel von erfundenen Geschichten oder mit dem strengeren Schwindel der Selbstreflexion, »einfach« das Inwendige nach außen zu kehren, zu Sprache zu machen, das Auswärtige nach innen zu wenden, zu Sprache zu machen. Das gelingt ihm manchmal nahezu ganz, oft haut er auch wuchtig oder nur fade daneben. Vollkommen kann diese Quadratur eines Kreises nicht aufgehen.

So läuft er als Zigarettenverkäufer über die Oktoberwiese, ein Arbeitender durch die Freizeit der anderen. Er rührt die schäbigen Erfahrungsreste aus Schul-, Kunstakademie-, Frankreich-Reise-Zeiten auf und um. Oder er sitzt in einem Café (Kafe, sagt er, er hat noch mehr solche Marotten) am Münchener Viktualienmarkt und versucht, eine sogenannte, 55jährige »Frau Rita«, die dort auch immer einsitzt, sich zurechtzulegen in Worten, um sich vorzustellen, wie das ist, »Frau Rita« sein, doch am Ende wird sie von seinen Worten nur verschlungen. Außer Achternbusch passiert in diesen »Erzählungen« nichts. Wenn er seine Absencen hat, haben sie auch welche. Wenn er ganz da ist, kann man ihn fast schon riechen.

Das sind also, um Verwechslungen vorzubeugen, keine »Felder«

oder »Ränder« à la Jürgen Becker, keine melancholisch gestanzten Nachschriften von Erinnerung. Bei Achternbusch ist gerade die Distanz zwischen Jetzt und Damals eingezogen, alles wie gleich nah, scharf, unordentlich. Eine Aufmerksamkeit, die man genausogut Bewußtseinslosigkeit nennen könnte, denn er sucht und hat keine Übersicht. Mit seinem Geschriebenen läßt sich folglich gar nichts beweisen. Keine Ideologie könnte sich daran Herz oder Hände wärmen.

Das sind auch – eine weitere, vielleicht notwendige Unterscheidung – keine witzig geordneten Alltäglichkeiten, keine kritisch gegeneinander ausgespielten Sprachfertigteile, wie etwa Wondratschek sie herstellt. Hier wird Sprache nicht zum Beweisstück, mit dem sich frei hantieren läßt. Sie entsteht vor unseren Augen beim Reden, bleibt also von dem, der redet, schwer zu unterscheiden, bleibt unfertig wie er, in Bewegung. Da wird so gar nichts greifbar schönes Rundes, kein pralles Individuum, keine komplette Ansicht von Welt (ob »barock« oder »hip«) auf uns zutransportiert. Kein bayerischer Henry Miller also, kein Starnberger Arno Schmidt.

Dauernd läßt er sich zusehen beim Schreiben, das sich immer nur ruckweise, zwischen Kinderhinternabwischen und Virginiaanzünden vorwärtsbewegt. Da versuche noch einer seine Finger dazwischenzukriegen, zwischen dieses Leben und dieses Geschriebene. Kein Gebilde entsteht, kein Werk, in ungerührtem Abstand zum Alltagsmatsch. Man wird »einfach« eingetunkt in dieses Achternbuschleben und -schreiben. Ö-ko-no-mie! höre ich unsere beamteten Kritiker schreien. Er hat sie nicht. Die Kunst hat sie:

»Als ich nämlich von moderner Kunst soviel verstanden hatte, daß ich mir eine eigene Manier anlegen konnte, was hatte ich nicht alles ausprobiert, heiratete ich, da ging natürlich die Kunst drauf, weil so eine Ehe der Kunst überlegen ist ... Da soll ich einen Aufbau im Kopf haben, das fällt doch beim nächsten Kinderscheiß alles zusammen.«

Sicher, im *Tasso* und *Tonio Kröger* ist das schon sublimierter ausgedrückt worden. Wer diese drei Sprachbündel lesen will, wird auch nachher nicht klüger, reifer, ergriffener sein als vorher, aber entweder borniert oder neugieriger. Nur: da es sich nicht um Kunst mit dem arroganten Anspruch auf halbewige Dauer handelt, sondern um etwas ganz und gar Vorläufiges, Verderbliches, sollte man, wenn schon, dann schnell zugreifen. Bücher seien vergänglich wie Bananen, behauptete Sartre. Auf dieses mindestens trifft das zu.

(1969)

Wann ist Napoleon gestorben?
Dieter Kühn: *N.*

Geschichte, das ist nach der Etymologie und per Definition das Geschehene. Folglich bleibt dem Geschichtsschreiber nichts anderes übrig, als das Geschehene säuberlich nachzuschreiben, Fakt auf Fakt, treu chronologisch, manchmal noch im historischen Querschnitt nach Motivationen des Geschehens suchend, wodurch sich die Schwergewichte der Determination nur noch fürchterlicher aufeinandertürmen. Geschichtsschreibung, so glänzend sie auch ausfallen mag, ist eine melancholische Tätigkeit. Nicht nur Nietzsche hat vor ihrer lähmenden Wirkung auf alle Zukunftsphantasie gewarnt.

Hier und da nimmt zwar auch ein Historiker seinen Mut zusammen, er atmet tief durch und unterbricht seine Reproduktion des Gewesenen mit einer vorlauten Konjunktivfrage: Was wäre gewesen, wenn? Wenn, zum Beispiel, Kaiser Friedrich III. länger als 99 Tage hätte regieren können? Wenn Stalin nicht gegen Lenins Rat Lenins Nachfolger geworden wäre? Wenn die Westmächte auf Hitlers Rheinlandbesetzung militärisch reagiert hätten? Doch gleich wird der vorlaute Phantasie- und Hoffnungsüberschuß solcher Erkundigungen wieder erstickt von dem, was statt des Wenn-Ereignisses tatsächlich passiert ist.

Nun kommt dieses 100-Seiten-Buch, angeblich eine Biographie Napoleons von der Heirat seiner Eltern bis zum 19. Brumaire 1799, und versucht eine Provokation aller dieser faktenfrommen Geschichtsschreibung. Daß es nicht genügt, Geschichte nur verschieden zu interpretieren, daß sie verändert werden muß, und zwar nicht etwa nur die künftige, sondern gerade auch die geschehene –, das könnte frei nach Marx hier das Motto sein. Denn die Was-wäre-wenn-Frage wird von Kühn nicht nur als Pausenzeichen eingesetzt, sie ist der eigentliche Motor dieser Geschichtserzählung, die also nicht nur nacherzählt, sondern lauter nicht realisierte Möglichkeiten von Napoleons Geschichte vorschlägt, durchprobiert, fast wirklich macht, die folgerichtig auch die verbürgten Fakten dieser Biographie nur behandelt als Möglichkeiten unter vielen anderen, den zufällig realisierten Möglichkeiten.

Die erste Verwirrung wird schon in der zehnten Zeile inszeniert. Was, hat also Napoleons Vater nicht das Fräulein Ramolino, sondern tatsächlich ein geliebtes Fräulein aus Antibes geheiratet, müssen wir da also mit einer anderen, besseren, schlechteren Erbmasse rechnen? Aber selbst als Sohn der geborenen Ramolino, was hätte er mit einigen umarrangierten Umweltfakten nicht alles werden können: zum Beispiel Mathematiker, Landwirt, sicher doch korsischer Freiheitskämpfer, selbst ein gerissener Kolportageschriftsteller oder nach der Belagerung von Toulon, wo eine schleichende Krankheit ihm Energien wegsaugt, dann also immerhin ein erfolgreicher Großhandelsspekulant.

Kühn fängt solche Rollen an durchzuspielen, und in keiner ist N. ganz er selbst, immer nur ein Repräsentant von objektiven Möglichkeiten seiner Zeit, eine eindrucks- und ausdrucksvolle Marionette, doch die Drähte, die ihn jeweils bewegen, hat er nicht in der Hand. So entsteht, was die offizielle Geschichtsschreibung auch oft versucht hat, mit mehr Aufwand, weniger Spaß und Phantasie: eine »soziale Biographie«. Der Held ist kein Held mehr. Er schwimmt durch ein Meer von Fakten, zappelt, bleibt stecken, wird hochgerissen, ertrinkt, reitet auf einem Strohhalm.

Mit sogenannten »Zufällen« versucht Kühn, Veränderungen in die Biographie hineinzuschreiben, doch diese »Zufälle«, einmal geschehen, sehen sofort aus wie vollkommen notwendig, natürlich. Der Militärschüler N. kehrt also doch nach Korsika zurück und wird Reformlandwirt: »Das erstaunte seine Umwelt nicht.« Entkommt er aber Nelsons Flotte auf der Überfahrt nach Ägypten, so erstaunt das auch niemanden: »Er spricht mal wieder von seinem guten Stern. Den sieht nun wirklich jeder.« So wird aus einem Wust von Ereignissen Geschichte, eine Kette angeblich von Folgerichtigkeiten, ein Schicksal, eine Sage.

Kühns Einfall natürlich, seine Lektion hat man auf den ersten Seiten begriffen. Was folgt, ist Musik, Kompositionstechnik, eine ständige Anreicherung, Veränderung des Themas, und Kühn kann durchaus Musik machen. Da sich das Klima des napoleonischen Lebens ändert, ändert sich auch das Klima der Erzählung. Je mehr diese Laufbahn nach oben, in kältere Luft, größere Öffentlichkeit vorstößt, desto entschiedener zieht sich auch der Antihistoriker in Vogelperspektiven zurück, schreibt nicht mehr nur einen Charakter, sondern ganze Feldzüge um, dichtet dem N. statt nur eine falsche Geliebte jetzt eine falsche Schlacht an. Der Schwindel, wie in höherer, dünnerer Luft üblich, nimmt zu, Schwindel des Schreibens, Schwindelgefühle des Lesers. Schon merkt der kaum noch, wenn streckenweise das Spiel ruht, wenn nur tatsächlich Geschehenes nachbuchstabiert wird. Das Wirkliche sieht endgültig aus wie nur möglich, das Mögliche wird wirklich. Viele Episoden werden doppelt, dreifach, fünffach erzählt, immer anders. Largo wechselt im Vortrag mit Prestissimo. Phantasie und Geschichte schwappen ineinander über. Hat Kühn sein Ziel erreicht? Sieht Historie nun veränderbar aus oder nur launisch?

Zehn mögliche Tode läßt der Autor seinen N. sterben, zehn noch vor dem Jahr 1800, davon allein fünf zackzack auf zwei Seiten, im korsischen Freiheitskampf kurz nach der Revolution. Doch immer wieder schnellt dieses Stehaufmännchen hoch und findet in seinen »wahren« Lebenslauf zurück. Beim zehnten Tod aber macht Kühn dann endgültig ernst, läßt sich von der Historie nicht mehr herumkriegen zu einer Korrektur: Am 19. Brumaire stirbt sein N. einen Meter vor dem gelungenen Staatsstreich, hat vor dem Rat der Fünfhundert etwas zu auffällig aufgeregt, ungeschickt, stockend geredet, sogar ein Gesichtspickel kratzt er sich vor Nervosität auf, schon brüllen die Republikaner los, Gedränge, ein Messerstich, aus, Zufall, historische Wende, General Murat und Abbé Sieyès stellen die neue Regierung. Und nun?

Kühns Abgesang psalmodiert herunter, was alles nicht passiert wäre, wenn, nennt die ungemalten Gemälde, ungeschlagenen Schlachten, unverkauften Andenken, unerlebten Bauchschüsse. Jetzt wird Geschichte wirklich durchgestrichen. Die konjunktivische Heiterkeit des Buches schwingt sich noch höher, ein Pathos von Freiheit dröhnt, als wäre dem bekanntlich ehernen Gang der Geschichte tatsächlich ein Bein gestellt. Fünf Seiten lang sieht Geschichte wie nicht nur veränderbar, sondern wie verändert aus. Dann setzt der Kater ein. Denn indem Dieter Kühn mit Wortgewalt demonstriert, wie anders alles gelaufen wäre nach der Eliminierung einer einzigen Figur, scheint sich die Männer-machen-Geschichte-Legende hinter seinem Rücken schon wieder in den Sattel zu setzen. Um sie herunterzuholen, muß man noch einmal von vorn zu lesen anfangen, und tatsächlich: Es lohnt sich.

(1970)

Nützliche Kopfschmerzen
Günter Herburger: *Jesus in Osaka*

Während das Buchgewerbe wieder einmal Hochsaison feiert, während Leser, Buchhändler, Kritiker nichts dringender erwarten als wieder neue Meisterwerke (der Modernität, der Konsumierbarkeit, des Engagements oder schlechthin des Freizeittotschlagens), taucht da ein Buch auf, das offenbar ohne viel Ehrgeiz mitläuft in dieser Schönheitskonkurrenz.

Man könnte seine Fehler, Schwächen, Stilblüten zusammenzählen und es dann »mißglückt« nennen. Man könnte auch kleinlauter einfach gestehen, daß man sich nicht sehr wohl fühlt bei dieser Lektüre, daß sie unruhig, nervös und Kopfschmerzen macht. Das alles wäre verständlich. Wen aber dieses Buch überhaupt nicht interessieren sollte, dem muß schon ganz und gar egal sein, worum es hier geht: die Zukunft.

Einen »Zukunftsroman« hat Herburger sein Buch zwar genannt, doch die üblichen Spielregeln dieser Gattung stellt er sofort auf den Kopf. Hier hantiert niemand mit Laserstrahlen, Lichtjahren, elektronischer Gleichschaltung von Gehirnen wie unsereiner mit Feuerzeugen. Schauplatz ist kein technisches Universum, in dem neue Kreuzfahrer mit neuen Neandertalern um die Vorherrschaft im Weltall ringen. Genau diese Paradoxie geläufiger science fiction, in der eine fortgeschrittene Technologie gesteuert wird von einer stehengebliebenen, ja reaktionären Moral, wird hier in ihr bares Gegenteil verkehrt.

Bei Herburger schreibt man zwar fast das Jahr 2000, doch mit der Ausmalung des technischen Rahmens hat er sich auffallend wenig Mühe gemacht. Noch immer bewegt man sich mit Limousinen und Lastwagen, in Düsenmaschinen, nur durch einen noch dichteren Verkehr. Noch immer laufen Betonmischmaschinen, wird Öl raffiniert, noch immer schwitzt die Industrie ihren Schmutz aus in die Luft, nur noch heftiger als heute. (»Kinder, die Speiseeis kaufen, bekreuzigen sich, bevor sie zu schlecken beginnen.«)

Dieser Mangel an technologischer Phantasie ist offenbar Absicht, deutet reines Desinteresse an. Denn nicht die Handhabung neuer Apparaturen, nicht einmal politische Machtfragen, sondern nur die neuen, möglichen Formen des Zusammenlebens in immer größeren Menschenmassen sollen in diesem »Zukunftsroman« ausprobiert werden. Er ist wimmelnd überfüllt von Figuren, die nur noch in Verbänden auftreten, formiert als Arbeiter, Wissenschaftler, Direktoren, Japaner oder Polizisten. Der Einzige, der Kapitel für Kapitel mit einem unterscheidenden Namen durch alle diese Kollektive hindurchläuft, ist eben Jesus.

»Jesus« wird von Herburger eingesetzt als ein Name, der sich für jeden Leser, in jedem Satz, auch dem unscheinbarsten, unwillkürlich auflädt mit Bedeutung. Jesus, angeschnallt in einer Düsenmaschine, Jesus über einen Kunstschneehang schießend, Jesus in einer Diskussion auf dem Fernsehschirm –, das sind lauter Szenen, die nur durch diesen in sie eingeführten Namen sofort anders aussehen als alltäglich. Diesen Namen Jesus also schickt Herburger als einen neuen Candide, als Testfigur durch die soziale Szenerie eines von Japanern, japanischer Industrie, japanischem Buddhismus überschwemmten Zukunfts-Schwabens.

Jesus wird verprügelt, in den Werkschutz aufgenommen, angebetet, nicht weiter beachtet, als Diskussionspartner geschätzt und schließlich auf der letzten Seite in einem Eisenbahnabteil unter Kinderpartisanen gesehen. Seine Aktionen und Reaktionen lassen sich so wenig auf einen

Nenner, auf eine Moral bringen wie diese quirlenden, verzückten, wütenden, schuftenden oder in Freizeit-Gottesdiensten versunkenen Menschenrudel, durch die er sich, immer nur ein Kopf in der Menge, bewegt.

Nur auf eines scheint er spezialisiert, ausgerechnet er: auf die Austreibung jeglicher Transzendenz, aller Schuldgefühle und jenseitiger Erlösungshoffnungen aus allen Köpfen. In der einzigen überdeutlichen, dick allegorischen Szene springt Jesus von einem Monumentalkreuz nackt in eine nackte Menge: »Er taucht unter und ist schon nicht mehr von ihnen zu unterscheiden.« Das wäre die blanke Versöhnung von Theologie und Utopie, von Christentum und Sozialismus: Jesus ausgelöscht als Gottessohn und Person, nur noch Luft, Geist, Liebe in einer künftigen Menschengesellschaft.

Doch so patent wie hier läuft dieses Buch sonst nirgends in ein vage rosa Hippie-Morgenlicht. Anders als die meisten Zukunftsroman-Verfasser, als Orwell oder Huxley oder die technokratischen science-fiction-Hersteller, hat Herburger die Zukunft eben nicht auf ein bündiges System gebracht, weder optimistisch ausbalanciert, noch kulturkritisch eingeschwärzt. Seine Visionen bleiben so vieldeutig bis wirr, daß etwa auch die Fangfrage »Faschistisch oder sozialistisch?« an dieser Zukunftsgesellschaft nichts mehr unterscheiden würde.

Da wird ein Papst von einer Menge, unter ihr brüllend Jesus, beschimpft und geschunden, dann als ratlose Kreatur von Jesus wieder gerettet. Direktoren treten auf als Götter einer neuen Leistungsreligion und werden doch verbal von ihren Belegschaften regelrecht und heiter durchgepeitscht. Über die Skihänge dieser Zukunft wuselt der kollektivierte homo ludens, der aber lässig aggressiv auch in blutige Unfallknäuel hineinfährt.

Kein Zukunftsroman, kein Jesusroman, wahrscheinlich gar kein Roman mehr. Eher ein Traktat, der mit Szenen argumentiert, ohne eindeutiges Resultat. Ein Versuch, mit nichts als Sprache und Phantasie jene trostlosen Gegenwartsverlängerungen zu überspringen, die sich heute Zukunftsforschung nennen. So etwas kann weder schön noch richtig geraten. Doch an diesem Turngerüst könnte jeder die Hoffnungen oder Alpträume genauer kennenlernen, einüben, korrigieren, mit denen er die kommenden Jahrzehnte erwartet.

(1970)

Angenehme Zerstörung
Peter Handke: *Prosa Gedichte Theaterstücke Hörspiele Aufsätze*

Offen gestanden, mich macht diese Volksausgabe nachdenklicher, neugieriger, ratloser als ihr Inhalt. Ihre 356 Seiten kosten 12,80 Mark. Sie erscheint in der Reihe *Bücher der Neunzehn*, die üblicherweise Autoren im Kammersängerrang in größerer Auflage anbietet. Peter Handke ist 26. Vor gut drei Jahren kannte diesen Namen niemand. Jetzt gilt er als Markenzeichen.

Karriere darf man das nennen, sogar eine beispiellose, und daß ihm das erst mal einer nachmachen solle, höre ich sagen. Aber: Hat er es uns überhaupt vorgemacht? Auch diese Sammlung von Musterstücken enthält zwar Bausteine eines Erfolges, aber die enthalten kaum seine Erklärung.

Nicht nur mir, sondern offenbar allen, die an Handke denken, fallen gewisse Wörter ein, Wörter wie Image, Fans, up to date, in. Früher, als die Feuilletonsprache noch etwas höher über dem Markt schwebte, hätte man so jemanden einen Gemeindeautor genannt. Was sucht oder findet also die neue Kundschaft bei Handke?

Erste Verwunderung: Sie findet dort nicht, was sie bei Gemeindeautoren älteren Typs suchte, ganz gleich, ob bei Hemingway oder Benn, bei Böll, Peter Weiss oder Luise Rinser, kein Weltbild, kein System von Werten und Unwerten, keinen moralischen Code, noch überhaupt eine moralische Problematik, schlechthin nichts, womit sich Lesergemüt oder -bewußtsein identifizieren könnte.

Peter Handke, der gern das Gegenteil beteuert, kommt in seinen Texten einfach nicht vor. Seine Sätze enthalten die Erfahrungen der Sprache und Literatur, nicht Handkes Erfahrungen. Sein Angebot ist eine Schreibweise, eine Art, Literatur- und Sprachstrukturen zu reproduzieren, zur Kenntlichkeit zu entstellen, fremd und fragwürdig zu machen, zu testen. Das ist nicht neu, aber neu ist, daß so etwas Gemeinde bildet.

Zweite Verwunderung: Er ist also kein Avantgardist, niemand, der unkonsumierbare Neuigkeiten, der Zukunft in die Gegenwart liefert. Sein Programm, auf einen Kernsatz gebracht: »Für uns gibt es Sachen nur noch in Form von Wörtern« –, das steht nicht bei ihm, sondern bei Heißenbüttel. Denn wie er arbeitet, so haben andere schon vor ihm gearbeitet, noch gründlicher (Heißenbüttel), komischer (Jandl), vielseitiger (Bayer), radikaler (Mon). Autoren also, denen der Kulturplausch quasi Tiefe, Freiheit, Mut, Humor nachsagen könnte. Das müßte doch eigentlich appeal haben. Den aber hat Handke.

Kein Bekenntnisschriftsteller also, kein Avantgardist, von diesen wie von jenen Peinlichkeiten frei. Verspricht das nicht schon Genuß ohne Reue? Handkes blanke Modernität hat tatsächlich etwas Einleuchtendes, Patentes, Reinliches. Seine logischen Scherze, seine poetischen und theatralischen Irritationen sind so sehr Hirnreize, gewonnen aus so kompromißlos hygienischen Versuchsanordnungen, daß sich kaum irgendein irdischer, privater oder gesellschaftlicher Schmutz an sie heftet. Ein Autor, sauber wie Valéry, und in unserer wüsten Literatur so etwas wie die Dame ohne Unterleib. Andererseits: Valéry hatte nie Fans.

Meine Verwunderung also bleibt. Die Volksausgabe erklärt auf den ersten Blick nicht die Popularität, auf die sie doch setzt. Sie liefert hinten in den Aufsätzen eine ästhetische Theorie, so konsequent und schlagfertig, wie sie kaum ein lebender deutscher Autor vorgelegt hat, und dazu vorn in Musterbeispielen die ästhetische Praxis. Wer zunächst hinten liest, mit Spannung, wie ich, wird vorn ungeduldig und müde.

Denn diese Sprachstücke scheinen dann eher der Kommentar zur Poetik, statt umgekehrt. In ihnen wird mittelbar, nicht ohne Umstand und Überlängen, durchexerziert, was die Essays unmittelbar aussprechen. Daß nämlich alle Literatur heute nur noch Sekundärliteratur, eine Literatur über Literatur oder mindestens ein Reden von Redeweisen sein könnte und also sollte. Handkes Texte sind das. Sie handeln von dem und mit dem, was schon vor ihnen fertig war: Satzmodellen, Grammatik, Erzählweisen, Dramaturgien. Reizbarkeit gegen die Dummheit der Konvention ist ihr Pathos, ein ästhetisches Pathos (falls es das gibt).

Handke zeigt in einem Theatertext das Theater (indem er seine Bedingungen nicht erfüllt), in einer Geschichte die Geschichte (indem er ihren Inhalt nicht mehr ernst nimmt, »formalisiert«), in einer Serie Bedingungssätze den Geist des Strafgesetzbuchs als Geist des Bedingungssatzes, in einer Beschreibung der Angst die Angst und ihre Beschreibung. Er möchte, hören und verstehen wir, uns vom Zwang solcher Formen befreien, indem er diese nur scheinbar natürlichen Gebilde so künstlich wie möglich nachmacht, denn was als künstlich durchschaut ist, wird auch veränderbar. Er möchte, zeitgemäßer, unser neuer Brecht sein, ein Techniker der aufklärenden Desillusion, doch was er verspricht, ist nicht mehr Befreiung von falschen Lebensformen, sondern: von falschen Redeweisen.

Was sollte aber sein Leser, Zuhörer, Zuschauer, dieser von schlechter Sprache und Ästhetik ästhetisch Befreite, mit seiner neuerlebten Freiheit anfangen? Den Bedingungssatz abschaffen, selbst Theater spielen? Sicher ist nur eins: Er darf und soll genießen, wie Handke, sein

Stellvertreter auf dem Papier, sich selbst befreit. Ihm gab Gott zu sagen, was er leidet (wenn er ins Kino geht, das Staatstheater besucht, im Strafgesetzbuch blättert). Also doch: endlich wieder ein Künstler, einer, der auf dem Papier Freiheit vormacht für die, die sie nicht haben (außer auf dem Papier).

Wenn das richtig ist und sogar plausibel, wären wir dem Erfolg, der Heiterkeit und Bewunderung schon auf der Spur, die dieser Autor auf sich gezogen hat. So schmerzlos wie bei ihm war die Wortmoderne in letzter Zeit selten zu haben. Er zerstört zwar allerhand Formen, doch die Strategie seiner Zerstörung ist formell genug, genießbar, angenehm. Es wird einem dabei, findet man, so spielerisch hell im Kopf wie dem Autor. Das tut nicht weh. Das ist die bewährte Heiterkeit der Kunst und insofern symbolisch.

Im Ernst: Handke versucht eine zeitgemäße Quadratur des Kreises. Er möchte nicht lassen vom Spitzenstandard der westeuropäischen Literaturfortschrittlichkeit, er bleibt also Formalist. Doch er will seinen kritischen Formalismus als Gesellschaftskritik verstanden wissen, da sich auch in herrschender Kunst und Sprache die Regeln der Herrschaft durchsetzen. Soweit die Theorie, der seine Praxis kunstvoll entkommt.

Dort wird selten aufgeklärt, eher überrascht. Die Pointe, das Unvorhergesehene, das dann doch wie erwartet kommt, bleibt Handkes erfolgreichster Kunstgriff. Irgendwann opfert sie fast jeden Text ihrem Autor. Denn sobald so eine Pointe klappt, lenkt sie den Blick unweigerlich zurück auf den, dem das Klappen gelang, auf Peter Handke: Zungenschnalzen, Applaus.

Hier kommt Kunst noch immer von Können. So finster es in den Texten auch zugehen mag (sie handeln mit Vorliebe von Mord, Gewalt und Bränden), einer, der Könner und Veranstalter selbst, der auch die Finsternisse blendend formalisiert, bleibt immer im Rampenlicht. Abwesend mag Handke, die Privatperson, in seinen Texten sein, als Künstler aber tritt er Seite für Seite in ihnen auf. Was Untersuchung sein möchte, wird Kunststück, und solche Kunststücke entzücken. Ob dieses Entzücken irgendwann einmal auch Handke stören wird?

Denn sein Image, seine Rolle, folglich sein Erfolg stehen den radikalsten Absichten seiner Theorie im Wege, falls er mit denen je Ernst machen sollte. Befreiung durch Kunst, der Künstler als der Schwerkraft enthoben, Jongleur, Virtuose, die stellvertretende Freiheit des Künstlers – das sind die am schönsten verblödeten Illusionen hinter allen anderen, die Handke fortwährend aufzuheben verspricht, doch gerade die erfüllt er.

Auf ein Talent immerhin ist bei ihm Verlaß: er ekelt sich vor dem, woran sich andere gewöhnen, vielleicht also irgendwann auch vor dem

Beifall. Vielleicht reflektiert er, statt weiter die gesellschaftliche Rolle von Bedingungssätzen oder Bühnenstatisten, auch einmal seine eigene. Vorerst ist er noch auf dem besten Wege, zum Kulturprachtexemplar, Schulbuchautor, Dissertationsgegenstand, kurz: zu einem bürgerlichen Jungklassiker zu werden. Frage: Wie entzieht man sich, ohne zu verschwinden?

(1969)

Wozu Dichter?
Kursbuch 15

Als er vor Jahren in eine Fehde verwickelt war mit irgendeinem älteren literarischen Herrn, als man ihn damals warnte, auch er und wir, auch unsere Generation hätte bald die Offensive einer jüngeren zu erwarten, da soll Hans Magnus Enzensberger geantwortet haben: »Dann wird aber gekämpft werden.«

Es ist soweit, längst. Spätestens, seit an jenem schläfrigen Nachmittag in Princeton der damalige Knabe Peter Handke aufstand und zart allerhand Aufsässiges über den literarischen Bewußtseinsstand der »Gruppe 47« aufsagte, seitdem spätestens darf von zwei Generationen junger deutscher Literatur gesprochen werden, von denen nur noch eine dem Geburtsdatum nach jung ist.

Geradezu rücksichtsvoll dürfen jene jüngsten Schriftsteller genannt werden, die schlichtweg ignorieren, daß es kürzlich in Deutschland schon eine Literatur gegeben hat, für die alles vor ihnen Luft ist. Aber auch Ausbrüche von je nachdem dumpfem oder fröhlichem Ekel werden immer häufiger laut. Der Dichter Rolf Dieter Brinkmann hat es uns kürzlich gedruckt und ausführlich wissen lassen, daß er die »häßlichen, zynischen alten Männer des Kulturbetriebs« geradezu »haßt«, und er zählte zu diesen ältlichen Bossen immerhin schon Peter Bichsel und Jürgen Becker. Drei Tage später dekretierte ein etwa zwanzigjähriger Zorn in *konkret*, daß Kritiker wie Vormweg, Heißenbüttel, Mayer, Blöcker, Baumgart, Michaelis, Weber, Holthusen »und alle anderen auch« (!) nur die »Sprachverwalter Ranickis« wären.

Mein Gott, da meinten wir doch, wir hätten uns bemüht, ein paar Unterschiede zwischen uns, diesem und jenem, sichtbar zu machen. Doch diesen jungen Leuten stinken wir aus dem Mund wie Insassen eines Altersheims, allesamt gleich. Wer nun wehrt sich dagegen, wer beginnt zu »kämpfen«?

Hans Magnus Enzensberger jedenfalls nicht. Er spielt seit einiger Zeit – ein Käfer, der auf dem Rückenpanzer liegt, Beine nach oben –, als Literat »tot«. Offenbar ist ihm wie manchen anderen inzwischen etwas Schlimmeres aufgestoßen als nur Literaturprobleme (zum soundsovielten Male das Neueste gegen das Neue, Jung gegen Halbalt), nämlich: die Problematik der Literatur selbst. Denkwürdiger als damals Handke oder jetzt Brinkmann werden auch ihm jene SDS-Studenten vorgekommen sein, die ein Jahr nach Princeton die »Gruppe 47« im Sprechchor begrüßten mit »Dichter! Dichter! Dichter!«.

In dieser Situation hat Enzensberger in der Kursbuchserie ein Literaturheft herausgegeben, aus Verlegenheit und Aggression merkwürdig gemischt, das summa summarum belegen soll, daß und warum der Herausgeber selbst sich von der Literatur verabschiedet hat. Nicht etwa, weil er sich nicht zu »kämpfen« traute, sondern weil es (für ihn) gar nichts mehr zu verteidigen gibt, weil (für ihn) die politische Situation die Wirkungsmöglichkeiten der bisherigen Literatur außer Kraft gesetzt hat. Das möchten in diesem Heft vierstimmig drei Autoren gemeinsam mit dem Herausgeber beweisen: Yaak Karsunke, Karl Markus Michel und Walter Boehlich.

Am wenigsten radikal, fast gemütlich geht es bei Karsunke zu. Er zitiert seinen Brecht noch wie einen Kirchenvater. Er mißtraut nicht etwa der Literatur schlechthin, sondern empfiehlt ihr nur den richtigen Klassenstandpunkt, eine Fortsetzung also der roten twenties, ganz als wären seitdem im literarischen Himmel wie auch auf Erden keinerlei linke Illusionen dahingeschieden.

Von Walter Boehlich wiederum liegt dem Band auf vornehm braunem Packpapier etwas nahezu Gedichtetes bei. Etwas Gedachtes hätte ich gerade von ihm lieber gelesen. Streng und vage ist in diesem »Autodafé« die Rede von allerlei »Totem« (Bürgertum, Gott, Kunstwerk etc.) und noch vager wird ein gegen diesen Tod anknospendes »Leben« beschrieben: »das Unbürgerliche, Gegenbürgerliche als das Neue und Künftige«. »Frühling, ja du bists!« –, aber das sind keine schlechten Zeiten, in denen manchem von uns noch einmal spät der Schillerkragen aufplatzt.

Ernst wird es erst bei Michel, auch hier wieder der Primus in Analyse. Er macht tatsächlich die Finsternis hell, in der heute jede auf unmittelbare gesellschaftliche Wirkung noch hoffende Literatur steht. Zum ersten Mal liest man da auch systematisch erklärt, inwiefern die neuesten Techniken der politischen Demonstration und Provokation die Literatur eben nicht nur politisch, sondern erst recht ästhetisch überholt haben, daß also die Pariser Wandinschrift »La poésie est dans la rue« beileibe keine Phrase war. Diese Auslegung läßt sich nicht mehr zusammenraffen, sie sollte Satz für Satz nachgelesen werden.

Nur, wie immer in Aufsätzen Michels, auch darin ein Musterschüler der Frankfurter Schule, erreicht auch diesmal seine Kritik ein Niveau von desillusionierenden Einsichten, von dem ihr der Absprung in die Praxis nicht mehr gelingen will. Auf die Frage: Was nun, was tun? findet der Autor für die von ihm in Grund und Boden analysierten Literaten keine Antwort.

Da ist Enzensberger selbst vorlauter und das heißt auch schon unvorsichtiger. Doch zunächst läßt auch er, nicht ohne schadenfrohe Brillanz, die Literatur spießrutenlaufen durch seine Argumente. Sein Fazit: es gibt keine revolutionäre Literatur, auch und gerade die progressive ist sozial harmlos, nutz- und aussichtslos.

Darauf folgt ein eher aschgraues Ende. »Bescheidene, ja geradezu dürftige Vorschläge«, sagt Enzensberger, hätte er jenen Schriftstellern zu machen, »die sich mit ihrer Harmlosigkeit nicht abfinden können, und wieviele werden das sein?« Sie nämlich sollten künftig lieber eine aufklärerische Nutz- und Zweckprosa schreiben, wie etwa Ulrike Meinhof in ihren Kolumnen, Wallraff in seinen Industriereportagen, Nirumand in seinem Persienbuch. Raus aus dem Magiermantel, Ornat, Clownskostüm, rein in den Arbeitskittel. Es klingt so logisch und weltfremd wie alle Vorschläge vom grünen Tisch der grauen Theorie.

Feiert da nicht der Glaube an die Allmacht des Dichtervermögens unverhofft fröhliche Urständ? Als könnte, wer mit Sprache umgeht, auch alles zur Sprache bringen. Es gilt immerhin, sagt Enzensberger, die »politische Alphabetisierung Deutschlands«. Weniger appetitlich formuliert, kam von Sartre vor Jahren ein ähnlicher Vorschlag. Damals hieß es schlicht und herb nur, vielleicht sei es an der Zeit, »auf Literatur zu verzichten, um sich der Erziehung des Volkes zu widmen«. Wandelt euern Sinn –, es klingt zu spätchristlich, idealistisch schön und unwahrscheinlich. Nichts spricht dafür, daß Belletristen nur aus privater, moralischer Einsicht, ohne Druck und Nötigung von außen, sich zu Sozialmissionaren bekehren werden. An Enzensbergers Vorschlag ist nichts vernünftig als nur seine leere Konsequenz.

Doch hätte dieses *Kursbuch* ja die Probe aufs Exempel liefern, also Arbeiten von Autoren sammeln können, denen es auf Kunst nicht mehr ankommt, sondern nur noch um jene Alphabetisierung geht. Nichts dergleichen. Was sich in dieser Nummer 15 zusammenfindet, ist niveauvoll das Übliche, dies und das für jeden was.

Zum Beispiel: eine dürre Montageprosa, aber auch vier Schubladengedichte der Bachmann, etwas aus der Schule von Borges, etwas aus der Schule Brechts, ein schöner Essay des Schweden Lars Gustafsson über phantastische, vier schöne Kurzessays des Chinesen Lu Hsun über revolutionäre Literatur. Wahrhaftig eine pluralistische Schlachtplatte, ein Museum. Jedes ausgestellte Stück neutralisiert jedes andere.

Das Angebot ist kulinarisch wie eh und je und scheint die Literaturbedenken des Herausgebers und seiner Eideshelfer nicht ganz ernst zu nehmen.

Sicher kommen auch ein oder zwei Entdeckungen vor, so die in der Sowjetunion noch nicht veröffentlichte Kurzprosa des Russen Daniil Charms. Aber nichts kommt vor, was nicht auch in jedem beliebigen Heft jeder beliebigen deutschen Kulturzeitschrift auch vorkommen könnte, nichts eben, was den destruktiven Thesen Michels oder Enzensbergers standhalten könnte.

Lauter zeitgemäße Zeugnisse also einer anspruchsvollen Exklusivkultur. Auch ein (wahrscheinlich) von Mao verfaßtes Gedicht, auf dem Goldtablett eines Kommentars von Joachim Schickel gereicht, wird politisch durch nichts weiter bedeutsam als dadurch, daß es offenbar Mao selbst geschrieben hat. Es könnte auch, mindestens in seinem deutschen Wortlaut, das Gedicht jedes beliebigen anderen tätigen, weltaufgeschlossenen Greises sein, in bester Goethe-Nachfolge.

Und schließlich, letzte Probe aufs Exempel: Enzensberger selbst hat für dieses Heft noch Abschnitte aus dem Lebensbericht eines 104jährigen cubanischen Negers »ausgewählt, eingerichtet und übersetzt«, wie es anmutig heißt. Wer diese »Einrichtung« dann mit einer wortgetreuen Übersetzung vergleicht, staunt über ihre Freiheiten und Tendenzen. Sie schnitzt uns diesen Neger zurecht zum schwarzen Rübezahl. Aus einem rauhen und authentischen Dritte-Welt-Protokoll wird eine Serie von belletristischen petits fours, hübscheste Schöne Literatur.

Trotz aller ernüchternden Einsichten, auch Enzensberger ist die Schönschreib-, die Allerleirauhhand noch nicht verkümmert. Sich über solche Widersprüche zu amüsieren, wäre so einfach wie kostenlos. Die Verwirrung steckt schließlich in der Sache selbst, in einer Kultur, die als totgesagte geschäftig weiter in Betrieb gehalten wird. Wen diese Verwirrung nicht ansteckt, der hat nicht etwa den klareren Kopf, sondern womöglich gar keinen.

Dafür gibt es Paradebeispiele im Überfluß, Kritiker, die in Wahrheit nur noch Kulturattachés sind, die immer noch gedankenvoll gedankenlos die wahrscheinlichen Fortschritte dieses vierten Buches jenes PP gegen die offensichtlichen Mängel seines dritten abwägen, die spaltenlang mit der bangen Frage ringen können, ob nicht die fünfziger Jahre doch technisch reiferen Chopin-Interpreten-Nachwuchs ausgestoßen haben als die sechziger, oder auch umgekehrt, denen über alles wortreich bange werden kann, nur nicht über sich selbst und ihre Rolle.

Trotzdem, die Frage bleibt, warum der Aschermittwoch der Literatur, der in diesem *Kursbuch* eingeläutet wird, theoretisch so grau ausgefallen ist und praktisch so folgenlos blieb. Eines, scheint mir, fällt diesen hellerleuchteten Köpfen, Michel wie Enzensberger, nicht auf: wie sehr sie selbst noch jenen bürgerlichen Literaturerwartungen aufsitzen, deren Frustrationen sie peinlich nachweisen. Denn wer vor den Bürgern des 18. Jahrhunderts hätte je so dringend wie diese auf den nachweisbaren Nutzen der Literatur gepocht, auf ihren, um es deutlicher und bürgerlicher zu sagen: gesellschaftlichen Profit?

Es sieht so aus, als wäre auch dieser kulturelle Lieblingswunsch des Bürgertums nicht mehr erfüllbar. Doch warum rechnen uns dann ausgerechnet Linke mit so viel Hohn oder Niedergeschlagenheit immer wieder vor, daß und warum Kunst und Literatur eben keine tauglichen Instrumente zur aufklärerischen Erziehung des Menschengeschlechts mehr seien? Diese offenen Türen sollten, wenn schon, dann doch mit mehr Heiterkeit gestürmt werden.

Es sieht so aus, als hätten alte Herren wie Marcuse und Bloch oder längst Verstorbene wie (der von Enzensberger zitierte, aber links liegen gelassene) Karel Teige und auch Walter Benjamin längst fortschrittlichere und vor allem aktuellere Kunsterwartungen formuliert. Zu deren Wünschen und Prognosen nämlich paßt, was in den jüngsten Unternehmungen der Literatur, des Kinos oder auf Documenta und Biennale noch undeutlich rumort.

Es sieht so aus, als hätten sich nur die kritischen Funktionen der Kunst tot gelaufen, als würden aber ihre utopischen Aufgaben endlich wieder neu wahrgenommen. Es ist nicht nur denkbar (bei Marcuse, bei Bloch), es scheint sogar möglich, daß auch Literatur künftig nicht mehr dadurch politisch wirken wird, daß sie kritisch Aufklärung betreibt, sondern eher, indem sie Hoffnungen aufschreibt, also Zustände von (man wagt es kaum auszusprechen) Zukunft, Glück, Freiheit, Humanität entwerfen hilft, die von der gegenwärtigen Gesellschaft verweigert werden.

Womöglich, daß sie dabei trivialer wird, weniger exklusiv, schlimmstenfalls populär, möglich, daß sie übermorgen schon mehr an Chaplin, Jules Verne, Henri Rousseau oder sogar Karl May erinnern wird (für den sich Bloch oder Arno Schmidt als Leser nie zu gut waren) als noch länger an Brecht, Pound oder Beckett. Wird das sehr schlimm sein und für wen eigentlich?

(1968)

Anderthalb Jahre sind vergangen, seit im *Kursbuch* zwischen und in den Zeilen die Literatur tot gesagt wurde, und die Literatur, wie zu erwarten, hat sich inzwischen weder als eindeutig tot noch eindrucksvoll lebendig erwiesen. Nun tritt das neueste *Kursbuch* an und verspricht ganz allgemein »Über ästhetische Fragen« zu unterrichten, handelt aber zum guten Teil nur von Literatur.

Das ist weniger komisch als schade. Kann eine notorisch linke Zeitschrift so tun, als wäre im letzten Jahrzehnt in der Musik nichts geschehen, was die Marktunterscheidungen zwischen E und U, die kritischen zwischen bedeutend und trivial, zwischen Kunst mit und Kunst ohne Klassenbarriere immer hinfälliger macht? Gibt es nicht auch in Deutschland Filme, Filmkritik, Kinotheorie, die ihren literarischen Pendants an politischer und ästhetischer Bewußtheit weit voraus scheinen? Wären für eine gesellschaftlich interessierte Ästhetik Thesen etwa über Architektur nicht doch ergiebiger als schwermütig Gescheites zur Ichkrise bei Swift und Handke?

Am auffälligsten an diesem Heft sind also seine Lücken, und was tatsächlich in ihm steht, macht diese Lücken nur um so auffälliger. Einzig Martin Walser scheint vom Allerneuesten etwas anfassen zu wollen, aber wirklich nur die äußersten Zipfel: er macht mit seinem Aufsatztitel traurig ernst, schreibt also streng nur über *Die neueste* Stimmung *im Westen*, beileibe nicht über die ästhetischen Produkte, die sie doch reichlich hervorgebracht hat.

Für ihn sind diese John Cage, Leslie Fiedler, Jonas Mekas, Frank Zappa und Genossen offenbar ein neuer Schlag von Playboys, die also nur existieren in jenen Gesten, Anekdoten, Aperçus, auf die allein er reagiert. Wenn so Autoren reduziert werden zu Stimmungsmachern, fällt es leicht, gegen ihre angeblich faschistoiden Stichworte linke Stimmung zu machen. Zu schnell wird da Irrationalismus wieder einmal gereimt mit Faschismus, eine Halbwahrheit, deren Dogmatisierung den Faschisten schon einmal nicht ungelegen kam. Sie konnten ungestört das gesellschaftliche Unterbewußtsein für sich mobilisieren.

Nur: Walser ist so entschlossen gar nicht, wie einige seiner schmetternden Trompetensätze klingen, die von Entschlosseneren schon wieder als ex cathedra zitiert werden gegen das, was sich »neue Sensibilität« nennt. Seine Polemik löst sich gegen Ende auf in die allersympathischsten Hamletgesten und masochistische Generalzweifel: »Vielleicht sind wir alle bloß bürgerliche Literaten mit Spielneigungen.«

Genau genommen wird hier auch gar nicht »die neueste Stimmung im Westen« abgefertigt, vielmehr nur R.D. Brinkmanns Underground-Anthologie *ACID*, aus der fast alle Zitate stammen. Daß aber diese Blütenlese nicht einmal die neueste Stimmung in Köln ausstrahlt, sondern Brinkmanns höchsteigene Amerika-Vision, hat Siegfried Schober in der *Zeit* schon lang und breit bewiesen.

Handke wiederum, Walsers zweiter Mustergegner, läßt sich für irgendwelche neuesten Stimmungen schwerlich haftbar machen, es sei denn als ihr gut informierter Konsument. Seine eigenen Schriften jedenfalls sind nicht umsonst die Lieblingsgegenstände gebildeter Kritik und »aufgeschlossener« Germanistik: sie strotzen vor Abendland, haben jede nur wünschbare Rückendeckung bei Kleist und Hofmannsthal und Kafka und Camus und Wittgenstein.

Walser immerhin hat reagiert auf neue Sensibilität und neue Romantik, die am deutlichsten in amerikanischer Literatur und englischer Musik die ästhetische Szene verändert haben, in jenen beiden Ländern also, deren Städte und Natur vom frühen und vom späten Kapitalismus am hemmungslosesten ästhetisch verwüstet wurden. Doch die übrigen Züge in diesem Kursbuch, wohin fahren denn die? In die Zukunft?

Von Yaak Karsunke hofft man etwas zusammenhängend Gedachtes, praktisch Benutzbares über das Straßentheater zu hören, doch er rezensiert nur unendliche Zeitungsmeldungen und Zeitschriftenbehauptungen zum Thema, engagiert sicher, geistreich auch, aber für wen? Nützlicher, für Eltern und hoffentlich einige Lehrer, liest sich Klaus Roehlers Exkurs über die autoritären Dressurverfahren deutscher Sprachlehren. Neu allerdings sind seine Ergebnisse nicht, was nur heißt: das hätte besser in einem weniger exklusiven Medium, nicht nur für ohnehin Unterrichtete und Einverstandene veröffentlicht werden sollen.

Aus anderen Analysen des Hefts dagegen, über Warenästhetik und den bürgerlichen Staat als Kunstwerk, führt kaum noch irgendeine Konsequenz zurück zur Praxis. In solchen pompösen Begriffsspielen sargt die Neue Linke ihre Intelligenz noch immer gern ein. Ihre Gegner, die theorielosen, dafür erfolgreichen »Praktiker« können sich amüsieren.

Wären nicht die beiden letzten Aufsätze, Enzensbergers und (riskanter, bunter) Eckhard Siepmanns Thesen über die elektronischen Medien und ihre Bedeutung für eine neue sozialistische Strategie. Hier werden die Ansätze von Benjamins Film- und Brechts Radio-Theorie endlich verlängert, der Begriff »Ästhetik« also zeitgemäß erweitert, damit aber wieder auf seine ursprüngliche Bedeutung gebracht: Wahrnehmung.

Vor allem Enzensberger zielt auf den defaitistisch gewordenen Ab-

scheu vor der Bewußtseins-Industrie, jene Berührungsangst gegenüber den »manipulierenden« Medien, die Kulturkonservative und Kulturrevolutionäre merkwürdig einigt: »Die elektronischen Medien räumen mit jeder Reinheit auf, sie sind prinzipiell ›schmutzig‹. Das gehört
zu ihrer Produktivkraft.« Aber eben diese, so wird gezeigt, ist derart
expansiv, daß sie sich jeder zentralisierten Kontrolle immer deutlicher
entzieht. Ob Kabel- oder Kassettenfernsehen, Lernmaschinen, Kopier-
automaten, Datenbanken etc. –, dieses Kommunikationssystem ist im
Wesen einer hierarchisch verfaßten, immer noch in den nicht umkehr-
baren Begriffen »Sender« und »Empfänger« denkenden Gesellschaft
längst voraus. Genau dieser Widerspruch, so Enzensberger, muß genutzt werden, wäre zu lösen nur durch radikale Demokratisierung.

Ansatz, Ton und Ziele dieser beiden Aufsätze sind optimistisch, ihre
Folgerungen utopisch. Kein Wunder, wenn da manches vorlaut und
bei aller Energie auch unrealistisch klingt. Bis hin zu Enzensbergers
Aufsatz ist das Heft voll von defensiver Melancholie, schneidendem
Ekel, fruchtlosem Bescheidwissen. Solche Ausdrucksformen beherrschen linke Intellektuelle, dabei stürzt keiner ab. Riskanter bleibt es, offensive Vorschläge zu machen, nützlicher auch.

Vorerst allerdings ist die Begabung, den Umriß einer nachbürger-
lichen Gesellschaft lieber aus dem frühen Marx herauszulesen als aus
ihren gegenwärtig schon gegebenen Bedingungen, immer noch reich
entwickelt. Eine der Folgen: man arbeitet an der Basis im Stil des
19. Jahrhunderts (mündliche Agitation, Hektographie, »Linie«) und
verbringt dann die Freizeit mit den Angeboten des fortgeschrittenen
Überbaus (Kino, Fernsehen, Stereo, »Zerstreuung«). Mehr als nur ein
Fünftel *Kursbuch* über aktuelle Ästhetik hätte also gut getan.

(1970)

II.
DIE SIEBZIGER
JAHRE

Das Private ist politisch

Martin Walser, der Autor der Gallistl'schen Krankheit, *Anfang der siebziger Jahre Sympathisant einer Literatur der Arbeitswelt und mindestens des kultur-politischen Kurses der damaligen DKP, er arbeitete zur gleichen Zeit auch als Lektor mit Ingeborg Bachmann an ihrem Malina-Roman. »Dafür wird man kämpfen müssen«, sagte er am Ende, entschlossen und traurig. Denn natürlich wußte gerade er, wie stolz und weit weg von allen damals gängigen Literatur-erwartungen sich dieses Buch geschrieben hatte.*

Die frühe Anekdote beweist nur, was erst viel später ins Auge fiel: daß die Literatur damals durchaus nicht so gespalten war in feindliche Richtungen, wie es zunächst schien, wie der nun einsetzende Kampf mit den Schlagworten »Neue Sensibilität« oder »Neue Innerlichkeit«, bald positiv, bald negativ be-setzt, wahrhaben wollte. Rückblickend nämlich scheint nahezu alles, was da-mals geschrieben wurde, unverabredet und auch gegeneinander, doch klamm-heimlich miteinander verbündet. Als ginge es diesen unvergleichbaren Auto-ren, Brinkmann, Vesper oder Karin Struck, den Walser, Bachmann oder Handke, doch um ein gemeinsames Projekt, um »die erdabgewandte Seite der Geschichte«, wie Nicolas Born seinen ersten Roman nannte. Nicht weltflüch-tig ist die wütende, die radikale Privatheit dieser Bücher, wohl aber forschend unterwegs auf der Kehrseite offizieller Öffentlichkeit.

Gesang, Attacke, Rückzug
Ingeborg Bachmann: *Malina*

Gibt es das: ungelesene Bücher, die man trotzdem fast schon begreift, denen man halb schon glaubt und halb noch mißtraut, über die man mit einigem Zögern sogar mitzureden beginnt – und das alles, ohne mehr als nur einige Zeilen zerstreut in ihnen gelesen zu haben? Für mich war in diesem Frühjahr *Malina* ein solches Buch, das ich besprochen las und diskutiert hörte, anwesend wie ein Gerücht, ein Gespenst und Gespinst aus sekundären Meinungen, so anwesend immerhin, daß ich auch vor der Lektüre unwillkürlich eine Meinung darüber bekam, eine festere, so stellt sich nun heraus, als danach. Am besten weiß man doch immer Bescheid ohne Erfahrung.

Ich wußte zum Beispiel, was diese Malina-Figur *bedeutete*, bevor ich gelesen hatte, wie Malina *ist*. Ich sah auch hinter dem ungelesenen Buch schon seinen alten, radikal bürgerlichen Grundriß, den Plan einer Passionsgeschichte, in dem eine scheiternde Liebe sich wieder einmal aufwirft als Indiz einer falschen Weltordnung, eine von *Werther* und *Kabale und Liebe* bis hin zu Tschechow, zu Böll, der Duras oder Nabokov noch immer nicht leergeschriebene Klageformel, für die kaum eine imaginierte Zukunft, eher eine geträumte Vergangenheit den Goldhintergrund abgibt: die Vorstellung vom Paradies zu zweit als der Heimat einer konfliktlosen, idyllischen Erfüllung aller individuellen Bedürfnisse.

So durchsichtig und klar, so durch Begreifen erledigt, sieht das Buch nach der Lektüre nicht mehr aus. Sicher, was hier zur Sprache kommt ist nicht »Neue Sensibilität«, sondern durchaus die alte. Worte wie »Wehmut«, wieder einmal wortwörtlich verstanden, wie »Heimweh«, wieder ohne Butzenscheibenschimmer, als romantische Kategorie begriffen, sie treten dem Buch nicht zu nahe. Ruhig und exaltiert – er besteht aus solchen Widersprüchen –, legt sich dieser Roman quer zu den Erwartungen, die heute an Literatur gestellt werden, verläßt sich auf eine literarische Subjektivität und Empfindsamkeit, die überwunden schienen und mindestens verdrängt waren. Hier macht jemand erzählend die Perspektive so eng, ist so exklusiv nur mit Introspektion beschäftigt, so jenseits vom Kreisverkehr gesellschaftlichen Nutz- und Zweckdenkens, daß man lesend jedesmal aufschrickt, wenn im Romantext die harmlosesten Gegenwartssignale auftauchen, wenn »Ata oder Imi gekauft«, wenn ein »Wagen abgeschmiert« werden soll –, das scheinen dann Winke von einem fremden Stern. Gerade das Gewohnte und Alltägliche, die »realistischen« Details treten merkwürdig gespenstisch, unwirklich in dieses Buch.

Nur zu bald wird nämlich klar, welcher Kunstverstand und -aufwand nötig ist, um reine Subjektivität heute noch zum Sprechen zu bringen: eine Künstlichkeit von fast allegorischem Zuschnitt. Auf den ersten Seiten werden zwar die dramatis personae vertraulich als Zeitgenossen vorgestellt, werden Ort und Zeit genau definiert, alles wird festgemacht an heutiger Wirklichkeit, doch so besorgt, fast pedantisch, als sollte das Wesentlichste gerade verborgen werden, daß nämlich hier keinerlei Widerspiegelungskunststücke versucht, daß Wien und Gegenwart nur eingerichtet werden als Spielfeld. Was darauf ausgetragen wird, könnte auch in anderen Zeiten und Kostümen unterkommen, widerstandsloser sogar. Aber gerade auf solche Spannungen zwischen erzählter Innenwelt und nur noch wahrgenommener Außenwelt ist der Roman angelegt und angewiesen. In seinem Vordergrund bewegen sich planvoll vier Figuren, das erzählende Ich und Malina, Ivan und der »dritte Mann«, deren Rollen fast allegorisch auf einen Begriff zu bringen wären, doch wirklich wird dieses viel zu rein entworfene Erkenntnisspiel eben erst durch einen Hintergrund, der fortlaufend – stört. Wie wenig dieser Roman spekuliert auf irgendwelche realistische Plausibilität, verrät drastisch erst sein Ende: eine »Ermordete«, so ergibt sich nun, hat hier die Geschichte ihrer eigenen Ermordung geschrieben, eine Geschichte also, die sich keineswegs auf ihre Wahrscheinlichkeit, sondern nur noch auf ihre Evidenz berufen kann.

Doch selbst an der Exposition fällt schon auf, wie schnell, wie zielstrebig, wie konstruktiv und künstlich sie erledigt wird. Für ihre ganze Jugend setzt die Icherzählerin stellvertretend nur zwei heftige Erinnerungen, die an den ersten Schlag ins Gesicht und die an den ersten Kuß. Von der Fortsetzung, der Ausweitung dieser beiden Erfahrungen, man ahnt es, wird nun berichtet werden, und tatsächlich: *Glück mit Ivan*, das erste Kapitel, erzählt die Hoffnung auf weltverändernde Liebe, *Der dritte Mann*, das zweite, dringt in eine Gegenwelt der Gewalt, der Angst und des Hasses, worauf der dritte Teil dann Thema und Gegenthema, Traumparadies und Höllentraum zusammen- und gegeneinanderführt –, ein Aufriß von musikalischer Logik, einer Rationalität mindestens der Form, die allen sprengenden oder zerflatternden subjektiven Inhalten von vornherein Grenzen setzt.

Denn Subjektivität, das bedeutet hier nicht mehr wie in den Erzählungen des *Dreißigsten Jahrs*, daß die Erzählerin zwar »ich« sagt, aber dieses Ich doch vorsichtig unterbringt in erfundenen, fast immer männlichen Rollenpersonen. Hier nämlich fängt ein Ich zu reden an, das mit der Autorin, mit Ingeborg Bachmann zusammenfällt bis fast zur Identität, und dieses erzählte, scheinbar so private Ich, das sich mit Ivan nicht nur die Insel der Seligen, eine Utopie für zwei erfindet, sondern wie schon im *Guten Gott von Manhattan* Liebe als weltveränderndes Projekt entwirft, tritt nicht mehr wie früher fast eigenschaftslos heroisch auf, nur auf diesen einen Anspruch konzentriert. Helden in diesem alten, reinen Sinn, das waren der Richter Wildermuth oder Undine oder der Vater in *Alles*, und ihr Denken und Handeln vollzog sich in einer Sprache, die Aktion sein wollte und war: lyrische Forderung, lyrische Anklage. In *Malina* dagegen wird eine durchaus vergleichbare Geschichte ständig relativiert und gebrochen durch die Person, die sie vorträgt, läuft über lange Strecken in einem zutraulichen, temperierten Parlando, zart beschädigt sogar durch Komik. Zum ersten Mal erzählt die Bachmann hier eine Hauptperson von nicht mehr lyrischen Dimensionen, die also mehr ist als nur die Stimme eines Anspruchs, zum ersten Mal macht sie eine Bekenntnisfigur sichtbar von außen, als ein Ensemble kleiner, auch lächerlicher Züge, zeigt ihre epische, prosaische Wirklichkeit, ihre Bedingtheit trotz aller Unbedingtheit, ihr Pathos gebrochen durch Ironie. Auch hier wird immer noch rebelliert gegen die Beschaffenheit dieser Welt, doch die Widerstände gegen diese Rebellion fallen nicht mehr nur von außen in die Geschichte, sie sind in ihren Vortrag selbst schon eingetragen, und das nicht nur, weil dieses erzählende »Ich« und dieser »Malina« sich schließlich zu erkennen geben als zwei Namen für die romantische und die realistische Vernunft ein und derselben Person.

Denn dieses Ich, im Kopf so groß und wild träumend, macht sich in seinem Alltag auffällig klein. Demütig, mit schon kindischer Freude beschreibt es, wie es Ivan, dem Erlöser, seine hausfraulichen Handreichungen andient, mit Wurstbroten und Drinks, fleckenreibend und schuheputzend sich angenehm machen will. Was Frauen sonst, in ihrer Rolle schon untergegangen, wie bewußtlos erledigen, das allerdings wird hier zelebriert, wie eine besondere, bedeutungsvolle, feierliche Leistung auffällig gemacht und hervorgehoben. Unter der Freude am Dienen bleibt unaufgelöst das Staunen über diese Freude, solche Unterordnung. Das erzählende Ich stilisiert sich als Kind, das die traditionelle Rolle der Frau einübt, ernst und ungeschickt.

Infantilität, Lust zur Regression – man weiß es nicht erst seit der *Blechtrommel* –, das können Muster des offenen wie des latenten Aufbegehrens gegen alle Zumutungen erwachsener Normalität sein, gegen das scheinrationale, bewußtlose System dessen, was »man« eben muß und darf und soll. Unter genau diesen Standards des normalen Benehmens möchte auch dieses Bachmann-Ich ständig wegschlüpfen. Verständnislos stellt es sich gegen übliche Interviewfragen, entwirft hemmungslose Briefe, die in keinem Briefsteller vorgesehen sind, benimmt sich, so würde »man« sagen, peinlich und albern, oder, könnte man auch sagen, geradezu drollig: ein kostbares Kind eben, unfaßbar, unansprechbar durch Konventionen, eine »Prinzessin auf der Erbse«, verletzt, gekränkt, in Aufruhr gebracht durch scheinbare Selbstverständlichkeiten. »Ich bin die erste vollkommene Vergeudung, ekstatisch und unfähig, einen vernünftigen Gebrauch von der Welt zu machen«, so wird dieses Ich später ausrufen und sich, noch später, eine »Karikatur« nennen, »im Geist und im Fleisch«. Doch vorerst setzt es gegen die geltende Vernunft noch immer seine eigene, eine Kindermärchenvernunft: »Ein Tag wird kommen, an dem werden die Menschen schwarzgoldene Augen haben, sie werden die Schönheit sehen, sie werden vom Schmutz befreit sein und von jeder Last . . .« – mindestens durch das erste, das Ivan-Kapitel zieht sich diese nichts als poetische Verheißung in ungebrochenem Dur.

Nichts als poetisch, das heißt: hier verspricht eben nur noch die Verbform ein Futur. Magie, Heilung durch Aufruf, durch Beschwörung haben zwar auch die früheren Bachmann-Geschichten versucht, doch dort wurde immer erzählt von einer richtig *gedachten* Welt, die zwar an der wirklichen zugrunde ging, sich aber noch im Scheitern berufen konnte auf ihre idealistische Logik und hermetische Richtigkeit. Jetzt, ungleich ohnmächtiger, verkündet sich »richtige« Welt nur noch als etwas schön *Gedichtetes*, als schöner Text, und dessen Vision scheint trotz des inständigen Futurs kaum noch Entwurf einer möglichen Zukunft, eher eine Erinnerung an Utopie, romantisches Heimweh nach einem nicht mehr erhofften, nur noch geglaubten Paradies. Solcher Glaube, anders als früher das »richtig« Gedachte, kann mehr als nur scheitern: er kann sich durchstreichen und widerrufen. »Kein Tag wird kommen, es werden die Menschen niemals. Er wird die Poesie niemals . . . die Pest wird kommen . . .« – so wird dieser Widerruf im dritten Teil lauten.

Doch auch darin unterscheidet sich der Roman von den alten Erzählungen, daß seine Rechnung durchaus nicht rein aufgeht, daß er mehr enthält als nur das, was er beweisen möchte. Hier ist der Bachmann das Erzählte endlich so breit und reich geraten, daß es sich als Material nur für ein Exempel nicht mehr unterwerfen läßt. Die Geschichten im *Dreißigsten Jahr*, das war ihre Stärke und ihre Schwäche, verstanden sich fast in keinem Moment von selbst, wiesen in jeder Episode über diese hinaus auf das Quod erat demonstrandum, dem sie dienen sollten. Gerade die Ivan-Erzählung in *Malina* aber scheint dort am schönsten und selbstverständlichsten, wo sie absichtslos »bei sich« ist, nur ihrer eigenen Gegenwart und Realität vertraut und damit auch ihren eigenen, ihren Glücksbegriff von »heute« erfüllt, ein Stillstehen ohne Erinnerung und Hoffnung, ohne Vor- und Nachsicht, ohne Überblick, eine vollkommene Gegenwart, die mehr Paradiesgefühl vermittelt als alles schöne Reden über Paradiese. Auch das gehört ja zur Utopie der hier imaginierten Liebe, daß sie ein Zustand bleiben möchte und keine Geschichte haben will, weil Geschichte nur noch vorgestellt werden kann als Unglück, als Passionsgeschichte. Es kommt dazu auch hier, und zunächst, zu spät erschrickt man nur darüber, daß dieses schöne nunc stans sich überhaupt vorwärts bewegt, daß die Idylle sich verändert und damit keine bleibt. Langsam, fast unwahrnehmbar tritt Ivan aus der Erzählung zurück. Was die Erzählerin als eine vollständige, endgültige Welt, als Idylle eben entworfen hat, beginnt eine Episode zu werden, und schon, bevor die noch abgeschlossen ist, setzt das zweite Kapitel ein: »Der dritte Mann«.

Auf das, was jetzt zur Sprache kommen soll, ist raunend immer wieder hingewiesen worden, als auf etwas noch Unsägliches, auf eine Erinnerung, die »stört«, die immer wieder verdrängt wird. 67 aufwendig stilisierte Seiten beweisen nun, daß die Geschichte dieser Verstörung noch immer nicht erzählt werden kann. Denn nicht etwas Geschehenes wird hier aufgeschrieben, nur dessen Nachhall in einer langen Serie von Träumen. Solche Nacherzählungen von Träumen, das ist so banal wie erklärlich, sind eine Verlegenheit im Leben wie in der Literatur. Wer die Träume geträumt hat, glaubt mit ihnen das Allerdringendste so geordnet und wild mitzuteilen wie gerade noch zumutbar und langweilt doch fast immer die Zuhörenden, die sich durch wüst gestikulierende Bilderrätsel hindurchraten müssen. Denn nur die Bilder und Abläufe, nur das Material und die Strategie von Träumen lassen sich offenbar wiedergeben, kaum je der Traum als Aktion in des Wortes doppelter Bedeutung, als subjektive Veranstaltung und objektives Geschehen, als eine Explosion von Dichtung und Wahrheit.

So auch hier. Wer neugierig genug ist, kann diese Traumserie schielend, als autobiographischen Schlüsselroman der Autorin entziffern. Wer die Geduld aufbringt, kann auch an der Seite Malinas den Psychoanalytiker spielen und aus den Verkleidungen endlich die Botschaft ziehen, die nackt und monumental am Ende des Kapitels steht: »Hier ist immer Gewalt. Hier ist immer Krieg. Es ist der ewige Krieg.« Auf diesen Beweis hin ist also die Traumhölle mit dem »dritten Mann« erzählt worden, als ein zu blankes und grelles, zu erratbares Rätsel, als Mittelglied einer dreiteiligen Romankonstruktion. Nicht eine Erfahrung hat sich mitgeteilt, nur ihr Nachspiel ist inszeniert, ihr Resümee formuliert worden. (In einer Formel außerdem, die mit der Kriegsmetapher leichtsinnig den Sprung von privater Evidenz zu politischen Folgerungen wagt, die wie die Negativfassung der ahnungslos konservativen Behauptung klingt, daß der gute Zustand der Welt nur abhinge vom Anstand des einzelnen.)

Was nun als dritter Teil folgt – eilig präzise, irrlichternde Feuilletons, heiter auftrumpfende melancholische Dialoge, letzte Klageszenen, eine dissonante Mischung, ein dunkles Scherzo –, das wird zum Abgesang in jedem Sinn, als Zuendeführen, als Musik, als Abschied und Parodie. Männer und Frauen, Krieg und Frieden, der Zwang zur Normalität und das Recht auf die Ausnahme –, alle Themen und Motive werden noch einmal aufgenommen und durchmusiziert, als Gedankenmaterial behandelt, mit dem sich kunstvoll jede in Worte zu fassende Variation probieren läßt, in den Gesprächen mit Malina sogar mit allem Aufwand an crescendo, sotto voce oder con fuoco, mit preziös eingesetzten musikalischen Tempi- und Ausdrucksbezeichnungen. »Ich sage glücklich«, so setzt die Erzählerin ein, und sagt dann doch, daß alle Männer unheilbar krank wären. »Daß das Unglück der Frauen ein besonders unvermeidliches und ganz und gar unnützes ist«, sagt sie auch, aber auch das Schicksal der Briefträger, sagt sie, »ist ein ganz und gar unverdientes«. Nicht nur an diesen Stellen fällt sie in den pauschalen Weltabrechnungston Thomas Bernhards, den sie trifft mit dem bitteren, halben Ernst der Parodie, die sich ganz nicht mehr zu meinen traut, was sie da sagt, es aber immerhin noch sagen will.

Kein Zweifel, hier löst sich eine Erzählung auf in Gedankenmusik. »Es ist wieder das Heimweh und eine Parodie«, heißt es und gemeint ist damit Schönberg, aber genannt sind mit diesen Worten auch Tendenz und Mittel dieses Abgesangs. Nicht nur die Erzählung löst sich auf, nicht nur Ivan schwindet –, am Ende tritt auch die Heimweh-Erzählerin selbst aus der Welt und aus dem Buch – in einen Sprung in der Wand. »Es war Mord«, sagte sie als letzten Satz (aus der Wand): Klage und Anklage behalten das letzte Wort. Doch vor der Wand sitzt und läuft immerhin noch Malina, ihre Zweit- und Ersatzperson, ihr Nachfolger. »Ein Tag wird kommen, und es wird nur noch die trockene heitere gute Stimme von Malina geben, aber kein schönes Wort mehr von mir, in großer Erregung gesagt« – das ist die letzte Variation, in der die alte Märchenverheißung ausgesprochen wird, die einzige, die sich erfüllt. Ist die unannehmbar?

»Zurückgewichen in die Wand«, aus ihrer Haut und der Welt gefahren waren auch frühere Helden der Bachmann am Ende ihrer Geschichten. Die neue Metapher variiert nur ältere, das In-die-Luft-Gesprengtwerden im *Guten Gott von Manhattan*, Undines Flucht unter den Wasserspiegel. Sie wird auch zum Bild für die zynisch-melancholischen Schlußschwüre früherer Erzähler, die künftig zu leben versprachen »wie die Zeit es erfordert, halb für die wölfische Praxis, halb auf die Idee der Sittlichkeit hin«. Sollte, so hieß das, das Ganze ruhig das Wahre bleiben, diese abtretenden Helden jedenfalls würden nun ihre Kompromisse en detail schließen. Doch nie war nach solchem Abschwören ein Malina übriggeblieben, eine Person zwar ohne »schöne Worte« und »große Erregung«, bar jeder Ekstase, dafür gelassen und verläßlich, ohne eine Spur von resignativer Müdigkeit oder mit Kopf hoch getragener Frustration, nach allen verbalen und poetischen Utopien eine leibhaftige und prosaische, doch, würde die Erzählerin sagen (aus der Wand): eine männliche. Sie also, hat sie versprochen, wird ihre Romanreihe fortsetzen, weitere *Todesarten* erzählen, doch am Ende wird immer, hoffe ich, auch eine Art zu leben, ein Malina übrigbleiben. Er hat nicht nur diesem Roman den Namen gegeben: ich halte ihn, und treibe damit die Allegorie sicher zu weit, schlechthin für den Geist des Romans, einer Todesart der Poesie.

(1971)

Paradiesismus
Heinrich Böll: *Gruppenbild mit Dame*

Einerseits: hier wimmelt es nun wieder von Romanpersonen mit genauen Haar- und Augenfarben, mit Lieblingszigaretten und -getränken, mit kompletter psychologischer Inneneinrichtung. Sie stammen voneinander ab, verlieben und enttäuschen sich, durchlaufen Krieg und Frieden und die scheinbar folgerichtigsten Schicksale. Ist das nicht tröstlich für alle, denen man lange genug angedroht hat, daß es solche Erzählungen zum breit und satt Sichhineinleben bald nicht mehr geben werde?

Andererseits: es will hier aber so gar nichts ordentlich Rundes entstehen, keinerlei Kunstwerk, und nicht alles ist so realistisch wahrscheinlich, wie es auf den ersten trüben Blick aussieht. Der Erzähler nennt sich »Verf.« und entsprechend benimmt er sich: offenbar bewußt fahr- und nachlässig schüttet er oft Erzählinhalte wie aus unaufgeräumten Schubladen über die Seiten, oder er kramt, noch bewußter, nur noch Rechercheur, ein Beamter der Fakten, sich mit fast bürokratischem Umstand durch seine Geschichten.

Die Wahrheit zwischen Einerseits und Andererseits liegt nicht wieder nur langweilig in der Mitte, sondern läuft hinaus auf eine Warnung: sehr energische Kunstfreunde, ganz gleich ob vom experimentellen, konservativen oder apokalyptischen Flügel, von der Sprachlabor-, der Bock- oder Gärtnerfraktion, sie sollten dieses Buch lieber gar nicht erst betreten. Für sie ist hier nichts zu holen als billiger Triumph, das Abzählen von lauter Kunstfehlern. Rund herum um eine unordentlich, fast liederlich lebende Hauptperson hat Böll nämlich einen Roman geschrieben, für den folglich »zuchtlos« oder »ungeschliffen« keine schlimmen Worte wären.

Diese Hauptperson hat als Siebzehnjährige kurz vor Kriegsausbruch erst einen Richtigen falsch, nur platonisch geliebt, dann einen Falschen richtig geheiratet, schließlich mit dem falschen Richtigen, einem russischen Kriegsgefangenen, fast richtig zusammengelebt. Als der »Verf.« sich ihr auf die Spur setzt, ist sie achtundvierzig und für Männer seit einem Vierteljahrhundert unnahbar, wird als Russenhure noch immer beschimpft und soll gerade aus ihrer Geburts-, Jugend- und Lebenswohnung ausgewiesen werden.

Das sieht ganz wie ein verpfuschtes Leben aus, vor allem, weil der »Verf.« sehr dringend eines wahrscheinlich machen will: daß diese Leni P. ein »verkanntes Genie der Sinnlichkeit« war und noch ist. Kein Zweifel, der Roman soll Bölls Beitrag zu der in Wort und Bild überall kalt zelebrierten Sinnenlust, zur Pornographie sein, und das heißt natürlich: gegen sie. Während in ihr puritanisches Schuldgefühl bestenfalls nur verdrängt ist, soll hier der sinnlichen Unschuld, aber auch einem durch Nazis, Krieg und Restauration verschuldeten Lebenspech ein Schreibdenkmal gesetzt werden.

Trübe feierlich und schummrig traurig hört sich das an, und genau so geht es nicht zu in diesem Buch. Zwar tauchen fast alle längst bekannten Böll-Figuren, -Themen, -Milieus, -Sympathien und -Allergien wieder auf, doch die werden hier weniger mit Andacht als kauzig und verspielt in Pflege genommen und durchgehätschelt. Hier macht jemand, seiner selbst, seiner Themen, Mittel und Grenzen humoristisch bewußt, Potpourri und Inventur, wie schon in *Entfernung von der Truppe*, wie auch in *Ende einer Dienstfahrt*.

Wieder also die mit genauen, auch in ihrer Zweideutigkeit noch genauen Vorzeichen geordnete Böll-Welt. Wieder wird da alles aufgefangen in Sympathie, was sozial unten ist oder herunterfällt, wieder ist Erfolg verdrängte Humanität, die gesellschaftlich prämierte Tüchtigkeit schon psychologisch ein Schwindel, die klein oder groß verweigerte Anpassung ein Zeichen irdischen Heils. Wieder Nonnen und Jüdinnen, Deserteure, Kaufleute, Schöngeister und Kommunisten, Karristen und Dropouts, Schwadroneure und treuherziger Volksmund: ein Babylon an Stimmen und Briefen wird losgelassen, vielköpfig der Sockel zusammengesetzt für das Denkmal der schönen unscheinbaren Achtundvierzigjährigen.

Doch was erst nur eine Trauerarbeit schien, die Sammlung eben allen Umweltzubehörs für ein unter dem Druck von Faschismus und Kapitalismus auf nichts als Innerlichkeit zusammengeschrumpftes Leben, das verwandelt sich gegen Ende in die reinste Glücksmaschine. Der »Verf.«, eben noch ohnmächtig, nur Rechercheur, fährt plötzlich als Deus ex machina in die Geschichte, inszeniert seiner Heldin die Wohnungsräumung weg, spielt ihr nach fünfundzwanzig Jahren wieder einen Mann zu (wieder einen falschen Richtigen: einen türkischen Arbeiter), versorgt überhaupt alle noch überlebenden Figuren mit einem happy end, und um nicht selbst ganz leer auszugehen in dieser Lotterie, erfindet er auch sich noch eine Nonne und Germanistin, die er aus der römischen Haube und ins Kölner Leben küßt.

So bricht ein Roman, der scheinbar im hoffnungslosesten Realismus, in dokumentarischer Reproduktion einsetzt, schließlich aus ins Märchen, in die schönen und bloßen Versprechungen der Phantasie. Bölls Gruppenbild endet in »Paradiesismus«, zeigt einen friedlich anarchistischen Zirkel, baut einen utopischen Buchwinkel mitten in die Gegenwart. Wer dieses nur durch Phantasie produzierte Glück billig nennt, der gesteht damit auch ein, wie teuer ihm die Frustrationen sind, die eine nur realistische, nur kritische Literatur reichlich genug abwirft.

Wem aber dieses Ende nicht ärgerlich ist, den wird auch die sanft verschlampte Machart des Buches nicht lange ärgern. Denn während gerade bei »antiautoritären« Schreibern, bei Handke oder Wondratschek oder Fichte, die Sprache blitzt vor Schliff und Ehrgeiz, während der Arbeitsdruck, der sie hervorgebracht hat, auch beim Lesen oft nur noch Hirnkrämpfe auslöst, lassen sich Bölls unbemühte und -bekümmerte, von keinem Leistungs- und Formzwang zurechtgehämmerte Sätze so lesen, wie sein Buch endet: sorglos, entspannt, fast glücklich.

(1971)

Ein Heldendenkmal – wozu?
Hans Magnus Enzensberger:
Der kurze Sommer der Anarchie

Nein, Hans Magnus Enzensberger hat nicht seinen »ersten Roman« geschrieben, wie er oder sein Verlag oder beide uns jetzt weismachen wollen. Er hat aus dem Stimmengewirr der Augenzeugen und Zeitgenossen das Leben des spanischen Anarchisten Buenaventura Durruti zusammengesetzt und dann diese heftig splitternde Dokumentation mit acht Glossen zur Vorgeschichte, Geschichte und Nachgeschichte des spanischen Bürgerkriegs versehen –, was nicht weniger und nicht mehr, doch etwas ganz anderes ist als ein Roman.

Daß allerdings auch solche »Dokumente« nicht etwa Tatsachen mitteilen, sondern nur Ansichten, Prospekte dieser Person und ihrer Umgebung, daß also vor unseren Augen nicht dieser Durruti wiederhergestellt wird, dafür seine zitternde Spur in der Geschichte, in den Köpfen seiner Sympathisanten und Gegner, seine Legende also –, das wird nach wenigen Seiten klar und hält dieses Buch und auch den Leser in Spannung.

Denn diese Legende scheint zerrissen von Widersprüchen. Schon die mitgeteilten Fakten stimmen selten zusammen. Hat Durruti 1923 den Kardinal von Zaragoza erschossen oder saß er am Tag des Attentats nicht in Haft? Wurde wenig später ein riesiges Waffenlager gekauft oder mißlang der Plan? Wie lange und wo war Durruti dann in Lateinamerika und gingen Bankeinbrüche dort auf sein Konto, welche? Wurde er in Paris mit »Gewehr in Anschlag« vor einem Attentat auf Alfons XIII. verhaftet oder nicht vielmehr schon einige Tage vorher?

So schwankt da der Boden der sogenannten Tatsachen. Was hier abläuft, ist zunächst nur ein ständig reißender, schön verwackelter Abenteuer- und Politfilm, dessen Einstellungen von Gewalt auf Gegengewalt springen, von Waffenschmuggel und Mafiatricks zu enthusiastischen Gründungen von Schulen oder Buchreihen, von großen Agitations- zu intimen Brüderlichkeitsszenen. Doch dem scharfen Taumel und Glanz der anarchistischen »Szene« zuliebe wird Enzensberger dieses Buch kaum zusammengetragen haben.

Also etwa nur, um den vollen Reiz der ideologischen Widersprüche um eine solche Figur zu entfalten? Denn diese erklären sich nicht aus Lügen, Launen oder Gedächtnislücken, sondern sind nur der Ausdruck der verschiedenen politischen Interessen am Leben und Nachleben Durrutis. Was die Parteilichkeit der Redenden und Schreibenden entstellt, das soll also hier ganz folgerichtig nicht zusammengewischt werden in irgendwelche Harmonie oder vermeintliche Objektivität.

Im Gegenteil: Die Vorzeichen, unter denen Enzensberger seine Collage ordnet, die vor allem seine Glossen beherrschen, sind klar lesbar. Für Kommunisten, Republikaner oder Sozialdemokraten, für das ganze antifaschistische Spanien, außer eben den Anarchisten wird hier weder Verständnis noch Nachsicht bemüht. Die Sympathie gilt allein den anarchistischen Plänen und Aktionen, dem versuchten sofortigen Bruch mit der bisherigen Geschichte, dem Steilsprung in ein Reich der Freiheit, in den versuchten »communismo libertario«. Ganze vier Monate, vom Ausbruch des Bürgerkriegs bis etwa zum Tod Durrutis im November 1936, brauchtes diese Hoffnungen dann, um zu scheitern.

Historisches Pech, tragische Irrtümer, Mangel an politischer Intelligenz? Nein, auch Enzensberger führt vor, daß die Anarchisten nur an ihren eigenen Prinzipien scheiterten, von denen sie nicht lassen konnten und mit denen sie doch halb schon brachen. Volksfrontbündnisse, die sie nicht wollten, gingen sie halbherzig ein. Macht, die sie liquidieren wollten, mußten sie (planlos) doch ausüben. Ohne Hierarchie und Disziplin, die sie dauernd negierten und dauernd durchsetzten, ließ sich der Krieg gegen Franco nicht führen.

Am Ende also ist nicht nur Durruti erschossen – (von wem? – wieder werden sieben Versionen angeboten) –, auch der spanische Anarchismus ist in seine Widersprüche, dann in Trümmer zerfallen. An den Hoffnungen dieser politischen Theorie, an einer Welt ohne Herrschaft, jetzt oder sehr bald, haben schon die ersten Gedichte Enzensbergers gehangen. Sie waren der utopische Horizont fast aller seiner Polemiken und Untersuchungen. Wollte er jetzt sich und anderen diese Hoffnungen als Illusionen in einer Roßkur aus dem Kopf schreiben?

Doch er gräbt weiter, auch noch in den Trümmerhaufen, und entdeckt dort die alte Garde der anarchistischen Emigranten und ihr von allen Niederlagen unverletztes Bewußtsein: Sie haben *keine* Fernseher, wissen *nichts* von Konsumnormen, verachten *keineswegs* Bildung, sind *un*interessiert an materiellem Wohlstand, *un*bestechlich: »Das sind *keine* kaputten Typen.«

So werden sie wehmütig und andächtig, mit lauter Negationen, ausgewiesen als die totale Negation der Gegenwart, der linken wie der rechten. Es fehlt da nur der Schimmer der Vermutung, daß die elegisch bewunderte Reinheit dieser Hinterbliebenen mit der Erfolglosigkeit ihrer Sache zusammenhängen könnte. Sind die erfolglosen Revolutionäre (wie tote Indianer) die einzigen guten?

Wenn Anarchismus, wie hier behauptet, die einzig verläßliche Garantie für Revolution sein soll, aber doch, wie hier auch bewiesen wird, in seinem breitesten Anlauf notwendig gescheitert ist, dann wäre dieses Buch ein Abschied von Revolution auf unabsehbare Zeit. Was übrig bleibt, ist die zum Heldendenkmal verklärte Legende Durrutis, in eine zitternde Aura aus Mord, Menschenliebe und Geheimnis gehoben, ein spanischer Robin Hood. Doch für was, wenn nicht nur zu unpraktischer Andacht, als Erinnerung an ein verlorenes und unmögliches Paradies, steht er da auf seinem Sockel?

(1972)

Süchtig nach Positivem
Martin Walser: *Die Gallistl'sche Krankheit*

Das war ein langer Weg, vielleicht ein Umweg, von den *Ehen in Philippsburg* bis hierher, ein Weg durch vier Prosabücher, in fünfzehn Jahren und über 1587 Seiten zurückgelegt, zuletzt, in *Fiction*, in eine öde, ruinöse Sackgasse mündend. Da hatte sich offenbar jemand ans Ende seiner Möglichkeiten getrieben, und angesichts der verzweifelten und verzückten Subjektivität Walserscher Prosa darf man vermuten: nicht nur schreibend, auch lebend. Will er nun diese ganze tausendfünfhundertseitenlang protokollierte Erfahrung auf den Begriff einer »Krankheit« bringen und die als heilbar vorführen? Denn dem Buch läuft das Gerücht voraus, es wäre die Niederschrift einer Konversion (was ja nicht die Flucht von Unglauben in Glauben, sondern der Übertritt von einem laxeren zu einem verbindlicheren Glauben ist). Erwartet wird wie eine Schlagzeile Martin Walsers literarischer Beitritt zur DKP. Da sehe ich viele und sehr verschiedene Leute sich die Hände reiben: Freude, Schadenfreude, Verlegenheit, Bestürzung.

Wer ohne den Rückwind solcher Emotionen zu lesen beginnt, trifft zunächst auf lauter längst vertraute Greuel. Denn diese Gallistl'sche Krankheit war schon die Anselm Kristleins: das ratlose Zappeln, die ratlose Überforderung in einer auf Konkurrenz dressierten Gesellschaft. Immer neu wird, mit immer wieder heruntergewürgter Unlust, mit immer wieder heruntergelassenem Visier, in den aussichtslosen, aussichtsreichen Wettbewerb gestartet. Die Befunde damals und jetzt wieder: krankhafte Lethargie, krankhafte Motorik, Aggression und Angst, Ichschwäche und die Sehnsucht nach einem verläßlichen Ich, hysterische Flucht in Rollen und ein müdes Beschnuppern des eigenen, isolierten, sinnlosen Kadavers. So schließt sich ein Teufelskreis, denn der angestrengte Individualismus produziert gerade Entfremdung, die aber wieder nur dazu reizt, unverwechselbar man selbst zu sein. Doch das Faß ohne Boden will nicht voll werden.

Walser erzählt davon nun nicht mehr in riesig romanhaften Szenenbögen, sondern verkürzt die Erfahrungen zu aphoristischen Notaten, in denen Szenen und Figuren nur beispielhaft, anekdotisch heranzitiert werden. Er rafft, was er nahezu unendlich schon erzählt hat, stenographisch noch einmal zusammen, virtuos sicher, neugierig nicht mehr, als wollte er dauernd nur noch sagen: Wie ich am angegebenen Ort schon näher ausgeführt habe. Er hat. In ihrem Krankheits-Zustand also sagt diese Figur Walserlesern kaum etwas Neues, doch sie ist ja, zum ersten Mal bei Walser, auf einen Prozeß hin, auf einen Fortschritt an Einsicht und sogar an Praxis, auf eine Genesung ausgelegt. Alles läuft eilig auf den vierten Erzählabschnitt zu, über dem die Überschrift weht: »Es wird einmal«.

Der Klimaumschlag wird nach wenigen Seiten spürbar. Jetzt übt sich die Sprache nicht mehr in reiner Registratur, in hoffnungslos gescheiter und gescheit hoffnungsloser Symptomanalyse, sondern pumpt sich mit Erwartungen auf, auch wenn die ihr selbst noch nicht ganz geheuer sind: »Sie kamen die Treppe herauf, es soll ja jetzt aufwärts gehen, wer sagt das, ich, ich will es . . .« Die da die Treppe heraufkommen, nicht unsymbolisch, sind tatsächlich Kommunisten. Die früheren Freunde Gallistls waren lieblos nur mit Buchstaben benannt worden, diese neuen aber tragen prunkvoll sich unterscheidende Namen: Pankraz Pudenz, Rudi Rossipaul, Sylvio Schmon, Tanja Tischbein zum Beispiel. Das klingt alles so sanft überirdisch wie bei Jean Paul. Schließlich ist auch »Es wird einmal« die auf die Zukunft angewandte Märchenformel des Erzählens. Mit Wahrscheinlichkeitsrechnungen also, mit dem üblichen ahnungslosen Pochen auf schlichte, triste Spiegelbildlichkeit des Erzählten wird man gegen dieses Buch nichts mehr ausrichten. Es versucht, ein Bedürfnis, eine Hoffnung aufzuschreiben.

Walsers Kommunisten, das ist wahr, werden Gallistls Freunde und sind nichts als freundlich. Die Kommunisten »in Wirklichkeit«, das ist auch wahr, hätten die seit 1917 von nichts als ihrer Freundlichkeit und Menschenliebe gelebt, wären längst ausgestorben. Zwischen diesen beiden Wahrheiten, zwischen Walsers Fiktion und der historischen Realität, gibt es keine elegante Vermittlung. Doch: die Kommunisten sind freundlich ist der Kommunismus –, so sieht die Zaubergleichung nur von sehr weitem aus. Walser beschreibt eben nichts, er schreibt etwas auf, ein Bedürfnis, wie gesagt, eine Hoffnung. Gallistls neue Freunde sind zu ihm als Heilgehilfen gekommen, sie versprechen die Kur gegen alle Symptome der Konkurrenzmentalität: »Die Entwicklung des Menschen zu Ungunsten der Expansion, der Zuwachsrate, des Wettbewerbs.« Was damit als Versprechen, als Gesellschaft der Solidarität in die Zukunft gemalt ist, das versucht Walser erzählend, wenn nicht auf die Erde, so doch auf seine Buchseiten zu holen, also läßt er Gallistl die Versprechenden, die eine gesellschaftliche Basis für Freundlichkeit Planenden erleben wie das Versprochene selbst, als Repräsentanten freundlicher Solidarität. Deshalb diese unwahrscheinliche, die optimistische Aura um die Figuren, deshalb die kunstvoll geschilderte, natürlich gemeinte Kumpanei, diese absichtsvoll immer wieder vor idyllischen Naturkulissen aufgebaute Brüderlichkeitsstimmung, die mehr an Eichendorff als an Karl Marx erinnert. Heute, da Literatur mit Vorliebe nur noch Befunde aufliest oder Fertigteile montiert (schonungslos, unverbindlich), heute noch mit einem Bedürfnis nach Positivem locken wollen, das ist ein riskantes Unternehmen.

Das aktuelle Kunstniveau, daran hat man uns fast schon gewöhnt, gilt nur als so hoch, wie die Verzweiflung groß ist, die darauf steht. Produziert Hoffnung, mit ihrer notwendigen Realitätsferne, wirklich nur Kitsch? Walsers neue Helden riskieren auch das, mit Ruhe und Recht. »Lenin«, heißt es von einem: »das ist seine Wiese, sein Wald, sein rauschendes Tal, sein Gesang und seine Quelle. Lenin. Er erzählt von ihm wie eine überaus verehrungswürdige Großmutter von ihrem ersten Geliebten erzählt.« So hört sich die Tonlage eines für Walser neuen Humors an, der kein Gift mehr geschluckt hat, der die reine Hoffnung auf eine befriedete Welt von aller Lächerlichkeit salviert, in dem er selbst sie scheinbar gerade solcher Lächerlichkeit ausliefert. »Das Schönste in der Welt«, sagte Gallistl, als einer der Kommunistenfreunde bei ihm eintrat, »ist das Erlebnis einer solchen Notwendigkeit.« Das Notwendige als das Wirkliche, solche Antizipation aufzuschreiben, ist ein (in jedem Sinne?) sehr schöner Schwindel. Genau den hat Walser hergestellt. Mit dieser Atmosphäre, leider nur mit ihr, lockt und überzeugt sein Buch.

Denn ausgespart bleibt hier, was doch das Wichtigste wäre: der Übergang von Krankheit in Gesundheit. Drei Abschnitte lang wird durch lauter Jammer Anlauf geholt, dann ein Sprung wie über das pure Nichts, und schon hockt Gallistl in seiner neuen Hoffnung und Freude wie in einer vom Himmel ausgestrahlten Inspiration. Im psychologischen Kommentar möchte Walser nachholen und plausibel machen, was wie ein Gnadenakt aussieht: die Entwicklung seiner Figur. Wir aber lesen immer nur, wie einer erst konditioniert, dann untauglich werden kann für die gegenwärtige Gesellschaft, auch, daß er dadurch süchtig wird auf eine andere, sonst aber immer nur, daß gute Freunde als Retter bei ihm einfallen müssen. »Und weil dies in der Realität nicht vorkommt, aber doch schön wäre«, sagt froh oder melancholisch der Klappentext, »darum ist es ein Roman.« Womit das Medium listig auf sich selbst zurückweist als Message. Nur: romanhaft mag die Atmosphäre des Buches sein, den Roman als Prozeß aber läßt es nicht stattfinden.

Man spürt zwar, wie »süchtig nach Positivem« (wieder der Klappentext) der Demokrat und Sozialist Walser geworden ist, man sieht aber auch, wie wenig der Belletrist Walser noch Mitteln traut, die eine Bewegung ins Positive herstellen könnten. Weiterhin, wie in seinen fatalistischen Romanen, zersplittert die Erzählung im Stakkato, versucht Wahrheit kurzatmig im Kurzen, immer noch in Pointen, entwickelt aber keinen finalen Handlungsbogen, keine Tendenz auf ein Ziel zu. Weiterhin bleibt auch der erzählte Stoffausschnitt eng und exzentrisch privat: auf selig delirierende Intellektuellencliquen wird wieder viel Ekel, Witz und Raum verschwendet, doch daß der Schmerz über die zum Sozialismus bekehren kann, wird nicht vielen einleuchten. Walser wagt offenbar nicht, diesen angeblichen Gallistl von der eigenen, Walserschen Biographie zu lösen, in einer freien Fabel zu bewegen, einen Entwicklungsprozeß zum Sozialismus erzählerisch zu erfinden. Im entscheidenden Moment, als Gallistl vor unseren Augen genesen soll, wird nicht die Figur bewegt, sondern für sie springt stellvertretend nur der Autor in die Gesundheit. Da hat ein Hase elegant und heftig unzählige Prosahaken geschlagen, um sich plötzlich am Ende des

Ackers als Igel schon im Ziel zu finden. Ist Walser der Hase, Gallistl der glückliche Igel?

Dann wäre es besser gewesen, sie hätten sich ehrlich getrennt. Denn auch in diesem Buch hat Walser die schlingernde Zweideutigkeit seines Erzählens nicht aufgeben mögen, das sich nie klar entscheiden wollte zwischen Autobiographie und Fiktion, so daß sich weder die Subjektivität des Autors noch die Objektivität der Figuren je ganz frei bewegen konnten. Sich also einen autonomen Gallistl zu wünschen, der mehr wäre als nur eine Papiermaske Martin Walsers, das wäre nur der eine Ausweg aus dem Dilemma. Denn warum hat Walser nicht endlich einmal ein Buch lang alle Bewußtseinskostüme und Schlüsselromanattitüden fahren lassen, um »nur« das Protokoll, ein Tagebuch seiner Entwicklung in den letzten Jahren aufzuschreiben? In diesem Land ist sich offenbar jeder noch zu gut dazu, nur ein Mailer oder Sartre zu sein. Als ganz ehrlich und ganz ernst, das steckt uns immer noch in den Knochen, gelten nur Kunststücke.

Einwände, Zweifel, lächerliche und zu späte Vorschläge, doch auch sie bestätigen nur, daß Walser hier das erste neue Buch seit den *Ehen in Philippsburg* geschrieben hat, das erste, das nicht zu einem festen Vorrat an Erfahrungen, Einsichten, Formulierungen immer weitere Varianten addiert, das nicht Quantität anhäuft, sondern eine neue Qualität versucht: Hoffnungen aufschreiben, statt Registratur üben –, immerhin ein Schritt weg von jener Literatur, die fröhlich oder düster immer nur kaputt macht, was uns ohnehin kaputt macht.

(1972)

Magie und Lust am Untergang
Martin Walser: *Der Sturz*

Da liegt einer waagerecht im Bett, leidend, und beginnt zu erzählen, sterbensmüde (so sagt er), aber redselig, wortgewaltig (so lesen wir). Wir kennen diesen Romananfang, diese Leiden, diese Stimme: Anselm Kristlein also erzählt sich zum drittenmal aus dem Bett in die Welt hinaus, hinab, zurück. Auf 900 Seiten *Halbzeit* und 500 Seiten *Einhorn* folgen nun 360 Seiten *Sturz*, das Ende der Trilogie. Schon diese Seitenzahlen deuten an, daß die Kristleinsche Erzählausschweifung jedes Mal engere Bögen dreht. Diesmal folgt sie der Figur einer Spirale, immer enger auf die Mitte zu, in der Mitte ein Loch, in das Kristlein und seine Geschichte endgültig abstürzen soll.

Aber warum diese neue Erzählanstrengung, wohin soll der neue Anlauf führen? War nicht Kristleins Geschichte in Martin Walsers letzten beiden Büchern schon zu Ende erzählt worden, ohne daß sein Name in ihnen aufgetaucht wäre? In *Fiction*, so schien es, hatte Walser seine der Intention nach gesellschaftskritische, der Technik nach affirmative, dem herrschenden Jargon sich ausliefernde Erzählprosa in eine planvolle Selbstzerstörung hineingetrieben, und als dann *Die Gallistl'sche Krankheit* so bündig beschrieben wie in warmem Dur für heilbar erklärt worden war, schien der Fall Kristlein in Form wie Inhalt »erledigt«. Doch eine Trilogie war versprochen, eine Trilogie wird geliefert. Vielleicht empfand Walser da auch nur als Familienvater: Für die Kristleins war er nun einmal verantwortlich, und wenn sie schon in ihrer für die fünfziger und sechziger Jahre so typischen und brauchbaren Beschaffenheit künftig nicht mehr weiterleben konnten, so sollten sie wenigstens mit einem ordentlichen Begräbnis abgefeiert werden. Es wird ein wahres Leichenfest. *Die Gallistl'sche Krankheit* versuchte eine Aufwärtsbewegung zu beschreiben. Diesmal zieht alles nach unten.

Kristlein, als er in seiner horizontalen Lage zu erzählen beginnt, ist nach einem Lazarusmarsch durch die Wälder, Wirtshäuser, Schlafzimmer zwischen München und Bodensee waidwund wieder bei seiner Alissa und seiner Familie untergekommen, hat eine Erbschaft verloren, Geld verdient mit Lohnarbeit und Gaunereien, ist in der Allgäuer Landschaft steckengeblieben, in Pansidyllen, Blocksbergorgien, in Kommunen und einem Mordfall: eine Lügengeschichte türmt er auf die andere, beichtet er an Alissa hin, aber dieser Münchhausen reißt sich am eigenen Zopf nur immer süchtiger in den Sumpf zurück. Walsers Phantasie, deren Mittel schon immer die Verzerrung war, tobt durch eine Welt von Karikaturen. In grell aufgedonnerten, grotesken Bildern soll dem Kristleinschen Passionsweg das Pathos weggeätzt werden. Das Satyrspiel läuft der Trauer voraus.

Dem Geld und der Liebe hetzt Kristlein noch immer nach. Geld und Liebe, Sexualität und Ökonomie, erlebt als zwei Arten von Abhängigkeit, von Freiheitsberaubung – an dieser merkwürdigen Gleichung hat Walser eigensinnig schon zwei Romane lang gearbeitet. Gelingt es ihm diesmal, sie glaubwürdig zu machen? Sein Kristlein erzählt und schreibt sich in seine Allgäuer Liebesschlachten und -scharmützel wie das Kind, das im Wald schrill lospfeift, um zu zeigen, daß es sich (nicht) fürchtet, mit einer Komik nämlich, die nur eine Grimasse ist. Hexenweiber werfen sich über ihn, beschnuppern, besabbern ihn, quetschen ihn aus, infizieren ihn tatsächlich und kastrieren ihn sinnbildlich. Die Lust am Ekel und der Ekel vor der Lust werden ununterscheidbar, doch man begreift: Hier lockt das Fleisch noch als Sünde. Walser, dieser Aufklärer mit dem Blick für die gesellschaftliche Prägung allen Verhaltens, beschreibt solche spätchristlichen Greuel, als gäbe es an denen nichts zu entziffern, als wäre diese ganz durch Angst und Schuldgefühl entstellte Sinnlichkeit schlichtweg Verhängnis, Teufelsspuk, unentwirrbar und unheilbar.

Wenn sich so die eine, die nur scheinbar private Hälfte der Kristleinschen Erfahrungswelt in archaisches Halbdunkel hüllt, wie soll dann die andere, wie sollen seine kläglichen Versuche im Geldverdienen in ein helleres, rationaleres Licht hineingeschrieben werden? Kristlein, der Baal ohne Genußvermögen, spielt uns auch einen beflissenen, bedrückten Angestellten vor, der aber *Die Gallistl'sche Krankheit* offensichtlich nicht gelesen hat, der blind nur ihren Symptomen verfällt. Zusammen mit Alissa Verwalter des Betriebserholungsheims der Firma Blomich, probt er immer neue Anpassung an gegebene Machtverhältnisse, von Kniebeuge zu Kniebeuge atemloser. Wie schon Gallistl träumt er von Zuständen der endgültigen Bewegungs- und Interesselosigkeit, gräbt sich im Garten ein symbolisches Loch, in dem er vom Erdboden, in den Erdboden verschwinden könnte. Lauter Magie auch hier. Ein Kind preßt sich die Hände über die Augen, um nicht mehr sichtbar, vorhanden, angreifbar zu sein.

In Kristleins Bodenseewohnung versammelt Walser lauter von der Konkurrenzgesellschaft ausgespuckte, verbrauchte Figuren, alte und neue. Eine Atmosphäre der Solidarität entsteht, eine Atmosphäre, kaum mehr. Denn schon wischt der Erzähler einen nach dem anderen von der Spielfläche, aus dem Roman, läßt ersticken, ertrinken, verkohlen, zerquetscht werden: tabula rasa, wieder Magie, diesmal als ästhetischer Zauber, der nach alten Mustern Konflikte »löst«, indem er ihre Protagonisten auslöscht. Ein klassenbewußter Arbeiter, eine klassenbewußte Arbeiterin werden zwar über die Szene geführt und bleiben von der Untergangsorgie verschont, aber auch sie sind eher magische Zeichen, Lichtwinke als Personen. Fühlt sich hier die erzählerische Phantasie nicht allzu frei von dem Motivationszwang? Steht auch sie etwa in einem nicht mehr aufklärbaren Sog?

Es ist, als wäre die Abwärtsbewegung, eine Lust am Untergang, von vornherein über den Roman verhängt worden, als stürzte der nun von etwas so Unaufhebbarem wie der Schwerkraft gezogen auf sein Ende zu. Anselm Kristlein erzählt schließlich sein vorstellbares und wünschbares Buch- und Lebensende im Futur und im Konjunktiv, eine Fahrt über den gesperrten Splügenpaß, mit Sommerreifen im Winter, hinten auf dem Trailer noch ein wuchtiges Segelboot, ein Selbstmordunternehmen also in komisch-pathetischer Inszenierung. Der Konjunktiv und das Futur lassen noch einen Lichtspalt offen in der Geschichte: vielleicht wird die Fahrt nie unternommen, vielleicht läßt sich auch der

Splügenpaß überwinden, vielleicht wachen Alissa und Anselm im zerquetschten Auto im Abgrund sogar wieder auf, und vielleicht ist diese vorgestellte, vorgeschlagene Selbstmordapotheose ohnehin nur eine Metapher für die Aufhebung der alten Kristlein-Existenz und die Lust am Untergang nur die Vorfreude auf eine Auferstehung? Alles möglich und angeboten, nichts verläßlich. In lebhaftester Vagheit endet ein Buch, dessen Energie so bewundernswürdig ist wie seine Unverbindlichkeit aufreizend.

Sicher, auch *Die Gallistl'sche Krankheit* hatte schon diese magischen Züge, war der Versuch einer Gesundbetung ohne weitere Beweiskraft als die der Sprache, getragen von nichts als einem Bedürfnis nach Gesundheit. Aber dieses Buch hielt auch seine Spielregeln, es versuchte gar nicht mehr, als mit Rhetorik, mit Reflexionen und Aphorismen zu erreichen ist. Erzählung wollte sich da kaum ausbreiten. Figuren waren kaum mehr als Namen, Szenen waren verkürzt zu Anekdoten, nichts machte sich selbständig, alles diente nur als Beweismittel. In einem breitangelegten Roman läßt sich solche Reduktion kaum durchsetzen. Wenn hier im *Sturz* Personen wie Kulissen aufgebaut, verschoben, abgeräumt werden, so kostet sie das ihre epische Glaubwürdigkeit. Wozu erzählen, wenn kein Widerstand spürbar wird, wenn die Szenen wie aus dem Schnürboden fallen, wenn die Personen sich kommandieren lassen wie Statisten? Nur Walsers kommentierende, rhetorische Arien, vor allem über die Psychologie der Abhängigkeit und über den »Gegentyp«, den Unabhängigen, artikulieren glänzend und scharf wie je. Doch das Buch nur auf seine Absichten, auf »Stellen« hin zu lesen, das heißt, es zum Walser-Reader, zur Walser-Blütenlese degradieren.

Ob sich das Dilemma weiter erklären läßt? Entschlossen wie kein anderer Autor seiner Generation hat Walser versucht, die Kristlein-Trilogie dem Grundriß seiner eigenen Biographie nachzuschreiben. Zwar ist Kristlein mehr als nur ein Deckname seines Autors, Kristleins Familie nicht porträtgleich mit der Walsers, doch unverkennbar wollte hier jemand das scheinbar Zufällige und Abseitige, scheinbar Private seiner Erfahrungen als Überbauartist, Familienvater, Erotomane, Milieukatholik etc. etc. nur durch eine Steigerung zum Roman lesbar, allgemeinverbindlich machen. In *Halbzeit* hatte Walser sein fiktives Alter ego als Werbetexter kostümiert, eine noch plausible Analogie und Karikatur des eigenen Schriftstellerberufes. Im *Einhorn* war dann Kristlein selbst zum Schriftsteller geworden, und die Maske wollte mit dem Maskierten fast verschmelzen. Jetzt sollte in den *Sturz* offenbar die aktuelle Erfahrung eingeschrieben werden, daß auch Schriftsteller nicht »frei« sind, sondern abhängig: Kristlein tritt als der Lakai von Blomich, als Angestellter auf.

Er spielt diese Rolle auffallend forciert, also schlecht. Walser muß ihr hinter seinem eigenen Rücken mißtraut haben. Mit Vorliebe zeigt er seinen Kristlein dösend neben einem Tonband mit Schreibmaschinengeräuschen, das seiner schuftenden Familie die eigene Arbeit nur simulieren soll. Als Parasit, schuldbewußt, beutet auch er die Ausgebeuteten aus. Kein Wunder, daß sich Solidarität in seiner Erzählung nur als atmosphärischer Reiz herstellt. Kein Wunder auch, daß Walser diese für alle ihr aufgebürdeten Beweise nun untaugliche Figur fallen läßt, in einem *Sturz* über dreieinhalbhundert Seiten.

Authentisch wird Kristleins Erzählung immer nur dann, wo sie seinen nächsten, intimsten Erfahrungsbereich aufzeichnet, die Zimmerschlachten der Ehe, die ins Unerreichbare entwachsenden Kinder, die Vorgeschichte der Familie in den eingeschrumpften Figuren der übers heile, finstere Allgäu verstreuten Vettern und Tanten. In solchen Passagen muß auch das Pathos plötzlich keine komische Tünche mehr annehmen, um sich besser schämen zu können. Hier ist Kristlein offenbar seinem Autor endlich wieder nah genug auf den Leib gerückt, braucht nicht als abgerichtete Beispielfigur in die Welt hinauszuhängen.

Der Sturz, das Ende einer Trilogie, ist auch das Ende eines Versuchs, sich zwischen Autobiographie und Roman in eine Mischform hineinzuschreiben, die nun nichts mehr hält. Öffentlich und verbindlich wird heute offenbar nur noch das rücksichtslos aufgeschriebene Private oder die frei erfundene und bewegte Fabel. Fast unnütz hinzuzufügen, daß »privat« natürlich nichts bleibt, was sich einmal veröffentlicht, und »frei« nichts ist, was sich den Gesetzen einer Fabel unterordnet.

(1973)

Ein Lebenslauf, ein Todessturz
Peter Handke: *Wunschloses Unglück*

Wenn jemand den Lebenslauf seiner eben durch Selbstmord umgekommenen Mutter in Sätze faßt und diese Sätze veröffentlicht, wenn er damit also mehr als eben nur literarische Sätze veröffentlicht, nämlich seine ihm gerade durch Selbstmord abhanden gekommene Mutter – ist das schamlos (von ihm), peinlich (für die Lesenden)? Wenn die Summe dieser Sätze über seine Mutter schließlich als ein Buch vorliegt und zum Gegenstand einer Rezension wird, die nun ihre Urteile fällt, über diese formulierte Mutter und sogar noch über die Begabung ihres Sohns, sie zu formulieren – treibt das die Peinlichkeit nicht nur weiter?

Wer so fragt, und mit Recht, fragt sich ohne Umwege schon ins Zentrum dieses Buchs. Denn dessen Form ist seine Moral, und die allerdings darf (wie fast alles, was an später bürgerlicher Literatur noch zählt) nach bürgerlichem Maßstab unmoralisch, mindestens unschicklich genannt werden. *Man* tut so etwas einfach nicht. Doch »einfach« oder gar selbstverständlich ist es gerade nicht, so zu sein, wie *man* sein soll und muß –, genau davon berichtet dieses Buch. Es beschreibt ein zeitgenössisches Frauenleben, das sich, dauernd zusammenzuckend und -duckend, den Regeln anbequemen mußte, die ein gesellschaftliches *Man* über es verhängt hatte: »von Anfang an erpreßt, bei allem nur ja die Form zu wahren«. Eigentlich, sieht der Sohn und Autor, war dieses Leben schon entschieden durch seine Geburt, in diese bestimmten, halb schon kleinbürgerlichen, halb noch proletarischen Kärntner Dorfverhältnisse, und diese Entschiedenheit, sagt er gleich, könnte man so gut »tödlich« nennen wie »beruhigend«: »jedenfalls keine Zukunftsangst ... Keine Möglichkeit, alles schon vorgesehen«. Womit das heilige Wort »Vorsehung« gleich eine sehr heillose irdische Färbung annimmt.

Trauer in ihrer dumpfesten Form, als sprachloses Entsetzen, führte zu dieser Niederschrift. Zur Sprache bringen ließ sie sich nur, wie Handke weiß und schreibt, weil jeder Satz, den er über seine Mutter aufschreibt, ihn immer auch von ihr entfernt, weil jede Formulierung etwas Privates in etwas Allgemeineres übersetzt, bis schließlich eine Summe von sinnfreien, sinnlosen Fakten sich unwiderstehlich zusammensetzt zu einem Fall, einer Erzählung, in der die Individualgeschichte sich öffnet zur Sozialgeschichte. Was sonst blind geblieben wäre, Produkt einer fassungslos Einzelheiten sammelnden, nachstammelnden Trauer, füllt sich auf mit Einsicht, mit Erkenntnis. In von Männern geschriebenen Büchern sind Frauen fast immer nur zugelassen als deren Objekte, als die Objekte ihrer Liebe bestenfalls. Hier aber wird eine Frau sichtbar »an sich«, was freilich nur heißt: als ohnmächtiges Objekt ihrer Zeit und Gesellschaft.

Lebenslust immerhin, eine unbestimmte, flirrende, eine dauernd wieder zurückgeschreckte (»Du solltest dich schämen!«), das ist der erste Zug, den Handke aus alten Erinnerungsfragmenten, aus alten Fotos seiner Mutter herausliest. Achtzehn ist sie, als dann der deutsche Faschismus in Österreich einmarschiert. Womit, für dieses Mädchen, durchaus nichts Schreckliches geschieht, im Gegenteil: »Endlich einmal zeigte sich für alles bis dahin Unbegreifliche und Fremde ein großer Zusammenhang.« Vage, festliche Gemeinschaftsgefühle beschert das, Stolz, »nicht auf etwas Bestimmtes, sondern allgemein ... als

Haltung« –, Handke schreibt diesen alltäglichen Faschismus, seine Sonnenseite auf ohne alle Besserwisserei, ohne jede satirische Attitüde. Für seine Mutter war Glück, der einzige Einbruch von Welt und Wichtigkeit in ihr Leben, was in seiner historischen Totalität als Irrweg und Verbrechen erkannt werden mag. Nicht Ausbeutung, Imperialismus oder Judenverfolgung beschäftigen sie, sondern ihre einzige, unglückliche Liebe und ihre einzige, unglückliche Heirat, beide im Krieg.

Ein Lebenslauf also, in den Zeitgeschichte eindringt, doch nicht so, wie *man* sie, aufgeklärt und entsetzt, nachträglich begreift, eine Geschichte also, die gerade die Tabus der Aufgeklärten anrührt und aufbricht, obwohl ihre Hauptperson doch selbst so deformiert ist von Tabus. *Man* ist inzwischen (in Berlin) die Frau eines Trinkers: Wenn er FRECH wurde, mußte *man* natürlich STRENG zu ihm sein, zum Beispiel. Aber ebenso natürlich mußte *man* sich auch vor Abenteuern mit anderen hüten und die Ehre der Ehe und Familie fleckenfrei halten, nach außen. »In diesem Elend verlor meine Mutter die ländlichen Pausbacken und wurde eine recht elegante Frau.« Zwei Seiten später der entscheidende Satz: »Sie nahm Verstand an, ohne etwas zu verstehen.«

Die Erzählung ist überfüllt mit solchen Sätzen, die aber so herauszitiert gleich viel zu glänzend und zu fertig aussehen. Das täuscht. Hier stanzt niemand, anhand seiner Mutter, geistesgegenwärtig und gedankenlos Aphorismen. Handkes Sätze beschreiben Lebensstationen, Haltungen, trostlose meistens, doch immer auch den Prozeß, die gesellschaftlichen und geschichtlichen Zwänge, unter denen es zu solchen Trostlosigkeiten kam. Anders als diese Frau nimmt diese Trauer über ihr Leben also gerade »Verstand an, *um* etwas zu verstehen«. Unvermeidbares Schicksal, so dumpf »tragisch«, wie Zeitungen gewöhnlich alle Lebensunfälle nennen, erscheint in dieser Nacherzählung nichts. Indem Handke die starren, die beschränkten, die verständnislos lustigen oder leidenden Haltungen seiner Mutter auflöst in eine Geschichte, ein Muster, indem er die schreckliche Logik ihres Zustandekommens zeigt, nimmt er ihnen schon etwas von ihrem Schrecken, ihrer Starrheit. »Erbarmungslos mitleidig«, sagt er von ihr, habe sie oft ihren Mann angesehen. Das tut er nun auch ihr an.

Möglich ist das freilich nur, solange dieses scheinbar einzigartige Elend als ein allgemeines, ein gesellschaftlich verursachtes Elend begreifbar gehalten werden kann. Denn später, als die Leiden dieser Frau drastisch umschlagen ins Physische und sich als »unbegreifliche« Krankheit manifestieren (»Wie in einem Zoo lag da die fleischgewordene animalische Verlassenheit«), da weicht auch Handkes Beschreibung Schritt um Schritt zurück ins Fassungslose, in Dunkelheit. Widersinnig und doch erklärbar: ausgerechnet jetzt, wo sich das Buch

mehr und mehr konzentriert nur auf diese eine Frau, an deren Dahin-
dämmern bis zum Selbstmord sich immer weniger Allgemeines
ablesen läßt, wo also die Erzählung sich wirklich versteigt (oder abstürzt) ins Private, werden ihre Sätze immer allgemeiner, unschärfer,
blinder, nur noch »poetisch«. Nun erst wird dem Autor die Mutter,
was er gerade nicht wollte, zur reinen Schmerz- und »Kunstfigur«, die
Erzählung zum »Literatur-Ritual«. So hat man auf Buchseiten schon
viele Figuren sterben sehen, sehr verwechselbar, weil in den immer
ähnlichen Formeln des (sprachlosen) Schmerzes. Doch so klar, so »erbarmungslos mitleidig« wie bis zu diesem Ende ist selten ein Leben aus
seiner zufälligen, trostlosen Privatheit aufgehoben und damit, zwar
posthum und nur auf Papier, fast schon – getröstet worden.

Womit Handke wieder, zum zweiten Mal in einem Jahr, unbeirrbar
konzentriert auf seine Subjektivität, aus dieser unendlich mehr an verläßlich Objektivem, auch an gesellschaftlichen Einsichten herausgeschrieben hat, als viele andere, die so beflissen und pathetisch absehen
möchten von sich selbst, deren steil ins politisch Allgemeine zielendes
Engagement aber so oft nur Reflex einer trüben, unaufgeklärten Subjektivität bleibt. Doch dieses Buch wäre mißbraucht, wollte man an
ihm nur die Fort- oder Rückschritte einer Schriftsteller-Karriere nach-
rechnen, einer Ideologie, Sensibilität und Schreibweise. Was Handke
selbst wieder am heftigsten bewegt in dieser Untersuchung: daß hier
ein Mensch, von gesellschaftlichem Druck und Regelsystem bis fast
zur Unkenntlichkeit entstellt, gar keine Chance hatte, »er selbst« zu
werden, ein »Individuum« –, diese Klage und die sie bewegende Illusion, so etwas Unverwechselbares und göttlich mit sich selbst Identi-
sches könnte einer auf Erden überhaupt je sein, Handkes Voraussetzungen also für dieses Buch mögen das Hinfälligste an ihm sein, schönstes
18. und 19. Jahrhundert. Man muß aber wohl so weit zurückhängen in
der Zeit, um bis zum Schmerz empfindlich zu werden für Gegenwart
und für die in ihr verhinderte Zukunft.

(1972)

Vorwärts, zurück in die Zukunft?
Peter Handke: *Der kurze Brief*
zum langen Abschied

Das ist, so scheint es, eine sehr einfache, langsam vorgetragene unvermittelt niedergeschriebene und voraussetzungslose Geschichte, fast keine Geschichte, so scheint es zunächst, eher ein Bericht. Ein junger Österreicher (der immer nur »ich« sagt und keinen Namen führt, der dem Leser nicht nur deshalb unwillkürlich immer wieder zusammenfällt mit dem Autor Peter Handke selbst) ist in Boston gelandet, mit 3000 Dollar und dem von soviel Geld gestützten, vagen Plan, dort drüben »möglichst faul und selbstvergessen zu leben«. Er lungert sich also durchs Land, über New York und Philadelphia bis in den Mittelwesten, fällt aus dem Himmel auf Arizona, dann Oregon und sitzt am Ende auf der kalifornischen Veranda von John Ford im Gespräch mit diesem alten, weisen Film- und Westernriesen.

Reisebewegungen, Beobachtungen, Gespräche und Selbstgespräche, Lektüre (erst Fitzgeralds *Großer Gatsby*, dann der *Grüne Heinrich* von Keller) – damit scheint der greifbare Inhalt des Buches erschöpft. Eine ruhige Stimmung von Kontemplation, sanft und natürlich wie Ein- und Ausatmen, hält alles zusammen, nur manchmal aufgestört durch eine mitlaufende Kriminalhandlung, von der dieser Österreicher sich einigermaßen absichts-, fast genußvoll verfolgen läßt. Seine Frau nämlich reist ihm Station für Station nach, ausgerüstet mit Haß und einem Revolver, den sie in einem Showdown kurz vor Schluß auch spannt, aber nicht abdrückt. Zu Füßen von John Ford sitzen die beiden schließlich wie sehr ernste Kinder, endgültig befreit voneinander, sehr locker und zufrieden.

Das ist, so scheint es bald, eine durchaus komplizierte, voraussetzungsreiche und sehr vermittelte Geschichte, also doch kein Bericht. Ihre Sätze folgen zwar meist so täuschend natürlich aufeinander wie das Alphabet, ohne Anstrengung, Eitelkeit, Willkür (»alle Beobachtungen *geschahen* nur«, heißt es einmal). Die Erscheinungen, Vorfälle und Reflexionen laufen durch die Sprache scheinbar wie die Bildfolgen eines noch ungeschnittenen Films, doch dieser Eindruck von Absichtslosigkeit und völliger Offenheit, von unbearbeitetem Material stimmt nur für die erste Oberfläche des Textes. Er täuscht genau wie schon dieser ganze Plan einer »möglichst faulen und selbstvergessenen« Reise getäuscht hat. Unterirdisch arbeitet nämlich das Bewußtsein dieses Icherzählers sehr planmäßig und fleißig, geradezu streberhaft. Immer wieder fragt er aus dem Buch heraus, ob er sich nicht endlich und hoffentlich doch verändert hätte. Das also hat er sich, hat sich sein Autor für ihn vorgenommen. Peter Handke, wer hätte das gedacht, hat einen Bildungsroman geschrieben.

Während eine junge Generation in Amerika Hermann Hesse liest, beginnt hier jemand Amerika zu *lesen* als ein System von Zeichen, die ihm helfen sollen, ein anderer zu werden, sich zu befreien vom unbestimmten Albdruck einer in unglücklich isolierter Subjektivität, in Angst, Scham und Ekel dahingebrachten Kindheit und Jugend, sich zu lösen aus der schon bestimmteren Erfahrung einer Ehe, in der Entfremdung umgeschlagen ist in Haß. Hier möchte und wird sich alles heilen, was Handke von den *Hornissen* bis zum *Tormann* an zeitgenössischer Pathologie aufgeschrieben hat.

Ins kranke Amerika zu fahren, um sich dort gesund zu leben und zu lesen, ausgerechnet in einer von ihren Widersprüchen zerrissenen Gesellschaft soziale Kommunikation neu zu lernen, das scheint in aller Stille eine Provokation. Handkes United States wollen sich durchaus nicht decken mit denen, die in der Zeitung stehen. Von Vietnam kaum eine Spur, das Ghetto von Harlem huscht in acht Zeilen vorbei. Dieser Bildungsreisende verweigert uns die beliebte Rolle des engagierten Touristen. Er denkt offenbar lieber an sich als an das Große Ganze. In seinem Kopf scheint sich der *Grüne Heinrich* von Keller zu reimen auf den *Young Mr. Lincoln*, wie er ihm als Erinnerung und Legende in einem Film von John Ford vorgeführt wird. Kein Zweifel, er würde auch das heutige Sowjetrußland *lesen* wie einen Text von Tolstoi. Soll die schön erinnerte Vergangenheit eine schön erhoffte Zukunft versprechen, wäre das eine literarische Methode, die Utopie »befreiten Lebens« sinnfällig zu machen wie etwas Reales? Handkes Buch liest sich, als wäre dort drüben Marcuse statt Nixon Präsident geworden. Es macht unserem vom Druck der Gesellschaft schon verhexten Bewußtsein Mut zu etwas fast Unanständigem: zu Muße, zum Umgang mit sich selbst und Freunden, zu Freundlichkeit als Praxis, nicht nur als Theorie.

Denn auch hier, wie in jedem Bildungsroman, reist ein Stellvertreter von Bedürfnissen durch die Seiten, erst das legitimiert seine partielle Blindheit, seine Egozentrik. Diese Buchwelt ist eingerichtet, um ihm weiterzuhelfen. Sie evoziert zwar auch, wie Traummaterial in der Psychoanalyse, immer wieder die alten neurotischen Schrecken, doch nur, um ihnen im Bewußtsein die Dunkelheit und den Zwang auszutreiben. Einer so auf Genesung, auf Erwachsen- und Autonomwerden präparierten Bildungsfigur kann nichts Ernstliches mehr zustoßen, so wohlaufgehoben ist sie in dieser pädagogischen Provinz, die hier Amerika heißt. Denn was hier Welt ist, was Wille und Vorstellung, das ist nicht säuberlich auseinanderzuhalten. Hat es nicht in Bildungsromanen immer so ausgesehen, als wollte ein Ei die Henne ausbrüten, als wäre das Leben nur ein sinnlicher Lehrstoff, das Bewußtsein mächtiger und vor allem wichtiger als die Realität?

Auch bei Handke winkt alles, von Providence bis Bel Air, als Material und Reiz für Bewußtseinsarbeit, eine Rolltreppe, eine Barfrau, ein Mississippidampfer, alles auslegbar, verwendbar, verwertbar für dieses eine, bildbare, genesungssüchtige Ego im Zentrum. Der Beziehungswahn, für den Tormann Bloch eben noch ein sinnloser, sinnzerstörender Zwangsmechanismus, wird hier plötzlich ins Menschenfreundliche, ja Pädagogische gekehrt, denn aus den Zeichen, die hier die Welt macht, läßt sich immer etwas Nützliches lernen. Sicher, dieser Reisende, Bildungsreisende ist ein Tourist hoch zwei, lebt in vollkommenem Luxus, selbst nutzlos alles benutzend, ein Parasit, ein idealistischer Ausbeuter. Doch so schlau wie wir ist Handke natürlich auch: Er läßt seinem Österreicher wörtlich sagen (was ähnlich Thomas Mann schon seinem Zauberberglehrling sagen ließ): »Du verhältst dich, als ob die Welt eine *Bescherung* sei, eigens für dich.«

Jetzt wird es Zeit, sich die Augen zu reiben. Das gängige Handke-Image zittert, verrutscht, ist nicht mehr zu erkennen. Denn galt er nicht eben noch als die schreibende Negation aller Überlieferung, hatte er nicht »das Nicht-so-wie zur einzigen Methode gemacht« (so Heißenbüttel), war das nicht als die Geste einer zu nichts als vager Freiheitsstimmung entschlossenen Generation begriffen worden? Wie also wäre dann diese ruhige Restauration einer von den Altaufklärern Wieland, Goethe, Keller entwickelten, an Altbürgersöhnen erprobten Erzählmethode zu erklären und zu rechtfertigen? Jetzt könnte, um ein einheitliches Welt- und Handkebild zu erhalten, die Ideologiekritik ihre Greifer ausfahren und behaupten, daß es Handke ohnehin im *Kaspar* und überall, wo er Entfremdung beklagte, nur um die darin verlorene Identität, um das alte, runde bürgerliche Individuum gegangen wäre, daß aber der Bildungsroman sich anböte als Muster für dessen Wiederherstellung auf dem Papier. Das Entsetzen über schlechte Realität, so hieße das, heilt sich jetzt leichtsinnig im Genuß einer besseren Illusion.

Eine schlagende Hypothese, sie erschlägt in ihrer Abstraktheit freilich nur, was sie treffen möchte. Handke, das ist wahr, hat zum ersten Mal nicht einen Zustand der Isolierung aufschreiben, sondern einen Prozeß zögernder Resozialisierung vorführen wollen. Das alte Romanschema, der in ihm aufgehobene Traum einer Versöhnung von Individuum und Gesellschaft, dient diesem Prozeß als Fassung. »Solange ich dieses Vergnügen eines meinetwegen vergangenen Jahrhunderts empfinde, solange möchte ich es auch ernstnehmen und überprüfen«, sagt Handkes Ich-Figur. »Bis dir das Geld ausgeht«, sagt seine Freundin, eine wahrhaft materialistische Antwort. Eine fatalistische aber auch.

So »realistisch«, so bereit zur Enttäuschung möchte sich Handkes Buch also nicht einlassen auf Realität. Die wird hier vielmehr angeschaut in einem unbelehrbaren Zustand der Erwartung. Als wäre Amerikas republikanische Vergangenheit doch ein Versprechen für seine Zukunft, so wie John Fords *Young Mr. Lincoln* für den Ich-Erzähler zum Traummuster seiner eigenen, von Angst befreiten Zukunft wird. Die Grundstimmung des Genesens trägt das ganze Buch, diese erst schüttere, dann immer fester werdende Empfindung des Wiedergesund-Seins, das Staunen über etwas scheinbar so Selbstverständliches wie Gesundheit. Je geduldiger sie diese Stimmung ausbreitet, desto intensiver steckt die Erzählung mit ihr an, macht Lust zum Verreisen, zum Aufbruch aus Abhängigkeit, Entfremdung, Krankheit, zur Offenheit für einen neuen Anfang. Denn mehr als die ist am Ende nicht erreicht. Da lockt eben doch kein Wilhelm Meister oder Joseph der Ernährer im prallen Zustand bürgerlicher Vollendung.

Immerhin, wenn das ein Einwand sein soll: nur Literatur, ein Vorschlag in Form einer Fiktion. Vorspiegelung besserer Tatsachen, auch das. Erinnerung an die Zukunft, wenn man noch einen Schritt weiter gehen will. Denn Handkes neues Buch, so überfüllt von unvoreingenommener Beobachtung wie von Poetisierung der Welt, so scheinbar glücklich zu Hause in scheinbaren Widersprüchen, so traditionell wie voraussetzungslos, so realistisch wie romantisch, so meinungslos wie ideologisch – es hilft auch, neu nachzudenken über die Zukunftschancen von Literatur. Daß in Büchern nicht sein dürfte, was in der Realität (noch) nicht sein kann, diese schlechteste aller möglichen Versöhnungen ist unter dem Decknamen Realismus lange genug gepredigt und schließlich fast unbefragt geglaubt worden. Peter Handke, auch er lange genug erdrückt unter der Übermacht toter Dinge, Sprache, Gesten, deren man sich nur durch Hinnahme in Beschreibung erwehren kann, hat jetzt offenbar auf die Produktivität von Vorstellungskraft gesetzt (früher sagte man, noch unvorsichtiger: Phantasie). Ohne sie, nur als Reproduktions- und Erkenntnismaschine, wäre Literatur schon heute überflüssig.

(1972)

Erst Zeichen, dann Wunder
Peter Handke: *Die Stunde der wahren Empfindung*

Für viele von uns, seine Leser und auch seine Rezensenten, war unser Peter Handke ja längst gerettet und über alle Berge. Nach seinen letzten Büchern, dem *Kurzen Brief*, dem *Wunschlosen Unglück*, dem Essayband über *das Wünschen*, schien er doch (wie Rolf Michaelis hier in der *Zeit* gesagt hat) heraus aus »seiner schriftstellernden Kindheit, dem Jugendwerk«, aus seiner »(künstlerisch ungewöhnlich produktiven) Selbstversponnenheit«, schien in der Außenwelt immer mehr zu entdecken als stets nur Spiegelungen von Innenwelten, schien mit einem »selbstbewußten Weltgefühl« zu leben und zu schreiben.

Gemessen an solchen Befunden oder Hoffnungen liest sich nun seine neueste Erzählung wie ein wütender Akt der Regression. »Unser Handke«, also auf den Begriff gebracht, ins Korsett einer Entwicklungslogik gezwungen, wollte gerade Handke natürlich nicht sein, dieser Ekel vor fertigen Definitionen und Erwartungen war zu erwarten.

Das Verwirrende: dieses neue Buch bricht keineswegs aus ins Unerwartete, Unerhörte, in einen für Handke und uns neuen Erfahrungs- und Schreibbereich. Im Gegenteil, zum drittenmal wird hier nach dem *Tormann* und dem *Kurzen Brief* das Muster ein und derselben Geschichte variiert. Wieder wird die Hauptfigur, jetzt der österreichische Pressereferent Gregor Keuschnig in Paris, an den äußersten Rand der auch ihm bis dahin geläufigen Lebensroutine getrieben. Der Anstoß dazu allerdings ist diesmal bemerkenswert irreal: Gregor K. (Kafka läßt also grüßen) ist weder (wie der Tormann) Mörder geworden noch (wie Handkes Amerikareisender) durch Mord bedroht – er ist »nur« in einem Angst- und Wunschtraum zum Mörder geworden: »Auf einmal gehörte er nicht mehr dazu.«

In seinen ersten Erzählabsätzen breitet Handke sein neues, altes Thema mit einer Ruhe und Energie aus, so still und drohend, daß man diese Seiten am liebsten mit so lächerlichen Prädikaten wie »meisterhaft« und »wunderbar« einrahmen möchte, um ihnen ja nicht zu nahe zu treten. Da scheint es, als würde ein längst bekanntes thematisches Material, als würde dieses altbekannte, entsetzte und entfremdete Staunen über ein in geölten Routinen ablaufendes Leben sich allein durch eine neue, gefaßte Erzählweise verwandeln. Doch der Schein trügt. Die Erzählung kann ihre Ruhe, ihre Übersicht und Distanz nicht lange halten. Unaufhaltsam gerät sie in den Sog ihrer Hauptfigur. Erzählt wird jetzt aus Gregor Keuschnig verstörtem Kopf heraus, in stillschweigender Identifikation.

Das heißt: kann von diesem Ort aus überhaupt noch erzählt werden?

Nur mühsam, in kurzen Einschüben, wird der Alltagsrahmen dieser zwei Tage des Gregor K. in Paris noch festgehalten. In der Botschaft erledigt er Routinearbeit, besucht zu Mittag eine Freundin, hört einer Pressekonferenz des Staatspräsidenten zu und am Abend der Suada eines österreichischen Schriftstellers. Doch die Kontinuität dieser Ereignisse wird laufend zerrissen durch ein wahres Delirium an entsetzten Einzelnotaten, von Blicken, Empfindungen, Gedanken der Angst, der Wut, der Ratlosigkeit, »in augenblicken der verstörung fallen im gemüt die bestände auseinander wie die teile tödlich getroffener reiche. die verständigung zwischen den teilen hört auf ...« – diese Bemerkung aus Brechts Tagebuch hat Handke schon in seiner Büchnerpreisrede zitiert. Hier schreibt er ihr nach wie einem Programm.

Soviel dieser Keuschnig auch sieht, er kann gar nichts mehr wahrnehmen. Alles, jedes Kastanienblatt, jede Aufschrift, jedes Polizistengesicht, alles winkt lockend oder drohend immer nur als Zeichen, adressiert an höchstpersönlich ihn, den von seinem Mörder-Traum ohnehin Gezeichneten. Das kreuz und quer durchwanderte, durchfahrene Paris zerfällt in ein sinnloses, letztlich unentzifferbares Signal- und Gesten-, ein Wahnsystem, im Zentrum Gregor Keuschnig. Gegen die Ohnmacht seiner Eindrücke wehrt es sich in immer neuen Aggressionsschüben: »Jeden einzelnen zusammenschlagen!«, das wärs. Oder, besser und konsequenter: zurück in die innere Steinzeit, ins alte Tierfell, aus lauter »Lust, zu grölen, sich nackt zu zeigen, die Zähne zu fletschen«.

Sinnlos sind diese Notate der Sinnleere und Mordlust also nicht. Ein Satz von Horkheimer ist dem Buch als Wegweiser und Gebrauchsanweisung vorangestellt: »Sind Gewalt und Sinnlosigkeit nicht zuletzt ein und dasselbe?« Vom russischen Nihilismus bis zum französischen Existentialismus ist dieser Zusammenhang immer wieder erzählt worden, vom *Raskolnikow* bis zu Camus' *Fremdem*, bis zu Handkes *Tormann*. Doch in seiner neuen Variation hat Handke das Thema schärfer aufgeladen mit seinem ältesten Schreibimpuls, mit der wütenden Sensibilität seines Narzißmus. Die anderen, sie sind auch für Keuschnig die Hölle, ja man darf sagen: alles andere. Denn auf ihren größten Nenner gebracht, besteht seine narzißtische Kränkung schlicht darin, daß er nicht der liebe Gott noch vor der Schöpfung ist, daß sich da zwischen ihm und dem Weltall eine Distanz und Unterscheidung eingeschlichen hat, daß also zwischen diesem einen und allen und allem anderen Kommunikation notwendig ist, daß diese aber nur über vereinbarte Normen und Routinen denkbar ist. Auch Handke fällt es jetzt schwer, diesen altabendländischen Generalschmerz noch einmal und wie etwas atemlos Neues aufzuschreiben.

Was als Erzählung begann, zerfällt schnell in eine Dauerexplosion von lauter auf die steilste Höhe der Empfindlichkeit zugespitzten Einzelsätzen, doch deren wahrhaft dröhnende Sensibilität macht den Lesenden schließlich nur taub. »Der Regen fiel nicht für ihn, fiel für andere«: In solchen Sätzen schlägt dann der narzißtische Schmerz schon um in Albernheit. Wo jede Banalität sich aufladen kann mit Bedeutung, verkommt alle Bedeutung unweigerlich ins Banale. Immer wieder notiert Handke nur leere Phrasen des Schreckens: »Draußen hatte sich das Furchtbare ereignet, und er war der Betroffene.« Sein Keuschnig betritt kaum noch einen Satz ohne die stereotypen Formeln: er spürte, er dachte, er merkte, er bekam Lust, ihm fiel auf, ihm fiel ein, ihm kam vor, ihm tat gut ... Derart beflissen und routiniert läuft diese Niederschrift einer Verstörung, die doch aller Routine und Beflissenheit entkommen will. Handke, so scheint es, kann seine alten narzißtischen Erfahrungen nur noch als Ritual aufzeichnen. Sie sind ihm zum Repertoire, ihre Fassungslosigkeit ist zu einer Formulierungsfrage geworden.

Und rein rituell, ja erbaulich wird Gregor Keuschnig auch in seine Heilung, in die »Stunde der wahren Empfindung« hineingestoßen. Nach all den Zeichen geschieht nun das Wunder, zweimal sehr jäh. Beim erstenmal wird es plötzlich »vollkommen still« in Keuschnigs Kopf, dann sieht er vor sich drei Dinge im Sand, ein Kastanienblatt, ein Stück von einem Taschenspiegel, eine Kinderzopfspange, und die sind jetzt nichts mehr für ihn, sondern etwas an sich, diese »Wunderdinge« offenbaren »die Idee eines Geheimnisses«. Weiter noch führt der zweite Wunderschub, als Keuschnig sozusagen gedankenlos mit seiner Tochter in die Pariser Außenwelt blickt und nun (sogar) Menschen (also andere) an sich »in ihrem Fürsichsein« erkennt, mit Andacht. »Was es alles gibt!« wird er später laut sagen und sich wundern, »wie er jemals an sich selber hatte denken können«.

Die Botschaft hört man wohl, auch gern, allein ... sie verlangt zu viel an lesender Gläubigkeit. Das Entsetzen der äußersten Entfremdung entfährt dem Hirn flott wie ein Inkubus, nun läßt sich da drinnen etwas wie der Heilige Geist nieder, der ganz rein in eine reine Dingwelt schaut, dem jeder Mensch zum schönen Beleg für die Menschheit wird – womit, dies der Verdacht, die Empfindsamkeit das Einzelne schon wieder ausbeutet für eine Ideologie des Ganzen. Wollte Handke wirklich durch eine (rhetorisch entfesselte) Hölle der Sinnlosigkeiten laufen, nur um diesen wieder nur rhetorischen Himmel der ersten Einfalt, des genußvoll kindlichen Staunens zu erreichen?

Ich konnte es nicht erraten.

Wer, vielleicht zu Recht, das Buch als ein virtuoses Pathogramm lesen will und auch kann, wem sich der Wust der aufzuckenden Symptome zu klinischen Mustern ordnet, die er unter Aha-Etiketten wie

»paranoid« oder »narzißtisch« abheften kann, dem stehen hier wohl reiche Déjà-vu-Erlebnisse bevor, der wird womöglich auch, beschlagen und schadenfroh, in Keuschnigs Heilung, diesem kindlich frommen, »selbstlosen« Schauen, nur die idyllische Schauseite seiner wilderen Krankheit, also den gleichen Narzißmus erkennen. Das wäre, meine ich, ein trübsinniger Lesespaß.

Ein sogenannter interessanter Autor, ein Lockvogel für Interpretationsschlauheiten, war Handke schon immer, und das ist er auch hier wieder, leider. Drei Bücher lang war er mir wichtiger geworden als nur interessant. Da waren seine Sätze, ohne dauernd auf sich selbst aufmerksam zu machen, nur den Erfahrungen nachgegangen, erzählend, in Gedichten und Essays. Jetzt zerfallen die Erfahrungen wieder ruhelos in schöne starke Formulierungen, einerseits (das Buch glänzt vor Zitierbarkeit); dann bündeln sie sich, andererseits, um Thesen zu beglaubigen, die sie nicht tragen können. Von Stilisten und Rhetorikern, von Glanz und Weltanschauung wimmelt es in der gegenwärtigen deutschen Literatur. »Unser Handke«, der ehemalige, hat drei Bücher lang »Entfernung von der Truppe« geübt, jetzt hat er wieder angemustert, hoffentlich nur auf Zeit.

(1975)

... dichter Kosmos, irres Geschehen ...
Gerhard Zwerenz: *Die Erde ist unbewohnbar wie der Mond*

Zunächst scheint dieses Buch nur auf die Welt gekommen, um lauter alteingesessene Vorurteile zu bestätigen. Etwa, daß Frankfurt eine »häßliche«, eine »brutale« Stadt ist. Oder, daß Zwerenz als »mutiger« Autor schreibt. Oder auch, daß »Mut eine Form von Dummheit (oder Faulheit)« sein kann.

Offen gestanden, Vorurteile hatte auch ich schon vor dem Lesen dieses Romans, hatte mit Unbehagen beobachtet, wie in den letzten Jahren der Kopf des Autors Zwerenz sich so nolens volens verwandelt hatte zum Ausdruckskunstwerk, bis er jetzt schließlich aussieht wie ein Markenzeichen für Wort-, Schmerz-, Wutbildhauerei, für einen Endzeitvisionär. Doch offen gestanden, dieses Unbehagen und Vorurteil haben nicht Seite für Seite und Stunde um Stunde durchgehalten bei der Lektüre. Nichts einfacher, als sich gegenüber diesem neuen Zwerenz auf eine Haltung des Hohns oder eine Haltung des Mitgerissenseins zurückzuziehen. Zu so einfachen Reaktionen scheint hier alles zu provozieren.

Dieser Roman, kein Zweifel, ist ein Monstrum. Es schlägt um sich, jähzornig, ohne Übersicht, ohne Besinnung oder gar Disziplin, es beutelt seine Frankfurter Erzählstoffe durch und wird von ihnen durchgebeutelt, es speit Feuer und Gestank und viel trockenes Papier, röhrt und röchelt, schlägt dann wieder unverhofft präzise zu, es ist (wie alle Ungeheuer) vollkommen humorlos, manchmal dafür witzig, es gibt sich brutal, aus Herz- oder Hirnlosigkeit, aus Wut, vielleicht auch aus Trauer, und ist doch immer wieder tolpatschig zarter, zärtlicher Regungen fähig. Das Monstrum scheint auch in Zungen zu reden: eine ganze Serie anderer Autoren könnten (mit ziemlich linker Hand) partienweise an diesem Unbuch mitgeschrieben haben, der frühe und der jetzige Walser etwa, Hubert Fichte und Selby, Kosinski, Jakov Lind, auch Döblin, Bellow, Malaparte. Dazu über manchen Seiten noch ein Ruch wie aus Landserheften, Phöbe Zeitgeist, ja fast auch Erich Edwin Dwinger. Was für ein Babylon. Und um die vielen falschen Ecken biegt immer wieder auch der echte Zwerenz.

Man darf ein so monströses Buch nun »faszinierend« finden oder »unausstehlich«, doch so heftige Urteile definieren dann eher den Leser als das Gelesene. Man könnte auch einen kühlen Kopf bewahren und mit dem die Monstrosität des Unternehmens erklären, rechtfertigen. Erstens, da der Gegenstand der Erzählung hier ja Frankfurt sein soll, wie könnte dieser Stadt in Worten besser, richtiger begegnet werden als mit einem planvoll kalten Chaos, mit einer Anonymität, die wüst in Stimmen redet, deliriert? Und zweitens, wenn hier fast 400 Seiten lang auf Ordnung, Originalität, Zusammenhang, Stil gepfiffen wird, wenn hier einer schreibt wie möglichst viele, wäre das nicht wieder eine zeitgemäße Reaktion auf die Krise des »Werkes«, das hier nur noch die Buchdeckel (täuschend) zusammenhalten?

Aber, die Frage wird langsam fällig, was kommt denn in dem Buch vor, außer eben ganz allgemein Frankfurt? »Allerhand« oder »toll viel«, das wären hierzu womöglich noch die präzisesten Antworten, denn was Zwerenz da an Figuren und Ereignissen so wuchtig wie flüchtig über die Seiten schüttet, sperrt sich gegen jede abstrahierende Zusammenfassung. Das sind Polit- und Privat-Rocker, ein blechtrommelhafter Zwerg, frustrierte Hausfrauen, Anarcho-Theoretiker, Mannequins an der Schreibmaschine, Polizisten, müde Redakteure, von zeitgenössischen Krämpfen geschüttelte Dichter, zupackende Emanzipationsfrauen. Ihre Geschichten beginnen so jäh, wie sie jäh wieder abreißen können, oder sie beginnen gar nicht, werden in unwürdiger Eile nur in einer Inhaltsangabe zusammengerafft, oder sie versickern sehr umständlich, um dann irgendwann doch wieder loszuprudeln. Spontaneität ist wohl ein zu gepflegtes Wort für den Motor dieses Erzähl-, Beschreibungs-, Referier-Tohuwabohus. Kann denn ohne einen Mindestaufwand an epischem Fleiß, an Ruhe und Vernunft überhaupt irgend etwas Hörenswertes erzählt werden? Oder sind das schon Opa-Worte und Opa-Erwartungen? Feiert und schuftet sich hier ein Generationsgenosse etwa ins Glück der Regression hinein, in einen frühpubertären Wut-, Schöpfungs-, Mitleids- und Ekelrausch? Zu schnell und selbstgewiß sollte man solche Fangfragen nicht in fraglose Antworten hineintreiben.

Immerhin, Zwerenz hat für sein Buch auch eine Leitfigur gefunden, die alle anderen Personen überlebensgroß überragt, die den Roman (außer eben dem Schauplatz »Frankfurt«) einzig noch zusammenhält, den Hausmakler und Bauspekulanten Abraham, aus Israel zurück in Deutschland, um sich zu rächen und zu bereichern. Für ihn ist diese Stadt also ohnehin nur noch Gelände, Spielfeld der Profitstrategie. Er läßt eine Rockerbrigade Altgebäude herunter- und die Altmieter herauswohnen, er schafft unermüdlich Platz für neue Renditesilos. Dieser Abbi ist ein Melancholiker und Rachemoses, ein Vitalmonument, aber auch ratloser Hospitant in literarischen, politischen oder schlicht bewußtlos dahingammelnden Bohèmezirkeln, ein phantasieloser Bourgeois und ein sensibilitätssüchtiger Abenteurer: auch diese Figur also hat weder verläßliches Zentrum noch Umriß. Wie auf eine Plakatwand projiziert Zwerenz auf diese Hauptperson lauter aktuelle Positionen, Stimmungen, Gedanken, Gemeinplätze (»so sagte er sich, die moderne Gesellschaft bringe eine Veränderung des Rollenverhaltens von Mann und Frau hervor . . .«).

Doch Abraham heißt er eben auch, und koscher sind seine Methoden und Ziele eben nicht. Da liegt also wieder die Leimrute einer Zwerenzschen »Provokation«. Muß nun wirklich jeder ein eingeschüchterter Antisemit, also ein Philosemit sein, dem eine solche Figur als nicht ganz unbedenklich aufstößt? Der Jud als Personifikation des Kapitalismus, als schlauer, wütender Ausbeuter des arischen Gesindels, als einsamer, kontaktloser Machtmensch und andererseits doch schwül unter einer Decke mit »dekadenter« Bohème: mit solchen Assoziationen streift der Roman nicht sehr idiotensicher die faschistischen Wahnphantasien, und welche Realität in denen damals verdrängt werden sollte, das weiß Zwerenz ganz sicher. An nebligen Mythos, an den »Ewigen Juden«, erinnert sein schweifender Abraham im Guten wie im Schlimmen. Aber so schreibt Zwerenz leider mit Vorliebe: bei geschlossenen Augen aus voller Brust, »visionär«, »provokativ«.

Pathetisch zweideutig wie diese Judenfigur ist auch die Haltung des Buches zu seinem anderen Generalthema, zur Gewalt. Es gibt eine beschreibende Hingabe an Prügelei, Blutvergießen, Folter, die ist vom Verdacht einer wollüstigen Ausbeutung des Schmerzes nicht mehr freizuhalten – selbst aus Hubert Selbys zweitem Roman war das zu erfahren. Hier bei Zwerenz geht es um einige Grade derber zu. Da werden zum Beispiel Frankfurts Polizisten, deren Vorgehen gegen Hausbesetzer im Westend skandalös genug war, als eine kalt orgiastische Sadistentruppe übers blutrünstige Papier geschickt. Das schießt, schlägt, grölt, schändet sich durch Tage und durch Nächte, lauter Untermenschen, viehische, die Offiziere natürlich mit »vollen, rosigen Gesichtern« – nein, hier ist dem Schreibenden die Menschenverachtung aus Menschheitsliebe sehr widerlich und inhuman durchgegangen.

Denn am ehrlichen Schmerz, an der ehrlichen Wut dieses Autors über eine kaputte Stadt, über kaputte Lebensläufe und Haltungen ist gar nicht zu zweifeln. Dauernd holt er also aus, möchte in Worten zurückschlagen, aber dann sieht er plötzlich über sich diese eigene Faust und denkt: was für eine herrlich wütende Faust ich doch habe. Äußerste Ehrlichkeit in genußreichen Posen – lauter Paradoxe. Auch die aufs Niveau Dwingerscher Bolschewiken heruntergeschriebene Frankfurter Polizei hält Zwerenz nicht davor zurück, dem obersten Chef dieser Truppe, dem verstorbenen Bürgermeister Möller, einen bewundernden Nachruf ins Buch zu setzen. Ist es schon Tollheit, hat es doch keine Methode.

Ja, plötzlich tauchen in lauter vagen, inflationären Weltuntergangsgebärden eben doch diese schärfer geschnittenen Porträts auf, von dem Generalstaatsanwalt Bauer etwa oder dem Studentenführer Krahl, von einer Hausfrau, die aus ihrer Reihenhausroutine eines Tages loszieht, um das Fürchten und das Genießen zu lernen. In solchen Kapiteln, das spürt man, setzt die Realität dem Autor endlich Widerstand entgegen, macht seine Erzählung schärfer, nachdenklicher, widerspruchsvoller, spannender und zarter. Zu oft, so wird dann klar, hat dieser Erzähler nur ein »Thema«, doch keinen »Gegenstand«, und solche Themen (ob »Judenfrage«, Frankfurt, Sex, Rocker oder schlagende Polizei) lassen sich ja ganz ohne erzählerische Anstrengung, nur mit kalt rhetorischen Kraftakten »erledigen«.

»Ein dichter Kosmos ist in ihm enthalten, auf dem ein irres Geschehen abläuft« – diese nicht sehr präzise Beschreibung eines nicht sehr präzisen Bewußtseins, sie trifft summa summarum auch den Zwerenzschen Roman. Solange dieser Erzähler nur wahllos seinen Ekstasen und Einfällen hinterherschreiben will, die er offenbar unterschiedslos für wirklich, wahr und notwendig hält (sie wären ihm ja sonst nicht eingefallen), solange wird er auch so flächige Reißer veröffentlichen, die nicht nur im Titel wirken wie die Nachtausgabe eines Simmel-Romans. Die Erde unbewohnbar wie der Mond? Auch hier erschöpft sich das Pathos von Zwerenz nur darin, daß ein Gefühl um einige Nummern zu groß ausgedrückt wird, auch hier verwechselt sich außerdem ein Bewußtsein mit der Welt. Unbewohnbar wie der Mond ist nur dieses Buch.

(1973)

Neue Orientierungen

Die siebziger Jahre, über deren diffuses Erscheinungsbild auf den kommenden Seiten so oft geklagt wird, gereizt und neugierig – »In den siebziger Jahren finde sich einer zurecht«, brummt mitten in ihnen auch eine Bühnenfigur von Botho Strauß – sie scheinen von heute aus, in der Revision, eine besonders kompakte Phase unserer Literatur. Wie ästhetische (bzw. anti-ästhetische) Programme sich vernetzen mit der sozialen und politischen Entwicklung, das wird in diesem Jahrzehnt so augenfällig, daß sich Literatur noch einmal begreifen, formulieren läßt als Literaturgeschichte.

So scheint es im Rückblick (vgl. S. 394ff.), aber anregender, jedenfalls authentischer als solche Konstruktionen liest sich die Verwirrung der kritischen Zeitgenossen. Gemeinsam ist allen offenbar nur das Bewußtsein der Krise, der Verluste und des Übergangs. Weggebrochen sind alte Überzeugungsfundamente, auf denen der Glaube an die Wirkungsmächtigkeit, an die Sozialarbeitschance der Literatur so solide verankert schien, und dieser Verlust wird auch einigermaßen präzise beschrieben, begrüßt oder bejammert. Nur den dagegen aufgebotenen Positivitäten fehlt es dann doch an Überzeugungskraft, vielleicht auch nur an überzeugenden Beispielen aus der literarischen Praxis.

Theorie und Praxis, beide in sich selbst vertieft, allzu weitsichtig die eine, zu kurzsichtig die andere, geraten kaum in einen Dialog. Die weiten Blicke, die kurzen Schritte – trotzdem scheinen sie unterwegs in eine Richtung.

Sechs Thesen über Literatur und Politik

1. Off limits

Die sogenannte Schöne Literatur dieser Bundesrepublik ist noch immer, wie unsere Kultur überhaupt, die Einrichtung einer Klasse, der bürgerlichen –, darüber können weder der Lesestoff-Ausstoß der Buchgemeinschaften, noch die Feuilletons der Gewerkschaftspresse, noch irgendein studentisches Jedermann-Straßentheater hinwegtäuschen. Die Herkunft, die Lebensläufe der Autoren erklären das, ihre Themen beweisen es, die Rezeption ihrer Bücher und Stücke durch ein fast ausschließlich bürgerliches Publikum erhärtet es. Arbeiter oder Angestellte mit nichts als Volksschulbildung haben oder finden keinen Zugang zu diesen Genüssen, zu dieser Aufklärung. Das Bildungsprivileg hält sie draußen.

Wer politisch und demokratisch denkt, wer folglich von Literatur nicht nur die angeblich tiefe, sondern auch eine breite Wirkung erwartet, muß über die Möglichkeiten einer Änderung nachdenken. Da Herkunft und Lebensläufe der Autoren, dachte man, nicht zu ändern sind, hörten diese oft den gutgemeinten Ratschlag oder drohenden Appell: wählt euch andere Stoffe, Stoffe jenseits der bürgerlichen, und vor allem: schreibt faßlicher. Das klang wie der Ruf nach einer Aufklärungsliteratur von der Süffigkeit des Illustriertenromans, wie der Ruf nach einem neuen Fallada.

Bleibt nur die Frage, ob sich einer zum Fallada denn trainieren kann, ob man nicht auch das nur durch soziale Erfahrung werden könnte, ob sich die künstlich, wie im Nachhilfekurs (»Bitterfelder Weg«) nachholen ließe? Bleibt die mißtrauischere Frage, ob Literatur und Literaten auf den heutigen Standard ihrer Methoden und Einsichten etwa verzichten sollen in dem Sinne, daß sie sich sozusagen herablassend herunterschreiben aufs Niveau eines restaurativen Bewußtseins, um also Leseerwartungen zu erfüllen, die von unseren eben noch gängigen spätwilhelminischen Lesebüchern und bestenfalls von den Klassikerinszenierungen des deutschen Fernsehens geprägt sind? Bleibt schließlich als wichtigste Rückfrage, ob denn Literatur, eine bürgerliche Klasseneinrichtung, unserem Staat, der als liberale Demokratie auch eine bürgerliche Klasseneinrichtung ist, überhaupt voraus sein könnte? Wäre das nicht eine Weimarer, eine treu idealistische Erwartung?

Solche Fragen führen in einen Teufelskreis: Literatur soll die Klassenbegrenztheit von Bildung und Aufklärung durchbrechen, doch um zu können, was sie sollte und wohl auch möchte, müßte die Klassenbegrenztheit von Bildung und Aufklärung erst durchbrochen *sein*.

Pauschal und also vage ließe sich daraus vermuten: erst eine neue, eine konkret statt formal demokratische Gesellschaft wird auch eine neue, allen zugängliche Literatur hervorbringen, nicht umgekehrt. Wer von der Literatur schon jetzt den Höhenflug über die Klassenbarriere erhofft, der hofft noch immer, fromm weimarisch, auf Erlösung durch den Geist.

2. Vom Fernblick zur Nahaufnahme

Bürgerlich mag unsere Nachkriegsliteratur sein, und wenn affirmativ nur noch den Gegensatz zu revolutionär meinen soll, dann darf sie auch affirmativ geschimpft werden –, sie ist trotzdem und trotz Ernst Jünger, Manfred Hausmann oder Gerd Gaiser nicht mehr bürgerlich apologetisch. 20 Jahre lang hat sie nur noch selten eine Verklärung ihrer bürgerlichen Basis versucht, fast immer nur deren oft destruktive Aufklärung. Ihr wichtigstes politisches, inzwischen schon ausgeschriebenes Thema war, was im Jargon die »Bewältigung der Vergangenheit« heißt, genauer: der bürgerlichen Mitschuld an dieser Vergangenheit. Auf diesem historischen Umweg hat sie den Selbstverständlichkeitsmythos der gegenwärtigen Gesellschaft fortlaufend in Frage gestellt.

Merkwürdig bleibt aber doch, daß dazu immer die Vergangenheit heranbemüht werden mußte. Aus der literarischen Kritik des schon und unabänderlich Geschehenen ließ sich fürs Bestehende ja nie viel mehr ablesen als nur die Warnung, daß das Geschehene nicht wieder geschehen dürfe. Also, trotz Enzensberger oder Walser oder Böll: der literarische Beitrag zu einer frontalen, umweglosen Kritik gegenwärtiger Miseren ist bescheiden und ohnmächtig dazu geblieben.

Auch neuerdings ist politische Belletristik wieder thematisch ausgewandert, diesmal geographisch statt historisch: man dichtet über Vietnam oder Persien, man stellt Vietnam und Angola auf die Bühne. Die drastischen, die blutigen Themen, Unrecht und Klassenkampf, in aller Breite durchgesetzt mit physischer Gewalt, das alles liegt noch fernab, in der Vergangenheit und auf fremden Kontinenten. Mit solchen Provokationen aber läßt sich offenbar literarisch leichter, effektvoller (nicht wirkungsvoller) agitieren als gegen die noch nicht so schön kraß und kraß schön ins Auge fallenden Herrschaftsformen hierzulande.

Was hier erlebt wird, nämlich nicht mehr materielles Elend, noch wenig physische Gewalt, dafür Gängelung, Verelendung, Entfremdung des Bewußtseins, das wird heute eher registriert in einer Literatur, die scheinbar nur von Sprache statt von Welt handelt, die angeblich schwierig, trotzdem aber politisch ist, in Texten etwa von Heißenbüttel, Handke oder Alexander Kluge.

Auch thematisch bleibt also Literatur, so lange jedenfalls, wie sie realistisch bleiben will, angewiesen auf die Veränderungen der Gesellschaft: solange deren Unterdrückungsmechanismen kompliziert und indirekt wirken, wird auch die auf sie ansetzende Literatur indirekt und kompliziert scheinen. Solange sie aber so arbeitet, bleibt sie im Ghetto, politische Literatur ohne politische Wirkung.

3. Gattungssorgen

Die Schwierigkeiten oder die Bereitschaft der Literatur, sich politisch zu engagieren, sind allerdings auch von Gattung zu Gattung verschieden. Sartre, der internationale Fachmann für literarisches Engagement, der in *Was ist Literatur?* nur die Prosa und das Theater auf politische Wirkung einschwören wollte, Gedichten aber jedes politische Ausdrucksvermögen absprach, hat gerade darin prominent geirrt, wie nicht nur eine lange Tradition von Horaz bis Whitman, Majakowski oder Brecht beweisen könnte. Denn seit Jahren steht, und das nicht nur in der Bundesrepublik, politische Lyrik neu in Konjunktur.

Dem Gedicht, da verhältnismäßig schnell, spontan produziert, fällt es schon aus diesem banalen Grunde nicht schwer, schnell, aktuell, also selbst auf Tagesnachricht zu reagieren. Es darf sich auch als Ansprache, als Adresse eines einzigen Sprechers verstehen, also parteilich sein. Doch vor allem: Gedichte können öffentlich vorgetragen, der Vortrag gesellschaftlich veranstaltet werden. Sie erreichen dann, mit unmittelbarem Appell, ein konkretes, statt ein diffuses Publikum. Vor allem als Lieder, ob von Biermann oder Bob Dylan, brechen sie heute aus dem Bannkreis literarischer Exklusivität.

Das Gleiche kann von Bühnenstücken, die immer noch angewiesen sind auf den Apparat der Staats- und Stadttheater und deren alteingesessenes Publikum, kaum erwartet werden. Doch auch sie, sobald sie sich nicht mehr verlassen aufs Drama der Guckkastenbühne oder Brechts Parabelweisheit und kunstvolle Jenseitsmodelle, sondern lieber aufs Theater als Podium setzen, auch sie gewinnen dann eine neue Freiheit gegenüber neuen politischen Stoffen, die in deutscher Sprache am konsequentesten Peter Weiss in seinen didaktischen Revuen genutzt hat.

Am schwersten jedenfalls, verglichen mit ihren Nachbarn, tut sich die längere erzählende Prosa. Nicht nur, weil sie zu zäh, zu langsam entsteht, weil schon ihre Produktionsweise zu episch ist, um Politisches aktuell und genau zu pointieren. Sie hat auch immer noch mit einem vollkommen privatisierten Einzelleser zu rechnen, statt mit einer Gesellschaft von Zuhörern und Zuschauern. Selbst thematisch ist sie ihrer bürgerlich realistischen Tradition treu geblieben, erkundet also Innenleben und Privatbereiche, oder mindestens das, was nah, greifbar und empirisch vor Augen steht. Sie also könnte kaum, wie heutige Stücke und Gedichte, nur gestützt auf Information, ein Angola oder Kolumbien bloß aus Worten herstellen. Vor allem: jede Parteilichkeit fällt ihrem eingefleischten Realismus schwer, denn er läßt sich nur durchhalten mit einem Pluralismus der Werte, mit Ironie. Noch immer handelt erzählende Prosa mit Vorliebe von dem, was ist, nicht von dem, was nicht sein sollte oder hoffentlich kommen wird. Mit einem oder zwei Worten: eine ganz und gar nicht revolutionäre, eine bestenfalls und im Wortsinne revisionistische Gattung.

Für ihre Zukunft allgemein, für ihre politische Zukunft im besonderen eine Hoffnung zu präzisieren, fällt heute schwer. Aber vielleicht liegt gerade die eben nicht mehr in einer Fortsetzung des bürgerlichen, des realistischen Romans – dem man ausgerechnet jenseits der Elbe eine späte rote Kunststoffblüte aufgesetzt hat –, sondern eher in der Weiterführung drastischerer, trivialer Erzählformen, der Science Fiction, des Abenteuer- und Kriminalromans, ja selbst der Bildergeschichte. Nur: sind deren kritische, also auch gesellschaftskritische Kräfte nicht deprimierend bescheiden, bieten sie nicht eher Gelegenheit zum Träumen mit offenen Augen? Auf diese Frage gibt es nur eine Gegenfrage: wäre nicht denkbar, daß künftig eine politische Literatur weniger Kritik liefern, als utopische Phantasie befreien und vermehren könnte?

4. Zwischen Wut und Resignation

Vorerst jedenfalls ist die politische Wirkung von Literatur, wie es ihrer bescheidenen Verbreitung und ihrer noch notwendigen oder nur noch luxuriösen Umständlichkeit entspricht, eher bescheiden. Das wissen schärfer als ihre Zuschauer und Aufseher die politisch interessierten Literaten selbst. Gegenüber einem sterbenden Kind, sagte Sartre, hätte sein Roman *Der Ekel* kein Gewicht, und daraus schloß er, konsequenter als andere: »Vielleicht sollten Literaten vorübergehend die Literatur aufgeben, um sich der Erziehung des Volkes zu widmen.« Das versuchte auf seine Art, auf Wahlreisen für die SPD, bekanntlich auch Günter Grass. Einer seiner ungeduldigeren Kollegen, der Dramatiker Hartmut Lange, sagte in der Berliner Akademie vor geladenen Gästen: »Daß auf alle Kunst notfalls zu pfeifen ist, wenn man mit dem Knüppel und dem Revolver der Polizei mehr ausrichten kann als zum Beispiel mit einem Konzert der Berliner Philharmoniker, geleitet von Herrn Karajan.« In ausführlicher und gepflegterer Argumentation wurde das etwa gleiche in Enzensbergers *Kursbuch* Nummer 15 behauptet.

Solche und ähnliche Ausbruchsversuche aus dem Ghetto Kunst werden eher noch zunehmen. Was Autoren dringend, politisch, aktuell zu sagen hätten, geht entweder nicht in ihre Werke, oder schlimmer: es geht in diesen, neutralisiert durch deren ästhetische Ordnung, sozusagen »auf«. Solange das so ist oder sein muß (wie lange?), ist nichts verständlicher und nichts nützlicher als Arbeitsteilung zwischen dem Autor als politisch handelndem Bürger, der dann direkt, ohne den Umweg über Kunstbeispiele, auf die jeweilige Lage reagieren kann, und dem Autor als Verfasser seiner Werke. In der Politik entscheidet über Formfragen vor allem die politische Wirkung. Wenn eine Ohrfeige von Beate Klarsfeld mehr Information vermittelt als ein Band Gedichte von Yaak Karsunke, ist eine Ohrfeige bessere Politik.

5. »La poésie est dans la rue« (Paris, Mai 1968)

Das alles hätte auch vor drei oder vier Jahren, also 1966 oder 1965, so oder ähnlich gesagt werden können. Außerparlamentarische Opposition, das war bis dahin fast ausschließlich die Politik der Autoren: einiger Journalisten, Wissenschaftler, Belletristen. Jetzt ist damit vor allem die Politik der Studenten gemeint. Nichts ist durch diesen Positionswechsel fragwürdiger geworden als der politische Auftrag der Literatur und vor allem: seine Wirsamkeit. So politisch nämlich ihre Intentionen auch zwanzig Jahre lang gewesen sein mögen, sie hat nichts erreicht, was im Bewußtsein der Nation so folgenreich geworden ist wie gleich die ersten Monate studentischer Aktionen. Diese wiederum waren auch kaum praktische Folgerungen aus Enzensberger-, Sartre-, Brecht- oder Peter-Weiss-Lektüre, sondern sie beriefen sich eher auf die Bildungserlebnisse Fanon, Marcuse, Guevara, Mao, auf die Methoden der amerikanischen Bürgerrechtsbewegung und auf Guerillastrategie.

Trotzdem: auch diese Opposition, selbst wenn sie sich deutlicher in Versammlungssälen und auf Straßen als auf Papier manifestierte, blieb vorerst literarisch, ihren Zielen und ihren Methoden nach. Auch sie, genau wie alle politisch interessierte Literatur, die mehr als nur kurzfristige Tendenz verbreitet, auch sie hat mehr vorzuschlagen als nur Reparaturen hier und da, auch sie hat utopische Perspektive: für wünschbar *und* erreichbar hält sie gesellschaftliche Verhältnisse, in denen, nach dem Marx-Wort, »der Mensch kein erniedrigtes, kein geknechtetes, kein verächtliches, kein verlassenes Wesen ist«. Genau das war von Voltaire und Lessing bis zu Gorki und Thomas Mann (oder im Negativ ausgedrückt in Büchners *Woyzeck* oder bei Céline) eine Hoffnung der Literatur. Sie wird neuerdings eben nicht mehr geschrieben, sondern demonstriert.

Aber solche Demonstration ist auch als Methode literarisch. Durch sie soll, laut Dutschke – und das erinnert an Kenneth Burkes Theorie der »Dichtung als symbolischer Handlung« – durch Demonstration soll Politik »sinnlich erfaßbar und erfahrbar gemacht« werden. Die Ergebnisse sind erstaunlich und bekannt: Minderheiten von sozusagen Demonstrations-Autoren konnten schon einflußreichere Minderheiten immerhin vorübergehend für sich und die ganze Bevölkerung mindestens als Publikum gewinnen. Was zwei Jahrzehnte lang bundesdeutsche Autoren einem kleinen Kreis von Lesekundigen und -willigen zu demonstrieren versucht haben, daß nämlich die angenehme Fassade dieser Gesellschaft womöglich doch täuscht, das ist seit dem Berliner 2. Juni 1967 der Nation wahrhaft »sinnlich« erfaßbar geworden. Die Provokationen, früher nur in Worten veranstaltet, haben sich verkörpert, und folgerichtig drohte die liberale, die formale Demokratie mit ihrer Grenze: sie erlaubt zwar radikal oppositionelles Reden, aber sie kann nicht radikal oppositionelles Handeln dulden. Literaten wurden zwar Pinscher genannt, gelyncht oder auch nur mit dem Strafgesetz verfolgt werden sollten sie nicht.

Worauf das also, fünftens, hinausläuft: ganz gleich, ob man die Schwierigkeiten einer herkömmlichen, einer aufklärerisch politischen Literatur bedauert oder belächelt, man sollte einsehen, daß sie im Augenblick unwichtiger ist, als sie noch vor drei Jahren schien. Die von ihr versuchten Demaskierungen, die in ihr vorgetragenen utopischen Bedürfnisse wurden inzwischen mit ungleich größerer Echowirkung demonstriert, eben von der neuen außerparlamentarischen Opposition. Insofern war diese tatsächlich – Literaturersatz. Das heißt, sie hat die Zustände zwar kenntlicher gemacht, sie hat kritisches Bewußtsein vermehrt und sicher auch reaktionäres ans Licht gebracht –, genau das könnte auch Literatur, nicht weniger, aber leider auch nicht mehr. Statt nur Bewußtsein auch die Verhältnisse ändern, das kann sie nicht, sowenig wie Demonstrationen.

6. Was nun?

Die ersten vier Thesen, wie gesagt, hätten so auch vor Jahren formuliert werden können, über die fünfte aber scheint die Entwicklung seit 1968 hinausgegangen zu sein. Kein Zweifel: seit den Osterdemonstrationen gegen Springer, seit dem Tode Martin Luther Kings, seit dem Zusammenbruch des Pariser Aufstandes, seit den vergeblichen Aufmärschen gegen die Bonner Notstandsgesetze läßt sich kaum noch enthusiastisch, hoffnungsvoll über Demonstrationen als politisch symbolische Handlungen reden. Diese, die »literarische« Phase der neuen Opposition scheint abgelaufen. Sie steckt in einer Krise.

Für die Literatur aber könnte diese Erfahrung, der Vergleich zwischen demonstrierter und nur geschriebener Aufklärung, doch ernüchternd genug gewesen sein. Fragt sich, ob sie die Lektion wahrnimmt und was aus ihr gefolgert wird.

Ich sehe, grob gesprochen, eine Alternative.

Einerseits, man könnte weitermachen wie bisher, in den Fußstapfen des bürgerlichen Realismus, doch zeitgemäß angereichert, genießbarer gemacht durch Montagetechniken, Literatur also weiterhin begreifen als Instrument gesellschaftlicher Information, zeitgemäß radikaler vielleicht als die »Gruppe 47«, aber doch in ihrem Sinne, weiterhin also eine belletristische Aufklärung betreiben, ohne Begriffe und ohne praktische Konsequenz, kritische Spiegelbilder der bürgerlichen Gesellschaft und ihres Bewußtseins liefernd, diese ungewollt mit dem Genuß ihres schlechten Gewissens bedienend, und die nie verläßlich beantwortbare Frage nach der politischen Wirksamkeit solcher Gesellschaftskritik auf dem Papier beflissen weiterhin überhören.

Andererseits: Literatur könnte auch endlich ihre erhabene Entbehrlichkeit für die Erreichung gerade konkreter politischer Ziele, ja sogar als Produktionsmittel von politischer Kritik einsehen. Sie könnte dafür wieder mehr »schöne Literatur« werden, als sie sich lange Zeit zu sein traute, das heißt, ihre ästhetische Scham vergessen und wieder an Phantasie und Sinnlichkeit, an das fast erstickte utopische Bewußtsein appellieren. Sie könnte, durchaus im Sinne von Ernst Bloch oder Marcuse, uneingelöste Hoffnungen, Freiheitsbedürfnisse, vorausspringende Träume artikulieren und damit psychischen, gesellschaftlichen Sprengstoff vermehren, statt immer nur weiter minutiös realistische Zustandsbilder der gegenwärtigen Repression anzufertigen, der Frustration also gekonnte Belege zu liefern. Sie könnte auf diesem Wege womöglich am ehesten ihre fatale Exklusivität verlieren und, man erschrickt fast, vielleicht doch volkstümlich werden. Sie könnte genau das als ihren in Zukunft wichtigsten politischen Auftrag verstehen.

Sie könnte dieses, sie könnte jenes. Die Alternative ist grob. Die Konjunktive haben die ihnen angeborene Vagheit.

Für die Einlösung des ersten spricht nicht mehr als die trostlose Logik einer Fortsetzung des Gehabten. Die andere Möglichkeit, die Möglichkeit einer Mutation aber stützt sich mittlerweile auf Verläßlicheres als nur Hoffnung und kann sich auch schon auf Näheres berufen als die amerikanischen Beispiele, auf Ginsberg oder Corso, auf Fiedler, Cohen, Kesey und so fort, auf die Praxis und die Theorien nämlich gerade der jüngsten deutschen Literaten und auch Filmemacher. Unübersehbar, gegen die Gebote der Mimesis, beginnt sich ausgerechnet Phantasie als ästhetische Grundkategorie wieder durchzusetzen, und schon warnt ein durch die Erfahrung des Faschismus fast paralysierter politischer Verstand vor genau dieser Entwicklung. Man redet von einem neuen Irrationalismus, einer lächerlichen neuen Romantik –, Tabuwörter, mit denen man immer noch genügend Hunde hinter dem Ofen hervorlockt.

Zurückzufragen wäre, ob diese pauschale Angst oder nur Prüderie praktisch noch irgend etwas taugt, ob denn sogenannter Irrationalismus auf ewig eine Domäne der Reaktion ist, ob die Erwartung, Geschichtliches würde sich je in der gleichen Erscheinungsform wiederholen, Faschismus also hinter »irrationaler«, »romantischer« Fassade wieder auftauchen, nicht schlechtweg Wahn (wenn auch ein plausibler Wahn) ist? Nützlicher wäre, mit Marcuse zu unterscheiden zwischen dem inhumanen Irrationalismus der technologischen Rationalität, eines monoman in sich geschlossenen, nicht mehr über sich hinausdenkenden Systems einerseits und andererseits jenen von Zweck- und Leistungsdenken, Entfremdung und Affirmation noch nicht vollkommen vereinnahmten Bereichen des irrationalen Bewußtseins, die gerade und immer noch Phantasie über das Bestehende hinaus produzieren und denen ebensolche Phantasie (in der Literatur, Musik oder im Kino) schon heute zu Hilfe kommt.

Dagegen steht Peter Schneiders Behauptung: »Jeder Versuch, Freiheiten als Schein, als Kunst darzustellen, die objektiv längst zu verwirklichen sind, würde nur die kapitalistische Propaganda unterstützen, daß diese Freiheiten eben nur als Schein zu haben sind.« Die immanente Logik dieses Satzes klingt zwingend –, obwohl, ließe sich nicht mit der gleichen Beweiskraft, in reinem Begriffsspiel auch behaupten, die bislang in kritischer Kunst als Schein, als Kunst dargestellten Unfreiheiten hätten bewiesen, daß solche Unfreiheiten eben nur als Schein erlebt werden? Hier wird offenbar noch immer gegen einen absterbenden bürgerlichen Idealismus argumentiert, gegen seine ideologische, glänzend verinnerlichte, jeder Praxis von vornherein entsagende Freiheit (Goethe: Iphigenie müsse sprechen, als ob kein Strumpfwirker »in Apolde« hungere). Von diesen sublimen Verdrängungs-Kunststücken, von solchen Vertröstungen auf ein irdisches Jenseits ist den neuesten Produktionen der Phantasie vorerst kaum etwas anzumerken. Andererseits: zweifellos kann die Blochsche Kategorie des Noch-Nicht immer wieder frustriert werden zu einem Nie, dann nämlich, wenn der zu verheißungsvolle Überbau zu hoch und ohne breite Basis zu lange in der Luft steht, als Luftschloß.

Mit irgendwelchen Gewißheiten kann also, sechstens, nicht gedient werden. Aber vermutbar bleibt, daß nach der »Literarisierung« der Politik eine neue, diesmal andere Politisierung der Literatur einsetzt, eine nämlich, die das Realitätsprinzip nicht mehr durch Realismus stützen wird, sondern es gerade aufzusprengen sucht, eine Literatur der positiven Aufklärung statt der gehabten negativen. Wird auch sie nur Papiertiger herstellen? Das hängt weniger von ihren Intentionen und Methoden ab als wiederum davon, welches Publikum sie mit ihnen erreichen kann.

Womit sich an die letzte wieder die erste These anschließen könnte und die Argumentation, wenn man will, sich in den Schwanz beißt.

(1970)

Das Poetische, seine Tradition und Aktualität

Wer fragt, macht sich gewöhnlich Sorgen, und sorgenvoll klingt die Frage, ob das Poetische zu oder am Ende sei. Setzt sie nicht trübsinnig schon voraus, wonach sie sich noch erkundigt: dieses Ende, den Untergang oder das Verdämmern einer ästhetischen Kategorie? Vor zehn, noch vor fünf Jahren hätte ich diese Frage, die Sorge samt dem Trübsinn auf Anhieb verstanden, heute – kaum. Denn überall in Kunstproduktionen taucht neuerdings wieder etwas auf, was lange verdrängt war und vermißt wurde: ein – man kann es gar nicht vorsichtig und vage genug ausdrücken – ein gewisser Überschuß an Schönheit.

Ich jedenfalls sehe auf dem Theater nach Lehrstücketüden und Dokumentarismus, nach der lichtgrauen Dramaturgie des Zeigestocks plötzlich wieder Sinnlichkeit hochschießen, aufblühen, in Wildwuchs oder kritisch okuliert. Ich sehe im Kino neue Kostüm- und Historienfilme sich aufplustern, von Fellini, Pasolini oder Losey, von Schroeter oder Truffaut, zweideutige Vergangenheitsrituale, klarsichtig und verklärend. Auch in der Malerei hat sich die abstrakte Erforschung von Material und Malweisen längst erschöpft, und lauter »neue Figurationen« bewegen sich auf die Leinwände, vor allem solche mit der Konturenschärfe von Träumen. Selbst in Leipzig waren in diesem Frühjahr nagelneue Bilder zu besichtigen, die nichts weniger und nichts mehr herzeigten als ganz aus Arbeit und Gesellschaft herausgelöste Einzelköpfe, Einzelwesen, sehr präzise gemalt, sehr poetisch weltfremd.

Lauter Erscheinungen, die sich undeutlich reimen, lauter Fata Morganen.

Dazu paßt auch, was seit Jahren an Architekturkritik laut wird, diese

Aggression gegen die Kälte funktioneller Bauten, in denen alles zwar an sich und für sich funktioniert, aber kaum etwas für die Bewohner. Hand in Hand mit dieser Kritik nämlich kam es zu einer gerührten Wiederentdeckung lange vergessener oder verpönter Formen, erst des Jugendstils, dann sogar die seines scheinbaren Gegenteils, des wilhelminischen Bombasts der Erker, Türmchen, Karyatiden. Sogar Hinterhöfe mit wenig Licht werden plötzlich gefeiert als menschenfreundlich, verglichen mit den human nur geplanten Satellitenstädten, den Isolier- und Schlafmaschinen. Wo alte Stadtteile bedroht sind, verbünden sich heute Trachtenvereine und Kommunisten. Das Poetische – denn darum geht es vage auch hier –, hat es also in sich: man weiß bei dieser schwer zu definierenden, fest zu machenden Kategorie zunächst nicht, wo vorn und hinten, was an ihr progressiv, was reaktionär ist. Sie steht, soviel läßt sich schon jetzt vermuten, gegen die leere Rationalität eines Fortschritts um jeden Preis, gegen alle selbstgesetzliche Technologie.

Kein Wunder also, daß sich das erste bürgerliche Jahrhundert, das achtzehnte, auch zuerst mit der Frage beschäftigte, was an Poesie noch möglich, noch nötig und erlaubt sein sollte. Der Schweizer Ästhetiker Breitinger etwa machte sich damals ausführlich Sorgen, wie in der Literatur das »Wahrscheinliche« zu verbinden wäre mit dem »Wunderbaren«, Sorgen, die eine feudale Literatur nie nötig gehabt hatte. In ihr waren Hexen und Geister, glückliche Wiedersehen oder magische Pechsträhnen von allen Wahrscheinlichkeitsrechnungen entbunden. Eine vernünftige Literatur konnte erst eine Gesellschaft suchen, die Vernunft als ihren Motor verstand. So kam die Scham hoch, in der Theorie wie in der Praxis, Scham erst nur gegenüber dem »Wunderbaren«, dann gegenüber dem Poetischen schlechthin. Auf deutsch hat sie sich am gründlichsten ausgesprochen und zu trösten versucht in Schillers berühmter Abhandlung *Über naive und sentimentalische Dichtung*.

Schon 1795, ein halbes Jahrhundert vor Marx wußte Schiller, daß die in Konkurrenz und Arbeitsteilung zerreißende Gesellschaft seiner Tage keinen poetischen Stoff mehr hergeben konnte, sondern nur noch Anlässe für Poetisierung – eine Unterscheidung, die er als die zwischen naivem und sentimentalischem Verfahren beschrieb, und nur das letztere ließ er noch als zeitgemäß gelten. Draußen und drunten die Prosa des bürgerlich zerrissenen und entfremdeten Lebens, doch auf dem Olymp die schriftlich festgehaltene Ahnung von einer vollständigeren Existenz als dieser nur wirklichen: so hat sich Schiller die neue Arbeitsteilung auch zwischen dem Ideal und der Wirklichkeit vorgestellt. Nur, die Literatur ist seiner schönen Gebrauchsanweisung kaum gefolgt. Novalis bekanntlich las schon aus dem *Wilhelm Meister* die Unterwerfung der Literatur unter das platte Nützlichkeitsethos der

Bourgeoisie und beschimpfte diesen »Candide gegen die Poesie«. Das scheint uns heute übermäßig empfindlich, war aber nur sehr empfindliche Prophetie. Denn seitdem hat sich die Literatur tatsächlich hineingefressen in die bürgerliche Wirklichkeit wie der Wolf in Münchhausens Pferd, aber die Wirklichkeit, wie dieses Pferd des Münchhausen, galoppierte immer weiter.

Genau dieser Vorgang wird Realismus genannt, und der wurde zum Kenn- und Markenzeichen moderner Literatur. Denn realistisch ist jede literarische Tendenz, die weder nach oben noch nach vorn über bestehende Wirklichkeiten hinaussehen will und kann, jede also, die Breitingers Wunderbarlichkeiten, Schillers utopischen Idealismus genau wie des Novalis Pochen auf romantische Poesie contra bürgerliche Zweckprosa vergessen, verdrängt hat. »Kunst will Erkenntnis werden«, das steht in Thomas Manns Künstlerroman *Doktor Faustus* und faßt in vier feierlichen Worten ein Credo moderner Literatur zusammen. Darüber hätten die Künstler früherer Zeiten demütig bis arrogant die Schultern gezuckt. Als Hilfsdienst für die exakte Wissenschaft, als Informationsmaschine hätten sie ihr Handwerk weder verstehen noch betreiben können.

Das wäre, sehr al fresco gemalt, der Hintergrund für das Realismusgebot, für die ästhetische Scham und Berührungsscheu, die gerade die deutsche Literatur nach dem letzten Krieg beherrschten, sofern sie nicht schlicht wegtauchte aus der historischen Stunde und nur Mohn und Huflattich bewisperte. Auf deutsch wurde noch einmal heraufgeholt, nachgeholt, durchvariiert, vom Naturalismus bis zu automatischen Schreibweisen, was die Moderne an realistischen Methoden aufgeboten hatte. Besonders in erzählender Prosa galt Wahrscheinlichkeit, die belegbare Authentizität aller Mitteilungen als der kritische Maßstab schlechthin. Auf Faktentreue hatten sich so verschiedene Autoren wie Doderer und Johnson eingeschworen: der eine reiste nach London, um in einem meteorologischen Archiv das Wetter für einen Roman über allen Zweifel erhaben festzulegen, der andere war über sich selbst gekränkt, als er ein Postamt an die falsche Straßenecke in Manhattan erzählt hatte. Trostloser Ehrgeiz, finde ich jetzt, fanatische Auswüchse eines trostlosen Programms, eine schon zwanghafte Angst vor allem Unbelegbaren, vor jeder Anstrengung der Phantasie.

Doch eine Literatur, die nur ausmachen und festmachen wollte, was ist, mußte ganz folgerichtig genau werden bis zur Pedanterie. Sie mußte, gerade wenn sie radikal sein wollte, immer wieder versaufen im naturalistischen Wust von lauter Fertigteilen. Die dokumentarische Schreibweise also, ganz gleich ob sie fertige Redensarten, fertige Haltungen oder fertige Geschichtsdaten zusammenband in bloßer, angeblich engagierter Montage, war tatsächlich die letzte, ehrlichste

Konsequenz allen Realismus. Unermüdlich schöpfte man Fakten und Faktizitäten, doch in ein Danaidenfaß. Denn gerade diese Kunst mit Erkenntnisauftrag verlor sich immer kurzsichtiger, blinder in einem Sammelsurium von undurchsichtigen Details. Höllerer, wie immer die Nase im Wind des schärfsten Fortschritts, rief Mitte der sechziger Jahre eine Taste-and-See-Literatur aus. Da sollte die Regression, ein froh infantiler Agnostizismus zum Programm werden. Nicht mehr zu wissen, aufzuschreiben als was vor der eigenen Nasen- und Fingerspitze unwiderleglich scheint – konnte man aufrichtiger, konsequenter realistisch, konnte man hoffnungsloser sein?

Denn auch das gehörte zu den Grundüberzeugungen der modernen, der spätbürgerlichen Literatur: daß man schreibend, genau wie Wissenschaft und Technologie, ständig fortschreiten müsse, daß jedes neue Kunstgold alles ältere zum alten Eisen macht. Jedes wahrhaft neue Gedicht, wurde behauptet, streiche alle bisherigen Gedichte aus. So macht auch ein neues, produktives Verfahren zur Herstellung von Schwefelsäure die alten nutzlos, unproduktiv. Jede neu entwickelte realistische Schreibweise, so liest man's bei Wellershoff oder Handke (oder auch Baumgart) noch in den späten sechziger Jahren, setzt die vorhandenen unter Ideologieverdacht, überführt sie als Systeme von idealistischen Illusionen. Da hielt der Positivismus, die Ideologie der Ideologielosigkeit, Einzug auch in literarische Theorie und Praxis.

Fortschrittlichkeit war damit zu einer Formfrage geworden. Ganz vorn war immer nur die neueste Schreibweise. Auf dem Markt begannen Stile und Namen sich mit dauernd anziehender Beschleunigung zu verschleißen. Die Artikel Wondratschek oder Brandner hielten kaum eine Saison lang ihren scharfen Glanz. Nebenan auf dem Kunstmarkt war der Vertrieb, waren die Anlagebedürfnisse des Kapitals schon offensichtlich zum Promotor der Produktion geworden. Aber hieß, mit der ständigen Progression Schritt halten nicht auch in der Literatur bald nur noch, den Anschluß ans Marktinteresse suchen? Gerade diese erkenntniswillige und -wütige, folglich sich fortlaufend renovierende Literatur begann wider ihren besten Willen immer weniger Neuheit, immer mehr Marktreize zu produzieren.

Ich bin abgeschweift, weit weg vom Thema, so scheint es aber nur, doch ich befinde mich immer noch in der Vergangenheit, das ist sicher. Im Jahr 1968 schwappte endlich die Ungeduld über die Kunstmoderne aus den Salons und Feuilletons auf die Straße, wo in Paris, also auf französisch, gerufen und an die Hauswände geschrieben wurde, erstens, daß Kunst Scheiße wäre, zweitens aber auch, daß die Poesie jetzt auf der Straße zu sehen sei. Das sind nur scheinbar Widersprüche, in Wahrheit nämlich die Slogans einer Gesinnung, einer Situation. Ausgerufen wurde da, genau wie später in Enzensbergers *Kursbuch 15*, die erhabene Wirkungslosigkeit auch der engagierten Literatur, und ausgerufen zugleich die sinnliche Schönheit, die utopische Tendenz der damaligen Demonstrationen.

Nun läßt sich, da wir über die Wirkungen von Kunst wenig mehr als nichts wissen, deren Wirkungslosigkeit so emphatisch behaupten wie das Gegenteil. Wichtig an der Wut und Enttäuschung von 1968 aber bleibt: auch der engagierte Realismus, der sich doch immer als kritisch und politisch verstanden hatte, war zum Papiertiger ernannt worden. Nur die äußerste Radikalität im Aufschreiben von Hoffnungslosigkeit, etwa durch Beckett oder Bernhard, wollte man noch freisprechen vom Verdacht der Kollaboration mit schlechter Gegenwart, bald aber auch nicht mehr diese. Denn der Kulturkonsum, hieß es, mache alles unschädlich, behaglich. Unter seiner wärmenden Leselampe zu Hause hängt kein Kenner der Moderne mehr frierend hinaus ins Nichts.

Literarischer Aschermittwoch herrschte 1968, ein besonders trostloser, denn der Karneval vorher hatte ja gar nicht getobt. Im Gegenteil: die Warnung vor allen ästhetischen Ausschweifungen, die reine Askese war gerade in den fortgeschrittensten Theorien formuliert worden, die nur noch Zitatmontagen, Sprachreproduktionen und Sprachstörungen gelten ließen, eine Literatur als dissonante Musik des status quo. Was als kritische Askese gemeint war, als Ausnüchterung des poetischen Idealismus, war umgeschlagen in ein kritisches Ja und Amen zum Bestehenden. Nicht *die* Literatur also schien damals, 1968, am Ende. Verbraucht schien nur eine, eine lang produktive, Illusion *über* Literatur, die nämlich, daß Belletristik ein Medium der Aufklärung wäre und zwar, wie Adorno das Paradox formulierte, als »Aufklärung ohne Begriffe«, oder wie Susan Sontag populärer und wegwerfend sagte: als »moralischer Journalismus«.

Mit Aussicht auf Wirkung schreiben, so befand Enzensberger 1968, könnte man nur noch Reportagen, Dokumentationen, Leitartikel, so schrieb er und schrieb selbst wenig später wieder – Poesie. Denn seine Diagnose ließ sich auch von der Kehrseite her lesen: wenn überhaupt noch schöne Literatur schreiben, dann ohne Hoffnung auf direkten Effekt, ohne die ästhetische Prüderie und aufklärerischen Illusionen, die den Realismus positiv wie negativ, mit Neugierde und Scham fixiert hatten auf die vorhandene Welt. Das kulturrevolutionäre Beben ließ tatsächlich nur diese Alternative: entweder die Literatur aufgeben, aus schlechtem politischen Gewissen, oder sie fortsetzen ohne jedes schlechte Gewissen, den ästhetischen Spielraum des Schreibens wieder voll und frei ausnützend.

Womit, vermute ich, das sogenannte Poetische wieder auf die Tagesordnung gesetzt war. »Das Poetische als solches zu definieren«, so Hegel, »abhorreszieren fast alle, welche über Poesie geschrieben haben«, und der diesen Satz neu zitiert, Peter Hacks im Jahr 1966 in einem Aufsatz gerade über *Das Poetische*, fügt dem Hegelsatz gleich eilig hinzu: »Auch ich werde mich hüten.« Hüten werde ich mich auch. Aber behaupten läßt sich, was an diesem »Poetischen« gestört hat, je drohender bürgerlicher Utilitarismus und Positivismus die Literatur zu Prüderie erzogen. Poetisches Schreiben galt als schlichtweg unverantwortlich und das in vielfachem Sinne: unverantwortlich gegenüber einer Wirklichkeit, die es mit einer viel zu schönen Welt konfrontierte, als verantwortungslos auch moralisch, weil es nur mit Schönheit argumentierte, als unpolitisch, weil es sich dem Aufklärungsgebot zu entziehen schien, als kontemplativ also, jeden Veränderungsimpuls stillegend, Kritik wie Aktion hemmend. Doch genau diese beflissen eingeübten, arroganten Vorurteile, der lange aufrecht erhaltene Unterschied zwischen einer realistischen, also kritischen, also engagierten und effektiven Literatur einerseits und einer poetischen, folglich verantwortungsfrei schwärmenden andererseits war spätestens 1968 ausgeträumt und ausgeräumt.

Die Folgen ließen nicht lange auf sich warten. Nur drei neuere Beweisstücke dafür möchte ich vorweisen, drei kürzlich erschienene Bücher von Autoren, die man und die sich bis dahin doch als kritische Realisten verstanden hatten: von Heinrich Böll, Martin Walser und Peter Handke. An dem *Gruppenbild mit Dame*, an der *Gallistl'schen Krankheit* und dem *Kurzen Brief zum langen Abschied* läßt sich beobachten, wie drei scheinbar unvergleichbare Autoren die realistischen Wahrscheinlichkeitsrechnungen durchstreichen, um ihre Themen, eher zögernd, zu »poetisieren«.

Am erstaunlichsten, weil unverhofft, ist diese Grenzüberschreitung in Bölls Roman gelungen. Denn zunächst wird hier der Erzählstoff doch penibel realistisch, ja dokumentarisch aufgearbeitet. Ein Fabulierer möchte dieser Autor offenbar gar nicht mehr sein, nur noch Rechercheur, ein Ermittler und Verwalter von lauter Zeugenaussagen und Dokumenten über die Zentralfigur, Leni Peickert. Alle Daten scheinen lückenlos zu »stimmen«, doch ihre sinnliche Summe, der Roman genau wie seine Heldin, verlieren immer deutlicher Bodenhaftung, gewinnen an utopischer Schönheit statt an prosaischer Verläßlichkeit. Schließlich führt Böll auch seine Handlung gegen alle Plausibilität, mit freier Willkür, um am Ende sein ganzes Romanpersonal in einen sanft berauschten Glückszustand hineinzumanövrieren, in einen repressionsfreien Winkel mitten in dieser Kölner Gegenwart, in eine Befreiung auf dem Papier.

Bloße Möglichkeit wird da als Wirklichkeit beschrieben, und genau das Gleiche versuchen auch Walser und Handke. Beide erzählen Krankheitsgeschichten, verfolgen zwei Figuren in Zustände äußerster Entfremdung. Walsers Gallistl, Handkes die USA bereisender Österreicher, das sind zunächst Personen, die ganz besonders intensiv und hoffnungslos »bei sich« sind, so rein ausgebildete Individuen und fensterlose Monaden, daß ihnen Kommunikation mit anderen kaum noch gelingt. »Inzwischen ist mir klar geworden«, schreibt Gallistl, »ich bin ein Einzelfall ... Wäre ich wie alle anderen, verschwände ich zwar ..., aber ich verschwände im Leben. So verschwinde ich noch rascher, aber im Tod.«

Vor diesem Sein oder Nicht-Sein hat moderne Literatur, wo sie auf der Höhe ihrer Radikalität war, sich seit Strindberg und Kafka immer für Ehrlichkeit, also für Nicht-Sein entschieden. Je tiefer die Verzweiflung, desto höher das Niveau, das galt und gilt noch immer unbefragt als Regel. Doch dieser »Lust am Untergang« treiben Walser und Handke keine neuen Opfer mehr zu. Sie versuchen wie Böll den schönen Schwindel (Schwindel im doppelten Sinne): die glückliche Lösung. Handkes Erzähler findet (ausgerechnet in den heutigen USA!) zurück zu Kommunikation und Gemeinschaft, erfüllt also (ausgerechnet dort drüben) den Endzustand eines deutschen Bildungsromans. Walsers Gallistl lernt Hoffnung und Solidarität im Umgang mit neuen Freunden, mit Kommunisten, die bei ihm und in diesem Roman ein- und ausgehen wie gute Kumpane in den viel zu schönen Büchern Eichendorffs (ausgerechnet Kommunisten).

Wer aber so, mit »ausgerechnet« diesen Erzählern in die Parade des Poetisierens fährt, mit dem ist wieder nur die antrainierte ästhetische Scham, das realistische Tabu durchgegangen. Beide werden in diesen Büchern verletzt und beleidigt durch eine Provokation, die ich noch provisorisch »das Poetische« nenne, die ich noch immer nicht definieren will, für die sich aber bei Böll und Walser und Handke einige auffällige Merkmale zusammensuchen lassen.

Zunächst: dieses Poetische ist ganz offenbar nicht auf der Höhe der Zeit. Es gibt »modernere« Bücher als die genannten. Bölls rücksichtslos romantische Fabelführung zum glücklichen Ende hin, Walsers Kunstmärchentöne und Eichendorffgestus, Handkes nacherzählte und am Ende sogar mit Tränen besiegelte Gottfried-Keller-Lektüre – das sind zweifellos »altmodische« Züge. Nicht auf der Höhe der Zeit sein, heißt also auch: Raum schaffen für historische Erinnerung. Und weil dieses Wort »erinnern« auf deutsch einen zwei- bis dreifachen Sinn hat, soll gleich daran erinnert werden, daß in diesen drei Romanen das Geschichtsbewußtsein auch nach vorn weist, daß sie sich Zustände jenseits der vorhandenen Gesellschaft vorstellen oder einbilden, daß sie Hoffnungen aufschreiben, also an Zukunft erinnern.

Der konservative Anschein von Erinnerung also trügt, und verdächtig muß nicht gleich sein, daß gerade Altes und Veraltetes uns unwillkürlich »poetisch« scheint. Oder, wie Peter Hacks sagt: »Lokomotiven sind poetisch, Raketen sind es nicht. Öfen sind es, Fernheizungen nicht. Das Wort LPG im Gedicht geht nicht ... Das Wort Dorf geht.« Sätze, die auf den ersten Blick wie von Wilhelm Lehmann klingen und denen Hacks gleich eine dialektische Auslegung hinterherschickt, um dieses poetische Beharren auf alten, sozusagen natürlichen, scheinbar unveränderlichen Worten und Gegenständen zu rechtfertigen: »Beide, die natürlichen (Zustände) wie die humane Utopie, werden in der historischen Wirklichkeit nicht angetroffen. Sie existieren in der Vergangenheit und in der Zukunft, vielleicht auch nur in der Erinnerung und in der Hoffnung. Sie sind zwei gedachte Gegenentwürfe zur Welt.« Das Nicht-mehr als Zeichen des Noch-nicht: Hacks will beweisen, wie blind gerade alle linke Stimmung ist, wenn sie gegen das Verfahren des Poetisierens anpolemisiert.

Womit sich schon andeutet, wie verwandt dieses »Poetische« mit einer anderen Kategorie ist, mit der gerade moderne Literatur notorische Schwierigkeiten hatte, mit dem »Positiven«. Das nämlich durfte dort, wo up to date geschrieben wurde, nicht auftauchen, es sei denn als abwesend, als entbehrt. Nur die äußerste Negativität sollte ans Positive erinnern: Sprachlosigkeit an wünschbare Kommunikation, Sinnlosigkeit an Bedürfnis nach Sinn, das genau gemachte soziale Elend an verlorene Humanität, der verschwundene Gott an einen nur noch erhofften – und so immer fort, durch alle Themenkreise. Da war die Nacht zum negativen Symbol für Sonne, der Buckel zum Zeichen für einen ehemals geraden Rücken gemacht worden. An solchen Schreibregeln und Leseerwartungen gemessen, geht es bei Böll, Handke, Walser tatsächlich um mehr als nur einen Stich zu licht und heiter zu. Den Bedürfnissen eine mögliche Erfüllung wie eine wirkliche vor-zuschreiben –, diese Leichtfertigkeit im Umgang mit ästhetischem Schein gehört also auch zu den Leistungen des Poetischen.

Nun ist der Weg zur schriftlichen Wunscherfüllung bekanntlich am kürzesten in sogenannter Trivialliteratur. In Schlager und Heftchenroman, in der Aufhebung der historischen Schwerkraft durch Science Fiction genau wie in den Geschichten von Kasperle oder Rübezahl wird ja die Unwirklichkeit der Darstellung besonders hoch, »poetisch« gehalten, um Glücksbedürfnisse und Glückserfüllung besonders heftig kurzschließen zu können. Auch diese sehr verschiedenen, doch sämtlich weit verbreiteten und beliebten Trivialprodukte sind mithin zweifellos »poetisch«. Woraus folgt, daß diese Kategorie ganz und gar wertfrei ist und Qualität von vornherein keineswegs garantiert. Sie gilt also, anders als die Kriterien für moderne Literatur, im kulturellen U- wie E-Bereich, für den *Silberförster* wie für den *Urfaust*. Das Heikle und Glückliche dabei: alles Poetische ist a priori populär.

Für Biermanns oder John Lennons Lieder muß das nicht eigens bewiesen werden. Ihnen gelang und gelingt das Poetische auch unbefangen, ohne jenen Formvorbehalt, jene halbe Verlegenheit, die parodistisch fast immer dort durchschlägt, wo Literaten zweckbewußt auf poetische Mittel zurückgreifen, um eine Volkstümlichkeit aus zweiter oder dritter Hand herzustellen. Brecht etwa wußte ein Lied, viele Lieder davon zu singen, das längste, berühmt und berüchtigt, heißt *Die Erziehung zur Hirse*, ein Lehrgedicht voll pausbäckig sozialistischem Optimismus, ganz lesebuchfromm, sehr hold und schmissig verkitscht auf den ersten Blick, auf den zweiten aber sehr verschlagen und gebrochen durch lauter listig eingearbeitete Formübertreibungen und Formfehler. Brecht hat unter sein Gedicht ein Netz aus Parodie gespannt, um es zu schützen vor dem Absturz in platte Banalität. Halb leichtsinnig und halb mit parodistischem Vorbehalt locken auch in den Büchern von Böll, Walser und Handke die Formen des Positiven. Wer je mitgeschrieben hat an der modernen Literatur, wer ihr erinnerungsblindes Fortschreiten nur nach vorn und ihren Entschluß zu reiner Registratur einmal verinnerlicht hat, dem muß das Aufschreiben von Hoffnung so schwer fallen wie der Rückgriff auf alte Worte und Weisen.

Ein ständiges Voraus- und Zurückschweifen, Geschichts- statt Augenblicksbewußtsein –,

realisiertes Wunschdenken, die Wiederentdeckung des Positiven als Schreibaufgabe –,

mögliche Popularität, Nähe zur Trivialliteratur einerseits, parodistischer Vorbehalt, Bildungsscham und Bildungsspaß andererseits –,

das alles wären erste, zeitgenössische Merkmale des »Poetischen«, zweideutige Merkmale, so zweideutig eben wie auch der Wunsch nach der Erhaltung alter Stadtviertel, restaurativ scheinbar, progressiv nur in der Tendenz.

Wiederherstellung der Fremdheit hat Dieter Wellershoff einen seiner Essays überschrieben, und wenn überhaupt eine einzige Formel den Impuls moderner realistischer Literatur faßt, dann diese. Poetisches Schreiben bewegt sich also in anderer Richtung. Es erinnert eher daran, daß auch Bekanntes, Vertrautes wiederhergestellt werden muß, ja, daß ohne erinnerte Vergangenheit jeder Gedanke an Zukunft blind bleibt.

In Bölls Roman verfällt die Heldin vor ihrem Hinterhoffenster immer wieder in trancehaften Singsang, kombiniert Bruchstücke romantischer Poesie mit eigenen, urchristlichen Protestformeln. »Es geschah etwas Wunderbares«, schreibt Böll, der dabei an Johann Jakob Breitinger ganz sicher nicht gedacht hat, und fügt hinzu: »Wer sich nie unter der schönen Lilofee etwas vorgestellt hat, sollte über die folgenden Zeilen besser hinweglesen.«

»Ich weiß«, gesteht Handkes Erzähler, »daß ich nicht mehr so ... leben kann wie der Grüne Heinrich ... Wenn ich von ihm lese, dann ergeht es mir gerade wie ihm selber, als er einmal ›unter stillen Waldsäumen liegend, innig das schäferliche Vergnügen eines vergangenen Jahrhunderts‹ empfand ... Und solange ich dieses Vergnügen eines meinetwegen vergangenen Jahrhunderts empfinde, solange möchte ich es auch ernst nehmen und überprüfen.«

Doch drastisch setzt erst Walser das Vokabular romantischer Wehmut ein als provisorischen Ausdruck revolutionären Fernwehs. »Lenin«, so erzählt er von einer seiner Figuren, »das ist seine Wiese, sein Wald, sein rauschendes Tal, sein Gesang und seine Quelle. Lenin. Er erzählt von ihm wie eine überaus verehrungswürdige Großmutter von ihrem ersten Geliebten erzählt.«

Das sind peinliche, weil ungewohnte Töne für alle, die von Literatur nur noch Ideologiekritik, die Ausnüchterung aller Räusche, erwartet haben, die sich ausgerechnet den Gärtner als Bock wünschten. Schiller, der über die Möglichkeiten von Kunst so vorsichtig wie ungeduldig nachgedacht hat, erwartete von ihr viel mehr und etwas weniger als nur Information, nämlich die »ästhetische Erziehung des Menschen«. Skeptisch mußte er »denjenigen vollkommen recht geben, welche das Schöne und die Stimmung, in die es den Geist versetzt, in Rücksicht auf *Erkenntnis* und *Gesinnung* für völlig indifferent und unfruchtbar erklären.« Idealistisch folgerte er gerade daraus: »Durch die ästhetische Kultur ... ist weiter nichts erreicht, als daß es (dem Menschen) nunmehr *von Natur wegen* möglich gemacht ist, aus sich selbst zu machen, was er will – daß ihm die Freiheit, zu sein, was er sein soll, vollkommen zurückgegeben ist.«

Weiter nichts als das –, bescheidener kann man nicht unbescheiden sein. Schiller wußte noch nichts von den Poesieproblemen des Peter Hacks, nichts von Fernheizungen und Raketen, doch seine ganze Theorie lebt von den genauesten Ahnungen darüber, was die damals erst aufbrechende bürgerlich-kapitalistische Technologie und Ökonomie anrichten könnte. Daß sie mit ihrer leeren Progression lauter konkrete Schönheit zerstört hat und weiter zerstört, die natürliche von Luft oder Landschaft, die gewordene von Siedlungen und anderen Kommunikationsformen, das zu sehen, braucht es heute keinen Schiller und keinen Walter Benjamin mehr. Die ersten Zeichen einer Wiederkehr des Poetischen, diesmal ganz ohne den holden Muff von Heimatkunst, sollten auch die ästhetische Theorie auffordern, die idealistischen Postulate der Klassiker neu zu überdenken, vom Kopf auf die Beine zu stellen. Nur weiter den Häßlichkeiten des aktuellen Lebens nachzuschreiben, den herumliegenden Zivilisationsmüll in »Texten« zu sammeln wie in Botanisiertrommeln, kann einer immer noch so genannten »schönen« Literatur nicht mehr genügen, sofern sie sich noch als Widerstand und Protest versteht. Kein Zweifel, mit diesem Ehrgeiz lassen sich spätbürgerliche Schwanengesänge noch übers drei-gestrichene g hinaustreiben. Doch etwas ganz anderes: Bedürfnisse nämlich zu versinnlichen, das wäre heute das Einfache, das schwer zu machen ist.

(1973)

So viele todmüde Sätze
Christian Linder: *Schreiben & Leben*

Stellen wir uns für dieses Buch einmal einen interessierten, aber nicht über alle umlaufenden Gerüchte, Nachrichten, Theorien des Literatur-betriebs informierten Leser vor. Er sollte von der (sechsmal verjähr-ten) *Kursbuch*-Behauptung wissen, die Literatur wäre nun tot, und auch von dem gepflegten Gelächter, mit dem sie damals quittiert wurde und das bis heute fortläuft. Unser vorgestellter Leser meint ja nun auch, irgendwie lebe die Literatur ja noch immer, schließlich, Heike Doutiné, Handke, Simmel, Lenz, Johnson – irgendwie haben alle doch weitergeschrieben. Worum ging es damals also, war das nur Hauskrach, ein Reizspiel unter Literaten?

Diese Sammlung von Gesprächen mit allerdings lebenden, aller-dings weiterschreibenden Schriftstellern könnte einen interessierten Leser, dem die Frage nach Tod oder Leben der Literatur noch auf der Zunge liegt, durchaus erschrecken. Es gibt, würde er einsehen, auch sehr krisenhafte, todesnahe Zustände von Leben. Denn dauernd stößt er hier auf Sätze von erfolgsverwöhnten oder nur respektierten oder fast verstummten Autoren, die doch alle vergleichbar sind durch einen ähnlichen Gestus von Ratlosigkeit, Apathie, richtungsloser Trauer. Es sind todmüde Sätze. In Horst Bieneks Werkstattgesprächen mit Schriftstellern, damals in der rüstigen Wiederaufbau-Phase auch der deutschen Literatur, sind die kaum vorgekommen. Der gesellschaft-lich legitimierte, der repräsentative Auftrag der Literatur stand da so wenig in Frage wie die Relevanz von handwerklichen Problemen: »Werkstattgespräche« waren also möglich.

Das neue Thema dagegen: *Leben & Schreiben* – Christian Linder hat entwaffnend geradeaus, oft naiv und produktiv wie Gretchen mit ihrer Gretchenfrage, auf das richtige Problem angesetzt. Ob und wie dieses schreibende Leben, dieses Existieren im und neben dem Schreiben heute noch möglich sei, mit welchen Unkosten, welchem Nutzen, darum kreisen immer wieder die Dialoge, die Monologe. Dunkelgrau ist Grundfarbe der Auskünfte. Wir hören von »tiefen Lustlosigkeiten« (»überhaupt kein Antrieb ... alles zu Tuende lästig und widerlich«), von Phasen verdrängten Bewußtseins (»den halben Nachmittag ... auf der Couch gelegen, in einer Art Halbschlaf«), vom Unwillen oder der Unfähigkeit, Tagesläufe überhaupt zu erinnern (»Ich bin beschäftigt / Womit? / Das weiß ich nicht«). Ein Autor schwärmt vom Reiz des Reisens in wirkliche Fremde, im Ausland (»Ich bin zum Beispiel leidenschaftlich gern Ausländer ... weil zwischen mir und allem eine Distanz ist, eine Barriere ...«), ein anderer lobt sein Zuhause in einer Betonsiedlung, eben weil es kein Zuhause ist (»an einem Ort zu leben, der mir fremd ist und an dem ich mich als entfremdet fühle«).

Es sind diese teils irritierten, teils sogar glückseligen Ich-bin-der-Welt-abhanden-Gefühle, die unseren interessierten Leser schrecken müßten, mehr wohl als exzentrische Geständnisse (»weil ich mir schon irgendwie lästig bin, wenn ich den Körper spüre« – »Ich umarme ein Kornfeld«), die er noch (voreilig respektvoll) der Außerordentlichkeit künstlerischer Existenz zugutehalten könnte. Verstörend auch die Zweifel an Zukunft (»Manchmal denke ich, heute wird die letzte Vorstellung der Literatur gegeben«), ja der »Ekel« vor jeder Zukunftsvorstellung (»wenn ich mich in der Zukunft vorstelle, widerlich finde ich das«). Jürgen Becker stößt sich selbst in die Gretchenfrage: »Warum schreibt jemand wirklich; kann er dieses Privileg erklären, diesen Zwang, diese Krankheit?« Anderthalb Dutzend mögliche Motivationen schüttet er dann vorschlagsweise aus, und die meisten werden unserem »interessierten Leser« wie Selbst-Denunziationen vorkommen.

Alle diese Aussagen umschreiben den Schriftsteller als prominenten Fall von Asozialität. Sind das lediglich Provokationen, sind sie masochistisch oder sogar kokett? Nicht nötig, auf diese Sätze einen Lügendetektor anzusetzen. Sie kommen durchaus nicht aus irgendwelchen uneinsehbaren Innenwelten, sondern reflektieren und sensibilisieren nur einen offenbaren Tatbestand: daß Schreiben, um zu leben, und Leben, um zu schreiben, daß Literatur als Beruf heute weniger als je in bürgerlichen Zeiten noch selbstverständlich ist, daß alle wahren, halbwahren, unwahren, doch lange respektierten Rechtfertigungen für diese Existenz- und Produktionsweise (ob Musenkuß, ästhetische Sendung oder gesellschaftlicher Auftrag) zerfallen sind und weiter zerfallen. Ganz gleich, ob man sich mit einem »Privileg« oder einer »Krankheit« ausgestattet sieht –, die Legitimationen sind leergeträumt, das schlechte Gewissen drückt aufs Bewußtsein der Schreiber.

Abgedrängt in Isolation, zu gesellschaftlicher Unverbindlichkeit zugleich befreit und verurteilt, doch immer noch unter dem Druck, dem

Drang zur Mitteilung, Anteilnahme, Kommunikation: dieser Widerspruch schlägt hilflos melancholisch immer wieder durch. »Wenn ich mich vorwiegend mit mir selbst beschäftige, dann will ich dabei herausfinden, was in Anderen vor sich geht, was das eigentlich sind: die anderen Menschen« (Becker). »Die Menge ist doch sein (des Autors) Feind, während er ihr Freund sein will, meistens ist er sogar ein Menschenfreund, selbst wenn er sich als Misanthrop gibt« (Koeppen). »Ich möchte genau so wie die anderen sein. Aber ich möchte auch, daß die anderen so sind wie ich, natürlich, und das ist halt das Spannungsverhältnis« (Handke). Da stoßen wir auf den Kern der Skrupel. Als Ideologen des Aufstiegs wie als Propheten des Zusammenbruchs sind Schriftsteller dem Bürgertum immer vorausgewesen, bis eben noch. Jetzt wären sie offenbar schon beruhigt, wenn sie überhaupt noch *gleichzeitig* mit »den Anderen« auf der Welt wären.

Sicher, ich übertreibe, wie auch Linders Beichtkinder übertreiben, und seine Autorenauswahl würde sich, falls sie sich als repräsentativer Querschnitt verstehen wollte, auch übertrieben wichtig nehmen. Außerdem kommt in dem Band, am längsten und entschiedensten auch Günter Wallraff zu Wort, der Hecht im Karpfenteich: Wallraff genau wie am anderen Ende der Skala Walter Kempowski machen noch einmal klar, warum das Selbstverständnis der anderen Autoren derart in Krise geraten ist. Dieses ungleiche Gespann, der Aktionist und der Archivar, sie zweifeln nämlich beide keinen Augenblick am öffentlichen Nutzen, an einer objektiven Legitimation für ihr Schreiben. Zwar, der eine gesteht: »Geschichte ist für mich ein Museum«, während der andere als Schreibimpuls und Schreibziel bekennt: »Die Wut aufstacheln. Den Willen zur Veränderung.« –, doch das revolutionäre wie ein konservatives Selbstverständnis macht Leben als Schreiben offenbar gleich möglich. Der gesellschaftliche Bezug, die soziale Verbindlichkeit der Literatur stehen da nie in Frage.

Fachkundig, handwerklich besorgt wie ein Tischler über funktions- und materialgerechte Stühle spricht Kempowski über seine Produktion. Er hat die Autorenrolle ganz zurückgenommen, eingeschränkt auf die Sammlung, die didaktische Ordnung, die musikalische Rhythmisierung von vorgegebenem Erinnerungsmaterial. Nur Materiallücken darf und muß die Phantasie noch ergänzen, als Lückenbüßer ist sie noch zugelassen. So bescheiden geworden, kann bürgerliche Literaturproduktion immer noch als bürgerlich solide, als achtbares Gewerbe gelten. Kempowski jedenfalls kennt keine sozialen Abstands-, keine Randgefühle: »Ich habe bis heute nie verstehen können, warum Leute keine Bürger sein wollen.«

Wenn Wallraff dagegen sagt: »Ich kann den Autor in mir sicher etwas zurücknehmen«, meint er etwas radikal Anderes, hofft er auf mehr

Praxis statt Schreiben, auf Gruppenarbeit statt Einzeltäterschaft. Für ihn ist schriftliche Kommunikation ohnehin nur ein Ersatz für Handeln, ein eher lästiger Umweg, und gegen die eigentliche, die »schöne Literatur« redet er sich in einen (Linder übertreibt da nur wenig) »fast schon bilderstürmerischen Haß«. Hier, wo nichts geduldet ist, was nicht unmittelbar, nachweisbar zur Abschaffung der Klassengesellschaft beiträgt, wird genau die Argumentation laut, den prompten Nutzeffekt alles Geschriebenen einklagend, die Wallraffs Nachbarn in diesem Band so ratlos, so schuldbewußt reden läßt. Und hier, wo einer sich in der Rolle des Autors gerechtfertigt durch die für ihn wichtigste gesellschaftliche Aufgabe sieht, würde er dieser Rolle doch gern entkommen. Haftet an ihr auch für Wallraff immer noch der Makel eines Privilegs, der Subjektivität, eines autoritären Gestus?

Für seine Zukunft sieht Wallraff drei mögliche Gefahren: einmal, daß er für seine aufklärerische Spionagearbeit physisch und psychisch nicht mehr imstande wäre und dann, aus Erschöpfung sozusagen, den »Umweg Roman« wählen müßte – oder, zweitens, »daß ich ... auch mal in einer Rolle hängen bleibe, ja, dann etwa als Arbeiter in der Fabrik bleibe, gar nicht wieder aussteige« – oder schließlich, daß sich seine Rolle immer stärker personalisieren, romantisieren könnte, daß die Gesellschaft ihren »Rächer der Entrechteten« unter dem Robin-Hood-Image endgültig vermarktet, unschädlich macht. Noch in solchen Geständnissen zeichnet sich ab, wie gerade Wallraffs antibürgerlicher Kopf seine Zukunftsängste noch immer mit den Alternativen des klassisch bürgerlichen Autors pointiert, zwischen Rollenverlust und Rollenversteinerung nämlich, als »Untergehen im Volk« oder als »Lehrer der Nation«. Wieder nur ein Indiz dafür, wie robust ausgerechnet er, samt Bildersturminstinkt und Vulgär-Pragmatismus, den alten gesellschaftlichen Auftrag der frühen bürgerlichen Literatur noch fortsetzt.

Doch die anderen, die ohne Netz, ohne die tröstliche Gewißheit gesellschaftlicher Legitimation schreiben und leben müssen? Wellershoff als einziger versucht, die persönliche Problematik theoretisch zu verallgemeinern, schlägt neue und alte Rechtfertigungshypothesen vor, apologetisch, defensiv klingen sie alle. Schließlich weiß er auch, was dann beim Schreiben als verläßlich-unverläßlicher Maßstab allein übrig bleibt: »Ein Evidenzgefühl«. Vom Schreibvorgang, von diesem »starken Strom an Energie, einer Mischung aus Begeisterung und Sachlichkeit«, von diesem »unglaublichen Befriedigungsgefühl, wenn man sich beim Schreiben so quasi aufhebt, wenn all diese privaten Geschichten in der Anstrengung einer Formulierung aufgehoben werden«, davon wird von allen mit plötzlicher Emphase geredet. Schreibt er weiter, fragt Linder Koeppen, »obwohl es eine völlig sinnlose Tätigkeit ist?« Antwort: »Ja, dreimal Ja.«

Ehrlicher, schmerzhafter läßt sich das Paradox nicht fassen. Überraschend scharf also dokumentiert dieser knappe Band die Lage und die Lager: entweder Liquidierung des überlieferten Literaturbegriffs durch rein registrative oder bloß noch operationale, auf Handlungsanweisungen eingeengte Texte (und um den Preis ihrer Selbstaufgabe bleiben dann die Schriftsteller auch »gesund«, unproblematisch selbstbewußt) oder aber das Risiko rücksichtsloser Subjektivität, der Versuch, im isolierten Besonderen das Allgemeine wieder zu entdecken. Ist das eine zumutbare Alternative? Über sie hinaus weist in diesen Gesprächen nichts. Sie sind eine nützliche Provokation.

(1974)

Eine Exekution – von drüben betrachtet
Kurt Batt: *Die Exekution des Erzählers*

Wer diesen langen Essay, dieses knappe Buch gelesen hat, beginnt sich zu wundern, warum literaturkritische Analysen von so überlegenem, nie arroganten Niveau nicht öfter zu uns über die Elbe kommen. Der Autor ist also Lektor im Hinstorff-Verlag in Rostock, Jahrgang 1931, und er nutzt alle Vorteile der Entfernung, der strengen Begriffe, der klaren Perspektive, mit denen auch die übliche DDR-Kritik die westliche Produktion traktiert. Doch üblicherweise werden die strengen Begriffe eben nur als enge eingeführt, so daß aus der Analyse das Analysierte an allen Ecken und Enden wieder herausquillt. Üblicherweise wird eine sozialistische Perspektive den literarischen Gegenständen gleich als Prämisse, als ideologisches Plansoll vor die Nase gesetzt. Üblicherweise also apportiert das kritische Ergebnis beflissen nur, was der kritischen Anstrengung als Gewißheit schon vorausgeworfen wurde.

Umso erstaunlicher, vor diesem Hintergrund, der Essay von Batt (der 1972/73 schon in *Sinn und Form* zu lesen war). Zwar, auch er kann sich nicht ganz freihalten von einem diagnostisch stabsärztlichen Ton (wie ja auch fast alle westlichen Gutachten über die DDR-Literatur, die schlechten wie die besseren), aber daß die hier untersuchten Romane sich als Krisensymptome lesen lassen, wird man schwerlich abstreiten können. Immer wieder holt Batt neue Ansätze aus der politischen und kulturpolitischen Geschichte. 1968, das erste Jahr ohne Tagung der »Gruppe 47«, das Jahr der breit an- und auslaufenden antiautoritären Opposition, markiert nicht zufällig den Einsatz. Die *Exekution des*

Erzählers also meint nicht nur die Position des Autors in (und über) einem Buch, sondern zunächst einmal seine Position in dieser westlichen Gesellschaft.

Kann die soziale Isoliertheit des Literaten in spätbürgerlichen Zuständen durchbrochen werden, mindestens auf dem Papier? Wie diese Frage die Bücher monologisch, melancholisch zerfallen läßt oder in eschatologische Gebärden treibt oder in innerliterarische Befreiungsläufe oder in eine bald stoische, bald ekstatische Hinnahme einer entfremdeten, manipulierenden Welt der Objekte –, das untersucht Batt in einem ersten Durchgang an Romanen von Bachmann und Bernhard, von Fichte, Chotjewitz, Herburger, Jonke, Kempowski. Nur die geduldige Vergangenheitsbewältigung durch Lenz und Johnson sorgt in diesem ersten Teil für etwas Lichtblick, sichert sie doch verläßliche Erzählzusammenhänge und einen soliden Erzählerstandpunkt.

Doch auf Zensuren wird hier eben nichts verkürzt, weder auf die ideologisch fixe Durchmusterung der Inhalte noch auf die Abfuhr unorthodoxer Schreibweisen. Das scheinbar formale Interesse an der »Exekution des Erzählers« entfaltet sich vielmehr als eine Frage mit unabsehbaren Folgen, gesellschaftskritischen, ideologischen, produktions- wie rezeptionsästhetischen. Wie Batt das rafft, ohne oberflächlich zu werden, ohne andererseits auf essayistische Lockerheit zu verzichten zugunsten von wissenschaftlicher Stringenz, wie glänzend er formulieren kann (ohne sich im Glanz zu spiegeln), wie anregend, immer problematisierend, selten in Formeln gefroren er auch Nebenthemen noch anreißt – das ist durchaus bewundernswert (und zeigt außerdem, was sich bei Lukàcs immer noch lernen läßt und wie dumpf und dürr dessen Begriffswelt bei anderen Kritikern zusammengeschnurrt ist, nicht nur in der DDR).

Schon die bestenfalls respektvolle, sehr reservierte Analyse von Werkstruktur und politischer Moral der Lenzschen *Deutschstunde* demonstriert auch, daß hier etwa nicht in Gnade und Ehren passiert, was nach DDR-Kanon als anständiger bürgerlicher Humanismus durchgehen müßte und dazu noch handwerklich den höchsten Standard von undekadenter Ordentlichkeit erreicht. Wenn Batt dann zu Beginn seines zweiten Teils den Hinschied der »Gruppe 47« verknüpft mit dem späten überregionalen Triumph der »Wiener Gruppe«, wird er noch vorlauter, was seine (wie immer relativen) Sympathien betrifft: »Es ist der Triumph konsequent artikulierten Krisen- und Verfallsbewußtseins über ein halbherzig gemanagtes gesellschaftskritisches Suum cuique.« Das ist so deutlich wie nur gewünscht –, lieber also die Reinheit des geschriebenen Anarchismus oder Positivismus als ein literarischer Sozialdemokratismus.

Kein Wunder, daß Batt sich lang und geduldig über die »antigrammatische« (oder: konkrete) Literatur beugt, daß er (neben Harig, Stiller, Becker, Wiener) vor allem Heißenbüttel mit dringlicher Fairneß analysiert und ihn in seiner musterhaften Konsequenz, in der illusionslosen Verknüpfung von Theorie und Praxis nahezu bewundert, aus sicherem Abstand, ohne Zustimmung, aber doch. In dieser »postkapitalistischen Aufklärung« ist die Lage immerhin unsentimental zu Ende gedacht. Statt des Erzählers arbeitet nur noch ein »Arrangeur«, der »Grammatik inszeniert«, Spiele von »synthetischer Authentizität«.

Natürlich weiß Batt, daß dabei ebenso wie in den dokumentarischen Versuchen die epische Distanz liquidiert wird und mit ihr wahrhaft mehr als nur eine Formalität, nämlich jede über das Bestehende hinausreichende, hinaushoffende Perspektive. Und natürlich holt er nun aus und spielt sein episches Trumpf-As aus: Bölls *Gruppenbild mit Dame*. Gemeint aber ist auch Böll hier nicht als akzeptabler bürgerlicher Humanist, als der nützliche Moraltrompeter, sondern als der Erzähler, der seit *Entfernung von der Truppe*, also schon drei Bücher lang die »Exekution des Erzählers« als Thema des Erzählens durchgespielt hat, der sich selbst schon dreimal mit dokumentarischen Faxen an den äußersten Rand seiner Bücher gedrängt hat, um dann den Fiction-Non-Fiction-Knoten freiweg zu durchschlagen und sich in utopische Gegenbilder hineinzufabulieren, in eine »appellative Vergegenwärtigung von Hoffnung«. Böll also zeichnet Hoffnung als Handlung auf, Walser im *Gallistl* nur als Akt der Rhetorik, getreu (laut Batt) »der Ideologie eines typischen Intellektuellen, der glaubt, sein Leben habe sich geändert, wenn sich sein Denken geändert hat«. Man sieht noch einmal, wie unbestechlich dieser Kritiker Autoren nicht nach ihren Bekenntnissen prämiert, sondern an seinen literarischen Ansprüchen auf literarische Realisierung mißt.

An seinen Ansprüchen? Im Fall Böll liegen die wirklich klar auf dem Tisch. Die Aufhebung scheinbar nur formaler Aporien kraft Geschichtsbewußtsein, sozialer Konkretheit plus utopischer Offenheit wird da erwartet und konstatiert. Doch sonst winken durch die negativen Befunde des Essays die positiven Erwartungen eher undeutlich. Von »gestalteten Menschenschicksalen«, vom »Eindringen in das Wesen gesellschaftlicher Prozesse« ist als von Pflichtmarken auch bei Batt sehr unbefangen und allgemein die Rede. Schimmert da das Ahnungslose, das Ahistorische der Lukàcschen Position etwa doch durch, dieses Pochen auf bürgerlichen Erzählformen und -leistungen als idealischen Mustern, auch für spätbürgerliche, ja postbürgerliche Epochen?

Die Frage, ob Entfremdung tatsächlich ein durch politökonomische Eingriffe leicht zu korrigierender, vorübergehender Betriebsunfall nur der kapitalistischen Industriegesellschaft wäre, diese für die Zukunft des Erzählens entscheidende Frage wird natürlich hier weder gestellt noch beantwortet. Wäre sie schlankweg und optimistisch zu lösen, dann hätte sich ja etwa Kafka jederzeit als Chronist aus dem spätkapitalistischen Altertum in sozialistischen Gesellschaften rezipieren lassen (und Batt, als hätte es eine Kafka-Provokation für die sozialistische Kulturverwaltung nie gegeben, versteht ihn auch so).

Von Walsers *Gallistl* heißt es in den allerletzten Zeilen, das wäre »ein Romantraktat, ein hypothetischer Roman, vielleicht Entwurf und Hoffnung eines Romans. Und das ist in diesen Jahren nicht wenig.« Falls auch diese Schlußsätze die Ansprüche Batts formulieren, so ist mir dieses Zögern, diese Bescheidenheit plötzlich geheurer als jede epochale ästhetische Formel. Batts ruhiges, ungereiztes Formulieren von Urteilen, seine Fairneß in Ton und Analyse war womöglich doch mehr als nur Fairneß. Ein Unterton von Sympathie scheint mir unüberhörbar, Sympathie durchaus im schlichtesten Sinne von Mit-Leiden. Sonst wäre eben auch dieser Essay nur der übliche, selbstgerechte Blick aus dem warmen, gemütlichen, wohlaufgeräumten sozialistischen Wohnzimmer hinaus in eine (leider gottseidank) kältere Welt.

Deshalb, wegen dieser unüberhörbaren Sympathie, frage ich mich, ob diesem Kritiker der Wunsch nach der Wiederauferstehung des Erzählers noch ganz geheuer ist, ob ihm Böll als Garant für die Erfüllbarkeit dieses Wunsches genügt, ob er (was Böll als Erzähler bewußt tut) nicht (als Kritiker) Wünschbarkeiten wie Möglichkeiten vorführt. »Verweile doch, du bist so schön« – das kann man dem soliden Erzählerroman natürlich zurufen. Fragt sich nur, ob da eine Welt als Wille und Vorstellung gerufen wird. Merkwürdige Zweifel, nach einem so entschiedenen und entschlossenen Buch. Sie kommen auf, weil die Energie seiner Details nicht getragen scheint von einem deutlichen, energischen Anspruch.

(1974)

Befreiung im Simulationsraum
Dieter Wellershoff: *Literatur und Lustprinzip*

Solange auf irgendeinem Feld die Praxis flüssig genug funktioniert, ohne Stottern und ohne Besinnung, solange hat Theorie dort wenig zu melden und zu bestellen. »Pragmatisch« nennt sich die Gesinnung solcher Zeiten. Daß sie in der Politik zu Ende gehen, daß dort die Theorie Jahr für Jahr an Gelände gewinnt, steht in fast jeder Tageszeitung. Fast parallel dazu aber läuft längst auch ein vergleichbarer Prozeß auf dem Arbeitsfeld der Literatur. Solange die westdeutsche Nachkriegsliteratur sich auf jener Hochebene bewegte (oder zu bewegen schien), die in der DDR sehnsüchtig »Weltniveau« genannt wird (vom Ende der fünfziger bis etwa Mitte der sechziger Jahre also), solange kam sie fast ohne Theorie aus, wurde geschrieben, gelesen und nah am jeweiligen Buch nur rezensiert. Ihr Zentrum und Wahrzeichen war während dieser Jahre die »Gruppe 47« und kaum ohne Grund gerieten die Beschreibungen dieses Klubs ohne Statuten fast immer nur anekdotisch, ganz gleich ob sie nun huldigend, aggressiv oder apologetisch gemeint waren. Irgendein gemeinsames Credo, wie und wovon Literatur handeln sollte, irgendein Umriß von Literaturtheorie war in dieser Gruppe einfach nicht zu fassen. Der Pluralismus literarischer Praxis war ihr Charme und blieb ihre Grenze.

Erst als die Krise schon ausgerufen war – schnell verballhornt zu der Parole, die Literatur sei nun tot –, setzte auch Theorie wieder breiter ein, die zunächst ja nichts weiter ist als ein Bewußtsein der Krise, als der dadurch provozierte Versuch einer systematischen Neuorientierung. Die russischen Formalisten und der französische Strukturalismus, die surrealistischen Konzepte und marxistischen Literaturdebatten der zwanziger und dreißiger Jahre lieferten historisches Material. Kritiker wie Bohrer, Vormweg oder Wellershoff, Piwitt und Buch begannen, aus dem Rezensionsbetrieb, aus der blinden und sensiblen Reaktion auf einzelne Bücher auszuscheren, Einzelbefunde in Zusammenhänge zu bringen, Theorie zu formulieren. Drei Bücher, Essaysammlungen von Dieter Wellershoff, Martin Walser und Hartmut Lange, setzen in diesem Herbst diese Bewegung fort.

Wellershoff, Walser, Lange – alle drei würden, nach der allgemeinsten Formel ihrer Literaturerwartungen befragt, vermutlich antworten: Realismus. Die Saison kennt nur dieses eine Stichwort. Wie wenig es definiert ist, wie wenig Übereinkunft unter diesem vagen Dach zu erwarten ist, wird sich noch zeigen. Doch »Realismus« (»Neuer R.« oder »Kölner R.«), das war das Schlagwort, unter dem gleich die ersten Literaturkonzepte zusammengefaßt wurden, die Wellershoff Mitte der sechziger Jahre eher vorsichtig, eher provisorisch vortrug und mit denen er sich zunächst nur abgrenzen wollte gegen eine damals noch mächtige grotesk oder abstrakt stilisierende Literatur. »Überall stieß ich auf Vorurteile«, schrieb er später. »Sie lagen wie Krokodile auf Sandbänken und schnappten, wenn ich das Wort ›Realismus‹ gebrauchte.«

Woher diese Gereiztheit? Wirklich nur, weil da gegen einen damals noch modischen Trend anargumentiert wurde? Wellershoffs Generalbegriff, das zeigt sich ganz klar erst in seinen neuesten Aufsätzen, war von Anfang an eher irreführend, die falsche Fahne auf einem richtigen

Kurs. Er nämlich versteht »Realismus«, »realistische« Literatur als eine unermüdliche Operation gerade gegen das Realitätsprinzip einer Gesellschaft, gegen den normierten Code ihres Meinens, Sagens, Verfügens, gegen die jeweils herrschende Ideologie dessen, was ihr zufolge ist. Literatur »lockert und durchbricht die aus der Praxis unserer kollektiven Lebenserhaltung und ihren Konformitätszwängen entstandene Realität«. Sie tut das etwa durch »extreme Formen von Informationsentzug, Verneinung von Erwartungen, Auflösung gewohnter Organisationsmuster von Information, wie zum Beispiel der Chronologie, (durch) Motivwiederholungen verbunden mit irritierenden Veränderungen, Identitätstäuschungen, plötzlichem Wechsel der Perspektiven, Stilebenen, Realitätsebenen – das sind sämtlich Techniken eines Entwirklichungsversuchs, der das Bescheidwissen korrumpiert und entstabilisierende Momente erzeugt, in denen die primären Phantasien frei werden und ins Bewußtsein eindringen können« – die primären Phantasien, die immer noch dem »Gesang der Sirenen« nachlauschen, den Melodien des »Lustprinzips«, das jede Kultur immer nur vorübergehend an ihre »Realität« domestiziert hat.

So also Wellershoff, und eine solche Zitatprobe verrät so viel von den Absichten wie auch vom Ton seiner Argumentation. Endlich einmal wird hier Literatur nicht als *Schreibleistung* sensibel bewundert und ausgelegt, sondern von ihren *Lesewirkungen* her verstanden. Die heute jeden Schriftsteller verfolgenden, aggressiven Fragen (Wellershoff zitiert die Muster: »Warum drücken Sie sich so schwierig aus? Was wollen Sie sagen? Wen wollen Sie erreichen? Was glauben Sie bewirken zu können?«), sie sitzen den Wellershoffschen Überlegungen offenbar hart auf den Fersen. Sein ganzes Buch ist Aufsatz für Aufsatz ein einziger, angestrengter Versuch, das Schreiben von Literatur noch einmal zu rechtfertigen aus ihrem gesellschaftlichen Nutzen für den einzelnen Leser, als Entlastung vom Druck einer ideologisch normierten Realität, als »Lust an der Entwirklichung des Vertrauten, an den freien, anhaltslosen Räumen, in die sich der Leser hineinziehen läßt«, als »Simulationsraum für ein alternatives Probehandeln mit herabgesetztem Risiko« – und wie sonst die merkwürdig technologischen Formeln für diese literarischen Urlaubsfahrten des eindimensionalen Menschen lauten.

Erste Frage: Sind diese gelesenen Freiheitserfahrungen, von denen Wellershoff so exakt schwärmt, nur so etwas wie Urlaub auf Ehrenwort, nach dem also Rückkehr auf den festen Boden des Realitätsprinzips zur Pflicht wird? Zweite Frage: Wenn die Leseerfahrungen tatsächlich nur ein neues, irritiertes Sehen, Denken, Empfinden einbringen, wird dann Literatur nicht zur leeren, inhaltslosen Utopie, zu einer Insel sozusagen des angeregten Wohlbefindens? Jedenfalls fällt auf, wie ordentlich, wie beruhigend Wellershoff auch dann noch klingt, wenn er von Verstörung spricht oder Lust oder Risiko. Gerade auf seine genauesten Stellen und Definitionen färbt ein unverkennbar sozialingenieurshafter Gestus ab. Auch die psychoanalytische, die anthropologische, die informations- und systemtheoretische Literatur mit eher pessimistischen Grundmustern, die Wellershoff dauernd für seine Untersuchungen verwertet, machen diese desto resignativer, je »wissenschaftlicher« sie sich geben. Forsch gesprochen: Ordnung muß sein, Freiheit *darf* sein (in »Simulationsräumen«) – so etwa werden hier dem Realitäts- und dem Lustprinzip die Rollen zugeteilt.

Um nun vereinfachend weiterzufragen: Warum darf etwa Freiheit überhaupt sein, nützt sie etwa der Ordnung? Wellershoff, auf dem Höhepunkt seiner Sozialingenieurs-Interessen, macht tatsächlich den Versuch, die Operationen der Literatur, zunächst doch verstanden als Entlastung vom Druck der gesellschaftlichen Konformität, für eben diese wieder in Dienst zu nehmen. Denn für die »offene Gesellschaft« (die hier als Modell also gilt), für dieses »lernende, innovative, problemlösende, zur Zukunft hin offene System« wird Kunst und Literatur »das eigentliche Trainingsfeld ... für die geistige und sensuelle Beweglichkeit, die eine moderne Gesellschaft braucht«. Was nun fast klingt wie aus dem Prospekt einer fortschrittlichen Managerschule. Daß Wellershoffs auf Befreiungsbewegungen programmierte Literaturtheorie etwa nur mit altindividualistischem, altliberalem Schwung geschrieben wäre, wird nun niemand mehr meinen. Ihr sitzt deutlich schon die geschlossene Theorie der offenen Gesellschaft, die technokratische Rationalität also im Nacken, aus der sie sich schubweise immer wieder herauszudenken sucht.

Das scheinen Widersprüche, die aber hier nicht ausgetragen werden. Seinen längsten, seinen spannendsten Essay schreibt Wellershoff über den Kriminalroman als Modell für die literarische Befriedigung sowohl eines Bedürfnisses nach stimulierender Unsicherheit wie nach Sicherheit. Er setzt ein mit Agatha Christie und Conan Doyle und endet bei Butor und Robbe-Grillet. Das ist, für Wellershoff, ein Weg von trivialen, sich patent und banal immer wieder heilenden Unsicherheitsstrukturen zu komplizierten, risikoreicheren, befreienderen. Es ist aber auch, und das interessiert hier merkwürdigerweise nicht, der Weg von einer populären zu einer elitären Literatur: die befreienden Qualitäten des Lesens nehmen also in genau dem Maße zu, wie die quantitative Verbreitung des Gelesenen abnimmt. Zweifellos, ein Trivialroman verkauft banale Sicherheitsgarantien, aber an wen? Klar, eine progressive Literatur bietet stimulierendere Unsicherheitsrisiken, aber wer kann sich die leisten?

Mit anderen Worten: alle ihre Entdeckungen verdanken diese Essays der Energie, mit der sie Literatur vom Lesen her, auf ihren aktuellen Nutzen für den Leser befragen – alle ihre Lücken und Widersprüche aber entstehen, weil sie sich »den« Leser tatsächlich so, ganz idealtypisch vorstellen, als Herrn ohne Unterleib, Eltern, Beruf, Geburtsjahr, Klasse, materielles Interesse, als das lupenreine zeitgenössische Bewußtsein an sich. Literatur, nach Wellershoff die Anstrengung, etwas Besonderes zu entdecken, das die Diktatur der Verallgemeinerungen verunsichert, wie könnte sie an etwas so Allgemeines wie »den« Menschen adressiert sein? Unter dem doppelten Druck der anthropologischen Abstraktion und der Tendenz zu einer technokratischen Harmonisierung geht es Wellershoff fast, wie er in einem eindrucksvollen Satz über de Sade schreibt, daß seiner Theorie nämlich immer wieder »das Fleisch von den Knochen fällt und im vermeintlichen Arkadien sich das dürre Gespenst der Sublimierung zeigt, die Geometrie«.

(1973)

Die Romantik und die Solidarität
Martin Walser: *Wie und wovon handelt Literatur*

Unser Thema hier, drei aktuelle Positionen der Literaturtheorie, verdankt dem Band Walsers zwar seinen Titel, doch genau dieser Band redet durchaus nicht immer über sein Thema, sondern scheinbar auch über ganz anderes, über »Kapitalismus *oder* Demokratie« etwa, über das Projekt einer »IG Kultur«, über die Bundestagswahl 1972. Für Walser, das ist klar, führen solche scheinbaren Abschweifungen mitten ins Thema: die politischen Bedingungen dieser Gesellschaften sind eben die Bedingungen für ihre Literatur. Soweit die Absicht. Doch deren Spur läßt sich auf dem Weg durch die Einzelheiten nur noch mühsam verfolgen.

Drei Aufsätze sind es, die hier unmittelbar über Literatur sprechen, die bekannte Polemik gegen die »Neueste Stimmung im Westen«, gegen den Neo-Sensibilismus also, die Rede zu Hölderlins 200. Geburtstag und ein Referat für den »Werkkreis Literatur der Arbeitswelt«. So zufällig die Anlässe gewesen sein mögen, so fremd etwa Drogenkult und Hölderlins Götter und »Akkord ist Mord« als Reflexionsobjekte nebeneinander stehen –, die auseinanderlaufenden Überlegungen zeichnen doch ein immer wieder ähnliches Grundmuster. Walsers erster, dringendster Anspruch an Literatur nämlich hat sich auch seit seiner immer entschiedeneren Festlegung auf sozialistische Perspektiven nicht geändert:

»Ich erinnere an einen Unterschied zwischen Dichtern. Die einen sind immer im Mittelpunkt ihrer Situation. Sie trinken uns sozusagen zu, wenn sie ein Gedicht machen. Das nächste Mal grüßen sie uns aus der nächsten Situation. Ihr Leben wird zu einer Folge von Gelegenheiten. Sie betreiben ihre eigene Entwicklung fast souverän ... Es ist klar, daß aus diesem Material Klassiker gemacht werden.

Die anderen sind unzufrieden mit sich selbst. Deshalb eher erfolglos ... Nach ihrem Tode liebt man sie sehr. Sie haben es schwer, einen Begriff von sich zu bekommen. Wenn sie ICH sagen, meinen sie etwas ganz anderes.«

Es ist klar, so darf man ergänzen, daß aus diesem zarteren Stoff Romantiker gemacht werden, und für welchen Idealtyp die Walserschen Beschreibungen werben, lassen sie mehr als nur zart erkennen. Aus drei scheinbar unvergleichbaren Aufsätzen, der Abgrenzung gegen die neuen Sensibilisten, dem rückhaltlosen Bekenntnis zu Hölderlin, der fast bis zur Selbstverleugnung getriebenen Demut vor den Arbeitswelt-Autoren –, aus diesen drei Essays ist mir unverhofft klar geworden: daß sich Walser entschiedener als fast alle anderen Autoren seiner Generation zur Konsequenz sentimentalischer Dichtung, zu einer antiklassischen, romantischen Haltung bekennt, und das schon immer, in seinem Anti-Weimar-Ressentiment auch vehement, doch ohne das Tabuwort Romantik je bekennend in den Mund zu nehmen. Auch diese Scham gehört schließlich zu einem, der es »schwer hat, einen Begriff von sich zu bekommen«.

Negativität, Entbehrung, war immer die wahre Muse der sentimentalischen Dichtung, nach Walser ein »Gedächtnis«, das »sich eher durch negative Eindrücke bildet, also eher durch Verletzung oder Verlust als durch Wohlsein und Besitz«. Klar, gegen wen das wieder gesagt ist, gegen Goethe (vielleicht sogar gegen Brecht), sicher aber für Hölderlin, Kafka und auch für die neuen, im Werkkreis schreibenden proletarischen Autoren. Ein Bewußtsein von Mangel, ein Schmerzbewußtsein macht den Autor aus und privilegiert ihn, »zu sagen, was er leidet« (leider von Goethe). Ist Literaturgeschichte also Märtyrergeschichte? (Auch ein romantisches Projekt: Walter Muschg hat es zu schreiben versucht.) Denkt man zurück an Wellershoffs Literatur-Essays, die sich so ganz aufs Lesen und den Leser, auf die Wirkung der Bücher konzentrierten, so fällt erst recht ins Auge, wie fixiert doch Walser auf die Autorenfiguren als Mittelpunkt der Literatur ist, wie fasziniert eher vom Schreiben als vom Geschriebenen. Produktionsästhetik (statt Rezeptionsästhetik), Leiden und Größe der Meister: wieder sehr antiklassische Vorlieben.

Natürlich ist es weder eine Schande noch eine Blamage, vergessene und auch verkannte Literaturpositionen neu zu aktualisieren. Und natürlich war die »romantische Schule« in Deutschland besser, als ihr Ruf heute ist. Auch sie (wie Walser) hat sich ja schließlich nicht in der Geisterbahn der Subjektivität, im Narzißmus verloren, sondern eine Kehre gesucht und gefunden zu »Vaterland«, »Volk«, »Gesellschaft«, wenn auch in den verschiedenen Köpfen und Zeiten verschieden, je anders bei dem Spätjakobiner Hölderlin oder Neonationalisten Fichte, beim Freiherrn von Eichendorff oder dem Gefühlssozialisten Heine. In seinem *Gallistl* hat Walser durchexerziert, wie ein schon zur fensterlosen Monade geschrumpftes Selbstbewußtsein wieder zum Bewußtsein für andere wird, wie Solidarität entdeckt wird. In einem Essay heißt es nun: »Jeder kann wissen, daß es keine nennenswerten Erfahrungen gibt, die einer allein macht.« Zwar: »Jeder Autor ist sein Gegenstand, das ist klar.« Aber genau damit beginnt das Problem: wie, »wenn einer über sich hinaus kommen will: wie also können die persönlichen Revolten gesellschaftlich relevant werden?«

Pedantisch vereinfacht und geordnet lesen sich die im Urtext nur lose assoziierten Literatur-Sensibilitäten Walsers fast wie ein logisches Schema: eine Schmerz- und Verlusterfahrung ist Bedingung des Schreibens, auch Bedingung einer Isolation, die zur Bedingung von Solidarität wird, und Solidarität wiederum ist die Bedingung für die mögliche Abschaffung aller Bedingungen, unter denen Schmerz und Verlust entsteht. Man spürt schon, wie forciert schlüssig da ein romantischer Ansatz bis zur sozialistischen Schlußfolgerung emporgeläutert wird. Sobald Walser weniger abstrakt, nämlich unbefangen über das Verhältnis von Autor und Gesellschaft spricht, fängt er (kein Wunder) auch gleich wieder an zu moralisieren: da sieht Goethe eben schlicht verantwortungslos aus, wenn in Bezug gesetzt zu seiner sozialen Umgebung, einfach »zynisch«, und so wird (vorsichtiger) auch Handke genannt. Wird nun etwa (statt Schmerz, Verlust) ein schlechtes Gewissen als Motivation fürs Schreiben gewünscht? Sind Solidarität und Engagement also doch nur eine verdammte Pflicht und Schuldigkeit, Glanznummern eines immer noch freien Willens? Die Unentschiedenheit, mit der Walser bald nur moralisch wettert, dann wieder marxistisch doziert –, sie ist schwer zu durchschauen.

Offen, nur vage beantwortet bleibt vor allem die Frage (hier wie in Walsers letzten beiden Romanen), wie denn dieses romantische und solidarische Schreiben »Realismus« hervorbringen soll. Definitionen interessieren Walser offenbar wenig, sie veröden in Leerformeln: »Die realistische Ausdruckspraxis stellt an sich selber den Anspruch, nachprüfbar zu sein als Ausdruck eines historischen Moments.« Da möchte ich doch wissen, warum nicht Dwinger oder die Marlitt oder Stefan

George alle gleich »nachprüfbar«, also historisch authentisch sein sollten – macht sie das nun zu »Realisten«? Doch plötzlich fällt dann ein Bekenntnis-, ein Schlüsselsatz in den Band wie ein Kleinbauernspruch aus dem Allgäu, ein Walsersatz: »Wo man nicht besitzt, hat man nichts zu sagen.« Aber Literatur, war das für Walser nicht der Ort, wo gerade die etwas sagen, die nicht besitzen, die einem Verlust, einem Mangel nachreden? »Solange man nicht besitzt, hat man etwas zu sagen« – gilt diese Umkehrung also auch? Dieser Satz klingt romantisch, der andere konservativ. Das ist offenbar die Paradoxie, die uns Walser in seinen Romanen wie seinen Literaturüberlegungen zumutet: daß da ein Autor mit konservativen Grundüberzeugungen und romantischem Schreibimpuls für den Sozialismus als einzig verläßliche Einlösung der »Menschenrechte« schreibt. Genau diese Widersprüche halten ihn produktiv und machen es seinen Büchern so schwer. Eine für mehr als einen Autor verbindliche »Literaturtheorie« aber läßt sich aus ihnen schwerlich entwickeln.

(1973)

Im hegelschen Aufwind
Hartmut Lange: *Die Revolution als Geisterschiff*

Liest man diese Aufsätze zur Erkenntnis-, Kunst- und Literaturtheorie unmittelbar nach denen von Wellershoff und Walser, so kommt einem das vor, als flöge ein Fenster auf und ein fast unangenehm frischer Wind wehe herein, so ein forscher Inbegriff von Natürlichkeit und Gesundheit. Wellershoffs sozialpflegerischer Unterton, seine feierlichen Exaktheiten, Walsers sensibles Wüten, in sich und gegen andere, gegen sich und in anderen – alles wie weggeblasen, diesem robusten Wind nicht gewachsen: »Das gesellschaftliche Sein bestimmt das Bewußtsein, aber in dem kleinbürgerlichen Gehirn Martin Walsers sind gesellschaftliche Verkehrsformen immer noch die Sache der einzelnen Person.« Eines immerhin haben diese beiden doch gemeinsam, daß sie nämlich in der Polemik, durch Reibungshitze zur schärfsten Artikulation kommen.

Dieser selbstgewisse, klare Wind, der Langes Sätze und Befunde über die Seiten treibt, ist der Atem der Hegelschen Philosophie. Aus ihr wird hier heraus- und herunterdeduziert, ob zum Thema Picasso oder Stalin. Ich kann nicht beurteilen, wieviel glänzende Taschenspielerei Lange dabei mithilft, doch mich beeindruckt, wie er (ähnlich wie damals Kolakowski) die absichtsvoll falsche Hegel-Rezeption des »Marxismus-Leninismus« erst als »Wiederherstellung der Theologie« interpretiert, um sie dann aus theoretischen Höhen in die reale Geschichte fortzuführen, vom Kopf auf die Beine zu stellen, und an denen klebt plötzlich Blut: »die Massaker unter den alten Bolschewiki«.

Trotzdem, Lange neigt als Hegelianer natürlich nicht zu dem, was er schlichtweg »Flennerei« nennt. Im Gegenteil: Einsicht in die Notwendigkeit, diese irdisch einzig mögliche Freiheit, will er sich und uns einpauken. Genau das bringt ihn zu diesen auftrumpfenden, überraschenden Tönen von Illusionslosigkeit: »Poesie ist ein Beruf, der höchst selten gebraucht wird.« Was leider wahr ist. Und Lange schreibt nun, warum sie in einem Land wie dem heutigen Cuba ganz besonders stört. (»Die Weltrevolution muß eben auch Realpolitik treiben, schäbig, schäbig, gewiß!«) Oder er zeigt, wie und warum sie nach dem Wertgesetz der kapitalistischen Warengesellschaft verkommt. (»Man sollte Sachen schreiben, so schnell und kurzlebig wie Wegwerfflaschen: verkaufen, vergessen – und hopp!«) Oder er beweist, daß die durch östliche und westliche Gesellschaften laufende Massenemanzipation in der Kunst zunächst »Barbarei« bedeutet, beziehungsweise, daß Kunst nun »auf lange Zeit als partikularisierte Form des gesellschaftlichen Bewußtseins ein Mauerblümchendasein fristen wird«.

Ein Fortschritt also, in den man aus reiner Gesinnung, mit hocherhobenem Spätjakobinerhaupt hineinstürmen könnte, an dem keinerlei Schmutz und Blut klebt, diese »Revolution als Geisterschiff« wird hier nicht angeboten. Was verstört, sind nicht Langes Befunde, eher seine robuste Freude an ihnen. Die Revolution als Dreckskarren, findet er sie nicht doch etwas zu imponierend, einschüchternd? Gut, dieser Abscheu vor aller »Flennerei«, dieser unbarmherzig gesunde Tatsachensinn dröhnt ja auch aus den Schriften der marxistischen Klassiker, und mit denen ist Lange durch mehr als nur das verbunden: Auch er kann sich seine auftrumpfende Illusionslosigkeit nur leisten, weil er ziemlich große Hoffnungen in petto hat.

Zwar, zu Resignation wäre für den Autor Lange genügend Anlaß, denn er hat ja bei Hegel gelernt: »Die Vernunft in der Geschichte nimmt zu, die Poesiefähigkeit der Geschichte nimmt ab.« Genau solche Einsicht aber hilft der Dialektik auf die Sprünge: »Verbietet das positive Wissen Naivität, zeigt die Literatur Naivität als Aufhebung von Naivität« (Beispiel: schon *Faust*). So zieht sich Lange immer wieder per Dialektik aus scheinbaren Trostlosigkeiten, in die ihn Dialektik hineinmanövriert hat. Klar ist zwar, »daß die Demokratisierung zunächst die Abschaffung von Literatur bedeutet«. Aber ebenso klar lautet deshalb die Antwort auf die provozierende Frage: »Gibt es Demokratie in der Kunst? Nein.« Dazu weiter: »War es um die Jahrhundertwende unmöglich, die Gesellschaft vom irdischen Ursprung eines jungen Genies zu überzeugen, so ist es heute unmöglich, der Gesellschaft klarzumachen, daß der Künstler, um objektive Sachverhalte subjektiv umformen zu können, vor allem Genie braucht.«

Da spricht kein Geniekult, wohl aber (ein gleich abgelegenes Wort, hier zutreffend), wohl aber Kunstverstand. Lange hat nämlich (anders als etwa Walsers Kunstsensibilität) ein durchaus zupackendes Verhältnis zu Begriffen. Zum Thema Realismus, dem Schlagwort der Saison, kommt es also hier zu mehr als nur devotem Gemurmel, nämlich zu unzeitgemäßen Forderungen. Für den Stückeschreiber, den Brecht- und Picassobewunderer Lange stehen vor allem »realistisch« und »ideal« in keinem unversöhnlichen Gegensatz. Auch ihm geht es um einen »großen Realismus«, um »ideal realistische« Darstellung, also nicht um die »bis zur Perfektion heruntergefotografierten« Wirklichkeitstautologien des Naturalismus und erst recht nicht um Kunst als linke Sonntagsschule.

Doch weniger in solchen Allgemeinheiten, eher an konkreten Werken, an Shakespeare oder Tschechow, an Buñuels *Milchstraße* oder Picassos später Graphik bewährt sich dieser begrifflich zupackende Kunstverstand, der allerdings jeden einzelnen Befund gleich erweitert zu allgemeiner ästhetischer Einsicht. Ganze zwei Seiten über *Romeo und Julia* analysieren dann nicht nur die dramaturgische Strategie dieses Stücks und dazu einige vulgär-marxistische Irrtümer von Brecht und Hacks, sondern entwickeln am gegebenen Beispiel die Dialektik des Besonderen und des Allgemeinen, des Zufalls und der gesellschaftlichen Regel als Bewegungsmodus von Stücken, ja jeder Kunst – das alles auf zwei Seiten, die nicht mehr zusammengefaßt werden sollten, die nachzulesen sich lohnt.

Aber sind das, erstens, nicht immer nur Interpretationen von gesichertem, großem Bestand, also kaum Beiträge zu einer heute und hier produktiven Literaturtheorie – und saugt, zweitens, die Interpretation die Werke nicht nur schlaumeierisch leer als bloße Beispiele für ein historisch-materialistisches Wissen (über die »ursprüngliche Akkumulation« oder die »Einführung der Grundrente«), das sich auch außerhalb der Werke gewinnen läßt? Zum zweiten Verdacht sagt Lange nach einer glänzenden Auslegung des *Lear* (als Stück über die Folgen der »ursprünglichen Akkumulation« eben) sehr bündig: »Nichts davon steht im Stück, denn die dramatische Kunst übertrifft wie jede ihren eigenen Sachverhalt. Er verschwindet in ihrer Form.« Bleibt noch der erste Verdacht. Führt etwa gerade die klare Illusionslosigkeit über die Aussichten von Kunst im Zeitalter der Massenemanzipation hier zu der Parole, man solle, wie Shakespeare damals, wie Picasso eben noch, die künstlerische Tradition, die vorhandenen Kunstleistungen als »Stein-

bruch« plündern und verwerten? Verbirgt sich hinter dem Elan dieser
Aufforderung doch nur die alte Ratlosigkeit eines neuen Alexandrinismus?

Langes im Vergleich zu Walser und Wellershoff wahrhaft »starke«
Theorie muß ihre Kraft und Höhe offenbar bezahlen mit einem ungleich schwächeren Kontakt zur literarischen Praxis hier in der Bundesrepublik (natürlich auch, weil sie immer noch, bewußt und unbewußt, zurückschaut auf die literarische Situation der DDR). Sie setzt
Maßstäbe, die eher einschüchtern als provozieren, und manchen wird
diese herrliche Abseitsposition und Vogelperspektive geradezu elitär
scheinen. »Der Durchschnitt muß sich zur Höhe der Beispiele aufar-
beiten«, so Lange auf Seite 99. Doch auf Seite 43 stand schon: »Und der
Durchschnitt frißt die Beispiele, die Literatur muß notfalls auf der
Stelle treten, damit die Massen schneller lesen lernen.«

Dieses Dilemma, dieser Widerspruch, ist per Theorie nicht zu
schlichten.

(1973)

Schreiben statt Literatur?

Erst Ende der siebziger Jahre begann sich der »warme Nebel« über dem widersprüchlichen Jahrzehnt zu heben, das sich auch literarisch zunächst nur als eine Abwehrreaktion gegen alle Politisierung, als Flucht aus den sechziger Jahren verstanden hatte. Wie entscheidend die neuen Parolen, die Themen, Methoden, Absichten des Schreibens doch immer noch bestimmt waren von den kulturrevolutionären Vorstellungen, den Erwartungen und Illusionen der späten sechziger Jahre, das wurde nun zunehmend bewußt.

Schreiben oder Literatur – unter diesem Titel, ohne Fragezeichen, bringt 1979 das Rowohltsche Literaturmagazin 11 das Dilemma einer Auflösung der Fiktion ins Autobiographische auf die allerknappsten Begriffe. Zur Disposition stand damit Literatur als eine Institution, in der professionelle Schreiber sich verständigen konnten mit elitären Lesern. Wiederauferstehen sollte sie – darauf zielten die Erwartungen in ihrer utopischen Konsequenz – in einem Schreiben aller für alle, in einem alldemokratischen Verständigungsgemurmel.

Zugegeben: die einzelnen Erzählungen und Romane lassen wenig genug von den emphatischen Zielen erkennen, die später aus dieser Literatur der Authentizität herausgelesen werden (vgl. etwa S. 336 ff. u. 397ff.). Doch mit einem »Vorwärts, zurück in die Zukunft« locken nicht nur die Werke, und nicht nur die Peter Handkes (s. S. 243ff.), sondern lockt auch die Utopie eines Schreibens aller für alle: auch diese Revolution träumt von einer Wiederherstellung älterer Zustände, von der Verwandlung einer durch Markt und Öffentlichkeit anonymisierten Gesellschaft zurück ins Frühbürgerliche, in einen literarisch-politischen Salon mit lauter gleichberechtigten Diskursteilnehmern.

Sogenannte Dokumentarliteratur

»Warum«, fragte Peter O. Chotjewitz in seinem vorletzten und wörtlich wieder in seinem letzten Buch: »Warum am Prinzip der Arbeitsteilung zwischen Künstlern und Menschen noch festhalten?« Da meldet
sich, vorerst noch keß in die blaue, utopische Luft gesprochen, wieder
ein Bedürfnis, die bekannten Katergefühle der Fiktions-Produzenten
gesellschaftlich und politisch beim Wort zu nehmen. Schon 1905, fünf
Jahre vor seinem Tod, vermutete Tolstoi:

»Mit der Zeit wird man überhaupt davon abkommen, Kunstwerke
zu *ersinnen*. Man wird es peinlich finden, über irgendeinen fiktiven
Iwan Iwanowitsch oder irgendeine Marja Petrowna etwas zu erfinden.
Die Schriftsteller, falls es sie noch geben wird, werden nicht etwas erfinden, sondern nur das Bedeutende und Interessante erzählen, das sie
im Leben beobachten konnten.«

Falls es sie noch geben wird ...! Was nicht etwa abhängen würde von
ihren Entschlüssen, sondern vor allem von der Entwicklung neuer Medien. Gerade diese, sah Walter Benjamin, öffnen sich immer deutlicher
dem früher nur rezeptiven Publikum, so zuerst die Presse und sei es
nur durch ihre »Leserbriefkästen«:

»Der Lesende ist heute jederzeit bereit, ein Schreibender zu werden ... Damit ist die Unterscheidung zwischen Autor und Publikum
im Begriff, ihren grundsätzlichen Charakter zu verlieren.«

Damit aber wird auch mehr hinfällig als nur ein Berufsprivileg, eine
Arbeitsteilung nämlich zwischen zwei Klassen; denn, wie Martin Walser in seinem Vorwort zu Erika Runges *Bottroper Protokollen* schreibt:

»Alle Literatur ist bürgerlich, bei uns ... Arbeiter kommen in ihr
vor ... Mehr nicht. Hier, in diesem Buch, kommen sie zu Wort.«

Was sich reimt an solchen Erwartungen und Behauptungen, ist das
Mißtrauen gegen ein literarisches Konzept, das sich vor rund zweihundert Jahren als bürgerlicher Realismus zu formulieren begann und
erstens Nachbildung und zweitens Erkenntnis von Wirklichkeit zu leisten versprach, doch beides auf Umweg über Fiktionen – und genau
das führte schließlich in ein Dilemma. Aus ihm werden zur Zeit,
immer noch, zwei demütige, nur scheinbar kühne Auswege versucht:
Literatur zieht sich entweder zurück in die engste, scheinbar allein
authentische Subjektivität – oder sie gibt sich dokumentarisch, arrangiert vorgegebenes, unerfundenes Material. Der Autor als fensterlose
Monade, der Autor nur noch ein Redakteur der Fakten. Werden
Schriftsteller – falls es sie noch geben wird –, bald vor dieser einzigen
Alternative stehen?

Gegen diesen Hintergrund jedenfalls sollte es gesehen werden, was sich vor unseren Augen vollzieht: Der Eintritt von Nicht-Autoren in die Literatur, in die durch ungeschriebene Privilegien geschützten Bereiche der Publikationsfreiheit. 1956 und 1961 erschienen die beiden Bücher, die inzwischen zu Klassikern des frei geführten Sozialinterviews geworden sind, in denen die Interviewten nicht mehr nach Fragebogenmuster verhört wurden, sondern breit, erzählend zu Wort kamen: Danilo Dolcis *Umfrage in Palermo* und Oscar Lewis' *Die Kinder von Sánchez. Selbstporträt einer mexikanischen Familie.* Einzelunternehmungen, ohne Kenntnis voneinander durchgeführt, genau wie die etwa zur gleichen Zeit durch Erica von Hornstein aufgenommenen Tonbanderzählungen von DDR-Flüchtlingen im Lager Berlin-Marienfelde. 1963 brachte dann der Schwede Jan Myrdal aus China 26 Selbstaussagen von Kommunebauern und Provinzfunktionären mit, und angeregt von diesem Material begann eine internationale Verlagsgruppe die Fortsetzung ähnlicher Dokumentationen zu planen. In der Bundesrepublik veröffentlicht wurden zunächst, nach Myrdals Buch: 1967 eine Sammlung von 57 Spontanerzählungen aus Chicago (zusammengetragen von Studs Terkel) und 1968 Neven du Monts Interviewaufzeichnungen aus Heidelberg. Im gleichen Jahr erschienen Erika Runges Protokolle aus Bottrop und, kommentiert ebenfalls von Martin Walser, die Autobiographie der Mörderin oder Totschlägerin Ursula Trauberg.

Seitdem läuft diese Welle von Erfahrungsberichten in jeder Saison breiter auf den Markt. Stellt sie aber das Monopol professionellen Erzählens überhaupt in Frage? Heißt, sich danach zu erkundigen, nicht schon, die Grundsätze dokumentarischer und fiktiver Mitteilungen unsinnigerweise für miteinander vergleichbar zu halten? Immerhin, schon einige der zitierten Herausgeber spekulierten offenbar auf einen »ästhetischen Mehrwert« ihres Materials. »Selbständige Geschichten – *contes*« nennt Myrdal seine chinesischen Interviewergebnisse, und Oscar Lewis spricht sogar von der Möglichkeit, mit dem Tonbandgerät und durch planvolle Montage eine »neue Literatur des sozialen Realismus« zu produzieren, wozu er die gegenwärtigen Erzähler – anders als ihre Vorläufer nur noch spezialisiert auf die Sorgen ihrer eigenen Klasse, auf das »Seelenleben des Mittelstandes« – nicht mehr in der Lage sieht.

Als »Informationskunstwerke« hat Godard seine Filme verstanden wissen wollen, und die Frage lohnt, ob nicht auch das ständig wachsende Interview-Material sich unter diesen Begriff fassen ließe. Jede vorläufige Antwort darauf wird nur dort zu holen sein, wo auch in den Aufzeichnungen der Nicht-Autoren der liebe Gott steckt: im Detail.

Unmittelbarkeit, das ist es, was man von dieser neuen Literatur erwartet, eine sozusagen unvermittelte, freie Mitteilung von Erfahrungen, aber genau diese Erwartung ist bare Illusion. Denn allein, daß diese Namenlosen zum ersten Mal stellvertretend, als Repräsentanten reden dürfen, verändert schon ihre Stimmlage, ja sogar ihre Lage. Sie sollen und dürfen sich aussprechen, aber nicht vor irgend jemandem und privat, sondern vor der Öffentlichkeit, für eine Veröffentlichung. Schon damit wird ihren Aussagen, so privat und spontan sie noch immer klingen mögen, alle zufällige Privatheit doch genommen. Indem sie ausgewählt und vermittelt werden, sind sie ausgestattet mit Repräsentanz, emporgehoben in den Rang des Typischen, werden sie, hinter dem Rücken der Sprechenden vielleicht, zu Literatur.

Wer sich öffentlich ausspricht, tut unwillkürlich immer schon mehr als nur sich ausdrücken: Er beginnt sich darzustellen, was geradenwegs auf Selbstrechtfertigung hinausläuft. Martin Walser also lobt die von ihm zum Schreiben gebrachte Ursula Trauberg sicher aus falschen Gründen, wenn er behauptet:

»Mir kommt vor, als entstehe durch die Art ihrer Erzählung eine Glaubwürdigkeit, die man nur erreichen kann, wenn man sie nicht beabsichtigt ... Sie hat es nicht in der Hand, ob ihr eine Passage zur Selbstverteidigung oder Selbstanklage wird. Sie scheint ganz einfach dem Diktat ihrer Erinnerung zu folgen.«

Was alles nur heißt: Walser hält die zum Schreiben Gebrachte eben für keine Autorin, traut ihr nicht zu, daß sie irgendein Verhältnis, und sei es das hilfloseste, zu ihren Erfahrungen ausdrücken könnte, als wäre sie nur das leere Medium, die Bauchrednerin ihres gelebten Lebens. Er übersieht, wie fatal literarisch gerade seine Autorin sich stilisiert hat, daß Erfahrungen ihr immer wieder zu Posen erstarren, daß eine triviale Romansprache ihr fortlaufend die Lippen schürzt.

Was man von diesen Autoren zu erwarten hat, ist also nicht etwa unmittelbarere, verläßlichere Wahrheit als von Autoren sonst, aber doch: Authentizität. Sie sind immerhin Fachleute ihres eigenen Lebens, das aber auch literarisch, denn besser als sie selbst kann sie niemand ausdrücken, oder genauer: Besser vielleicht, doch nicht authentischer. Erst die Form ihrer Mitteilungen macht, wie sonst in Literatur auch, das Mitgeteilte deutlich. Die Vorgeschichte der Verlobung eines Berufskartenspielers in Sizilien stellt sich so dar: »Ihre Mutter riet mir dringend ab, weil meine Braut so viele Fehler habe, aber ich fühlte mich glücklich, ein Mädchen zu besitzen, das mir gefiel, das phantastisch gut gebaut und künstlerisch begabt war. Sie kam mir wie die erste Dame des Königshauses vor.«

In Heidelberger Fabrikantenkreisen wird eine Verlobung schon sprachlich anders mitgeteilt: »Als ich meinem Schwiegervater meine Visitenkarte auf den Tisch legte, hat er zu seiner Tochter gesagt: ›Den kannst du nehmen, der taugt was.‹«

Möglich, daß solche Erzähler sich selbst gar nicht begreifen, daß sie wie von außen und in Begriffen kaum auf sich reflektieren könnten. In erzählendem Wortlaut aber wissen sie über sich Bescheid. Sie bringen sich authentisch zur Sprache, was schon heißen könnte: Sie machen aus sich Literatur. Woraus dann freilich auch folgen würde, daß man ihnen so unbedingt nicht mehr trauen könnte. Denn jeder, der sich über sich selbst äußert, gerät damit unwillkürlich schon »außer sich«, wird sich selbst zur Figur. Auch die chinesischen Kommune-Bauern, sagt Myrdal, »wollen sich selbst gern so zeigen, wie sie meinen gesehen werden zu müssen«. Die Person beginnt eine Rolle zu spielen. Ereignisse werden fortlaufend mitgeteilt als Erfahrungen, erscheinen also interpretiert in den Bedeutungen, die ihre Zeugen nachträglich aus ihnen herausgelesen haben.

Die gleiche Armut, dasselbe Kindheitsmilieu, so demonstrieren etwa die Erzählungen der *Kinder von Sánchez*, nehmen verschiedene Farben des Glücks oder Unglücks an, je nachdem, wer davon erzählt. Offenbar kann eine Personalperspektive Tatsachen gar nicht erfassen, stilisiert sie unwillkürlich zu Geschichten. Der chinesische Dorfarzt Myrdals weiß eigentlich gar nichts mehr von der Besetzung der Provinz durch die Kuomintang-Truppen, für ihn ist das alles bis zur Unkenntlichkeit verdüstert durch eine einzige Erinnerung: die Vernichtung seiner medizinischen Bibliothek. Für ihn ist folglich der Kuomintang die Partei der Barbaren.

Ein Bericht aus der DDR setzt so ein: »Ja, Schwerin, dies schöne Städtchen. So wohl hatte man sich früher darin gefühlt, richtig geborgen. Jetzt wollten es die Schweine zu einer sozialistischen Stadt ausrufen, sämtliches Privateigentum sollte erlöschen. Solches Gerücht und Gerede geht wie eine Ansteckung um und macht . . .«

Eine Erzählung, die so anfängt, ist abgekartet, ist so authentisch wie fiktiv. Sie wird, durchaus aufrichtig womöglich, alles jeweils in ihren Zusammenhang Passende so arrangieren, wie es ihr paßt. Sie wird aus Tatsachen eine Geschichte, das Plädoyer einer Erfahrung spinnen, das sich dem zuhörenden Mißtrauen lediglich offener, naiver anbietet als berufsmäßig hergestellte Fiktionen. Die Unterscheidungen also zwischen dieser und der üblichen Literatur beginnen schon unscharf zu werden.

Auch und gerade, wenn sie sich nicht ausdrücken können oder mögen, drücken diese Gewährsleute sich zuverlässig aus: Warum sie es nicht können oder mögen, kommt in solchen hilflosen Augenblicken zum Vorschein. Wenn eine Ursula Trauberg Geschlechtsakte übersetzt in die Wendungen »Wir waren intim zusammen« oder »Diesbezüglich tat er für mich auch, was schön war«, so liefern solche Gespreiztheiten das getreue Abbild einer Verdrängung. Was ihr im Leben nicht gelingt, mißlingt ihr auch in der Sprache. Man kann also aus diesen Büchern auch etwas lernen über das Wesen literarischer Ausdrucksfertigkeit. Gelingt ihr nicht zu viel zu kostenlos leicht?

Ein italienischer Arbeitsloser, der formulieren will, wie er sich tagtäglich durchbringt und beschäftigt, sagt: »Ich stehe am Fenster, wenn morgens die Sonne aufgeht, und abends, wenn sie untergeht.«

Die deutsche Kleinbürgerin sagt über eine Liebesaffäre: »Bei Harry kam ich mir vor wie in einem sicheren Hafen, ich wollte ihn nicht verlassen, um mich neuen Stürmen auszusetzen.«

Ein »eindrucksvoller« und ein »peinlicher« Satz, so scheint es, aber sind sich beide nicht ähnlich? Eine Fertigkeit, sich auszudrücken, ist immerhin beiden Zitaten anzumerken, beide Sprecher formulieren durchaus konventionell, nur daß der italienische Arbeitslose zurückgreift auf eine Konvention, die wir eher respektieren: Er sagt einen Volksliedrefrain in Prosa auf, während die liebende Kleinbürgerin sich in den Sprach- und Gefühlsklischees eines Illustriertenromans reproduziert.

Fertigkeit des Ausdrucks setzt immer Konvention voraus, bewegt sich in einem beschränkten Wortschatz und geläufiger Rhetorik. Je fremder uns diese Konvention ist, desto eher beurteilen wir die durch sie erreichten Formulierungen als treffsicher, überraschend, schön, als literarisch, etwa die Beschreibungen, die im chinesischen Dorf die Leute von ihren Nachbarn geben: »Die Frauen ziehen ihn oft auf, er sei so vorsichtig. Er hat es nie eilig. Nicht einmal, wenn der Himmel herunterfiele, würde Kao Pin-ying seine Schritte beschleunigen. Er ist nie nervös oder unruhig. Er denkt immer lange nach. Seine Frau unterdrückt ihn. Er lacht sie so freundlich an, doch sie ist ein Unwetter. Sie spricht nicht und scherzt nie. Sie ist so eine, die alles allein macht. Sie tut ihr Bestes, aber viel ist es nicht.«

Das klingt einfach, genau und hat doch den Undeutlichkeits-, Vieldeutigkeitscharakter, die Aura, die man von Literatur immer noch erwartet. Die Sprache wirkt organisiert, sie hat Stil. Ein Junge aus Bottrop redet anders: »Als ich 16 war, hab ich mich das erste Mal verliebt, also, so richtig. Ich mein, in der Schule, auch schon mal en Mädchen son bißchen inne Ecke reingestellt, versucht zu küssen, das hat überhaupt nicht geklappt, du dachtest denn: mein Gott, ist das blöd! und so, nicht. Aber verliebt, das war – ich ging immer in ein Tanzlokal – und da war immer ein Mädchen, das hatte unwahrscheinlich lange Haare. Die war so, lange Haare und Natur. Schön war se und dufte gebaut, alles hatte die praktisch.«

Statt Stil »nur« Jargon, ein junges Rotwelsch, mit dessen Fertigteilen wie unbewußt hantiert wird. Doch auch dieser Jargon macht den Sprecher so sichtbar wie die Situationen, setzt wie eine literarische Erzählung Subjekt und Objekt ineins. Solche herausgerissenen Zitate also machen einen Unterschied zwischen fiktivem und dokumentarischem Erzählen nicht deutlich.

Schlag»fertig« sind diese Nicht-Autoren im wörtlichsten Sinn, denn fast immer ist ihre Redeweise fertig von vornherein und liefert dem Sprecher seine Geistesgegenwart gratis. Sie verfügen über Vokabular und Grammatik nicht wie Literaten, die Sprache verfügt eher über sie. Wenn sich zu Erfahrungen keine passenden Worte, keine angemessene Syntax findet, dann klinkt der Mechanismus der Schlagfertigkeit leicht aus, es kommt zu Fehlleistungen. Da möchte etwa ein alter Arbeiter schwärmen von Ausflügen, von Landschafts- und Städtebesichtigungen, die er sich für seine Rentnerzeit vorgenommen hat, doch die vage Sehnsucht verdrösel sich in ratlosen Sätzen: »Es gibt so schöne Gegenden hier in Deutschland, überhaupt hier so in der Gegend, oder nachm Sauerland runter.«

Mehr kommt nicht heraus. Es fehlt ihm an Sprache, weil an Erfahrung: »Noch nie war ich weggewesen, ich war noch nie rausgewesen.«

Das ist die Wahrheit, die sich in falschen Sätzen richtig ausdrückt.

Von Beispielen so verkümmerter Erfahrung, Einsicht, Sprache wimmelt es in diesen Texten. Sie testen damit den Leser, wie er auf solche Defizite reagiert, mit billiger Schadenfreude, mit Arroganz oder mit Sympathie. Sie sind immer auf eine Fortsetzung im Lesenden angewiesen, fertig also doch nur in Details. Es fehlt ihnen der organisierte Zusammenhang aller zerstreuten, einzelnen Teile, mit einem Wort: Sie sind keine »Werke«. Da zerfallen Lebensläufe fortlaufend in Anekdoten. Abgedroschene Maximen, verdummte Kalendersprüche werden dem Erzählten gern vor die Nase gesetzt, als eine Moral, die von der Konfusion der Erfahrungen dann selten belegt wird. Jede längere Geschichte kann diese Sprecher in Atemnot bringen, sie vom Hundertsten fort ins Tausendste stolpern lassen. Oder eine lange Lebensstrecke, eine ganze Ehe, schnurrt zusammen auf vier, fünf trockene, verlegene Sätze:

»Inzwischen war ich verheiratet, natürlich. Der Bruder meiner Frau war mein Schüler, und eines Tages kam sie, um ihren kranken Bruder zu entschuldigen. So hatte ich sie kennengelernt und – nun ja, sie stammt aus einer sauerländischen Familie, der Vater war dort Schreinermeister. Ich lebte sehr gut mit meiner Frau.«

Dürftige Auskünfte, doch auch diese Dürftigkeit teilt wieder etwas mit: einen aschgrauen Puritanismus, in dem Erotik keinen Platz, jedenfalls keine Sprache findet. Denn so mißglückt, so konturenlos oder konfus sich auch viele dieser Erzählungen als Kompositionen lesen mögen, fast immer weist ihre unschöne Unorganisiertheit als Kehrseite eine Wahrheit auf. Sie wollen durch ästhetischen Aufwand zu nichts überreden, sondern warten auf die dechiffrierende Mitarbeit ihrer Leser. Mit lauter Fertigteilen und Fertigkeiten arbeitend, verharren sie doch im Zustand der Unfertigkeit.

Genau das erinnert an vergleichbare Schreibweisen und Intentionen aktueller Prosa. Denn dieses bewußtlose, schlingernde, von Klischees verwischte Gerede, das den Interview-Sprecher eher nur unterläuft, ist von Erzählern wie Faulkner, Céline, Queneau oder Arno Schmidt in immer neuen Versuchen simuliert worden. Die »Kunstfehler« des Alltagsgeschwätzes wurden in solche Prosa eingearbeitet wie Wurmlöcher in Stilmöbel, als Wahrzeichen nämlich einer falschen, einer künstlich hergestellten Echtheit. »Mein Leben?!« ruft Arno Schmidt, »ist kein Kontinuum.« Sondern: »ein Tablett voll glitzernder snapshots«. Überall in den avancierten Künsten, im Underground Cinema, in Pop Art, Happenings oder visueller Musik soll durch Störung und Zerstörung der erwarteten ästhetischen Ordnung wieder eingelassen werden, was die stilisierten Kunstgebilde immer konsequenter ausschlossen: der Zufallscharakter, die Sinnblindheit unmittelbar erfahrener Realität.

Wie rücksichtslos dagegen ein Vollblutroutinier eine Tatsachenfolge, die immerhin das Leben selbst schrieb, hochveredeln kann zu Literatur, war nachzulesen in Truman Capotes Mördergeschichte *Kaltblütig*. Da wurde einmal durch robuste Kompositionshandgriffe gefällige Lesespannung erzeugt und dann in tatsächliche Sinnlosigkeiten zart ein bequemer Sinn eingearbeitet: Sonnenauf- oder -untergänge, ein Gang über den Friedhof zur rechten Zeit, eine je nach Bedarf tröstliche oder trostlose Landschaft – alles sprach symbolisch, auf Bedeutung getrimmt, zum Leser. Die Fertigkeit des Gebildes wurde richtig als die seines Produzenten bewundert, doch überzeugender erwiesen dann die Verkaufszahlen Kunstfertigkeit als Marktfertigkeit: der fertige Geschmack der Zielgruppe, des erwarteten Bestseller-Publikums war ins Schreiben schon einprogrammiert worden.

Unsere literarischen Urteilskategorien, die gedankenlosen Unterscheidungen zwischen »geglückt« und »mißlungen« beginnen also zu täuschen. Offenbar gibt es auch falsch Geglücktes, so dieses Buch

Capotes, und andererseits auch gelungen Ungelungenes: die Nicht-Autoren-Erzählung. Die beliebten Unterscheidungsspiele klassischer Ästhetik, zwischen Naturkunst und Kunst-Kunst, naiv Gewachsenem und sentimentalisch Produziertem, scheinen angesichts dieser Novitäten leerzulaufen.

Geschichten und Ideologien

Denn selbst die Interviewerzähler halten ihre Kunst- und Orientierungslosigkeit, die schöne Konfusion der rohen Fakten nicht ununterbrochen durch. Immer wieder und oft unmerklich tritt die bloße sprachliche Rekapitulation eines Lebensrohstoffs über in seine Zurechtlegung, in eine Interpretation. Das beginnt unscheinbar schon, sobald sich Erlebnisse ordnen zu festen Mustern, wenn aus Abläufen also Geschichten werden. Ein mexikanisches Mädchen liest aus der Kette seiner sexuellen Miseren immer nur diesen einen Refrain: »Ich habe mir nie in meinem Leben gewünscht, einem Manne anzugehören, nicht ein einziges Mal! Daran habe ich nie gedacht.«

Jemand, der sein Leben lang nur kranke Verwandte zu pflegen hatte, sagt: »Ich habe die Gnade, ich kann das.«

Eine gutbezahlte, gutverlobte Sekretärin in Chicago erzählt: »Wenn ich im Bus bin und zu meiner Mutter fahre, seh ich mir die Leute an, da kriege ich ein Gefühl von Ekel. Es ist eine Schande. Neger mögen mich nicht, und Kinder mögen mich nicht, und Hunde laufen nicht auf mich zu.«

In allen diesen Zitaten meldet sich deutlich ein Rollenbewußtsein. Was immer auf solche Erzähler zukommen wird, sie werden darin immer wieder vorkommen als die unbelehrbare Lebensangst oder Lebenslust, als Samariter, als Zyniker, als Hamlets oder als die zerstörte Keuschheit. Alles Erlebte fällt ihnen ins immer gleiche Muster. In einem Großstadtslum in Mexico City, aus dem keine Aufstiegsbemühung je hinausführt, ziehen die dort Eingeschlossenen aus der gleichen Aussichtslosigkeit doch ganz verschiedene Schlüsse. Entsprechend beweisen dann ihre Geschichten unbeirrbar die Notwendigkeit entweder der Resignation oder des Zynismus, des Gottvertrauens oder der proletarischen Solidarität. Je schlüssiger solche Erzählungen ausfallen, je glänzender ihre Überredungskraft, desto fiktiver vermutlich ihre Anlage.

Jede Geschichte nämlich, gleich ob aus authentischem oder erfundenem Material, möchte dazu überreden, die Welt so zu sehen, so sinnvoll oder sinnlos, wie sie sich in ihr darstellt. Auch aus Tatsachen werden so Fiktionen gebaut, und deren Strukturen werden immer gestützt durch Ideologie. Was nur bedeutet: Auch Nicht-Autoren machen genau wie Literaten die Wirklichkeit haftbar für den Zustand des eigenen Bewußtseins. Wie unschuldig, unscheinbar und listig das vor sich gehen kann, hat kürzlich Peter Bichsel beschrieben. In einer Wirtschaft, erzählt er, begann ein Betrunkener weitschweifig seinen Ärger über das Versagen der Eishockey-Nationalmannschaft zu erklären. Bichsel langweilt dieser wortreiche Ärger, bis er endlich entdeckt, daß in ihm ein ganz anderer Ärger sich aussprechen möchte: Der Mann nämlich hat drei Tage lang seinen Lohn versoffen und hat nun Angst, wieder zu seiner Familie zurückzukehren. Dazu Bichsel: »Der Betrunkene macht damit, daß er Eishockey zur Unterlage für die Veräußerung seines Elends macht, unbewußt etwas Literarisches. Etwas schreiben und etwas zweites damit meinen, hat etwas Literarisches.«

Genau diese Kunst symbolischer Mitteilung beherrschen fast alle Interviewerzähler, fast unfreiwillig: Sie haben sie nötig.

Doch merkwürdig, je höher die Sprecher sozial stehen, desto seltener drücken sie ihre Lage und die einschlägige Ideologie noch sinnlich, in Geschichten nämlich, aus. Sie sagen dann lieber ohne Umweg und Umschweife nur ihre Meinungen auf, in Chicago genau wie im chinesischen Dorf. Wenn ein chinesischer Bauernfunktionär sagt: »Weizen ist eigentlich Luxus. Er hat keine Kraft« – so wird damit eine Not ideologisch als Tugend ausgerufen, denn in dieser landwirtschaftlich armen Gegend gibt es statt Weizen nur Hirse. Wenn ein anderer sagt: »So geht es in jeder Revolution. Viele müssen geopfert werden« – so soll diese Maxime nur verdecken, daß zur Kuomintang-Zeit Genossen aus realpolitischer Rücksicht auch dem Klassenfeind geopfert wurden.

Immer wieder überformen angelernte, anerzogene Seh- und Redeweisen das autobiographische Material. Sinnsprüche treten dann vorlaut vor die Erzählung, jeder berichtete Vorfall wird degradiert zum Exempel. Gerade in den herrschenden Klassen drückt das Bedürfnis nach Selbstrechtfertigung, ständiger Ideologisierung des Erlebten so stark auf die Berichte, daß diese verkümmern, wie leergesaugt von Lebensphilosophien aus dritter und vierter Hand, die sie beweisen sollen. Von »russischer Seele« oder »Kampf ums Dasein« oder »wertvoller europäischer Gesamtsubstanz«, von »Disziplin und Loyalität«, vom »stillen Glück der Sexualität« reden solche Leute lieber und flüssiger als von sich selbst. In diesen Köpfen scheint jede genauere und persönliche Erfahrung ausgelöscht oder tabu. Sie reden nur noch als Man, sind sich selbst wie abhanden gekommen, nichts als Medien eines Klassenbewußtseins. In ihren Aussagen ist authentisch lediglich die Ideologie.

Aber selbst solche Fest- und Stammtischrhetoriker können noch überraschen. Ihre Bewußtseinsinhalte nämlich, ihre Weltbildschablonen sind gemischter, widersprüchlicher als die vieler literarisch zusammenkomponierter Charaktere. Wenn NPD-Chargen hochachtend von der DDR reden, wenn ein Mafia-Mann in Chicago »Mau Too Sung« für den »größten Mann des Jahrhunderts« hält, wenn ein melancholisch vereinsamter Rentner den Atomkrieg gegen Nord-Vietnam entwirft – so werden damit unsere literarischen Klischeebegriffe von einer geschlossenen Figur irritiert. Diese Aussagen bilden weder logische noch organische Systeme. Sie laufen vielmehr ab als Prozesse und produzieren dabei sukzessive und unwillkürlich ihre eigenen Widersprüche.

Es handelt sich um nichts weniger als unbewußte Dialektik. Je unbefangener und folglich verräterischer die Geständnisse sich artikulieren, desto eher sind sie klüger und aufrichtiger als die Gestehenden selbst. Sie erreichen dann Vollständigkeit, Realität ganz absichtslos durch eine Vermittlung von Widersprüchen, die listiger ist und oft schwieriger zu entziffern als die bewußt eingerichteten Vexierspiele geläufiger Belletristik. Das mindestens ist wahr an der »Glaubwürdigkeit«, die Martin Walser auch seiner Ursula Trauberg bescheinigt: »eine Glaubwürdigkeit, die man nur erreichen kann, wenn man sie nicht beabsichtigt«.

Was wird aus der Belletristik?

So viele Beobachtungen also, so viele Paradoxe. Das Verschiedenste ließ sich an allen diesen Dokumenten entdecken: Zeichen literarischer Unfertigkeit, Zeichen literarischer Fertigkeiten, der Unwille oder das Unvermögen, Lebensrohstoff mitzuteilen in sinnabwerfenden Geschichten, andererseits doch das Bedürfnis, sich das Leben zurechtzulegen in Geschichtsform, als sinnlich demonstrierte Ideologie – Analogien also zu neueren genau wie Analogien zu traditionellen Verfahren des literarischen Realismus. Es schien immerhin möglich, die Interviews zu lesen wie und als Literatur.

Trotzdem, die wesentlichen Unterschiede bleiben und lassen sich nicht verwischen. In den Interviewerzählungen kommen *Realitäten* zum Vorschein, Personen, Ereignisse, Erfahrungen, Sprechweisen, Denkmuster. Belletristen aber produzieren nicht Realität, sie versuchen bestenfalls *Realismus*, sie gebrauchen ein Darstellungsmuster. Was sich darin darstellt, möchte zwar plausibel sein, bleibt aber doch fiktiv. Es möchte Wirklichkeit keineswegs widerspiegeln, nachmachen, sondern, wie Martin Walser gesagt hat, »der Wirklichkeit vormachen, wie Wirklichkeit ist«.

So, auf dem Papier, läßt sich eine Grenze zwischen einer Literatur der Realitäten und der gegenwärtig »realistisch« genannten Literatur noch ziehen und halten, doch nur auf dem Papier. Sie ist in Wirklichkeit längst durchlässig geworden. Nicht nur, weil literarische Verfahrensweisen sich erkennen ließen in Dokumentar-Interviews, sondern auch, weil schöne Literatur so offensichtlich eine dokumentierende, eine Registratur von Fakten, eine Literatur der Zitatmontagen, der Reproduktion werden möchte. Solche Autoren, hat Bazon Brock behauptet, produzieren eigentlich gar nicht mehr, sie verarbeiten nur noch, was die Gesellschaft selbst produziert hat, ob das nun Geschichtsprozesse sind oder Sprach- oder Bewußtseinsmuster.

Daß Autoren damit auf eine lange verbürgte Dichterfreiheit, auf die sublimierende Gabe verzichten, zu sagen, was sie leiden, daß sie damit literarische Autorschaft im bürgerlichen Sinn liquidieren, und das zur gleichen Zeit, in der die Namenlosen zu erzählen beginnen, durchaus von sich und dem, was sie leiden, und damit Autorschaft zum ersten Mal gewinnen – das Aufeinanderzulaufen beider Prozesse sieht plausibel nicht nur aus. Manifeste, die eine »Arbeitsteilung zwischen Künstlern und Menschen« aufzuheben fordern, werden längst auch außerhalb der Literatur, von den Produzenten der Pop Art oder des Underground Cinema, mit utopischem Gestus ausgerufen, ganz als ließe sich das Monopol der bisher privilegierten Urheber in absehbarer Zukunft brechen.

Auf ihre Art, auf dem Verwaltungswege, versuchte auch die DDR sich dem utopischen Zustand zu nähern, Arbeiter und Bauern auf dem »Bitterfelder Weg« zur Literaturproduktion anzuhalten. Nur: man lieferte in Schulungskursen die Erzähl-, Gedicht- oder Stück-Muster gleich im voraus. Entsprechend fielen die Produkte aus. Sie holten proletarische Stoffe heim in die bürgerliche Literatur. Da wurde auch Kulturrevolution schlicht quantitativ verstanden, als bloße Erweiterung des Kreises der Schreibenden. Nichts änderte sich.

Eine ganz andere, eine qualitative Erfahrung machte kürzlich der Filmregisseur Edgar Reitz. Er hatte Münchener Schülerinnen, nach kurzer, rein technischer Einweisung, mit 8-Millimeter-Kameras Erzählfilme aus ihrer täglichen Umwelt herstellen lassen. Die Fertigkeit dieser Kinder- und Laienfilme verblüffte ihn. Sie sahen tatsächlich so artikuliert, so persönlich aus wie Autorenfilme, obwohl doch von Nicht-Autoren, mit ungeschultem Ausdruckswillen gedreht und geschnitten. Diese Einsicht brachte Reitz dazu, das Konzept des Autorenfilms, der sich immer noch als das Werk eines Einzelnen und als Einzelwerk verstehen möchte, zu überprüfen und vorerst und probeweise zu verwerfen. Der Fall stellt im Modell dar, welche Konsequenzen es haben kann und müßte, wenn Laien eindringen in die ästhetische Praxis von Professionellen. Auch die Literatur der Nicht-Autoren provoziert dazu, zwei Voraussetzungen der belletristischen Praxis neu zu überprüfen: nicht nur den Begriff der Autoren-Literatur, sondern auch das Konzept des Realismus.

Die dokumentarische wie die konkrete Schreibweise nämlich heben zwar Autorschaft als Urheberschaft teilweise auf, doch gerade das nur, um zeitgemäß konsequent festzuhalten am realistischen Auftrag. Von ihm ist in diesen Schreibversuchen freilich nur noch der biederste Bodensatz geblieben: allein der Wille zur Aufklärung. Ihr zuliebe haben Peter Handke und Peter Weiss, nur scheinbar Antipoden, in ihren Produktionen die Sinnlichkeit, jeden ästhetischen Mehrwert liquidiert und damit die Möglichkeit eines Auswegs aus bloßer Reproduktion.

Möglich wäre aber auch, daß gerade die anwachsende Literatur der Nicht-Autoren die dokumentarische bald zur Selbstaufgabe nötigen wird. Sie scheint immer ersetzbarer. Das per Tonband und Stenographie Gesammelte, wenn es künftig noch entschiedener mit einer Intelligenz und Dramaturgie redigiert wird, die es selbst noch nicht enthält, wird aufklärender, weil authentischer reden als alle paradoxen Arbeiten, in denen die fiktiven Gerüste das dokumentarische Material beschädigen oder umgekehrt. Dann bliebe aus der realistischen Sackgasse für die Literatur kein Ausweg mehr, nur noch der Sprung ins Freie.

Möglich also, daß Literatur, bekehrt durch die Frustration ihrer realistischen Anbiederungsversuche an die Wirklichkeit, sich neu wieder und ohne die lange trainierte Scham auf ihre eigentlichen, ihre ästhetischen Möglichkeiten einläßt, auf Erfindung, Spiel, Fiktion. Auch damit würde ein lange gültiger und bürgerlich fixierter Kunstbegriff aufgehoben: die hochherzige Illusion nämlich, Kunst schlechthin und vor allem die Literatur sei ein Instrument der Erkenntnis, der aufklärerischen Erziehung. Möglich, daß sie künftig eher wieder Gegenwelten entwerfen als weiter nur Miseren abbilden und dechiffrieren wird. Die jüngste Literatur ist voll von Ansätzen in genau dieser Richtung. Vor allem in den Vereinigten Staaten – Brinkmanns Anthologie *ACID*, die Übersetzungen etwa von Leonard Cohen, Ken Kesey oder Donald Barthelme sorgen für erste, noch provisorische Einblicke – scheint traditioneller Realismus schon abgetan als nur eine weitere Methode der Affirmation, scheint einer neuen Literatur nichts wichtiger, als die in jedem Einzelnen einprogrammierte Schein-Rationalität der Gesellschaft wieder aufzusprengen durch Provokationen der Phantasie, vor allem durch Weiterführung, Steigerung vulgärer Mythen, der Indianergeschichten, der Science Fiction, der Pornographie. Was sich an deutscher Literatur gegenwärtig schon reimt auf solche Tendenzen, ist sicher durch andere und mehr Tradition belastet, doch Brinkmanns Gedichte etwa, die letzten Prosabücher von Chotjewitz oder Herburgers Projekt eines Zukunfts- und Jesus-Romans – das alles hat sich längst verabschiedet vom lange vorgeschriebenen Pensum belletristischer Gesellschaftskritik, der peinlichen Wirklichkeitstreue.

Werden solche Ansätze weitergeführt, dann steht uns offenbar nach einer so lange kritischen eine eher utopische Literatur bevor, die nicht mehr länger der Realität vormachen würde, wie Realität ist, sondern lieber einer repressiven Gegenwart eine befreite Zukunft vorentwerfen möchte, auch Hoffnungen aufschreibend, Zustände des Blochschen Noch-Nicht. Käme es dazu, hätte auch die Literatur der Nicht-Autoren dazu beigetragen. Sie beginnt, dem Realismus die letzten Weidegründe kahl zu grasen.

(1970)

Kraft und Jammer
Karin Struck: *Klassenliebe*

Über was ist zu reden? Über ein Buch, das wie eine Person ist, ein Lebewesen, oder über das Image, das man diesem Buch vors Gesicht klatscht, kaum daß es das Licht der Welt erblickt hat?

Schon dieser Titel *Klassenliebe* ist überschmuck ausgefallen, schwer verständlich, mindestens dreideutig, aber er raunt so halb romantisch, halb gesellschaftskritisch, scheint also dem Zeitgeist aus dem Bauch gesprochen. Eine Buchschleife lockt, als wäre dieses autobiographische Protokoll ein Auskunftsbuch über Arbeiterkinder, und der Klappentext setzt dann so ein: »Den Inhalt des Romans *Klassenliebe* referieren hieße, die Erfahrungen, die Hoffnungen und Leiden einer ganzen Klasse nacherzählen . . .«

Daran ist so wenig wahr, daß man ruhig sagen kann: nichts. Aber dieser zeitgemäße Rosenkranz wird nun sicher von Flensburg bis Lörrach nachgebetet werden. Warum, das steht in Karin Strucks Buch: »Diese beschissenen Linken kriegen ein Leuchten in die Augen, wenn sie nur das Wort ›Arbeiter‹ hören.« Ist hier also eines dieser heiligen, fremden Tiere, dazu weiblich, zur Sprache gebracht, eingefangen worden, sollen wir es wie im Zoo bestaunen, studieren, als Beispiel nur für eine Spezies?

Karin Struck, 25 Jahre alt, brütet über einer Dissertation, die sie nicht schreiben kann oder mag, wirft drei Monate lang Tagebuchfetzen und Marathonbriefe an einen geliebten Z. aufs Papier, an einen Literaten linker Gesinnung und bürgerlicher Herkunft. Ihr Vater war Eisengießer, Textilarbeiter, ist jetzt Postler, verheiratet ist sie mit einem

Medizinstudenten, der auch hochkam aus der Arbeiterklasse. Die beiden haben ein Kind, ein zweites erwartet sie von dem zärtlichen, gebildeten, engagierten, unzuverlässigen Z.

Das also ist die Situation und Verwirrung, aus der heraus geschrieben wird, aus der sie sich herausschreiben will. Ihr natürlich »leuchten« keineswegs die Augen, weil sie ins linksakademische Milieu aus der Klasse aufgestiegen ist, der die historische Zukunft reserviert sein soll, und für die will sie sich auch »gar nicht aufopfern. Ich will jetzt leben. Jetzt. Hier.« Genau das scheint so unmöglich. Dieses »Arbeiterkind« (»Ein peinliches Wort. Richtig peinlich.«), das Novalis, Mitscherlich, Bernhard, Erikson, Kafka, Freud liest und in den eigenen Text so hineinzitiert, hineinschlingt, als wollte es sich auch »Geist« einverleiben, essen –, es ist aufgestiegen, ohne anzukommen, es hängt zwischen den Klassen.

Ihre Notlage, den Druck der Minderwertigkeitsgefühle, die Apathie und Wut, die Lernhemmungen, Selbstmordphantasien –, das alles bringt auch sie gern auf die generalisierende Formel einer einzigen Erklärung, dieses sozialen Aufstiegs, der in keine Sicherheit geführt hat.

Doch während sie sich in immer neuen Assoziationsschüben zurückschreibt in ihre Familie und Kindheit, kommt plötzlich noch eine ganz andere Geschichte halb zum Vorschein. Ihr Vater, der »Arbeiter«, war also in den ersten Jahren der DDR ein SED-Dorfbürgermeister und fast Großbauer: für ein Kind damals sicher eine ziemlich gottvaterhafte, souveräne Person –, bis zur Flucht in den Westen, bis zum Abstieg ins Proletariat. Mit einem Schlag wird klar, was diese Autorin zu solcher Wucht und Wut des Leidens, zu dieser sozialen Sensibilität und Glücksbedürftigkeit begabt hat. Auf sie drückt ein Aufstiegs- *und* ein Abstiegstrauma, sie ist zweimal zwischen die Klassen gefallen.

Solche Widersprüche können erdrücken und können produktiv machen. Hier jedenfalls schreibt jemand ums Leben, wie man »ums Leben rennt«, und das meiste, was sonst heute literarisch auf den Markt, auf den Leser geworfen wird, sieht daneben aus wie beflissene Fingerübung. Die Situation zwischen den Klassen, ohne Sicherheit, ist auch eine ohne verbindliche Sprache. Weder bürgerliche Schriftlichkeitskunststücke noch proletarisches Idiom könnten sie ausdrücken.

Genau diese Sprachnot macht Karin Struck gesprächig. Mit einer Sinnlichkeit, die immer wieder Worte wie Früchte genießt, andächtig wiederholt, abschmeckt, die totgeredete Begriffe wegwischt wie sterilen Müll, schreibt sie sich auf ihren Z. zu, von ihm weg, zurück in ihre Herkunft, voraus in wünschbare Zukunft. Lesern mit trainiertem, beschränktem Geschmack, politisch oder literarisch, wird es dabei oft zu rücksichtslos bunt, zu widerspruchsvoll zugehen. Sehnsucht nach »einfachem Leben«, Glücksgefühle beim Wälderdurchwandern, Brotbacken, Kinderstillen werden hier in Worten so wahr wie das Bedürfnis nach einer ganz anderen, nachkapitalistischen Gesellschaft, wie das Entsetzen über die Sterilität linken Schulungsgeredes.

In dieser Person, diesem Buch, das wie eine Person ist, wird sich eine ganze Generation Arbeiter-, Kleinbürger-, Bürgerkinder wiedererkennen, die alle, ob von oben oder unten, zwischen die Klassen geraten sind. Denn nur dort (zwischen den Klassen) wird heute wie in diesem Buch auf eine radikal, von Grund auf neue Gesellschaft gehofft.

»Wenn du leidest, dann geht's dir doch gut«, auch diesen Satz zitiert sich Karin Struck fast unbewußt vor die Nase. Sie immerhin kann ausdrücken, was anderen nur die Sprache verschlägt, privilegiert durch das, was gedankenlos Begabung genannt wird. Nicht gegen das Gefühl ihrer Nichtigkeit und Unsicherheit, sondern gegen ihren Ruhm wird sie sich jetzt wehren müssen. Die Leimruten sind ausgelegt. »Ruhig in einer ungeheuren Erschöpfung« ist die Autorin, als drei Monate Schreib- und Erfahrungsarbeit vorüber sind.

(1973)

Mit nüchtern aufgerissenen Augen
Peter Schneider: *Lenz*

Durch das literarische Berlin der mittleren sechziger Jahre lief damals ein junger Mensch, auf den (ohne jeden Hohn) das Wort »Jüngling« noch zutraf. Sein Gesicht leuchtete, der blühende Schillerkragen darunter auch, neben sich hatte er fast immer eine wie unberührbare Mondscheinschönheit. Über seine Intelligenz wurde fast mit Zärtlichkeit gesprochen, und man konnte es ja auch nachlesen: dieser Peter Schneider war, ob er nun über das Dilemma politischer Dichtung oder über die Standards der tonangebenden Literaturkritik schrieb, nicht nur klüger, sondern auch grundsätzlicher als fast alle anderen. Eine Politik der kleinen Schritte schien ihm nicht zu genügen, nicht einmal auf dem verhältnismäßig abgelegenen Feld der Literatur.

Natürlich hat ihn das Jahr 1967 dann erwischt. Ich sah ihn wieder auf einer der riesigen studentischen Vollversammlungen in Berlin Anfang 1968, ohne Schillerkragen, im Pullover oben auf dem Podium unter den SDS-Größen der Zeit. Er las einen langen, faktenreichen Report über das Haus Springer, engagiert, doch wie etwas Fremdes. Sein Gesicht hatte keinen Anlaß noch zu leuchten. In kulturrevolutionären Aufsätzen strich er später die bisherige Geschichte der Künste durch und wies ihnen, so energisch wie vage, für die nächste Zukunft nur noch eine agitatorische und eine propagandistische Funktion zu. Er wäre jetzt nach Italien gegangen, hieß es später, um auszuschnaufen, hieß es, nein, um dort politisch zu arbeiten, sagte man. Ich habe ihn danach nur noch einmal gesehen, zufällig, von weitem in einem Lokal: so erschöpft, verkniffen, grau wie andere von den Jahren abgeschliffene linke Intellektuelle sah er nicht aus, eher (mir fällt wieder nur ein fast schon aus der Zeit gefallenes Wort ein) »herzlich«. Weg war jetzt nur der narzißtische Glanz um die Person.

Solche biographischen Details über einen Autor vor sein neuestes Buch zu stellen, das heißt in diesem Fall nichts weniger, als etwas zarten Klatsch verstreuen. Schneiders erste Erzählung übernimmt zwar (was verwegen genug ist) einige Gesten von Büchners *Lenz*-Novelle, aber das Erfahrungsmaterial, das er hier mit einigen Büchner-Anleihen inszeniert, ist unverkennbar der Stoff seines eigenen Lebens. Auch hier (wie in Walsers *Gallistl*, wie in *Klassenliebe* der Karin Struck oder den beiden letzten Büchern von Handke) riskiert jemand nicht nur ein Stück Literatur, sondern ausdrücklich die eigene Person: authentischer als die in ihnen fast unverstellt mitgeteilten eigenen Erfahrungen der Autoren können solche Erzählberichte gar nicht sein. Schneiders *Lenz* steht also in der auffallendsten und sicher produktivsten Bewegung unserer gegenwärtigen Literatur, die als scheinbarer Rückzug ins Private manche vorschnell entzückt, andere vorzeitig enttäuscht hat. Dokumentarisch oder fiktiv, privat oder politisch, realistisch oder subjektivistisch? – diese blanken, in tausend Diskussionen dünn gewetzten Alternativen, sie versagen auch vor dieser Erzählung.

Mit einem Traum, mit ein paar grellen, nach außen gestülpten Innenwelt-Bildern setzt sie ein, aber gleich in diesen ersten Sätzen fällt ein Ton heftiger Nüchternheit auf, ein Gestus von trockenem, auch schmerzhaften Staunen in allen Befunden, der nun nicht mehr aussetzt. Das ist, kein Zweifel, ein Kontrast zu den fiebrig flackernden Bildern, Gedanken, Szenen des *Ur-Lenz*. Warum also überhaupt dieser anspruchsvolle, hochfahrende Titel? Warum läßt Schneider Büchner-Sätze oder nur -Worte immer wieder durch seinen Text fliegen, wo sie fremd aufglühen, schnell verlöschen, sternschnuppenhaft? Er erzählt zwar nicht die Geschichte einer jäh aufbrechenden Schizophrenie, aber doch von einem Berliner Studenten, der langsam, unaufhaltsam aus den Gewohnheiten seines Lebens herausfällt, aus den politischen Gruppen, Aktionen, Diskussionen zurückfällt auf was, nur auf sich selbst?

Die Erzählung gibt darauf keine voreilige Antwort, sie registriert zunächst nur immer die Hast und Ziellosigkeit, mit der dieser neue Lenz sich durch seine Tage, seine Freunde, die Berliner Lokalitäten bewegt.

Das Vorüberrauschen aller Erfahrungen wird fast spürbarer als ihr Inhalt. »An einem anderen Tag«, »An einem Wochenende« – »An einem Samstag«, »An einem Nachmittag« – mit solchen fürchterlich beliebigen, nur noch den leeren Verbrauch von Zeit signalisierenden Angaben setzt fast jeder neue Erzählabschnitt ein (auch diese Geste ist von Büchner genommen, dann aber verstärkt worden). Lenzens Tage und Nächte zerfallen in lauter nicht mehr vereinbare Extreme, in Fabrikarbeit und eine längst abgewürgte, weder tote noch lebendige Liebesgeschichte, in politisches Zusammenhocken und einsame, manische Nachtwanderungen, in jähe Einsichten und vollkommene Dunkelphasen. Lauter Krisenzeichen, doch Ursache und Ziel der Krise noch nicht sichtbar, lesbar.

Immer noch, durch diese in Einzelheiten zerfallende Wahrnehmung hindurch, hält Schneider in allen Sätzen den Gestus der Befremdung, eines kühlen Staunens, einer wie ungläubigen Ernüchterung durch. Hier wird keine Ausdrucksprosa geschrieben, kein Ausnahmezustand als poetische Erscheinung ausgebeutet. Der Ton aller Mitteilungen klingt immer halb fragend. Es ist der Ton einer Recherche. Wieso, diese Frage läuft dauernd mit, kann eine offenbar politisierte und sozialisierte Person wie dieser Lenz in solche Bewußtseinstrübungen, Ängste, dumpf vor sich hinbrütende Emotionen, in solche nicht mehr mitteilbare, lösbare Zustände geraten? »Als sie in die Stadt zurückfuhren, hätte er den Asphalt aufreißen mögen. Er sprach davon, Karate zu lernen.« Einige politisierte Intellektuelle sind ja genau in dieser Richtung ihrer Frustration entlaufen. Schneiders Erzählung aber sucht nicht nach einer Ausflucht, sondern weiterhin nach Zusammenhängen. Plötzlich fällt nicht mehr so sehr die Flucht der erzählten Erscheinungen als ihre Ordnung auf. Dauernd werden Motiv und Gegenmotiv gegeneinandergesetzt, das Erlebnis von politischer »Gegengewalt« und die sonore Predigt eines Reformisten, die neuen KP-Snobs und der Intellektuellen-Komplex eines jungen Arbeiters. Durchläuft nun Lenz etwa einen auf zeichenhafte Auftritte heruntergekürzten Bildungsroman? Er trifft die nicht mehr erreichbare, nicht zu vergessende Freundin, er verläßt eine zufällige neue, er besucht wieder einen politischen Freund und macht jetzt in Berlin tabula rasa mit dem Satz: »Weil ihr nicht für euer eigenes Glück kämpft, verteidigt ihr auch nicht das Glück anderer Leute.« Er reist ab – nach Italien, nach Rom.

Eine italienische Reise, auf der (wie hier) die Öffentlichkeit des Lebens, die Gegenwart der Vergangenheit, eine herzliche Humanität des Alltags, die sinnliche Konkretheit der Erscheinungen entdeckt werden, und zwar wie Heilstoffe gegen eine (im Norden) blind gewordene Begrifflichkeit und Emotionalität – eine solche Kur und Reise kann ohne den Gedanken an Goethe kaum jemand aufschreiben, der mehr als zwei Semester Germanistik hinter sich gebracht hat. Lenz, das Opfer von zunächst unbegriffenen Zuständen, verändert sich unaufhaltsam zum Helden eines lehrhaften, vorbildhaften Prozesses. In einem römischen Palazzo, wo eine Links- und Ultralinks-Schickeria radikal miteinander plauscht, hat er (immer noch mit nüchtern, weit aufgerissenen Augen, ohne jede Ironie) eine Schlüsselerfahrung: die Gesten und die Reden dieser Leute widersprechen sich offensichtlich, doch oben in Berlin hatte die gemeinsame politische und wissenschaftliche Arbeit und die Verdrängung alles Privaten aus eben dieser Arbeit sich auch widersprochen. Dem Terror solcher Verdrängung, dem Terror der jede einzelne Erfahrung zerstörenden Begriffe möchte der italienische Lenz nun nicht mehr nachgeben.

Was nicht nur beschlossen, sondern auch erzählerisch vorgeführt wird, jetzt im nördlichen Trento, schon wieder auf halbem Weg nach Berlin, wo plötzlich politische Arbeit und Privatleben, sinnliche Konkretheit und begriffliche Wahrheit, persönliches Glück und Engagement für den Geschichtsprozeß als versöhnbar und versöhnt erlebt werden –, das alles ohne jeden utopischen Glamour, in verläßlichen Begebenheiten, einfachen Sätzen mitgeteilt. Berlin, wieder erreicht im letzten Absatz, lädt dann zu nichts weiter ein als zum: »Dableiben«, so Lenz' letztes Wort in dieser Erzählung.

Der alten (bürgerlichen) und der neuen (»linken«) Berührungsangst muß es vor einem solchen Buch grausen, und sie hat ja auch schon beflissen eingeschlagen auf dieses, wie sie sich einredet, Produkt einer freischwebenden Empfindsamkeit. Aber so leicht ist Schneiders Erzählung nicht aus ihrem authentischen zeitgeschichtlichen Standort zu prügeln. Ihr Gedächtnis ist lästig und will auch lästig sein: sie erinnert nämlich daran, welche damals antiautoritär genannten Impulse 1967 die linke Bewegung vorangebracht haben und wie beflissen die inzwischen abgewürgt wurden, welche Entfremdung sich zwischen den Engagierten und den politischen Zielen, für die sie zu arbeiten meinen, längst eingerichtet hat. Schneiders Lenz also, eine Beispielfigur in einer Erzählung, versucht diese alten Motivationen, Sensibilitäten und Glücksvorstellungen zurückzuholen, zu verwahren und aufzuheben. Das Ende bleibt offen. Gelöst ist nur die Krise eines einzelnen, dessen Beispiel auf dem Papier nur dann nicht ohnmächtig ist, wenn es sich durch die Resonanz in vielen Lesern mit ähnlichen Erfahrungen verstärkt. Doch Schneiders Erzählung, kaum erschienen, steht schon nicht mehr isoliert. Auch Karin Struck und Nicolas Born oder Günter Herburger schreiben gegen den linken Puritanismus an, und selbst in Handkes Amerika-Roman versucht jemand, durch alle gängigen Begriffs- und Interpretationssysteme hindurchzureisen, um wieder auf verläßliche eigene Erfahrungen und Hoffnungen zu dringen.

Schneider verschleiert nicht, welcher Herkunft seine wiederent-
deckten Bedürfnisse sind: es sind die eines bürgerlichen Intellektuellen. Daß man seine Klassenprägung durch einen strammen Entschluß
auslöschen könnte, auch diese Illusion wischt sich hier jemand aus dem
Kopf. Zwei Gespräche, die Lenz mit proletarischen Genossen führt,
eines noch in Berlin, eines in Trento, markieren beide genau, wie weit
Gemeinsamkeit und Solidarität zwischen Arbeitern und linken Studenten reicht, wo Fremdheit und Mißtrauen einsetzen. Doch in dieser
Erzählung wirkt Desillusion endlich einmal nicht als ein mildes,
lähmendes Gift. Sie endet nach neuen Einsichten genau, wie sie an-
fing, staunend, mit offenen Augen, abwartend. Die üblichen, billigen
Alternativen, wie gesagt, greifen nicht in diesem so einfachen wie
schlüssigen Buch, auch nicht die Alternative zwischen »verlogenem«
happy end und »ehrlicher« Katastrophe.

(1973)

Die Kunst zu überleben
Nicolas Born: *Die erdabgewandte*
Seite der Geschichte

Früher wurden die ersten Romane von ausgewiesenen Lyrikern mit
Vorliebe nur auf die Frage hin überprüft, ob denn Lyriker nicht doch
immer nur lyrische Prosa schrieben. So recht und billig wird man diesem Prosabuch des Gedichteschreibers Nicolas Born nicht begegnen
können. Das fährt einem auch so gar nicht lyrisch oder gar milde in
den Kopf. In einer schwierig zerklüfteten Prosalandschaft breiten sich
da Erfahrungen aus, von denen auch die letzten Bücher von Walser
oder Fröhlich oder Handke erzählt haben, Erfahrungen aus privaten
Höllen, isolierten Ichs, aus einer dröhnenden Kommunikationsleere.
Der Weg nach Innen, auf den die sogenannte und wirkliche »Tendenzwende« ihre Opfer schickt, führt die Empfindlichsten offenbar in keinen Garten Eden.

Born hat versucht (und zunächst stockt mir das viel zu liebliche
Wort), eine Liebesgeschichte aufzuschreiben, und wenn man es genau
genug nimmt, sogar eine dreifache: nämlich die Freundschaft des Ich-
Erzählers zu Lasski, einem Linksintellektuellen mit immer nur halb-
tödlichem Selbsthaß, dann seine episodischen Tage und Wochen mit
seinem Kind Ursel, eine Trauerserie von Zärtlichkeits- und auch Erzie-
hungsversuchen, und schließlich und hauptsächlich als zentrale Lie-

besschlacht die unauflösliche und unausstehliche Bindung an eine junge Frau, Maria.

Aber: vollzieht sich da überhaupt eine Geschichte, geschweige denn Handlung? Kaum je vergeht fühlbar Zeit. Ein immer gleicher Zustand wird durch immer neue Sätze bewegt. »Diese Einöde zwischen uns«, sagt der Erzähler über sich und Maria, »ich glaube, jedes Bild davon würde zur Einöde werden.« Das Paar (wieder so ein ungenaues, zu feierliches Wort) ist, wenn der Roman einsetzt, längst in einen Zustand wilder Lethargie und Ratlosigkeit versunken. Man liegt (»man« ist schon ein genaueres Wort) tage- und nächtelang beisammen, weltabgewandt –, eine schon aus anderen Verzweiflungs- und Liebesromanen bekannte Umkehrung des alten Topos der Minnegrotte. Nun ist aus dem Ort der irdischen Seligkeit die Matratzengruft geworden.

Allerdings: Außenlicht dringt ab und zu und immer öfter ein, und in diesem Licht scheint dann Maria, tätig als Agentin für eine Schallplattenfirma, immer wieder eine ganz andere, eine großzügige, unternehmende Person, emanzipiert, unbefangen promiskuös, offenbar autonom. Dann wieder Beleuchtungswechsel, zu dem üblichen, dunkelglühenden Grau der Bornschen Prosa, und schon wieder sieht sich der Ich-Erzähler einem ganz anderen Maria-Wesen ausgesetzt, einem winselnden, fauchenden, einem sich aufbäumenden Opfertier, entstellt von Haß und Angst und Weinerlichkeiten. Soviel ist in aller Unklarheit bald klar: schreibend macht er diese Maria zu etwas Unerklärlichem, unerklärliche Macht über ihn ausübend, geradezu eine Hexe, und schreibend stellt er sich selbst dar als den Ahnungslosen, der an ihr schuldig wird, der ihr »die Würde weggenommen und sie an den Füßen wie mit einer Axt gefällt hatte«, ahnungslos, also fast schon unschuldig.

Wäre das alles, der Stoff an Schmerz und Wut wäre dem Roman schnell ausgegangen. Denn käme hier tatsächlich nur die »erdabgewandte Seite« einer Geschichte zur Sprache, dann wäre das nur ein weiterer Bericht aus einer an den Rand der Gesellschaft und in ihre Radikalschmerzlichkeiten abgetriebenen Bohème, womöglich ein Zeugnis für etwas finster Ewigmenschliches, den sinnleeren »Kampf der Geschlechter«. Spannung sammelt sich in Borns Roman, weil er nicht irgendwoundwann, sondern durchaus im heutigen Berlin, Ruhrgebiet, Fichtelgebirge erzählt wird, weil die Außenwelt, der sie sich doch eigentlich verweigern möchte, immer wieder in die zentrale Haßliebesgeschichte eindringt.

Merkwürdige, in ihrer Beschreibung absichtsvoll inszenierte Orte tauchen in dieser milde wütenden Prosa auf, Zimmer, wie Müllhalden verwahrlost, Landschaften, »wie ein Henkersmahl« wahrgenommen, weil auch in ihnen die Natur nur noch den Abschied von sich selbst zu feiern scheint, Schaufenster, aus denen die Puppen eine »unheimlich verbindliche Abwesenheit« ausstrahlen, wirklicher als die Davorstehenden, Nachmittagscafés, bevölkert von Menschen, die nur noch als ihre eigenen Denkmäler anwesend scheinen. Soviel lebloser Verfall, Plastic World, daß selbst der Untergang einer Liebe, dieser hoffnungslose Kampf um Gefühle sich vor solchen Fassaden wie ein Lebensfest ausnimmt. Das ist der eine »Beweis«, den der Roman führt, vielleicht absichtslos.

Aber auch eine bewegtere, hoffnungsvollere Öffentlichkeit dringt in ihn ein. Schließlich vollzieht sich das alles im Berlin der späten sechziger und frühen siebziger Jahre. Beschreibend, erinnernd sieht sich der Erzähler als Augenzeuge des Abends, an dem Ohnesorg erschossen wurde, als Zuschauer roter Mai-Demonstrationen, als Medium linker Diskussionen. Nein, zu Engagement läßt er sich nicht hinreißen. Ein Augenzeuge bleibt er auch, als ihn ein Polizeiknüppel trifft: »Da habe ich die Stelle an meinem Arm genau betrachtet. Es tat nicht weh, und ich sah da auch nichts.« Aber wir, solche Stellen genau betrachtend, entdecken nun doch ein Pathos der Distanz, einen Schmerz jenseits des Schmerzes, einen Willen zum bedingungslosen Ich- und Isoliertsein, eine heroisch fatalistische Rolle. »Geiz« nennt Maria diese Haltung. Wir beginnen sie besser zu verstehen als offenbar der Ich-Erzähler. Die Aufmerksamkeit des Romans also ist größer, empfindlicher als sein Bewußtsein.

Dem Erzähler, so beteuert er immer wieder, ist nichts gelegen an irgendwelcher »Erklärung«. Eine reine Against-Interpretation-Wut behext ihn. An Maria ist ihm auch dies widerlich: ihre Erklärungs- und Ausprachesucht, ihr nicht niederzuschlagender Vernunft- und Fortschrittsglaube. Die beiden liegen sich also doch mit mehr als nur ihrer Liebe in den Haaren. Da wimmert jemand um Solidarität, und seis nur zu zweit, da pocht ein anderer auf sein uneinnehmbares, unberührbares Ich. Eine Leib- und Geisterschlacht.

Aber wie weit können wir dem Erzähler, diesem stoischen Nichtserklärer überhaupt trauen? Daß mit jedem Wort und Satz diese aufgeschriebene Geschichte mit Maria Bedeutungen aufruft, Erklärungen anbietet, daß hier nur eine, wie immer vieldeutige Ansicht dieser Geschichte entsteht, das wissen Born und sein Erzähler natürlich auch. Die Niederschrift wird für beide zum Abwehrkampf, zum aussichtslosen. Etwas unverwechselbar Besonderes, Rätselhaftes, womöglich Sinnleeres sollte mitgeteilt werden, aber »kein Moment war freizuhalten von Wörtern«, und die verwandeln unweigerlich alles ins Allgemeinere, in Bedeutungs- und Erklärungsverbindlichkeiten.

Trotzdem steckt die sprachliche, die intellektuelle wie psychische Kraft des Romans vor allem in seinen Einzelsätzen, Einzelwahrnehmungen, die sich gegen alles Davor oder Danach abzudunkeln suchen, ganz auf ihren Augenblick konzentriert, die sozusagen leuchten wegen der und gegen die Dunkelheit ringsherum. Erzählung allerdings kommt in solchen immer gleich »starken« Sätzen schwerlich voran. Wer erzählt, müßte auch »leere«, nur seiner Geschichte dienende Sätze riskieren, und das tut Born so wenig wie andere aktuelle deutsche Romane. Sie alle haben so viel auszudrücken, so wenig zu berichten.

Aber eine Geschichte, die reiner Ausdruck wäre, ohne jedes Erklärungsangebot, die aus lauter hellsichtigen Sätzen ein blindes Ganzes herstellt, die hält auch Born nicht durch. Im Gegenteil: manchmal raunt er gewaltig, mit einem wahren Weltdeutungspathos in seine Seiten hinein. Dann sieht der Erzähler (wie früher schon der Essayist Born) eine alle Ichs einplanierende, einfunktionierende Science-Fiction-Zukunft auf uns zuwachsen und träumt sich selbst, wenn auch nur im Untergang, eine Märtyrerrolle zu. Schöner läßt sich ja Elend und Sinnlosigkeit der Isolation nicht in einen Sinn hineintrösten. Doch solche Monumentalüberbauten scheinen mir das Wackligste in Borns Roman. Da rettet die Angst sich in Ideologie und Rhetorik.

»Die Literatur«, hat Born vor vier Jahren geschrieben, »hat die Realität mit Hilfe von Gegenbildern, von Utopien, erst einmal als die gräßliche Bescherung sichtbar zu machen, die sie tatsächlich ist.« Sein erster Roman zeigt nun die gräßliche Bescherung als solche, ohne Gegenbild, einen Schutthaufen der Liebe, aus dem nur noch letzte Funken fliegen. Denn was Liebe als Utopie war und wäre, das weiß dieser Erzähler nur noch ein paar schöne Satz- und Atemlängen lang. Einen Verlust darstellen ohne das Verlorene, das allerdings muß ins Trost- und Sinnlose hinauslaufen.

Das Ende zeigt uns den Erzähler in einem stoisch nüchternen, einem schlicht hoffnungslosen Restzustand. Sein Freund Lasski ist ihm gestorben, die Tochter Ursel sieht er, von Jahr zu Jahr entschlossener, abwandern in jene konsumfreundliche Normmenschlichkeit, die er die »freundlich-normale Krankheit zum Tode« nennt, und seine liebe Not Maria ist er los wie sie ihn. Im Fichtelgebirge übt er sich im Beschreiben einer Natur, die in seinen Worten auch zur Rest- und Untergangsnatur wird, die seinen erklärungslosen Beschreibungen aber immerhin stumm und geduldig stillhält. Das muß auf den letzten Seiten auch Maria, die ihm in seinen Sätzen auf der Berliner Funkausstellung unter Apparaten und Leuten verschwindet. Jetzt, da er nur noch defensiv schreibt, sich alles vom Leibe haltend, ist auch seine Sprache ausgenüchtert. Sein Überlebensversuch ist geglückt, dessen Niederschrift auch. Und nun?

Jenseits der Liebe, dieser Titel des Walserschen Romans würde Borns Buch viel eher zustehen. Aufrichtiger, radikaler als andere Berichte aus

privaten Gegenwartshöllen hat er diesen Schreckenszustand aufgeschrieben. Soweit es also solcher Literatur einer subjektiven Authentizität wirklich nur um diese geht, hat Born ihr bisher konsequentestes
Buch geschrieben. Da führt kein Notausgang in eine *Stunde der wahren
Empfindung* oder in eine ausbeutungslose und dann gleich wieder liebe-
volle Welt. Wie eng eine solche »erdabgewandte« Geschichte ist und
wie explosiv diese Enge, beides wird hier spürbar bis zur Unerträglich-
keit.

(1976)

Auf dem Lande: »Menschenfinsternis«
Franz Innerhofer: *Schöne Tage*

»Ein starkes Buch« – »Ein erstaunlicher Erstlingsroman« – »Ein neuer
Autor, eine Entdeckung« –, kein Zweifel, mit solchen oder ähnlichen
Wertzeichen wird der erste Roman Franz Innerhofers in diesen Wochen
beklebt werden. Keine dieser Beschriftungen ist unrichtig, jede klingt
falsch. Denn wer dieses Buch liest, der stößt ja nicht nur auf Druckseiten und Sätze, er stößt sehr fühlbar auf einen Menschen. Wie andere
»starke« Bücher der letzten Zeit, wie die Erzählberichte von Karin
Struck und Peter Schneider, wie Peter Handkes *Wunschloses Unglück*,
so sind auch diese *Schönen Tage* ein Stück Autobiographie. Wenn einer
sagt, »was er leidet«, kann man ihm dann so gutachterlich auf die
Schulter klopfen, um ihm mitzuteilen, das alles sei stark, erstaunlich,
eine wahre Entdeckung, lassen sich solche Bücher ohne weiteres als
neue Werkstücke dem vorhandenen literarischen Bestand angliedern?
   Innerhofers Biographie, in Umrissen auf dem Klappentext mitgeteilt, will gar nicht verbergen, daß sie zu dem Leben »Holls«, von dem
der Roman erzählt, genau parallel läuft. Geboren sind beide unehelich
im Salzburger Gebirge, beide wurden von Mutter und Stiefvater, aus
Armut an verschiedenen Orten »ausgesetzt« oder, wie es säuselnder
heißt: »in Pflege gegeben«. Mit sechs Jahren werden dann 1950 Holl-
Innerhofer in ihre schon vierte Umwelt geworfen, auf den großen
Bergbauernhof des leiblichen Vaters. Dort ist er einerseits eine Last, ein
inzwischen schwieriges Kind, außerdem ein peinliches, ein Bettnäs-
ser. Dort ist er aber auch willkommen, als Arbeitskraft. Zerrissen in
seiner zweifachen Rolle, als einerseits Sohn und andererseits »Dienst-
bote«, als ein doppelt »Leibeigener« lebt und schuftet, vegetiert und
rebelliert er vor sich hin.

Wuchtig setzen gleich die ersten Seiten ein Leitthema: »fremd« ist alles immer wieder, die Worte, die Menschen, die Arbeit. »Im Haus und in der Siedlung funkelte es nur so von fremden Gesichtern.« Mit weit aufgerissenen, mit von Schrecken geweiteten Augen versucht das ausgesetzte, ausgebeutete Kind in der Fremde unterzukommen, sich in »einer Art Heimat« einzurichten, das könnte auch nur eine ruhige Ecke am Küchentisch sein. Prügel, Verbote, Befehle und eine jedes Bewußtsein abtötende Plackerei werfen es immer wieder zurück, in Dumpfheit oder Schrecken oder ratlose Wut.

Ein Buch also über Kinderarbeit und Ausbeutung, über entfremdete Arbeit auf dem Lande? Nein, das ist kein Roman »über« irgend etwas, auch nicht »über« einen riesenhaften, strafenden Ödipus- und Kafka-Vater. Innerhofer sitzt eben nicht über seinem Thema, verfügt nicht über sein Material, er verfügt auch nicht über seine Leser, um sie etwa aufzuklären »über« unhaltbare Verhältnisse und für deren Abschaffung zu politisieren. Sein Thema, also seine eigene Kindheit und Jugend, hält eher ihn selbst gepackt. Satz für Satz, Seite für Seite versucht er es abzuschütteln, oder genauer: abzuarbeiten. Dieses sprachgewaltige Ringen mit einer kaum noch ausgestandenen Ohnmacht bestimmt das Buch. Deshalb ist man auch versucht, den Roman in Gegensatzpaaren zu beschreiben, als dumpf und energisch, dunkel leuchtend, monoton wuchtig. Die Dialektik der Widersprüche hält ihn in Spannung und in Gang, als Prozeß einer unendlich langsamen Befreiung.

So logisch das klingen mag, ein Wunder ist es auch. Denn Innerhofers Holl erlebt seine »schönen Tage« doch als eine lähmende Serie von immer gleichen Ereignissen, und der Roman tut nichts, um sie aufzufrischen. Im Gegenteil: das vom Frühjahr über Sommer und Herbst zum Winter laufende Fließband der Landarbeit läuft immer wieder durchs Buch, scheinbar unendlich: »Jahraus, jahrein wurden sie um die Kost durch die grelle Landschaft gehetzt, wo sie sich tagein, tagaus bis zum Grabrand vorarbeiteten, aufschrien und hineinpurzelten.« Solche Alles-in-allem-Sätze fallen zwar immer wieder ins Buch, auch Töne, die an Thomas Bernhard erinnern mögen (obwohl sie sich hier von unten nach oben mühen und nie aus einer eschatologischen Vogelperspektive zustoßen), doch sein eigentliches Pathos gewinnt das Buch nur durch seinen zähen, wilden Blick für Einzelheiten, gerade Einzelheiten der sogenannten Arbeitswelt. Deren menschenunwürdige Monotonie und Hetze, in so vielen anderen Büchern nur monoton zu Tode beschrieben, gehetzt, hier steigert sie sich in immer neuen Anläufen zu einem genauen Chaos an Ausdruck und Leiden (was ja nur zwei notdürftig deutsche Worte für Pathos sind). Der Roman überträgt den Druck, unter dem er selbst erst gelebt, dann geschrieben wurde.

Entsteht da etwa nur das Bild einer proletarischen, landwirtschaftlichen Hölle, ein Entsetzen, das sich unter der Leselampe wieder in reinen Genuß verwandelt? Irgendwann wird ja alles richtig Ausgesprochene unverhofft schön, und mit diesem Risiko schreibt auch Innerhofer. Irgendwann hat er sich auch so tief in seine »Menschenfinsternis« hineingewühlt, daß ihm dort nur noch eine deutlich erfundene Figur helfen kann, eine Aushilfsköchin, die nun plötzlich mit herrlichen Protesthandlungen und -sätzen die Ohnmacht und Herrschaft auf dem Bergbauernhof erschüttert: »Holl wäre am liebsten in die Frau gesprungen, um neu aus ihr herausschlüpfen zu können, und gleichzeitig schlürfte er den Anblick (ihres Protestes) löffelweise in sich hinein.« Doch lange verläßt sich Innerhofer nicht auf solche Erzählwunder, auf diese Heilige Johanna.

Wichtiger für Holls endliche Befreiung werden seine Denk-, seine Mitleids- und Solidaritätsversuche, mit denen die Schreckbilder seiner Erfahrungen dauernd unterlegt sind. Solidarität: als Losung taucht das hier nicht auf, nicht einmal als Wort. »Da herrschte Übereinstimmung«, heißt es nur ernst und ungeschickt, wenn der doppelt leibeigene Holl einen uralten, in Stummheit »bis zu den Zehen« zurückgeprügelten anderen Knecht nach einer Trennung wiedersieht. In solcher Gemeinsamkeit, in solchen Schilderungen Mitleidender, entsteht fleckenweise »eine Art Heimat«, nur fleckenweise.

Denn befreit wird Holl schließlich doch von außen. Die Welt draußen, jenseits von dieser Bergbauern-Qualwelt hat Sprünge gemacht, die fünfziger Jahre gehen zu Ende, die ersten Traktoren treffen auf dem Hof ein, sogar ein Melker, der sich als Sozialist bekennt und einen Tarifvertrag verlangt. »Eine furchtbare Wut nahm sich seiner mütterlich an«, hieß es von Holl eben noch. Jetzt bekommt diese Wut Boden unter die Füße. An den neuen Maschinen entdeckt Holl ein logisches Funktionieren mitten in der widervernünftigen Herrschafts-, Plage-, Wahnwelt seines Tals. Er wird ausbrechen und bricht auch aus, in eine Mechanikerlehre: »Eine neue Welt türmte sich hoch vor Holl auf. Gerne betrat er in der Früh mit dem Meister die Werkstatt. Große Tore und große Fenster, weiße Mauern und neue Maschinen, die ihn alle sofort interessierten.«

Wird es hier etwa zu schnell licht? Springt dieser Holl und Roman ebenso kindlich hoffnungsvoll auf die Zukunft zu, wie er vorher, kindlich blind, in einem Alptraum unterzugehen schien, der doch nur aus veränderbaren und inzwischen auch veränderten Verhältnissen gemacht war? Innerhofer wird, so hat er schon versprochen, auch seine weiteren Erfahrungen nacherzählen und wird, vermute ich, das Schwinden der Hoffnungen so rücksichtslos aufschreiben wie vorher das Schwinden der Angst. Rücksichtslos, das heißt auch, daß er weder auf die politische noch die literarische Aktualität seiner Mittei-

lungen schielen wird, vermute ich. Schon sein erster Roman hat mit
der üblichen Literatur der guten oder eitlen Absichten nichts zu tun: ein
absichtsloses, also notwendiges Buch.

(1974)

Ein rot geträumtes Leben
Peter Weiss: *Die Ästhetik des Widerstands I*

Während die Großschriftsteller, die Autoren und Debütanten des Hauses Suhrkamp noch in rollendem Einsatz durch drei deutschsprachige
Länder unterwegs waren, um das silberne Jubiläum ihres Verlags in
einem Public-Relation-Rausch zu zelebrieren, ist in Frankfurt in aller
Stille das, wenn nicht alles täuscht, gewichtigste Werk des Suhrkamp-
schen Herbstprogramms erschienen. In aller Stille, ja fast unbeholfen.
Es trägt einen Titel, den auch der Gutwilligste kaum verstehen oder
eher mißverstehen wird. Aus dem Buchkörper fällt dem Leser gleich
ein Errata-Zettel entgegen, nicht einmal gedruckt, nur fotokopiert.
Und daß es sich hier um den ersten Band eines zweiteiligen Werks
handelt, ist nur an verstecktester Stelle, auf dem Schmutztitel zu entdecken. Vier Jahre, heißt es, hat Peter Weiss an diesem Buch gearbeitet.
Auf den Markt ist es jetzt offenbar in improvisierender Eile geworfen
worden.

Hier versucht ein Autor, sein magnum opus zu schreiben, alles zur
Synthese zusammenzuzwingen, was seinen Weg von den autobiographischen Berichten *Abschied von den Eltern* und *Fluchtpunkt* bis zu den
heroisch resignativen Revolutionärs-Dramen *Trotzki im Exil* und *Hölderlin* bestimmt hat. Fast alle von Weiss bisher eingesetzte Methoden
kommen hier zur Sprache, autobiographische Introspektion, Essay
und dokumentarische Faktenrevue, surrealistische Schocks und eine
rhapsodisch aufrauschende Parteilichkeit im Klassenkampf. Jetzt sollen Marat und Sade doch noch zur Einheit, das Pathos des Zuschauens
und Mitleidens und das eines geschichtsverändernden Handelns in
eine Figur gezwungen werden. Die Widersprüche zwischen Individualismus und Engagement, Kunst und Politik, Bildungsroman und Klas-
senkampfepik sollen ein Buch lang bis zur Erschöpfung, bis zur Aufhebung aneinanderarbeiten, und möglichst soll auch der Widerspruch
zwischen *Trotzkis* oder *Hölderlins* Anspruch auf eine ganz und gar reine
Revolution und der Stalinschen Politik des Möglichen (samt allem
Terror) sich erledigen. Was für ein Unternehmen. »Den lieb ich, der

Unmögliches begehrt«, heißt es im zweiten *Faust*. Wer zu solcher Liebe oder auch nur Neugier nicht geneigt ist, wird in diesem Buch die hundertste Seite kaum erreichen.

Den Ansatz zu seinem Gewaltstreich hat Weiss durch eine schlichte, eine fast kindliche List gefunden. »Es kommt drauf an, sich am eigenen Haar in die Höhe zu ziehen«, sagte damals sein Marat. Den Ratschlag hat sein Autor nun befolgt. Er hat begonnen, in Romanform seine eigene Biographie umzuschreiben, die bürgerlich verzweifelten Bedingungen seiner Jugend mit klassenbewußt proletarischen vertauschend. Am 22. September 1937 setzt der Romanbericht ein. Peter Weiss' neues Wunsch-Ich, 20 Jahre alt, hockt und redet mit Kommunisten-Freunden im Berliner Untergrund. In einem zweiten Zeitblock wird dann der Disput dieses Roman-Ichs mit seinem Vater erzählt, einem sozialdemokratischen Linksaußen im tschechoslowakischen Exil. Dann, im abschließenden und breitesten Teil des Buchs bewegt sich der Erzähler durch den letzten, entscheidenden Winter und Sommer des spanischen Bürgerkriegs.

Fragmente einer »Wunschautobiographie« sind das, wie Weiss selbst sagt, Fragmente eines Versuchs, sich selbst zurückzuschleudern in ein anderes, ein glühend rotes Leben, in nie erfahrene Zustände, in eine politische Solidarität, die der »wirkliche« Peter Weiss damals so emphatisch zurückgewiesen hat. Doch als existentielle Basis hat das Buch ein Alptraumgefühl, die Qual unter einem kaum noch artikulierbaren Druck, unter dem schon die frühen autobiographischen Bücher von Peter Weiss standen. Was damals eine innere Hölle schien, hat sich nun nach außen gekehrt und trägt einen historischen Namen: Faschismus. Er ist in diesem Buch vorgegeben und bleibt fast unerörtert. Nur die Vorstellung von einem Kommunismus, der zurückgekrochen ist auf eine Katakombenexistenz, zusammengehalten durch absolute Feindschaft gegen das faschistische System, konnte das Buch offenbar unter den Überdruck bringen, der nun alle Widersprüche zum Schmelzen bringen soll, der diese Prosa, obwohl sie doch dauernd über Geröllhalden von Fakten und Parolen muß, auf einem merkwüdig kalt glühenden Gesangston hält.

Bewundernswert und verwirrend gleich der erste Einsatz, eine in zuckendem Helldunkel ablaufende Evokation der Kentaurenschlacht im Berliner Pergamonmuseum (die erste der vielen noch nachfolgenden Bild- und Buchparaphrasen). Mühsam, wie immer bei Weiss, versucht sich da seine eigentlich manichäische Geschichtsschau, der die Welt seit ewig zerrissen scheint in Helle und Schwärze, in fühlloses Oben und qualvolles Unten, zu etwas Dialektik zu klären. Doch diese Kunstexegese gleich zu Beginn soll auch ein Signal, ein Leitthema setzen. Indem sie drei junge Kommunisten 1937 im Nazi-Berlin beim mühevollen Studium ästhetischer Überlieferungen zeigt, stellt sie die Frage, die der Titel so un- oder halbklar andeutet: ob Kunst nicht immer auch Widerstand war und ob ein Widerstand gegen den Faschismus nicht auch, wie Picasso sagt, ein »Kampf gegen den Tod der Kunst« sein müsse. »Die Phantasie lebte, solange der Mensch lebte, der sich zur Wehr setzte«, wird es später nach einer Analyse des *Guernica*-Bildes heißen.

Derart auf Parolen verengt, gerinnt die Problemmotorik des Buchs allerdings leicht zur Phrase. Weiss versucht, ein erst auf drei, dann auf fünf und schließlich auf unzählige Stimmen und Köpfe verteiltes Denken nachzuvollziehen, über Stock und Stein und Widersprüche. Nur gelingt es ihm zunächst nicht, ein Minimum an Roman, an szenischer Fiktion für seine endlos redenden Untergrundstimmen zu etablieren. Diese Stimmen werden kaum als Gesichter, geschweige denn als Personen erkennbar, unterscheidbar. Was abläuft, bleibt Essay mit verteilten Rollen, durchschossen nur von wenigen eiligen Ausblicken in die sinnliche Wirklichkeit draußen, die Wirklichkeit des Faschismus. Doch mit einer rasch aufleuchtenden Hakenkreuzbinde, einem schnell auf- und wieder abgeblendeten Lautsprechergebrüll wird die Realität zur bloßen Fußnote der von ihr angetriebenen Reflexionen.

Anders und deutlicher gesagt: es gelingt Weiss zunächst nicht, seine neu imaginierte Biographie durchzusetzen gegen seine reale. Sein Erzähler-Ich vom September 1937 wird glaubwürdig bestenfalls als kommunistischer Pennäler. Alle seine linken Erfahrungen bleiben Lektüre-Erfahrungen. Sobald er denen eine proletarische Haut überziehen möchte, bleibt das Beteuerung und Maskerade. Als ein Opfer materieller Ausbeutung will dieser ergriffene, durchaus beteiligte und parteiliche Zuschauer des Klassenkampfs nicht greifbar werden. Der Abgrund zwischen ästhetischer Wahrnehmung und politischer Aktion scheint so abgründig wie eh und je.

Der zweite Teil, die Auseinandersetzung zwischen kommunistischem Sohn und linkssozialdemokratischem Vater, scheint das Scheitern einer Synthese zwischen »Ästhetik« und »Widerstand« nur zu ratifizieren. Dieser Vater redet nun zwar bewegt und bewegend von seinen zwanzigjährigen Mühen um eine Einheit der Arbeiterparteien, und die Erzählung, kaum eine Handbreit Ausblick vor den Augen, läuft geduldig durch diesen Dschungel von Konspiration, Hoffnungen, Enttäuschung, doch sie verliert dabei das Thema der Berliner Untergrund-Monologe, das Projekt des Widerstands als Kulturkampf. Auf der Hälfte seiner Strecke scheint der Roman, zwar auf der enormen Höhe seines Anspruchs, aber doch gescheitert.

Erst wenn Weiss sein stellvertretendes Ich in den spanischen Bürgerkrieg schickt, beginnt sein riskantes Unternehmen zu gelingen. Endlich gewinnt der Roman jetzt, aus der Katakombe ans Licht tretend, einen Schauplatz. Sein Spanien, sein Bürgerkrieg sind zwar durchaus Kunstwelt, Fiktion, aber die Sprache läßt diese Szene immer wieder sinnlich, episch aufleuchten. Immer noch reden fast ununterbrochen Stimmen, aber sie bereden nichts mehr, sondern werden agierend hineingerissen in den Konflikt zwischen Anarchisten und Linienkommunisten, zwischen reiner Revolution und schlingernder Taktik, der damals die Anti-Franco-Front schließlich aufgerieben hat.

Jetzt bezieht das erzählende Ich tatsächlich die Position handelnden Zuschauens, denn es kämpft seinen Bürgerkrieg als Lazaretthelfer, nur in der Etappe mit. Wie früher die Beispielfiguren bürgerlicher Bildungsromane steht dieses Ich nun anhörend, mitdenkend, mitentscheidend zwischen den gegeneinander anargumentierenden linken Flügelstimmen. Vor dem Moskauer Tribunal bricht Bucharin zusammen, in Österreich marschiert Hitler ein, in Spanien wird die Linksopposition zugunsten einer Volksfrontfassade liquidiert. Wieviel Kompromisse, wieviel Terror, wieviel Unmündigkeit auch unter Kommunisten verträgt das Projekt einer befreiten Gesellschaft?

Anders als im *Trotzki* und noch im *Hölderlin* verkürzt Weiss diese politischen Fragen nun nicht mehr auf moralische. Gnadenlos, aber nicht zynisch, nicht reglos göttergleich läßt er die Widersprüche im Kopf seines Erzählers gegeneinanderwüten. Er rekonstruiert das Augenblicksbewußtsein eines Spanienfreiwilligen und stellt es doch in eine riesige historische Perspektive. Denn dauernd werden die Details von 1937/38, die monströsen und die idyllischen, vermittelt mit immer neuen Ausblicken in Welt- und Kunstgeschichte. Der uminterpretierte Herakles-Mythos, das *Guernica*-Bild, Rückgriffe auf Goya und Delacroix, ein Vogelflug über die Vorgeschichte des spanischen Anarchismus oder die griechische, karthagische, römische Kolonisation des Landes –, das alles steht nun nicht mehr als Exkurs neben dem Roman, sondern reißt ihn auf höhere Stufen der Übersicht. Auf den letzten Seiten gehen dann ein Arbeiterbild von Munch und eine Arbeiterszene in Valencia wie ununterscheidbar ineinander auf. Vision und Realität scheinen versöhnt, eine »Ästhetik des Widerstands« möglich.

Die Opfer, die der Roman bringt, um seine Gratwanderung durchzuhalten, sind allerdings ungeheuerlich. Seine Menschenliebe, möchte man sagen, reicht ins schon Unmenschliche. Jede persönliche Regung wird da in eine welthistorische, weltrevolutionäre Stromlinienperspektive hineingerissen, nichts Privates geduldet. Die einzige Ausnahme: eine einzige, auf einer halben Seite nur anskizzierte Liebesepisode! Oder nüchterner, nur technisch formuliert: die Auflösung von Erzählung in Rhetorik, in den Großromanen von Grass oder Walser immer nur passagenweise vollzogen, läuft hier so widerstandslos ab wie sonst auf deutsch nur in der Prosa von – Thomas Bernhard.

Weiss und Bernhard, ideologisch kann man sich entschiedenere Antipoden kaum vorstellen, aber der Blick auf die jeweils vorgetragenen Meinungen faßt immer nur eine Oberfläche der Werke. »Totalität« ist nicht umsonst ein Schlüssel-, ein Beschwörungswort des Weiss'schen Textes. Nur ein rücksichtslos, inbrünstig vereinheitlichtes Weltbild konnte diese wie von einem welthistorischen Erdbeben zitternde Prosamasse hervorbringen. Hier gibt es keine frei flatternden Einzelheiten, keinerlei »realistische« Zerstreutheit. Alles dient nur als Exempel für einen einzigen Beweisgang. Die ungeheuerlichen Hoffnungen, die Weiss, die ungeheuerliche Hoffnungslosigkeit, die Bernhard »in Form« halten, beide sind auf ein eschatologisches Grundmuster verpflichtet. Daß wir in einer Endzeit leben, darauf würden sich beide Autoren einigen.

Brecht bekanntlich hat sich den letzten Katholiken genannt, aber der Blick auf Weiss und Bernhard, auf (noch ein Antipodenpaar) Neruda und Solschenizyn zeigt: es gibt immer noch allerletzte. Ohne die Tradition der christlichen Heilsgeschichte und der christlichen Mystik jedenfalls hätte sich ein Buch wie das von Weiss schwerlich schreiben lassen. Das zu behaupten, ist beileibe keine Denunziation. Es bedeutet nur, daß hier ein Autor riskiert hat, einen kommunistischen Bildungsroman aus allen psychologischen und moralischen Kategorien dieser Gattung herauszulösen und daß er, um die Widersprüche von Denken und Glauben, Einzelerfahrung und Weltgeschichte zur Auflösung zu treiben, auf vorindividualistische, auf religiöse Denkweisen und Ausdruckscharaktere zurückgreifen mußte.

Negativ, mit Jammertal oder Inferno, den Stätten endloser oder ewiger Tortur, war eine mittelalterliche Bildwelt in den Büchern und Stücken von Peter Weiss schon immer beherrschend. Jetzt hat er gewagt, auch deren positive Dynamik einzusetzen. Wie Kreuzfahrer, die der Gedanke an die Heilige Inquisition zwar peinigt, aber nicht abfallen läßt, bewegen sich seine Kommunisten durch den spanischen Bürgerkrieg. Die Gemeinschaft der Gläubigen tilgt alle Zweifel wie alles nur Individuelle. Im Hinblick auf ein himmlisches Jerusalem, hier auf Erden, können und müssen alle Umwege, Rückschläge, Abwege ertragen werden. Peter Weiss, das wird man ihm zugute halten müssen, hat ernst gemacht mit seinem Kommunismus, so ernst, daß die meisten seiner schreibenden Fraktionskollegen nun neben ihm sehr rührend und ahnungslos aussehen, wie reine Moraltrompeter.

(1975)

Eine spröde, trauernde Wut
Thomas Brasch: *Vor den Vätern sterben die Söhne*

Es ist ein Glück, es ist ein Unglück für einen Autor, wenn seine Person bekannt wird vor seinen Texten. Thomas Brasch ist das geschehen. Bis Ende des letzten Jahres kannte kaum irgend jemand hierzulande diesen Namen, der dann, seit Anfang Januar mit Berichten, Interviews, Bildern durch alle Medien geschwemmt wurde. Über Nacht stand so der durch die Mauer Abgeschobene in Reih und Glied unter lauter hochbekannten Leuten, zwischen Biermann, Bukowski, Kunze, Havemann, Kohout. Im Hauptberuf: Dissident.

Aber soweit Brasch in diesen Filmen oder Texten auch selbst zu Wort kommen durfte, konnte man einer Stimme zuhören, die sich spröde abhob gegen bekanntere, gegen Kunzes feierlich gediegene Humanität etwa oder gegen Biermanns Proletton, Lehrhaftigkeit und Trotzdem-Optimismus. Mit einer ebenso empfindlichen wie intelligenten Vorsicht duckte sich der eben Zugereiste unter allen Westjournalistenfragen hindurch. Ein merkwürdig cooles Pathos wehte aus seinen Statements. Dazu ein überall abgedrucktes Standardfoto, aus dem er so brennend wie distanziert ins Leere blickt. Das alles erinnerte (und sollte wohl auch erinnern) an einen größeren Kollegen und Vorläufer, an den jungen Brecht, den Brecht der ersten Berliner Jahre.

Hochgereizte Erwartungen also, mit denen man jetzt zu Braschs erstem Prosaband greift. Die Neugier kommt der Lektüre zwar zugute, aber die Lektüre hält der Neugierde nicht immer stand. Dieser Thomas Brasch hat sich in seiner ersten Prosaauswahl noch lange nicht zu erkennen gegeben, und das war offenbar auch gar nicht seine Absicht.

Elf Texte, geordnet in drei Teile, hat er zusammengestellt. Davor steht noch ein Motto- und Kopfstück, das in nur vierundzwanzig Zeilen die durchgehende Grundspannung des ganzen Buches inszeniert, die nämlich zwischen symbolischer, explosiver Phantastik und einer knapp und schmuckfrei notierten Realität. Nüchtern berichtet da jemand, daß in seinem Körper ein Wolf liege. Der drückt unten, mit dem Kopf auf die Blase, während er oben, im Mund mit dem Schwanz wedelt. Mitgeteilt wird das so, als handele es sich um nichts Ungewöhnlicheres als einen Kropf, und die mitnotierten Straßenbahnhaltestellen, Straßenbahn- und Hausnummern beteuern es überdeutlich: ringsherum herrscht ein ganz beliebiger grauer DDR-Alltag.

Was dieser Kurztext noch zusammenzwingt, das findet sich im Buch selbst dann auseinandergesprengt. Denn dort stehen drei hochstilisierte Parabeln (die Geschichte vom Gesangwettstreit zwischen Apoll und Marsyas, eine Fliegende-Holländer-Paraphrase, vier Versionen über Eulenspiegels Tod) zwischen lauter Alltagsgeschichten aus der DDR. Auf die Spannung zwischen beiden Prosaebenen ist der Band offensichtlich angelegt, doch mehr als seine getüftelte Montage überzeugt die Authentizität seiner Grundstimmung.

Authentizität, zugegeben, ist ein windiger Begriff. Barmherzig soll er oft nur in Schutz nehmen, was als Literatur auf halber Strecke stecken geblieben ist. Tatsächlich schreibt auch Brasch manchmal Sätze, ja ganze Szenen, deren Pathos eher Dunst bildet als Konturen schärft, doch selbst die klingen noch auf beunruhigende Weise echt, glaubwürdig, historisch richtig, eben »authentisch«. Solche Stellen nämlich passieren Brasch immer dann, wenn das Lebensgefühl einer jungen DDR-Generation sich besonders heftig verdichten soll, eine Stimmung zwischen Abgebrühtheit und Sentimentalität, die sagen soll: Alles klar und Beschiß. Genau solche authentischen, hochfahrend ungenauen Gesten erinnern ans Pathos anderer »verlorener Generationen«, an den jungen Brecht wieder, aber auch an den frühen Hemingway, an Wolfgang Borchert oder Filme wie *Der dritte Mann* und *Asche und Diamant*.

Alles erlebt und nicht gelebt zu haben, alles durchschaut und noch nichts gesehen haben: dieses historische Situationspathos, das Frontkämpfer nach Weltkriegen heimsucht, scheint nun auch die Erben der jüngsten Weltrevolutionshoffnungen, die Zeitgenossen eines »realen Sozialismus« krank zu machen. Solche von der Weltgeschichte ausgespuckten jungen Leute, eingesperrt in Banalität und Streß einer täglich sich wiederholenden Langeweile, in einen »Riesenknast mit Grünanlagen«, das sind Braschs Lieblingsfiguren. Manche reiben sich noch an offiziösen Losungen, an Jargon und Maßnahmen der Leitungskader, aber die meisten stehen schon mit dem Rücken zum »Ersten deutschen Arbeiter- und Bauern-Staat«. Ein monumentales Achselzucken, ein aggressives Gähnen – mehr haben sie nicht übrig für die rote Leistungsgesellschaft. »Alles anders machen«, das wärs: »Ohne Fabriken, ohne Autos, ohne Zensuren, ohne Stechuhren. Ohne Angst. Ohne Polizei.« Aber wie, aber wo? »Von vorn anfangen in einer offenen Gegend«, und gesagt wird dieser Utopiesatz zwar mit einem wütenden Faustschlag gegen ein Regal, doch mit »Müdigkeit in der Stimme«, als hoffnungslose Hoffnung also.

Der junge Mann, der das alles ausspricht, wird Stunden später mit »Fliegen im Gesicht« tot an der Mauer liegen. So wie dieser Robert tauchen einige Figuren in mehreren Geschichten auf, in immer neuen Ansichten, aber fast alle aufgeladen mit einem nur wenig variierten Pathos, einer todmüden Wut und todtraurigen Lebenslust. Ein paar Takte Bebop, eine Zeile Mick Jagger, ein schnelles Motorrad oder ein schnelles Mädchen, manchmal auch nur eine Ladung Bier, Wodka,

Wein, das sind so die einzigen Tröstungen in der Misere, kurzfristig alle. Eine pubertäre Welt? Soweit alle verweigerte Anpassung, ob von Werther, Baal, von Brechts oder Borcherts Heimkehrerfiguren verweigert, pubertär genannt werden soll: Ja. Außerdem sorgt, wie schon Braschs Buchtitel andeutet, eine so rigide Autoritäts- und Überich-Gesellschaft wie die der DDR ohnehin dafür, daß ihre Untertanen im Sohnesstatus bleiben und folglich »in der Pubertät, weil sie immer für oder gegen den großen Papa sind. Und das ist, was der große Papa will.«

Mit Klarheit und Entschiedenheit breitet dieser Prosaband also das psychische Material, den sozialen Konfliktstoff aus, mit dem und an dem der Autor Brasch arbeitet, und kein Zweifel: dieser Leidens-, dieser Rebellionsdruck, diese anarchistische Trauerwut sind heute aktuell, glaubwürdig, explosiv, nicht nur in der Literatur und beileibe nicht nur in der DDR. Insofern braucht niemand um die Zukunft dieses Autors nach seiner Übersiedlung in eine westlichere Gegend besorgt zu sein. Weniger klar und entschieden gibt diese erste Auswahl zu erkennen, wie Brasch sein Material verarbeiten will. Je ehrgeiziger, fragmentarischer er seinen Text hinsetzt, desto eher verliert sich das Thema ins kühne Vage, in pathetische Sprachwolkenzüge. Am überzeugendsten lesen sich die beiden längsten und konventionellsten Geschichten, in realistischem Staccato geschrieben, ohne also je ins bloß Flüssige nachzugeben, mit offenen Brüchen und Widersprüchen durchsetzt. In *Fasnacht*, einer Fabel in Rondoform, die Geschichte eines sich hoch- und dann wieder herunterqualifizierenden Arbeiters nachvollziehend, läßt es Brasch sogar zu Humor kommen. Wäre etwa das ein Ausweg aus seinem heroischen Stoizismus?

Zu Hubert Selby und Heiner Müller als Vorbildern hat sich Brasch bekannt, Rimbaud hat einer seiner Geschichten das Motto geliefert. Läßt sich, für was diese Autorennamen stehen, wirklich unter ein Dach bringen? Noch stehen in Braschs Prosa kaum versöhnbare Ansätze nebeneinander: rhapsodische Sprachschwünge und ein wütender Mitleids-Naturalismus, schwermütige Parabeln und solide Stories. Aber daß einer hier nicht nur Literatur machen, sondern etwas für ihn Ununterdrückbares ausdrücken will, dieses Wichtigste ist in jedem Text unüberhörbar.

(1977)

So küßt mich doch, ihr Hunde!
Wolf Biermann: *Deutschland. Ein Wintermärchen* und *Für meine Genossen*

Wir haben uns da eine Erwartungshaltung für Literatur zurechtgelegt, die von jedem neuen Buch eines Autors auch immer Neuigkeit, Innovation, mindestens einen Schritt Fortschritt hinaus über das letzte einklagt. Wer mit dieser Erwartung zwei neuen Büchern von Biermann entgegengeht, dem kommen sie nicht entgegen. Dieser Autor ist eigensinnig, er hält an seinen Themen, auch an seinen Mitteln fest. Seine Situation dort drüben, im östlichen Teil von Berlin, Chausseestraße 131, hat sich nicht verändert. Sollte er sich etwa am eigenen Schopf und Kopf, schön und resolut idealistisch aus dieser Lage hochreißen, nur um seine Verse zu verändern? Also hat er weiter gesungen, immer auf dem Grat zwischen den Versprechungen des Kommunismus und seiner vorläufigen Praxis in der DDR, rühmend und denunzierend.

Aber so neu wie die Copyright-Jahreszahl ist das jetzt Veröffentlichte auch gar nicht. *Deutschland. Ein Wintermärchen*, pünktlich zum Heinejahr erschienen, läuft als Erinnerung zurück bis ins Jahr 1965, als Biermann zum letzten Mal mit Gitarre durch die Bundesrepublik zog. Nicht nur Heines Versfuß ist gehalten. Auch bei Biermann ist die Rückkehr in alte Heimat, eine Reise nach Hamburg, eingerahmt in Sentimentalität und Witz. Treu folgt das neue *Wintermärchen* variierend sogar den Motiven des alten Musters, redet wie Heine von deutschem Zoll und deutscher Einheit, über deutsche Uniformen und deutsche Küche, und wie Heine damals seinen Barbarossa im Kyffhäuser, so findet Biermann nun seinen Teddy Thälmann im Hamburger Untergrund, tief in der Jauche der Kanalisation hockend, doch mit heißem Telefon zum ebenfalls toten Josef Stalin, immer noch Weltrevolution planend auf eigene Faust. So treu da aber auch Musik zu alten Themen gemacht wird –, der Ton ist umgeschlagen: aus Heines bürgerlich eleganten, weltläufig flanierenden Versen sind Bänkelsang- und Gassenhauerstrophen geworden. Das bürgerliche Muster hat sich ins Plebejische verändert.

Denn das muß den offiziösen linken Genossen, an deren Nerven Biermann nun seit Jahren zerrt, am empfindlichsten auf die Nerven gehen: der ihnen da eigensinnig die Leviten liest, steht nicht nur mit Lippenbekenntnissen zur Sache des Kommunismus –, nein, Biermann hat, was Brecht nur feierlich bastelnd simulieren konnte, was Hacks nur mit geschürztem Mund herausbringt, was für Weiss oder Walser viel zu tief hängt, Biermann hat unverkennbar, ununterdrückbar einen plebejischen Ton. Nicht nur, weil hier ganz unbefangen, ungekünstelt mit ungeputzten Worten und Redensarten umgegangen wird, weil hier noch Fäkalismus und kräftiges Gefühl, rauhe und herzliche Sprechlagen ganz undissonant, auf Duzfuß nebeneinander stehen. Noch heikle Widersprüche im Überbau faßt sein Lied in die heftige, unbestechliche Sprache der Basis, in den anti-idealistischen Jargon des Parterres. So drückt sich niemand aus, der erst »dem Volk aufs Maul« schauen mußte, um ihm dann etwas von den Lippen zu klauen. Biermann hat diese frohe, wehe Schnauze selbst. Daß er aus der Klasse herkommt, für die er singt, muß man nicht erst aus seinem Lebenslauf nachlesen (wie bei so vielen anderen).

»An meine Genossen« steht über seinem neuen Liederbuch, sicher auch kein Lippenbekenntnis, sondern in jedem Wort »gemeint«. Und doch, obwohl Biermann sicher keine Weltliteratur machen wollte, sondern Gedichte über eine bestimmte Lage, für bestimmte Adressaten –, und doch bleibt gerade dieser Titel notgedrungen eine Phrase. Nur wir, Zuschauer in der Bundesrepublik, lesen wieder, was die eigentlich »Gemeinten«, die »Genossen« drüben weiterhin nicht erreichen wird, es sei denn als Gerücht, das diese Lieder dann zu vager Überlebensgröße aufbläht, witzige, flinke rote Mäuse zu ungeheuer konterrevolutionären Elefanten. »Ihr löscht das Feuer mit Benzin / Ihr löscht den Brand nicht mehr / Ihr macht, was ihr verhindern wollt: / Ihr macht mich populär«, so singt folglich Biermann. Hat sein Triumph nicht schon eine belegte Zunge?

Beklommen, mit Zuschauergefühlen eben, liest man, wie da Gedichte ausgelegt werden als Indizien, eingeteilt in Paragraphen mit einladenden, denunziatorischen Überschriften (*Verleumdung, Hetze*, aber auch: *Unzurechnungsfähigkeit* und *Mildernde Umstände*). Bedient Euch, Genossen vom Staatssicherheitsdienst oder von der klasseneigenen Justiz, scheinen diese Etiketten zu sagen. Daß die Springer-Organe da zugreifen werden, wird nicht zu verhindern sein, daß die Organe der DDR ihnen dabei nicht Gesellschaft leisten, bleibt zu hoffen. So provozierend die Kapitel-Überschriften locken, so deutlich warnen die als Nothelfer einmontierten Brecht-, Marx-, Lenin- und Rosa Luxemburg-Zitate. Biermann singt noch immer von den »Mühen der Ebenen«, die Brechts Gedicht für jeden etablierten Sozialismus nach den »Mühen der Gebirge« angekündigt hat: »Den Feuern unglücklich entronnen / verfaulen wir nun im Sumpf / Wer strampelt, sinkt schneller«.

»Tief besorgte Freunde«, die Biermann zu strategischerem Umgang mit der sozialistischen Realität überreden wollen, bekommen den lakonischen Bescheid: »Wenn solche wie du entschieden zu kurz gehen / Dann gehn eben andre ein bißchen zu weit!« Das ist die fatale Paradoxie der Biermannschen Position: gerade, indem er sich engagiert, isoliert er sich, und je lauter er pocht auf die Erfüllung der sozialistischen Versprechen, desto lauter wird auch der Trotzton von »Hier stehe ich, ich kann nicht anders«. Um eine Sache geht es, doch die ist so, mit dem Rücken zur Wand, nur noch zur Sprache zu bringen durch ein hoch auftrumpfendes Selbstbewußtsein. Biermanns Sängerherrlichkeit möchte eine egalitäre Gesellschaft einklagen, die doch, einmal verwirklicht, auch solche Sängerherrlichkeit, wie andere Privilegien, in sich aufheben müßte. Ein Teufelskreis, aus dem (vorerst) keine Dialektik herausführt.

Doch wer diese Texte nur liest, wie gedruckte Lyrik, wer sie (die Noten wurden mitgeliefert) nicht in Biermanns rostig pfiffiger Stimme auch hören kann, der überschätzt womöglich auch ihren Individualismus. Erst gesungen werden diese Lieder zu Volkes Stimme, zu gesellschaftlichen Ereignissen. Erst dann verraten sie überdeutlich, wieviel kollektive Tradition in diesem nur scheinbar so selbstherrlichen Dichterkopf arbeitet: Vagantenlyrik, Volkslied, Bänkelsang – lauter Überlieferung aus Zeiten, als Klassenunterschiede noch nicht so kraß ins Bewußtsein getreten waren, als auch Trivialität noch Würde besaß und das »Volk« noch nicht »tümlich« war. Erst Biermanns plebejischer Vortragsschwung singt auch jeden Beigeschmack von Lesebuchgemütlichkeit aus seinen Texten. Denn bei ihm wächst Natur, mit Zwitschern und Duften, Honig, Milch oder Apfelmus wieder unbefangen ins Gedicht. Was bei anderen wie Attrappe aussieht, wird bei ihm gerade zum sinnlichen, realistischen Halt, der seine Verse bewahren muß vor dem Weglaufen in reine Agitation und Rhetorik.

Brecht hat in einem Gedicht beschrieben, was jedem schreibenden Agitator schließlich blüht: seine Stimme wird heiser, er wiederholt sich. Auch diesem Band von Biermann ist anzumerken, wie sein Repertoire immer enger wird. Immer wieder eine Rede zu tauben, »tief besorgten Freunden«. Immer wieder auch ein Seufzer, wie nah doch die toten, wie fern die lebenden Genossen sind. Immer wieder am Ende politischer Gedichte der Rekurs in die erotische Privatidylle, zu seiner »Marie«, ein schöner, nicht tröstender Trost. Sollte der notwendige Protest doch in Monotonie, in festen Nummern erstarren? Beginnt sich etwa auch in der DDR eine Spielart repressiver Toleranz zu etablieren, die Biermanns noch auf stalinistische Repression zugespitzte Gedichte ohnmächtig machen könnte?

»So küßt mich doch, ihr Hunde!« schreit Biermann im Gedicht. Sie werden sich hüten und sollens wohl auch. Geholfen aber wäre schon, wenn man Biermanns Unverträglichkeit nicht mehr nur unerträglich finden würde, wenn sich schließlich auch seine Produktion vergesellschaften ließe, geholfen allen, nicht zuletzt seinen Gedichten. So wahr die Wahrheit konkret ist, so leicht kann das ständige und inständige Insistieren nur auf der Unwahrheit des bürokratisierten Sozialismus Gedichte schließlich abstrakt machen. Die immer wiederholte Antithese nämlich von roter Hoffnung und grauer oder fettiger DDR-Realität verbraucht sehr bald beide Themen. Wer also die *Ballade von Frehdi Rohsmeisel*, von der *Buckower Süßkirschenzeit* oder über den *Kleinstadtsonntag* noch im Kopf hat, für den wird das Schönste an dem neuen Band doch das Versprechen sein, das ihn begleitet, daß Biermann sich nämlich wieder »näher an den platten DDR-Alltag« heranmachen will. Widersprüche, und zwar konkrete, wird er auch dabei entdecken, Reiseprospekte kaum herstellen. Doch kein Reise- und kein Politbüro könnten so sinnlich neugierig machen auf das tägliche Leben in dieser DDR wie Biermanns alte Lieder oder in diesem Band die *Romanze von Rita – Moritat auf die sozialistische Menschengemeinschaft – Ballade auf die plebejische Venus*.

(1972)

Ende des Familienkrachs
Wolf Biermann: *Nachlaß 1*

Nach all dem Lärm um Biermann darf man sich schon wundern über die fast Totenstille, mit der dieses, sein bisher dickstes und seriösestes Buch empfangen worden ist. Doch Gründe dafür gibt es genug.

Denn der Band, schlicht und schick auf Ärmlichkeit getrimmt (graues Papier, ein freudloses Lehrbuchhalbleinen), druckt nur nach, was zwischen 1965 und 1972 in Buchform ohnehin schon gedruckt wurde, hinkt also den seitdem auf Platten und Plattentaschen veröffentlichten Liedern um fünf Jahre hinterher. Wir halten hier – der Titel *Nachlaß 1* will es andeuten –, den ersten Band von Biermanns Gesammelten Werken in Händen. War das so dringend nötig?

Denn dieser schriftliche Biermann erscheint ja in einem undankbaren Augenblick. Was nämlich vorher nur ein paar hundert Freunde und Bekannte, die Zuhörer und Zuschauer von Biermanns permanentem Zimmertheater in seiner (Ostberliner) Chausseestraße 131 ahnten, das weiß mittlerweile die ganze Fernsehnation: Daß dieser Mann kein bloßer Textautor, kein Dichter ist, aber auch mehr als nur ein weiterer Politsänger. Daß wir ihn vor allem als den besten Darsteller seiner Verse und Musik, seiner Meinungen, seiner selbst nehmen und genießen müssen, als Schausteller, Clown, Tribun, als Totaltheatraliker.

Sehen muß man ihn, um zu sehen, worin er allen anderen voraus ist. Biermann kann zu einem Stadion reden und singen, als wärs nur eine Stube voll intimer Freunde und Feinde – genau wie er früher in seiner Stube reden und singen konnte, als hätte er es mit einem Stadion zu tun.

So macht der seriöse, dicke Band seinen trostlosen Titel *Nachlaß* auch auf eine unverhoffte Weise wahr: Er sammelt, was übrig bleibt, wenn man von Biermanns Arbeit ihre schönsten, ihre sinnlichen und artistischen Qualitäten abzieht, die gesungene und gespielte Musik, die Stimme, die Mimik, die sanfte Agitation des Autors. Was bleibt, diese schwarz auf grau gedruckte Text- und Notensammlung, schmeckt nun wie weder Fisch noch Fleisch, wie Lektüre für Nachgeborene oder Germanisten.

Oder verändern sich diese Texte, wenn man sie nun im Zusammenhang, in einem einzigen Bucheinband liest? Feierlich klar wird nun, wie programmatisch Biermann sein erstes Liederbuch genau da anfangen ließ, wo der Lyriker Brecht aufhörte: in Buckow. Seine Buckower Balladen setzen einen entschlossenen Gegenton zu des Meisters Bukkower Elegien, zum weisen Abschiedswinken, zum mild heroischen Katzenjammer des alten B. B. Biermanns frühe Mischung aus Sinnenlust und Politärger signalisiert in aller provokativen Frische auch, daß in diesen Versen der sozialistische Alltag noch genossen wird, daß die Kritik nur ins Detail sticht.

Doch wer nun nachblättert, um in Biermanns Texten genau den Umbruch zu finden, von bloßer Stichelei gegen »Mißstände« zur Frontalattacke gegen den »realen Sozialismus« der DDR, der kann lange schnüffeln. Kein Umbruch markiert sich. Es waren, schon in der *Drahtharfe* vor über zehn Jahren, alle Töne, Farben, Argumente da. Erste, brüderliche Schläge *An die alten Genossen* werden ausgeteilt. Auch die granitgrauen, aus Verzweiflung und Trotzdem-Aufschwüngen gemischten Lieder, diese *Warte-nicht-auf-bessre-Zeiten*-Stimmungen finden sich schon. Nur das Flott-Unterhaltende (*Jeden Sonntag geht der nette, fette Vater*) war dieser ersten Sammlung noch süffiger beigemischt.

So stößt man, kreuz und quer herumlesend in diesen über 400 Seiten voll Versen, überall auf die gleiche Frische und gleiche Trauer, die gleichen Gegenstände, Töne, Meinungen, die gleiche Wärme, die gleiche Heftigkeit. Was für eine geschlossene, was für eine fast hermetische Wortwelt. Außer den sinnlichen Freuden der Liebe (*Von mir und meiner Dicken* etc.), dem Ärger mit der Partei (*Rücksichtslose Schimpferei* o. ä.) und einem unbeirr- oder unbelehrbaren Glauben ans irdische Himmelreich des Kommunismus (*O Gott, laß DU den Kommunismus siegn*) kommt da kaum irgend etwas zur Sprache.

Diese Treue zum dreieinigen Thema, die sturen Wiederholungen und listigen Variationen sind so bewundernswert wie verstörend. Hat sich in Biermanns doch unerhört beweglichem Kopf, seit er schreibt, grundsätzlich irgend etwas bewegt, verändert? Eine Frage, die nur beweist, wie wenig er ins landläufige Bild eines linken Autors hineinpaßt.

Denn er, anders als fast alle seine Schreibgenossen, hat sich eben nicht politisiert in einer Revolte gegen die bürgerliche Herkunft, gegen die eigene Familie und anerzogene Normen. Er, Sohn eines in Auschwitz ermordeten Arbeiters und Kommunisten, konnte immer reden und handeln wie in Vaters, Oma Meumes, Mutter Emmas Auftrag, in einer Treue zu den Autoritäten der Kindheit, die seinen Überzeugungen die Wucht, die Ungebrochenheit gibt, aber auch: die Starrheit, den Eigensinn eines ins Riesige gewachsenen Kindes.

Solche Kindlichkeit schien mir jetzt, beim Wiederlesen die Stärke und die Schwäche der Biermannschen Positionen, gerade der politischen. Kindlich seine Fähigkeit, sein Bedürfnis, die politischen Konflikte der Linken immer als Familienkonflikte zu sehen, sie zu personalisieren und zu psychologisieren. Von so zwangsläufigen, so anonymen Prozessen wie der Degeneration sozialistischer Gesellschaften singt er wie von Zimmerschlachten. Als wären Verrat und Verfettung, Betrug, Feigheit, Hinterlist, als wären Wärme und Kälte, der Anstand und die Korruption von lauter Einzelnen dafür verantwortlich. Als müßte der Erbe eines guten Vaters lauter heruntergekommenen Onkeln nur gegen das Schienbein treten, um ihren bösen Sinn zu wenden.

Kindlich, märchenhaft schlicht und intensiv, sind in Biermanns Gedichtwelt immer noch die Hell-Dunkel-Werte verteilt, zwischen gutem Volk und schlimmen Schindern, zwischen Jammer und Hoffnung, zwischen politischer Misere und »butterweichen« Liebesidyllen. Wer sonst in unserer Literatur schreibt so zugleich gläubige und sinnliche, so ideologisch starre und doch konkret lustvolle Verse? Auch dazu gehört eine robuste Naivität. Das Allgemeinste, Unüberprüfbare glauben und sich doch immer wieder nur ans greifbar Nächste halten, das können nur Kinder.

Sicher, ich vereinfache, ich unterschlage, ich übertreibe. Ich unterschlage zum Beispiel, wie klug Biermann seine Gedichte durch Widersprüche, durch Dialektik in Bewegung halten kann. Aber oft benutzt er auch Dialektik eher wunderkindhaft, wie etwas brillant Angelerntes, verblüffend, virtuos, witzig. Und wenn ihm die Trauer bis zum Hals steht, dann retten ihn nicht die Ernüchterungen der Dialektik, sondern immer wieder ein Kindertrick: beide Hände vor den Augen, macht er die Welt dann am liebsten für sich und sich für die Welt unsichtbar und sinkt mit seiner jeweiligen »Dicken« zurück in Mutters Schoß. (Im Gedicht.)

Ja, ich übertreibe, ich vereinfache, aber mit Gründen. Diesen ganzen *Nachlaß 1* habe ich eigentlich nur benutzt, um das Pathos zu verstehen, ernst zu nehmen, mit dem Biermann auf den Verlust seiner DDR reagiert hat. »Daß ein Leben im Westen für mich das Ende meiner schriftstellerischen Arbeit bedeuten würde«, daß er dann »wohl zugrunde gehen«, »abstürzen« würde, hat er noch kurz vor seiner Ausreise, Ende Oktober 1976 beteuert. »Ich bin ja auch getötet worden«, schreibt er später aus Hamburg an Havemann, den Buchtitel *Nachlaß* rechtfertigend.

Ein hochdramatischer, gewaltsamer Rausschmiß aus der guten Stube DDR, das wäre womöglich als das »richtige« Ende seines Familienkrachs, seiner Zimmerschlachten noch zu verkraften gewesen. Was aber tatsächlich passierte, dieser kalt technokratische Akt, eine Wiedereinreiseverweigerung, bewies endgültig, wie lästig, wie unzeitgemäß den neuen Leitungskadern dieser Intimclinch mit einem verlorenen Sohn längst vorkommt. An irgendeine lange Nabelschnur zwischen sich und denen muß Biermann bis zuletzt geglaubt haben. Jetzt fühlt er sich »getötet«. Man könnte genausogut sagen: geboren, in eine ziemlich wärmelose Welt.

Bis eben noch, bis in sein einundvierzigstes Jahr, konnte er sich als Hauptfigur in einer geradezu mythischen Szene fühlen, als das ungezogene, vielgeliebte, vielgestrafte Kind im Dauerkrach mit der Blutsverwandtschaft. Nun fragt sich, ob Biermann Politik anders denn als Intimzerfleischung, ohne diesen familiären Dunstkreis aus Liebe, Mißtrauen, Zorn überhaupt verstehen kann und will. Die Wut im Bauch, mit der er die »alten Genossen« anging, diese warme Wut aus enttäuschtem Vertrauen, ja enttäuschter Liebe, sie läßt sich auf Strauß oder die Neutronenbombe nun einmal nicht anwenden.

An Wärme muß es diesem mächtigen Kind in unserer westlichen Luft fehlen, und so ist Biermann besichtigend, touristisch, schwärmend zunächst unterwegs gewesen in Nachbarländern, den (wie jeder Tourist weiß), so viel menschlicheren. Sogar der spanischen KP ist als Hamburger Mitglied beigetreten. Lauter Versuche, sich wieder ein Nest zu richten, eine Wärmeinsel, auf der dann, wie damals in der Chausseestraße, Schiffbrüchige der revolutionären Hoffnung anlanden können.

Aber wie damals wird es wohl nie mehr werden, und überleben kann Biermann wohl nur, wenn er endlich allen Wiederholungszwängen entkommt. Die Kinderrolle ist ausgespielt, die Familienszene geplatzt, aber neu anfangen müssen, das heißt nicht unbedingt, »getötet« worden sein.

(1977)

Lebenslänglich: Schreiben

In einer Geschichte von Boris Vian tritt der Erzähler, ein amerikanischer Soldat, im letzten Abschnitt seiner Erzählung auf eine Mine: »Ich habe das Klicken unter meinem Fuß gehört und bin sofort stehen geblieben.« Da steht er nun, einen Fuß auf dem Auslöser der Mine, den anderen noch auf sicherm Erdboden, und weiß: sobald er den Minenfuß hebt, wird er in die Luft fliegen. Das notiert er, auf der Mine stehend, in sein Notizbuch, in das er schon seine ganze Erzählung aufgezeichnet hat, und er notiert auch, daß er gleich Bleistift und Notizbuch weit von sich werfen wird, um dann den Minenfuß zu heben. Mit diesem Satz findet die Geschichte ihr Ende und offenbar auch ihr Autor.

Boris Vian hat, ganz sicher ohne Absicht, mit diesem Finale eine radikale Lösung des Autorenproblems entworfen: der Verfasser setzt seinen letzten Punkt, wirft sein Werk weit von sich, in Publikum und Nachwelt, und fliegt dann mit Leib und Leben in die Luft, zerfetzt. Auch zwei Bücher, die in unseren siebziger Jahren als exemplarisch begriffen worden sind, waren Lebenszeichen von Verfassern, die am Tage der Publikation schon tot, verschwunden, Legenden waren: Fritz Zorns *Mars* und Bernward Vespers *Die Reise*. Seitdem – nein: nicht erst seitdem – sind gewisse Rezensenten geneigt, das Überleben eines Autors für ein Zeichen mangelnder Radikalität zu halten.

Trotzdem: wenige Schreibende treten kurz vor dem Ende der Niederschrift auf eine Mine. Sie unterzeichnen statt dessen einen Verlagsvertrag – ein Rechtsakt, der sie unweigerlich heimholt oder vielmehr hinausstößt ins bürgerliche Leben, in die Institution Literatur. Damit beginnt das Autorenproblem, die traditionelle Feindschaft zwischen Weiterleben und Weiterschreiben. »Literatur«, hat Lorca ausgerufen, »ist für mich das Letzte. Kunst ist nur in dem Augenblick interessant, in dem sie gemacht wird.« Autor sein und sich in einer Krise befinden, sei ein und derselbe Zustand, sagte Heinrich Böll, als ein Kritiker an ihm wieder einmal eine Krise diagnostiziert hatte, als wäre das etwas Unerwartetes und Bedauerliches, eine Krankheit.

Ein Autor ist also mehr als nur »Verfasser« oder »Urheber«: jenes lebendige Wesen, das übrigbleibt neben und vor allem nach allem Schreiben, lebenslänglich sich selbst zur Last in fast allen Fällen. Und doch wird ein Autor zu Lebzeiten nie jene Erschütterung hervorrufen wie Camus oder Brinkmann dank ihrer absurden, tödlichen Autounfälle, wie Sylvia Plath oder Kleist oder Vesper oder Jean Améry nach ihrem selbstmörderischen Ende.

Überleben ist, gemessen an Todesfällen, immer verhältnismäßig banal. Eine Krise als Dauerzustand kann nicht dauerhaft erschüttern.

Wer also Schreiben als Beruf ausüben will, eine Tätigkeit, die ihn zeitlebens kaum endgültig befriedigen noch ausreichend versorgen wird, der zählt als Sozialfall zu anderen Sozialfällen. Sein Problem beschäftigt einige (wenige) Kulturpolitiker und kaum einen Rezensenten, weil die sich lieber als Vollstrecker einer gesunden darwinschen Auslese verstehen und betätigen. Viele Leser dagegen scheinen davon entzückt, daß es statt nur Bücher und Verfassernamen auch Autoren gibt und also Dichterlesungen. Auf denen begegnen sie dann dem Leibhaftigen, dem Überlebenden seiner Schriften, der kaum je ihren angelesenen Erwartungen entspricht. Er schwitzt oder verbirgt sich in Angestelltengarderobe, beantwortet Fragen nur mürrisch oder sozialdemokratisch, er enttäuscht. Den Verfasser hat man erwartet, das Werk mit Haut und Haar und Augen sozusagen, und nun erlebt man statt dessen einen Autor, ein Berufsbild.

Unter dem Druck solcher Publikumserwartungen, aus lauter Drang, sich selbst immer ähnlicher zu werden, jedenfalls nach außen, für Zuschauer, sind viele Schreibende in ihrem sogenannten Image verschwunden wie in einer Zwangsjacke oder Aura. Ein Autor, der auf sich hält, muß eben, statt immer nur weiterzuschreiben und weiterzuleben, immer auch etwas darstellen und vorspielen: sich selbst (aber nicht etwa sein Selbst). So sehen wir lauter unverwechselbar originelle Köpfe, die im Innersten gerade nicht sein wollen, als was sie allmählich gelten: Markenzeichen, Waren.

Literatur ist eitel, macht eitel – das predigen die Literaten seit Rousseau. Selbstverdacht und Selbstverdammung gehören zu ihrem Lebensritual. Tolstoi, ein Rousseauist, aber kein Literat, Gutsherr dem Stand, Bauer der Gesinnung nach, hielt eine Literatur, die nicht dient und nichts nützt, und zwar der Erziehung des Menschengeschlechts, von früh an für ein Laster. Als er einen Roman des Kollegen Turgeniew gelesen hat, notiert er: »Geschichten schreiben ist an sich schon zwecklos, ganz besonders für Leute, die traurig gestimmt sind und nicht genau wissen, was sie vom Leben wollen.« Gegen Ende seines Lebens, im Revolutionsjahr 1905, spekuliert er dann mit der Abschaffung dieses zwecklosen Geschichtenerzählens, ja mit der Liquidierung von Literatur als Beruf: »Mir scheint«, sagt er, »mit der Zeit wird man überhaupt davon abkommen, Kunstwerke zu *ersinnen*. Man wird es peinlich finden, über irgendeinen fiktiven Iwan Iwanowitsch oder irgend eine Marja Petrowna etwas zu erfinden. Die Schriftsteller, falls es sie geben wird, werden nicht etwas erfinden, sondern nur das Bedeutende und Interessante erzählen, das sie im Leben zu beobachten Gelegenheit hatten.«

Die Schriftsteller, falls es sie geben wird ... Denn natürlich werden sie diesen Namen nicht mehr verdienen, wenn sie tatsächlich nur jeweils ihr Stück »Dichtung und Wahrheit« von sich geben sollten, wenn gemäß der Gleichung 1 Leben = 1 Buch danach nichts mehr zu erzählen bleibt, wenn in einer Gesellschaft jeder so gut ein Schreiber sein kann wie ein Leser, jeder ein Sender und Empfänger, jedes Glück oder Unglück mit jedem anderen verkabelt ist und kommuniziert – ein utopischer Zustand, der Ende der siebziger Jahre als Fata Morgana einer literarischen Demokratie wieder aufzuscheinen begann. »Schreiben oder Literatur?« hieß die Fangfrage. Roland Barthes hatte sie scheinbar schon 1960 gestellt, als er seine Unterscheidung zwischen »Schreiber« und »Schriftsteller« formulierte, doch das geschah damals nur in systematischer und ohne die kulturrevolutionäre Absicht, mit der das Entweder-Oder sich zwanzig Jahre später wieder aufladen sollte.

Erneuert wurden damit Verheißungen oder Drohungen, die schon Ende der sechziger Jahre Furore machten, damals, als uns aus Enzensbergers *Kursbuch* der braune Packpapier-Leporello entgegenfiel, bedruckt mit der Botschaft, die Literatur sei tot, auch wenn sie noch lange weiter dahinvegetieren sollte, als, ein Jahr davor, eine Truppe des damaligen SDS Erlangen vor dem damaligen Versammlungslokal der »Gruppe 47« den nicht als Huldigung gemeinten Sprechchor: »Dichter! Dichter!« skandierte. Aber wieder ein Jahr vorher – der dritte der schon zu Legenden erstarrten Literaturbetriebsunfälle von damals – war 1966 in Princeton auch dieser unglaubwürdig junge, schmale, jedem unbekannte und später als Peter Handke berühmte junge Mann aufgestanden, um keineswegs die Literatur als Institution anzugreifen, sondern nur eine Schreibrichtung und damit, zart und aggressiv, den Geltungsanspruch seines eigenen Schreibens urbi et orbi anzumelden. So begann etwas damals scheinbar nicht Aktuelles: eine Autorenkarriere.

»Sicherlich«, vermutet Roland Barthes, »gibt es keinen jungen Menschen mehr, der dieses Phantasma hätte: *Schriftsteller sein!* Von dem Zeitgenossen nicht etwa das Werk, sondern Verfahrensweisen, Stellungen nachahmen, diese Art sich in der Welt zu bewegen, ein Notizbuch in der Tasche, einen Satz im Kopf.« Roland Barthes vermutete falsch, denn genau so bewegt sich seitdem Peter Handke Buch um Buch durch die Welt, nicht etwa um schreibend nur mitzuteilen, daß er schreibt, sondern eben, daß er als Schriftsteller zu leben gedenkt, und jeweils ein Buch lang dürfen und sollen sich auch seine Leser hineinsimulieren ins Phantasma dieser Rolle, so leidensfähig und so leidenswillig, so aufmerksam wie der ihnen seine Empfindlichkeiten vorschreibende Autor. So hat Werther sich hineinsimuliert in Ossian und Klopstock, so die späteren Wertherleser in Werther.

Noch immer also strahlt dieses Phantasma: Schriftsteller sein! Nicht

Theorien bringen solche Emphase in Verlegenheit, wohl aber die alte, unbehagliche Frage, ob wenige für einige schreiben dürfen oder alle für alle schreiben sollten, die immer wieder die Runde macht, neuerdings ohne die Drohgebärden vom »Tod der Literatur«. Die neue Debatte kreist um positive Reizworte: »Gelegenheitsschriftsteller« – »Authentizität« – »Verständigungstexte«. In Frage aber steht immer noch und weiterhin ein Privileg, das die Privilegierten mit Inbrunst als Qual erlebt und dargestellt haben: die Professionalität des Schreibens, lebenslänglich, Literatur als Beruf.

»Ein wunderbarer Moment in der Geschichte des Menschen auf diesem Planeten! Jeder kann es, jeder! Es gibt keine Künstler mehr! Natürlich noch Spezialisten, das hebt sich nicht so schnell auf, aber jeder Versuch, sich auszudrücken, was Du tust, was ich morgen tun sollte, ist gleich viel wert!« Diese emphatischen Verkündigungssätze Bernward Vespers übersetzen Tolstois nüchterne Prognose in utopische Provokation. Doch dahinter winkt auch bei Vesper ein Verdacht gerade gegen das Schöne an der schönen Literatur: »die ungeheure gemeinheit der literatur, ihre phantasien und erfindungen zu verkaufen, statt ihrer erfahrungen (die ja jedes lebewesen hat).« Prophezeit und gewünscht wird also der Einweg-, der Wegwerfschriftsteller, der seine einmalige Erfahrung einmal aufschreibt, um dann, auch ohne die von Boris Vian angebotene Mine, wieder zu verschwinden. Jeder kann es, jeder! – falls nämlich die je eigenen Erfahrungen ihre je eigene Sprache finden sollten. Seit Jahren jedenfalls rollt, von niemandem persönlich losgetreten, die Lawine der Beicht-, Erfahrungs-, Verständigungstexte hinunter in eine eben noch professionell geordnete Landschaft des Geschriebenen und Gedruckten. Die Lawine stäubt, donnert, leuchtet. Sollte sie auch etwas verschüttet haben?

Viele in Beruf, Dauerkrise, Ruhm und Rentenversicherung schon wohleingerichtete Autoren sind dieser Schreibmassenbewegung nicht einmal ausgewichen, haben sich gegen sie keineswegs verbarrikadiert, sondern sind ihr entgegen- oder mit ihr mitgelaufen. Als dann zwischen professionellen Schriftstellern, zwischen Härtling, Rehmann, Plessen, Meckel, Bronnen, Schutting, Schwaiger, Kersten ein fast schulklassenhaft beflissenes Wettschreiben über ein und dasselbe Thema, über den jeweiligen Vater einsetzte, da durfte gestaunt und gefragt werden, wer denn in so verschiedene Köpfe die gleiche Schreibaufgabe hineindiktiert hatte, der Zeitgeist, die Leser, der Markt oder die immer noch inständig beschworene existentielle Notwendigkeit? Oder doch nur das trostlos um sich greifende Unvermögen, private Erfahrungen umzusetzen in allgemeinverbindliche Fiktionen?

Jeder hat seinen Vater. Aber Autoren konnten, solange sie der Vermittlungsarbeit der Fiktion noch trauten, aus diesem einen viele Väter herausschreiben, nicht beliebige, aber beliebig viele. Ohne diese patriarchalischen Droh- und Lockbilder, hergestellt von Schiller oder Kleist oder Kafka, ist unsere literarische Sozialisation kaum denkbar. Inzwischen aber will es so scheinen, als würde vor unseren Augen die sogenannte schöne, die mehrdimensionale Literatur sich auflösen in eine sogenannte authentische. Dann wäre Literatur, eben noch eine Institution, nur noch ein Treff für Hobby-Autoren.

Aber das scheint nur so. Denn auch eine Gegenbewegung ist längst unübersehbar: lauter Authentische haben ja versucht, sich durchzukämpfen, hineinzuschreiben ins Schöne und Fiktive, was einigen, etwa Karin Struck oder Maria Erlenberger, mit Hohn und Widerwillen heimgezahlt worden ist. Sie hätten als Einmalundniewieder-Autoren sofort wieder wegtauchen sollen aus aller Öffentlichkeit, um anonym wie ein Fisch im Wasser weiterzuschwimmen in der Gesellschaft.

Vorstellbar wäre das ja: eine Literaturgeschichte, die nur aus lauter »authentischen« ersten und letzten Büchern besteht, deren Schreiber nur aufgetreten sind, um gleich wieder abzutreten. Goethe also wirft seinen *Werther* ins Publikum und zieht sich höflich wieder zurück in die bürgerliche Gesellschaft, ein praktizierender Rechtsanwalt wie andere auch. Walser publiziert die *Ehen in Philippsburg* und bleibt weiterhin Reporter des Süddeutschen Rundfunks, wird irgendwann Intendant. Grass legt *Die Blechtrommel* vor und verkauft danach nur noch Bildhauerwerke und Graphik. Kafka läßt gar nichts erscheinen, sondern verbrennt demütig alles Geschriebene, stirbt trotzdem an Tuberkulose. Robert Walser betritt nach einem einzigen, weithin leuchtenden literarischen Lebenszeichen ruhig die Irrenanstalt. Was wir dann hätten, wäre ein Kanon aus unvergeßlichen Texten von längst vergessenen Verfassern, eine Wonne für Strukturalisten, denn die sehen die literarische Landschaft schon jetzt genau so: als bloßes Zeichensystem, menschenleer, frei vom Ballast der Autoren.

Aber noch gehorchen die Schreibenden nicht dieser Vision. Noch versuchen fast alle die Verlängerung des Schreibens über den Anfang hinaus, auch wenn mit steigender Entfernung von den ersten Büchern der autobiographische Anlaß, der existentielle Druck, der authentische Ton spürbar abnehmen, während die Schreibkunst unweigerlich zunimmt.

Genau dieses Kunststück, Schreiben in Lebenslänglichkeit, als Beruf, wird heute immer schwieriger für Autoren, die mit knapp oder gut dreißig Jahren ihren Lebensstoff einige Bücher lang autobiographisch bearbeitet oder veräußert haben. Nun hat der Schreibprozeß den Lebensprozeß eingeholt, alle artikulierbaren Erfahrungen scheinen aufgezehrt und veröffentlicht. Der Vater oder Liebhaber ist, jedenfalls auf dem Papier, endgültig erledigt. Die Studentenbewegung und ihre Ausläufer sind kreuz und quer durchflaniert und ausformuliert. Eine Bergbauernherkunft und ihre Ohnmacht sind aufgehoben in Wortmacht. Was nun? Inzwischen sind Brigitte Schwaiger oder Svende Merian oder Peter Schneider oder Franz Innerhofer, ob das geplant war oder nicht, Schriftsteller geworden, und Schriftsteller, sagt unfreundlich ihr Kollege Reinhard Lettau, sind »Personen, die sich dem Eindruck ergeben, es werde ein weiteres Buch von ihnen erwartet«.

Die Literaturgeschichte kennt genügend Wege und Auswege in lebenslängliche Professionalität. Ein Autor könnte, je länger er schreibt, immer mehr absehen von sich selbst, könnte sich für ein möglichst entferntes Unglück engagieren oder sich sorgfältig einfädeln in eine »Weltanschauung« oder nur noch die Innovation seines Mediums, der Schreibkunst betreiben. Was aber, wenn der Autor bei seinem ersten Thema bleiben will und muß, bei sich, während sein »authentisch« erzählbares Leben so schnell nicht nachwächst?

Dann werden seine Erfahrungen, statt weiter nur zu passieren, sich fast unwillkürlich ins literarisch Verwertbare stilisieren, um einen neuen Vorrat an Konflikt- und Leidensmaterial möglichst widerstandslos herzugeben. Aber in diesem Wettlauf zwischen Leben und Schreiben sind die Schreibmaschinen fast immer schneller gewesen. Wir alle kennen inzwischen die Bücher, deren sorgfältig formlose »Authentizität« kaum mehr verrät als ein hastig aufs Schreibbare hin inszeniertes Leben.

Schon im Goetheschen *Tasso* ist schließlich vorgeführt worden, wohin eine Karriere in Authentizität führen kann oder führen muß: zu einer Inszenierung von Leidenszuständen, zu einer Professionalisierung von Leidensdruck. Denn schon dieser Tasso ist immer beides, Opfer zwar einer rigiden Gesellschaft, die ihn ängstlich und aggressiv sich vom Leibe hält, aber auch deren bewundernswertes und privilegiertes Opferlamm. In Peter Steins Inszenierung, entworfen in einer Zeit des Literaturverdachts, sah dieses Doppelspiel erbarmungswürdig bis erbärmlich aus. Claus Peymanns Nacherzählung der gleichen Geschichte, zehn Jahre später, nahm den virtuosen Schmerzensmann dann schon wieder deutlich in Schutz gegen den Zugriff der sogenannten öffentlichen Hand, der Mäzene. War das, wie behauptet wurde, sentimental?

Natürlich gab es und gibt es immer Autoren, die von Tassos Qualen nichts wissen wollen. Brecht notiert schon mit fünfundzwanzig in sein Tagebuch, daß ihm kein Gott Talent und Auftrag gegeben hat zu sagen, was *er* leidet. Ausdrücken möchte er vielmehr: was andere leiden. Wörtlich: »Es gibt welche, die gut leiden können. Ich kann besser klagen ... Die Klage muß von denen erhoben werden, die am wenigsten leiden. «

In diesem Tonfall, nicht unpathetisch, doch robust, verkündet sich eine literarische Professionalität, die von jedem Kult des Echten und Spontanen, aller Leidensstammelei und Gelegenheitskunst eine schon arrogante Distanz hält. Der Klagende, Stellvertreter der Leidenden, betreibt sein Schreiben als handelndes Zuschauen, womöglich sogar als geglückte Simulation. Das könnte auch Peter Handke meinen, wenn er in seiner Büchnerpreisrede gesteht:

Wieder »spürte ich ... die Existenz anderer an mir selber, aber eher als Schauspieler, der sie verkörpert, schaudernd und doch fast mit einem Wohlgefühl ... Und unter der festen Schädelwölbung erlebte ich in fast heimeliger Freude das allgemeine Elend. «

Solche Sätze klingen heute, so sehr sind wir als Leser schon Betroffenheitsfetischisten und Authentizitätsidioten geworden, fast wie Provokationen. Ein alter Verdacht dämmert herauf, in seiner volksliedhaft schlichten Form heißt er: die Dichter lügen. Der Gelegenheitsschriftsteller lügt nämlich nicht, so meint er. Wenn es aber doch genau so war! scheint er uns Zeile für Zeile entgegenzurufen. Sein Krebstod, seine Irrenhaushaft, seine Schwangerschaft, seine Sprachhemmungen und -zuckungen, seine Hausbesetzung sind ja als schlechte und gute Einfälle oder Dramaturgien schwerlich zu kritisieren, sind unwiderlegbar.

Aber nichts – an diese Selbstverständlichkeit muß nun doch erinnert werden –, nichts »war« je so, wie es nachher aufgeschrieben wurde. Es gibt keine Unmittelbarkeit in der Erinnerung und in der Sprache, in keiner literarischen und in keiner spontanen. Daß, wenn die Seele *spricht*, ach, schon die *Seele* nicht mehr spricht, gilt sogar für die Sprache der Geständnisse noch eher als für die der Imagination. Was alles leicht vergessen wird in einem naiven Modell des Schreibens, das von Nescafétexten zu träumen scheint: als könnte die Sprache, wie heißes Wasser einen Kaffee-Extrakt, ein Lebenstrauma auflösen, verflüssigen, schluck- und genießbar machen.

Auch wer als Autor von sich selbst schreibt, berichtet also: *Aus der Fremde*. So hat Ernst Jandl die Sprechoper genannt, in die er sein Alltagsleben, das Selbstporträt eines durch Weiterschreiben Überlebenden, hineinverfremdet hat. In diesem Konjunktivgesang für drei Stimmen wird die Alltäglichkeit eines Autorenalltags, anders als im authentischen Schreiben, auf eine fast unendliche, eine fast schon historische Distanz gerückt. Der Text ist also beides: Dokument und Artefakt, aus aller *Tasso*-Jammerseligkeit, aus allem Naturalismus herausgeschrieben. Seine Trauer macht heiter. Seine Virtuosität unterschlägt nicht, daß sie sich gegen eine trübsinnige Wirklichkeit durchgesetzt hat. Das Thema, die Unverträglichkeit von Leben und Schreiben, löst sich hier weder in Jubel auf noch in Klage. Literatur als Beruf, so erfahren wir, bleibt eine Unmöglichkeit und Zumutung für alle Beteiligten. Doch wir erfahren auch, daß diese Zumutung sich, schlicht und ruhig gesagt: lohnt.

Damit ist materieller Lohn natürlich nicht gemeint. Wo der gesellschaftlich und mäzenatisch organisiert werden soll, wären dafür folgende Rahmenrichtlinien zu beachten:

Junge Autoren müssen gefördert werden, damit sie schreiben können, ohne davon leben zu müssen.

Fortgeschrittene Autoren könnten unterstützt werden, damit sie leben können, ohne fortlaufend davon schreiben zu müssen.

Alte Autoren schließlich wären zu versorgen, damit sie in einiger Unbefangenheit und Würde wählen können zwischen der Alternative: Weiterschreiben ohne Überlebenssorgen oder Weiterleben ohne Schreibzwang.

(1980)

Ende und Wende

»Wen-de!« sagte Max Frisch in einem Gespräch Mitte der achtziger Jahre, als sie längst vollzogen schien, und hob nach den beiden Silben pathetisch, heuchlerisch barmend beide Arme empor: »Wen-de! So heißt es ja jetzt bei Ihnen so feierlich, als wäre das was ganz Neues. Bei uns, in der Schweiz, gibt es das schon lange, seit Kriegsende, und es bedeutet ganz einfach: Restauration.«

Ist es so einfach? Läßt sich dieser Befund auch übertragen auf die literarische Situation im Übergang von den siebziger zu den achtziger Jahren? Nur, wenn man einsieht, daß alles Restaurierte, also Wiederhergestellte sich einem Gewalt- und Kunstakt verdankt und also künstlich bleibt. Das gilt für den historischen Roman, den lange totgesagten und plötzlich reanimierten, genauso gut wie für die Wiederaufnahme experimenteller Versuchsanordnungen, für alle Nachspiele also, ob mit dem Vorrat der Vormoderne oder der Moderne. Das gilt sogar noch für die spielerische Selbstwiederholung in Alterswerken, in denen Pedanterie und Anarchie in Spannung zueinander geraten.

Leicht, allzu leicht ist man heute versucht, alle diese Wiederbelebungsversuche zu etikettieren, zuzukleben mit der patenten Post-Formel: Posthistorischer Historienroman, Post-Avantgarde, Post-Frisch. Die Künstlichkeit, die Traditionsgebundenheit dieses Schreibens wäre damit getroffen, auf Kosten seiner Zukunftsperspektive. Aber die scheint in allen Post-Theorien ohnehin ausgeblendet – und genau das macht sie so schlau und so trostlos.

300 Gramm wohlabgehangene Prosa
Günter Grass: *Das Treffen in Telgte*

»Gestern wird sein, was morgen gewesen ist«: Gleich der erste Satz erweist sich, hat man sein Staunen über ihn erst einmal überwunden, als hübscher Bluff. Mit energischer Preziosität sagt er, was sich schlichter auch sagen ließe. Diese Kunst des Um-Schreibens (statt des sprachlichen Zugriffs) wird Grass nun ein Buch lang über barocke Höhen treiben.

Es begegnen sich hier also zwei weltbekannte Größen, die Schreibkunst von Günter Grass und die »Gruppe 47« des Hans Werner Richter. Damit aber aus dem Treffen nicht etwas auch schon leidig Bekanntes würde, ist es auf fernes Gelände verlegt worden. In Telgte, zwischen Münster und Osnabrück (wo nie eine »Gruppe 47« getagt hat) und 1647, kurz vor Ausgang des Dreißigjährigen Krieges (der wahren Gruppe also um gut dreihundert Jahre entfremdet), soll nun zwischen zwei Buchdeckeln stattfinden, was nirgends sonst stattgefunden hat.

Dem Treffen von Schreibkunst und Schreibgegenstand, der Begegnung, Verfremdung, Umarmung ist ein 15 Druckbogen langer Bastard entsprungen, heiter im Wesen, munter von Aussehen, angenehm sich bewegend und mit einer Rede begabt, die sich so gleichmäßig und schön über die Seiten zieht, daß mindestens der geduldige Leser kaum merkt, wie wenig da so schön gesagt wird. Nie hat sich ein Buch von Grass so harmlos, so gutmütig und einnehmend der Welt präsentiert. Kritik, ja Reflexion findet hier kaum Widerstand, wenig oder nichts zum Beißen. Es zergehen einem nur lauter angenehme Sätze unangenehm auf der Zunge. Und eigentlich könnte eine Rezension, bevor sie noch angefangen hat, schon aufhören und statt dessen nur eine Wegbeschreibung durch die sehenswertesten Stellen und Szenen liefern, der Erzählung also ein paar Baedekersterne anhängen. Was auch schon, spaltenlang und überregional, geschehen ist. Faulheit der Rezensenten? Vollkommenheit des Werks? Kaum.

Denn die Anspruchslosigkeit dieses Buches hat ja ihre guten und sympathischen Gründe. Es wurde, wie es gleich auf seiner ersten Seite mitteilt, zum 70. Geburtstag Hans Werner Richters entworfen. Ein Gelegenheitsgedicht also, und ein längeres, ein in Absicht und Ausführung liebevolleres hat die deutsche Literatur wohl kaum gesehen. Wo hätte auch je ein Schriftsteller einen anderen Schriftsteller mit so vertraulicher Wärme und doch Genauigkeit porträtiert, wie Grass hier seinen Hans Werner Richter?

Simon Dach also, der die Barockliteraten nach Telgte eingeladen hat, »ist« ohne Zweifel Hans Werner Richter. Aber jeder Eingeweihte könnte sich mit weiteren Schlüsselroman-Vermutungen bei der Lektüre unterhalten. Natürlich »ist« Hans Mayer der noch in seinem Schweigen wuchtig redende Literaturmagister Augustus Buchner, und Harsdörffer könnte Höllerer sein, der säuerlich frömmelnde Gerhardt aus 66 Prozent Reich-Ranicki bestehen. Auch hat mir, ob sie nun stimmt oder nicht, die Hypothese, hinter dem weisen, entrückten Musiker Heinrich Schütz könnte sich viel von dem Philosophen Ernst Bloch verbergen, diese Figur und ihre Position jenseits und über den Literaten spannend gemacht. Aber, was für erhabene Insider-Scherze sind das. Die lesende Nation, das Bestsellerpublikum, dem diese 180 Seiten längst als Pflichtlektüre verordnet sind, wird sich an ihnen kaum vergnügen.

Doch – ein zweiter Vorschlag zur Genügsamkeit – die Erzählung könnte auch als freundliche Zugabe zum *Butt* genommen werden, als ein neuer Auslauf historisierenden Erzählens, einer noch nicht abgearbeiteten Kreativität. Auch *Die Blechtrommel* zog damals eine Novelle nach sich. Aber genau diese Erinnerung an *Katz und Maus* zeigt sofort den entscheidenden Unterschied. Damals wurden im kleineren Format der kräftige Manierismus, die Aggressivität, die musikalische Erzählkunst des Romans nachträglich verschärft. Davon kann diesmal keine Rede sein. Die Telgte-Prosa schreitet, weit über den *Butt* hinaus, gemächlich in ein Reich der Milde, des Harmonisierens, der heruntergespielten Konflikte.

Genau das aber ist nicht mehr privat und launenhaft, sondern zeitgenössisch und authentisch an diesem nur scheinbar so anspruchsfreien Buch. Seine Grundstimmung paßt erstaunlich zu der in anderen Büchern dieser und der letzten Saison, in Enzensbergers *Titanic*-Gedicht, in Walsers *Seelenarbeit*. Überall eine ähnliche Heiterkeit mit Trauerrändern, stiller Jammer, eine resignative Vernünftigkeit, trübe Ideologie, glänzendes Handwerk. Gerade die zornigsten jungen Männer der späten fünfziger und frühen sechziger Jahre haben zu souveränen und schütteren Alterswerken, zum Nachsommern angesetzt, ziemlich früh. Aber dagegen moralistisch den Zeigefinger zu heben, als gälte es nur, sich gefälligst zusammenzureißen, wäre nichts als albern. Der gegenwärtige Zeitgeist hat Köpfe erwischt, die noch nie im Überzeitlichen gewest haben.

Nur scheinbar wird also hier ein Tauschhandel zwischen 1947 und 1647, zwischen Dreißigjährigem und Zweitem Weltkrieg, zwischen Kahlschlag- und Barockliteratur betrieben. In Wahrheit hat Grass seinem Endsiebzigerjahre-Gefühl auf historischem Podest ein Denkmal gesetzt.

In den Vordergrund wird, breitgelagert, das Literatenidyll gemalt, mit Sommer, Mägden, Eitelkeitsritualen, gekonntem Jammer und gekonntem Zank, mit Fachdisput, Freß- und Trinkbehagen. Im Hintergrund sollen wir Wirrnis und Greuel des verendenden Krieges vermuten. Ja, vermuten: denn dieses Leidenspanorama ist so wirklich wie auf alten Schlachtgemälden, schön dargestellt, ungreifbar. In Grassens altdeutscher Schönstschreibweise wird nun alles Idyll. Eine Feuersbrunst vollzieht sich in so wohlgesetzten Worten wie Mord, Essenslüste, Literatenstreit. Lauter Stilleben mit Menschen: »Friedfertiger wurde nie gespeist. Es eignete sich der Fisch für sanfte, den langen Tisch säumende Worte. Jeder sprach zu jedem und über jeden mit halber, genügsamer Stimme.«

Friedfertiger wurde nie geschrieben. Wir lesen uns durch 300 Gramm wohlabgehangene Prosa. Eine Welt entsteht auf Papier und auf Papier auch immer wieder leuchtend und mächtig, von Wirklichkeiten aber, ob von barocken oder heutigen, so abgeschieden wie diese Poeten auf ihrer Debattierinsel mitten in einem nur wortmalerisch behaupteten Dreißigjährigen Krieg, von denen ihr Beobachter und Erfinder sagt: »Ginge die Welt unter, würden sich diese Herren, inmitten Gepolter, um falsche und richtige Versfüße streiten. Schließlich – und das hatte nicht nur Gryphius mit dem Wortprunk seiner Sonette gesagt – war ohnehin alles eitel.« Fiat ars, pereat mundus – nur, daß eben die Welt auf diesen Seiten ohnehin beständig untergeht, in Sprache. »Es fehle«, sagt der allzeit milde Simon Dach, »den Dichtern alle Macht, außer der einen, richtige, wenn auch unnütze Wörter zu setzen.« Diese Bescheidenheit, solcher Humor wäre vor zehn Jahren eine Wohltat gewesen. Heute treibt so etwas ziemlich zügig mit dem Strom.

Selbst mit sinnlicher Kraft will die Grass'sche Prosa nun kaum noch provozieren. Eher volkstümlich lebt sie und man sich aus. Da wird gefurzt und rheinisches Braunbier genossen, Kerbelsuppe gelöffelt, an Bratenspießen geschlungen, und nächtens liegt das junge Fleisch beim jungen Fleisch (auch so gediegene Beischläfereien, fast lesebuchzart und -reif, hat Grass selten geschrieben). Das alles dampft so sinnlich und milde langweilig wie auf gewissen niederländischen Genrebildern: jede gekonnt frohsinnige Wiedergabe von Augenblicksgenüssen hat nun einmal etwas Trostloses.

Doch immer wieder ruhig schöne Sätze, klein hergezeigte große Augenblicke, traumwandlerisch durchgeführte Passagen – man sollte sich über das gründlich Zwiespältige dieses nur scheinbar harmlosen Buches nicht allzuschnell hinweglügen, weder ins Positive noch ins Negative. Auch rein handwerkliche Qualitäten (selbst Wurmlöcher in Stilmöbel setzen) sind eben Qualitäten. So, wie Grass auf diesem knappen Raum rund zwei Dutzend Personen vorführt, wie er scharfe Großporträts gegen Nebenpersonen im interessanten Halbschatten setzt (zu Heinrich Schütz-Bloch: »Auch war sein Auge gleichbleibend wach auf etwas Trauriges außerhalb des Raumes gerichtet geblieben«). Oder, wenn er, mit Kunstgriffen, für einen Rhythmus von Aufregungen und Beruhigungen im monotonen Ablauf dieser Vorlese- und Debattiertage, der Mittags- und Abendmähler sorgt.

Auch die Frage nach dem Wozu und Wohin des ganzen kunstverständigen Aufwands speist er immer wieder, mit respektvollen Interpreten elegant hingeworfenen Happen ab. Das zerrissene Vaterland (damals und heute). Dagegen das einigende Band der Sprache und Literatur (schon damals und immer noch). Dagegen die Ohnmacht der Literatur, allen fiktiven Glanzes gegenüber dem realen Elend, dazu die politische Ahnungslosigkeit der politisch groß urteilenden Literaten (einst und jetzt). Dagegen Unsterblichkeit und Würde der Werke gegenüber aller Kurzlebigkeit der Tagesgeschäfte (immer noch, immer noch). Undsoweiterundsofort.

Natürlich sind das Analogien zwischen barocken und unseren Zuständen, die einer genaueren Überlegung kaum standhalten, Märchenbögen zwischen einem geträumten Damals und einem sehr verallgemeinerten Heute. Grass tupft solche Aktualitäts- und Bedeutsamkeits-Hinweise auch nur zart und flüchtig, nicht ohne Augenzwinkern in seine Prosa, vielleicht nur als süßen Leim, auf dem bald die germanistischen Seminarbeiten oder auch Dissertationen zappeln werden. (Zu empfehlen: die Distel, das neben Simon Dach aufgestellte Wahrzeichen der Lesungen, erstens als Symbol der Literatur, dann als Symbol der Kritik und schließlich, von Gryphius mit großer allegorischer Geste ausgerufen, als ein Inbegriff des stechenden und unverwüstlichen Vaterlandes!)

Es gibt aber ernsthaftere, dringendere Einwände gegen das Buch als alle bisher ausgesprochenen oder angedeuteten. Mich stört und verstört vor allem, wie unbefangen Günter Grass, der sein größtes Buch aus der Perspektive eines erschreckten und rebellischen Kindes erzählt hat, nun gütig von oben herab schreibt, patriarchalisch: Vater meint es mit allen irgendwie gut, aber es kommen ihm alle auch irgendwie lächerlich vor. Die Macht- und die Gütepose dieser Prosa sind untrennbar ineinander verschränkt. Mir bleibt das fremd, ja, es macht mir undeutliche Angst. Denn über Texten mit dieser Haltung, diesem Ton, so breit und heiter historisierend, habe ich lesen gelernt, in unseren damaligen altdeutschen Lesebüchern. Ton und Haltung, ob von erst- oder fünftklassigen Künstlern hergestellt, sagten, gütig, drohend, immer das gleiche: So ist sie nun einmal, die Welt, findet euch damit ab, mußte Vater ja auch, dafür hat er die Welt jetzt in der Tasche (auf dem Papier). Ganz gleich, wie man diesen Ton und seine Botschaft nennen will – patriarchalisch, altlutherisch, prälatenhaft –, in ihm jedenfalls wird neokonservativer Zeitgeist zurückübersetzt in altfromme Zeitgeistlichkeit.

Schließlich bin ich sogar versucht, vielleicht humorlos, die Literatur und ihre Produzenten in Schutz zu nehmen gegen den väterlichen Halbernst, der sie hier so ausdauernd »auf den Arm nimmt« (die bildliche Redewendung trifft genau den Gestus). Sicher, gegenüber einer landläufig pathetischen Vorstellung von Dichtertum und Literaturgeschichte behält die Grass'sche Prosakomödie ihr gutes Recht: zu neunzig bis neunundneunzig Prozent rekrutiert sich eben Literatur nur aus Literaten und deren gewisser Lächerlichkeit.

Gegenüber der ebenso gültigen und düsteren Tatsache aber, daß ohne die leidtragenden Verrückten und Entrückten, die Inkommensurablen, die Kleist und Kafka, die (alle Abstände eingerechnet) Brinkmann, Celan, Achternbusch, Bernhard, Bachmann, Arno Schmidt oder Jean Améry etwas wie Literatur gar nicht gäbe, lesen sich der schöngeschriebene Humor und die schön dazwischen gesetzten Sentimentalitäten von Grass belanglos bis peinlich. In dieser Perspektive gesehen, also garantiert humorlos, ungnädig, auch arrogant, bietet das Buch, wenn auch in Grass'scher Höhenlage, doch nur eine hohe Variation zu den »Lümmeln aus der letzten Bank«. Letztlich kann eben Kalligraphie keinen Gegenstand und kein Thema ersetzen.

(1979)

Überlebensspiel mit zwei Opfern
Martin Walser: *Ein fliehendes Pferd*

Jeder Autor hat gewisse Leser, und das sind nicht die schlechtesten, die behaupten, gern mit einem Stoßseufzer oder ohne, das erste oder mindestens das zweite Buch dieses Autors sei eben doch das beste gewesen, geblieben. Dafür gibt es einleuchtende Gründe genug. Aber kein Autor, der so vernünftig oder unvernünftig ist, auch nach 30 noch weiter zu schreiben, wird so etwas wahrhaben wollen.

Im Fall Martin Walser sind die *Ehen in Philippsburg* aus dem Jahr 1957 zum Favoriten solcher Stoßseufzer geworden, immer noch eines der reichsten Auskunftsbücher zur Geschichte unserer Nachkriegsrestauration und ein Roman, der wie mit der Nase eines jungen Hundes durch die Welt und über die Seiten schnürt, zart und verwildert, schnüffelnd, neugierig bis zur Bewußtlosigkeit. So was schreibt man tatsächlich nur einmal.

Warum ich so weit aushole? Weil ich vermute, daß auch Walser selbst seinem uneinholbaren ersten Roman lange und zu lange erzählend nachgelaufen ist. Weil ich nun diese seine erste Novelle gelesen habe, die auf keinen Wettlauf und Vergleich mehr angewiesen ist, ganz selbständig dasteht und wie ein Anfang zu etwas unerwartetem Neuen aussieht. Unerwartet, fast beunruhigend fremd gleich die ersten Seiten, Satzketten voller Gelassenheit und Energie, nichts also von dem verbalen Leuchtkugelfeuer, mit dem Walsersche Romaneinsätze den Leser sonst überfallen haben.

Und offenbar beginnt da auch eine Geschichte von betont antisensationellem Zuschnitt, eine wahre Orgie, so scheint es zunächst, an Normalität.

An Walsers Bodensee ist diesmal Tourismus-Sommer. Zwei Urlauberpaare begegnen sich, die Männer gerade noch unter 50, der eine mit der ersten, der andere schon mit einer zweiten und natürlich erschütternd jungen Frau. Die beiden waren einmal Schul- und Studienfreunde, haben sich aber seit geschlagenen 23 Jahren nicht gesehen. Für den Oberstudienrat Dr. Helmut Halm ist dieses Wiedersehen per Zufall nur eine ärgerliche Zumutung, während der andere, der journalistische Freiberufler Klaus Buch, sich daran tagtäglich besäuft wie an einem Elixier.

Auch diese beiden Namen, unterhaltungsromanreif, signalisieren ein Programm erzählerischer Bescheidenheit. Der äußere Erfindungsaufwand bleibt weiterhin atemberaubend gering. Treu folgt die Novelle der Routine biederer Urlaubstage: drei Abendessen, ein Ausflug über Land, zwei Segelpartien – mehr wird nicht erzählt. Vorübergehend scheint es zwar so, als werde hier ein neues Wahlverwandtschafts-Spiel, ein erotisches Überkreuz inszeniert, aber auch diese Vermutung führt nur auf ein Nebengleis. Die Spannung, die den konventionellen Kulissenbau der Novelle von Szene zu Szene mehr auflädt und schließlich zu einer Explosion treibt, entsteht allein zwischen den beiden Lebens- und Verhaltensmustern, die hier die Namen Helmut Halm und Klaus Buch tragen.

Der eine, der Lehrer-Beamte, einst offenbar ein legendäres Schüler-Genie, ist inzwischen milde gescheitert, gibt sich als schwermütiger Voyeur, liest Kierkegaard, liebt das Inkognito. »Hoffnungsloser Hunger«, »genießbare Enttäuschung«, »blutige Trägheit« – solche Widersprüche kennzeichnen seine Gemütslage. Kein Wunder, daß für Halm, den Hocker und Rotweintrinker, der in Worten und Taten verzappelte Klaus Buch, dieser Vitalist und Gesundheitssportler, dieser Verkünder von Sex- und Steak- und Mineralwassergenüssen eine nur schwer erträgliche Dauerreizung wird. Zu einem neuen Leben jenseits der Resignation möchte Buch den ehemaligen Freund provozieren, aber er provoziert nur einen sich vorerst noch im Inkognito verbergenden Haß.

Sicher, das Prinzip Halm und das Prinzip Buch, solche Zustände eines Außersichseins entweder nach innen oder nach außen, sie sind in Walsers Büchern schon immer vorgekommen. Ganz neu ist in seiner Erzählwelt keine dieser 2 × 2 Figuren, weder der gereizte Melancholiker, in empfindsamem Mißtrauen gegen die ganze Welt eingeigelt, noch sein tapfer dahinalterndes Eheweib, weder die delirierende Lebens- und Redelust am Rande der Erschöpfung noch das fast nur als Körper wahrgenommene, drohend lockende Mädchen. Neu, überraschend dagegen ist die Geschichte, die sich über diesen vieren gewitterhaft zusammenzieht, ihre sich beschleunigende Dramatik und schließlich: ihre Erkenntniskraft.

Denn unerlaubt arglos wäre die Annahme, Walser hätte seine Thematik diesmal nur mit einem geschickteren Arrangement, einer listigeren Dramaturgie aufbereitet.

Listig allerdings geht er zunächst vor. Szene für Szene wird immer nur aus der Perspektive des Dr. Halm erzählt. Klar, daß der folglich gegen Klaus Buch dauernd zu null siegt. Sympathisch mag seine kühle Schneckenhaus-Philosophie nicht sein, aber sie wird einfühlbar. Während die von seiner Optik bestimmte Erzählweise auch den Leser immer tiefer in Ungeduld, ja in eine Aggression gegen den schwadronierenden Lebenssportler Buch hineindreht. Macht es sich Walser mit dieser fühllosen Einseitigkeit nicht doch zu leicht? Am Ende gibt er diese Frage an uns und unseren Kronzeugen Halm zurück.

Es fällt schwer, nicht zu verraten, wie das Spiel zu diesem Ende kommt, wie aus dem kultivierten Melancholiker fast ein Mörder wird, und wann und warum sich Halm und Buch schließlich beide als Gescheiterte und als fliehende Pferde erkennen. Daß der Schulbeamte sich in einer vergleichsweise komfortableren Verzweiflung eingerichtet hat, wird mindestens wahrscheinlich. Der letzte Satz der Novelle ist wieder ihr erster: Helmut Halm wird jetzt die ganze Geschichte seiner Frau noch einmal erzählen. Womit sie auch für jeden Leser wieder von vorn beginnt. Von ihm hängt nun ab, ob und wie sie sich dabei verändert.

Form also wird hier nicht etwa nur als Spannungsvehikel benutzt und verbraucht, ja, die geschlossene und entschlossene Dramaturgie der Novelle und die Offenheit, Rätselhaftigkeit ihrer Resultate hängen unmittelbar voneinander ab.

Wenn Walser, von dem so unermüdlich behauptet wurde, ihm müßten alle Erzählunternehmen ausschweifen, entgleisen, hoch- oder abstürzen, wenn ausgerechnet ihm nun ein wahres Kunststück an Durchgeplantheit und Ökonomie gelingt, so mag das erstaunlich genug sein. Erstaunlicher bleibt, daß seine Intelligenz und seine Sensibilität, daß sein Engagement in dieser Geschichte voll aufgehen, sie also nicht mehr rhetorisch und kommentierend von außen angehen müssen. Und das ist eine mehr als artistische Leistung.

Ich jedenfalls kann mir die ruhige Intensität dieser Novelle nur so erklären, daß hier ein Autor nahe an die Quadratur des Kreises, an die erzählende Objektivierung seiner Subjektivität gekommen ist. Schlichter gesagt: daß Walser mit Halm kontra Buch ein Spiel gegen sich selbst spielt.

Indem er sich auf das scheinbar Allerprivateste einläßt, auf zwei ihm gleich naheliegende Fluchtmöglichkeiten aus dieser Gesellschaft, kommt etwas ganz und gar Politisches zum Vorschein: ein soziales System, das keinen Lebenssinn mehr hergibt, das Halm nur noch als eine Produktion von Schein, das Buch als ein Universum des Schwindels erlebt. Mit keinem Satz redet die Geschichte zur Lage der Nation. Und doch enthält sie als ganzes unsere Lage. Als Geschichte zweier Opfer, die sich zu spät als solche erkennen. Solidarität also könnte das sein, was Walsers Kunststück provoziert, produziert.

Womit ich nun doch in einen dauernd steigenden, einen Ton abstrakter Feierlichkeit geraten bin. Der täuscht. Denn die Komik dieser Geschichte ist ihrem Ernst durchaus gewachsen. Und wenn Walser auch den Ballast geistreicher Rhetorik diesmal abgeworfen hat, strahlende Formulierungen vor allem trauriger Befunde fallen immer noch genügend ab.

Zweifellos, diesmal hat er sich erzählend mehr verletzt als mit Hautabschürfungen, Wunden aufreißen, Wunden schlecken. Er hat sich ganz ernsthaft selbst ein Bein gestellt und fällt doch immer noch sehr schön, sehr licht und leicht. Er bleibt ein Schriftsteller. Wem das sehr zuwider ist, der wird über solcher Literatur nicht glücklich werden, der Unglückliche.

(1978)

Der alte Mann und der Berg
Max Frisch: *Der Mensch erscheint im Holozän*

Der Flecken Berzona, im Tessiner Valle Onsernone, taucht schon in Frischs Tagebuch des Jahres 1966 auf, wird dort auf einigen Seiten zu Prosa, zu Literatur verarbeitet. Jetzt erscheinen Sätze und Satzteile dieser alten Beschreibung in der neuesten Erzählung. Schon immer war Frisch ein rationeller Handwerker, der umsichtig, vorsichtig neue Produktionen plant, der noch die unscheinbarsten Lagervorräte aufbereiten und neu verwenden kann.

Am Anfang der autobiographischen Erzählung *Montauk* hieß es dann, im Frühjahr 1974 in New York: »Eine literarische Erzählung, die im Tessin spielt, ist zum viertenmal mißraten; die Erzähler-Position überzeugt nicht.« Ob das die Erzählung ist, die nun vorliegt in einer fünften oder siebenten Fassung, mit einer neuen Erzählerposition? Lassen wir solche Fragen ruhig liegen für eine künftige Frisch-Philologie. Sie wird sie sicher aufheben und mit Fanatismus und Feierlichkeit auch klären. Uns genügt es, vorerst zu wissen, daß der (ungenannte) Ort der Erzählung also Berzona sein muß (wo Max Frisch ein Haus stehen hat) und daß sie, wann immer begonnen, nun nach dem autobiographischen Unternehmen *Montauk*, nach den *Triptychon*-Szenen als dritte Variation in die Gruppe der Endspiele tritt, die Max Frisch nun seit Jahren gegen sich selbst anstrengt.

Der Mann, der diesmal von sich erzählt (obwohl: »von sich«, das ist, wie sich bald herausstellen wird, schon Übertreibung und Ungenauigkeit), wird Herr Geiser genannt, ein Name, der unwillkürlich an Alter und Zähigkeit denken läßt. Für die Einwohner des Tessiner Bergdorfes ist er »Il Professore die Basilea« (also nicht »Il Scrittore di Zurigo«), nach eigenen Angaben fast 74, Witwer, seit 14 Jahren im Ort, und früher muß er unten in Basel irgendeine Fabrik besessen haben, die immer noch seinen Namen trägt und jetzt von einem Schwiegersohn erfolgreich bewirtschaftet wird. Unter den (laut Frischs Tagebuch) 82 Seelen der Gemeinde Berzona ist Herr Geiser in einem katastrophal verregneten Sommer katastrophal allein. Daß die Seelen von Max Frisch, Alfred Andersch, Golo Mann nahe bei ihm wohnen im Dorf, vielleicht auch in diesem Sommer – ihm ist das nicht bekannt. Denn hier baut Frisch, nach der neuen Folge der Tagebücher, nach dem autobiographischen Vor-dem-Spiegel-Stehen in *Montauk*, wieder eine erzählerische Fiktion auf, eine entschlossen auf Bedeutung hin konstruierte Geschichte, fast eine Parabel.

»Herr Geiser hat Zeit«, hören wir gleich auf der ersten Seite, ein Rentnersatz, der dann allmählich seinen ganzen Schrecken entfaltet. Allein und eingeschlossen in eine unendliche Sommerregenwoche beginnt Herr Geiser seine leere Zeit, wie man so sagt, totzuschlagen, baut Pagoden aus Knäckebrot, zählt die Arten von Donner auf (kommt dabei auf 16), blickt ratlos mit Feldstecher in die Wettertrübnis vor den Fenstern, ängstigt sich um sein schwindendes Gedächtnis und beginnt schließlich lauter diffusen, konfusen Wissensstoff in Lexikon- und Heimatbuchexzerpten um sich herum an die Wände zu heften. Bald lebt er in einem wahren Zettelkasten.

Von draußen dringen nur undeutliche Gerüchte zu ihm: Ist das Dorf wirklich durch einen Bergrutsch von der sogenannten Welt, von der Wirklichkeit abgeschlossen und auf wie lange? Im Fernsehen immerhin ist noch das Tennisturnier in Wimbledon zu sehen, aber Herrn Geiser beruhigt das kaum, zumal später auch der Strom noch ausfällt. Untergangsphantasien suchen ihn heim. Sie kreisen mit vager Wildheit zunächst nur um dieses eingeschlossene Individuum Geiser (das weiterhin mit Exzerpten und Zetteln, mit Nagelschere, Reißnägeln, Tesa-Band gegen den Gedächtnisschwund anwütet), sie steigern sich dann in Visionen des Untergangs von Dorf und Tal (obwohl: nach den vorhandenen historischen und geologischen Daten scheint das unmöglich), sie spekulieren schließlich immer zwanghafter mit Vorstellungen einer vom Menschen befreiten, einer nur noch von Steinen, Pflanzen und vielleicht noch Echsen »bewohnten« Erde. Vor allem mit Informationen aus der »Welt vor der Erschaffung des Menschen« pflastert sich Herr Geiser nun die Wände und damit den Horizont seiner Angst zu. Island, wo er vor Jahrzehnten einmal war, wird ihm zum Inbild eines sozusagen bewußtlosen Erdzeitalters. Schließlich: »Katastrophen kennt allein der Mensch, sofern er sie überlebt; die Natur kennt keine Katastrophen.« Ein trostloser Trost.

Da Frisch viele der Zettel, die Herr Geiser um sich herum klebt und nagelt, auch in sein Buch hineinmontiert, entsteht eine merkwürdige Collage aus subjektiver Rentner-, Greisen-, Todesangst und schmerzfreien, nüchternen Fakten, während draußen, vor dem Geiserschen Haus, nichts weiter als Regen aus einem nicht mehr sichtbaren Himmel auf eine kaum noch sichtbare Erde fällt, der einzige greifbare Anlaß dieser Wahn-, Vorzeit-, Endzeitphantasien.

Plötzlich, in einem Morgengrauen, entschließt sich Herr Geiser zu einem Ausbruchsversuch, steigt aus dem Valle Onsernone hinüber ins Valle Maggia, einer Postbus-Verbindung entgegen, die ihn nach Locarno, zurück in die so lange vom Regen verschlossene Welt bringen könnte. Mit pedantischer Wut zwingt er sich den Paß hinauf, steigt noch vierhundert Meter ab ins Nachbartal, um dann, scheinbar grundlos, wieder umzukehren und nach Mitternacht sein Regenhaus wieder zu erreichen. Der Kampf gegen den Berg ist gewonnen worden, eine zweckfreie (nicht sinnlose) Bewährungsprobe bestanden. Hemingways alter Mann grüßt herüber.

»Herr Geiser wird das Tal nicht verlassen. (Möglich wäre es gewesen!)« Das klingt wie ein ruhiger Triumph. Aber acht Seiten später – die meisten sind mit Zeichnungen aus der Weltgeschichte der Dinosaurier gefüllt – schlägt die Parabelerzählung endgültig zu: Herr Geiser ist am hellichten Tag, während Licht im ganzen Haus brennt, auf dem Fußboden neben dem Kamin erwacht, aus einer stundenlangen Bewußtlosigkeit offenbar. Das linke Augenlid hängt gelähmt, auch ein Mundwinkel. Auf der drittletzten Seite endlich gibt ein Ausschnitt aus dem Großen Brockhaus Bescheid zum Thema »Schlaganfall, Gehirnschlag, Hirnschlag, Apoplexie«. Alles klar?

Nur allzusehr offenbar, denn eine so rücksichtslos verkürzende, vereinfachende Nacherzählung wie diese hier scheint Frischs Erzählunternehmen als schlicht und listig getüfteltes Konstrukt zu denunzieren. Doch so bündig, wie hier nachgerechnet, geht die Geschichte keineswegs auf. Um sie bleibt ein Geheimnis- und spürbarer noch ein Unheimlichkeitsschleier. Und das gerade, weil Frisch einen existentiellen Ausnahmezustand diesmal so spröde, trocken, sarkastisch vorträgt, daß fast alle Sentimentalität verdunstet.

Noch in dem zweiten Tagebuchband waren die ausschweifenden Etüden über Altern und Tod, über die Zustände des »Gezeichnet«- und »Vor-Gezeichnet«-Seins immer inszeniert in einer heiklen Mischung aus Weinerlichkeit und Humor. Dazu läßt es die gespenstische Trockenheit der neuen Erzählung nicht mehr kommen, was ihre Lektüre wenig heiter, den Weg des Lesers holprig, steinig macht. Die Spannungen zwischen Herrn Geisers jähen Wahn-Notaten und der unermüdlich hereinzitierten, hereinexzerpierten, sozusagen unmenschlichen Sachbuchdiktion und drittens der immer wieder sich ruhig ausbreitenden, gediegenen und humanen Erzählprosa Frischs – diese Spannungen werden bis zum Zerreißen getrieben. Was als Collage geplant ist, gerät dabei streckenweise doch nur zur Montage, zum unvermittelten Nebeneinanderherlaufen von Schreibweisen und Weltfetzen. Dann verrät das gewagte Experiment, eine individuelle Alterskatastrophe halluzinatorisch und pedantisch zu einer Erdkatastrophe auszuweiten, seine schlauen, trickhaften Züge. Zumal Herr Geiser und sein Autor sich nie genau entschließen können, was sie denn als Trostwand gegen den nahenden Tod, die drohende Bewußtlosigkeit vor sich aufbauen wollen, wirklich eine Eschatologie (laut mitgeteiltem Fremdwörterbuch-Exzerpt die »Lehre von den letzten Dingen, d. h. vom Endschicksal des einzelnen Menschen und der Welt«) oder nicht vielmehr eine Erinnerung an die ersten Dinge, an die Jahrmillionen vor Erscheinen der menschlichen Gattung? Oder soll aus Ende und Anfang tatsächlich ein einziges menschenleeres Tohuwabohu konstruiert werden?

So feierliche Fragen schlägt Frisch dann unverhofft mit seinem Happy-End mit zwei Seiten bester Schweizer Prosa nieder, die Tal und Dorf und Leben feiern wie »unversehrt«. Da ist er wieder, der Sprung in eine Als-wäre-nichts-gewesen- und Das-Leben-geht-weiter-Stimmung, das gelassene (oder nihilistische) Achselzucken, das damals auch auf der letzten Seite des *Gantenbein* erschien. Solcher Wille zum rücksichtslosen guten Ende streicht nun mit kalter Gemütlichkeit fast dies ganze Buch durch.

Denn falls Bölls Unterscheidung gelten soll (aber: soll sie das?), daß Kunst zwar untröstlich sein könne, aber nie trostlos, so hat Frisch in diesem Buch einen furchtlosen Sprung aus schöner Kunst in reine Trostlosigkeit immerhin versucht. Deshalb scheint mir diese Erzählung in der Serie seiner Endspiele, nach der verdächtig eleganten Selbsterforschung in *Montauk*, nach dem allzu klug beherrschten Schmerzens-Timbre des *Triptychon*, das weitaus gefährlichste. So nahe wie hier hat sich Frisch seit dem *Stiller* nie mehr herangewagt an das Unmittelbare seiner Existenz. Um es mit dem schrecklichsten heitersten Satz aus dieser neuen Prosa scheinbar doch noch mitzuteilen: »Der Mensch bleibt ein Laie.« Im Leben und, erst recht, im Sterben.

(1979)

Ein pedantischer Anarchist
Helmut Heißenbüttel: *Wenn Adolf Hitler den Krieg nicht gewonnen hätte*

In kritischen Reaktionen auf Arbeiten von Heißenbüttel drücken sich – seit eh und je, aber je länger desto monotoner – gewisse Stereotype durch: Der Autor habe wieder einen guten Schritt nach vorn getan. Er sei stehen geblieben oder, schlimmer, zurückgefallen. Er habe sich verrannt (in einer Sackgasse). Ihm sei (aus einer Sackgasse) eine wieder wunderbare Befreiung gelungen.

In solchen Urteilsmustern äußern sich weder Launen noch Ratlosigkeit der Rezensenten. Sie antworten vielmehr gehorsam auf das Selbstverständnis eines Autors, der auf die fortschreitende Konsequenz seines Schreibens (in seinen Worten die »Progression der Fragestellung«) immer gesetzt hat und diesen Anspruch seit den fünfziger Jahren mit jener breiten Gruppe teilt, zusammenzufassen unter den vagen Sammelnamen Avantgarde oder experimentelle Literatur, die sich im letzten Jahrzehnt durch Tod, Verstummen, Fast-Verstummen oder Abwanderung auf andere literarische Arbeitsfelder merklich verdünnt hat (wieviel Avantgarde-Stimmen sind da inzwischen unhörbar, fast unhörbar geworden: Mon und Bense und Henneberg und Helms und Schmidt und Bayer und Rühm und Scharang . . .). Heißenbüttel jedenfalls hat seine »Progression der Fragestellung« weitergetrieben, mit eher wachsendem Echo, und zuweilen scheint es, als würde er mit Höflichkeit und Bewunderung schon als Denkmal, *Grand Old Man* oder Säulenheiliger einer versprengten Bewegung gewürdigt.

Ob es noch möglich, noch erlaubt ist, seine Bücher zu lesen, ohne sie an den Pflichtmarken der Progression und Innovation zu messen? Zumal doch gegen Ende des Jahrhunderts Anspruch und Programmatik der experimentellen oder avantgardistischen Literatur, mit ihrer einst heroischen Anlehnung an szientistische, technologische und politische Fortschrittsideologien deren absehbare säkulare Blamage kaum unbeschadet überstehen dürften?

Zugegeben: das sind ebenso schlichte wie großmäulige Fragen angesichts eines neuen Ensembles Heißenbüttelscher Prosa, das eher freundlich schlingernd auf den Leser zukommt, dem aber auch der Versuchsreihencharakter (*Projekt 3/2*) wieder wie ein Gütesiegel aufgebrannt ist, was zu Entfernungsabstandsschätzungen zum *Projekt 3/1* (*Eichendorffs Untergang und andere Märchen*) schon wieder dringend einlädt.

Lassen wir uns aber, versuchsweise, nicht einschüchtern durch aufwendige intellektuelle Verpackungsreize (in den eingestreuten Motti etwa werden Sebastian Franck und Henry Purcell neben Pop-Texten und den schicksten aktuellen Theorie-Franzosen zum Geisterchor versammelt), so lassen sich die auffälligsten und irritierendsten Eigenschaften dieser Texte etwa so benennen: Sie sind albern bis melancholisch, unaufgeräumt, gelassen und doch zwanghaft pedantisch, konfus und prägnant, riskieren Pathos, aber auch fade Witze, schwafeln und definieren: Ausschweifung und Dissonanz sind also ihr Lebenselement.

Das Buch, so sehr es auch auf den Zusammenhang seiner dreizehn Schreibproben bedacht ist, zerfällt deutlich in drei Abteilungen. Es setzt ein mit zeitkritischen, zeitdiagnostischen Szenarien, Planspielen, die ihre Stoffe (das Nachleben Hitlers, den Aufstand von Plisch und Plum, Bonner Agentenskandale) locker in der Manier populärer Genres, der Science-fiction, des Porno, der Comics bearbeiten. Dann folgen drei oder vier sozusagen private, frei erfundene Erzählfragmente (die am ehesten an *Eichendorffs Untergang*, das *Projekt 3/1*, anschließen), und erst im letzten Drittel erscheinen die vom Untertitel versprochenen novellistisch-essayistischen Paraphrasen rund um einige vorgegebene, also historische Figuren des 19. und 20. Jahrhunderts, um Brecht und Nietzsche, Benjamin, Edward Lear und Gustav Freytag.

Erst dieser dritte Teil, der Geistesgeschichte hartnäckig zurückübersetzt in Triebgeschichte, zeigt deutlich auch einen gemeinsamen thematischen Ansatz des ganzen Buches, die Frage nämlich, ob es so etwas wie Moral gibt und geben kann oder nicht doch nur Libido in ihren mehr oder minder dichten Verschleierungen. Ob also anerkannte und anerkennbare, mithin befolgbare, lebbare Normen menschlichen Verhaltens überhaupt möglich sind.

Aber schon indem ich so ein gemeinsames Thema der dreizehn Geschichten zu formulieren versuche, stutze ich: Stimmt das? Denn eigentlich sind doch Inhalte oder »Probleme« oder gar Antworten für

Heißenbüttel auch hier immer nur Versuchs- und Spielmaterial, und der wahre Held und Motor seiner Prosa bleibt der Schreibprozeß selber, der Versuch etwa, das Genre Historische Novelle so lange auf seine Zerreißfestigkeit zu testen, bis es endlich und dann in allen Nähten reißt. Worauf nur noch der Autor, der Leser, die nackten Dokumente sich gegenseitig anstarren. Das jedenfalls ist Heißenbüttels Erzähl- und Reflexionsprogramm: nur nichts fest werden, alles frei laufen lassen, jede Antwort verweigern, oder gleich wieder zu Fragen verflüssigen, immer offen, neugierig bleiben für eine immer renovierbare Versuchsanordnung und Fragestellung.

Wieder also das Angebot einer Generalformel: Stimmt sie? Die Titelgeschichte immerhin, der provozierendste Text des ganzen Bandes, entwickelt sich ganz ohne die Schreibskrupel, die Heißenbüttel sich so sorgfältig antrainiert hat. Sie setzt den geläufigen Satz: »Wenn Hitler den Krieg gewonnen hätte«, schlichtweg in die Negation und berichtet dann, aus der Perspektive des Jahres 2005, von den Folgen einer 1945 vollzogenen Verbrüderung zwischen Sowjet- und National-Sozialismus: Seitdem steht die Geschichte still, das Böse und alle Metaphysik sind liquidiert, alle Bürger funktionieren »gutwillig«, eine computergeregelte »materialistische« Vernünftigkeit beherrscht das gesellschaftliche Leben. Ein Text also, der ganz und gar ins geläufige Muster negativer Utopien paßt, für das er, ohne eine Spur von Genre- und Erzählproblemen, eine weitere Variation liefert. Heißenbüttel, so läßt sich vermuten, hat sich hier von seinem Einfall, von seiner Phantasie packen und tragen lassen.

So weit läßt er es in anderen Texten nur ungern kommen. Immer wieder stellt er sich selbst das Bein, um die trügerische Kontinuität von Gedanken- oder Erzählgängen ins Stolpern zu bringen, so oft und so mechanisch zuweilen, daß der produktive Erkenntnis-Schrecken bei Autor und Leser sukzessive abnimmt. Vage Vorbehaltsformeln wie »so ungefähr«, »etwa wie«, »ich will einmal sagen«, reichlich in den Text gestreut, entkräften diesen und machen ihn zu einem leichten Gegner, wenn eine eben erzählte Szene oder gewagte Behauptung wieder aufgehoben, widerrufen werden soll.

»Mußt du es denn so kompliziert machen?« – mit solchen Formeln glaubt Heißenbüttel dem Leser das Wort aus dem Mund zu nehmen. »Warte ab, was daraus wird«, antwortet er sich selber. So warten auch wir also lesend weiter, oft gespannt und oft gelähmt. Aber nicht Heißenbüttels Umständlichkeiten verstören, sondern daß er sie zu zelebrieren beginnt, daß sie ihm zum Zeremoniell zu erstarren drohen.

Unendlich verzögerte Anfänge, kunstvolle Zwischenfragen, Zurücknahmen, Neuansätze, der sorgenvoll durchreflektierte Bericht sogar über einen Erzählentwurf, aus dem nichts werden wollte (und dem auch der Leser kaum nachtrauern kann): man mag das für Symptome eines experimentellen Ticks halten oder aber für eine Haltung von unbeirrbarer Konsequenz.

Wichtiger scheint mir, daß diese Schreib- und Lesewiderstände kaum noch von den gewählten Gegenständen oder Methoden ausgehen, sondern eben als Haltungen vom Autor in den Text gesetzt, man könnte auch sagen, hineininszeniert werden. Auch der zweifelnde Autor spielt also seine Rolle. Oder, despektierlicher gesagt: aus all diesen Gesten des Vermutens, Probierens und Sistierens mischt sich der Heißenbüttelsche Sound.

Wie bedenkenlos schön, effekt- und bedeutungsbewußt Heißenbüttel zur Not inszenieren kann, zeigt ein problematisches Stück des Bandes, die Paraphrase über Benjamins Tod 1940 in den Pyrenäen, wo Wind und Wetter, Räume und Landschaften sich zu einer fast opernhaften Szenerie verdichten.

Bei Sympathie für den Gegenstand vergißt Heißenbüttel gern den Humor seines Schreibverfahrens: Auch wenn er über Brechts geordnet unordentliche Verhältnisse zu immer zwei bis drei Frauen auf einmal meditiert, spart er beflissen die schöne Komik solcher Quadratur des Kreises aus. Mit Nietzsche dagegen, der »Dionysos-Ente«, ernsthaft watschelnd zwischen Paul Rée und Lou, gelingt ihm eine ungleich gespanntere, weil ambivalente Figur.

Oder ist Heißenbüttel womöglich, wenn er mit Puzzle-Fakten und Inszenierungs-Tricks historische Figuren neu zusammensetzt und wieder zerfallen läßt, auf unser Vorwissen über, unser Vorgefühl für eben diese Figuren allzusehr angewiesen? Wem etwa Gustav Freytags Vorläuferschaft zum Faschismus Hekuba ist und bleibt, der wird sich kaum für den flauen Scherz erwärmen, der Autor der Ahnen wäre auf einem Ein-Wochen-Trip im Thüringer Wald den »wahren« Ingo und Ingraban begegnet und damit seiner ideologischen Lüge – ein Einfall und Szenarium, an dessen Fliegengewicht, gut für einen *Pardon*-Sketch, sich Heißenbüttel spürbar überhebt.

Womit ich, eher unverhofft, nun doch zu dem Schluß komme, daß in diesem Band »historischer Novellen« gerade die eingemischten unhistorischen, die privaten und gegenwärtigen Geschichten der Schreibweise Heißenbüttels am ehesten die gewünschte Freiheit und seinem thematischen Interesse den nötigen Widerstand bieten, vor allem jene Zwillingsgeschichten, zwei Variationen des Libido-Themas, die noch aus dem Nachlaß, Nachschub von *Eichendorffs Untergang* zu stammen scheint. Hier, an einem Material, das frei verfügbar, noch nicht von des Lesers Vorassoziationen (zum Thema Walter Benjamin oder Plisch und Plum oder Axel Cäsar Springer oder eben Hitler) verstellt ist, operiert die gekonnt unmögliche, die hochtrainiert und ausgetüftelt dilettantische Erzählweise Heißenbüttels so heiter, so bitter, so konkret und wurschtig, daß sie über sich selbst hinaus auch »zur Sache« kommt.

Liebesgeschichten als Libido-Geschichten, und »die Sache« ist kurz geschlossen die, daß unter oder über dem Alltags- und Moralleben immer ein anderes läuft, daß es nur zu augenblicksweisen oder gar keinen oder tödlichen Mischungen dieses Unter- und Mittel-Lebens kommt. Davon erzählt Heißenbüttel als ein hochvertrackter und pedantischer Anarchist, als sozusagen *highest-brow*-Valentin. Denn zwischendurch hat er die scheinbare Lösung seines Problems, seiner Geschichte immer schon formelhaft in der Hand, auf dem Papier, aber diese Formel ist nur ein Wort- und Begriffsknäuel, aus dem er unermüdlich wieder die Fäden, die Geschichte herausfieseln, -knoten, -reißen kann.

Und zwischendurch schreibt er auch immer wieder Sätze, die ruhig all seiner wahren und all seiner inszenierten Schreibnot entkommen sind, so diesen über einen glücklich gelungenen Selbstmord: »Froh macht er sich auf die Entdeckungsreise ins definitive Innere, auf der man die schmerzenden Füße endlich abwerfen kann, und er schläft einfach ein. «

(1980)

Auf der Suche nach Reinhard Lettau
Reinhard Lettau: *Zerstreutes Hinausschaun*

Was so vielen seiner Kollegen mit fast schon stumpfsinniger Leichtigkeit gelingt, das hat der Schriftsteller Reinhard Lettau offenbar nie versucht: ein faßliches Bild von sich für die Öffentlichkeit herzustellen und in der Öffentlichkeit durchzuhalten. Bei den anderen sitzen die Rollen, leuchtet das Image. Der Meister der Sprache, der Buch für Buch die Welt lässig und souverän auf den Arm nimmt, äußert sich meisterlich, väterlich auch außerhalb seiner Bücher zu Gott und Hegel, Welt und Wahlkampf. Der Fachmann für Sensibilität wiederum wird nicht müde, uns darüber zu informieren, welche Erschütterung ihm jedes Krümel Realität antun kann. Ein dritter, der vor allem den Schaum vom Mund weg in Buchform verkauft, kann mittlerweile nur noch Wut formulieren, auch ohne jeden erkennbaren Anlaß.

Da also sitzen die Rollen. Lettau dagegen hat keine gesucht oder gefunden. Ja, zwischen seinen immer noch bekanntesten Erscheinungsformen, als Verfasser einer weltfernen, verletzlichen Spielzeugprosa (*Schwierigkeiten beim Häuserbauen, Auftritt Manigs*) und als unermüdlichen Kombattant der Apo (in Berlin und später, an der Seite Marcuses, im kalifornischen San Diego) scheint weiterhin und unvermittelt ein Widerspruch zu wüten.

Denn nie ist Lettau, weder praktisch noch theoretisch, von seinen strikt ästhetischen, leichthin als l'art pour l'art mißzuverstehenden Literaturerwartungen zurückgewichen, aber nie auch, weder stillschweigend noch gar abschwörend von seinem politischen Engagement. Sein Literaturverständnis scheint so resistent gegen Zeitgeist, Innovationen, Markt und Trends, als hätte es das Jahr '68 und seine Folgen nie gegeben, während er politisch immer wieder reagieren kann, als wäre die Lage von '68 immer noch aktuell oder könnte es jederzeit wieder werden.

So jedenfalls habe ich ihn, bewundernd und irritiert, in letzter Zeit verstanden, wenn er sich öffentlich vernehmen ließ, in immer fragmentarisch angelegten Essays, die sich fast stets quer zu den bekannten und erwarteten Fronten stellten. Seine unter einem schönen und vertrackten Titel erschienenen Gelegenheitsarbeiten habe ich also zu lesen begonnen, um lauter bekannte Arbeiten und einige unbekannte endlich in einem Zusammenhang zu verstehen und so eine Auflösung meines Reinhard-Lettau-Rätsels zu betreiben. Ich sage es lieber gleich: weit oder gar an ein Ende bin ich dabei nicht gekommen.

Falls man Lettau überhaupt einen etablierten Schriftsteller nennen darf (eine Kategorie, die streng genommen an schwarze Schimmel erinnert), so unterscheidet er sich von anderen auch dadurch, daß er eindrucksvoll wenig schreibt. Diese Tugend hat ihn offenbar bei der Zusammenstellung des Bandes in Not gebracht: das *Zerstreute Hinausschaun* auf weithin verstreute Gegenstände ist ziemlich sorglos und zerstreut zusammengesammelt worden. Nur um einen schmalen Band auf Volumen zu bringen? Um einen wirren *Nachlaß zu Lebzeiten* zu erzwingen?

Die Reise von Buchdeckel zu Buchdeckel führt also durch viel Kraut und Rüben. Da finden sich knappe Rezensionen längst verschollener Bücher, Zehnminuten-Reden vor studentischen Vollversammlungen (die sich in kaum etwas von hundert anderen solcher Adressen unterscheiden), dann wieder der Hinweis auf eine Fachzeitschrift aus Milwaukee oder eine ausführliche Blütenlese von US-amerikanischer Leserbriefpost, ja sogar zwei schlampig aus dem Buch *Täglicher Faschismus* herausgerissene Kapitel. Aber dazwischen und mittendrin immer wieder Reflexionen, die das Alltagsniveau solcher Gelegenheitsäußerungen weit, ernst und heiter überfliegen.

Wer sich, wie ich, von dem Band einen genaueren Blick auf Reinhard Lettau versprochen hatte, muß sich also durch lästig viele Zeugnisse von archivalischem Wert hindurchbemühen, die den Verfasser bestenfalls als tapferen Menschen oder aufmerksamen Journalisten oder wohlunterrichteten Fachmann empfehlen. Und doch gelingt schließlich ein festeres Bild des Autors Lettau, wenn man einige seiner unkündbaren Grundsätze und viele unscheinbare Details seines Schreibens in einen Zusammenhang bringt, mühsam, vielleicht auch gewaltsam.

Was mir etwa an vielen seiner politisch motivierten Artikel auffiel, ist ihre, fast möchte ich übertreibend sagen, Sprachlosigkeit. Lettau schreibt, selbst wenn er polemisch sein will, so gar nicht glänzend. Er »formuliert« nicht. Er scheut jeden »Schwung«. Oft wirkt er zugleich gelähmt und beflissen, sammelt vom Gegner Beweisstücke wie ein Jurist, Belegstellen wie ein Altphilologe, so daß der Schriftsteller Lettau sich immer wieder selbst abhanden kommt. Wendungen wie, da »versagt einem die Sprache« oder »dazu kann man nichts mehr sagen« oder »es ist traurig, immer wieder dasselbe sagen zu müssen« tauchen immer wieder auf und wollen sehr wörtlich genommen werden. Nicht selten versteift sich die Sprache zu einem beamteten, gesichtslosen Deutsch: »Eines der erstaunlichsten Beispiele für eine die Identifizierung der Verantwortlichen vermeidende Darstellung von Verbrechen als Naturvorgängen, denen der Mensch hilflos ausgeliefert sei, lieferte William A. Drummond, indem er...« Da möchten Entsetzen und Empörung sich retten in einen Gutachtenstil, als wären sie dort gut aufgehoben.

Nein, ich will nicht auf Stilfragen herumreiten. Ich insistiere nicht etwa auf mehr Schwung und Blendung, auf Witz, Wucht, Pathos und Schliff. Zwar, es gibt sicher eine politische Rhetorik, die solche Qualitäten einsetzt, nicht verschmäht, und Autoren wie Fanon oder Angela Davies, wie Sartre, Ulrike Meinhof oder Dutschke haben sich auch in ihr bewegt. Daß aber Lettau sich und uns diese Rhetorik verweigert, daß er lieber in seinen Sätzen unsichtbar wird, hat gute Gründe. Er ratifiziert damit nur seine rigiden Vorstellungen von Autorschaft, von verantwortlichem Schreiben. Nach denen nämlich gibt es in jeder extremen Situation, die sei politisch oder individuell, als Reaktion eigentlich nur »stummes Leiden oder verzweifeltes Aufbegehren«, und beides findet keine adäquate Sprache. Noch pointierter: wo gehandelt werden muß, hat das Schreiben nichts zu sagen. Denn ein politisch kämpfendes und also parteiisches Schreiben, das sich einer suchenden Wahrnehmung nicht mehr überlassen kann, »das vorher schon alles weiß«, verdient für Lettau nicht diesen Namen.

Und doch überliefert er uns hier seine politischen Schriftlichkeiten, über die Springer-Presse der sechziger Jahre, zum Widerstand gegen den Vietnamkrieg, über die »Sprache der Herrschenden«. Gemessen an dem inzwischen unendlichen Material über diese Gegenstände, sind das Schriftstücke voller veralteter Nachrichten, fast ohne weiterreichende Gedanken, in denen leider auch ihr Autor auf beschriebene oder angedeutete Weise abwesend ist. Lettau hat also, gegen alle seine guten Gründe, immer wieder politisch geredet und geschrieben. Er ist aber, aus diesen guten Gründen, kein politischer Schriftsteller geworden, kein Heine, Wallraff, Hochhuth. Wollte er dieses Dilemma dokumentieren?

Ich jedenfalls entdecke den unverwechselbaren Reinhard Lettau eher ganz am Rande seiner politischen Schreibaktionen, in Gesten einer zarten, trauernden, sozusagen höflichen Wut. Etwa, wenn er 1967 in der Freien Universität Berlin auf dem Podium die eben von ihm analysierten Berliner Zeitungen demonstrativ zerreißt, aber diesen Akt einleitet mit einem »Verzeihen Sie«. Oder, noch unscheinbarer, wenn er amerikanischen Studenten zuruft, sie sollten sich der Zerstörung des amerikanischen Imperiums – »widmen« (was im originalen Wortlaut vermutlich »dedicate« hieß).

Deutschland als Ausland lautet der Titel einiger Schreckensminiaturen aus der BRD des Jahres 1978, aber immer wieder kam mir vor, als würde Lettau auf alle *Vorgänge in der Entfernung von Schreibtischen*, in diese Welt der etablierten Lüge und Gewalt wie in ein unbegreifliches und entsetzliches Ausland blicken. »Ihn charakterisierte«, sagt er über den Freund Marcuse, »eine nicht aufhörende Verwundbarkeit: die tägliche, schmerzliche Vergegenwärtigung des Kontextes, in welchem er arbeitete ... Man könnte fast sagen, daß seine Arbeit, sein Schreiben, immer wieder erkämpft werden mußte in den kurzen Strecken zwischen immer neuem Entsetzen.« Zweifellos, hier spricht Lettau auch über sich selbst.

Nur, ihn kostet solche Zivilcourage, sein unermüdlicher Protest ungleich mehr als alle seine Vorbilder. Seine Sprache, die ihr Gesicht verliert, wenn sie angreift, ist fast nur fähig zu Schreibgesten der steifen Abwehr, des ausdruckslosen Erschreckens, des Sich-vom-Leibe-Haltens, der Trauer. Sobald er sich so weit nicht »gehen lassen« will, wird Lettau leicht zum politisierenden Dandy, der besonders auf bundesrepublikanische Wirklichkeit am liebsten mit gerümpfter Nase reagiert. Daß ein »Bekannter« bei München einen Swimmingpool besitzt, »in den ich den Zeigefinger steckte, der gleich den Boden berührte«, daß während eines Abendessens in Frankfurt eine Westdeutsche mit ihm partout nur französisch zu reden begehrt – solche Indizien hält er dann gern und rasch für typisch ekelhaft deutsch. Gleich nebenan wird Oscar Wilde als Kronzeuge solcher Haltung zitiert. Auch Lettau schützt sich mit dandyistischen Allüren immer wieder vor dem Ausbruch seiner Empfindlichkeit. Er wahrt dann zwar das Gesicht, aber das Gesicht wird dabei zur Maske.

Doch ich wiederhole: hinter diesem Band steht die Überzeugung seines Autors, daß es, im geläufigen Jargon gesprochen, keine Vermittlung gibt zwischen Kunst und Engagement, daß die »Radikalität eingreifenden Handelns« Sprache bestenfalls benutzen kann, während allein literarische Arbeit, das »im Moment des Schreibens alles ganz neu überprüfende Wahrnehmen«, also Sprache hervorbringt.

Solcher ästhetischen Produktion gelten, kein Wunder, die dichtesten, die gespanntesten Texte des Bandes, Beobachtungen vor allem der Prosa von Salinger, von Kafka und eine ganz ins Grundsätzliche hochgezogene »Würdigung« (so hieß das früher) der lakonischen Erinnerungen von Stephan Hermlin. Hier ist Lettau wirklich bei der Sache, also auch bei sich, und diese immer nur knapp, immer nur fragmentarisch aufleuchtenden, heiter konzentrierten Meditationen über Handwerk und existentielle Unkosten des Schreibens lesend und wiederlesend, ahnte ich, wie gern dieser Schriftsteller und Literaturprofessor sozusagen auf ewig über Blättern und Büchern am Schreibtisch sitzen geblieben wäre, ohne sich je durch Blicke und Rufe weit hinaus ablenken, unterbrechen zu lassen, wie schwer ihm immer wieder »das entscheidende Zugeständnis« gefallen sein muß, »daß es etwas gibt, was wichtiger ist als Kunst, leider«.

Lettau bietet sich und uns am Ende nur eine Versöhnung an: die These, daß ein langes, geduldiges Nicht-Schreiben, ja die Bereitschaft zur Aufgabe der Literatur gerade die Bedingung großer Literatur, eines geduldigen und konzentrierten Schreibens sein könnte. Eine strenge Formel, die sich bewußt auch gegen jene rasche und beliebige literarische Lebensverwurstung wendet, deren Produkte gegenwärtig so zäh über den Buchmarkt quellen.

(1980)

Jeder einzelne: eine gefährliche Utopie
Nicolas Born: *Die Welt der Maschine*

Die Geschichte des Schriftstellers Nicolas Born wird noch zu schreiben sein, und die wird dann mehr enthalten und bedenken müssen als nur seine Biographie und seine Werke: schon jetzt scheint diese Geschichte unauflösbar hineinverflochten in die des abgelaufenen Jahrzehnts, der siebziger Jahre. Daß Borns erster wichtiger Gedichtband 1970 erschien und sein letzter Roman 1979, daß also die kurze, immer intensivere Wirkung dieses Autors so gespenstisch genau diese eine Dekade ausfüllt, ist mehr als Zufall. Je länger 1968 zurücklag, desto heftiger wurde, was Born sagen wollte und mußte, von immer mehr Lesewilligen als Ausdruck der Lage angenommen. Dieses Glück, als Schreibender in einen immer größeren Resonanzraum zu geraten, nennt man »Erfolg«. Born hat ihn, kurz vor seinem Tod, gerade noch wahrgenommen. Aber wir wissen nicht, was für ein Schriftsteller er noch geworden wäre, mit dem Aufwind zum ersten Mal im Rücken. Hätte er sich tragen lassen? Wäre er ihm entlaufen?

Auch diese Sammlung von Essays, Kommentaren, Rezensionen, Reden enthält nur ganze drei Stücke vom Ende der sechziger Jahre, und gerade in denen gibt sich Born noch kaum zu erkennen. 1968 äußert er sich, wie um nur ja nicht grundsätzlich zu werden, nur sarkastisch zu einer Städtebauutopie ganz aus dem damaligen Zeitgeist. Zwar, er glaubt nicht an diese säuberlich technifizierte Zukunft, sieht da auch schon den »Großen Bruder« schalten und walten, aber bedroht fühlt er sich davon offenbar noch nicht.

Genau das ändert sich. Die Idee nämlich, daß etwas bedroht ist und etwas verteidigt werden muß, wird federführend in nahezu allen Stücken aus den siebziger Jahren. Wäre diese Drohung restlos zu verbalisieren, hätte sie ihren Schrecken fast schon verloren. Aber wenn Born die *Welt der Maschine* beschreibt, nein: umschreibt, so meint er mehr als das jeweils Angegriffene, mehr als Computer- und Kernkrafttechnik, mehr auch als die Instrumentalisierung aller Wünsche und Bedürfnisse durch Markt und Konsum. Dahinter steht, kaum noch artikulierbar, die Vision, daß bald die ganze Welt als ökonomische Maschine funktionieren könnte, daß dann die gesamte Natur, die außer uns und die in uns, in diesem Maschinenwesen aufgehen würde, immer reibungsloser, daß diese blinde Fortschrittsmechanik schließlich alle Geschichte, jede Vorstellung von Vergangenheit und von Zukunft als etwas anderem vernichten wird. Unschwer erkennt man die negative Utopie des »eindimensionalen Menschen«.

Aber aus Borns fassungslosen Argumentationsketten schimmert

eben kaum noch irgend etwas von Marcuses Gegenhoffnungen und -strategien. Alle Auswege und Perspektiven sind abgedunkelt. Werden sie noch beschworen, so klingt das ohnmächtig und rhetorisch. Zitiert wird nicht Marcuse, sondern Pasolini, und von dessen Kulturpessimismus, vom authentischen Pathos der siebziger Jahre ist hier alles durchdrungen.

Auch Born steht in Defensive nach zwei Richtungen, nicht nur gegen die Technokraten des Weiterwurstelns, sondern auch gegen die Ingenieure einer politischen Umwälzung. Sein Trauma bleibt, daß selbst die Revolte von '68 schließlich nur eine andere Version von verwalteter Welt durchgesetzt hätte als die, die sich dann scheinbar gegen sie wieder durchzusetzen begann. Ein »von Freund und Feind ruinierter Humanismus« wird hier beklagt, denn den sieht Born auch auf jener Linken vergessen, die sich politisch auf einen Rationalismus und Optimismus im Dienste der Fortschrittsmechanik, ideologisch auf den Terror allesverschlingender Begriffe und literarisch auf einen scheinbar operativen, in Wahrheit affirmativen Realismus eingeschworen hat. Nichts ist ihm schrecklicher als eine Zukunft ohne Dunkelzonen, diese Dame ohne Unterleib.

Immerhin, auch Born spricht ja immer wieder von »Utopie«, beschwörend oft, dann wieder wegwerfend, beschämt. Er weiß schließlich, auch diese Parole wird längst, wie »Kreativität« oder »angstfreies Leben«, als weitere Stimmungsrakete in den alternativen Kulturbetriebshimmel geschossen. Ein haltbarer Satz dagegen, für Born: »Jeder einzelne ist eine gefährliche Utopie.« Denn nur die verweigerte Anpassung an den »eingepaukten Wirklichkeitskatalog«, ja die verweigerte »totale Identität mit sich selbst« taugt hier als Garantie eines anderen Lebens. »Das Wahnsystem Wirklichkeit muß um seinen Alleinvertretungsanspruch gebracht werden.«

Natürlich tönt auch das, obwohl es doch gegen die Ideologie des Realitätsprinzips formuliert wird, schon wieder wie Stimmungszauber, wie Ideologie. »Es tut mir leid«, sagt Born einmal und denkt er zwischen den Zeilen sicher dauernd, »in solch eine gezwungene Sprache zu verfallen; für diese Probleme habe ich keine andere.« Im Nachwort zum zweiten Gedichtband hat er dieses Dilemma drastisch genug ausgestellt: da laufen in der linken Spalte die Sprache des Definierens und Proklamierens und in der rechten Spalte eine begriffsfreie, konkret poetische Sprache nebeneinander und gegeneinander. Sie meinen nur das gleiche, aber sagen durchaus nicht dasselbe. Auch der Essayist Born, kein Wunder, findet zu mehr als Formulierungen nur, wenn er »das Maul halten« darf, wenn er nicht über Gorleben redet, sondern Literatur, vor allem wenn er Gedichte und Dichter zur Sprache bringt.

Hier entdeckt er auch das einzig verläßliche Widerstandsnest und aus ihm unermüdliche, wie auch immer ohnmächtige Gegenbewegungen gegen das, was sich als Realität nur ausgibt: Entgrenzungsenergien, Wahrnehmungs-, Offenheitsversuche, Erinnerungsschritte, auch Regressionssprünge (»künstlich natürlich«). Born operiert nicht als Kritiker, doch er liefert Muster für Kritik. Noch gegenüber Texten, die ihm so nah sind wie Gedichte von Sarah Kirsch oder Ernst Meister, hält er den Abstand und eine geduldige Reflexion durch. Auch was ihm fremd ist, wie die rationalistischen Kunstfertigkeiten Enzensbergers, wird nicht distanziert oder gar aggressiv abgefertigt.

Am spannendsten aber liest sich diese schreibende Solidarität mit Schreibkollegen immer dann, wenn Born in Autoren unerreichbare Verwandte wiedererkennt. Kenneth Koch, den er immerhin übersetzt hat, ist so ein Fall, ein Spieler, der die Schwerkraft von Worten und Vorstellungen scheinbar leicht aufhebt: so schönem Leichtsinn kann Born nur sehnsüchtig zuschaun. Auch gegenüber Urs Widmer kommt er sich »in seiner Ernsthaftigkeit fast verlogen vor«. Wie verlorenes, wiedergefundenes Kinderspielzeug, also zärtlich, ein wenig ungläubig bestaunt Born solche Schreib- und Lebenskunst, die nirgends ernsthaft, schmerzhaft anstößt. Er ist nahezu gerührt.

Seinem wahren Schatten dagegen muß er in Rolf Dieter Brinkmann begegnet sein. Da traf er auf die eigene Vision einer aus allen natürlichen und humanen Verbindlichkeiten gestürzten, abgefallenen, wahrhaft heillosen Gegenwart, einer Welt als Maschinenpark und Abfallhaufen, aber hier hingenommen in einer durch Ekel, Haß und dann wieder scheinbarer Empfindungsfreiheit genau gewordenen Sprache. Brinkmann war mit Konsequenz über eine Grenze gegangen, die Born kaum zu berühren wagte. Diese destruktive Reinheit jenseits dessen, was er trauernd noch »Humanismus« nennt, hätte er nicht realisieren können, wollen. In Brinkmanns römischen Notaten wird er wohl auch dafür »der dumpfe Bulle Born« genannt. Er dagegen wird nun nicht müde, an diesem rücksichtslosen Schreiben und Leben genau das zu bewundern, was ihm verwehrt war: eben die Konsequenz, die äußerste Reaktion auf einen extremen Weltzustand.

Borns Anarchismus bleibt, wenn es das denn gibt, milde: auch darin zeigt sich die Sympathie zum Geist der siebziger Jahre, ebenso wie in dieser »dumpfen«, kreatürlichen Angst vor der »Welt der Maschine«. Mit Brinkmannschen Destruktionsgesten konnte er weder seiner Wut noch seiner Trauer noch seiner Empfindlichkeit, kurz: seiner Melancholie entkommen. Wohin auch? Was verdrängend? »Du weißt« schreibt er in einem Brief, »daß ich an eine prinzipielle Ungerechtigkeit des Lebens, der Welt, der Natur, der Geschichte usw. glaube, aber ich glaube auch an ihre Einschränkbarkeit.« Das klingt, so für sich gelesen, schon täuschend sanft und konservativ. Doch sicher hing er, wie er zwei Sätze weiter schreibt, an »Menschen und ihrer seltsam verdunkelten Verfassung ... nicht nur um sie zu erhellen«.

Lauter letzte Worte –, das täuscht. Denn, noch einmal: wir wissen nicht, was für ein Autor Born geworden wäre, hätte er seine und unsere siebziger Jahre überlebt, aus denen er jetzt immer noch zu uns spricht, freilich deutlicher, zugleich leuchtender und dunkler doch in seinen Gedichten und Romanen als in allen hier versammelten Kommentaren und Proklamationen.

(1980)

Wir Eingeborenen
Michael Rutschky: *Erfahrungshunger*

Für mich war das die überraschendste, die anregendste, aber auch die widersprüchlichste Lektüre seit langem. Und überrascht war am Ende wohl auch Michael Rutschky vom Ergebnis seiner Arbeit, obwohl er sie doch so planvoll angelegt hatte. Jedenfalls ist es ihm nicht gelungen, für sein Buch einleuchtende Beschriftungen, Titel und Untertitel zu finden.

Erfahrungshunger als Definitionsmetapher, »Essay« als Gattungsmarke, »siebziger Jahre« als historischer Wegweiser – das alles trifft die Sache nicht gerade auf den Kopf. Aber vielleicht ist, was hier verhandelt wird und vor allem: wie es verhandelt wird, tatsächlich unbeschreiblich?

Als ich dieses Buch zu lesen begann, war auf einer hellen Sandsteinmauer der Münchner Universität im üblichen Spraydosen-Rot gerade eine neue Inschrift aufgetaucht: »Dies ist eine schrecklich weiße Wand. *Nun nicht mehr!*«

Nichts als der Ort und die Spraydosenfarbe erinnerten noch an frühere Wandparolen, in denen ja Losungen und Forderungen, meist in Imperativform, verkündet worden waren. Statt dessen jetzt nur noch diese inhaltsleere, vage fröhliche oder drohende Schreibgeste, die nichts weiter mitteilen will als: Wir sind immer noch da! Und vielleicht auch: Wir könnten sprechen, wenn wir noch wüßten, was.

Diese beiden Sätze, diese Geste könnten gut zu den Materialien gehören, die Rutschky als Zeitzeichen untersucht, um seine Entfernungsschätzungen zwischen den sechziger und den siebziger Jahren durchzuführen. Womit mindestens zweierlei verraten ist: Hier werden auch scheinbar abseitige Alltagsfunde überraschenden (zuweilen auch preziösen) Befragungen unterworfen, langatmig oft, langweilig nie, und hier wird keine handliche, publikumswirksame Generaldiagnose (»Tendenzwende«, »Zeitalter des Narzißmus«) des abgelaufenen Jahrzehnts angeboten.

»In den siebziger Jahren finde sich einer zurecht«, sagt der Publizist Paul in *Groß und klein* von Botho Strauß, und dieser knurrige Satz scheint mir immer noch der genaueste über ein Jahrzehnt, das an Undeutlichkeit allen seinen Vorgängern weit überlegen ist, auf keinen Begriff, in kein Image zu zwingen, von den gängigen, schon oben zitierten Etiketts eher zugeklebt.

Rutschkys Buch schlägt immerhin ein paar schmale, abenteuerliche Schneisen in diesen Vergangenheitsdschungel. »Fragmente zur Geschichte der westdeutschen Intelligenz seit '68« sollte man es gerechterweise nennen. Kein guter Titel, ich weiß, aber diese Schreibexpeditionen sind auch kaum etwas für Freunde eines »guten Buchs«.

Zunächst möchte man, was da einsetzt, fast für eine historische Erzählung halten. Verfolgt werden die Aktivitäten und Überzeugungen eines linken Studenten L. (mit solchen Namenschiffren treibt der Autor in der Nachfolge Kleists und Kafkas und Alexander Kluges seinen protokollarischen Stilkult) zur Zeit des Germanistentags 1968 in Berlin.

Dem L. werden bald ein Professor S., die Kritiker B. und D., der Kommunarde R., der Schriftsteller W. und schließlich eine Lehrerin F. als weitere Untersuchungsfiguren folgen. Ihre Lage wird jeweils erzählt und im gleichen Atemzuge interpretiert. Aus diesen Fällen ergibt sich schließlich ein Muster, das Muster eines Übergangs vom »Lebensgefühl« der sechziger in das der siebziger Jahre. Zu ihm will uns Rutschky mit seinen Fallgeschichten überreden.

Was da passiert ist, jedenfalls in den Köpfen repräsentativer Intellektueller, soll der Zusammenbruch einer »Utopie der Allgemeinbegriffe« gewesen sein, der Vorstellung also, daß Theorie und totale Aufklärung sich auch *leben* ließen, ja, daß sie das gesamte individuelle und gesellschaftliche Leben durchdringen, bestimmen, revolutionieren sollten und: auch könnten.

Vom Verlust dieser Überzeugungen sieht Rutschky alles geprägt, was ihn an den siebziger Jahren fasziniert, was mit der Formel »Erfahrungshunger« nur vage und pathetisch umschrieben ist, was er zögernder und treffender auch »ungerichtete Suchbewegungen« nennt oder, um den Gegensatz zu den 68er Visionen zu pointieren, eine »Praxis der Desorientierung«, eine »Utopie der Unbestimmbarkeit«.

Ich referiere solche Befunde, zugegebenermaßen, etwas lustlos. Nicht nur, weil ich da Begriffe, die sich durch Rutschkys Text wie Lebewesen bewegen, veränderlich, unberechenbar, launisch, nie endgültig aus- und durchdefiniert – weil ich sie hier auf hallende Schlagworte verkürze. Mir scheinen vielmehr die Gedankenkonstruktionen über oder unter den Texten ungleich konventioneller als die Texte selbst, für deren Durchdringung von Erzählen und Argumentieren, Fragen und Behaupten, von Reportage und Reflexion, von Fallstudie, Krimiblick und Theorieausschweifung ich keine sicheren Vorläufer wüßte. (Obwohl sich ausrechnen läßt, wo der Autor für sein Verfahren gelernt, produktiv geklaut haben könnte: bei Siegfried Kracauer etwa oder Roland Barthes oder Pasolini oder Umberto Eco oder eben Alexander Kluge.)

Wie Rutschky Geschichte immer wieder zerfallen läßt in Geschichten, wie spannend er sich durch Bücher, Lebensläufe, Zeitungsnachrichten, ja sogar durch Theoriegebäude von Freud, Adorno, Habermas, Wellershoff hindurcherzählt, wie blendend (und manchmal auch nur glänzend) er seine Einsichten und Überzeugungen also inszeniert – das macht diese Lektüre abenteuerlich.

Einer Inszenierung muß nicht beifällig zugenickt, sie muß nicht geglaubt werden. Im besten Fall aber erreicht sie, daß wir empfinden, was man früher gern von ästhetischen Veranstaltungen sagte: Das berührt mich.

»Wenn man mit jemandem leidenschaftlich diskutiert«, sagt Rutschky mittendrin, »wenn man ihn dabei nicht berühren, auch verletzen, bewegen, halten will und kann, wenn sich die Körper der Redenden nicht fortlaufend einmischen ... dann bricht das Gespräch ja gleich wieder zusammen.« Seine Inszenierung, sein Buch hat etwas von dieser Körperlichkeit. Der Text reizt – auch zu eigenen Folgerungen und Phantasien, auch zu Widerspruch.

Solchen Reizstoff bietet vor allem der mittlere Teil des Buchs, betitelt *Der Schrecken und der Schmerz*, der zwei gefährliche Inszenierungsanstrengungen der siebziger Jahre nachinszeniert und zum ersten Mal entschlossen in einen Zusammenhang zieht: die autobiographischen Selbstdarstellungen, Selbstvernichtungen oder -befreiungen von Autoren wie Fritz Zorn, Bernward Vesper, Günter Steffens oder Maria Erlenberger und die aggressive »Körperpolitik« der ersten RAF-Generation.

Auch wenn die einen noch Literatur, die anderen noch Politik zu machen glauben – hier wird gezeigt, was als wahre Botschaft ihre Schriften oder Aktionen immer wieder durchschlug: der Schrecken eben, der Schmerz, und mit ihnen eine Blendung, eine verletzende Berührung der Zeitgenossen und Zeugen, die jenseits ihrer Rationalität getroffen werden sollten und auch getroffen wurden.

»Abends, nach der Arbeit, pflegte der Lehrer Z. in seiner Wohnung seinem Körper sorgfältig und selbstbewußt zubereitete Speisen einzuverleiben«: Mit solchen Sätzen wird der Autor des *Mars*-Buches Fritz Zorn aus seinem Buch wieder zurückverkörpert in seine Lebensgeschichte.

»Sie soll auf einem Stuhl gesessen haben, die Hände auf dem Rücken gefesselt, den Kopf auf den Knien – derselbe Reporter fügt hinzu: das Gesicht mit den Händen verdeckt, was ja nicht geht, wenn sie auf dem Rücken gefesselt sind«: So wird, mitsamt dem falschen, melodramatischen Blick auf sie, eine Szene nach der Verhaftung von Ulrike Meinhof nachgestellt.

Noch in solchen Passagen traut Rutschky nie allein der Suggestiv- und Beweiskraft seiner Darstellung. Unermüdlich zieht er das Kommunikationsmodell von Habermas, die Melancholie-Interpretation Freuds, die Vergesellschaftungstheorie Adornos, schließlich auch die Schmerzphilosophie Jüngers in seine Erzählungen hinein. Manchmal funktionieren solche Gedankengebilde tatsächlich wie Röntgenapparate, strahlen also die innere Struktur aus den untersuchten Objekten heraus.

Wird damit etwas erklärt, gar durch Erklärung erledigt? Oder vertieft diese zweite, noch gespenstischere Bildebene etwa nur die Inszenierung? Das ist hier kaum klar zu entscheiden, sowenig wie in den Geschichten Kluges, wenn in deren Horror ein scheinbar heiterer Rationalisierungsblitz ihres Autors hineinfährt.

Noch schwieriger wird es, wenn wir fragen, wo eigentlich Michael Rutschky in seinem Buch steckt. Zwar, er sagt sehr oft »ich«, streut sogar, wenig verschleiert, Fragmente der eigenen Lebensgeschichte als Fallprotokolle, Problem- und Beweisstücke ein und spart nicht mit Formeln: »Ich will die Sache nicht unnötig komplizieren«, »Was mir jetzt vorschwebt, ist schwer zu greifen«, »War das also das Thema, das ich entwickeln wollte?«

Solche Stoßseufzer lesen sich schön, zu trauen ist ihnen selten. Natürlich weiß dieser Autor immer schon, was er wollte, zum Beispiel in solchen Momenten den Kopf kurz und ratlos durch die Kulissen stecken, um auch seine Inszenierung noch zu inszenieren, um sich auch als Regisseur noch zu verkörpern.

Nur einmal fährt er, der sonst so gekonnt, fasziniert, aber parteilos seine Erzähl- und Beweisgänge durchführt, unverhofft wütend aus der Haut (unverhofft, denn seine Wut richtet sich gegen nichts Schlimmeres als ein Stück allerfeinster Literatur-Literatur von Jürgen Becker).

Sonst also verhält er sich ohne Dafür und Dawider aufmerksam ethnographisch: Wir, die Intellektuellen der siebziger Jahre, sind für ihn Eingeborene. Er selbst zählt sich allerdings dazu, setzt auch sich kühl seinem kühlen Blick aus, wird sich zum Beispiel und Beleg. Merkwürdigen Bräuchen und Sehnsüchten hängen wir alle an, treiben

Kulte mit unseren Wunden und deren Verschleierung, Verzauberung. Fremdartig das alles, dunkel, aber erhellbar. Dieser ethnographische Blick ist der wahre Held des Buches, und wer ihn nicht aushält, wird sich gegen das Buch wehren.

Aber Rutschkys Thesen oder Deutungsvorschläge – lassen die sich, wie ich hier stillschweigend vorschlage, fast überlesen? Die »Hoffnung auf restlose Theoretisierbarkeit, Verallgemeinerung«, heißt es noch einmal kurz vor dem Ende, sei in den siebziger Jahren verlorengegangen, und von den Folgen, den Versuchen einer »Selbstverwirklichung ... in der Wahrnehmung, in der Sinnlichkeit, im Körper, zur Not in Schrecken und Schmerz«, im Kino also, im Terrorismus, im Schreiben, Lesen oder Die-Erfahrungen-Ausstammeln in den erstbesten Kassettenrecorder – davon ist ja hier reich erzählt und argumentiert worden.

Doch Michael Rutschky, das zeigte sich auch, ist kein reines Wesen der siebziger Jahre nach seinem Entwurf: sein schreibender *Erfahrungshunger* wird immer wieder zur Ordnung gerufen von seinem immer wieder federführenden Theoriebedürfnis. Und unfreiwillig beweist er dann, was er doch eigentlich sagen wollte, daß nämlich die zuhandenen allgemeinen Begriffe der sechziger in den siebziger Jahren nicht mehr recht fassen, daß auch Bausteine einer Theorie des vergangenen Jahrzehnts mit ihnen kaum noch zu formulieren sind.

Falls das richtig gesehen ist und Rutschky hätte es rechtzeitig wahrgenommen, angenommen, dann wäre aus seinem Buch unweigerlich etwas geworden, was jetzt noch darin verpuppt ist: ein Bildungsroman aus Fragmenten, eine zeitgemäße Variation der éducation sentimentale. Aber mir hat es genügt, daß dieses gewagtere Unternehmen aus dem »Essay« an allen Ecken und Enden schon herausscheint.

(1980)

Das Theater des Botho Strauß

So wenig geschichtliche oder literaturgeschichtliche Erfahrungen das rechtfertigen mögen: unsere Idee von einem Anfang, also auch vom Anfang eines literarischen Œuvres, ist mit der Erwartung von etwas ganz und gar Neuem verbunden. Das erste Werk eines Autors, so hoffen wir unwillkürlich, sollte »ein Wurf« sein. Hingeworfen erwarten wir neuen, unerhörten Stoff, ein verbindliches Thema und Engagement, die kühne, auch verstörende, die innovatorische Handschrift. *Die Räuber* und *Dantons Tod*, ja noch *Frühlings Erwachen* oder *Trommeln in der Nacht* scheinen einleuchtende Leitbilder für diese Erwartung.

Ich schicke das alles voraus, weil der Stückeschreiber Botho Strauß genau solche Erwartungen mit seinem ersten Theatertext Punkt für Punkt enttäuscht hat. *Die Hypochonder*, geschrieben 1971, wirken mindestens auf den ersten Blick eher wie ein virtuoses, verzweifeltes Spätwerk als wie ein Erstling. Auf die Bühne geworfen wird da ein Alles oder Nichts an Thematik, denn von Liebe und Tod, von Eltern und Kindern, von Dienen und Herrschen, von Identität, Entfremdung und vom Chaos des Unbewußten, von Macht, Mord und Geld redet und handelt wirr effektbewußt das Stück. Das ganze thematische Repertoire des spätbürgerlichen Theaters stürzt als Puzzle auf die Bühne – als hätten sich Ludwig Tieck und Hitchcock, Wedekind und Borges zu einer Gemeinschaftsarbeit zusammengefunden. Das Talent dieses neuen Theaterautors war damals zwar auch auf den ersten Blick zu erkennen, er selbst dagegen kaum und erst recht nicht seine Zukunft. Man stand vor einem kunstvollen Trümmerhaufen spätromantischer Traditionen.

Erst von heute aus, zehn Jahre später, vier weitere Stücke von Botho Strauß vor Augen, läßt sich deutlicher abschätzen, was der siebenundzwanzigjährige Autor damals zum ersten Mal ausprobiert hat, wie produktiv das für ihn und später auch für sein Publikum geworden ist. Vor allem das nämlich interessiert mich in diesem Rückblick auf Strauß' Theaterstücke: ihre Entwicklung auseinander und gegeneinander, die planmäßige Erarbeitung einer immer größeren Resonanz, erst bei der Kritik und schließlich auch beim Publikum. In *Groß und Klein* wird Strauß die erste theatralische Gesamt- und Momentaufnahme der Bundesrepublik gelingen. *Die Hypochonder* scheinen davon nichts zu ahnen. Sie wenden aller Gegenwart und Zeitgenossenschaft den Rücken zu. Denn nicht in Amsterdam und im Jahr 1901, wie es beteuert, spielt dieses Stück, sondern auf dem Theater, nirgends sonst.

Ein Autor entdeckt das Theater: nur so, schlicht und doch genau, ließe sich der krause Inhalt des Hypochonderstücks zusammenfassen. Nichts anderes teilen gleich die ersten Minuten mit, wenn ein junges Paar, Vladimir und Nelly, in einer Ekstase aus Angst und Komik auf die zunächst leere Bühne stürzt, er zähneklappernd und »heftig« aus der Nase blutend, sie mit einem offenen Karton, aus dem schmutzige Wäsche auf den Bühnenboden tropft. Auch ein Revolver wird gleich auf eine Glasplatte geworfen, die prompt zersplittert. »Die Kälte zerbricht mir noch das Nasenbein«, sagt Vladimir, sein erster Satz. »Leben wir denn als Wilde unter lauter Besserwissern?« wird Nelly eine gute Minute später fragen.

Man forsche nicht zu genau, zu »besserwisserisch« nach den Beweggründen dieser Wildheit, nach der Funktion des Revolvers oder gar nach der Symbolik des Nasenblutens. Wichtiger, ja verbindlicher als die Bedeutung dieser grellen und doch dunklen Erregung scheint mir ihre Motorik: zwei Figuren (und mit ihnen und in ihnen ihr Autor) stürmen in einen leeren Raum und definieren ihn durch die wirre Exzentrik ihres Sprechens und Benehmens sofort als Theaterraum. Die beiden liefern, genießen und zelebrieren das theatralische Elementarereignis, einen Auftritt. Sie sind von vornherein außer sich, was ja bedeutet, daß ihr Innerstes sich nach außen stülpt. Jede realistische Alltäglichkeit, so scheint Strauß zu fürchten, würde sofort ersticken, was ihn zunächst allein fasziniert: die äußerste Theatralik. Das Stück wird damit enden, daß Vladimir in der Gestalt seines eigenen Vaters seine Geliebte Nelly mit einem Dolch auf offener Bühne zu Tode rammt.

Die Absicht solcher Theaterbilder scheint klar und scheint radikal: fremd und gewalttätig sollen sie die Banalität der Alltagserfahrung unterlaufen, dechiffrieren zugleich und verrätseln. Aber je mehr Dolche blitzen, Pistolenschüsse fallen, Doppelgänger auftreten, desto vertrauter, gemütlicher werden auch in den *Hypochondern* alle Bilder des Schreckens. Noch die ernste, tödliche Erdolchungszeremonie im Finale scheint einerseits psychoanalytisches Spielzeug, andererseits Zitat aus einem beliebigen Horrorfilm. Ein Autor entdeckt das Theater, aber zunächst offenbar nur als einen unerschöpflichen Fundus von Motiven, Tricks, Gesten, als ein Museum der Exaltation.

Von heute aus läßt sich trotzdem begreifen, was Strauß an diesen ekstatischen, hypochondrischen Ausnahmezuständen und -menschen fasziniert: eine Einbildungskraft, die alle Wahrscheinlichkeitsrechnungen, jedes Realitätsprinzip angstvoll und lustvoll außer Kraft setzt, die unbefangen sozusagen drauflos somatisiert, die alles Empfundene also sofort in Verkörperungen, in Theatralik nach außen treibt. Körperliche Zeichen für innere Zustände, also Theaterbilder zu erfinden, das kann Strauß schon in dieser seiner ersten Liebesgeschichte, gerade weil sie so ohne allen Realitätsdruck, als reines Theaterspektakel abläuft. Auch inständig stille Bilder gelingen. Wenn etwa sein hocherregtes Paar, in einer kurzen idyllischen Phase, behaglich Halma gegeneinander spielt und dazu aus einem einzigen Glas Milch schlürft, so wird damit ein ebenso selbstverständliches wie verrücktes Zeichen für Kindheit, für die Erinnerung mindestens eines behüteten und unverletzbaren Glücks gesetzt.

Vor allem versteht sich Strauß schon hier auf jene Mischung aus Trivial und Sublim und auf die leisen Stürze vom Pathetischen ins Komische und wieder zurück, die ab jetzt den Reiz- und auch den Erkenntniswert seines Theaters ausmachen. Frei läßt er zwar seine Bühnensprache ausschwingen in ein fast Hofmannsthalsches Arioso, aber ebenso frei formuliert er dann seine Katastrophen in Slap-Stick-Manier. Zwischen Dick und Doof und Dostojewski und Dr. Mabuse gibt es in den *Hypochondern*, so wenig wie im Realismus unserer Träume, irgendeinen Übergang oder Geschmackskontrast. Es herrscht da, kaum geordnet, doch wohlkalkuliert, das schönste Chaos.

Traum wäre ohnehin ein Stichwort für die unklaren Grenzen zwischen Innen und Außen, Aktionen und Phantasien, für die grelle Willkürlichkeitsdramaturgie dieses Stücks, und dieses Stichwort erinnert an ein anderes Stück, das Peter Stein im gleichen Dezember 1972 an der Berliner Schaubühne herausgebracht hat, in dem in Hamburg auch *Die Hypochonder* uraufgeführt wurden, ein bis dahin so nicht bekanntes Stück, das im Programmheft zutreffend »Kleists Traum vom Prinzen Homburg« genannt wurde. Als Dramaturg zeichnete verantwortlich: Botho Strauß. ».. . alles Traum in diesem Schauspiel. Der Traum des armen Heinrich Kleist vom glücklichen Prinzen Homburg«, so beginnt sein Kommentar zu einem Inszenierungskonzept, das Kleists Preußenmärchen als Wunsch- und Projektionsmaschine seines Autors deutet und arbeiten läßt. »Entwirklichung« hieß das Programm dieses Theaterabends, oder deutlicher: »Transformation«, die Verwandlung nämlich einer unerträglichen historischen Misere in eine nur vorstellbare, nur spielbare, nur theatralische Utopie, in die »überschwengliche Misere«, wie die marxistische Kritik diese deutsch-idealistische Realitätsflucht genannt hat. Aber noch diese wegwerfende Formulierung erinnert an das, was Kleists hypochondrischem Schauspiel seinen festen historischen Umriß garantiert: es weicht dem Gegenwartsdruck, dem Alptraum der Misere nicht aus, sondern versucht dagegen anzuträumen. Genau diesen Widerstand mutet sich das Hypochonderstück des Dramaturgen Strauß nicht mehr zu. Im Nirgendwo und Überall dieses nur behaupteten Amsterdam im Jahr 1901 wissen auch die heftigsten Wünsche und Ängste nicht mehr, warum sie außer sich geraten, wovor sie fliehen und wohin.

Ein »Bewußtseinstheater« – das Wort von Martin Walser aufnehmend – hatte sich schon der Theaterkritiker Botho Strauß gewünscht, bevor er eigene Stücke zu schreiben begann. Das war abwehrend gemeint gegen eine Vorstellung vom Theater als Dokumentationsmaschine und Aufklärungsbetrieb, wie sie um 1970 noch tonangebend war. *Die Hypochonder* sind auch ein Kind dieser Abwehr und des Gegenwunsches, eine Kopfgeburt der Theorie und Probe aufs Exempel. Nur implodieren die Figuren derart frei in ihr Inneres, als wäre ihr Bewußtsein nur noch etwas schön Theatralisches und nichts peinlich Historisches mehr. Die zeremoniellen Dolchstöße am Ende ermorden also nicht nur eine Theaterfigur, sie exekutieren auch eine allzu theatralische Vorstellung von Theater.

Seine folgenden Stücke jedenfalls hat Strauß Schritt um Schritt zurückgeführt in die reale Geschichte, in unsere Gegenwart auf ihrem niedrigsten Niveau: in unseren Alltag. Auf beflissenes Abbildungstheater, auf theatralische Sozialarbeit hat er sich trotzdem nicht eingelassen. Solchen Dienst- und Pflichtvorstellungen gegenüber hält Strauß weiterhin einen zur Not auch arroganten Abstand.

Schon wenn über dem zweiten Stück, über *Bekannte Gesichter, gemischte Gefühle*, der Vorhang aufgeht, ist der Autor der *Hypochonder* kaum wiederzuerkennen. Diesmal nämlich klebt die Szene vor Jetztzeit, Banalität und Misere. In einem kleinen bankrotten Hotel am Rhein hocken ein paar Schiffbrüchige der Wohlstandsgesellschaft zuhauf, derart allerweltsbekannte Gesichter mit Allerweltsnamen wie Dieter und Doris und Stefan und Günther und Margot, daß sie zunächst schwer auseinanderzuhalten sind. Bis wir ahnen, daß zu diesen verwischten Gesichtern auch verwischte Beziehungen gehören, daß sich hier eine Partnertauschgesellschaft zusammengefunden hat, in der fast jede jedem und jeder jedem verfügbar war oder ist. »So daß wir uns«, erklärt der geschäftsmüde Hotelbesitzer, »in einem erstaunlichen Museum der Leidenschaften bewegen.« Ein Satz, in dem eher das Wort »Museum« als die »Leidenschaften« zu betonen wäre.

Der Satz täuscht auch durch seine gepflegte Tonlage. Denn zum ersten Mal dringt nun in ein Stück von Strauß ein präzis gedankenloser Konversationston ein, montiert aus lauter Jargonfertigteilen, ein Sichaussprechen, das eher ein blendendes Sichverbergen ist, eine von allen guten Geistern verlassene Geistesgegenwart und träge Schlagfertigkeit. Vages Unwohlsein, eine vage Aussichtslosigkeit hüllt alles ein. Botho Strauß beginnt, für sein Theater das weiche Rückgrat der Republik zu entdecken, jene zwischen Unten und Oben ungenau steckengebliebene Klasse, von der eine seiner Figuren sagt: »Wo wir herkommen, da wird man eben nichts Halbes und nichts Ganzes. Alles nur Mischmasch, Mischmasch, Mischmasch . . .«

Ein Zustandsbild entsteht, aber eine »Komödie« – so die Gattungsbezeichnung des Stücks – ist versprochen, und die entsteht schwerlich aus bloßer Addition von heiter trostlosen Momenten. Zu ahnen ist nur das Material einer Komödie. Denn hinter den banal bekannten Gesichtern hausen die vage widersprüchlichen Gefühle: man möchte zwar bleiben, so wie und wo man ist, aber doch auch, wie es heißt, »über sich selbst hinaus« geraten, in ein irgendwie irgendwo Absolutes. Eine der Frauen erreicht solchen »Durchbruch« im Absingen des Schlagers »Nur du du allein«. Für Günther und Doris, ein Tanzpaar der deutschen Amateurspitzenklasse, gelingt das erlösende Außersichsein in der fehlerlosen Exekution von Foxtrottschritten. Für Stefan, den seines Besitzes müden Hotelbesitzer, soll sich die Vision eines anderen Lebens in der Aussicht auf ein ruhiges Dahinvegetieren als Angestellter erfüllen. Auf solche dumpfen Variationen ist Kleists Utopie von der bewußtlosen Freiheit des Marionettenglücks hier heruntergekommen. Wäre das komisch, Anlaß für eine »Komödie«?

Erst unmerklich, dann immer forcierter versucht Strauß, wenigstens eine seiner Figuren in ein Abseits, in ein Entsetzen vor der trivial und träge in sich versunkenen Gruppe zu treiben. Stefan, der Hotelchef, begegnet plötzlich seiner Frau als einer Fremden, als einer Doppelgängerin seiner Frau, und dieses Phantom Doris Nummer Zwei versucht er sich in einem aggressiven Liebesakt zu unterwerfen. Aber was er da umarmt und bespringt, ist, als er vom Bühnenboden aufsteht, nur noch ein leerer Kleiderhaufen. Nüchtern gesagt: der Bühnenboden, die Bühnentechnik haben die Schauspielerin verschluckt.

Diese Szene, dieser Trick verrät ein für Strauß neues Dilemma. Im Hypochonder-Stück durfte die Wahrscheinlichkeit, mit Hitchcock zu sprechen, »in keinem Augenblick ihr banales Haupt erheben«. In diesem theatralischen Jenseits also konnten Tricks und Apparate und Effekte freizügig Schicksal spielen. Die »bekannten Gesichter« aber sind zu lebensecht mittelmäßig geraten: zum Drama fehlen ihnen, wie dem Mittelmaß des Lebens, Spannung und Fallhöhe. Bühnenmaschinerie und Einfälle allein können das nicht nachzaubern. Auch was theatralisch dann noch blendend funktionieren mag, bleibt dramatisch ernüchternd leer.

Das gilt auch für das krampfhaft grelle Ende dieser sogenannten Komödie. Stefan, der Lebensmüde, der ratlos Rebellierende hat sich in eine Tiefkühltruhe zurückgezogen, um dort zusammengekrümmt, in Embryohaltung zu vereisen. Kältetod in einer tiefgekühlten Mutterschoßmaschine: so pikant allegorisch, so allzu durchsichtig verhüllt dieses Schlußbild seine Bedeutung.

Noch also scheinen Straußens neuer Blick auf schäbigen Alltag und der Versuch, eine Gegenströmung, Gegenhandlung aus dem Protestpotential des Unbewußten zu erfinden, sich nur gegenseitig zu stören. In der amüsanten Genauigkeit seiner Jargonsprache, in der unbarmherzigen Banalisierung seiner Figuren riskiert der Text eine schon gefährliche Nähe zu Boulevard: wir können so schadlos lachen, als wären wir dort oben auf der Bühne nicht mitgemeint. Die Szenen und Gesten von Stefans schüchterner Rebellion gegen diesen Wust aus scharfem Klatsch und nettem Elend aber nötigen den Zuschauer in eine andere Haltung, in eine Identifikation, die dann doch mit Zirkustricks und Horrorbildern zu glatt abgefertigt wird.

Was sich da aneinanderreibt und doch nicht durchdringt, sind nur scheinbar und äußerlich zwei Stile, nämlich die Technik der Mimesis und die Rituale der Phantastik. Dahinter verbirgt sich eine mehr als nur technische Unentschlossenheit, Unentschiedenheit: als wüßte Strauß nicht, wie klein, wie scharf und von außen er seine Figuren zeichnen darf und soll, ohne sie zu verraten, ohne ihnen (und sich) jeden Bewegungsraum für allgemeinverbindliche, verborgene, unterdrückte Gefühle, für Unglückswünsche und Befreiungsängste zu verweigern. Eine Lösung dieses Dilemmas scheint er – merkwürdig genug – bei Tschechow zu entdecken.

Im Jahr 1974 nämlich arbeitet Strauß als Dramaturg an dem für ihn folgenreichsten Inszenierungsprojekt der Schaubühne, an einer szenischen Version von Gorkis frühem Stück *Sommergäste*. Seine Bearbeitung löst dessen harte Auf- und Abtrittsdramaturgie in einen fast filmischen Erzählfluß auf, in dem auch die satirische Figurenzeichnung Gorkis so diffus wird, daß sich eine Aura von Widersprüchen um jeden einzelnen Kopf bildet. Kurz: dieser ohnehin noch tschechownahe Text wird wieder zurückgeschrieben auf Tschechow und damit näher an uns herangezogen. Denn Tschechow, so hatte Strauß schon als Kritiker geschrieben, »war um nichts inständiger bemüht, als den Empfindungszustand einer Klasse unmittelbar vor ihrem gesellschaftlichen Tod zu entfalten, das entschwindende Bewußtsein von Realität und Gegenwart, welches in die Euphorie von Erinnerungen übergeht« und, so wäre zu ergänzen, in die Euphorie der unbestimmtesten Hoffnungen.

Diese *Sommergäste*, in der Bearbeitung von Strauß und Inszenierung von Peter Stein, luden den Zuschauer ein, in eine Gruppe von dreizehn Menschen hörend und sehend einzudringen als ein Fremder, zunächst orientierungslos. Denn lange will sich aus den sanft auf- und abgeblendeten Gesprächsfetzen, Gesten und Gesichtern kein Muster, keine Verständnismöglichkeit für das Beziehungsgeflecht zwischen diesen Bühnenmenschen bilden. Unmerklich beginnt der Zuschauer zu operieren wie ein Detektiv oder Ethnologe. Er ordnet Vermutungen, entwirft und verwirft Hypothesen, bleibt neugierig und doch fremd, betroffen und distanziert. Vor allem: er prüft, indem er das Stimmen-, Erfahrungs-, Wunschgewirr auf der Bühne zu ordnen versucht, unwillkürlich auch seine Erfahrungen und Wünsche durch, entdeckt seine Sympathien und Widerstände, seine Projektionen und Abwehrbewegungen. Kurz: ein Gesellschaftsbild auf der Bühne beginnt sich zu verwandeln in – Bewußtseinstheater.

Womit ich, Dramaturgie und mögliche Rezeption der *Sommergäste* in der Straußschen Bearbeitung beschreibend, schon in Anlage und Absichten des dritten Strauß-Stücks hineingeraten bin, in die *Trilogie des Wiedersehens*. Sommergäste, in einem denkbar konkreten Sinn, sind auch diese fünfzehn Bühnenfiguren: sie versammeln sich, sehr genau datiert, im Sommer 1975 in einem Kunstverein zur Vorbesichtigung einer Ausstellung von Bildern des Neorealismus. Während sie Kunst anschauen, werden sie selbst zu Schau- und Kunstfiguren – der Ausstellungsraum für Bilder dient als Guckkasten, als Ausstellungsraum für Menschen.

Wieder entwickelt sich das Gruppenbild, aber (anders als im letzten Stück) diesmal in knappen Szenen ohne kontinuierlichen Ablauf, ruckweise bewegt, auseinandergeschnitten und montiert in filmischer Blenden- und Sequenztechnik. Damit wird schon im Konzept jeder Ansatz zum Drama vereitelt: Strauß belichtet nur Ausschnitte und Augenblicke, er gliedert episch, scheint zu erzählen.

Und doch setzt er gleich am Anfang in diesen Fluß epischer Beiläufigkeit eine Störung ein, den Monolog einer Frau Anfang vierzig, für die das sonst so genaue Personenverzeichnis keinen Beruf weiß und die nun ohne Anlauf versucht, sich selbst, ihr Verhältnis zu den ausgestellten Bildern, aber vor allem zum Organisator dieser Ausstellung in einer lyrisch hochfahrenden Ansprache öffentlich, ja man darf sagen: zu verkünden. »Bist du betrunken?« wird sie am Ende der Arie mit gutem Recht ein Kind fragen. Ein länglich lyrischer Monolog am Anfang eines ganz auf realistische Wahrnehmung fixierten Stücks, in einer durchaus konventionellen Situation – das scheint in der Tat nicht normal. Diese Susanne, so könnte der Jargon sagen, ist nicht ganz dicht, und das weder dramaturgisch noch gesellschaftlich noch psychisch. Sehr unpassend ist diese wahrhaft Redselige, 42 Jahre alt, ohne definierbaren Beruf, in ein Konversationsstück geraten, unter dem nur für sie ein ganz anderes mitlaufen wird, die *Trilogie des Wiedersehens* eben, die dreifach ergebnislose, wiederholte, abgebrochene Begegnung mit dem Leiter des Kunstvereins und Organisator der Ausstellung. Obwohl auch sie am Ende ihres Monologs noch beflissen verkündet, sie wäre auch nicht anders als diese anderen »Kunstgänger«, nämlich: »Müde und einfühlsam. Wißbegierig gleichgültig, erstaunt erschöpft, nachdenklich dumm . . .«

So verstörend und einleuchtend, so deutlich und doch diskret hat bis dahin noch kein Stück von Strauß seine Spielbedingungen und sein Thema gleich in den ersten Minuten veröffentlicht. »Unüberwindliche Nähe« nennt ein Gedicht aus der gleichen Zeit die Spannung, die den zerstreuten Kunstvereinsdirektor und diese ihm hoffnungslos nachstreunende Susanne zugleich bindet und getrennt hält. Denn nicht etwa Liebe bewegt als Thema diese *Trilogie des Wiedersehens*, sondern nur ihre stete Verhinderung, Verwischung und Unkenntlichkeit, ihr dauerndes Untertauchen in dem Gewirr aus Stimmen, Anekdoten, Sorgen, Flirts, aus Hypochondrien, gemischten Gefühlen und bekannten Gesichtern, die sich mit täuschender Natürlichkeit, das heißt wie absichtslos in Miniszenen und Momentaufnahmen aneinanderreihen.

»Nicht der Inhalt bringt die Form hervor, er ist ihr Resultat« – falls diese provokative, strukturalistische These von Jean Récardou auf irgendeinen Text zutrifft, so auf diese *Trilogie*. Indem sie jede Handlung verweigert und durch das beharrliche aneinander vorbei oder ins Leere Reden der Figuren auch jeden Dialog zersetzt, indem sie also sprachlich wie szenisch alle Zusammenhänge fragmentarisiert, wird tatsächlich schon durch Dramaturgie der Gegenstand des Stücks wie von selbst hergestellt: eine Gesellschaft der Ungeselligen, die Beziehungen der Beziehungslosen. Als wäre eine Gruppe Segalscher Gipsfiguren, dieser sehnsüchtig in ihre Einsamkeit Eingeschlossenen, auf der Bühne in kurz auf- und abgeblendeten Szenen lebendig geworden, präzise abgelichtet, knapp bewegt, schon wieder verdunkelt.

Hier wird alles zur Beiläufigkeit, jede Handlung zur Nebenhandlung, jede Figur eine Nebenfigur, jedermann ist jedermanns, wie es heißt, »Begleitperson«. Man begleitet, ja glitscht flüchtig aneinander und am Zuschauer vorbei. »Verfluchte Passantenwelt!« wird Strauß Jahre später in einem Prosastück ausrufen. Sie macht zwar alles dem Blick und Gehör zugänglich und hält alles doch für jeden Zugriff fremd. In ihr herrscht als einzig mögliche Intimität die »unüberwindliche Nähe«. Aus dem »Museum der Leidenschaften« hat sich das Straußsche Theater in diese Passage, dieses wohl beleuchtete Gefängnis der in ihre ziellose Freiheit entlassenen Passanten verwandelt. »Verfluchte Passantenwelt!« – mit ihr hat Strauß endlich sein verfluchtes Thema gefunden und damit den Widerstand für seine theatralische Virtuosität und erst recht für jeden Versuch, aus Konfliktarmut noch dramatische Strukturen herauszuzaubern.

Selbst die Nähe dieses Kunstvereinstheaters zu Gorkis *Sommergästen* oder zu Tschechow ist ja äußerlich, eine Nähe nur der Stimmung. Zwar vollzieht sich auch in der Straußschen Zerstörung des Dialogs, was Peter Szondi bei Tschechow den »steten Übergang aus der Konversation in die Lyrik der Einsamkeit« genannt hat, so daß sich auf der Bühne schließlich, wie Szondi formuliert, eine »Teilhabe an der Einsamkeit des anderen, die Aufnahme der individuellen Einsamkeit in die sich bildende kollektive herstellt«. Doch fehlt, anders als bei Tschechow, anders erst recht als in Gorkis *Sommergästen* oder *Nachtasyl*, dieser in nichts als ihre Gegenwart eingeschlossenen Kunstvereinsgesellschaft jede Perspektive auf ein anderes Leben jenseits der Passantenwelt, also sowohl die Verklärung einer Herkunft und schöneren Vergangenheit wie vor allem jede Vorstellung von Zukunft als Utopie, ja jede Vorstellung überhaupt von geschichtlicher und gesellschaftlicher Bewegung, von irgendeinem Sinnversprechen außerhalb der subjektiven Ratlosigkeit. Wehleidig und wehselig bleibt man Monade: »Wir von Augenblick zu Augenblick, und sonst gar nichts.«

Jeder Fluchtgedanke gerät, kaum ausgesprochen, zu Kitsch und Lächerlichkeit. »Ich will dir sagen, was ich denke«, verkündet eine

Johanna, »unser Land hier, das ist einfach kein fruchtbarer Boden für die großen Gefühle. Wir leben hier viel zu nervös und dichtgedrängt. Aber Kanada, das ist ein ruhiges, weites Land . . . Jawohl. Felix wird in Kanada eine Kette von Waschsalons übernehmen, die sein Bruder kürzlich gekauft hat . . .« Die großen Gefühle, auf der materiellen Basis einer Waschsalonkette, wollen wir uns lieber nicht ausmalen. »Am ganzen Körper bin ich nur noch Rücken«, hat dieselbe Johanna ein gutes Dutzend Szenen vorher bekannt: so könnte ein Denkmal der Passantenwelt aussehen.

Und doch läuft diese 42jährige Susanne das ganze Stück durch ihren wirren Sturmlauf auf den 37jährigen Kunstvereinsdirektor zu, die Fassungslose sucht den Zerstreuten. Geraten die beiden in eine Unendlichkeit oder in einen Kreis? Die Wiederholung ihrer Wiedersehen und Trennungen, Wiederwiedersehen und Wiedertrennungen jedenfalls bleibt die einzig verläßliche Kontinuität des Stücks.

Denn ein anderer, hier und da greifbarer Handlungsfaden, das drohende Verbot der Ausstellung durch Zensur, wirkt wie nur eilfertig hineingeknüpft, wie ein politisches Alibi für ein Stück, dessen politischer Befund gerade die lähmende Abwesenheit aller Politik, die ziellose Privatheit aller Figuren ist. Noch einmal, vorerst zum letzten Mal, dekoriert da Strauß sein Zustandstheater mit einem Schein von Konflikt- und Handlungsspannung. Erst sein viertes Stück, erst *Groß und Klein* wird auf solche dramatischen Zaubergriffe ganz verzichten und folglich auch ohne Ende und entscheidungslos verdämmern.

»Warum siehst du mich so sehnsüchtig an? Ich bin doch ganz in deiner Nähe« – diese beiden Sätze aus dem ersten könnten in jedem Theatertext von Botho Strauß auftauchen und würden in jedem das thematische Zentrum markieren. In die Zonen »unüberwindlicher Nähe«, oder, auf den Kopf gestellt, der »vertrauten Fremdheit« unternehmen alle Stücke ihre Entdeckungsreisen. Auch die Passanten sind immer noch Hypochonder. Jedes Nervenbeben erleben sie als Erdbeben. Ihr Unglück erschöpft sich in Miniaturen des Leidens. Das macht sie (und diese Stücke) auch so katastrophenuntauglich. Jedem Konflikt bricht immer vorzeitig die Spitze ab. Von der verquatschten, kommunikationslosen Ungenauigkeit des gegenwärtigen Passantenlebens liefern die Schnappschußserien der *Trilogie* die allergenauesten Bilder.

Für Botho Strauß wurden diese Kunst- und Menschenausstellungsszenen, im Mai und Juni 1977 in drei eng nebeneinander liegenden Inszenierungen uraufgeführt, zum ersten Erfolg nicht nur bei der Kritik, sondern endlich auch auf der Bühne. Das Publikum aber bis tief in die Theaterprovinz hat er erst mit seinem vierten Stück, mit *Groß und Klein* erreicht, in dem die traurig komischen Schrecken der Passantenwelt nicht mehr als Schnappschußfolge, sondern als Stationen einer Reise erscheinen.

Drei Stücke lang waren die Spielorte des Straußschen Theaters streng formalisierte Theaterräume: zunächst eine Wohnhalle, dann eine Hotelhalle, schließlich eine Ausstellungshalle, sämtlich sozusagen Gemeinplätze, auf denen sich Menschen theatralisch begegnen können. Erst *Groß und Klein* vollzieht sich in mehr als einem Bühnenbild: von Marokko bis Sylt schweift das szenische Angebot, ein Familiengarten, ein Wohnsiloeingang, eine Telefonzelle, ein Internistenwartezimmer, eine Wohngemeinschaft, eine Bushaltestelle, ein Stadtverwaltungsbüro – alles kann zum Schauplatz werden, so daß die Figuren ihren sozialen Standort nicht mehr allein aus sich heraus, durch Sprache, Gestus, Haltung herstellen müssen, sondern schon durch ihr Milieu, wie von außen, definiert werden. Das beschert auf der Bühne ein szenisches Divertimento, in dem die monotone Grundmelodie der Straußschen Befunde sich leicht auflösen könnte.

Strauß hat folglich – so jedenfalls läßt sich die Strategie dieses Stücks nachzeichnen – gegen die Vielfalt der Szene ein emotionales Gegengewicht gesetzt, nämlich zum ersten Mal eine einzige, unverkennbare Zentralfigur eingesetzt, Lotte aus Remscheid-Lennep, Mitte dreißig, Grafikerin, »äußerst frei«, ohne Anhang und Arbeit. Nur über sie vermittelt sich Szene für Szene ins Publikum. In jedem neuen Bild gerät sie, von außen und fremd eindringend, in eine geschlossene und fertige Situation, und jedesmal betreibt sie eine inständige, demütige, fast hündische Anpassung an die jeweils herrschenden Verkehrsformen, die mögen elegant oder proletarisch, familiär oder bürokratisch sein. Sie möchte funktionieren wie alle, möglichst angenehm, problemfrei, nützlich und trotzdem, schlicht gesagt, »freundlich« bleiben, »gut«. Sie will, etwas pathetischer ausgedrückt, auch im Zustand der Entfremdung durchaus ihre Seele behalten, und diese »Seele« ist nicht in so fassungslosem, flirrendem Zustand wie die ihrer Vorgängerin Susanne, sondern offenbar kraftvoll, jedenfalls kompakt.

So wie diese Frau würde Strauß nie einen Mann mythisieren. Männer schrumpfen ihm, jedenfalls auf der Bühne, rasch ins Kleinliche, Lächerliche ihrer engen, sozialen Rollen, sind also »äußerst unfrei«. Aber dieser Weiblichkeitsmythos Lotte, das ist auch wahr, bleibt Schauspiel und Theatermittel. Erfunden wird da als lockendes und vielleicht täuschendes Identifikationsangebot eine Heilige Johanna zur Unzeit, eine, die auszieht, das Fürchten möglichst nie zu lernen auf ihrem Passionsweg von Marokko über Saarbrücken nach Essen und Sylt und wieder zurück ins sogenannte Herz unserer Bundesrepublik genannten Wohn- und Verwaltungsgemeinschaft.

Erklären läßt sich also der heftige Erfolg dieses Stücks durchaus:

Strauß hat seinem monotonen Thema diesmal zunächst einen Reichtum an sinnlichen Schauwerten und an Variationen dazugewonnen und hat es zugleich kräftig emotionalisiert. Lotte und ihre unbeirrbare, sture Menschenfreundlichkeit und Mitleidsneigung sichern dem Stück und dem Publikum mehr als nur einen Fahrplan durch die Passantenwelt, nämlich, so scheint es, eine moralische Zentralperspektive.

So scheint es aber nur. Denn so gefällig, unverbindlich nivelliert auf den Boulevard-Humanismus eines »Seid nett zueinander«, läßt sich diese Figur und ihr kaum je ausgesprochener, aber geduldig ausagierter Appell an ihre Mitbürger und Mitspieler kaum zu Herzen nehmen. Gleich in ihrem ersten ausschweifenden Monolog, als nächtlich allein gelassene Touristin in Marokko, meldet sie ihre peinlich höheren Ansprüche an, schwärmt und orakelt, singt und gurgelt von Weltende, Chaos und einem neuen, von Menschen befreiten Paradies. Lotte ist von Anfang an auch eine Zumutung, peinlich wie der Zeuge Jehovas nachmittags an unserer Wohnungstür, ein wahrlich »ekliger Engel«, wie sie später genannt wird.

Wenn sie schließlich verkündet, zu den verheißenen sechsunddreißig Gerechten zu gehören, die in Gottes Auftrag in jedem Menschenalter »die Welt zusammenhalten«, so wird gerade diese Überzeugung Szene für Szene kläglich widerlegt: Lotte hält nichts zusammen, sondern treibt ihre Mitfiguren eher noch weiter auseinander und gegen sich. Sie nützt nichts, sie ist mitsamt ihrer schrecklich unbelehrbaren Freundlichkeit immer nur anwesend. Also doch eine Zeugin eher als eine Heilige. So noch im letzten Bild, im Internistenwartezimmer, aus dem sie sich ausweisen läßt mit der knappen Einsicht: »Mir fehlt ja nichts.«

Niemandem in diesem Stück fehlt »etwas«, nichts nämlich, was sich einfach wegreformieren, wegtherapieren ließe. Lottes Mitspielern und Mitmenschen scheint vielmehr das im Wortsinn Unsägliche zu fehlen: Alles. In diese Sinnlücke aber hat Strauß mit der religiös alpträumenden und verzückten Lotte nicht etwa ein angenehm wärmendes Bekenntnissignal hineingepflanzt, sondern wieder nur: ein Theaterbild. Die Verkörperung eines schrecklich zweideutigen Zustands, einer sozusagen geglückten und glücklichen Entfremdung. In einer unendlich flüchtigen und zersplitterten, alles verwischenden und aussichtslosen Passantenwelt erhebt sich noch einmal der alte, heute schon archaische Anspruch auf Lebenszusammenhang und Lebenssinn, als etwas ohnmächtig Großes, notwendig Vages, als reines Pathos und wahres Verrücktsein.

Mit dieser Figur der Lotte, die auch freundlich (und nicht nur ekstatisch) außer sich sein kann, die auf offener Bühne konkret träumt, also ihre Wünsche verkörpert, hat Strauß sein Theater, das Stück um Stück in eine fast lähmende Beobachtungsgenauigkeit, Zustandsbeschreibung und miniaturistische Detailfülle geraten war, noch einmal geöffnet für das Pathos jener Hypochondrie, aus der es herkam, einer Hypochondrie, die Foucault »erbitterte Sensibilität« genannt hat.

Auch Lotte lebt immer noch, wie Nelly in den *Hypochondern* sagt, als eine »Wilde unter lauter Besserwissern«. Nur: sie würde das nicht mehr so wohlformuliert aussprechen. In ihren besten Szenen scheint sie von der Rolle, die sie in diesem Stück und gegen alle anderen Rollen spielt, überhaupt nichts zu ahnen. Auch das zeigt den Fortschritt, im Realismus, in der Phantastik, wie in der Verbindung beider.

»Im Augenblick«, gesteht Strauß Mitte 1979 in einem Interview, »sind meine Vorstellungen vom Theater fast ausgelöscht. Ich weiß nicht mehr, was ich da anzubieten hätte.« Das Stück, das er dann knapp zwei Jahre später doch veröffentlicht, scheint diese resignative Einsicht sowohl aufzuheben wie zu bestätigen: in *Kalldewey, Farce* sind zwar Strauß' Vorstellungen vom Theater keineswegs »ausgelöscht«, sondern brillieren, doch was er außer dieser Kehrausstimmung seiner Virtuosität sonst »anzubieten hätte«, läßt sich schwer greifen.

Wie in einem Zerrspiegelkabinett werden nun die Themen und Qualitäten der voraufgegangenen vier Stücke derart deformiert, verdichtet und verzerrt, ineinander verschlungen und auseinander gesprengt (die »unüberwindliche Nähe«, das kommunikationslose Gerede, die unliebenswürdige Liebe, die destruktive Hilfe usw.), als würden *Die Hypochonder*, dieser pathetische Jux, nach zehn Jahren noch einmal durchgespielt, diesmal mit zeitgenössischem Material, als sollte damit eine Werkreihe in Rondoform abgeschlossen werden.

Oder wird hier tatsächlich ein erster Befreiungssprung aus dem amüsierten und amüsanten Voyeur-Miniaturismus der letzten Stücke geprobt, womöglich kopfüber zurück in die »großen«, in die vereinfachten, entdifferenzierten, archaisierten Themen und Formen, »in die großen Konflikte und Fallhöhen«, von denen Strauß in seinen parallel geschriebenen Notizen *Paare, Passanten* so emphatisch wie ratlos schwärmt? Schließlich: *Kalldewey, Farce* beginnt mit so allgemeinen Figuren wie »Der Mann« und »Die Frau«, die sich voneinander trennen wie beim Auszug aus dem Paradies, und das Stück verdämmert am Ende im Abrakadabra eines Hexenmuskochrituals.

Ganz gleich aber, ob diese tour de force als tour de farce eher ein Ende oder einen Anfang markiert: mit ihr verabschiedet sich Strauß von der Nuancenkunst, der impressionistischen Dialoggenauigkeit, von der zart belustigten und zart trauernden Zuschauerhaltung seiner letzten beiden Stücke. Wenn er noch Zeitzeichen zitiert, ob den Punk-, den Therapie-, den Emanzenjargon, so tut er das mit karikaturistischer Schärfe. Er montiert nun Sätze zu Rollen, er beobachtet und schreibt also nicht mehr Menschen mit genauem sozialen Umriß. Das heißt: Strauß verabschiedet sich hier auch von den siebziger Jahren, als deren Chronist er auf unserem Theater ohne alle Konkurrenz geblieben ist.

In dieser Einzigartigkeit lag bis jetzt seine Stärke wie seine Schwäche. Kroetz, Heiner Müller, Thomas Bernhard, diese anderen tonangebenden Stückeschreiber haben ja auf das abgelaufene Jahrzehnt kaum spürbar reagiert, sondern unbeirrt weitergearbeitet an ihren *Woyzeck*- und Horvath-Mustern, an ihren Lehrstück- und Artaud-Visionen, an den Variationen Thomas Bernhardscher Theaterrhetorik. Nur Botho Strauß hat für das »Mischmasch, Mischmasch, Mischmasch«, für die Eindimensionalität des neuesten Mittelstands eine Bühnenerscheinung zu formulieren versucht, und die Unkosten für diesen Nahblick und seine Zeitgenauigkeit hat er redlich bezahlt. In diesen »kapitalistischen Trauerspielen«, sagt Heiner Müller, komme »Geschichte nur in ihrer Abwesenheit, als Leerstelle« vor. Genau das gehört freilich zu ihrer traurigen, »verfluchten« Genauigkeit: die Stücke registrieren lediglich, wie ausgelöscht Geschichte im Bewußtsein ihrer Figuren ist. Was für diese Schauspiele auch ästhetisch und dramaturgisch zart destruktive Folgen hat. Da sie sich außerhalb aller geschichtlichen Spannungen vollziehen, als leerlaufende Zustandsbilder, zersetzt sich in ihnen wie unwillkürlich auch jeder Konflikt, jeder Ansatz zu dramatischer Spannung oder gar Entscheidung.

Strenger als *Groß und Klein* definiert die *Trilogie des Wiedersehens* die Qualität und damit auch die Grenzen dieses Siebziger-Jahre-Theaters. Der scheinbare Konformismus, die unerbittliche Diskretion, mit denen Strauß diesen Ausstellungs-Menschen in ihre immer nur minimalen Verständigungs- und Verletzungskatastrophen folgt, sind in Wahrheit radikal und untröstlich. Hier wird kein Elend vergrößert, nur um Theaterformat zu erreichen oder gar eine Katharsis, in der sich die Misere trösten, reinigen, ja womöglich heilen könnte.

Wer immer noch Drama erzwingen will – Heiner Müller beweist das Stück um Stück –, der muß seine dramatis personae auch vernichten wollen, und das mit größerer Gewalt und Willkür als noch vor fünfzig Jahren. In der *Trilogie* und in *Groß und Klein* hat Strauß dagegen seine Figuren lieber ganz ihrer Kläglichkeit und damit unserem Gelächter ausgeliefert als einem Untergang. Das ist auch Schwäche. Noch als er, kunstvoll und verkrampft, Todesfälle als dramatische Finali einsetzte, da waren diese lustvoll erstochene Frau, der traurig vereiste Mann Gruselbilder eher als dramatische Exekutionen, das heißt Entscheidungen. Katastrophen kann sich dieser Autor offenbar nur als ästhetische Horrorzeichen vorstellen oder aber als Kettenreaktion banaler, alltäglicher Unglücksfälle. Seine Unglücksminiaturen hält er auch deshalb so scharf und klein, um sie jederzeit noch poetisch und dramaturgisch kontrollieren und verwalten zu können. Im kritischen Moment kann die Szene immer abgebrochen, ausgeblendet werden. Womit eine technische Lösung für etwas gefunden ist, was inhaltlich keine findet.

In der »unüberwindlichen Nähe« oder »vertrauten Fremdheit« tut kaum noch jemand jemandem ernsthaft weh. Auch Strauß nicht seinen Figuren. Solange jedenfalls nicht, als sie noch mehr sind als bloße Theaterfiguren. Denn die freibeweglichen Sprach- und Spielpuppen in *Kalldewey, Farce* brauchen keinen Schutz, keine Schonung und keine Diskretion. Mit ihnen läßt sich auch wieder ein Theatertod riskieren: »Der Mann«, zerrissen und in die Waschmaschine verstaut von drei burlesken Mänaden, erleidet weder Schicksal noch Schmerz – mit ihm wird nur eine Metapher für Zerstörung inszeniert. Als Spielfigur ist er schon in der nächsten Szene wieder auferstanden und verfügbar. Alles bedeutet etwas. Nichts hat Folgen.

Punkjargon und Mänadenritual, der neueste Szenenkneipenkalauer und das altabendländische Bildungszitat – alles kann hier Spielmaterial werden. Das Stück liefert einen Beitrag zu einer Gattung, die auf der deutschen Bühne kaum eingeführt ist: es veranstaltet Problemboulevard. Damit treibt diese *Farce* die längst kritisierte oder bewunderte Ambivalenz der Straußschen Theatertexte rücksichtslos heiter auf die Spitze: dieses unverwechselbare Changieren zwischen Schärfe und zärtlicher Schonung, zwischen Zynismus, Charme und Geraun, zwischen Entertainment und Endspielpathos, diesen graziösen, unerbittlichen Triumph einer theatralischen Technik über jedweden in ihr »erledigten« Inhalt. Strauß ist, wie seine siebziger Jahre, so gar nicht konsequent. Krasser noch als das frühbürgerliche hält sich sein »kapitalistisches Trauerspiel« schwebend auf dem Grat zwischen Rührung, Erschütterung und Komik, zwischen einer erbärmlichen Genauigkeit und einem unklaren Erbarmen.

»Verfluchte Passantenwelt!« – in dieser Klage oder Anklage mag sich Strauß einig sein mit jenen Kritikern, die in seinen Stücken jede Perspektive vermissen, jeden historischen Weitblick, der den Dunst der falschen Intimität, der »unüberwindlichen Nähe« aufsprengen könnte. Daß seinem Theater damit etwas Entscheidendes fehlt, das Drama, weiß er selbst. »Was die Arbeit am Drama erschwert«, schreibt er in *Paare, Passanten*, »das uns doch in die großen Konflikte und Fallhöhen hineinreißen soll . . .: solche Konflikte und Antithesen lassen sich heute nicht einmal mehr im Gedanklichen auseinandersetzen. Unsere Erlebnisrealität ist voll von Ambivalenz und Doppelbindung, voll auch von sinnlicher ›Meinungsvielfalt‹ und einem ungeheuerlichen medialen Quidproquo. Das läßt ein schieres Gegenüber zweier widersprüchlicher Positionen auf dem Theater zu einer extrem künstlichen und wirklichkeitsfremden Herausforderung werden. Und doch ... kommt es immer wieder darauf an zu beweisen, daß die Modelle des Theaters älter, stärker und überlebensfähiger sind als alles, was wir ihnen aus unserer Gegenwart zutragen können.«

Man möchte nicken und beginnt zu zweifeln. Aus dem Himmel der Inspiration oder durch Wiederbelebungsversuche an der Tradition werden die »großen Konflikte« sich kaum auf die Bühne zwingen lassen, wenn die irdische, verfluchte Gegenwart sie nicht hergeben sollte. Veränderungen auf dem Theater setzen mehr voraus als nur Veränderungen auf dem Theater.

(1984)

Klagenfurt, Juni 1980

Die Zeit: Juni 1980. Der Ort: Klagenfurt. Doch ich war nicht dorthin gefahren in der Absicht, eine Diagnose der zeitgenössischen Prosa zu entwerfen. Als ich dann aber den Vorlesungen zum Ingeborg-Bachmann-Preis zuhörte – in einem Zustand, den Psychoanalytiker »gleichschwebende Aufmerksamkeit« nennen könnten, entspannt zugleich und konzentriert – da ergaben die Texte und Stimmen für mich allmählich und ganz unverhofft ein Muster, einen Zusammenhang von immer wiederkehrenden Motiven und Haltungen, der zu einer Entzifferung, einer Interpretation und Erklärung aufforderte.

Denn gegen die umlaufenden Formeln für neue Trends der Literatur schien dieses Muster resistent. Das waren kaum Zeugnisse für Neue Subjektivität, die Wiederentdeckung der Heimat, das Weibliche Schreiben oder Verständigungsliteratur. Solche Kennworte oder Parolen dienen offenbar nur noch als Marken- oder Feldzeichen, als Losungen also für den Kampf um Literaturmarktanteile oder für kritische Verdrängungswettbewerbe. Sie füllen außerdem einen Leerraum, unter dem Literaturkritik wie Literaturwissenschaft leiden, seitdem sich die Bücher und Autoren nicht mehr, wie von Aufklärung, Klassik, Romantik bis hin zu Expressionismus und Neuer Sachlichkeit üblich, in Richtungen oder gar Schulen formieren wollen. Genau das hat für unser Jahrhundert nicht mehr zufriedenstellend funktionieren wollen: alle die Mittelgröße überragenden Autoren, Kafka wie Heinrich oder Thomas Mann, Brecht oder Rilke, Benn, Musil, Jünger, Döblin, Robert Walser – sie alle haben sich in den aufgestellten Begriffsnetzen nicht mehr unterbringen lassen. Für die Zeit nach dem Zweiten Weltkrieg hat man sich, nachdem die Legenden von »Kahlschlag« und »Stunde Null« verdunstet waren, mittlerweile damit zufriedengegeben, nur noch von einer Literatur der fünfziger oder sechziger Jahre zu reden, oder auch, die Periodisierungen der politischen Geschichte herüberholend, von einer Literatur der Adenauerzeit. Gegen solche Beschilderungen ist wenig einzuwenden, weil sie ja gar nichts behaupten.

Ließe sich also das Muster, das ich durch die Klagenfurter Texte hindurchzusehen glaubte, begreifbar und plausibel machen als repräsentativ für eine literarische Lage zwischen den siebziger und den achtziger Jahren?

Was mich zuallererst überraschte, war das fast deprimierend ebenmäßige Niveau aller dort vorgetragenen Texte, von dem es nur wenige katastrophale Abweichungen, Abstürze nach unten, aber auch kaum triumphale Ausbrüche nach oben gab. Eine mindestens mittlere Qualität schien schon dadurch garantiert, daß ehrgeizige, extreme Entwürfe nur ausnahmsweise versucht wurden. »Starke« Texte, die immer auch »starke« Risiken eingehen, kamen kaum vor. Der Zugriff solcher »starken« Texte – ob von Heißenbüttel oder Grass oder Arno Schmidt oder Günter Eich – ist ja immer auch, vor allem und gegen alle inhaltlichen Absichten, eine Autoritäts-, ja eine Herrschaftsgeste. Genau die aber hätte den trotz Wettbewerb stillschweigenden Konsens in Klagenfurt empfindlich gestört.

Ich hörte nämlich (mit »gleichschwebender Aufmerksamkeit«) immer wieder in einer immer ähnlichen mittleren Lautstärke einen Realismus der Hinnahme reden. Kleinformatige, graue, genaue Abbilder unserer Gegenwart und Vergangenheit entwarf er, störrisch manche, resignativ fast alle. Diese Erzähler redeten wie gegen undeutliche Lähmungserscheinungen an. Sie wehrten sich gegen die Welt mit Beobachtungen. Sie ließen ihren Figuren kaum Spielraum für Handlungen.

Das thematische Feld, auf dem die meisten dieser Texte operierten, war eng genug: »Beziehungsprobleme«, emotionale Spannungen also zwischen zwei bis vier oder fünf Personen, entweder paarweise zwischen den beiden Geschlechtern oder familiär zwischen Kindern, Eltern, Tanten, Großvätern ausgetragen. Nein, eben nicht ausgetragen, sondern eher: festgestellt und verschleppt. Außenwelt, also Geschichte oder Gesellschaft, war in diesen psychologischen Miniaturen nur mittelbar und negativ anwesend, denn das Verhalten dieser genau gezeichneten Angestellten oder Kinderärzte, weltabgewandten Trinker oder rücksichtslos moralisierenden Tanten mußte ja irgendwann irgendwie dort »draußen« geprägt worden sein.

Die mittlere Lautstärke dieser Prosa, ihr leidender, vorwurfsvoller, aber kaum rebellierender Umgang mit der Realität, ihre Pedanterie und sanft aggressive Geduld, ihre schwüle Ohnmacht – mir fiel es schwer, in solchen Zügen nicht Verhaltensbilder der Melancholie und Depression wiederzuerkennen. Damit allerdings hatte die »gleichschwebende Aufmerksamkeit« sich aufgegeben: ich nahm Anlauf zu einer ersten Deutung.

Schließlich lasen dort in Klagenfurt fast ausschließlich Autoren einer einzigen Generation, keiner jünger als dreißig, wenige nur älter als vierzig, die meisten geboren zwischen Anfang und Ende der vierziger Jahre, lauter Angehörige also der 68er-Generation, die damals in Mitteleuropa eine moralistische und sensualistische Revolte gegen die Politik und Ideologie der Sachzwänge, ja im Grunde gegen die Weltordnung des Realitätsprinzips vorgetragen hatte. Schrieben also die in Klagenfurt tonangebenden Autoren, bewußt oder unbewußt, die melancholischen Fragmente zu einer Geschichte der enttäuschten Hoffnungen ihrer Generation?

»Schwermüthige Entfernung von dem Geräusche der Welt aus einem rechtmäßigen Überdrusse ist edel«, schreibt Kant. Zitiert wird der Satz in den Untersuchungen über *Melancholie und Gesellschaft* von Wolf Lepenies, die sich inzwischen lesen wie ein Kommentar zur Bewußtseinsgeschichte der europäischen siebziger Jahre, obwohl sie schon 1969 veröffentlicht wurden. Denn Lepenies untersucht an historischem Material genau den Zusammenhang zwischen utopischem Denken und einem melancholischen Blick auf die Welt, auf den ich vermutungsweise beim Anhören der Klagenfurter Texte stieß. Lepenies allerdings geht der Frage nach, wie »Enttäuschung an der Welt«, an der »Traurigkeit der Welt«, an ihrer überwältigenden Unordnung nämlich, die utopische Phantasie in Gang setzt: wenn politisches Handeln unmöglich scheint, wird das Denken radikal und entwirft auf dem Papier utopische Ordnungsmuster, die (auf dem Papier) über die reale Unordnung der Welt triumphieren. Was aber geschieht – das wäre die gegenläufige, seit Ende der sechziger Jahre wieder aktuell gewordene Frage –, wenn utopisches Denken nach einem vergeblichen Zugriff auf die politische Realität zurückgeworfen wird auf sich selbst? Erstarrt es dann wieder in seinen Ausgangszustand, in die Melancholie angesichts der Unordnung der Welt?

In Michael Rutschkys »Essay über die siebziger Jahre«, unter dem Titel *Erfahrungshunger* im Frühjahr 1980 erschienen, wird in halbfiktiven Lebensläufen erzählt, wie auf den Zusammenbruch dessen reagiert wurde, was Rutschky »die Utopie der Allgemeinbegriffe« nennt, diese »Hoffnung auf restlose Theoretisierbarkeit, Verallgemeinerung« aller Erfahrungen, welche die intellektuelle Elite der 68er-Generation motivierte, und Rutschky behauptet, »daß auch der Verlust hochsymbolischer Gebilde, der Verlust von Theorien Trauer (und

Melancholie) hervorrufen kann, wenn diese Symbolzusammenhänge in die Lebensgeschichten ihrer Anhänger tief verwoben waren...« Auf den Verlust der alles umgreifenden Ordnungsgebilde würde dann mit einer melancholischen Gegenutopie reagiert, mit einer »Utopie der Unbestimmbarkeit«, mit unendlichen »desorientierten Suchbewegungen«. Genau diese These schien der Schlüssel zu meinen ersten Eindrücken von den Klagenfurter Texten.

Fragt sich nur, ob das, wenn auch nur als erste Annäherung, erlaubt ist: zwei Dutzend zufällig nacheinander lesende Autoren als die in Literatur und Melancholie abgewanderten Erben der 68er Revolte zu verstehen. Zeigten sie denn überhaupt irgendein Zusammengehörigkeitsgefühl? Ich glaube ja. Wie geduldig, gedämpft, ohne jede spürbare gegenseitige Aggression diese doch um Preise konkurrierenden Schreiberinnen und Schreiber in Klagenfurt zusammenhockten, auch das war mir damals dort aufgefallen, als ein kräftiger Kontrast zu den kritischen Lesefesten der »Gruppe 47«, wo alle Kameraderie und politische Aktionsgemeinschaft über die Konkurrenzsituation nie hatte hinwegtäuschen können. Dagegen leuchtete in Klagenfurt, obwohl doch gerade dort die Markttüchtigkeit von Schreibarten und Talenten getestet wird, um die Autorenköpfe eine Aura aus Freundlichkeit und Toleranz und Solidarität. Noch in diesem leisen, geduldigen Umgang miteinander glaubte ich wieder, wenn auch undeutlich, etwas Trübes und Betrübtes, eine gemeinsame, nicht faßbare und belegbare Trauer oder Resignation zu spüren.

Was für schwermütige und wieder fast auswechselbare Titel hatten doch diese verschiedenen Autoren über ihre vorgetragenen Prosastücke gesetzt:

Die Entdeckung der Langsamkeit / An den Rand der Erschöpfung weiter / Von der Abschaffung des Tageslichts / Bewegung unter der Oberfläche / Langsame Erwärmung / Vermutungen über das Glück / Erinnerungen an die Unterentwicklung.

Schon in diesen Titeln scheint zu arbeiten, was Michael Rutschky eine »Utopie der Unbestimmbarkeit« oder »desorientierte Suchbewegungen« genannt hat. Sie operieren mit Begriffen, die aber nicht zugreifen. Mit langsamen, schleifenden, zögernden Bewegungen umkreisen sie ein Thema, das nicht definiert wird, das sich in Worten eher verschleiert, entzieht. Dieser brütende Blick einer quasiwissenschaftlichen Schwermut, eines ethnographischen Befremdens noch vor dem Nächstliegenden prägt auch einige Buchtitel der in Klagenfurt lesenden Autoren:

Neue Beschreibung der Eingeborenen / Obligatorische Übung / Vorläufige Beruhigung / Die Reise an den Rand des Willens / Vom Umgang mit der Natur / Mitteilung an Mitgefangene / Der unvermeidliche Gang der Dinge.

Da ist nichts mehr zu spüren von der Definitionsentschlossenheit, mit der früher Bücher sich und ihr Thema benannten: *Halbzeit / Hundejahre / Das Treibhaus / Abschied von den Eltern.* Solche Titel bebten vor Energie. Aus den aktuellen dagegen redet eine diffuse Ohnmacht, die sich zu nichts mehr entschließen mag, womöglich nicht einmal zu einer Wahrnehmung ihrer selbst.

In diesem Augenblick, da die Verallgemeinerung endgültig umzuschlagen droht in Unschärfe und Ungerechtigkeit, breche ich ab meinen vorläufigen Erinnerungen an diese am Rand der Erschöpfung sich abarbeitende Trauerprosa der Klagenfurter Lesungen. Ich breche ab, um gleich wieder fortzufahren, diesmal aber mit einem genaueren Blick auf den Wortlaut einzelner Texte: Sechzehn von damals achtundzwanzig vorgelesenen Arbeiten liegen als *Klagenfurter Texte 1980* in einem Sammelband vor und geben Auskunft über einen geduldig, genau und ohnmächtig registrierten Realismus, aber auch über eine Vielfalt von Absetzbewegungen, ja Fluchtversuchen aus seinem Bannkreis.

Ich zitiere drei Ausschnitte, von drei Autoren:

»Gingen die Tage nicht hin und her, als würde einem der Kopf von sachten Ohrfeigen gewendet? Wellen trafen geduldig ein. Eine Katze wechselte am Nachmittag von den heißen Kacheln zu den kühlen und zurück, ihr Totenkopfgesicht hob sich dabei kaum zu mir her. An gestreckten Armen hält man nackte Kinder ins Wasser, runde Felsbrocken lagen im Meer, am Abend, so friedliche, vernünftige Massen.«

»Beim Anblick der Küche entfährt mir manchmal ein Fluch. Sie kannte bessere Zeiten. Ich kannte bessere Zeiten. Jetzt scheinen mir die Hände gebunden, gegen den Dreck einzuschreiten. Jede Mühe wäre ohne Lohn. Oh, ich gebe nicht so schnell auf, aber ich bin ohne Lust. Lasse mich gehen, jeden Abend, wenn ich die Küche betrete, lasse ich alles so, wie es ist. Denn als erstes nach meiner Ankunft wasche ich mir unter klarem Wasser die Hände. Dann öffne ich das Fenster und werfe einen Blick hinaus. Viel ist, besonders in der kalten Jahreszeit, nicht zu sehen.«

»Ich wußte, daß man das Messer mit der rechten Hand führt, nicht mit der ganzen Faust, sondern mit dem Zeigefinger – ausgestreckt auf dem schwarzen Ebenholzgriff – daß man die schwere silberne Gabel mit dem Familienwappen nicht vorne anfaßt, sondern ganz hinten, wo sie flach ist – und dazu brauchst du nur drei Finger: den Daumen, Mittel- und Zeigefinger als Stützen – siehst du? Das ist gute Kinderstube.«

Das ist deutlich aus drei verschiedenen Zusammenhängen gerissen und auch in drei verschiedenen Tonlagen geschrieben, doch geduldig buchstabieren diese drei Erzähler, positiv oder negativ fasziniert, Rituale des Alltags durch, einmal mit dem Willen zur Poetisierung, dann mit milder Komik, schließlich mit einer nur im Subtext sanft bebenden Kritik. Immer noch, immer wieder – diese Litanei tönt durch die Texte, in denen eine Außenwelt jenseits dieser quälenden und selbstzufriedenen Idyllen nicht mehr vorkommt. Immer noch und immer wieder der Drill mit Messer und Gabel, der Wellenschlag am Strand, der abendliche Blick aus dem Fenster: auf nichts Sehenswertes. Alltag, wahrgenommen als Festung der Gewohnheit, als Versteinerung des Lebens, als Verhängnis, als das universale Gefängnis des Immerwieder und der Langeweile.

Nur noch einen Schritt weiter muß die Stilisierung der Monotonie sich voranwagen, dann hört sich dieser trüb mythisierte Alltag an wie ein dumpfes Märchen, in dem Familienleben, Natur und Weltgeschichte sich zu einem stupiden Stilleben aufeinandertürmen:

»Ich will tun, was ich kann, sagt die Mutter, aber was kann ich schon. Der Vater geht durch den Flur und tritt unter die Haustür. Im Garten reifen die Tomaten. Unter den Erdbeeren liegt Stroh. Der Großvater des Metzgers grüßt über den Gartenzaun. Er trägt ein Bündel Bohnenstangen unter dem Arm. Ja, sagt der Vater. Einmal gibt es ein gutes und einmal ein schlechtes Jahr. Das kann man nicht ändern. Über uns sind Kriege gekommen von Kind an.«

»Das kann man nicht ändern« – dieser betreten nickende Satz schimmert unsichtbar überall durch diese Tatsachen-, Alltags-, Wiederholungsprosa. Ihre Melodie ist die Litanei, ihre grammatische Vorzugsstruktur die Parataxe. In Klagenfurt wurden Texte gelesen, deren parataktische Monotonie sich kaum noch deuten ließ: Parodie oder Idiotie oder beides? Als wäre dem, was sich im Alltag einer Kleinfamilie an sinnlosen Rede- und Handlungsritualen wiederholt, keine Sprache, kein Erzählen, kein Widerstand mehr gewachsen.

Und doch greift diese Prosa wie gebannt ins immer gleiche Stoffrepertoire: der Abend eines Angestellten in der Junggesellenwohnung, das Zeremoniell des gutbürgerlichen Essens, der Achtstundentag in einer Intensivstation, die Freizeitmonotonie an einem südlichen Strand, die Gefangenschaft eines Kindes in den Tagesroutinen einer ältlichen Tante, die taktischen Spiele zwischen zwei Personen verschiedenen Geschlechts bei Bier und Wein nach Büroschluß. Diese träge Tagtäglichkeit schwemmt die Figuren mit sich, läßt ihnen kaum eine Chance zu eigener Bewegung. Man vollzieht nur noch Handlungsschemata nach, widerwillig, willenlos.

Kein Wunder, wenn der Blick dieser Erzähler aufs immer schon Erwartete so ethnographisch wirkt, wenn das scheinbar Selbstverständlichste und Übliche so unendlich befremdet und geduldig wahrgenommen wird, aus einer angestrengten Neutralität und scheinwissenschaftlichen Distanz. Kein Wunder dennoch, wenn trotz dieser forciert genauen Benennung von Sitten und Klischees, Rede- und Handlungsformeln, wenn trotz der temperamentlosen Reihung des Dann und Dann und Dann diese Prosa eine deutlich subjektive Färbung nie verliert. Der Erzählende hält sich ja fast immer draußen. Er bleibt befremdet. Er blickt in seine Außenwelt, die er als seine nicht anerkennt, wie durch ein umgekehrtes Fernglas. Das eigene Leben ist ihm weggerutscht nach »Draußen«, in die Ferne und Fremde, ins unbegreifliche Spiel der gesellschaftlichen Zwänge. Genau das beteuert eine Erzählerin so:

»Sie beharrt darauf, daß sie ihre Vergangenheit als etwas wahrnimmt ..., das nicht ihr, sondern einem anderen zugestoßen ist. Dieser andere sei eine ihr nicht näher bekannte Person, also undurchsichtig im Hinblick auf Antriebe und allfällige Gefühle, womöglich auch mehrere Personen, sagt sie, mit ganz unterschiedlichen Beweggründen, oder vielleicht gar nicht selbst motiviert, sondern geschoben und gestoßen, ohne erkennbare Richtung jedenfalls, das Subjekt der ihr zugeschriebenen Schritte sei ihr unbekannt ..., sagt sie.«

In Klagenfurt habe ich mir, wenn solche Passagen vorgelesen wurden, das redende Ich nie als fiktive Person einer Erzählung, sondern immer nur als die Person des vorlesenden Autors vorstellen können. Tatsächlich bewegt sich diese authentische Alltagsprosa in einer verschleierten Grauzone zwischen Fiction und Non-fiction. Sie entwirft, statt Handlungen oder gar Fabeln, immer nur Protokolle, mühsame Tatsachen- oder Indiziensammlungen, schwermütige Lese- und Deutungsversuche der Wirklichkeit. »Als würde man mit Wörtern im Unformulierten vordringen«, so beschreibt eine dieser Erzählungen diese (kaum noch erzählerische) Arbeit. Das schreibende Ich reagiert nur noch als Kamera oder Tonbandmaschine.

»Der Vater hatte gesagt, daß er das Kind nicht gewollt hatte, hatte die Tante der Tochter erzählt, die Mutter hatte darüber nicht gesprochen«: was für ein einfacher, monotoner Satz, aber was für ein Wirrsal an nur angedeuteten Bezügen verknäuelt sich in ihm. In dieser Sprache führt ein erschrockenes Mißtrauen Regie. »Immer wieder passierten Sachen«, heißt es in der gleichen Erzählung, »und ich versuchte, in alldem, was passierte, einen Sinn, etwas Gemeinsames zu entdecken. Das Gemeinsame war, daß sich aus jeder Sache eine Frage ergab, und aus der nächsten Sache eine neue Frage, die die erste Frage in Frage stellte. Es gab immer wieder Sachen und immer wieder Fragen, es würde nie aufhören.«

Damit ist, hier aus einer Kinderperspektive, Verfahren und Problem dieses kurzsichtigen Realismus zur Sprache gebracht. Er sammelt die »Sachen«, bis die Wahrnehmung von ihnen wie eingekreist ist. Dann versucht er aus diesem Gitternetz, diesem Käfig der Fakten, fragend, interpretierend wieder herauszukommen. Paradox vereinfacht: solche Erzähltexte sind selbst schon Lektüren der Wirklichkeit, Leseversuche. Befremdete, suchende, mißtrauische Blicke, Vermutungen über fremde Handlungsabsichten, experimentierende Entwürfe zu eigenen Handlungsstrategien – das sind die treibenden Motivationen für Erzählungen, die sich kurzsichtig durch einen Alltag wühlen, der zu einem schwülen Dschungel aus Beziehungsproblemen geworden ist, zu einem diffusen Spiel zwischen Herrschafts- und Unterwerfungsritualen unter vier, unter sechs oder acht Augen, in geschlossener Gesellschaft:

»Das kann man nicht ändern. «

»Es würde nie aufhören. «

»Als würde einem der Kopf von sachten Ohrfeigen gewendet. «

Unsere jüngste Literaturgeschichte kennt eine schon zur Legende festgeschriebene Szene, in der ein damals dreiundzwanzigjähriger Peter Handke auf einer Tagung der »Gruppe 47« in Princeton aufstand, um die dort vorgelesenen Texte als Idiotie einer »Beschreibungsliteratur« abzufertigen. Das war 1966, im Jahr der Großen Koalition, auf dem Höhepunkt, so sah es doch damals aus, unserer Nachkriegsrestauration, kurz vor deren vorläufigem Ende, wie wir heute wissen. Tatsächlich hatte damals der von Wellershoff formulierte und geförderte »Kölner Realismus« eine Prosa hervorgebracht, deren ängstlicher bis wütender Blick aufs Nahe und Immergleiche, deren erschöpfende und erschöpfte Genauigkeitsrituale, deren fast subjektlose und phantasiearme Aufmerksamkeit an die neueste Beschreibungsliteratur erinnert. Lesen wir also wieder einmal Restaurationsprosa? Bliebe dieser ehrlicherweise gar nichts anderes übrig als die Fassaden eines hoffnungslosen Alltags so lange anzustarren, bis die auch in Erzählungen versteinern?

Ich breche ab, zum zweiten Mal, diesmal mit der Belegsammlung für meine ersten Klagenfurter Eindrücke, die ich auch bei der Überprüfung am gedruckten Text noch generalisiert und vereinfacht habe, um eine in Klagenfurt vorherrschende und womöglich repräsentative Tendenz der neuesten Erzählprosa zu verdeutlichen, ihre Enge und Ängstlichkeit, die Pedanterie und Melancholie ihres Realismus, eine penetrante, wenn auch vielleicht unbewußte Mythisierung von Alltag.

Ausbruchsversuche aus dieser Schreibkonvention waren auch in Klagenfurt zu hören, so durch den Zugriff auf weitere, relevantere Wirklichkeitsausschnitte, um wieder gesellschaftliche Konflikte statt private Beziehungsprobleme zu erzählen, so auch durch die Sprengkraft subjektiv forcierter Schreibweisen, in Rollenprosastücken, in denen die Sprechenden gegen eine versteinerte Umwelt anrasen, statt ihr nur melancholisch registrierend standzuhalten. Bloßer Beschreibungsprosa ließe sich zwar auf beiden Wegen entkommen, doch die Klagenfurter Exkursionen in gesellschaftliche Weite blieben stecken im Stoff und in guten Absichten, die Flucht dagegen nach Innen geriet in leere Virtuosität, erschöpfte sich in bloß formalen Revolten. War dieses doppelte Mißlingen Zufall oder doch symptomatisch?

»Wo das Auge aufhört, beginnt die Metapher« – dieser auch in Klagenfurt vorgelesene Satz erinnert an eine Erkenntniskraft der Literatur, die durch aktualistische Stoffwahl oder aktionistische Schreibgesten allein noch nicht garantiert ist. Einer der Klagenfurter Texte erzählt von einem zehnjährigen Mädchen, das 1945 in der Ferne seine Heimatstadt Berlin brennen sieht, und dem der Vater sagt: »Das ist Geschichte, das sollte jemand aufschreiben. Du, du willst doch Schriftstellerin werden.« Tatsächlich ergreift die Zehnjährige nun ihren Bleistift, um etwas zu Papier zu bringen »wie die Ilias«. Das Auge hat den Untergang Berlins gesehen, doch als Metapher dafür leuchtet der Fall Trojas. Natürlich scheitert das Unternehmen dieses zehnjährigen Homer, und zwar gleich nach dem ersten Satz: »Es war, als hätte man sie aus den Sternen gerissen und eingesperrt in ihre kleine Figur.«

Genauso: »eingesperrt in ihre kleinen Figuren« bewegen sich die neuesten Kurzsichtigkeitsrealisten durch ihre Sätze. Sie trauen nur noch dem »Auge«, nicht mehr der »Metapher«. Die Autoren der beweglichsten, freiesten Texte im Klagenfurter Juni 1980 dagegen entliefen dorthin, wohin auch die Zehnjährige ihr brennendes Berlin retten wollte: in den alten Frei- und Fabulierraum des historischen Romans. Das Parfüm des Namens der Rose begann schon damals zu duften.

Ein historisches Sujet lockt den Autor wie den Leser mit einer (problematischen) Chance: das Thema muß aus dem Stoff nicht erst entwickelt und entdeckt, sondern kann ihm sozusagen vor die Nase gesetzt werden. Dann sieht das Auge sozusagen nur noch Metaphern. Der Lebenslauf eines Seefahrers und Entdeckers in der ersten Hälfte des 19. Jahrhunderts zum Beispiel dient dann immer nur der *Entdeckung der Langsamkeit*. Mit genau diesem Kunststück hat Sten Nadolny im Juni 1980 den Ingeborg-Bachmann-Preis für sich gewonnen. Ihm war tatsächlich eine Art Quadratur des Kreises gelungen: die gediegenen Konventionen eines etablierten Genres, des historischen Romans benutzend, erzählte er das literarische Thema der Stunde. Denn sein Held, dieser John Franklin ist ein Held und ein Opfer des kurzsichtigen Realismus. Geschlagen mit einem produktiven Mangel, in einem traurigen Wortsinn »begriffsstutzig«, muß er nämlich alle seine Erfahrungen mühselig (und lustvoll) Bild auf Bild aus lauter sinnlichen Details zusammensetzen, wegen einer »übergroßen Sorgfalt des Gehirns gegenüber Einzelheiten aller Art«.

In Franklins Kopf zerfällt also die Seeschlacht vor Kopenhagen 1801 in eine Folge von Stilleben des Schreckens, und im Mittelpunkt dieser still rasenden Realität steht ein Individuum, das diesen Außenweltwahn ohnmächtig, doch mit souveräner Genauigkeit durchbuchstabiert, ein Held des Widerstands nur durch Wahrnehmung, ein Melancholiker, der Glück hat, denn als Forscher wird er Karriere machen gerade kraft seines den Wald vor lauter Bäumen, Blättern und Gesträuch nicht erkennenden Blicks. Das alles hört sich an wie eine poetische Verklärung des gegenwärtigen erzählerischen Notstands, aber auch wie ein zaghaftes Echo zu Handkes *Stunde der wahren Empfindung*: als warte im Rücken der Melancholie ihr Umschlag ins Glück einer neuen Offenbarung der Welt, wie sie »wirklich« ist, zerfallen in Einzelheiten, taufrisch, unschuldig.

Um diesem falschen Sog zu widerstehen, genügt ein letzter Blick auf einen von fast allen damals in Klagenfurt überhörten Text, der auch dem Pathos der Stunde nicht ausweicht, der sich genau in einer kleinlichen Welt bewegt, aber mit nicht niedergeschlagenen Augen, und der im entscheidenden Moment die Spielregeln der Kleinlichkeit aufhebt, ja sanft und entschieden zerreißt.

Brigitte Kronauer entfaltet in *Die gemusterte Nacht* drei Erfahrungen, die der Erzählerin plötzlich, zu einer einzigen verschmelzen: drei unscheinbare, aber emphatische Rebellionen gegen jene alltägliche gesellschaftliche Moral, die schon mit Blicken beurteilt und verurteilt. Dreimal spürt die Erzählerin dieses stumme Gericht der Zuschauer, das dreimal ihr Verhältnis zu Männern beobachtet, begutachtet, erledigt. Dreimal schüttelt sie das unwissende Bescheidwissen der fremden Blicke von sich ab, mit einem jedes Mal gesteigerten Gefühl, ganz anders zu sein als sie im Spiegel ihrer repressiven Umwelt erscheint.

Diese winzigen, aber starken Gesten von Selbstgefühl, ja Autonomie leuchten aus dem Text fast wie utopische Zeichen. Eine Person will nicht über sich verfügen lassen, sich nicht definiert sehen, nicht einmal durch Blicke, weil sie auf ihrer Undeutlichkeit, Unfertigkeit besteht, auf ihrem Geheimnis, ihrer Aura: so bescheiden, doch entschieden kann Utopie sich in einer eng gewordenen Welt ausdrücken. Mit dieser heftigen Geste einer »Utopie der Unbestimmbarkeit« wird aber auch das ganze dumpfe Netz einer in epischer Melancholie erstickenden Schreibwelt für einen kostbaren Augenblick zerstört.

»Freiheit«, sagte Sartre, »ist jene kleine Bewegung, die aus einem völlig gesellschaftlich bedingten Wesen einen Menschen macht, der nicht in allem das darstellt, was von seinem Bedingtsein herrührt.«

(1981 / 1986)

Das Leben – kein Traum?
Vom Nutzen und Nachteil einer autobiographischen Literatur

I

Wer immer heute Romane neuer, aktueller, junger deutscher Autoren liest, kann sich ein Buch vorstellen, das etwa so einsetzt:

Der junge Autor trifft mit dem Zug in Paris ein. Er beschreibt die Einfahrt, den Glanz der Schienen, die Farbe Violett am Abendhimmel. Er sucht ein Hotel, findet ein Zimmer und trägt seinen Namen in die Gästeliste ein. Auf der Hotelbettkante sitzend, versucht er, vergeblich, eine junge Frau anzurufen. In seiner Erinnerung an diese Frau leuchtet mehrfach die Farbe Weiß auf. Er betritt eine Pariser Wirtsstube, sieht auf dem Boden die Sägespäne, bestellt ein Glas Rotwein, erhält es, trinkt es aus, bezahlt es. Der genaue Preis wird genannt. Noch einmal an einem Telefonhörer, gelingt es ihm wieder nicht, die junge Frau zu erreichen. Er sinnt nach über das Verhältnis zwischen Sprache und Schweigen, Farben und Lauten. Als er wieder eine Gaststube betritt, Sägespäne auf dem Boden sieht, Rotwein bestellt –

weiß ich, als inzwischen ungeduldig, unaufmerksam gewordener Leser nicht mehr, ob es wieder dieselbe oder nun eine andere, wenn auch gleiche Gaststube sein soll. Mit anderen Worten: ich weiß nicht, warum ich mit diesem jungen, genauen, sensiblen Autor lesend nach Paris gefahren bin. Ich habe ihm, wie über den Rücken, in sein genaues sensibles Tagebuch geguckt. Was ich an diesem Tagebuchtext also nicht begreife, ist der Akt der Veröffentlichung.

Dieser heute, wie ich behaupte, jederzeit mögliche Romananfang ist zwar erfunden, aber nicht erfunden sind das Unbehagen, die Lähmung, die Ratlosigkeit, mit der ich auf eine solche Lektüre reagieren würde. Genau diese Reaktion habe ich in meine Wiedergabe des Textes natürlich schon hineingeschrieben, sie ist also manipuliert. Vor allem dadurch, daß ich den Icherzähler dieses Romananfangs willkürlich oder unwillkürlich den »jungen Autor« genannt habe: als wäre für mich die Monotonie und Privatheit dieser Prosa, die bloße, matte Richtigkeit ihrer Mitteilungen nur dadurch zu erklären, daß hier jemand ein Stück eigenes Leben, distanzlos wie im Tagebuchmonolog, eher rekapituliert als nacherzählt. Dieser Romanbeginn – jedenfalls in meiner Wiedergabe – öffnet den Blick in die Misere eines beliebigen Alltags und nicht auf ein Leben als Erinnerung, Erfahrung, Entwurf und Traum. Wobei ich stillschweigend und unerlaubt voraussetzte, als hätte es das Programm und die zwanzig Bücher *Dichtung und Wahrheit* nie gegeben, daß Autobiographie und Einbildungskraft, Rekapitulieren und Erzählen sich ausschließen. Um dieses Vorurteil zu widerlegen, genügt ein einziges Zitat, diesmal aus einem wirklich und längst existierenden, 1962 erschienenen autobiographischen Roman, dessen erste Seite auch nichts anderes erinnert als das Eintreffen in einer fremden Stadt:

»Am 8. November 1940 kam ich in Stockholm an. Vom Bahnhof fuhr ich zu Schedins Pension in der Drottninggata, wo Max Bernsdorf ein Zimmer für mich bestellt hatte. Es war ein großes Eckzimmer mit braunen Tapeten und braunen Samtgardinen vor den Fenstern. Glanzflecken waren an der Wand über dem hohen hölzernen Bettgestell und im Tuch der zerbeulten Sessellehnen, und schwarze Male starrten aus dem zerkratzten Holz des Schrankes, in dessen Spiegel ich mich den Koffer abstellen sah. Max wohnte am Ende des Flurs in einer schmalen Kammer, an deren Tür ein Schild hing mit dem Text DON'T DISTURB A SLEEPING DOG. Wie vor vier Jahren in Prag, als ich ihn zum ersten Mal besuchte, lag er im Bett, um Kräfte zu sparen. Er war halb unter Zeitungen begraben und schmauchte eine Pfeife. Schattenhaft standen Schrank, Stühle und Tisch im blauen Rauch. Die Hand, die er mir reichte, war kühl und knöchern. Sein Gesicht war abgemagert, die Haut farblos.«

Unverkennbar ordnen in diesem Text Kunstgriffe die Erinnerung an den Novembertag 1940. Mit Nachdruck, Energie und sicher auch mit Einseitigkeit werden Stimmung, Farben, Details dieses Eintreffens in Stockholm ins Düstere und Trostlose, zu Sinnbildern der Drohung und des Verfalls organisiert. Die Kraft dieser sprachlichen Organisation und das mitgeteilte Panorama der Marodität und Ohnmacht geraten sofort in ein Spannungsverhältnis. In dieser Spannung also beginnt Peter Weiss' autobiographischer Bericht *Fluchtpunkt* und überzeugt, schon durch die Entschiedenheit seiner Sprach- und Bildzugriffe, von der Notwendigkeit dieses Schreibens, in dem ein Publikum, die Zuhörerschaft schon mitgedacht sind. Auch hier veröffentlicht sich etwas Privates, aber der Akt der Veröffentlichung sprengt sofort die Enge und Beliebigkeit des Privaten. Der Rückblick auf diesen 8. November 1940 öffnet für den Autor einen Erinnerungs- und für den Leser einen Phantasieraum, der beim Lesen die Frage, ob hier ein Bericht oder ein Roman einsetzt, eine Autobiographie oder Fiktion, zu einem Problem von nur noch akademischer Würde verblassen läßt.

Peter Weiss selbst hat sich damals, bald nach Abschluß seiner Arbeit, kritisch über genau das geäußert, was heute noch an ihr imponiert. In seinen Pariser Notizbüchern verurteilt er seine und des Buches »Beherrschtheit«: »denn mehr als eine Aussage über meine Wahnvorstellungen und Verirrungen ... wurde das Buch zu einer Beweisführung meiner vermeintlichen Ausdauer und Stärke und der Folgerichtigkeit meiner Handlungen.« Tatsächlich endete sein »Fluchtpunkt«, wie eh und je ein »Dichtung und Wahrheit« in eins spiegelnder Künstler- und Bildungsroman, mit der Zielvorstellung eines zu sich selbst befreiten, produktiv einsamen Menschen, der 1947, auf dem Seinedamm in Paris, im Alter von dreißig Jahren, einsieht und ausspricht, was seitdem als ein großer Gemeinplatz oft und gern zitiert worden ist: »daß es sich auf der Erde leben und arbeiten ließ und daß ich teilhaben könnte an einem Austausch von Gedanken, der ringsum stattfand, an kein Land gebunden«.

Zwischen diesem überlieferten Romanende, das den Fluchtpunkt eines Irrwegs mit Zuversicht aufleuchten läßt, und jenem nur vorgestellten Pariser Romananfang, in dem auf einer Hotelbettkante und am Münzfernsprecher die Telefonverbindung zu einer jungen Frau nicht gelingt, zwischen diesen beiden Versuchen, Autobiographie zu übersetzen in Erzählung, einmal mit dem strategischen Blick auf den Fluchtpunkt, das andere Mal schwermütig, sensibel, richtungslos taumelnd von Moment zu Moment – zwischen diesen beiden Möglichkeiten, etwas Gelebtes schreibend wiederzubeleben, liegen zwei Jahrzehnte Zeit, Geschichte und Literaturgeschichte. Seit Ende der sechziger und Anfang der siebziger Jahre hat sich in einem widersprüchlichen Prozeß durchgesetzt, im Schreiben und am Markt, was Peter Weiss 1962 noch als Außenseiter betrieb, das Erzählen autobiographischen Stoffes, bis schließlich um 1980 Konvention geworden ist, was ein Jahrzehnt vorher Wagnis schien. In jeder neuen Buchsaison erscheinen nun immer neue Väter, Mütter, Tanten, Töchter, Parisreisen, Ehekrisen, Studenten- oder Drogenjahre, also immer neue und doch sich ähnliche Lebenslauffragmente als Vorwürfe oder Vorwände für Romane. Nur noch das jeweils Nächstliegende, die eigene Lebensvergangenheit, scheint den Autoren als Stoff greifbar und geheuer, so daß durch die Literatur ein intimes Raunen und Plauschen zieht und unter Lesern sich ein betroffenes, sympathisches Kopfnicken ausbreitet, als hätte sich unsere literarische Öffentlichkeit verwandelt in eine Selbsterfahrungsgruppe.

2

Im Sommer 1969 schien der Zeitwind noch scharf aus anderer Richtung zu wehen. Gegen ihn anredend, verteidigte damals Dieter Wellershoff in einem Essay die zu jener Zeit verpönte Kategorie des Privaten, und als »Beispiele für Privates«, das dem neunundsechziger Zeitgeist nicht als literaturwürdig gilt, nennt er:

»jemand schwitzt an den Händen, jemand stottert, jemand leidet an Schlaflosigkeit, jemand kann sich nicht konzentrieren, jemand hat Migräne, jemand entwickelt ein Magengeschwür, jemand hat einen Herzinfarkt, jemand rast mit dem Auto, jemand ist prüde, jemand hat nur Sex im Kopf, jemand prügelt sein Kind, jemand will, daß sein Kind es besser macht, jemand weiß nicht, was mit ihm los ist«.

Woraus Wellershoff im Sommer 1969 schließt: »Privat – das ist offenbar immer ein Defekt. Etwas Peinliches, es sollte in den vier Wänden bleiben.«

Eine merkwürdige, eine heute nahezu unverständliche Polemik. Zwar, der damalige Zeitjargon hätte die Wellershoffsche Defektenliste sicher »nicht relevant« genannt. Doch in den Dokumenten und Reportagen, die damals gegen eine nur noch schöne Literatur, gegen die spätbürgerliche Belletristik hochgefeiert wurden, weil sie der herrschenden Ideologie des ästhetischen Null-Tarifs entsprachen, in Erika Runges *Bottroper Protokollen* etwa stolpern wir durch ein Sammelsurium genau solcher privaten Defekte. Ausgerechnet in dieser dokumentarischen Literatur begann das große Geraune und Gerede einzusetzen, in dem jedermann jedermann nur noch kleine, konkrete, private Lebensausschnitte mitteilt, begann das unendliche Stimmengewirr einer authentischen Literatur.

Die herkömmlichen Romane, so behauptete damals Martin Walser, hätten uns durch ihre »nachgemachte Authentizität« den Geschmack an Lebensläufen fast verdorben. Die von ihm in der Untersuchungshaft zum Schreiben aufgeforderte Mörderin oder Totschlägerin Ursula Trauberg dagegen erreiche in ihrer Lebenserzählung »eine Glaubwürdigkeit, die man nur erreichen kann, wenn man sie nicht beabsichtigt«. Hier nämlich werde »endlich einmal berichtet, nichts als berichtet«, womit ja ein Ende allen Schwindels zwischen Dichtung und Wahrheit erreicht wäre. Dann hätte sich Ursula Traubergs Autobiographie hinauf in jenen Himmel geschwungen, in dem eine von keinem Interesse mehr getrübte oder leuchtende Sprache für vollkommene Verständigung sorgt, in dem Schillers Seufzer, daß, wenn die Seele *spricht*, ach, schon die *Seele* nicht mehr spricht, endgültig aufgehoben wäre.

Walsers Enthusiasmus von damals zielte, wenn auch kaum schon bewußt, auf jene Utopie der Unmittelbarkeit, die seit dem Ende der sechziger Jahre viele Schreibende motiviert. Durch solche Hoffnungen oder Verheißungen geisterte das Pathos einer neuen Stunde Null. Als könnte und sollte nach 25 Jahren Nachkriegsrestauration mit dem Sprechen und Schreiben noch einmal begonnen werden. Das herrschende politische System war häßlich, und die bürgerlich schöne Literatur gehörte paradoxerweise ins System: ihre Schönheit war nur

Verschleierung, war Stuck und Schmuck, war Fassadenkunst ohne Wohn- und Gebrauchswert. Eine dokumentarische Literatur sollte – radikaler als nach 1945, in der ersten Stunde Null – durch Kahlschlag die Literatur aus ihrer falschen, faulen Schönheit befreien, sie humanisieren.

Entworfen war damit nicht nur eine neue Vorstellung von Literatur, sondern auch von Autorenschaft. »Warum«, fragte damals rhetorisch Peter Chotjewitz, »warum am Prinzip der Arbeitsteilung zwischen Künstlern und Menschen noch festhalten?« Und Bernward Vesper verkündete das nur Gewünschte schon als wirklich: »Jeder kann es, jeder! Es gibt keine Künstler mehr! ... jeder Versuch, sich auszudrücken ... ist gleich viel wert! ... kein Meister kann das vorweggenommen haben, was ich machen werde, und wenn ich es nicht tue, ist es für immer ungetan und verloren.«

Das sind Botschaften aus dem Geist des alten Tolstoi, der schon zu träumen beliebte von der Auflösung einer Literatur der Fiktionen in eine freie Kommunikation aller mit allen über den jeweils für jeden nächstliegenden Stoff: die eigene Lebensgeschichte. »Die Schriftsteller«, so prophezeite er, »falls es sie noch geben wird, werden nicht etwas erfinden, sondern nur das Bedeutende und Interessante erzählen, das sie im Leben beobachten konnten.« Damit würde sich Literatur als Institution und die Autorschaft als Lebensberuf auflösen. Man tritt vor und auf, teilt das Mitteilenswerte an Erlebtem mit, wird damit für einige Dutzend oder hundert Buchseiten, für einige Tonbandstunden zum Autor, und tritt wieder ab. Für immer, falls einem nichts »Bedeutendes und Interessantes« mehr zustoßen sollte. Die Literatur wäre dann Agora, Forum, Hyde Park Corner, Wandzeitung, locus communis, also Gemeinplatz, oder, wie Walter Benjamin in einem sonst kühnen Aufsatz sehr bescheiden meinte: sie könnte dann funktionieren wie ein Leserbriefkasten.

Solche alten, in unserer zweiten Stunde Null wieder frisch gewordenen emphatischen Erwartungen haben sich bekanntlich so wenig erfüllt wie die der Nachkriegszeit. Damals, als »Kahlschlag« verkündet war, blühten die Metaphern. Diesmal, obwohl eine Auflösung der Literatur und der professionellen Autorschaft angedroht war, begannen neue Karrieren, und was stattfand, war ein Stilwechsel. In seinem Licht wurde ein alter Jagdgrund der Literatur wieder entdeckt: die Autobiographie.

3

1969 veröffentlicht Herbert Achternbusch seine ersten Erzählungen aus dem wahren und phantastischen Leben des Herbert Achternbusch. Im gleichen Jahr probiert Bernward Vesper die ersten Schreibschübe zu seinem autobiographischen Romanessay *Die Reise*. Anfang der siebziger Jahre dokumentiert Rolf Dieter Brinkmann dann in unendlich ausgedehnten Briefserien drei Monate eines römischen Aufenthalts. Als er diese wütende Genauigkeitsarbeit beginnt, ist Karin Struck mit ihrem Dreimonatstagebuch schon fertig, das unter dem Titel *Klassenliebe* Furore macht.

Vier Schriftsteller, unvergleichbar scheinbar, unverabredet sicher, schreiben an einem Projekt, das wie ein gemeinsames aussieht: Schrift und Leben sollen zur Deckung gezwungen werden. Augenblicke, eben vergangen, sollen unmittelbar in, nein, *als* Sprache erscheinen: »Diese in Momente zerriebene Wirklichkeit, diese in Wirklichkeit zerriebenen Momente, diese, jene«, wie Achternbusch notiert. In diesem Schreiben im Licht einer Utopie der Unmittelbarkeit, in diesem barbarischen oder doch anarchischen Verzicht auf Vermittlung durch Form, Distanz, Kontrolle, triumphieren die bewußteren, professionelleren Autoren Achternbusch und Brinkmann über den eher dilettantischen Furor der Struck und Vesper. Wer sich selbst als Dokument veröffentlicht, wer den Abgrund zwischen einer nur dokumentarischen und einer zu privaten Literatur überspringt, als gäbe es ihn nicht, wer die Gerüste der Vermittlung zerschlagen kann und will, der braucht Selbstbewußtsein. Karin Struck sucht es nur, Bernward Vesper spielt es, doch in den besten Passagen Achternbuschs oder Brinkmanns agiert dieses Selbstbewußtsein im Zentrum des Textes, im Zentrum der Zerstörung herkömmlicher Schreibkonventionen, gestenreich, anarchisch, unverwüstlich.

Wieder führt der angestrengte Sprung aus der Literatur hinaus nur in ihre Fortsetzung mit anderen Mitteln. Was intendiert war, läßt sich aus den Schreibtriumphen der souveränen Autoren kaum noch herauslesen, eher aus den Absichtserklärungen ihrer nur forciert selbstbewußten Kollegen. »Welch eine entsetzliche Zeit«, so steht bei Vesper, »die den ›omnipotenten‹ Autor kannte. Jeder kennt diesen Traum, der ein Machttraum ist.« Gegen diese Ästhetik der Selbst- und Objektbeherrschung wird hier auf Auslieferung, Selbstentblößung, ja auf den Rausch der Ohnmacht gesetzt. Ein antiautoritärer Protest schlägt da um in den Kult einer um keine Vermittlung mehr besorgten ersten Person Einzahl: »Es interessiert mich nicht, ob sich jemand durchfindet, oder besser, ich habe es aufgegeben, zugleich genau und verständlich zu sein. Ich interessiere mich ausschließlich für mich und meine Geschichte und meine Möglichkeit, sie wahrzunehmen.«

Einem Kritiker, der Anfang der siebziger Jahre aus sicherem Abstand, aus der DDR, die westdeutsche Literatursituation vermessen hat, besorgt und nicht ohne Schadenfreude, Kurt Batt nämlich, sind kraft seiner Distanz einige Widersprüche dieser literarischen Revolte gegen die Literatur schon damals aufgefallen. Ihm leuchtete zwar ein, daß die beflissene oder kühne Formlosigkeit der dokumentarischen Collagen oder des authentischen Vorsichhinsprechens endlich wieder eine wirre Menge Wirklichkeit in eine Literatur hineinschaufelt, in der alle Lebensprobleme vor lauter Darstellungsproblemen schon zu verblassen schienen. Der westdeutsche Autor, nach Batt ein Literaturspezialist, dem Sprache die Welt schon ersetzt und verstellt, betreibt als Herausgeber von Tonbandprotokollen oder als Stenograph seines täglichen Lebens folgerichtig seine eigene Entmachtung oder Enthauptung, die *Exekution des Erzählers*, wie Kurt Batt seinen westdeutschen Lagebericht nannte. Doch ab 1970 erheben die angeblich Geköpften mächtig wieder ihr Haupt: Jakov Lind, Gerhard Zwerenz, Peter Rühmkorf werfen ihre Lebensberichte auf den Markt, 1972 dann Günter Grass sein *Tagebuch einer Schnecke*. Das autobiographische Schreiben, hervorgegangen aus einem Impuls gegen erzählte Fiktionen und gegen die Literatur der Literaturspezialisten, beginnt sich als führendes Genre zu etablieren. Womit aber die Krise, so Kurt Batt schon damals, nur an ihren Ausgangspunkt zurückkehrt: zur Problematisierung, zur Selbstreflexion des Autors. Nun spricht er, statt seine Nische am Rand der Gesellschaft zur Welt zu erklären oder zu verklären, nur noch von sich, dafür authentisch.

4

Die Widersprüche des authentischen Schreibens stecken schon in dem Wort selbst: Authentisch nennt die Juristensprache zwar glaubwürdige Dokumente, doch die Kirchengeschichte kennt diesen terminus technicus auch als Echtheitsstempel für Reliquien, für die Gebeine der Märtyrer oder andere Andenken an ein Leiden im Dienst des richtigen Glaubens. Märtyrergeschichten, ob von Augustinus, Rousseau oder Strindberg oder Fritz Zorn, haben immer den schärfsten Glanz von Authentizität ausgestrahlt. In ihnen gelingt, was das Wort doppeldeutig verspricht: dokumentarische Glaubwürdigkeit und private Verbindlichkeit.

»Was ich von der Geschichte des armen Werther nur habe auffinden können, habe ich mit Fleiß gesammelt und lege es euch hier vor ...« – das Beteuerungssätzchen, mit dem Goethe seinen folgenreichsten Roman einleitet, versöhnt mit sanfter Sicherheit einen kaum noch spürbaren Widerspruch. Der Autor, in der Rolle des Dokumentaristen und Reliquiensammlers, legt das Privatissimum des Wertherschen Leidens in Urkunden vor. Freilich: diese Herausgeberschaft ist eine Rolle, die Dokumente sind erfunden, Werther wird aufgerufen als Beispiel und stirbt als Stellvertreter, der Referendar Goethe ist aus dem Spiel, hat sich schreibend in Sicherheit gebracht. Genau dieses Manöver, vollzogen mit einer Serie von Kunstgriffen, galt lange als Triumph, dann gerade als die Schande einer bürgerlichen Literatur.

Die authentischen Schreiber der siebziger Jahre beteuern, keine Rolle mehr zu spielen, sich in keine Sicherheit zu manövrieren, ihre Unglücks-, Konflikts- und Schmerzerfahrungen, ihre Schuldgefühle und Rechtfertigungsversuche am eigenen Leib und an keinem Stellvertreter auszutragen. Im Extremfall stirbt in dieser neuen martyrologischen Literatur kein armer Werther, sondern der Autor selbst, Bernward Vesper oder Fritz Zorn. Ihr Tod hat die Glaubwürdigkeit ihrer Bücher, hat deren Radikalität erst bestätigt.

»Authentés« war im Griechischen nicht nur der Meister, der Macher und Täter, sondern auch der Gewalttäter, ein Mörder oder Selbstmörder – auch daran erinnern die gewalttätigen Bücher von Vesper und Zorn und die Aggression, mit der diese Autoren nicht nur gegen die Welt, sondern auch gegen sich selbst vorgegangen sind. Haß ist ein Leitmotiv in *Mars*, und *Haß* wollte Vesper *Die Reise* ursprünglich nennen. In einer trockenen, inbrünstigen Litanei zählt er alles auf, was er haßt: Deutschland, Straßen, Kinder, Alte, Berlin und so weiter, doch abgeschlossen wird die Litanei mit dem großgeschriebenen Satz: »ICH LIEBE MICH«, wozu er jäh die Vorstellung eines (mit Benn-Worten) inszenierten Selbstmords assoziiert: »ein Flammenwurf, ein Sternenstrich ... ›ein allen unbegreiflicher, tragischer SELBST-MORD‹«. So vollzieht sich auf einer halben Seite das ganze Vesper-Leben und -Buch, das Haßprogramm, ein Liebesprogramm und, als Vision, eine selbstbewußte Selbstvernichtung.

Kamikaze-Literatur, das heißt: Mit Literatur hat das so viel und so wenig zu tun, wie die in den gleichen siebziger Jahren ablaufenden Aktionen des in den Untergrund abgesunkenen harten Kerns der Studentenbewegung mit Politik zu tun haben. Authentisch, mindestens das, wollte auch die Stadtguerilla der RAF sein. Sie fragte nicht mehr ernsthaft nach ihrer gesellschaftlichen Funktion und verstand ihre politische Relevanz, soweit darüber noch reflektiert wurde, als Signal eines Opfergangs, als Martyrium. »Körperpolitik« hat Michael Rutschky in seinem Essay über die siebziger Jahre diese Strategie genannt: Einsatz der physischen Existenz als letztes und symbolisches Argument. Eine vergleichbare Körperpolitik, wenn auch in Schrift, treiben nach Rutschky nicht nur die Todeskandidaten Zorn oder Vesper: auch

Schriftsteller wie Steffens, Herhaus, Brinkmann oder Maria Erlenberger haben in diesen siebziger Jahren versucht, Schmerz und Schrecken schriftlich zu übertragen. Trotzdem, der wahre Kamikaze-Autor, der endgültig die Gleichung ein Leben = ein Buch mit dem Tod besiegelt, scheint immer der radikalere, glaubwürdigere, authentischere. Selbst Christiane F., das Kind vom Zoo, wäre, hätte sie ihre Geschichte nicht überlebt, eine bewegendere Zeugin dieser Geschichte geworden.

5

Das alles klingt tödlich logisch, aber so, als eine Auflösung der Literatur in den Tod, war die authentische Literatur von ihren Verkündern nicht gemeint, im Gegenteil: was Tolstoi oder Benjamin oder Walser sich erträumten, war einmal eine Auflösung von Kunst in Leben und schließlich eine freie Autorschaft für alle. Andersherum: sobald jedermann jederzeit Künstler und Schriftsteller sein kann, ist niemand mehr Künstler und Schriftsteller. So die Verheißung. Doch die Autoren, die ihre ersten authentischen Bücher überlebten, die zu ihrem Glück oder Unglück nicht nur weiterleben, sondern auch weiterschreiben wollten, gerieten gegen alle Hoffnung und Verheißung in einen alten Rollenkonflikt, in den zwischen Glaubwürdigkeit und Professionalität. Unwillkürlich wächst ja der aufzuschreibende Lebensstoff nicht nach. Also kämpfen Autoren wie Karin Struck oder Franz Innerhofer oder Brigitte Schwaiger, um ihr authentisches Schreiben fortzusetzen, sozusagen um ein literarisches Leben. Erfahrungen werden daraufhin überprüft – fast möchte man vermuten: gemacht – ob sie auch literaturfähig, mitteilenswert sein könnten, also verwertbar.

Franz Innerhofer, der seine Bergbauernherkunft aus einer Welt sprachloser Wut und Gewalt in eine sprachmächtige Prosaballade, in Literatur hineingeschrieben hat – er sieht sich verschlagen in die Redewelt, in den Bannkreis der *Großen Wörter*, wie er seinen dritten Roman nennt. Als Arbeiterstudent irrt er durch das für ihn unwirtlich bürgerliche Salzburg, an dem er sich rächen wird, durch die Fortsetzung seiner Autobiographie. Immer rascher, atemloser läuft das Schreiben dem eben noch gelebten Leben hinterher. Franz Innerhofer, indem er noch durch die Salzburger Gassen geht, schreitet schon über die Seiten seines dritten Romans.

So kann das Leben, um eine lebendige Literatur abzuwerfen, selbst künstlich werden. In Karin Strucks zweitem Buch *Die Mutter* zittert und gestikuliert eine doppelte Angst, Angst zunächst um die Authentizität des Redens, das flüssig, vorläufig, unmittelbar und unendlich bleiben soll, ohne sich zu verfestigen in Resultaten, in einer Struktur, in einem Werk, aber andererseits rumort dagegen der Ehrgeiz, das Auftragsbewußtsein, Kunst zu machen und Lebensfragen nicht nur aufzuwirbeln, sondern auch zu lösen. Der Rollenkonflikt wird in aller Naivität und auch Koketterie über Hunderte von Seiten verschleppt: Kann die Authentizität überleben, wenn sie sich professionalisiert? Verrät das Schreiben als Arbeit, Dienst und Beruf nicht die Utopie der Unmittelbarkeit, den Rausch einer zwar heillosen, unbestimmten, aber auch unbestimmbaren Subjektivität?

Nur keine Literatur! Diese Losung treibt alle authentischen Autobiographen. Nun verschlingt auch diese Revolution allmählich ihre Kinder, und sie beginnen, statt lebendiger zu schreiben: künstlich zu leben.

6

Mitte der siebziger Jahre deutet sich eine Tendenzwende auch im autobiographischen Schreiben an. Plötzlich erscheinen, statt erster, vehementer Artikulationsversuche, lauter Meisterwerke: Max Frischs *Montauk*, Christa Wolfs *Kindheitsmuster*, Thomas Bernhards in Serie abrollende Erinnerungen an die Salzburger Jugend. Erzähler, die ihre Erfahrungen längst übersetzt hatten in Fiktionen, greifen wieder zurück auf ihren Lebensrohstoff. Seine bisherigen Romane und Geschichten, gesteht Max Frisch wie unter Beichtzwang, hätten sein Leben nicht mitgeteilt, sondern nur »verraten«. Das klingt schon auf den zweiten Blick doppeldeutig. Tatsächlich ist *Montauk* kaum authentischer, wenn auch weniger fiktiv als *Stiller* oder *Gantenbein*, ist wie seine Vorläufer ein Erzählexperiment über das Thema Dichtung und Wahrheit.

»Ich probiere Geschichten an wie Kleider«, sagt Gantenbein, denkt Stiller, zitiert nun, vorwurfsvoll, der Verfasser von *Montauk*. Aber seinem produktiven Lebensdrama, dem Konflikt zwischen Exhibitionismus und Scham, entkommt er auch diesmal nicht. Er treibt es nur in eine Variation. Der Ausstieg aus den Kleidern, das Sinkenlassen der Masken, der Schleier- und Entschleierungstanz ist auch ein neues, raffiniertes Verbergungsritual. Ein Mann steht vor dem Spiegel und sammelt Eindrücke für ein Selbstporträt. Er probiert Wahrheiten an wie Masken, eine vorsichtige Mutprobe. Dieser autobiographische Schreibprozeß, meisterlich kontrolliert, wird in keinen Selbstmord führen, ja auch in keine vor- oder transliterarischen Ausdrucksbezirke. Als Uwe Johnson das neue Manuskript des Kollegen und Freundes Max Frisch gelesen hat, bestätigt er ihm, er habe sein Leben mit den Mitteln der Literatur in ein Kunstwerk verwandelt. Das war als Vorwurf nicht gemeint.

Johnsons alchimistische Verwandlungsformel trifft aber nicht nur *Montauk*, sie stimmt auch für die autobiographischen Bücher von Christa Wolf und selbst Thomas Bernhard. Keine Utopie einer neuen Unmittelbarkeit könnte die Köpfe solcher Schreibmeister provozieren oder verwirren. Sie haben ihren Lebensroman längst lesen und schreiben gelernt. Er kann nur noch in neue Reflexionsstufen gesteigert werden, und Reflexion heißt hier eben auch: Selbstbespiegelung. Wie kunstvoll dabei auch Zweifel am eigenen Spiegelbild literarisiert werden kann, dafür setzen die Selbsterforschungserzählungen von Frisch und Wolf Muster. Thomas Bernhards Erinnerungsprosa dagegen scheint eine Nähe zu den anarchischen und authentischen Selbstprotokollen auch inhaltlich zu suchen: sie ist Abrechnungslitanei, Klage-, Anklage-, ja Haßgesang.

Aber Bernhards gnadenlos protestierende Schreibweise treibt den Autor, dieses Opfer einer Lebensvernichtung durch die Autoritäten seiner Kindheit und Jugend, eben nicht wie Zorn und Vesper aus dem Leben, sondern in einen Schreibtriumph. Fritz Zorn hatte sich diesen Namen nur zugelegt, um seinen wahren Namen Fritz Angst zu verdecken, hatte den Titel *Mars* zwar über sein Buch gesetzt, aber militant ist seine Prosa nur von Gesinnung: sie hält sonst auf gute Manieren, auf Form und Akkuratesse. Während Bernhards Rhetorik wahrhaftig Krieg führt, die eigene Jugend in ein Schlachtfeld verwandelnd, in einen Alptraum, dem er selbst als ein Auferstandener und Schriftsteller entkommt. Auch Bernhards Radikalität bleibt also literarisch und traditionsbewußt. Er strickt ein Kindheits- und Jugendmuster, nach dem von *Anton Reiser* bis zum *Fluchtpunkt* Künstler- und Entwicklungsromane erzählt werden. Leben als schwarzer Traum, doch mit emphatischer Zentralperspektive, und in diesem »Fluchtpunkt« erscheint ein Überlebender und Geretteter – quod erat demonstrandum.

So beginnen sich, Mitte der siebziger Jahre, nach einer anarchischen oder existentialistischen Revolte, wieder praktische und moralische Absichten im autobiographischen Schreiben durchzusetzen, nicht nur in der großen Literatur, in den Büchern der etablierten Autoren. Erst jetzt donnert ja die autobiographische Beichtlawine hinunter ins Tal, und sie wälzt ein Generalthema mit sich: die Verbrechen der Erzieher und der Erziehung.

Gleichzeitig fast mit Frisch und Wolf und Bernhard beginnt in Zürich ein Unbekannter, ein schon Sterbender seine Memoiren aufzuschreiben: Fritz Angst, der sich als Autor seines Buchs dann Fritz Zorn nennen sollte. Merkwürdigerweise versucht auch dieser Anfänger, obwohl leidend und haßerfüllt, meisterlich zu schreiben. Gleich seine ersten Sätze beben vor Lässigkeit und Schärfe:

»Ich bin jung und reich und gebildet; und ich bin unglücklich, neurotisch und allein. Ich stamme aus einer der allerbesten Familien des rechten Zürichseeufers, das man auch die Goldküste nennt ... Natürlich habe ich auch Krebs.«

Haß kann ein grelles, genaues, aber auch kaltes Licht auf die Welt werfen. Fritz Zorns Abrechnung mit seiner Elternwelt folgt der Linie einer Beweisführung, auf der nur noch Beweise, Indizien also für ein Urteil gesammelt werden. In diesem Buch wird folglich nichts geduldet, was für Zorns Klage und Anklage ohne Belang wäre. Das heißt also: alles sozusagen unschuldig Epische ist aus der Hinterlassenschaft des Goldküstensohns getilgt. Er will nicht, er hat nichts zu erzählen, er protokolliert und kommentiert nur: »Meine Lebensgeschichte bedrückt mich zu Tode, aber sie leuchtet mir ein.«

Hier wird ein ganzes Leben in eine einzige Einsicht, man könnte fast sagen: in einen unendlich variierten Aphorismus hineingeschrieben. In dieser Engführung verschreibt, verliert, erstickt Fritz Zorn sein Leben. Aber genau dieses erstickte Leben wollte er uns ja beweisen, exakt und formvollendet. Er zelebriert, wie Adolf Muschg sagt, eine »Zürichbergprosa, in der zur Zertrümmerung des Zürichbergs aufgerufen wird«.

In diesem außenseiterischen, extremen Selbstzeugnis aus der Mitte der siebziger Jahre konzentrieren sich fast alle Motive, die das autobiographische Schreiben von der Studentenrevolte bis zu den Orakeln der Tendenzwende bestimmen: eine antiautoritäre Botschaft, vorgetragen im Gestus der Klage, Anklage und Selbstanklage, gesteigert bis zu einer als Signal verstandenen schriftlichen Selbstverbrennung, aber auch mit einem heimlichen anti-ästhetischen Furor. Gewaltsam wird in *Mars* die Welt vereinfacht, verengt zu einer bloßen Außenwelt, der man selbst zum Opfer gefallen ist. Die beschreibende, leidende Wut sucht in dieser Außenwelt nach greifbaren, haftbaren Schuldigen. Für Zorn sind das die Eltern als Repräsentanten des bürgerlichen Lebensbetrugs und -entzugs. Sie haben ihm alle sinnliche Wirklichkeit verstellt: nun sieht er diese Wirklichkeit nur noch im Schatten der Eltern, kalt, grau, unberührbar.

Damit vollzieht Fritz Zorn-Angst im Mars-Traktat noch einmal jene Politisierung des Privaten, die in der neuen Beicht-, Bekenntnis-, Abrechnungsliteratur von Anfang an mindestens intendiert war. *Mars* will nur ein Fallbericht sein und doch ein Aufruf zur gesellschaftlichen

Veränderung. Für diese allerdings wird hier kein anderes Motiv angeboten als Einsicht in die eigene psychische Lage. Der Politisierung des Privaten folgt, offenbar zwangsläufig, eine Privatisierung des Politischen. Von Zürich aus wird bald nach Fritz Zorns Tod Alice Miller der Welt Schlag auf Schlag beweisen, daß alles geschichtliche Unglück sich auf das Unglück psychisch mißhandelter Kinder zurückführen ließe.

8

»Wir werden erzeugt, aber nicht erzogen, mit der ganzen Stumpfsinnigkeit gehen unsere Erzeuger, nachdem sie uns erzeugt haben, gegen uns vor, mit der ganzen menschenzerstörenden Hilflosigkeit, und ruinieren schon in den ersten Lebensjahren alles in einem neuen Menschen, von welchem sie überhaupt nichts wissen, nur, wenn überhaupt, daß sie ihn kopflos und verantwortungslos gemacht, und sie wissen nicht, daß sie damit das größte Verbrechen begangen haben.«

So paukt, unverkennbar, Thomas Bernhard das neue autobiographische Thema durch, aber so, schon durch Wortgewalt und Sprachmotorik von ihrer gerechten Sache und ihrem verbalen Rächeramt überzeugt, sind Brigitte Schwaiger oder Peter Härtling, Elisabeth Plessen oder Jutta Schutting oder Christoph Meckel ihre Väter nicht angegangen. Keiner von ihnen zieht auch die Schlußfolgerung von Fritz Zorn, der am Ende seines wie eine Selbstverbrennung inszenierten Mars-Buchs zum Sturz der bürgerlichen Ordnung in den Köpfen und in der Außenwelt auffordert. In den Vaterbüchern der späten siebziger Jahre hat die Wut Kreide gefressen. Ödipus ist gehemmt durch Melancholie, ja sogar durch eine traurige oder auch böse Grazie. Man bewegt sich besserwisserisch in einer unverbesserlichen Welt. Väter, die zu nichts anderem mehr zu taugen scheinen, als nachträglich, postum und auf dem Papier, ihr falsches Leben bewiesen zu bekommen, machen ihre Söhne und Töchter merkwürdig kraftlos, traurig, und aus dieser traurig, kraftlos gewordenen Liebe wird eben zur Not auch Grazie, und die kann ganz schön bissig agieren, wie die mokante Beschwerdeprosa der Brigitte Schwaiger am genauesten zeigt.

Die Eltern und sonstigen Erzieher dieser neuen Autobiographen, dieser klug, gerecht und traurig abrechnenden Kinder waren ja mit einem Makel behaftet, über dessen Verurteilungswürdigkeit kein vernünftiger Zweifel erlaubt sein dürfte: sie waren autoritäre Charaktere, unterdrückte Unterdrücker, also potentiell oder tatsächlich Nazis. Um so lähmender, daß Buch um Buch, Vater um Vater, Fall auf Fall etwas erzählt wird, was alle moralische Phantasie tötet (von der ästhetischen ganz zu schweigen), weil das Erzählen der öffentlichen Debatte und dem vernünftigen Urteil immer nur hinterherläuft, statt voraus.

Karl Heinz Bohrer hat die weiteren Folgen dieser praktisch-moralischen Lebensbeschreibungskonvention kürzlich, nicht ohne Arroganz, in einige wegwerfende Sätze zusammengerafft: »Diese Autoren begannen eine häßliche Bekenntnis- und Beschreibungsliteratur zu schreiben, ohne die Gabe der Provokation, Analyse oder Imagination. Sie begannen gründlich langweilig zu werden. Zu ihrem Opportunismus begann ein Mangel an Intensität zu treten: Sie näherten ihre Themen den jeweils einschlägigen Marktdebatten: Soziales, Frauenschicksal, Friede, Kinderglück.« Das tönt hochfahrend, ja zynisch, könnte aber trotzdem richtig sein. Denn eine Literatur des von Bohrer beschriebenen Typs bedient, marktnah und sozialarbeitswillig, vordefinierte Interessen, ob grüne, feministische, narzißtische oder pazifistische. Das Publikum also mit seinen Erwartungen und Bedürfnissen ist der wahre Autor dieses Schreibens, thematisch wie ästhetisch. *Verständigungstexte* hat ein netter und cleverer Lektor einschlägige Texte genannt. Das Modell: einer erzählt anderen von sich, damit auch den anderen ihre eigene Geschichte erzählbar wird. Womit die alte Vision von einer ins Leben, in ein Reden aller mit allen aufgelösten Literatur sich im Zeichen der Tendenzwende zu erfüllen scheint, nämlich ohne kulturrevolutionäre Sprengkraft, nach dem Modell des universalen Beziehungsgeredes, das die Gesellschaft in den siebziger Jahren überall entfesselt hat, in den Kneipen und Küchen, beim Bowling und bei Botho Strauß.

Nur: wo alles beredet werden kann, formlos und unendlich, wird alles schließlich dunkel. Dieser Zug ins Gemurmel, in ein bald gemütliches, bald trostloses Verdämmern der Sprache läßt sich an vielen Verständigungsbüchern beobachten, von Karin Struck bis Jochen Schimmang oder Svende Merian. Der Alltag, dessen Strukturlosigkeit sie willenlos folgen, hüllt sie ein wie warmer Nebel. In ihm nützt dem Blick keine Distanz mehr, er zwingt zu Intimität.

Warmer Nebel: mit dieser Metapher hat Michael Rutschky das charakteristische Klima der siebziger Jahre fassen wollen. Ihn interessiert das Selbsterfahrungsschreiben nur als ein für das Jahrzehnt symptomatisches Sozialverhalten, als eine Such- und Fluchtbewegung in den warmen Nebel und durch ihn hindurch, als »Ethnographie des Alltags«. Wenigstens schreibend wollen diese Autoren die Wirklichkeit berühren, ihre Erfahrungen greifbarer machen, schreibend selbst etwas wirklicher werden, sich in Schrift womöglich verkörpern: Der Text, das bin ich!

Als Adolf Muschg unter Frankfurter Studenten 1980 solche Selbsterfahrungstexte auf ihren Kunstcharakter befragen will, reagiert man unwillig und verständnislos. Offenbar, so Muschg, sollen diese Schriftstücke in einer Gruppe etwas herstellen, wofür ihm das Wort »Kommunikation« zu schwach scheint: es könnte eher »Berührung«, aber auch nur »Markierung von Anwesenheit« gemeint sein. Auch ihm, wie Rutschky, fällt also das Physische, das fast körperlich Gestikulierende dieser Schreibversuche auf.

Der Text, das bin ich! – genau diese Hoffnung oder Behauptung unterscheidet Verständigungstexte von Literatur. Deren innere Spannung ist ohne die Spannung zwischen Autor und Werk nicht denkbar. »Ich bin nicht Stiller!« ruft Max Frisch in seinem ersten Stiller-Satz. Er wäre nicht Werther, beteuert uns Goethe als Werthers Herausgeber. »Madame Bovary – das bin ich«, hat Flaubert gestanden. Alle diese Versicherungen sind halbwahr, sie betonen die »Differenz in der Identität« (Hans-Martin Gauger), zwischen dem schreibenden und dem geschriebenen Ich.

9

Auch in den Alltag des Mannes, der als Tonio Kröger, Aschenbach, Goethe, Leverkühn, Krull und schließlich noch als Rosalie von Tümmler sein Leben »verraten« hat, haben wir ausgerechnet in diesen siebziger Jahren einen unverhofft genauen und ernüchternden Einblick gewonnen: Thomas Manns Tagebücher sind ab 1977 erschienen, dieses bis zum Exzeß antierzählerische Dokument eines Erzählers, der nun vor unseren Augen untergeht in der bloßen Faktizität seiner Tagesläufe. »Man kann alles erzählen, nur nicht sein wirkliches Leben« – Tag für Tag scheint Thomas Mann diese Einsicht Max Frischs zu ratifizieren, so beflissen notiert er immer nur, was vorfällt, aufmerksam, genau, doch wie geistesabwesend, nur als Archivar. Als ihm ein autobiographischer Roman in die Hände fällt, kommentiert er, Kunst wäre »nicht anwendbar« auf das »Leben« – Leben in Anführungszeichen! – wer das versuche, produziere nur »leblosen Greuel, Ohnmacht verbreitend«. Genau das wäre, vermute ich, seine Formel für den autobiographischen Naturalismus unserer Tage.

Deshalb also stellt er sich, mitten in seinem Alltag, so geistesabwesend. Denn Erzählen hieß für ihn, ein nur mögliches Leben entwerfen, als Traum und Traumarbeit, als Motivmusik, durch »raunende Beschwörung des Imperfekts«. Dieser späte Klassiker war gefeit gegen die Illusion, die alle radikalen Lebensniederschriften motiviert, ob von Céline, Mailer oder Achternbusch, von Brinkmann oder Vesper oder Erlenberger: für ihn war die Differenz zwischen Leben und Schreiben,

Erfahrung und Fiktion nicht zusammenzuschmelzen durch Unmittelbarkeit des Ausdrucks.

Thomas Manns oder Flauberts wie auch Kafkas Erzählarbeit stellt Nähe zum Leser nicht her durch Unmittelbarkeit, sondern zunächst durch einen Akt der Distanzierung. Diese Erzähler entwerfen eine Welt epischer Objekte: Orte, Personen, Beziehungen, Aktionen, einen Lebensraum für den Leser, dem aber dort nicht Betroffenheit garantiert wird, auch keine Lebensberatung, sondern zunächst nichts als eine Einladung, ja Verführung, die Welt zu sehen mit dem Erzählerblick des Autors. Sartre hat in seinen infinitesimalen Flaubert-Analysen demonstriert, wie der gleiche Blick, der *Madame Bovary* oder die *L'éducation sentimentale* erzählt, in Flauberts Briefen auch Alltagsereignisse so verfremdet, »derealisiert«, daß sie als Szenen des Erzählers Flaubert wiederauferstehen. Kafka, in einer berühmten Briefstelle an Milena, inszeniert eine Kindheitserinnerung, die Geschichte seines täglichen Schulwegs an der Hand einer ihn bedrohenden Köchin, so energisch als Kafka-Parabel, daß der autobiographische Kern um so unaufhaltsamer schmilzt, je terroristischer die Logik dieser Prosa sich verselbständigt:

»Nun war ja die Schule schon an und für sich ein Schrecken, und jetzt wollte es mir die Köchin noch so erschweren. Ich fing an zu bitten, sie schüttelte den Kopf, je mehr ich bat, desto wertvoller erschien mir das, worum ich bat, desto größer die Gefahr, ich blieb stehn und bat um Verzeihung, sie zog mich fort, ich drohte ihr mit der Vergeltung durch die Eltern, sie lachte, *hier* war sie allmächtig, ich hielt mich an den Geschäftsportalen, an den Ecksteinen fest, ich wollte nicht weiter, ehe sie mir nicht verziehen hatte, ich riß sie am Rock zurück (leicht hatte sie es auch nicht), aber sie . . .«

Ich breche ab. Kafka will sich gar nicht erinnern, er will sich aber mitteilen, und zwar erzählend. Sein Erzählleben, auch in diesem kaum nur an Milena, sondern schon an die ganze Welt adressierten Milena-Brief, funktioniert wie ein Traum, der Traum einer Erfahrung, den Kafkas Sprache mit einer nicht mehr zu bremsenden Motorik entfaltet. Der Blick des Textes ist fest, dringend auf beides geheftet, auf die Szene, aber auch auf den Leser oder Zuhörer. Diese Prosa will, sie muß überzeugen.

Solche Dringlichkeit, diese Notwendigkeit war der autobiographischen Prosa der letzten Jahre nur noch selten anzuhören. Sie trägt sich vor wie mit niedergeschlagenen Augen, diskret, sensibel, genau. Ich glaube dem jungen Autor oder Ich-Erzähler, der im abendlichen Paris eingetroffen ist, erst auf der Bettkante, dann von einem Münzfernsprecher mit einer jungen Frau telefonieren will, vergeblich – alles glaube ich ihm, die Telefonanrufe, die Vergeblichkeit, die Sägespäne, den Preis des Rotweins, alles, zur Not auch die Notwendigkeit seiner Niederschrift, doch nicht die Notwendigkeit meiner Lektüre. Solche Romane funktionieren nicht mehr als »mächtige Kommunikationsmittel zwischen dem Traum eines einzelnen und der tiefen Realität aller«.

Mit diesen Worten hat Marthe Robert Leistung und Wirkung der klassischen bürgerlichen Erzähler definiert, und ihre Formel trifft noch zu auf Günter Grass, der uns dazu überredet hat, lauter Weltgeschichten, ob die Hitlers oder des Kochens, aus dem ödipalen Schrecken, aus dem Dreieck Vater, Mutter, Kind explodieren zu sehen.

Für Marthe Robert, 1972, war dieser Erzählertraum, als Sprache von einem mit allen und für alle, nur noch Großväterkunst. Sie schwärmt von einem »freien Roman«: »frei, nur noch eine Aufreihung von Sätzen ohne Geschichte und ohne Geschichten zu sein, frei, nur noch den narzißtischen Rausch seines eigenen Geschriebenseins mitzuteilen ...«

Das war damals gemeint als eine Huldigung an die Doktrin des Fortschritts und an ihren damaligen literarischen Statthalter, den schon damals vergreisenden nouveau roman. Mit solchen Vorstellungen von Literatur als einer fortschrittlichen Selbstbespiegelungsmaschine haben die Autobiographen der siebziger Jahre tatsächlich aufgeräumt. Gemessen an den in der Avantgarde zugespitzten Standards von Kunstautonomie, sind sie als Barbaren aufgetreten, roh in ihrem Stoffinteresse, unbefangen als Stilisten, zutraulich zum Publikum, barbarische Musterkinder einer Zeit, die sich allmählich als Postmoderne verstanden wissen wollte.

10

In einer Postmoderne, falls es sie gibt, wäre alles wieder möglich, also auch der Versuch, das eigene Leben zu projizieren in Fiktionen. Die großen Epochenromane, die Peter Weiss und Uwe Johnson in den siebziger Jahren entworfen haben, Peter Handkes Variationen einer idealen Autobiographie, aber auch Christa Wolfs Rollenspiel als *Kassandra* sind Beispiele für die Möglichkeit und für die Unkosten dieser Rekonstruktion eines alten Erzählverfahrens. Kaum zufällig haben diese vier Autoren ihre letzten Bücher vorbereitet oder begleitet durch Lebens- und Arbeitsberichte, Notiz- und Tagebücher, Uwe Johnson und Christa Wolf durch ihre Frankfurter Poetik-Vorlesungen, Peter Weiss durch seine Stockholmer, Handke durch seine Salzburger Reflexions- und Übungsnotate. Der Prozeß der Fiktionsbildung ist also einsehbar.

Am bündigsten hat Peter Weiss verraten, was er in der *Ästhetik des Widerstands* erzählt: seine »Wunschautobiographie«, die Aufhebung der eigenen Lebensgeschichte in Fiktion, das Leben als Wahrtraum. Die Stockholmer Notizbücher überliefern immer wieder einen magischen Initiationsvorgang: Peter Weiss versucht, in den Ton einer zweiten Stimme, in den Blick einer nur gewünschten Erfahrung einzudringen, in eine Haut und Maske, die vorerst nur aus Sprache besteht:

»Ich war während dieser Tage, ehe ich Spanien verließ, völlig damit einverstanden, daß alle, die sich der kommunistischen Planung, den Direktiven der SU widersetzten, aus dem Weg geräumt wurden, und ich hätte im Augenblick jeder Verurteilung zugestimmt, wenn sie sich gegen einen Sowjetfeind richtete, so groß war mein Haß auf die Faschisten, so übermächtig war der Schrecken vor dem, was noch auf uns zukommen sollte –.«

Welche Lust, welcher Schrecken, welche ambivalente Faszination für den Bürgersohn Weiss, sich in diese Rollensprache einer unbeirrten Klassenkampferfahrung hineinzuverlieren, um aus ihr, nur kraft Sprache, eine Romanwelt zu entwerfen!

Eine ähnliche Verschmelzung von damals und jetzt, Rolle und Autor versucht Christa Wolf im jähen Einsatz des *Kassandra*-Buchs zu erzwingen: »Hier war es. Da stand sie. Diese steinernen Löwen, jetzt kopflos, haben sie angeblickt.«

Und dann, sieben Zeilen weiter:

»Mit der Erzählung geh ich in den Tod. Hier ende ich, ohnmächtig, und nichts, nichts was ich hätte tun oder lassen, wollen oder denken können, hätte mich an ein andres Ziel geführt.« Womit die Haut der Erzählung beide, »sie« und »ich«, Kassandra und Wolf, in einen einzigen Körper zusammengezwungen hat. Dieser angespannte, angestrengte Ton ließe sich nicht mehr übersetzen in einen listig wohlmodulierten Satz wie: »Was ich von der Geschichte der armen Kassandra nur habe auffinden können, habe ich mit Fleiß gesammelt und lege ich euch hier vor...« So wenig wie Handke noch mit Goethescher Gottvaterlässigkeit einsetzen könnte mit dem Satz: »Loser – so nennen wir einen Gymnasiallehrer in den besten Jahren – ...« So wenig wir – leider – von Uwe Johnson je noch das Geständnis vernehmen werden: »Gesine Cresspahl – das bin ich.«

Was allen diesen Erzählversuchen anzuhören ist, im Ton der Beschwörung und zuweilen auch der Verkrampfung, sind die Schwierigkeiten, die heute der Erfindung eines zweiten, eines fiktiven Lebens entgegenstehen. Handkes schriftliche Stellvertreter Sorger oder Loser, Wolfs hochfahrende Schmerz- und Endzeitprinzessin oder Peter Weiss'

Widerstandsrhapsode sind forcierte, sind herbeigewünschte, herbeigeredete Figuren eher als jene Wesen, die in den alten Romanen mit Recht »Helden« genannt wurden. Selten erreicht die Sprache die ruhige Selbstverständlichkeit, die man früher vom Erzähler erwartete. Sie neigt zu Rhetorik und manierierten Gebärden, zu einem Stil also, der gestikuliert statt zu zeigen. Immer wieder dringt die Mündlichkeit des Erzählens, die Stimme des Autors durch den nur scheinbar objektiv abgeschlossenen Text. Ganz läßt sich also das Doppelleben dieser neuen Romane, ihr nicht aufgelöster autobiographischer Kern, nicht verdecken.

Das alte Spiel ist schwieriger geworden, aber immer wieder gelingt es, zum Staunen der Autoren selbst: »Ich bin ein Schizophrener«, schreibt Peter Weiss gegen Ende seiner Arbeit an der »Wunschautobiographie«:

»Halte mich seit mehr als 8 Jahren aufrecht mit diesem Roman-Leben. Es ist das künstlich Erzeugte zu meinem einzigen Leben geworden, alles was hier vorkommt, ist wahr für mich . . . ich kann nicht mehr trennen zw. Erfundenem u. Authentischem – es ist alles authentisch (wie im Traum alles authentisch ist) –.«

Es ist der gleiche Traum, aus dem der Kollege Flaubert erwachte mit dem Seufzer: »Madame Bovary – c'est moi.« Mit anderen Worten: Ich bin mein Roman, der ich nie war.

II

Das könnte wie ein Schlußwort geklungen haben: sonor, etwas zu fest und feierlich, traditionsbewußt, konservativ, postmodern. Aber die Geschichte des autobiographischen Schreibens läuft weiter, und ihr Ausgang ist immer noch offen.

In einem dem eigenen Leben nacherzählten Roman des Jahres 1983, in *Irre* von Rainald Goetz, tritt dem Autor gleich auf Seite 10 ein sogenannter »neutraler, jedoch wohlgesonnener Beobachter« entgegen und hält dem Autor vor, sein hier anlaufender Roman verfahre zu kunstreich und liefere zu wenig »Material«, und zwar zu einer »Ethnographie des Alltags«, auf die es heute allein ankäme, während »Kunscht« oder vielmehr »Kunscht-Ambition« den Markt nur noch mit Totgeburten beliefere.

Dieser »wohlgesonnene Beobachter« und Vertreter einer »Ethnographie des Alltags« kann nur der Erfinder dieser Begriffsprägung, kann nur Michael Rutschky sein. Und tatsächlich taucht auch in seinem 1983 erschienenen Essaybuch *Wartezeit* ein Medizinstudent R. oder G. auf, der ihn, Michael R., allabendlich traktiert mit seinen täglichen Erfah-

rungen in der Psychiatrie, also mit seiner bewußten oder noch vorbe-
wußten Materialsammlung zum kommenden Roman.

Der Essayist Rutschky versucht nun, den Medizinstudenten und
künftigen Autobiographen Goetz in eine seiner luftigen Theorien ein-
zuspinnen: denn dieser G. entzieht sich ja seiner täglichen Lebenspraxis unter Ärzten und Irren, agiert in ihr nur noch wie unter einer »Tarnkappe«, weil sich in ihm insgeheim schon der kritische Text vorbereitet, den er abends einem Dritten, den er später sogar unzähligen Dritten, den Lesern seines Romans nämlich, vortragen wird.

Womit in diesen beiden Büchern des Jahres 1983 noch einmal vorwurfsvoll ungelöst alle unsere Fragen nach den Zusammenhängen
zwischen Leben und Schreiben, Authentizität und Fiktion, Dichtung
und Wahrheit neu formuliert werden. Vorgehalten wird dem Autor des
Romans ja zweierlei: einmal, daß er sein Material in etwas hineinver-
rate, was »Kunscht« genannt wird – aber auch, daß er sich seinem
Leben unter einer Tarnkappe entziehe, daß er kaum noch authentische
Erfahrungen machen könne, weil er sie immer gleich verwerte als Material einer authentischen Erfahrungsprosa. In seinem Roman entzieht
sich Rainald Goetz diesen »wohlgesonnenen« Vorwürfen mit einer
zwei Seiten langen Sprachschlange, der nur eine einzige verständliche
Mitteilung zu entnehmen ist: »Warten Sie es doch einfach ab.«

Dreihundert Seiten lang warten wir lesend ab, aber dieser Autor läßt
weder die »Kunscht« noch das »Material« endgültig gewinnen. Am
Ende, eingetroffen in New York, das er, wieder unter einer Tarnkappe
blickend und agierend, als nächstes Lebens- und Schreibthema gewählt hat, notiert er fünf Zeilen vor dem Schluß: »Ich atme, atme,
atme.« Die letzten beiden Sätze lauten dann: »Bin ich endlich frei? Ist
endlich alles eines, meine Arbeit?«

Aus diesen Schlußakkorden tönen sie noch einmal, die treibenden
Energien der autobiographischen Literatur in den siebziger Jahren und
über sie hinaus: die Vision eines Schreibens, das wieder so natürlich,
so unwillkürlich sein könnte wie Atmen – und dazu die Hoffnung, sich
durch eine Erinnerungsarbeit zugleich zu befreien und zu verwirklichen.

Der Autor von *Irre* ahnt allerdings, entschiedener als viele andere
Autobiographen des vorangegangenen Jahrzehnts, daß er sich kaum
kräftiger befreien und verwirklichen kann als durch das, was er,
schamvoll und selbstbewußt, die »Kunscht« nennt. Goethe hat diese
Einsicht etwas feierlicher und selbstbewußter formuliert: »Man
weicht der Welt nicht sicherer aus als durch die Kunst; und man verknüpft sich nicht sicherer mit ihr als durch die Kunst.«

(1984)

III.
FINALE

Alles, was neu ist oder scheint an einem neuen Schreibtrend, nach wieder einer Wende, einem Paradigmenwechsel, wird am reinsten erfüllt von neu auftretenden Autoren, so auch das Schreibprogramm der achtziger Jahre, falls man den postmodernen Pluralismus mit seiner Öffnung ins Allbeliebige noch ein Programm nennen darf. Doch all der Trubel des Neuen verdeckt immer wieder, wie unbeirrbar oder doch fast unbeirrt die Autoren einer älteren Generation ihre Lebensläufe und Lebenswerke fortsetzen, geprägt von nun scheinbar veralteten, aber immer noch produktiven Voraussetzungen.

Ungleichzeitigkeit – eine doppeldeutige Diagnose, denn ungleichzeitig steht das Alte neben dem Neuen, aber auch das Nagelneue in Nachbarschaft mit dem von Gebrauchsspuren gezeichneten Alten. Und plötzlich entdeckt man auch, im Licht einer neuen Zeit, an den Werken der Alten Meister die Zeichen ihrer Vorläuferschaft: ohne Anbiederung an die Losungen der Postmoderne scheinen sie deren freie Spiele schon vorweggenommen zu haben.

So gesehen, in dieser vielleicht trügerischen Harmonie der Generationen, versammelt das letzte Jahrzehnt der bundesrepublikanischen Literatur noch einmal alle ihre wesentlichen Motive und Motivationen neben- und gegeneinander, ihren Frust und ihre Wut, ihren Spielgeist und ihr Trauerherz, ja – um noch einmal an eine Unterscheidung von Heinrich Böll zu erinnern – das Untröstliche, aber nicht Trostlose einer Literatur, die ihre Welt hält gegen die Welt.

Kahlschlag
Max Frisch: *Blaubart*

Die Erzählung ist kurz, die Sätze sind kurz, der Wortschatz bleibt karg bis dürr, und den sogenannten Stoff, so grell er auch zunächst scheinen mag (ein Callgirlmord –, war der ehemalige Ehemann der Täter?) –, auch den wird kaum noch jemand für unerhört halten. Selbst ein langsamer Leser kann also diese zehn Druckbogen schnell und verdächtig widerstandslos durchfliegen. Danach war ich zugleich enttäuscht und irritiert und merkte erst allmählich, wie unerledigt das Buch für mich noch immer war, wie eigensinnig einzelne Sätze und Motive weiterhin in meinem Kopf herumpochten.

Man wagt ja, angesichts der landläufigen Brillanz- und Wegwerfliteratur, kaum noch daran zu erinnern, daß womöglich auch oder gerade zunächst unscheinbare Bücher auf eine zweite Lektüre angewiesen sein könnten. Außerdem: von Altersprosa werden wohl vor dieser Erzählung nicht nur Germanisten reden, und daß Alter eben nicht unweigerlich in ein mild verrücktes, heiter schizoides Blühen führt, wie uns neuerdings manchmal weisgemacht wird, mit dieser Einsicht hat sich und uns Frisch nun schon einige Bücher lang gequält.

»Herr Geiser hat Zeit«, so stand's auf der ersten Seite von *Der Mensch erscheint im Holozän*. »Ich habe jetzt Zeit wie noch nie«, sagt auch der neue *Blaubart*. Man sitzt und wartet. Auf was? Auf das Ende des Alterns? Auf eine endgültig wahre Ansicht des heruntergelebten Lebens? Auf das Ende?

Felix Schaad, der stumm brütende Held der neuen Erzählung gibt allerdings vor, erst vierundfünfzig Jahre alt zu sein, und das würde ich wohl auch bei einer dritten Lektüre für nicht ganz glaubwürdig halten. Ich sehe da Seite für Seite jemanden in ein restlos ausgeglühtes, irreparabel versteinertes Leben starren. Warum Melancholie einmal als Todsünde galt, hier läßt es sich erfahren.

Das Buch besteht fast nur aus Stimmen, aus Resten des überstandenen Mordprozeßverhörs und aus Fragmenten eines nur in der Einbildung weiterlaufenden Prozesses, aber Dr. med. Felix Schaad selbst, der längst freigesprochene Angeklagte, der seine sechste Frau offenbar nicht ermordet hat, aber auch seine siebente noch verlieren wird, dieser unschuldige Schuldbewußte bleibt inmitten des seinen Kopf heimsuchenden Stimmengewirrs nahezu stumm. Sechs Ehefrauen, unzählige Zeugen reden und quasseln über ihn, befragt von Verteidigung, Staatsanwaltschaft, Geschworenen und Richtern. Jeder entwirft irgendein fahrig skizziertes »Bild« von ihm (das Tödlichste bekanntlich, was nach Frisch ein Mensch einem Menschen antun kann), doch er selbst scheint keins mehr von sich zu besitzen.

Das also war es, was mich beim zweiten Lesen vor allem betroffen machte: wie einer inmitten seines unendlich beredeten Lebens herumhängt wie bewußtlos, als wäre er nur noch Körper, ja fast ein Gegenstand, Sperrgut, am Boden, am Leben nur noch gehalten durch das Gewicht eines ratlosen Schuldbewußtseins, seiner Schwermut. Der hätte nicht mehr die Kraft, ein Buch lang zu rufen: Ich bin nicht Stiller! Und schon gar nicht die Phantasie, sich den Namen Gantenbein und die Abenteuer einer neuen Haut zu wünschen.

Denn Frisch arbeitet hier tatsächlich weiter am Hauptträuma seines Schreiblebens, also an den ineinander verschränkten Themen der Identität, des »Du sollst dir kein Bildnis machen«, der Sucht und Eifersucht, der Erlösungswünsche und des Mißtrauens, mit denen die Geschlechter sich gegenseitig traktieren. Früher war seine Erzählwelt vollgepflanzt mit Zeichen oder Schimären der Untreue, des Verrats. Jetzt starrt er nur noch auf die Indizien der Schuld oder Unschuld. Der Lustverlust, der Kahlschlag sind unübersehbar. Führt das nun zur Konzentration, zu bloßer Reduktion, zur Verschärfung oder zur Austrocknung?

Zunächst einmal kann Frisch, ob er das nun einkalkuliert hat oder nicht, sich natürlich darauf verlassen, daß er von Frischlesern gelesen wird, daß es für die neue Erzählung sozusagen keine absolute, sondern nur noch eine relative Lektüre gibt, weil sie ganz unwillkürlich zu einem Resonanzraum wird, der sich mit Echos aus anderen Büchern füllt, anreichert.

Wenn zum Beispiel ein Eifersüchtiger wie dieser Dr. med. Schaad in dem Augenblick alle Eifersucht »vergißt«, wo er ganz sicher sein kann, daß seine sechste Gattin Geschlechtsverkehr mit beliebig vielen anderen als Beruf ausübt, dann wird sich diese hier nur kurz und knapp servierte Pointe im Kopf eines erfahrenen Frischlesers bedeutend aufladen. Denn mit dieser, psychotechnisch gesprochen, paradoxen Intervention hätte man anderen Frischhelden Feuer und Qual ihres ganzen Lebens patent auslöschen können.

Es wimmelt also, wie in Spätwerken üblich, von Anspielungen, Wiederholungen, bleichen Variationen und Umkehrungen, von lauter halb mürrischen, halb feierlichen Verweisen auf das schon einmal Gesagte und Gemachte. Daß bloße Möglichkeiten, Wahnvorstellungen von »Was wäre, wenn?« wirklicher scheinen können als Wirklichkeit, dieses Frisch-Motiv beherrscht ja das Buch und seinen Helden bis fast zur letzten Seite: Hätte er nicht jederzeit ein Mörder, ein Frauenmörder sein können – auch wenn er an einem bestimmten Nachmittag keiner war?

Wieder also werden Realszenen wie Traumszenen zitiert und umgekehrt, treten Tote redend zurück ins Leben, wird auf dem Höhepunkt
einer Krise ein Auto gegen einen Baumstamm gelenkt, wieder stürzen
sich Held und Autor zuletzt in ein virtuoses Finish, in eine »Rettung«,
die wie so oft bei Frisch nur wie ein unhaltbar freundliches, vages
Versprechen klingt. Wieder wird vor allem der Prozeß einer Gewis-
senserforschung in die sarkastische, von Frisch geliebte und allzu gekonnt beherrschte Form eines Frage- und Antwortspiels übersetzt,
dessen Netzwerk nun das ganze Buch überzieht.

Was man, auch in Büchern, »Welt« nennt, ist dagegen fast unsichtbar geworden. Schaads Welt ist geschrumpft auf die der Indizien, der
inwendigen Stimmen, des Verhörs, eines ewig weitermurmelnden Gewissens. Er lebt unter dem Terror einer Moral, einer mehr geahnten als
gewußten Lebensverfehlung. Was immer er noch tut (wandern / Bil-
lard spielen / saufen / in der leeren Praxis, vergeblich, auf Patienten
warten / nach Japan reisen), erwähnt er nur als Beschäftigungsthera-
pie. Nein, Felix Schaad ist nicht das, was man einen guten Erzähler
nennt, und ein praller schon gar nicht.

Was er (und Max Frisch) in diesem Buch arrangiert haben, erinnert
eher an japanische Gärten, die hier sicher nicht ganz absichtslos zitiert
werden. Wie vor diesem knappen Wachsen und Blühen im Geröll wird
man auch in Frischs Text immer aufmerksamer, empfindlicher für das
wenige, das aus seiner kunstvollen Monotonie aufscheint. Alles macht
plötzlich Zeichen, manchmal schon überdeutliche und obszöne, das
Weiß eines Schwanenhalses oder eines Arztkittels oder der bei der Leiche aufgefundenen Lilien, eine Kiesgrube, die Zeremonie des Hände-
waschens, das dumpfe Schwitzen in einer Sauna, der Tatbestand des
»gewaltsamen Eindringens« (nur in eine Wohnung allerdings), der zu-
stoßende Billardstock, die geschälten Spargel.

Wer will, kann das auch peinlich finden. Die Erzählung spricht
streckenweise tatsächlich die peinliche, andeutende und doch nackte
Sprache des Traums, des Verdrängten, eines sehr hell und manchmal
auch zu fein ausgeleuchteten Traums. Sie übersetzt Emotionen in Zeremonien. Sie läßt, wie viele Autoren, die ihr Lebensthema noch einmal
und wie zum letzten Mal zur Sprache bringen, fast alles »Erzähl-
fleisch« weg und hantiert mit einem Knochengerüst, einem Skelett
von Fabel. Zarter gesagt: alles Inwendige wird kahl sichtbar, wird
äußerlich. Noch zarter: das Buch zeichnet fast nur Linien, zeigt keine
Farben.

Aber Herr Frisch und Herr Dr. Schaad, so möchte nun längst der
Staats- und Literaturanwalt dazwischenfragen: dieses schuldbewußte
und doch nicht besserungsfähige, in dieser neuesten Erzählung sogar
siebenmal mit einer Ehe besiegelte Herumphantasieren an den Frauen

– ist das nicht zu privat? Für eine Veröffentlichung als Literatur? Eine jahrzehntealte, unermüdliche und unvermeidliche Frage. Und ich höre die beiden Befragten schon antworten, schuldbewußt und doch störrisch, beide: Das stimmt.

Auch in dem Buch sitzt ja Felix Schaad auf das vollkommenste isoliert in seinem dumpfen Brüten über sein Lebensrätsel, über den Zusammenhang zwischen Lieben und Zerstören: »Seit meinem vierzehnten Lebensjahr habe ich nicht das Gefühl, unschuldig zu sein.« Niemand sonst zeigt sich an diesem Rätsel erkennbar interessiert. Selbst an den Juristenfragen reden die meisten Zeugen wie geistesabwesend vorbei. Jeder Befragte ist hemmungslos nur interessiert an der Ordnung, den Lösungsversuchen seines eigenen Lebens, an Beruf und Karriere, an einem guten Bordeaux, an der Emanzipation, an Einstein oder an einer längst vergangenen Jugend.

»Privat« heißt ja zunächst nur Fürsichsein, abgeschlossen, abgetrennt. Ein Privatmensch ist also Felix Schaad nicht nur, weil niemand mehr in seine Praxis kommt. Fast möchte man ihn für einen Säulenheiligen halten, einen Wüstenmenschen, einen Sektierer. Sein stummes Insistieren auf einer Schuld, die er weder verhindern konnte noch wiedergutmachen kann noch genau zu benennen wüßte, diese sozusagen instinktive Zerknirschung ist – religiös.

Frisch hat ein (trotz aller Gekonntheit) sehr wortkarges, ja ein schweigsames Buch geschrieben. Das ist auch riskant, es öffnet Lükken. Aber die nicht nur literarische Qualität dieses Autors bestätigt sich auch darin, daß er hier grau und rigoros sein Lebensthema in eine neue Konsequenz hineingetrieben hat, ohne diese wohlfeil dem Zeitgeist auszuliefern. Andere Autoren haben sich ja die Beteuerung »Ich bin ein religiöser Mensch« schon wie einen Orden auf die nackte Brust geheftet.

(1982)

Eigensinn
Uwe Johnson: *Jahrestage*

Das mag für Zufall halten, wer will – denkwürdig bleibt es, daß die einzigen beiden weit ausladenden, epochenumgreifenden Erzählwerke, die im vergangenen Jahrzehnt auf deutsch geschrieben wurden, von zwei Emigranten hergestellt worden sind, von Peter Weiss in Stockholm und von Uwe Johnson in New York und Sheerness on Sea.

In der *Ästhetik des Widerstands* taucht die Bundesrepublik gar nicht mehr auf, in den *Jahrestagen* nur in eilig vorbeihuschenden Szenen. Nun liegen, kein Wunder, diese sieben Bände Roman auf unserem literarischen Markt wie Findlingsblöcke, fremd allen hierzulande von Saison zu Saison changierenden Literaturerwartungen, doch aufgeladen mit einem monumentalen Vertrauen in die Monumentalität von Literatur: als könnte *Krieg und Frieden* immer noch einmal erzählt werden.

Wer sich auf die Lese-Weltreise der *Jahrestage* einläßt, der reist allerdings nicht nur durch die Weite einer Epoche, von der Weimarer Republik über das Dritte Reich und die DDR bis ins Manhattan der Vietnamkriegszeit, nicht nur von Mecklenburg nach New York und durch ein Gruppenbild aus immerhin über 400 Personen, sondern der wird auch noch versorgt mit Einblicken in viele ihm bisher unerschlossene Lebensbereiche, mit nützlichen oder garantiert zweckfreien Einblikken, zum Beispiel

in das Innenleben der Mafia oder SA,

in die genaue Topographie von mecklenburgischen oder südenglischen Kleinstädten,

in die Lokal- und Weltberichterstattung der *New York Times*,

in das dramatisch verengte Weltbild eines Kleinkinds,

in die trostlosen Slums und die trostreichen Parks der Upper West Side Manhattans,

in die Arbeit am Lügendetektor,

in das schon rund 250 Millionen Jahre während Leben der Kakerlaken,

in die Bedeutungen der Farbe Gelb in der amerikanischen Sprache und im Straßenbild New Yorks,

in die Neujahrswünsche eines mecklenburgischen Tischlers im Jahr 1934 oder

in die Haushaltsausgaben seiner inzwischen in die USA verzogenen Tochter am 29. 12. 1967.

Dieser Erzähler liebt also nicht nur weite Distanzen, er macht auch Umstände und Umwege, er ist ein Pedant der Ab- und der Ausschweifungen. Ordnung, eine schon zwanghafte Sucht nach Vollständigkeit und Genauigkeit einerseits und andererseits ein lustvolles Sichtreibenlassen bis fast in Anarchie, das scheint sich für Johnson, solange er erzählt, nicht zu widersprechen. »Der Humorist lustwandelt im Unendlichen«, hat Schnitzler notiert. Daß auch Johnsons Umständlichkeits- und Genauigkeitswahn die Notwehr eines Humoristen sein könnte, das soll, vorerst, als bloßer Verdacht stehenbleiben.

Solche Widersprüche, zwischen Präzisions- und Spiellust, zwischen zwanghaftem Kalkül und phantastischer Unendlichkeit, waren schon im kühnen (und künstlichen) Entwurf des Romans angelegt, schon in der Spannung zwischen exakter äußerer und freier innerer Erzählzeit: Verfolgt werden zwar nur akkurat 367 Tage aus dem Leben der Gesine Cresspahl, einer Bankangestellten mecklenburgischer Herkunft, ledige Mutter einer elfjährigen Tochter, beide derzeit in New York, doch die Bankangestellte Cresspahl versucht ja, während dieses New Yorker Jahrs in dessen Vorgeschichte einzudringen, in die Geschichte ihrer Jugend, ihrer Kindheit, ihrer Eltern, Großeltern, Tanten, Onkel, samt deren mecklenburgischer Menschen- und Landschaftsumgebung. Die ledige Mutter möchte vor ihrem einzigen Kind Marie einmal nicht so rätselhaft dastehen wie ihre eigenen Eltern vor ihr. Nur, wozu der Aufwand: läßt sich aus Lebensläufen irgend etwas lernen?

Gesine Cresspahl zum Beispiel erinnert den ganzen vierten Band der *Jahrestage* hindurch ihre mecklenburgische Jugend und Schulzeit zwischen Kriegsende und dem 17. Juni 1953, die unaufhaltsame Durchsetzung also dessen, was heute als »real existierender Sozialismus« firmiert, die erst schleichende, dann galoppierende Korruption aller sozialistischen Hoffnungen der Nachkriegszeit. Aber die Bankangestellte Cresspahl in New York beginnt, gegen ihre gerade rekonstruierte Erfahrung, auf das Ende aller real existierenden Korruption durch die Prager Reformer zu hoffen. Stunden vor der Roten Armee wird sie an ihrem letzten »Jahrestag« mit dem Kind Marie nach Prag fliegen, um dort den Sozialismus »reparieren« zu helfen, und zwar mit einem amerikanischen Bankkredit. Johnson verweigert ein Finale, jede dramatische Entscheidung: mutmaßen darf wieder nur der Leser, ob in Prag auf Gesine Cresspahl am 21. August 1968 das Ende des Lebens oder das Ende ihrer letzten, unbelehrbaren Hoffnung wartet.

Die *Jahrestage* erzählen also in ihrem vierten Band von einer Narbe, die wieder eine Wunde werden möchte, von einer Desillusion, mit der nicht gelebt werden kann, die weder anzunehmen noch zu vergessen ist. Johnson hat seine Gesine Cresspahl in ein Labyrinth aus Sackgassen geschickt: Wenn damals, im mecklenburgischen Jerichow unter sowjetischem Protektorat, wenn jetzt, im Prag nach dem Prager Frühling nicht mit Anstand *und* mit Hoffnung gelebt werden kann, wenn sich diese Verbindung von Würde und Perspektive, dieser Inbegriff von Lebenssinn auch kaum im New York zur Zeit des Kriegs gegen Vietnam aufrechterhalten läßt – wo dann? »Ich möchte auf die Wolken«, hatte diese Gesine Cresspahl schon in Johnsons erstem Buch gesagt. Wohin soll sie noch auswandern, fragt sie nun an einem ihrer »Jahrestage«: »Auf den Mond?« Am Ende also sehen wir sie, statt auf den Mond (oder auf die Wolken), abfliegen nach Prag, in das neue Ende einer alten Illusion.

Noch einmal also: läßt sich aus Lebenserfahrungen, Lebenserzählungen irgend etwas lernen, und was? Denn als Vermächtnis und Lek-

tion für die elfjährige Marie waren die über drei Generationen zurück-
greifenden Erzählungen der Gesine Cresspahl zunächst wohl angelegt.

Von ihren Großeltern hört Marie, wie beide auf ihrem gemeinsamen
Weg ins Dritte Reich Schritt um Schritt versinken in immer sumpfige-
rem Gelände, weil sich ein fataler Zusammenhang knüpft zwischen
privaten Gefühlen und politischen Zuständen. Der Tischler Cresspahl,
ein dreiundvierzigjähriger Junggeselle, hat sich in einem Augenblick
»versehen« in das Gesicht der wohlgeborenen Lisbeth Papenbrock, das
ihm eine Lebenserfüllung über allen Begriff zu versprechen scheint.
Aber das Vermögen, die Familie, die Gewohnheiten, die mit diesem
»Gesicht« zusammenhängen, werden ihn, der schon in ein bescheide-
nes englisches Idyll ausgewandert war, schließlich zurückziehen in ein
Deutschland, in dem gerade die Nazis die Macht übernommen haben.
Aus diesem einen Kompromiß faulen immer weitere. Kein Anstand
hilft mehr, wo Verbrechen die Norm setzt, und gegen ihre fortlaufende
Beschädigung hilft den beiden Menschen guten Willens schließlich
auch nicht mehr ihre Liebe.

Das wäre zwar eine Lesart, aber kaum eine pragmatische Moral für
die Liebes- und Untergangsgeschichte der Eltern und Großeltern
Cresspahl. Sie erklärt auch nicht, warum die Angestellte Cresspahl
ihrem Kind oder ihrem Tondband über Hunderte von Stunden das Versinken einer ganzen deutschen Provinz in Terror, Blindheit, Ratlosigkeit, dumpfer Brutalität und fast ebenso dumpfen Schmerz vorführen
muß. Aber auch dafür lockt das Buch mit einer scheinbar schlüssigen
Moral und Nutzanwendung.

Erzählt wird der bürgerliche Untergang im Dritten Reich immerhin
in New York am Rande eines Kriegs, mit dem die Vormacht des freien
und kapitalistischen Westens ein kleines Land in Südostasien überzieht,
und wieviel Leute, die meisten mit falscher Hautfarbe, auch in New
York im kalten Schatten der kapitalistischen Freiheit leben, ist selbst
für das Kind Marie täglich schon im Straßenbild zu sehen. Was sollte
diesem Kind einfallen, wenn es von Hitlers Krieg und dem nazisti-
schen Terror gegen Minderheiten hört? Soll es, sollen wir vergleichen?

Doch Johnsons eigene Konstruktion, seine parallel geführten Erzählungen aus der mecklenburgischen Nazizeit und dem New Yorker Viet-
namkriegsjahr, laden zum Vergleich nur ein, um auf dem Unterschied
zu bestehen. Nicht umsonst hat er zwei entfernte Erfahrungen erzählend zusammengeschaltet, die Vorgeschichte und Geschichte der
sogenannten »Reichskristallnacht« 1938 und den Versuch des Kindes
Cresspahl, das einzige Mädchen mit dunkler Hautfarbe in seiner Pri-
vatschulklasse näher an sich heranzuziehen, ein scheiternder Versuch.
Erst die genaue, geduldige Erzählung erweist, daß die Diskriminie-
rung von Minderheiten und »falschen« Rassen damals und jetzt nur

gleichzusetzen wäre mit dem ungeduldigen, grellen Wahnblick der Demagogie.

Also – letzter Versuch, eine Nutzanwendung herauszufinden – will sich die Kleinfamilie Cresspahl unter vier Augen mit riesigem Erzählungsaufwand womöglich nur beweisen, daß man in New York auf jeden Fall das vielgenossene, vielbeklagte »kleinere Übel« gewählt hat, nämlich eine real existierende (also auch korrumpierte) Demokratie gegenüber dem nur real existierenden Sozialismus, aber auch die partielle Gewaltsamkeit amerikanischen Alltags und amerikanischer Politik gegenüber der prinzipiellen Gewalt faschistischer Herrschaft?

Möglich, daß der Roman im Entwurf und im Traum einmal gemeint war als ein gewaltiges Beruhigungsmittel gegen unser aller Leiden an den Bedingungen des »kleineren Übels«, genau wie er auch ursprünglich wohl funktionieren sollte als ein Erziehungsprozeß für das Kind Marie. Doch die Chronik selbst hat sich dann, je reicher, breiter sie erzählt wird, offenbar befreit von diesen sorgfältig schönen oder ängstlichen Absichten. Sie beweist nichts, läuft auf keine Moral oder Nutzanwendung zu, sie entfaltet ihren Eigensinn, den Eigensinn des Erzählten, aber auch einen Eigensinn des Erzählens.

Als eigensinniger Autor galt Johnson von Anfang an, das hieß aber oft nur: als einer, der seinen Themen, seiner Sprache hartnäckig seine eigene Querköpfigkeit aufprägte oder aufzwang. Sein früherer Eigensinn bestand ja tatsächlich darin und darauf, Thesen durch Erzählung zu beglaubigen. Die These etwa, daß ein westdeutscher Journalist über einen ostdeutschen Radsportler gar kein zureichendes Buch mehr schreiben könnte. Oder die These, daß die Berliner Mauer durchaus keine Liebe zwischen zwei Personen verhindert, sondern eher aufreizt, daß dann aber die Verständigung zwischen den verliebten Antipoden scheitern müßte.

Die *Jahrestage* dagegen ließen sich auch mit Gewalt nicht auf solche Behauptungssätze zusammenzwingen. Über sie ist keine Podiumsdiskussion vorstellbar. Sie sind so gar nicht »interessant« im Sinn von »kontrovers«. Denn diesmal hat Uwe Johnson einen ungeheuerlichen Aufwand betrieben, um dem eigenen Eigensinn gerade zu entgehen, um nur noch den seines Materials reden zu lassen. Angedroht hatte er das, in seinen knappen Ansätzen zu einer Theorie seines Erzählens, immer schon, aber eingelöst war diese paradoxe Vorstellung vom allwissenden Erzähler als bloßem Medium einer Geschichte nur in Passagen der *Mutmaßungen über Jakob*.

Jetzt, in den scheinbar so traditionell erzählten *Jahrestagen* erlebt man sie wieder, diese Auflösung der berichtenden Romansprache in ein Orgelspiel aus Stimmen. Es singen dann die *New York Times* und der Klatsch von Jerichow, Sprecher in Platt und palavernde jüdische Damen im Riverside Park, und als Kontrapunkt murmeln und argumentieren sogar noch die Stimmen der Toten mit. Auch wenn, am Anfang jedes neuen Bandes, das längst schon Erzählte der Zuhörerschaft noch einmal neu ins Gedächtnis gerufen werden muß, beginnt sich die Romansprache fast zum Gesang, in die halbe Höhe eines Prosa-Rezitativs zu heben.

Hier kämpft, wie in allen großen Erzählbüchern des Jahrhunderts, bei Thomas Mann und Grass und erst recht bei den »Extremisten«, bei Arno Schmidt, Joyce oder Beckett, eine mündliche Sprache gegen ihren Untergang in purer Schriftlichkeit. Der Gestus des Epos, die Vorstellung von einem Erzähler, der als Sänger vor die versammelte Zuhörerschaft tritt, versucht sich noch einmal zu behaupten. Erzählen als Überlebenskampf, gegen die um sich greifende Sprache der Registratur und Verfügung: auch in diesem Jahrhundertprozeß setzen die *Jahrestage* ein musterhaftes, ja ein heroisches Beispiel. Johnson erzählt ja, nicht anders als Alexander Kluge, wie Lebensläufe sich verwandeln in Todesfälle, wie Menschen von der Geschichte als Menschenmaterial verbraucht werden, als fast bewußtlose Täter oder benommene Opfer. Aber Johnsons Prosa setzt diesen gegen die Individuen und alles Individuelle durchgesetzten Vernichtungsprozeß eben nicht, wie Kluge, ins Medium einer auch schon entindividualisierenden Sprache, in den Jargon der Verwaltung, Verfügung, des bürokratischen Terrors, sondern er versucht gegen den anonymisierenden, nivellierenden Geschichtsprozeß einen Widerstand schon durch Sprache.

Während die Geschichte, unter Hitler wie in Vietnam, gnadenlos zu akzelerieren scheint, betreibt Johnson sozusagen einen epischen Dienst nach Vorschrift: bedächtig, verzögernd, keinen Genauigkeitsumweg scheuend, auch wenn der eine Zeitlupenprosa fordert. Während Gewalt wahllos zuschlägt, pocht *er* auf alle noch erkennbaren Unterschiede. Während es auf einzelnes und einzelne in der Mühle der Menschenverachtung und- vernichtung nicht mehr anzukommen scheint, pflegt *er* eigensinnig seine altmeisterlich gemalten Details. Seine staunend, zärtlich beschreibende Sprache möchte, ob in New York oder Jerichow, noch jeden Blick, jede Kopfbewegung, jeden Vogelflügelschlag, jedes Regen- oder Verkehrsgeräusch, jedes Zögern in einer Stimme zu etwas ganz und gar Unverwechselbarem ernennen.

Der Erzähler, dieser wahrhaft red-selige Zeuge von etwas unwiderruflich Geschehenem, Vergangenem, Verlorenem, dieser »raunende Beschwörer des Imperfekts« ist von Berufs wegen konservativ: er hebt das Vergangene, Verlorene auf, indem er es noch einmal zur Sprache bringt. Allerdings nur zur Sprache –, denn Johnson weiß, melancholisch wie seine Gesine Cresspahl, daß auch die genaueste Erinnerung nichts zurückbringt: sie macht aus dem, was einmal wirklich war, nur Bilder, Worte, Schrift. Sie errichtet ein Denkmal, an dem der Verlust erst fühlbar wird.

Als Denkmal, als monumental in gegenwärtige Alltagsszenen gesetztes Andenken an Vergangenheit, lassen sich diese *Jahrestage* am ehesten begreifen. Dann wäre auch, endlich, die Frage nach dem möglichen Nutzen dieser Lektüre zu beantworten. Marie, als sie ihre Mutter Gesine fragt, ob die ihr zum Studieren raten würde, erhält eine merkwürdige Antwort: »Wenn du lernen möchtest, eine Sache anzusehen auf alle ihre Ecken und Kanten, und wie sie mit anderen zusammenhängt ... Wenn du dein Gedächtnis erziehen willst, bis es die Gewalt an sich nimmt über was du denkst und erinnerst und vergessen wünschtest. Wenn dir gelegen ist, eine Empfindlichkeit gegen den Schmerz zu vermehren.«

In diesen Sätzen verbirgt sich das wahre Erzählprogramm der *Jahrestage*, wenn Schmerzempfindlichkeit noch ein Programm genannt werden kann. »Schmerz« sollte hier allerdings nicht nur als Mitleid, sondern vor allem moralisch verstanden werden. Die *Jahrestage* zeigen ja mehr als den Untergang von Menschen, nämlich auch die fortwährende Verletzung, Verstümmelung von Lebenskonzepten. In Johnsons 20. Jahrhundert hat sich Napoleons drohende Formel »Die Politik ist das Schicksal« triumphal durchgesetzt, haben der Leviathan Staat, der Leviathan Ökonomie längst die Gewalt über alle Lebensläufe und auch Lebenspläne übernommen. Privatleben, das diesen Namen noch verdiente, also geschützt, isoliert wäre gegen den öffentlichen Druck, läßt sich nur noch für kurze Atem-, Erschöpfungspausen einrichten.

Johnson beobachtet lauter Fluchtversuche: der Tischler Cresspahl wie seine Tochter, die Gesinnungssozialistin in der New Yorker Bank, oder ihr Schulfreund, der in stumm-verbissener Pflichterfüllung als sowjetischer Testpilot abstürzt, oder ihr New Yorker Vertrauter und Heiratskandidat, der von der amerikanischen Flugabwehrindustrie eingekaufte Professor Erichson –, sie alle haben versucht, ihre Art Waffenstillstand zu schließen zwischen ihrem privaten Gewissen und ihrem öffentlichen Funktionieren. Der Autor Johnson beobachtet solche Selbstbefriedungsversuche ohne Vorwurf, er enthält sich eines Urteils, aber als Erzähler sorgt er dafür, daß alle Fluchten scheitern. »Wer sich nicht in Gefahr begibt, kommt darin um«, wie Biermann gesungen hat.

Eines kann der Verbündete der Gesine Cresspahl, der Erzähler Johnson eben doch nicht verheimlichen, so gelassen er sich auch geben mag: er liebt die Konsequenz, er liebt Entschiedenheit, ja Rigorismus. Was er aber schließlich in fast jedem Leben sich durchsetzen sieht, unter dem Druck der Verhältnisse, sind die krummen Linien, die Halbheiten, die Kompromisse, das Sichfügen ins »kleinere Übel«, sind die

Unterlassungssünden, die behaglichen oder bangen Lebenslügen. Es gibt, so müssen er und seine Gesinnungsgenossin Cresspahl schließlich einsehen, entgegen allem Wünschen und Vorstellen kaum noch Spielraum für existentielle Konsequenz, es sei denn für Helden und Märtyrer, es gibt keine irdische Vollkommenheit, kein wirkliches Weiß, es gibt ein Paradies nur im Verlangen danach.

Auf diese Einsicht, in den erbärmlichen Abgrund nämlich zwischen dem Wünschbaren und dem Wirklichen, zwischen Lebensanspruch und Lebenspraxis, sind viele Reaktionen möglich, Zynismus etwa oder Resignation. Johnson reagiert, traurig und bedächtig, mit Humor, einem notgedrungen melancholischen. Denn er muß fortlaufend Menschen in Schutz nehmen, die mit schönen, konsequenten Lebensentwürfen kleinlich und kläglich scheitern. Dieser Humor sorgt für eine realistische Korrektur idealistischer Erwartungen. »Wahrheit. Wahrheit. Schietkråm«, läßt Johnson einen seiner Toten murmeln.

Aber der Roman versucht noch eine andere Strategie gegen das Menschenzerstörungswerk der Politik, gegen den Beurteilungsterror der Ideologen: er singt über Hunderte von Seiten ein Hoheslied auf den Alltag, er verklärt und feiert ihn als letzte Schutzzone, als ein Widerstandsnest der privaten Menschenwürde. Deutscher Märchenglanz und deutsches Märchendunkel beherrschen diese Partien: draußen die wüste, düstere, wölfische Welt, aber drinnen haust die wärmende Gemeinschaft der anständigen Leute, ohnmächtig, doch solidarisch, die »goden Minschen« in Jerichow unter Nazis oder Sowjets, in der Upper West Side Manhattans unter Juden, Deutschen, Verkäufern, Kunden, Kindern. Von deren täglicher Freundlichkeit und anspruchslosem Behagen berichtet Johnson in unermüdlichen Genauigkeitsgesängen. Als ginge es darum, immer wieder einen Flecken irdische Utopie aus Sprache herzustellen. Als gäbe es für die Dauer dieser kleinen intimen Idyllen und stillen Humanitätsverschwörungen, bestätigt oft nur durch ein Lächeln, einen Blick, drei freundliche Alltagsfloskeln, kein Vietnam, kein Kapitalinteresse, keine Gestapo, keinen menschenverschlingenden Kommunismus, keine Aggression, keine Konkurrenz, keine Hierarchien, sondern nur noch (um es gehörig altmodisch auszudrücken) eine Höflichkeit des Herzens. Als hätten Johnsons Figuren diesen Takt von ihrem Erzähler selbst gelernt, der sich mit seinen umständlich zärtlichen Sätzen so aufmerksam und höflich um einen mecklenburgischen Ackergaul sorgen kann wie um das Innenleben eines amerikanischen Bank-Vizepräsidenten.

Was diesen von keiner geglaubten Geschichtsphilosophie mehr getragenen Epochen-Roman also zusammenhält, diese Collage aus den verschiedensten Textsorten, aus Dialog, Feuilleton, Statistik, Gesang, Bericht, Totengemurmel, Briefen, Aktennotiz und fast Märchenglanz –, das sind paradoxerweise die Risse, die Klebstellen, die Spannungen und Widersprüche. »Realismus aus Realitätsverlust« hat Adorno diesen mächtigen Klebstoff genannt und sein Wirken schon in Balzacs Romanen beschrieben, die mit exakter Phantasie noch einmal eine Welt erzählerisch beschwören, die sich einer realistischen Übersicht und Durchdringung schon damals zu entziehen begann.

Auch Johnsons Genauigkeitsmanie, seine Montagen, sein Ab- und Ausschweifen, seine melancholischen Fragelabyrinthe, in denen nach Wahrheit, Wirklichkeit, Schuld, Mitschuld, Gegenschuld geforscht wird, sein »im Unendlichen lustwandelnder« Humor –, das alles sind Schnitzeljagden nach einem nicht mehr auffindbaren Sinnzusammenhang zwischen Privatleben und Weltgeschichte, zwischen Humanität und »Realpolitik«.

Überspitzt gesagt: diese *Jahrestage* lesen sich immer wieder so, als hätte Heinrich Bölls untröstliche Menschenfreundlichkeit die Regie übernommen in den Horrorhistorien Alexander Kluges und hätte auch deren Synchronisation in eine andere Sprache durchgesetzt. In dieser Sprache, höflich, aufmerksam, unnachsichtig, wird nichts endgültig ausformuliert, also »erledigt«. Jeder einzelnen Geschichte und auch der sogenannten Weltgeschichte wird immer noch ein offener Ausgang gelassen.

Der dritte Band des Romans schließt mit einem merkwürdigen, lange nachhallenden Satz: »Als Kinder, noch bei Gewitter in einer Kornhecke, haben wir gedacht: uns sieht einer. Wir werden alle gesehen.«

(1983)

Ein Marmorengel
Christa Wolf: *Kassandra*

Tagtäglich krabbeln im Frühjahr, Sommer, Herbst Tausende von Griechenlandtouristen den steinigen Weg hinauf zu den Überresten der Burg oder Festung Mykene. Lässig, müde, beflissen oder auch ergriffen wird der Ort besichtigt, an dem Klytämnestra den Gatten Agamemnon schlachtete, um dann selbst geschlachtet zu werden vom Sohn Orest.

Im April 1980 blickt Christa Wolf von den Ruinenmonumenten hinunter auf diese bergauf, bergab krabbelnden Besucherschwärme. Doch in ihrem Kopf bewegt sich längst der Gedanke an eine andere

Besucherin der Burg, die das »Schlachthaus« Mykene vor dreitausend Jahren betreten und nicht mehr verlassen haben soll: die trojanische Königstochter und Kriegsbeute Kassandra, die sprichwörtliche Besserwisserin, Schlechterwisserin der damaligen Weltgeschichte.

Zwei Jahre später, in ihren Frankfurter Poetikvorlesungen, hat Christa Wolf dann über ihre Griechenlandreise und deren Folgen berichtet: Wie aus einer zufälligen, nach einem versäumten Athen-Flug begonnenen Aischylos-Lektüre ihr die Figur der Kassandra auftaucht, wie die Frage nach dieser ohnmächtigen »Seherin« des Unheils die ganze griechische Reise bestimmt und sich nachher Monat für Monat auflädt mit Aktualität (Krieg und Frieden, Ohnmacht des Protests, Emanzipation aus einer Männerweltgeschichte) –, wie also der Zufall sich in Notwendigkeit verwandelt, wie aus Lesen Schreiben wird.

Wieder ein Frühjahr später liegt nun das Ergebnis vor, eine Erzählung, kaum länger als der Bericht ihrer Entstehungsgeschichte, der gleichzeitig erschienen ist.

Diese beiden Bücher nacheinander, gegeneinander zu lesen, wird zu einer verwirrenden und schließlich auch erhellenden Lektüre. Wir lernen eine Schriftstellerin kennen, die sehr entschlossen mit zwei verschiedenen Zungen spricht, je nachdem ob sie »von sich« redet (damals in Frankfurt) oder ob sie (im Kassandratext) »Literatur macht«. Wir lernen aber auch (und nicht zum ersten Mal), daß und wie aus starken, leuchtenden Absichten bemühte, edle, fahle Werke entstehen können.

Kassandra, in den Frankfurter Vorlesungen noch eine undeutliche Lockung, ein Mahnmal, auch ein Rätsel, ein fernes, nahes Frauenleben, aber zunächst nur Material und Widerstand, noch ohne festen Umriß, definierbar, formbar –, diese große mythische Figur wird in Christa Wolfs Erzählung unerhört rasch, wie in einem Heißluftofen, zu einem kleinen, festen, zwar energiegeladenen, doch geheimnislos patenten Amulett zusammengebacken. Ein literarisches Schmuckstück, ein Halsgebinde für die Frauen- und die Friedensbewegung? So war es aber nicht gemeint.

Schön ist es jetzt für jedermann nachzulesen, wie Christa Wolf damals in Frankfurt alles Offizielle verweigert hat. Sie trug dort eben keine Poetik vor, sie hielt aber auch keine Vorlesungen, ja sie verzichtete sogar auf die Distanz und Aura zwischen der Dichterin oben auf dem Katheder und dem Publikum unten. Denn was sie vorträgt, gemischt aus Reisebericht, Tagebuchblättern, Briefentwürfen, und wie sie redet, über griechisches Licht, Raketen, Kreta, über ein glückliches Abendessen in Mecklenburg, über die Frauen- und die Männerweltgeschichte –, das alles ist weder auffallend literarisch noch gar dichterisch, ist auf Brillanz oder Tiefe oder gar Originalität nicht zugerichtet, sondern summiert sich zu »nichts als« lauter empfindlich gesehenem Alltag Anfang unserer siebziger Jahre.

Christa Wolf, indem sie sich damals als eine besondere, auserwählte Person, als Dichterin so spontan, so selbstverständlich verweigerte, hat Nähe hergestellt, Nähe und Solidarität zwischen ihren Alltagsgedanken, -gefühlen, -erfahrungen und denen ihrer Leser. Genau das kommt, ob es nun so gemeint war oder nicht, ihrem Kassandrathema zugute.

Denn die aktuellen Kassandragedanken, Christa Wolfs und unsere ohnmächtige Ahnung, daß eine irrational verplante und aufgerüstete Welt sich sehr bald selbst in die Luft sprengen könnte –, diese Ahnung ist ja auf einsame Seherbegabung nicht mehr angewiesen. Mobilisiert wird diese Vision eher durch eine vielen gemeinsame Angst, durch die Angst um den Verlust der alltäglichen Lebenswelt, die von Zerstörung (und nicht nur durch Raketenschläge) zuallererst bedroht ist.

Ob also, so ließe sich zwischenfragen, Kassandra, als Prinzessin und Priesterin verschont von Alltagsglück und Alltagsmisere, als Seherin einsam, exklusiv und unverstanden in ihren Untergangsvisionen, ob dieses abgehobene, elitäre Geschöpf, dieser Marmorengel uns als aktuelle, repräsentative Figur nahe gerückt werden kann?

Christa Wolf hat sich inständig bemüht, auch dieses Bedenken zu berücksichtigen. Sie erfindet für ihre vornehme Dissidentin während des Trojanischen Kriegs lauter Kontakte zum Volk, zu Untergetauchten und Verweigerern, zum Frauenvolk vor allem. Nur sind gerade diese Szenen freundliche Behauptungen eher als Szenen. Sie bleiben auch ohne alle Konsequenz. Denn nachher geht die alte Geschichte doch ihren alten Gang: die Seherin verschwindet nicht im Untergrund, sondern zieht stolz und freiwillig in die Gefangenschaft, zur Hinrichtung nach Mykene. Kassandra, auch und gerade Christa Wolfs Kassandra besteht auf dem Pathos dieses letzten Auftritts. Lieber dieser weltweit, drei Jahrtausende weit ausstrahlende Untergang als ein schlichtes Überleben durch schlichtes Untertauchen. Lieber tot als unberühmt?

In dieser Opfer- und Auserwähltheitsekstase, vor dem Tor zum »Schlachthaus« Mykene, beginnt diese neue Kassandra ihr Leben zu erinnern und zu bedenken, beginnt Christa Wolfs Erzählung. Und ganz anders als damals in Frankfurt, als die erwartete Poetik, die erwartete Vorlesung, das erwartete Dichterwort eben nicht zelebriert wurde, signalisieren nun gleich die ersten Zeilen: hier wird sich das Erwartete ereignen, nämlich Dichtung. Kassandra spricht vom Kothurn. Ein dauernd hoher, hochgespannter und daher bald spannungsloser Ton beherrscht diese Prosa. Das Vokabular schwärmt ins idealisch Allgemeine, scheut alles sinnlich Konkrete. Der Rhythmus gerät stellenweise so regelmäßig, als wolle er jeden Augenblick in Jambenversen hochschweben: »Weil keine Zeit mehr ist, genügt die Selbstanklage nicht. Was hat mich blind gemacht, das muß ich mich doch fragen. Beschämend ist, ich hätte fest geglaubt, die Antwort läge lange schon in mir bereit.«

Soll man diesen reinen Willen zu reinem Pathos mutig nennen? In *Kein Ort. Nirgends* ist Christa Wolf vorsichtiger kühn gewesen. Dort hat sie den Boden, genauer: das Parkett erst sichtbar, hörbar gemacht, von dem dann Kleist und die Günderode abheben, um den feinen, feigen Konventionen des Zeitgeists zu entkommen. Pathos ist schließlich keine Geschmacksfrage.

Doch in *Kassandra*, fürchte ich, hat Christa Wolf sich zu hoch und unbedacht hineingesteigert in einen Bereich, den die Ästhetik des 18. Jahrhunderts das »Erhabene« nannte. Gemeint war damit ein heroisches, ein männliches Formprinzip, das drohend gegen die nur »schmelzende Schönheit« ausgespielt wurde. Da meldete sich, wie so oft in diesem ahnungsvollen Jahrhundert, die Angst und Ahnung, es könnte männliches Bilden und Denken die Vorherrschaft verlieren, also verweichlichen, verweiblichen.

Deshalb scheint eine erhaben stilisierte Kassandra die denkbar ungeschickteste Zeugin für nahezu alles, für was sie nach den starken Absichten der Autorin dauernd Zeugnis ablegen sollte, für ein gewaltfreies Denken, für Subversion und Solidarität, für Wärme, Nähe, Friedfertigkeit, kurz: für die Ahnung eines weiblichen Gegenentwurfs zu jener abendländischen Männerweltgeschichte, die zu Kassandras Zeiten begonnen haben könnte.

Immer wieder versuchen zwar die starken Absichten der Christa Wolf die trojanische Königstocher aufzurichten als Beispiel für solche Gegenentwürfe, für ein frühes, exemplarisches Frauenleben, aber immer wieder entkommt die stolze Seherin solchen menschenfreundlichen Umwertungsversuchen.

Auch diese Kassandra bleibt: eine Heldin. Sie zelebriert ihr Schicksal. Die Ideen der Reinheit und des Märtyrertums beherrschen ihren Kopf. Das heißt aber genaugenommen, daß ihr Gewalt nicht fremd ist. Was auch ihre kaum pazifistischen, eher mörderischen Reden über die griechischen Feinde (der Schlimmste »Achill das Vieh«) verraten. Todessüchtig ist diese Kassandra, und gegen diesen erhabenen, pathetischen Kern ihrer Figur richten Christa Wolfs freundliche (»verweiblichende«, »demokratisierende«) Korrekturen wenig aus oder nichts.

Das entschlossen Meisterwerkhafte dieser Erzählung, das bemüht Makellose ihres Stils wendet sich schließlich gegen ihre innigsten Wünsche. Dieser Marmor ist sehr undurchlässig für Schmerz. Diese dauernd erhabene Haltung wirkt zu ungebrochen, zu imponierend. Dieses

kunstvoll komplizierte und hermetische Motivnetz scheint allzu selbstbewußt, energisch geschmiedet.

Falls es ein »weibliches Schreiben« gibt (über das Christa Wolf auch
damals in Frankfurt nachgedacht hat) und falls damit mehr und Genaueres gemeint sein sollte als eben nur alles, was Frauen schreiben, so
haben sicher Keats oder Hölderlin, Schubert, Wagner, Proust oder Robert Walser weiblichere Sätze und Noten geschrieben als Christa Wolf
in der hohen, herrschaftlichen Prosa dieser Erzählung.

Daß Zartheit, Zärtlichkeit und Wut, Ratlosigkeit und Energie, ja
daß auch erhabene und »schmelzende« Schönheit sich nicht ausschließen, daran hat uns die Prosa von Ingeborg Bachmann erinnert. In
Frankfurt wurde sie von ihrer Kollegin als Kronzeugin oder Nothelfe-
rin angerufen. Vergeblich, wie sich nun zeigt.

Schön lesen sich die Absichten, mühsam liest sich das Werk. Hier
waren, wie früher strenge Mütter sagten, die Augen größer als der
Mund. Was uns nicht abhalten sollte, mit den Absichten und Plänen,
mit den »Augen« der Christa Wolf weiterhin zu sympathisieren.

(1983)

»Ihr Menschen! Ihr Ungeheuer!«
Ingeborg Bachmann zum 60. Geburtstag

»Sehr geehrter Herr Präsident!«, so schreibt die Erzählerin in einem
ihrer Briefentwürfe in *Malina*: »Sehr geehrter Herr Präsident! Ihr
Brief überbringt mir, in Ihrem Namen und im Namen aller, Glück-
wünsche zu meinem Geburtstag. Verzeihen Sie mein Befremden. Dieser Tag scheint mir nämlich, meiner Eltern wegen, in die Intimität
zweier Menschen zu gehören, die Sie und die anderen nicht kennen.
Ich selber habe nie die Kühnheit aufgebracht, mir meine Zeugung und
meine Geburt vorzustellen. Schon die Nennung des Geburtsdatums,
das nicht für mich, aber für meine Eltern eine Bedeutung gehabt haben muß, ist mir immer vorgekommen wie die unstatthafte Nennung
eines Tabus und die Preisgabe fremder Schmerzen oder fremder Freuden, die ein fühlender und denkender Mensch beinahe als strafbar
empfindet.«

Das ist deutlich genug. Die Gefeierte, Ingeborg Bachmann, hätte
sich diese heutige Feier bei Lebzeiten also sicherlich verbeten, als
»strafbare« Erinnerung an ihren Geburtstag, dazu an einen sechzigsten
Geburtstag und zwar einer Frau, und schließlich, am allerstrafbarsten,

an den sechzigsten Geburtstag eines Menschen, der nicht einmal fünfzig Jahre alt geworden ist.

Wer sie kannte, der weiß, wie sie auf solche »befremdenden« und »strafbaren« Ansinnen reagierte: eine unsichtbare, aber eiserne Jalousie senkte sich dann vor ihr Gesicht, ihr mächtiges Kinn wirkte noch ungeheurer, die schmalen, verschatteten Augen schickten noch einen letzten, entsetzten Blick hinaus in diese empfindungslose Welt, um sich dann hinter gesenkten Lidern zu verschließen wie für immer. Uralt und ganz kindlich sah sie dann aus in diesem vermummten, verstummten Zustand, weggetreten aus den Belästigungen und Zumutungen dieser Welt. Als könnte sie jeden Augenblick zu schluchzen anfangen oder aber ausbrechen in die Drohung: »Abstand, oder ich morde! Haltet Abstand von mir!« Genau das ruft der Erzähler in *Das dreißigste Jahr.*

Wie so viele, die zur Not mit rücksichtsloser Kühnheit leben und schreiben, erwartete sie selbst von ihrer Mitwelt – Diskretion, Abstand, Schonung, Höflichkeit. Sonst drohte, jäh und manchmal unaufhebbar, diese vollkommene Verdüsterung ihres Gesichts, ihres Wesens. Wer sich an sie erinnert, sieht zunächst immer wieder diese beiden intensivsten Ausdrücke vor sich: ein Strahlen und explosives Leuchten, das so viele Fotos überliefert haben, und ebendieses weltabweisende, dunkle, stumme, ja stumpfe Insichversunkensein. Noli me tangere. Vorsicht, oder ich morde! Aber auch: »Nichts Schönres unter der Sonne als unter der Sonne zu sein . . .« Zu irgendeiner Eindeutigkeit, zum Denkmal läßt sie sich immer noch nicht vereinfachen.

Doppeldeutig klang ja auch ihre Stimme, wenn sie ihre Gedichte vortrug: Klage als Anklage, Anklage als Klage, dunkel von »Beschwerde« im doppelten Sinn des Wortes. Aber nicht von ihren Gedichten möchte ich hier reden, nicht von dem Endgültigen und Gesicherten ihrer Hinterlassenschaft, sondern lieber vom Offenen, Lebendigen, von den uneingelösten Versprechen ihres Lebens und damit auch: vom Leben ihrer Prosa.

Irgendwann in ihrem dreißigsten oder schon einunddreißigsten Jahr muß ich sie im damaligen Piper-Verlag zum ersten Mal gesehen haben, doch ich erinnere keinen ersten, »unvergeßlichen« Anblick. Ich erinnere nur ein Vorüberhuschen, Vorüberlächeln und -leuchten im damals noch dämmrigen Flur des Verlags, und schon klappte zweimal die dunkle Doppeltür zum Zimmer Klaus Pipers: So zieht ein Komet durchs Fernrohr.

Denn sie wurde von früh an bewundert, umworben. Immer, bis zuletzt, war eine Aura, ein Glanz um sie, aber auch immer wieder: Müdigkeit, die Zeichen der Anstrengung und Überanstrengung. Ihre Energie arbeitete ja auch als Bezauberungsenergie und -strategie. Sie kannte nicht nur die Strahlkraft ihrer Texte, sondern setzte auch die ihrer Person ein, und die wirkte noch, wenn sie so düster, weggetaucht aus der Welt auf der Welt saß. Zauber, auch im Spiel um die Macht. Gerade in Wien, über das sie so rasend, so liebend und verachtend geschrieben hat wie nach ihr nur noch Thomas Bernhard, ausgerechnet dort, wo man sich das Leben so gern »richtet«, dort ist ihr bis heute nicht nachgesehen worden, daß auch die irdische Ingeborg Bachmann sich den Weg in die Öffentlichkeit zu »richten« wußte, durch Zauber eben, Bezauberung.

Sie wollte ans Licht, das sie doch scheute. Sie bewies verblüffende Kraft, Disziplin, List, wenn sie etwas durchsetzen wollte, und schien doch immer wieder hilflos und verloren in der Welt der Praxis, der Mittel und Zwecke. Unendlich sind die Anekdoten über ihre verlorenen Fahr- oder Theaterkarten, über die wirre Trostlosigkeit, mit der sie ihre Handtasche durchwühlen konnte nach Geldscheinen oder dem Autoschlüssel, und hatte sie das Gesuchte endlich gefunden, fiel es ihr unweigerlich wieder aus der Hand, zu Boden, auf den sich die zunächst stehenden zwei oder drei Herren hinunterbückten, wobei ihre bezauberten Köpfe öfter zusammenstießen. Und niemand glaubt sich heute noch an eine Ingeborg-Bachmann-Lesung zu erinnern, bei der nicht irgendeine Seite sieben des Manuskriptes vermißt oder die Reihenfolge aller Seiten verkehrt wurde oder die Stimme der Dichterin zu brechen schien wie unter Tränen – um dann wieder einzusetzen, klar, fast hart, selbstbewußt, das heißt: textbewußt.

Die Scheue, die Hilfsbedürftige kannte nach zwei Hörspielen und zwei Gedichtbänden mit blendender, ja fast verblendeter Klarheit ihren Weg, auch wenn sie ihn so klar nicht immer gehen konnte. Als sie 1959 zum ersten Mal vor Mikrophon und Kameras, zu den Medien urbi et orbi reden darf, als sie sich für den Hörspielpreis der Kriegsblinden bedankt, formuliert sie sofort die Parole ihres Lebens und Schreibens, die seitdem bis in den letzten Schulaufsatz wieder und wieder wiederholt worden ist: »(Denn) bei allem, was wir tun, denken und fühlen, möchten wir manchmal bis zum Äußersten gehen. Der Wunsch wird in uns wach, die Grenzen zu überschreiten, die uns gesetzt sind . . . Innerhalb der Grenzen (aber) haben wir den Blick gerichtet auf das Vollkommene, das Unmögliche, Unerreichbare, sei es der Liebe, der Freiheit oder jeder reinen Größe.« Auf dieses »Äußerste«, das »Vollkommene« und »Unerreichbare«, auf ein Ende aller Bescheidenheit zielt alles, was sie geschrieben hat. Doch in der Literatur ist das Äußerste immer auch: das Unsägliche.

Ich erinnere mich also nicht deutlich an unsere erste Begegnung, doch mein erstes klares Erinnerungsbild von Ingeborg Bachmann ist sogar datierbar: September 1957, Niederpöcking am Starnberger See. Dort stand sie auf der zehnten Jahrestagung der »Gruppe 47« in weißem Türstock und ihr gegenüber als blonder Jüngling Joachim Kaiser, im Türstock beide für Beobachter von zwei Seiten sichtbar, wie auf einer schmalen Bühne, sie lächelnd, lässig, die Arme verschränkt, Kaiser parlierend und, wie damals oft, dabei mit einer Nagelschere spielend, ein Mann und eine Frau, ernst miteinander oder gegeneinander kokettierend, beide leicht und hell, zwei tändelnde Engel, Undine und Ariel, ein Wasser- und ein Sphärenengel – dreißig Jahre ist dieses Bild alt, und es wird sich in dieser Zeit in meinem Kopf gehörig verklärt haben.

Doch mir fällt auf, daß alle meine ersten Bachmann-Bilder diese eine Konstellation zeigen: ein Mann und eine Frau. Auch dieses zweite, das sie mir selbst erzählt hat: Ingeborg Bachmann in ihrem dreißigsten Jahr, in einem Ruderboot draußen auf dem Mittelmeer bei Cap Circeo und ihr gegenüber auf der Ruderbank ihr Verleger Klaus Piper, der auch – wie wir alle damals – glänzen wollte in ihrem Glanz, also redete und redete er, so hat sie es erzählt, während sie selbst immer düsterer schwieg, denn hinter seinem rudernden Rücken sah sie blauschwarz ein Unwetter heraufziehen, in der Ferne schon erste Schaumköpfe, und wütend und ergeben dachte sie: wir werden also untergehen, mein Verleger und ich, vor der Veröffentlichung meines zweiten Gedichtbandes. »Ihr Menschen! Ihr Ungeheuer! Ihr Ungeheuer mit Namen Hans!« Oder Klaus. Ihr Männer mit eurem Reden und eurer Achtlosigkeit, ihr bringt mich, Undine, und mich, Kassandra, um.

Sie sind damals nicht untergegangen, der Verleger und seine Autorin, sonst gäbe es in meinem Kopf nicht dieses dritte Erinnerungsbild, in dem zum ersten Mal ich selbst vorkomme. Wieder ein Mann und eine Frau, diesmal in einer schwülen Mainacht 1958 in Münchens Franz-Joseph-Straße. Wir sitzen über den Druckfahnen zum *Guten Gott von Manhattan*, und mir glühen die Ohren, denn zum ersten Mal in meinem Leben höre ich von einer immer wieder aufgelegten Platte die Callas singen: *Lucia di Lammermoor*, die Wahnsinnsarie, irrlichternd, ein Diamant, doch ich ahnte damals noch nicht, daß diese Platte, diese Stimme, diese primadonna assoluta für mich ein Signal setzen sollte, das tönende Beispiel von jemandem, der auch »zum Äußersten« geht. Denn wie die Bachmann in einem späteren Entwurf über die Callas schreibt: »sie ist die einzige Kreatur, die je eine Opernbühne betreten hat ... groß im Haß, in der Liebe, in der Zartheit, in der Brutalität, sie ist groß in jedem Ausdruck, und wenn sie ihn verfehlt, was zweifellos nachprüfbar ist in manchen Fällen, ist sie noch immer gescheitert, aber nie klein gewesen.« Scheitern, ja, aber nie klein, kleinlich, ohne Risiko schreiben – mit diesem Programm sollte ich es zu tun bekommen, als Lektor ihres ersten Erzählungsbandes.

Für ihre Gedichte hatte sie keinerlei Rat, Hilfe, Mitarbeit nötig, die gingen, reichsunmittelbar, vorbei am Lektorat auf den Schreibtisch des Verlegers und in Druck. Ernst wurde unsere Zusammenarbeit erst, als sich die Geschichten für *Das dreißigste Jahr* aus dem Nebel der ersten Entwürfe lösten. Über zwei Jahre hin zog sich dieser Prozeß der Korrekturen, der Korrektur der Korrektur, des Ablagerns und Wiederaufnehmens. Das »zum Äußersten« Gehen, die Entgrenzung des Erzählens bis zum Gesang, erwies sich als ein mühsames, zähes Geschäft, als Kampf um Details.

Meine Rolle bei der Durcharbeitung dieser Prosa war auch – prosaisch. Der Lektor war zuständig für die Ausnüchterung aller Himmelfahrtstendenzen der Texte. Worte, Zeilen, Szenen, Figuren, die sich zu hoch verstiegen hatten, mußten wieder zurückgeholt werden ins Irdische und Konkrete, sollten wieder haftbar werden. Ich höre immer noch ihre Fragen: »Geht das wirklich?« – »Ist das unmöglich?« – »Darf man das so sagen?« – eher vorsichtige als kühne Fragen. Schön Gedachtes, aber falsch Geschriebenes konnte sie diskutieren mit vollkommener Sachlichkeit, ohne jede eitle Bindung ans eigene Hervorgebrachte. An keinem Autor – mich selbst eingeschlossen – habe ich je eine solche schmerzfreie, ungekränkte Einsichtigkeit bei der Korrektur eines Textes erlebt. Sie konnte, nach einigem Zögern und Überlegen, Verbesserungen geradezu genießen. Diese entscheidungsfreudige, konzentrierte, allem Narzißmus entwachsene Person, mit der ich zusammenarbeitete, das war nicht mehr die Dame, das Weltwaisenkind, dem jedes Taschentuch, jede Flugkarte entgleiten konnte – das war, wie ich damals noch nicht wußte, Malina, der in Ingeborg Bachmann verborgene und nüchtern waltende, entschlossen handelnde Mann.

Was wieder – wie alles, was ich hier behaupte – nicht vollkommen wahr ist, also einen Widerspruch enthält und herausfordert. Denn unsere Arbeit am Text, dieses Duo war auch ein Spiel, und das betrieb sie durchaus weiblich. Während wir im Haus am Langenbaum am Zürcher See Nachmittage und Abende lang in ihre Wortgebilde versunken waren, gingen nämlich draußen auf der Welt, ungeduldig, höflich gereizt und eifersüchtig, die Männer, die Ungeheuer, auf und ab, Ungeheuer diesmal mit Namen Max und Siegfried: »Mein Name sei Malina« hieß das Spiel, in dem ich eingesetzt war, ohne es zu durchschauen. Aber damals schien es noch, wenn auch mit Risiko, ein Spiel.

Der Augenzeuge ist ja fast immer verblendet: gerade Nähe macht keineswegs sehend. Ich zum Beispiel habe damals trotz des Abgesangs *Undine geht*, trotz der noch deutlicheren, zwischen Überdeutlichkeit und Vagheit taumelnden Geschichte *Ein Schritt nach Gomorrha*, trotz so kassandrischer Sätze wie: »Die Zeit hängt in Fetzen an mir. Ich bin niemands Frau. Ich bin noch nicht einmal.« –, ich habe damals nicht erkannt, also erkennen wollen, welche gegen Männer- und Frauenrollen, gegen das ganze Geschlechterwesen und -unwesen wütende Triebkraft in diesem Erzählungsband arbeitet. »Feministisch« wäre ein falsches, ein schräges und modisches Wort dafür. Denn der Bachmann, dieser Personalunion von Malina und Undine, ging es um konkret weniger und unermeßlich mehr als um bloß Emanzipation. Ihr Erzählen »sinnt« tatsächlich auf eine andere Verfassung der Menschheit, auf einen »neuen Status«, in dem auch die Geschlechter aufgehoben sind, auf ein neues Paradies als Abschaffung des alten. Die Utopie, das Unerzählbare also, das schlechthin Unsägliche ist die unberührbare Zentralsonne diese Prosasystems.

Mir ist jetzt erst, beim Wiederlesen, ins Auge gefallen, wie ausgebleicht, ausgeglüht die sogenannte Realität in diesen Geschichten ist, in denen alles nur dient als Exempel einer Realitätsüberschreitung. Ein Richter will endgültig die Wahrheit ergreifen, ein Vater möchte mit seinem Sohn die Welt erlösen, eine Frau meint mit einem nächtlich zugelaufenen Mädchen die Geschlechterordnung aus den Angeln zu heben. Hans oder Fips oder Wanda heißen Figuren, die schon dadurch zu verstehen geben, daß sie wie Kafkas K., nicht als empirische Wesen, sondern als Projekte auftreten. »Keine neue Welt ohne neue Sprache«, lautet die Parole. Wie aber soll, im Schatten dieses Verdikts, von einer immer noch alten Welt erzählt werden? In der Bachmannschen Prosa heißt der Ausweg immer wieder: Worüber man nicht reden kann, darüber muß man – singen.

Wenn das gelingt, dieser Prosagesang am Rande des Unsäglichen, dann gelingen auch in diesen Geschichten Augenblicke, in denen sich wie in den Gedichten der unverkennbar Bachmannsche Sprachton oder »Sound« entfaltet, in dem Schmelz und Erz, Klage und Anklage, dunkle »Beschwerde« und ein wunderbarer »Leichtsinn« ineinandergreifen, dann gilt auch hier, was ein Gedicht leichter behaupten kann als jede Erzählung: »Böhmen liegt am Meer.«

Liest man heute diese Geschichten historisch, also vor dem Hintergrund der fünfziger Jahre, so imponiert vor allem, wie die Bachmann noch am Ende dieses Jahrzehnts dem Pathos der ersten Nachkriegszeit die Treue hält, der Wut wie der Trauer, der unsinnigen Hoffnung auf eine Ekstasis im Wortsinn, einen Sprung aus dem Zwangsverlauf der bisherigen Geschichte. Während Grass, Walser, Johnson und auch Böll in ebendiesen Jahren epische Realpolitik treiben, die erzählerische Erforschung der vorhandenen Gesellschaft, mit den Mitteln der Satire, der bebenden Diskretion, der ausschweifenden Kameratotale – wendet Undine / Kassandra diesem Männer-, diesem Ungeheuergeschäft zart fluchend den Rücken zu. Die Erzählerin Ingeborg Bachmann hatte, um 1960, keine Heimat in der deutschen Literaturgeschichte. Zwischen *Hiroshima mon amour* der Duras und *La chute* von Camus hätten ihre Texte eher Nachbarschaft gefunden. Sie sind tatsächlich, auch in diesem ernsten Sinn »mondän«.

Was der Zeitgeist schon damals geschlagen hatte, das allerdings wissen auch diese Erzählungen. Immer wieder taucht an ihrem Ende die Drohung auf, nun werde auch der Erzähler, die Erzählerin sich einrichten in der vorhandenen Welt, in der Affirmation, werde nicht mehr »zum Äußersten gehen«, sondern das Nächstbeste, also Nächstschlechteste wählen: »wie die Zeit es erfordert, halb für die wölfische Praxis und halb auf die Idee der Sittlichkeit hin« –, so steht es am Ende von *Alles* und eine knappere Formel für das, was inzwischen als »geistig-moralische Wende« firmiert, ist seitdem nicht gefunden worden.

»Undine geht« – ohne Sinn für Realismus und Realpolitik, zieht sich zurück ins Wasser, dieses ungenaueste und lockendste Element, und meisterhaft bis an die Grenzen des Erlaubten (ja, sicher auch einen entscheidenden halben Schritt darüber hinaus) hat die Bachmann diesen Liebestod und die letzte Lockung an das Ungeheuer Hans intoniert:

> Beinahe verstummt,
> beinahe noch
> den Ruf hörend.
>
> Komm. Nur einmal.
> Komm.

Sie konnte auch lachen über das Gekonnte oder allzu Gekonnte solchen Sprachwohllauts. Ich sehe sie sitzen auf unserem grünbezogenen Sofa Anfang der sechziger Jahre, während einer Erschöpfungspause auf einer wochenlangen Lesereise, es war acht Uhr abends, und lachend sagte sie, nun würde sie am liebsten, wie seit Wochen jeden Abend um diese Zeit, zu rezitieren anfangen: »Ihr Menschen! Ihr Ungeheuer! Ihr Ungeheuer mit Namen Hans!« Noch schien alles nur Kunst, also Ernst und Spiel, radikaler Gesang. Zwei Jahre später, schon in Berlin, erlebte ich sie dann in den erbärmlichen Zuständen, die das *Franza*-Fragment zu beschreiben versucht: »Öfters verriß es sie, sie versuchte es ihm zu erklären, es geht ein Strom durch meinen Kopf, tausend Volt stark ... Dann reißt es mich, der Blitz schlägt bis zu den Füßen durch.« Es waren ihr, wie es in dem gleichen Fragment heißt, »meine Güter genommen. Mein Lachen, meine Zärtlichkeit, mein Freuenkönnen, mein

Mitleiden, Helfenkönnen, meine Animalität, mein Strahlen ...« Undine und Kassandra lag jämmerlich danieder in einer Rolle, für die sie nicht geschaffen war: als Lazarus.

Aber auch das ist, wieder, nicht vollkommen wahr. Denn immer, wenn ich sie wiedersah im Lauf der sechziger Jahre, erkannte ich an ihr auch ihr »Strahlen« wieder, diese »Animalität«, das Leuchten ihres Selbstbewußtseins und ihres Selbstbehauptungswillens, in Berlin neben Henze, in Rom bei Ungaretti, in Wien zwischen Augstein und Thomas Bernhard. Und auf meinem letzten Bild von ihr sitzt sie wieder sommerlich bei uns im Garten, lachend und erschöpft und ratlos, wie üblich, nennt ein unglaubwürdig niedriges Honorar, das sie für eine Rundfunksendung erhalten haben will: »Ist denn das üblich? Was soll ich tun?«

Wir waren wieder, ein Mann und eine Frau, in unser altes Ritual geraten, die Hilfsbedürftige und ihr weltlicher Ratgeber, ich zuständig fürs Irdische, Praktische, Vernünftige, sie privilegiert und geschlagen durch ihre Herkunft von einem anderen Stern. Ich hatte damals kein Verständnis, keine Geduld mehr für dieses Rollenspiel. Ihre Existenz in Rom, fürchtete ich, könnte das Damenkind in ihr zu sehr versuchen und verwöhnen. Mein Vorschlag damals, weltlich und doch utopisch: sie solle sich zur Vorbereitung ihres Alterswerks zurückziehen an den Ort ihrer Kindheit, ins Gailtal. Sie hat auch dazu, sommerlich in unserem Garten, höflich gelacht.

Wie sie weiter gelebt und geschrieben hat, das habe auch ich danach nur noch gelesen. In *Malina* stand sie wieder mit dem Rücken zu allem, was damals, 1971, literarisch aktuell schien, schrieb Herzensgeschichte als Weltgeschichte, wie im *Werther*, wie bei Tschechow, Proust oder Musil, radikal altbürgerlich. »Ich bin heimgekehrt in mein Land, das auch abwesend ist, mein Großherzland, in das ich mich betten kann.« »Großherzland« – durfte man das schreiben, 1971? Sie hat also nicht gefragt. Aber sie hat, scheinbar, geantwortet: am Ende des Romans wird die Erzählerin zurückweichen in die Wand (wie Undine ins Wasser) und nur Malina zurücklassen, dieses Denkmal auch ihrer Besonnenheit. Wieder also: ein Mann und (eben noch) eine Frau. Das Spiel ist aus. Kein »Komm. Nur einmal. Komm.« wird diesmal locken: »es wird nur die trockene heitere gute Stimme von Malina geben, aber kein schönes Wort mehr von mir, in großer Erregung gesagt.«

Das Spiel war aber, wie wir aus der Prosa des Nachlasses wissen, keineswegs aufgegeben. Es hatte sich nur, das lese ich aus diesen Fragmenten, neben dem ersten und selbstgewählten Schreibhindernis, der Unsäglichkeit utopischer Hoffnungen, nun noch ein zweites aufgetürmt: eine Schmerz-, Verlust-, ja Vernichtungserfahrung, die in

Malina, im *Franza*-, im *Fanny-Goldmann*-Fragment als etwas unauf-klärbar Dunkles eher umschrieben wird als zur Sprache kommt, eine Erfahrung also, die sich wie die Hoffnung als letztlich unsäglich er-weist. Und doch hat die Bachmann in dieser schriftstellerisch schein-bar aussichtslosen Lage nicht aufgegeben. Sie hat sich sogar zu helfen gewußt.

Ihre Prosa im letzten Jahrzehnt ist ja nicht mehr, wie die in *Das drei-ßigste Jahr*, Weltflüchtigkeitsgesang, rücksichtslos rein. Sie arbeitet nun mit einem Reichtum an irdischen Details, verblüfft immer wieder durch Leichtigkeit, ja Parlando und wagt sogar etwas bei dieser Autorin Unerwartetes und Unerhörtes: Humor. Der allerdings ist so ungemüt-lich wie in aller k. und k. Untergangsliteratur üblich. In dieses Erzähl-reich der Hofmannsthal, Musil, Kraus, Roth und Genossen beginnt sie sich zurückzuschreiben. Auch Thomas Bernhard hat damals diesen un-erbittlichen Untergangs-Humorton zum ersten Mal angeschlagen und nie mehr so bar aller Koketterie wie damals, 1967, in *Verstörung*.

Deshalb also blieb sie dort unten im Süden, auf dem Schauplatz der längsten und immer noch lebendigsten Erfahrung in Dekadenz und imperialem Verfall, in Rom: in dieser ewigen und ewig verfallenden Stadt konnte man am besten in Wien weilen, ohne in Wien zu leben. Und dieses genaue und doch schon imaginäre Wien sollte ja die Metro-pole ihrer späten Prosa werden. Wer die vollendeten und erst recht die unvollendeten Entwürfe dazu liest, der ist legitimiert zu Schmerz und sogar zu einer ratlosen Wut darüber, daß man nun gedankenlos »späte Prosa« nennen darf, was doch ein neuer Anfang war. Welche irdische Höhenlage des Erzählens noch hätte erreicht werden können und sol-len, das kündigt sich triumphal und schwindelfrei erst an.

Es fehlte an Zeit und Geduld, es fehlte vor allem, fürchte ich, an Al-ter. Ich kann mir nämlich, leider, eine sechzigjährige Ingeborg Bach-mann durchaus vorstellen. So gut wie etwa einen sechzigjährigen Heinrich von Kleist. Denn diesen Wesen, denen scheinbar »auf Erden nicht zu helfen« war, fehlte vor allem wohl Hilfe bei der Überwindung jener Lebensstrecke zwischen Jugend und Alter, die nur im normalen, bürgerlichen Leben so selbstverständlich gelingt, die aber auch ande-ren Sterblichen mühsam und schwer wird. Älterwerden ist offenbar schwieriger – und im empfindlichsten Fall: tödlicher – als Altsein.

Deshalb gilt es heute nicht nur etwas zu feiern – ein Andenken, Ge-dichte, Geglücktes –, sondern wir haben auch Grund zu klagen: über die offenen, großen, uneingelösten Versprechen ihres Lebens und Schreibens, mit denen uns Ingeborg Bachmann allein gelassen hat.

(1986)

Es werde Nacht!
Thomas Bernhard: *Alte Meister*

Alle Jahre wieder und in manchem Jahr auch zweimal ertönt aus dem
Salzkammergut dieses wohlkomponierte, wiewohl rasende und tief
dissonante Geraunz, das Leser hörig oder widerspenstig machen kann,
das sich als Weltgericht und Endspiel geriert und doch immer wieder
zu erkennen gibt als Serie rücksichtsloser, galliger Sottisen: alle Jahre
wieder dichtet Thomas Bernhard die Welt zugrunde, bitterböse und
heiter. »Ist es eine Komödie? Ist es eine Tragödie?« Diese schon 1967 (in
der gleichnamigen Erzählung) aufgestellte Frage wird Bernhard auch
diesmal offenlassen. Als Gattungsbezeichnung für seine neuesten dreihundert Seiten Abgesang schlägt er allerdings »Komödie« vor. Das
verblüfft. Denn weder ein Dialog, noch gar ein Drama sind hier zu entdecken, und Komik blitzt nur auf in Fragmenten.

Was nämlich abläuft, ungehemmt und fast ununterbrochen, ist wieder die Suada einer einzigen Stimme, des zweiundachtzigjährigen
Musikschriftstellers Reger, den sein Eckermann, der Privatgelehrte
Atzbacher, zunächst eine geschlagene Stunde lang im Wiener Kunsthi-
storischen Museum beobachtet. Diese Zeitspanne, in der Atzbacher alles am Vortage und in den vorangegangenen Jahrzehnten von Reger
über den Welt- und Kunstzustand Gesagte und Geklagte memoriert,
macht schon fast zwei Drittel der Erzählzeit des Buches aus. Gut hundert Seiten lang wird dann Reger noch realiter auf seinen Atzbacher
einreden, bevor beide das Museum und das Buch verlassen. Ende.

Was für ein strenges, um nicht zu sagen dürres Szenarium. Außer Reger und dem subalternen Atzbacher taucht als dritte Figur nur noch der
aus dem Burgenland stammende Museumsdiener Irrsigler auf. Sind es
überhaupt Figuren? Reger besteht aus seinen allerdings unendlichen
Sätzen, Atzbacher geht auf in seinem Zuhören und Memorieren, und
Irrsigler schützt nur als stummer, dumpfer Engel den alten Reger auf
seinem Stammplatz im Bordone-Saal des Museums, auf der Bank vor
Tintorettos *Weißbärtigem Mann*, wo Reger jeden zweiten Tag seine Vor-
mittagsstunden absitzt.

Dieses Trio ist also aneinander gebunden durch Gewohnheitsrituale.
Seit sechsunddreißig Jahren besucht Reger den Bordonesaal, an jedem
zweiten Tag (außer am eintrittsfreien Samstag!), seit dreißig Jahren
wird er dort abgeschirmt von Irrsigler, seit zwanzig Jahren als ein »Ge-
dankenvater« beobachtet, angehört, bewundert von Atzbacher. Doch
an dem Tag, von dem erzählt wird, wurde das Ritual gebrochen: man
trifft sich ausgerechnet an einem Samstag, obwohl man sich doch gerade erst, am Freitag getroffen hat. Über den Grund für diese Regel-

verletzung wird Atzbacher (und vielleicht auch der Leser) grübeln bis zu den letzten Seiten. Dort folgt die niederschmetternd banale Auflösung: Reger möchte seinen Atzbacher für den Abend ins verhaßte Burgtheater einladen, wo *Der zerbrochene Krug* gespielt wird. Der letzte Satz: »Die Vorstellung war entsetzlich.«

Bernhard veranstaltet also wieder einmal tabula rasa. Verglichen mit diesem neuesten Prosakunststück, das sich auf einen hermetischen Erzählraum, auf wenige Stunden Erzählzeit, auf ein knappes, fahles Personal konzentriert, war *Holzfällen*, Bernhards Beitrag zum Jahr 1984, ein praller, bunter, ein wahrer Unterhaltungsroman. Der alte Reger in seinem Gehäuse und in seiner unendlichen Jammer-, Klage- und Schmährede, dieser Kunstphilosophengreis verkörpert rigoros, was für seinen Autor »Geist« ist: ein vorwurfsvolles Leiden an der Welt, das sich entlädt in einem lustvollen Beschimpfungsterror gegen alles und jeden.

»Vergrausungsmethode« nennt Reger diesen ihm lebensnotwendigen Trieb, in allem und jedem den Fehler, das Lächerliche, das Scheitern, die himmelschreiende Unvollkommenheit zu entdecken. Nichts, vor allem keine der etablierten abendländischen Kunst- und Geistesgrößen bleibt verschont von diesem Destruktionstrieb. Mahler? »Reinster Massenhysterie erzeugender Kitsch.« Dürer? »Dieser Ur- und Vor-Nazi Dürer, der die Natur an die Leinwand gestellt und getötet hat.« Heidegger? »Ebenso kleinbürgerlich wie Stifter, ebenso verheerend größenwahnsinnig, ein Voralpenschwachdenker.« Und der Papst? »Sitzt als geschminkte gefinkelte Weltreisepuppe unter seiner kugelsicheren Glasglocke.« Aber selbst der hochbewunderte Beethoven wird vergraust, »weil in Beethoven tatsächlich alles marschiert«. Und schließlich Mozart? »Ein Turteltäubchen da, ein Turteltäubchen dort, ein erhobener Zeigefinger da, ein erhobener Zeigefinger dort, sagte Reger, das ist ja *auch* Mozart. Mozarts Musik ist auch voller Unterhöschen- und Höschenkitsch, sagte er.«

Das ist nicht Wahnsinn, das hat Methode. In Reger wütet der »Geist« als Dämon. Da es auf der Welt, auch und gerade in den scheinbar vollkommensten Kunstproduktionen, allüberall doch an Vollkommenheit fehlt, übt Reger Destruktion und Lust am Fragment: »Das Ganze und das Vollkommene ist uns unerträglich, sagte er.« Schließlich wird die Reger-Bernhardsche »Vergrausungsmethode«, dieses Bedürfnis, »die Welt zur Karikatur zu machen«, sogar gefeiert und empfohlen als »Höchstkraft des Geistes«, als einzige »Überlebenskraft«: »Nur was wir am Ende lächerlich finden, beherrschen wir auch, nur wenn wir die Welt und das Leben auf ihr lächerlich finden, kommen wir weiter, es gibt keine andere, keine bessere Methode, sagte er.«

Das klingt, als Lebensrezept, fast schon zu patent, zu platt auch und zu deutlich. Aber auf jeden Satz in diesem Buch lauert irgendwann einmal seine Umkehrung, seine Zurücknahme. Außerdem erklärt Reger, daß »ja alles Unsinn ist, was gesagt wird, aber wir sagen diesen Unsinn doch überzeugend«. Womit sich, aus seiner Widersprüchlichkeit, die Faszination dieses scheinbar so monotonen Redestroms schon zu erklären beginnt.

Es geht ja ein merkwürdiges Leuchten aus von Regers nicht enden wollendem Es-werde-Nacht-Gesang. Reger spricht zwar mit äußerstem Nachdruck, also auch »überzeugend«, aber nie mit unwiderruflichem Ernst. Er will gar nicht das endgültig letzte Wort haben, nicht recht behalten in alle Ewigkeit. Seine letzten Wahrheiten sind die Widersprüche: »Die Kunst ist das Höchste und das Widerwärtigste gleichzeitig.« Oder auch: »Wir hassen die Menschen und wollen doch mit ihnen zusammensein, weil wir nur mit den Menschen und unter ihnen eine Chance haben, weiter zu leben und nicht verrückt zu werden.«

Ist es eine Komödie? Ist es eine Tragödie? Ist es ein Spiel, grantiger Humanismus? Oder doch sadomasochistischer Krampf, blanker Zynismus? Keine Antwort.

Im übrigen vollzieht das Buch in seinem Schlußteil eine große Kehre ins Menschliche, eine fast schon sentimentale Kehrtwendung, die wir zwar auch schon aus Thomas Bernhards Repertoire kennen, spätestens seit *Beton*, und die doch wieder überrascht und berührt. In diesem Schlußteil nämlich feiert Reger wütend und klagend seine nach einem Sturz auf Glatteis mit siebenundachtzig Jahren gestorbene Frau. Nichts, so wiederholt Regers unermüdlicher Schlußgesang, nichts kann ein weggestorbenes, uns nahes Lebewesen ersetzen, kein Alter Meister oder Großer Denker, denn keine Malerei, Musik oder Literatur ist, und sei es nur tröstend, dem Elementarereignis Tod gewachsen.

Wir dürfen uns also wieder einmal einbilden, auf dreihundert Seiten eine summa summarum des Bernhardschen Schreibens und Zeterns in Händen zu halten – bis zum nächsten Jahr, bis zur nächsten Ausgabe letzter Hand, zur weiteren Wiederholung der Wiederholung. Und wir dürfen uns wieder einmal wundern, warum dieser kalte Rausch aus Monotonie, Schreibkunst, Entsetzen, Albernheit und einem sehr alt gewordenen Kindergeheul –, warum diese absurde Mischung nicht schließlich doch langweilt. Vielleicht ist die wichtigste Erklärung dafür doch einfacher, elementarer, als Bernhards Großexegeten ahnen. Das Leuchtende dieser Verdunkelungsprosa, das Befreiende nach dieser Vergrausungslektüre könnte schlichtweg damit zusammenhängen, daß da einer hemmungslos und unverschämt die innere Sau herausläßt, die Lust an der Destruktion, den Wust der Negativitäten, das ganze Wut-, Klage-, Enttäuschungsgeheul, das wir immer so beflissen und säuberlich herunterschlucken. Und: wie formvollendet läßt Bernhard diese seine innere Sau über den Weltacker und durch die Museen rasen.

Das Leben – ein Traum
Ernst Augustin: *Der amerikanische Traum*

Gleich in den ersten Sätzen meldet sie sich, die unverkennbare
Stimme, der Geist der Erzählung, der Augustin-Sound. Ein Ton, der
an das sprichwörtliche Pfeifen im dunklen Wald erinnert, der Mut machen, eine ganze Welt in Schach halten, beschwingt und drohend klingen soll, der aber doch nicht verbergen kann, was ihn antreibt: die pure
Angst: »Ich bin ein beweglicher Geist, ich bewege mich schnell, fast
schwerelos, und bin kaum zu treffen. Weil ich nie dort bin, wo man
mich vermutet. Ich gehe durch Straßen, mich selbst sozusagen wie
eine versteckte Waffe mit mir führend, sonst eigentlich nicht richtig anwesend, und es sind dunkle Straßen, durch die ich gehe, schwarze und
streng riechende.«

Diesen beweglichen Geist sollte man wohl besser das Gespenst der
Erzählung nennen. Auch Gespenster verbreiten ja zwar Schrecken,
sind aber selbst nur Konfigurationen des Schreckens, der Angst.
Genau das dürfte auch zutreffen auf Augustins Erzähler- und Geisterstimme, die er auf seinen ersten zwanzig Seiten mit einer Vorgeschichte ausrüstet, über deren meisterhafte Leichtigkeit man durchaus
erschrecken kann. Läßt sich ein ganzes Buch auf dieser schwindeligen
Höhe, so spielerisch wie todernst, überhaupt halten? Droht es nicht irgendwann zur Abwicklung eines großen Einfalls zu werden?

Noch ist, in der Vorgeschichte, alles schön realistisch datiert und lo-
kalisiert: 1944, im letzten Kriegssommer in Mecklenburg. Auf sonni-
gen Chausseen radelt ein Junge, auf dem Gepäckträger das für den
Winter im Walde gesammelte Holz. Womit allerdings seine Anwesenheit 1944 in Mecklenburg auch schon erschöpft wäre. Im Kopf nämlich
befindet er sich ganz woanders, erst in Amazonaswäldern, dann auf
Gangsterjagd, in jener lebendigeren Wirklichkeit, in die er sich in den
Abenteuerbüchern der Leihbibliothek hineingelesen hat.

Aber so langweilig, wie ihm sein Mecklenburg vorkommt, ist dieses
leider nicht. Im Luftraum über ihm hat ihn ein amerikanischer Tieffli-
ger als beschwingt radelndes Insekt, als Schußobjekt längst entdeckt.
Dort oben an Bord herrscht eine Stimmung, die den treuherzigen
Abenteuer-Büchern des kleinen Jungen um Jahrzehnte voraus ist an
Kälte und Fidelität, eine Mordsstimmung, wie wir sie aus den Büchern
von Thomas Pynchon oder Kurt Vonnegut kennen, wie sie im Kino der
zur Walkürenritt-Musik exekutierte Hubschrauberangriff in *Apoca-
lypse Now* inszeniert hat. Kalt und sachlich wird der liebe Junge also
mitsamt seinem vom herrlichen Schund der dreißiger und vierziger
Jahre überfüllten Kopf von der Chaussee, vom Fahrrad, aus seinem

realen Leben und seinen viel realeren Träumen geknallt. Über ihm sirrt, solange er im Chausseegraben noch die Augen offenhalten kann, das Vorderrad seiner Tretmaschine im Leerlauf. Alles geht weiter. Nur die Zeit dieses Kindes wird gleich stillstehen.

Das ist die Sekunde Ernst Augustins: Der Erzähler tritt auf, die Geisterstimme setzt ein, der Traum von einem Leben hinter diesem sinnlos frühen und brutalen Tod, auf einer anderen, irrealen Zeitspur. Doch der Traum soll mehr Antrieb haben als nur den Wunsch nach einem phantastischen Überleben: Rache an der Besatzung der fliegenden Mordmaschine. Drei Mann stehen auf der Abschußliste, der mickrige Navigator, der stumpfsinnige Pilot und der eigentliche Schütze, genannt Bag, ein riesig aus Muskelfleisch gebauter Roboter ohne erkennbares Innenleben. Diese drei kann ihr Opfer in seinem fiktiven Nach- und Racheleben freilich nur erledigen als Leser seiner Abenteuer-Schmöker, also literarisch.

Hawk Steen nennt sich die Stimme, die diesen Job übernimmt. Hawk der Falke jagt Bag den Sack. Alles Literatur einerseits, greller Comic strip. Andererseits eben doch gemacht aus dem Stoff unserer Träume, mindestens der Träume Ernst Augustins. Denn der hat in seinen Büchern immer schon, seit seinem Anfang in *Der Kopf*, das Umsteigen von einem Leben in ein neues, fremdes erzählt. Gesucht wurde immer das Abenteuer in einer anderen Haut, und die sollte möglichst prickeln vor Lust und Angst und Schrecken.

Dafür ist auch diesmal reichlich gesorgt. Zunächst hockt der imaginäre Hawk Steen, von Beruf natürlich Privatdetektiv, in einem düsteren Gewaltnest irgendwo im Norden der USA, dann verführt er uns in ein schäbiges Miami samt sumpfiger Umgebung. Doch der Showdown, der Endkampf mit Bag, braucht imposantere Kulissen, wuchtigere Natur, und die findet sich in den tropischen Wäldern, den Lagunen und wilden Sümpfen Costa Ricas. Eine Reise in Worten, von der Karl May und Joseph Conrad und Dashiel Hammett, aber vor allem alle ihre billigeren Nachfolger immer wieder grüßen lassen.

»Also gut, ich will nicht übertreiben« –, auch das steht gleich auf der ersten Seite, ein ziemlich gezinkter Satz. Denn Übertreibung ist geradezu die Muse dieses Fabulierens. Überlebensgroß müssen alle Gefahren aufgebläht werden, um dann die Rettungen überwahrscheinlich schön und verwegen gelingen zu lassen. Das funktioniert nicht nur auf der erzählerischen Hauptstrecke, sondern auch in den üppigen Abschweifungen, in die sich Augustin so gern verliert. Wenn er und sein Hawk Steen fast einen Tropentag lang damit beschäftigt sind, sich einen Platz in einem Überlandbus zu ergattern, dann wuchert das aus zu einer Parabel des menschlichen Überlebenskampfes, der gegen die Widrigkeiten der Mitmenschen, des Zufalls und des Schicksals einfach nicht zu gewinnen ist. Um dann wunderbarerweise eben doch gewonnen zu werden.

Womit schon verraten ist, daß diese Erzählwelt, obwohl sie so heftig durchpeitscht ist von Schüssen, durchkrabbelt von Todesspinnen, überragt von nie gesehenen Tropenbäumen, obwohl da alles bebt und gleißt von Todesangst und Todesmut –, daß diese grandiose Traumwelt konterkariert wird von einer zähen Gegenkraft, die vor allem den Helden Hawk Steen immer wieder erniedrigt ins Kleine und Kleinliche, ins Erbärmliche und Lächerliche. Zwar lassen sich er und sein kennerischer Erzähler in einem Waffengeschäft die blitzendsten, perfektesten, kostspieligsten Mordinstrumente vorführen, doch am Ende reicht das Geld eben doch nur für eine Billigflinte aus zweiter Hand. Herrlich geistesgegenwärtig und katzenhaft wendig entkommt der Privatdetektiv auch den sein Frühstücksei zerfetzenden Schüssen des allgegenwärtigen Bag, doch der souverän Entkommene flieht – in einem Pyjama.

Es geht also hier wirklich zu wie in Träumen: pathetisch, albern, unheilschwanger, spielerisch. Auf nichts ist Verlaß, weder auf den Ernst noch auf den Witz der Lage. Auch wenn der Schlußfight zwischen Hawk und Bag immer näher rückt, bleibt ungewiß, ob er die bittere männliche Würde eines Showdown durchhalten oder nicht plötzlich umschlagen wird in eine Tortenschlacht.

Das könnte auch ein Rätsel lösen helfen, das die Karriere Ernst Augustins seit je begleitet und das sich nun gegen Ende der achtziger Jahre eher verschärft hat: warum er nämlich, trotz einiger Resonanz beim Publikum und auch in der Kritik, ein eher unterschätzter Erzähler geblieben ist und immer noch im Schatten ungleich biedererer Talente steht. Als noch die gesellschaftskritischen Literatur-Vorstellungen der »Gruppe 47« und der (damaligen) Suhrkamp-Kultur tonangebend waren, mochte einleuchten, daß ein Spieler und Träumer wie er ein Außenseiter bleiben mußte. Aber nun, unter den Kunst- und Marktbedingungen der Postmoderne? Hat er deren Regeln nicht, längst bevor dafür ein Markenname geprägt war, in seinen Büchern vorweggenommen?

Sobald man ihn aber vergleicht mit Schoßkindern der neuesten Stimmung, ob Patrick Süskind oder Christoph Ransmayr, stellt sich kühl und bestimmt ein Abstand her. Augustins Welt besteht eben gegen allen Anschein durchaus nicht aus Kunst-Kunst, ist keineswegs hermetisch abgedichtet, weder mit so handwerklichen lockeren Handgriffen, wie Süskind sie beherrscht, noch so bildungsbieder und feierlich, wie Ransmayr seine literarische Haute Couture absichert. Verglichen mit solchen angenehmen Talenten, erweist sich Augustin als durchaus nicht marktkonform, als ein unberechenbarer Artist und kindlicher, krauser Träumer, der die gemütlichen Erwartungen der Leserschaft so gern ausglitschen läßt wie seine Helden.

Daß er auch die Erwartungen täuscht und enttäuscht, die seine diesmal so triumphale Spieleröffnung ausstrahlt, sollte freilich im gleichen Atemzug nicht verheimlicht werden. Und das nicht etwa, weil die wirre und wirbelige und dann tropisch aufschwellende Handlung sich als letzter und eiliger Lebenstraum eines sterbenden Kindes psychologisch kaum rechtfertigen ließe. Vielmehr scheint der Erzähler selbst dieser kühnen Initiation seiner Erzählung bald nicht mehr zu trauen. Zu rasch beginnt der Rachedrive der Traumhandlung zu erlahmen, und sobald die Tropen erreicht sind, dreht Augustin nur noch Actionkino in Worten, so selbstzweckhaft vor sich hinwuchernd wie Flora und Fauna der Umgebung.

Was durchhält, ist die Mischung aus Grandiosität und Albernheit, aus cooler, schnoddriger Renommierlust und einem unterirdischen Kichern, aus heroischem Einsamkeitsgestus und einer flirrenden Kinderangst. Da spricht immer noch der Stoff, aus dem wir unsere Träume machen, oder vielmehr: sie uns. Denn Augustins Prosa arbeitet zwar mit lauter Versatzstücken, ausgeliehen von den Genres Reisebericht oder Detektivfilm oder Italowestern, doch immer wieder bricht diese Kulissenwelt auf, und man spürt, daß diese »schwarzen und streng riechenden Straßen«, die in den Himmel greifenden Tropenbäume oder der saugend unter den Füßen nachgebende Sumpfboden auch und wesentlich Metaphern einer Innenwelt sind. In der tobt, auch das läßt sich zuweilen fast peinlich genau entziffern, ein Kampf zwischen weiblicher Tropenwelt und einem männlichen Gangsterreich, ein Psychodrama, der eigentliche Treibsatz des Romans.

Für die drei hier regierenden Geister, den sterbend träumenden Jungen hinten in Mecklenburg, sein alter ego Hawk Steen und seinen spiritus rector Ernst Augustin, für diese drei scheint nicht klar ausgemacht, ob sie sich lieber auf die Lustangst im Kampf Mann gegen Mann oder auf die Angstlust vor einer verschlingenden Großen Mutter einlassen möchten. Der letzteren, hier repräsentiert durch ein schwarzbehäutetes majestätisches Fleischgebirge namens Snakewoman, ist der Held diesmal allzu eilig und folgenlos entkommen. Auch die Mannmaschine Bag versinkt nach langer und langwieriger Jagd allzu patent in einem Sumpf (müssen wir auch das noch dechiffrieren?). So daß Hawk Steen im Schlußbild elegant, gefürchtet, unberührbar in einer von allen Gefahren gereinigten Welt thront.

Lange wird er und sein Autor es in dieser fürchterlichen Furchtlosigkeit kaum aushalten. Das große Zittern, das kräftig dünne Pfeifen wie im dunklen Wald, die Lust auf und die Angst vor einem ganz anderen Leben, sie werden auf Ernst Augustins nächster erster Seite unweigerlich wieder ausbrechen.

(1989)

Gesang, Gesinnung, Abendröte
Auch Peter Rühmkorf ist inzwischen sechzig

Zur Feier des Tages, dieses Rühmkorfschen Geburtstages, verbieten sich die bequem zuhandenen Formeln, aller Schmus also im Sinne von: »Waas, schon sechzig, deer?! So frisch und jugendlich er doch immer noch wirkt?« Lieber sollte man den Spieß umdrehen und sich wundern, daß Rühmkorf derart lange ausgehalten hat, im Schreiben wie im Leben. Denn fertig (in jedem Sinn), abschiedsbereit, und, wenn auch auf die allerflotteste Weise, zu Tode erschrocken und todtraurig schien er doch schon immer.

Dieser unser gemeinsamer Jahrgang 1929 läßt sich ja auf mindestens einen gemeinsamen Nenner bringen. Ob man sich Lettau ansieht oder Enzensberger, Rühmkorf oder Roehler: den inneren Jüngling hat keiner je überwunden, doch auch eine andere, befremdlich früh erkennbare Neigung, die Welt ziemlich alterszynisch oder altersweise wie von hinten oder sehr weit oben zu sehen, hat sich gut gehalten und konsequent weiterentwickelt. Was uns allen dagegen seit eh und je fehlte, war die Begabung zur sogenannten Reife, zur Pragmatik der Lebensmitte, zu dem, was auf deutsch Männlichkeit und auf lateinisch Virität heißt, auch zu jeder Art Honoratiorentum. Offenbar war es nicht die reine Lust, ausgerechnet um das Jahr 1945, in der angeblichen Stunde Null, erwachsen zu werden.

Was Wunder, daß man in dem Gedichtband, den Rühmkorf sich selbst zum Sechzigsten beschert hat, dieses Altgebliebene und das Unverbesserlich-Junge am ehesten wiedererkennt, die Töne also sowohl des Hoffens und Schmachtens, wie die des Verzichtens, des Gleiten- und Fallen-Lassens, einer lockeren, so gar nicht ranzigen Trauer. Kein Wunder aber auch, daß die jungen, hellen, die frechen Töne mittlerweile doch, gesangstechnisch gesprochen, enger wirken, hochgestemmt in die Kopfstimme. Dagegen geht der Alterssingsang, souverän verzittert, gekonnt verwehend, dem Sänger nun sehr natürlich von den Stimm-Bändern:

Will sich zur Seite drehn,
in Laub, in Gras, in Grün, in Braun, Grafitoliv
Im Traum zur Ruh – im Schlaf zu Grunde gehn
und weiter fort – ganz tief ...

Man tritt dem Jahrgang 1929 ja wohl nicht zu nahe, wenn man erwartet, daß diese schon immer alten Jünglinge nun allmählich in ihr Spätwerk eintreten.

Einmalig wie wir alle ist tatsächlich, in gut drei Jahrzehnten, erst Rühmkorfs fünftes regelrechtes, ausgewachsenes Gedichtbuch. So eine Serie pustet mancher lyrische Kollege in einem einzigen Jahrzehnt in die Öffentlichkeit. Man sieht's und hört's dieser Fließbandpoesie dann aber auch an. Während Rühmkorfs langsame, zähe, auch tüftelige und altmeisterliche Arbeitsweise sich an seinen Produktionen erst immer auf den zweiten, dritten Blick erschließt.

Aachen, oh, Aachen, ach
mit seinen ungezählten Wassern aus der Tiefe sprudelnd,
in die Höhe steigend, weiter strömend,
aber die Wahrheit ist dann seltsamerweise
und deutlich aus einem Guß wieder ganz einfach.

So etwas leuchtet schneller ein als es begriffen ist. Doch das scheinbar so rasch Verstandene und Durchempfundene erweist dann doch bei einer dritten oder siebenten Lektüre überraschende Haltbarkeit und Widerstandskraft. Ohrwürmer sind das einerseits, aber eben auch Wanderungen in ganz unerwartete déjà-vu-Erlebnisse. Was wieder einmal die alte schöne Vermutung bestätigen kann, daß die Rezeption eben den Gang der Produktion mitvollzieht: so geduldig und genüßlich, so nimmermüde wie diese Gebilde ausgearbeitet und bearbeitet wurden, so dürfen, sollten sie auch wahrgenommen werden. Auch der Meister gesteht, seufzend, »daß mir das lebendige Wesen des Gedichts immer noch deutlicher aus seinem Werdegang zu sprechen scheint als aus der schließlich mit List und Tücke abgefaßten Idealfigur«. Doch genau diese »Idealfigur«, auf pro Gedicht hundert bis vierhundert (!!) Notat-, Fragment-, Probierseiten erkämpft, sie bleibt dem Leser oder Hörer zunächst eher verdeckt durch den Schwung und Drive, die täuschende Improvisations- und Entspanntheitslaune der Rühmkorfschen Verse:

PAR AVION – e x p r e s s – mit Eilpost zugestellt
und ab der Abendschrieb –
O schöne Welt, wohin fährt Welt,
wie weit geht Lieb?

Sollten wir nun, zur Feier des Tages, an dem neuen Gedichtband die rezensionsüblichen Vermessungskünste betreiben, also mit Bierernst als TÜV überprüfen, wo der Dichter dazugewonnen, inwiefern er abgenommen hat, wann er kühner vorgeht oder zager tönt, was an Technik, Wohlklang, Mißklang, Thematik und Gesinnung sich verändert, verschoben, verbessert, verloren hat? Vielleicht doch, aber mit Maßen.

Denn zunächst und auf die Gefahr hin, daß der Jubilar erbleicht wie Brechts Herr Keuner, als er hört, er habe sich so gar nicht verändert – zunächst sollte doch weiter Wiedersehen gefeiert werden mit Rühmkorfs unverwüstlichen Qualitäten. Und die sind nach wie vor und zuallererst musikalisch. Andere Lyriker mögen genauere Architekten, schärfere Zeichner, suggestiver glühende Landschafter oder Bekenner sein – doch kaum einer arbeitet kompositorisch und physisch so musikanalog wie er. Ja, physisch, denn gleich in jedem Gedichteinsatz hört man unverkennbar eine leibhaftige, seine Stimme. Sanftjohlend vielleicht zunächst (»Sangsemal, Salat ham se nich – oder sonstso? –«), aber schon der nächste Versaugenblick könnte sich verlieren in Raffinesse und Wispern. Schräg, mit der geistesgegenwärtigen Balance eines leicht Betrunkenen neigt sich manches Gedicht zum Shanty, zum Kalauer, zur Leierkastenromantik hin, doch auf plötzlich ansetzende, täuschend kurze Höhenstürze hinauf in Hölderlinseligkeiten, Bennposen, Klopstocksches Orgelbrausen müssen wir jederzeit gefaßt sein. Wie auch darauf, daß diese schütteren Höhenlagen nicht lange halten. Weil überhaupt nichts hier hält, kein Dur, kein Moll, kein Pedal und schon gar kein pianissimo.

Genau deshalb täuscht alles Zitierte und alles Zitieren, so sehr gerade das explosiv Knallige und rasch Zugespitze Rühmkorfscher Prägungen dazu verlocken. Eine Wendung wie »Daß das Leben zu kurz ist / sagt dir schließlich jeder kleine Friedhofsangestellte«, sie mag Spaß machen oder schal wirken, in jedem Fall aber gibt sie keinerlei Auskunft darüber, wie das Gedicht zu ihr hingesteuert wurde, wie es aus ihr wegdriftet, wie der verklungene Augenblick vorher und der unabsehbare nachher die Stelle auflädt. Nein, hier gibt es keine festlich freigestellten Metaphern oder ausgeklügelten Wohlklänge, keine nackten Hieroglyphen oder Witze zu bewundern. Alles schön oder keß Pointierte befindet sich in einem eher flüssigen Aggregatzustand, in ständiger Selbstaufhebung. Jede Zeile nur Durchzug, ein Vorüberwehen, im Übergang zu ihrer Modulation und Variation.

Daß wir eine derart flüchtige und gespaltene, diese Vielstimmigkeitsstimme überhaupt auf Anhieb als eine einzige, als den Rühmkorf-Sound erkennen, läßt sich mit seinem Lieblingsparadoxon erklären: auch diese Stimme ist eben »einmalig wie wir alle«. Schon in ihr, in diesem Chorgesang für Solo, steckt der demokratische Grundzug, ein Vergesellschaftungszwang, dem sich dieser bewegliche Sänger doch stur verschrieben hat und der seine Formgewandtheit davor bewahrt, sich in narzißtischem Selbstgenuß zur Ruhe zu setzen. Auch was das sinnliche Material seiner Verse betrifft, bleibt er nie treu bei der Sache, in einem hermetischen Bezirk. Ätherisches ist diesem poetischen Weltbild durchaus nicht mehr fremd. In Wolkenbilder, Abendröteln, Novemberdiesigkeiten kann der Dichter sich vorübergehend hoch und zart versteigen. Aber dann wird bald wieder etwas wie Bratkartoffeldunst oder ein Gruft- oder auch Kloakenhauch sich einmischen. Nichts hält: weder die U- noch die E-Ebene dieser Kunst. Sie legt so wenig Wert auf Niveau wie eine Achterbahn.

Das bedeutet allerdings auch: hier gibt es ernstlich gar keine Fallhöhe. Auch wenn Rühmkorf einmal Ton oder Thema kippt, wegplumpsen oder -rutschen läßt, »Niveau verliert« – ihm kann ernsthaft gar nichts passieren. Auch, weil die Netze aller Traditionen, aus denen heraus er seit eh und je gedichtet hat, ihn immer wieder auffangen. Solche Anklänge zu Benn und Brecht, diese Übermalungen von Heine oder Nietzsche, Simon Dach oder Ringelnatz und Borchert, Goethes *Faust* zwo oder Arno Schmidt finden sich immer noch zuhauf. Zu einigen von diesen Vorfahren, Wahl- oder Zwangsverwandten hat Rühmkorf sich eben wieder in dem Essayband *Dreizehn deutsche Dichter* bekannt. Auf »deutsch« liegt der Akzent. Denn dieser literarische Stammbaum weist ja die ungeheuerlichsten Lücken auf: kein Eluard, kein Alberti, Majakowski, Auden, Eliot oder Whitman taucht da auf. So monströs deutsch ist dieser Dichter, im krassen Gegensatz zu allen seinen lyrischen Zeitgenossen, daß er auch im Endlauf eines großen Lebensreise-Gedichts, wenn er sich rauschhaft und exakt, wahrhaft joycesisch also verliert in Litaneien aus Lautmusik und Obszönitäten, als Material dazu nichts Mythisches heranzieht, sondern das *deutsche* Kursbuch und *deutsche* Postleitzahlenverzeichnis herunterzitiert, von

Accum – Beckum – Loccum

über

Oberreitzbach-Ritzhausen-Gailbach-Kerben-Voitze

und so weiter über die Seiten, Gleise, Briefkästen bis hin zu

Yach – Zips
Zorn – Zell
Zons – Zeil

Zu diesem Versgesangstück *Mit den Jahren. Selbst III/88*, also dem erst dritten Selbstporträt in immerhin sechzig Jahren, zu diesem an Tempo, Trauer, Witz, an täuschenden Offensichtlichkeiten und zarten wie wüsten Geheimnissen wohl reichsten Gedicht des neuen Bandes hat Rühmkorf für den Haffmans Verlag die ganze Arbeitsschublade ausgeschüttet. Tausend Seiten stark in tausend signierten Exemplaren und folglich auch für tausend Mark käuflich, wird mit diesem Arbeitsbuch das seit *Zettels Traum* elefantasischste Geschöpf auf dem deutschen Buchmarkt erscheinen, ein Monument ingeniöser Fleiß- und deutscher Wertarbeit, der Spinnerei, Spürkunst und des poetischen Magnetismus. Tatsächlich werden wir hier Zeugen aller Lust und Mühen, mit denen Rühmkorf seine Dichternase so lange über die zerstreuten Späne seines Einfallsmaterials zieht, bis die sich endlich ordnen zum Magnetfeld des Gedichts. Das dann auch in seiner gefundenen, festgelegten Form immer noch wirkt wie Strom und Wirrsal, dynamisch bewegt und doch pedantisch in Ordnung gebracht.

Seinen Sympathisanten aus der Literaturwissenschaft, das zeigt ein von Manfred Durzak und Hartmut Steinecke herausgegebener Sammelband, läßt ein so ganz und gar über sich selbst aufgeklärter Dichter wenig Chancen. Den Interpreten fällt alles einfach zu leicht. Die Schlauheit dieser Versgebilde und ihres Verfassers, beider scheinbar lückenlose Durchreflektiertheit werden im Krebsgang nur immer wieder aufgedeckt. Da funktioniert Hermeneutik wie ein Ostereiersuchen, das aus Dichters Texten apportiert, teils strahlend, teils ein bißchen außer Atem, was der Autor alles in sie hineinversteckt hat. Nur selten wird über solche offenbaren Geheimnisse hinaus gefragt, etwa nach Rühmkorfs vorartistischen Schreibanlässen, nach dem Bewegungszentrum seiner Thematik.

Darüber hat er selbst ja, so unermüdlich er auch seine »Einfallskunde«, die Taktiken und die Strategien seines Schreibens zu erörtern liebte, höchst eindrucksvoll geschwiegen. Das ihm Allerselbstverständliche rückt auch er, wie fast jeder Autor, in einen toten Winkel, seinem Blick entzogen. Und selbstverständlich wie Atmen ist Rühmkorf sicher die Trinität seiner Grundthemen, einmal der altjakobinische Traum von einer Gleichheit und Brüderlichkeit aller Menschenwesen, dann der (ungleich kurzfristigere) Traum vom Hangen und Langen hinüber zum anderen Geschlecht und drittens und schlußendlich in der Flucht aller Erscheinungen und Vorstellungen der Zwangsgedanke an deren Versinken und Verlöschen, an die Winke Charons und Freund Heins.

Media mortis in vita sumus: so etwa wird hier die christliche Jammertalmelodie spiegelbildlich bestätigt und subversiv zersungen. Das sichert dem Rühmkorfschen Sound seine Frustrationsseligkeit: unverdrossen gläubig und keß, erwartungsgemäß enttäuscht. Da regiert ein Schwung, in dessen Begeisterungs- die Desillusionsschübe als zweite Zündstufe immer schon eingebaut sind – wie auch umgekehrt. Die Unendlichkeitsschleife, das perpetuum mobile wären der richtige Auslauf des Gesangs. Mit welchen Kunstgriffen dann Rühmkorf seinen lyrischen Ausschweifungen jeweils doch ein Ende bereitet, mit jähen Bremsungen oder sanftem Verdämmern wie fast ins Nichts, das beweist, wenn's glückt, wieder die Gültigkeit des ihm liebsten Kompliments: »Der Mann ist technisch gut und seelisch tief.«

Eines allerdings, Zeichen der Zeit, läßt sich an dem neuen Gedichtband, so weh es tun mag, doch nicht übersehen: der real nur noch verendende Sozialismus hat dem linken Sänger die Zunge weder zur Klage, noch gar zu Neugierde gelöst. Die paar Gedichte und die zahlreicheren Ansprachen und Briefe, in denen alte Solidarität noch bekannt wird, klingen heiser, trotzig bis beflissen, lauter Archivmaterial aus guten alten bösen Ronald-Reagan-Zeiten. »Gesinnungsgranit«, o ja (so hat Rühmkorf sympathisch das Unverwüstliche der Arno Schmidtschen Weltanschauung genannt), doch der liegt nun sehr archaisch, starr und bequem in der Abendröte dieser Gedichte.

Das, worauf sich Rühmkorfs Altersverskunst mehr und mehr spezialisiert hat, die »Levitation« nämlich, wird mit leichterem, luftigerem Material betrieben. Abschiedsvorstellungen im wörtlichsten Wortsinn sind nun ein bevorzugtes Sujet. Das Schweben und Schwinden der Dinge wie der Erfahrungen wird mit einer teils betörenden, teils auch schon, so möchte man seufzen, mit einer verbotenen Meisterschaft inszeniert. Darf, soll man noch einmal eine Vier-Strophen-Probe zitieren und damit schon wieder täuschen?

> Wenn früher Morgen sich die Lippen leckt,
> Blau sich enttrübt;
> eh einer groß im eignen Kopf aneckt,
> soll sagen, was er liebt.
>
> Weil was du liebst, das ist was du erprobst
> als wär's zum ersten Mal:
> einziger Mai mit Möwen überm Obst
> und Silber im Kanal.
>
> Ein Hauch Kastanienblüten auf dem Dach,
> herrenlos hergeweht –
> so komm und wirf mir einen kleinen Schatten nach,
> der sowieso vergeht.

Halb da–wie–du, halb unbedingt,
leichtfüßig über Land geführten Talisman –
Auch gut, wenn man am Schluß in Wasser winkt,
und denkt . . . es käme an . . .

In solchen »enttrübten« (aber auch entglühten) Strophen liest man immer noch letzte Spuren des Expressionismus, nicht mehr wuchtig und pastos wie die Urtexte, auch nicht herren- und meisterhaft in Benns Manier, nein, eher wie mit Wasserfarben hingetuscht, leuchtend und zittrig, durchsichtig auf den Papiergrund, das Weiß, die Stille.

Dazu paßt, daß der ganze Band schließlich endet mit einem am 19. September 1989 angesichts der wartenden Setzmaschine offen, fragmentarisch gelassenen Langgedicht, das nun auf Seite 156 ins Unendliche oder auf eine Fortsetzung verweist. Wir natürlich warten auf die Fortsetzung.

(1989)

Neue Traditionen

Nicht zufällig und zum einzigen Mal in diesem Band greift auf den folgenden Seiten die Argumentation, obwohl provoziert von der Gegenwartsliteratur, über Jahrtausende zurück, bis ins Athen der sokratischen Aufklärung, so wie sie in Platons Dialogen überliefert wird. Andere Rückblicke reichten über die Geschichte der Moderne nie hinaus, ins 19. oder gelegentlich ins späte 18. Jahrhundert, also auf die Anfänge und Umbrüche der Epoche, die in unserer Gegenwart zu Ende geht.

Dieser weite Rückgriff schien nötig, weil seit den achtziger Jahren von rechts wie von links in blindem Fundamentalismus für oder gegen literarische Positionen gestritten wird – blind nämlich für die uralten historischen Fundamente des Streits, obwohl die doch seit Nietzsche immer wieder aufgedeckt worden sind, vor unseren Augen noch unübersehbar in der Dialektik der Aufklärung von Adorno und Horkheimer. Diesem bis heute unüberholten Buch verdankt meine Argumentation – wie stillschweigend viele andere in diesem Band – ihre wesentlichen Einsichten und Überzeugungen.

»Wie gewissenhaft und prunkend gedacht wurde, noch zu meiner Zeit!« schreibt Botho Strauß in seinem berühmten Abschiedsblick auf den Autor der Minima Moralia (S. 470). Den »Prunk« dieses gründlichen Denkens wissen die neuen Traditionalisten oft betörend schön wiederherzustellen, kaum seine Belastbarkeit, Tragfähigkeit.

Wie vernünftig kann Literatur sein?

Die Frage nach dem Verhältnis von *Literatur und Vernunft* klingt weit-
räumig, akademisch und etwas altmodisch, und ich habe mir vorgenommen – dies ist ein Drohung –, sie auch entsprechend zu behandeln,
also einigermaßen ausschweifend und auch etwas altmodisch. Schließlich wird über die immer noch offene Frage seit über zweitausend
Jahren nachgedacht.

Vor etwa 2400 Jahren, als Sokrates zur Feier des Bendisfestes von
Athen in den Piräus wandert, dort unten ins Haus des reichen Kephalos
hineinkomplimentiert wird, wo er sich genußvoll in einen Disput über
das Wesen der Gerechtigkeit verwickeln läßt, den er, noch genußvol-
ler, ausweitet in eine Konstruktion des gerechten Staates – in Platos *Politeia* also wird in zwei langen Argumentationsketten auch überprüft,
ob Dichter und Dichtung in diesem Gemeinwesen nach dem Maßstab
der Vernunft zugelassen werden könnten. Die Frage wird zweimal ver-
nichtend negativ beantwortet. Mit der Poesie also ist kein Staat zu machen, auch und gerade kein vernünftiger. Die Herstellung und der Gebrauch von Dichtwerken, so beweist Sokrates, sind vernunftwidrige
Tätigkeiten.

Diese Botschaft muß nachgehallt haben bis ins klassische Jahrhundert der Vernunft, ins achtzehnte, in dessen Mitte Rousseau den
alten, leidigen Fall immer wieder leidenschaftlich zur Sprache bringt,
um ausgerechnet in dieser Hochzeit der literarischen Aufklärung zu behaupten, daß die Literatur mitschuldig, ja hauptschuldig ist an jenem
Abfall von Natur und Vernunft, Tugend und Glück, den die Zivilisa-
tionskatastrophe der Neuzeit vollzogen hat. Was der platonische Sokrates noch wie einen Triumph vorträgt – denn seine Verbannung der
Literatur aus dem Licht der Vernunft geschieht schließlich im Namen
einer Utopie –, das klingt aus dem Mund Rousseaus nur noch wie
jammernde Klage, wütend und nostalgisch. Der zivilisierte Mensch,
seiner natürlichen Vernunft und damit sich selbst entfremdet, scheint
unrettbar verloren, das Glück seiner Vorgeschichte nicht mehr rekon-
struierbar. Literatur jedenfalls wird ihr Publikum – so Rousseau – nur
immer weiter in gesellschaftliche Falschheit, in Vernunftferne, ins Unglück eines Lebens aus zweiter, dritter Hand treiben.

Diese beiden immer noch hörenswerten Zeugen, Plato und Rousseau, werde ich zum Thema noch genauer befragen, um dann, noch
stichprobenhafter, beim alternden Brecht und bei Sartre etwas über
Prinzipien und Unkosten einer vernünftigen Literatur zu erfahren. Am
Ende, schon um spät oder zu spät dem Eindruck entgegenzutreten, ich
selbst wollte in der anstehenden Frage Stimmenthaltung üben, werde

ich versuchen, die historischen Orientierungen in Thesenform anzuwenden auf die gegenwärtige literarische Situation. Soweit das Programm, die Drohung.

Wenn wir uns an den alltäglichen, verräterisch lässigen Gebrauch des Wortes »vernünftig« halten – »Sei doch vernünftig!« rufen Erzieher ihren Kindern zu, wenn Anpassung an unbefragte Verhaltensnormen (oder tiefer und gebildeter gesagt: ans Realitätsprinzip) durchgesetzt werden soll –, so können wir uns in diesem konventionellen Sinn des Worts sicher darauf einigen, daß *Das Tagebuch einer Schnecke* ein vernünftigeres Buch ist als *Die Blechtrommel*, Siegfried Lenz ein vernünftigerer Autor als Hubert Fichte, ganz zu schweigen von einem Vergleich zwischen Ulla Hahn und Achternbusch, und daß auch der *Werther* unvernünftiger war als später *Hermann und Dorothea*. Das heißt aber: instinktiv und spontan scheint uns die Qualität von Literatur geradezu umgekehrt proportional zu ihrer Vernünftigkeit. Ohne Nachdenken akzeptieren wir offenbar, was uns Platos Sokrates ausschweifend erst beweisen will: Die Literatur hat im Reich der Vernunft nichts zu suchen, es sei denn, sie würde sich gründlich säubern, ausnüchtern lassen.

In der *Politeia* wünscht Sokrates nämlich, daß die Dichter, wenn sie schon lügen, so doch nicht häßlich lügen sollen. Die Götter wären also gut, nicht ambivalent darzustellen, die Helden nicht jammernd oder unschuldig leidend oder gar verbrecherisch, der Hades nicht als furchterregender Ort. Wer möchte sonst, mit solcher Dichtung von Kind auf im Ohr und im Herzen, noch unzweideutig gut sein, ein Held werden, wer möchte sterben. Einen solchen Positivitätskatalog, und diene er auch einem Vernunftstaat, können wir nicht ernst nehmen, er riecht nach Zensur, nach den Entmündigungspraktiken des Feudalismus, des Klerikalismus, des Faschismus, des Kommunismus: dagegen sind wir gefeit, und sei es durch nichts Haltbareres als liberale Arroganz.

Aber Platos vernunftbesessene Literaturkritik geht ja wahrhaft aufs Ganze, zensiert also nicht etwa nur die Aussagen des literarischen Diskurses. Sie richtet sich vor allem gegen die Nachahmung, gegen die Mimesis als literarisches Verfahren und als Vortragsart, und erst dieser Angriff zielt aufs Zentrum der Literatur. Als zeitbedingt könnten wir immer noch überhören, daß der athenische Vernunftstaat keine Männer in Frauenrollen mehr zulassen will, auch nicht die Darstellung eines schlechten Menschen durch einen guten, eines Verliebten, Kranken oder Lächerlichen durch einen Würdigen. Obwohl, schon diese Abgrenzungen und Ausgrenzungen zeigen die Notwehrsituation, aus der heraus Nietzsche die ganze sokratische Aufklärung begreifen wollte: als könnte Mimesis jederzeit den Menschen von innen und unten her überschwemmen und mit seiner Identität auch die Dreieinigkeit weg-spülen, die der Idealstaat gerade garantieren soll, die Einheit von Ver-nunft, Tugend, Glück.

Denn Mimesis, dieses Kraftzentrum, Triebwerk der Literatur, wird schließlich *alles* nachahmen wollen, und Sokrates zählt auf: »den Don-ner und das Geräusch von Winden und Schloßen und Wagenachsen und Flaschenzügen und die Töne von Trompeten und Flöten und Pfei-fen und allen Instrumenten, und auch die Laute von Hunden und Schafen und Vögeln.« In diesem Außersich- und Inallemsein toben, lauschen und sinnen Dichter und Dichtung wie König Lear auf der Heide, jeder Vernunft ein Greuel, nicht bloß der platonischen.

Fragt sich nur, warum die Nachahmungspoesie dem Sokrates und seinem Vernunftstaatstraum so gefährlich scheint, denn er beschreibt sie doch unermüdlich als verlogen, fiktiv, haltlos, unverbindlich. Aber gerade deshalb, so lautet das Gegenargument, durch ihre fiktive, phan-tastische, mimetisch zersetzende Kraft appelliert Dichtung, statt an unsere Vernunft, an unser »Jammerseelenteil«, wie Sokrates sagt, auch an unsere Bereitschaft zu Gelächter und Schadenfreude, an eine untere Traum- und Triebwelt also, in der auch die Greuel des Kronos oder Uranos oder Ödipus jederzeit für möglich gehalten werden, in der Väter ihre Kinder verschlingen, Söhne ihre Erzeuger entmannen und ihre Mütter beschlafen können. Solange aber solche Phantasien wach-gehalten werden, ist nach Plato und Sokrates kein Gemeinwesen halt-bar, in dem »wir alle insgesamt so viel als möglich in Gleichheit und Brüderlichkeit leben«, »beherrscht vom Göttlichen und Vernünf-tigen«.

Diese Literaturverdammung im Namen der Vernunft ist noch im-mer nicht leicht zu entkräften, sicher nicht mit einem verinnerlichten Grundgesetzartikel, in dem die Freiheit der Kunst festgeschrieben ist. Doch in ihrer einschränkungslosen Verurteilung der Mimesis wird die sokratische Aufklärung selbst zweideutig. In der Mimesis wittert sie, zu Recht, die barbarische Herkunft der Literatur, die Reste von Magie, Animismus, Schwindel, psychischer Anarchie, die bis heute aus dem literarischen Schreiben nicht wegrationalisiert oder hinaussublimiert werden konnten. In der Mimesis aber steckte damals auch das realisti-sche Potential der Literatur, ihre fortschreitende Tendenz, alle Men-schen gleich menschlich zu sehen, also alle realen Hierarchien, ob zwischen Königen und Narren, Frauen und Männern, Rassen und Klassen, literarisch immer entschlossener zu ignorieren, gerade kraft Nachahmung, Einfühlung, Phantasie. So entstand, mindestens in Schrift und auf Papier, schließlich jene Ordnung von Gleichheit, Frei-heit, Brüderlichkeit, der die *Politeia* doch entgegenträumt. Schon die platonische Vernunft war offenbar nicht vernünftig genug. Auch sie baut sich, wie alle ihre Nachfolgerinnen, nur um sich zu schützen, um sich als System rein zu erhalten, einen goldenen Käfig.

Aus diesem Bannbereich wird also der Dichter, dieser »vielfältige Mann«, mitsamt seiner mimetischen Zauberei vertrieben, nicht ohne Ehrfurcht und Zeremonie: »Einen Mann ..., der alles mögliche werden und alle Dinge nachahmen könnte, werden wir, wenn er in unseren Staat kommt samt seinen Kunstwerken in der Absicht sich zu zeigen, verehren als heilig und bewundernswert und angenehm, werden aber sagen, daß es einen solchen Mann in unserem Staat nicht gebe und nicht geben dürfe, und wir werden ihn in einen anderen Staat schicken, nachdem wir Salbe über sein Haupt gegossen und es mit Wolle bekränzt haben ...«

Von solch feierlicher Literaturaustreibung mochte Rousseau mitten in seinem durchliterarisierten Jahrhundert nicht einmal mehr träumen. Als Don Quijote, in die falsche Zeit geboren, in eine Epoche der vollkommenen Dekadenz, wagte er nur noch um Inseln, um Biotope sozusagen des vernünftigen Lebens zu kämpfen, um das heimatliche Genf etwa, von dem er das sittenzersetzende Theater fernhalten möchte. Denn für ihn hat die Literatur der »vielfältigen« Männer längst ein Publikum »vielfältiger« Menschen hervorgebracht, alle geschmeidig, gesellig, geschliffen, höflich, unverbindlich verbindlich, immer außer sich; plastic people, unauthentisch. Tatsächlich jammert dieser Kulturkritiker des 18. Jahrhunderts gegen die Institution Kunst und ihre demoralisierende, bewußtseinstrübende, ja kriminalisierende Kraft genau wie heute Künstler jammern gegen die drohende Destruktion durch die neuen Medien.

Für Rousseau bedeutet Literatur Verführung zum Nicht-mehr-bei-sich-Sein, zum Sichverlieren in bequemen Gefühlen und Sichspiegeln in fremden Meinungen. Er sieht, wie Ästhetik übergreift auf die Lebenspraxis, um sie zu entleeren zum Schauspiel, zur Maskerade, zur Formalität. Kurz: Rousseau hat den Literaturkonsumenten polemisch vereinfacht zum Schreckbild des Dandys, eines theoretischen Menschen von Gnaden des guten Geschmacks, ein Virtuose des Unglücks im entfremdeten Leben.

Denn verführen wird Literatur selbst dann, wenn sie einmal nicht an unsere Schwächen, sondern an ein vernünftiges Verantwortungsgefühl appellieren sollte, etwa so: »Der glücklichste Eindruck, den unsere besten Tragödien auf uns machen können, besteht darin, alle Pflichten des menschlichen Lebens auf einige flüchtige, unfruchtbare und wirkungslose Empfindungen zurückzuführen und zu erreichen, daß wir unseren Mut herausstreichen, indem wir den Mut anderer loben, daß wir stolz auf unsere Menschlichkeit sind, indem wir Übel beklagen, die wir hätten heilen können, und daß wir uns etwas auf unsere

Mildtätigkeit einbilden, wenn wir zum Armen sagen: Gott helfe dir!«
Das liest sich wie eine schneidende Abfuhr aller Sozial- und Mitleids-
dramatik von Hauptmann bis Kroetz, ja noch des politischen Erzie-
hungstheaters von Brecht bis Peter Weiss.

Die traurige Ironie der rousseauschen Position: er liebt die Literatur,
närrisch. In seiner Jugend haben ihm die gelesenen Romane die Wirklichkeit verschlungen, er weiß also, wovor er warnt, wenn er die
freundlichen Drogen ästhetischer Entfremdung von Genf fernhalten
möchte. Nur konsequent ist er nicht, denn er verspricht oder droht seinen Lesern, daß er zwar weiterhin Bücher und Verse schreiben und
doch zugleich gegen die Literatur zu polemisieren gedenke, und wen
daran der Widerspruch störe, der solle das dem Jahrhundert und nicht
ihm vorwerfen.

So schreibt er gewöhnlich, etwas weinerlich und ziemlich gerissen,
ein Advokat und ein Prediger, schlau und empfindsam die Antennen in
jene dünne Luft über den Zeitgeistwinden gerichtet, in der sich die Gewitter von morgen, die Entladung aller Widersprüche einer Aufklärung vorbereiten, die er schon als Verdunkelung erlebt hat.

Zweihundert Jahre später aber tritt jemand auf, schon im Abend-
dämmerlicht auch der literarischen Moderne, der sich einen Traktat
lang scheinbar vollkommen ahnungslos heiter stellt, als hätte es eine
Dialektik der Aufklärung nie gegeben, und der in diesem Zustand der
entschlossenen Unschuld ein Literaturmodell für »die Kinder des wis-
senschaftlichen Zeitalters« entwickelt – ich meine Bert Brecht und sein
Kleines Organon für das Theater, veröffentlicht 1948, ein Jahr nach
Adorno-Horkheimers *Dialektik der Aufklärung* und Sartres Kampf-
schrift *Was ist Literatur?*

Brecht formuliert sein *Organon* in dem Augenblick, als er sein riesiges Talent derart unter Kontrolle gebracht hat, daß man sagen darf: er
verwaltet es. Er will nun ein Klassiker sein zu Lebzeiten. Melancholie
ist nur noch zugelassen in Gedichten. Dort mag der Schlaf der Vernunft seine Ungeheuer zeugen. Für das Theater dagegen sind ein unge-
trübtes Tages-, Arbeits- und Vernunftlicht verordnet. Laßt nur noch
Komödien um mich sein! scheint der Verfasser des *Organon* Paragraph
um Paragraph auszurufen.

Denn Brecht hat sein Theater nun, mindestens im Programm, ganz
und gar befreit – fast wollte ich sagen: gesäubert – von allen Schrecken
der Mimesis. Sie ist gezähmt zur Technik, zum Lehrprogramm, zum
Spaß. (Brecht redet betont auch von »Abbildung« statt von »Nachahmung«.) Weder der Autor, noch der Zuschauer, noch der Schauspieler
verwandeln oder verlieren sich also, man führt immer nur vor. Keine
Emotionen werden aufgeregt, immer nur Überlegungen angeregt.
Vergnügen darf das Theater zwar machen – dazu bekennt sich der

alternde Brecht nun in einer Absage an den früheren Lehrstückpuritanismus – aber auch dieses Vergnügen dient noch einem Zweck, einer leichteren, lustvolleren Bewegung der Gedanken, es ist sozusagen die physische Spielart der Vernunft.

Als hätte er den Bedenkenkatalog der Vernunftfreunde Plato und Rousseau vor Augen, streicht also Brecht im *Organon* deren Beschwerden Punkt um Punkt als erledigt aus: Er hat die Mimesis sanft an die Kandare gelegt, er hat das Vergnügen auf Erkenntnis verpflichtet, er sieht sein Publikum nicht zerstreut, sondern verbunden durch gemeinsame Gedankenarbeit. So vollendet der vermeintliche Materialist Brecht in seiner letzten Erscheinungsform, als Klassiker und Theaterdirektor, das Identitätsversprechen des platonischen Idealismus, die Einheit von Vernunft, Tugend, Glück, die er sich freilich übersetzt hat in Wissenschaft, Parteilichkeit, Vergnügen.

Wie vernünftig kann Literatur sein? So vernünftig wie eine Dame ohne Unterleib. Das *Organon* liest sich heute wie von einem doctor angelicus geschrieben, zahm, heiter, lehrreich, milde, luftig virtuos, eine perfekte Nachsommer-Mischung, die Vorspiegelung einer penetrant unbedrohlichen Welt, nur damit alles in ihr, dem Marxschen Glaubenssatz getreu, veränderbar erscheinen möge, und zwar zum Besseren, wenn nicht zum Besten, die Menschen, ihre Verhältnisse und ihre Geschichten.

Vernunft als weiße Magie, als Zauber unendlich zu vervollkommnender Naturbeherrschung, regiert dieses Literaturprogramm. Denn schlichtes Fortschrittspathos, das die Geschichte der Menschheit als Unterwerfungsgeschichte der Natur sieht, trägt die Brechtsche Argumentation: So wie aus dem Fluß ein Kanal wird, aus dem Baum ein Obstproduzent, aus der Luft ein Verkehrsweg, so ist aus einer früher als subversiv oder eitel verleumdeten Kunst nun ein nützliches Vergnügen geworden, eine vernünftige und gesellschaftlich produktive Einrichtung. »Prodesse et delectare« – die antike Pflichtformel für die Annehmlichkeit der Künste wäre damit noch einmal erfüllt, und das mitten in einem Jahrhundert, in dem die literarische Moderne bis zu ihrem Erlöschen genau diese Annehmlichkeit verweigert hat, notfalls mit dem Rücken zum Publikum.

Wie vernünftig kann eine Literatur sein, wenn sie auf Modernität nicht verzichten will? Diese Frage scheint der späte Brecht listig zu überhören. Sartres Schrift über Engagement und Literatur aus dem Jahr 1947 aber hetzt gerade ihr hinterher. Hier wird der Literatur kein Erwartungskatalog mehr vorgehalten, auch keine Verhaltensmuster verordnet, sondern eine Bewegungstherapie.

Die Dialektik, an der Sartres Plädoyer sich atemlos abarbeitet, möchte vermitteln zwischen Freiheit und Engagiertheit des Schreibens und des Lesens, zwischen dem Anspruch der Literatur auf Autonomie und ihrer Bestimmtheit durch eine historische Situation, zwischen dem ästhetischen und einem moralischen Imperativ. Sartres entscheidender Trick: er trennt die Poesie von der Prosa, um sie zu den absoluten, den nicht engagierten Künsten, zu Malerei und Musik zu schlagen. Als Rest bleibt eine Prosaliteratur, die als ein schreibendes Handeln aufgefaßt wird, mit stark rhetorischen, ja aktionistischen Akzenten: »Der Schriftsteller ist ein Sprechender: er bezeichnet, beweist, befiehlt, lehnt ab, redet an, fleht, beleidigt, überzeugt, legt nahe.«

Hier verwandelt sich, wie immer wieder in dieser Schrift, Literaturtheorie in ein Selbstporträt. Sartre, der letzte Großschriftsteller vielleicht, ein schreibender Tribun, scheint Vernunft als Zwang zum System nicht zu kennen, er führt sie vor und übt sie aus als unermüdliche Energie der Selbstreflexion. Er wird immer wieder behaupten, um immer wieder zurückzunehmen. Seine Bereitschaft, jeden Standpunkt als Blickpunkt auszuprobieren, ja als Rolle durchzuspielen, zu kritisieren und wieder aufzuheben – diese Neu-Gier im triebhaften Wortsinn überträgt sich mit fast physischer Vehemenz auf den Leser. Nichts von ihm müssen wir ernster nehmen als sein frühes Tagebuch-Bekenntnis: »Ich hasse den Ernst«, ergänzt durch das ebenso schlichte Eingeständnis: »Mein ganzes Leben ist nur ein Spiel gewesen.« Sartre ist es offenbar gelungen, ein Leben lang sein Denken aufzuladen mit jenen mimetischen Energien der Literatur, die der Vernunft seit je ein Greuel gewesen sind.

Er hat dadurch nicht nur gewonnen, sondern auch verloren. Sein Schreiben ist immer bewegender als das jeweils Erschriebene, die Figur größer als das Werk und nachzuahmen bleibt von diesem vernunftgetriebenen Schreibleben wohl wenig bis nichts. Außer dies, das Wichtigste: wie man schreibend allen endgültigen Resultaten entkommt und damit dem Zugriff einer Vernunft, die Kant definiert hat als »ein Vermögen..., das Besondere aus dem Allgemeinen abzuleiten«.

»Aufklärung ist totalitär« schreiben Adorno und Horkheimer: »Ihr Ideal ist das System, aus dem alles und jedes folgt.« Deshalb »ist ihre Unwahrheit, daß für sie der Prozeß von vornherein entschieden ist«. Von solcher Aufklärung und Vernunft hält sich Sartres offenes, gegen jede Gewißheit geschütztes Schreiben frei. Vielleicht, überlegt er im letzten Absatz von *Was ist Literatur?*, vermittelt die »Kunst des Schreibens« der Gesellschaft tatsächlich nicht mehr als ein »unglückliches Bewußtsein« und sicher ist die Kunst »nicht von unwandelbaren Dekreten der Vorsehung geschützt«. Andererseits weiß er: Wenn Literatur »in reine Propaganda oder reine Unterhaltung umschlagen sollte, würde die Gesellschaft in den Schlamm des Unmittelbaren zurücksinken«. Und darauf folgt dann die triumphal negative Schlußfloskel: »Sicher, all das ist nicht so wichtig: die Welt kann sehr gut ohne Literatur auskommen. Aber sie kann noch besser ohne den Menschen auskommen.«

Das wäre auch für mich und heute ein gutes Schlußwort, doch ich habe noch als der langen Rede kurzen Sinn deren Nutzanwendung auf die aktuelle Lage unserer Literatur versprochen. Ich versuche das in Stichworten, in Thesen.

Alles, was heute geschrieben wird, reagiert, ob bewußt, halbbewußt oder trotzig weiterwurstelnd, auf das Elend der Aufklärung, das seit Ende der sechziger Jahre eine immer noch auf Progression eingeschriebene Literatur und in den siebziger Jahren auch die reformistisch gesonnene Politik heimgesucht hat. Die Frage, wie vernünftig Literatur sein kann (oder sein soll), könnte darauf abzielen, diese Krise zu definieren, vielleicht gar zu heilen, oder auch nur darauf, ein Krisenbewußtsein zu provozieren.

Sie trifft dabei auf folgende Formationen von Literatur – ich vereinfache an dieser Stelle, gegen meine Überzeugung, daß wir im Augenblick nur mit Büchern und Autoren, daß wir kaum mit einer Literatur konfrontiert sind –: Es wird seit den siebziger Jahren eine kaum miteinander verabredete und schon gar nicht gruppenmäßig organisierte »grüne« Literatur geschrieben, für gewisse »vernünftige« Kritiker ebenso ärgerlich wie die parallel laufende grüne Politik für die Sozialdemokratie. Dieses Schreiben läßt sich kennzeichnen durch Reizworte wie »Authentizität«, »Selbsterfahrung«, »Heimat«, »Weiblichkeit«, »Subjektivität« oder auch, schon polemisch, als neue Innerlich-Empfindsam-Weinerlichkeit. Von Rousseaus Erbschaft zehrt das alles. Rationale und irrationale, aufklärerische und romantisierende, egalitäre und elitäre Motivationen sind auch in diesem neuesten Rousseauismus nicht klar auf den Begriff zu bringen, geschweige denn auseinanderzuhalten –, genau das irritiert und reizt eine prinzipiell vernünftige und ungeduldig pragmatische Kritik.

Dabei gibt es, auch seit den siebziger Jahren, vernünftige Literatur en masse. Ihre linke Tendenz oder doch Herkunft ist allerdings, weil resignativ gedämpft, fast unkenntlich geworden. Sie produziert einen Realismus der kleinen Schritte, mit niedergeschlagenen Augen, diskret, human, traurig, sozialarbeitswillig, sympathisch, gekonnt. Wann ist auf deutsch je in solcher Breite und mit solcher Qualität mittelmäßig geschrieben worden? Die Frage nach ihrer Vernünftigkeit braucht diese Literatur nicht zu scheuen. Sie beginnt aber unwiderstehlich zu langweilen, sogar ihre Verteidiger. Das war immer (und immer auch unverdient) das Schicksal der Stillen im Lande.

Es gibt schließlich – man darf sicher sagen: folglich – gewaltsame Abweichungen von diesem Vernünftigkeitsniveau, und die erst haben Hysterie ausgelöst, eilfertige Andacht genauso wie patenten Abscheu. Ich meine nicht die Einzelgängerexkursionen von Bernhard, Müller, Fichte oder Achternbusch, sondern die programmatisch altmeisterliche Neutönerei von Botho Strauß und Peter Handke. In ihr wird die Einladung einer selbsternannten Postmoderne angenommen, alles historisch Verbrauchte noch einmal durchzuspielen, auszukomponieren. Also auch den Literaturanspruch von gestern und vorgestern? Kunst als Zauber des wahren, jedenfalls umfassenderen Lebens mitten im falschen und korrumpierten? Als wortselige, wenn auch begriffslose Erkenntnis? Als »Relaisstation des Imaginativen« (Heißenbüttel)? Ich frage nur. Der neuen Feierlichkeit ist womöglich nur vorzuwerfen, daß sie – höchst unvernünftig – die Literatur noch immer als Statthalterin des Alten, Wahren und Ganzen sieht. Das hieße aber doch, daß sie die Reduktion der Vernunft aufs Vernünftige noch immer nicht ratifiziert hätte, jene Tendenzwende, die älter ist und tiefer reicht als die der siebziger Jahre.

Vor zweihundert Jahren, in den siebziger Jahren des 18. Jahrhunderts, hätte der Autor einer radikal empfindsamen, todessüchtigen und mit gefälschten Devotionalien ausgestatteten Novelle folgende vernünftige kritische Zurechtweisung auf sich ziehen können:

»Daß die Liebe nicht mehr als aktive, Menschen und Verhältnisse *verändernde* Kraft, sondern nur noch als Rückzugsbillett ins düstere Reich der Melancholie fungiert, diese so preziöse wie resignative Verinnerlichung und Reprivatisierung des Gefühlslebens hat den Autor zum erklärten Liebling des bürgerlichen Feuilletons der 70er Jahre gemacht.«

Das hat aber nicht Nicolai über Goethes *Werther* geschrieben, sondern Michael Schneider über *Die Widmung* von Botho Strauß.

Die Konstellationen wiederholen sich. Wir könnten gemeinsam und gegeneinander daraus lernen. Mehr wollte ich in dieser langen halben Stunde nicht vorschlagen.

(1986)

Verfluchte Passanten-Welt
Botho Strauß: *Paare, Passanten*

»Bilde, Künstler! Rede nicht!« – wie die meisten geflügelten Worte ist auch dieses von Goethe merkwürdig flügellahm geworden (und wer weiß schon noch, wie der Zweizeiler weiterläuft: »Nur ein Hauch sei dein Gedicht.«). Jeder geweckte Teilnehmer an einem Leistungskurs Deutsch könnte dieses Aufsatzthema bearbeiten mit Gegenbeweisen, um unter Heranziehung von Proust und Thomas Mann, von Böll, Kluge, Heißenbüttel und werweißwemnoch darzulegen, daß in moderner Literatur die notwendige Reflexion des Materials gerade den erzählerischen Diskurs . . .

Und so weiter. *Man* weiß so etwas, und der Leistungskurs Deutsch verlangt ja nur dieses patente Wissen, also keine Überzeugung. Denn am Abend zieht man, als wäre nichts gewesen, sich gern wieder zurück in die mythologischen Höhlen des Kinos, zu Hitchcock und den Seinen, wo viel geschieht und wenig beredet wird, wo Fabeln noch funktionieren und Figuren wie unvergeßlich aussehen.

Wir alle leben also auch im Ästhetischen längst in und zwischen zwei Kulturen, und je bildloser und gebildeter die eine operiert, je aufdringlicher etwa Rhetorik als innerster Motor und glänzende Hülle unserer Literatur sichtbar wird – und das tut sie ja in weltenfern voneinander entfernten Texten, bei Grass und Thomas Bernhard, bei Heiner Müller oder Gabriele Wohmann oder Ludwig Harig –, desto anziehender wird das entlastende Angebot aller immer noch bildenden, immer noch nicht redenden Künstler und Künste.

Peter Handkes drei Bücher lange Anstrengung, aus einer alles verschlingenden Redseligkeit zu entkommen in Anschauung, geradezu in ein neues Welt-Bild, die mag man bestaunen oder belächeln, für reaktionär oder für die gegenwärtigste Zukunft halten –, in jedem Fall hat Handke, rechtzeitig wie immer, also etwas früher als die anderen, empfindlich und energisch reagiert auf eine lähmende Situation.

Das neue Buch von Botho Strauß, so scheint es, entläuft dieser Lage in die Gegenrichtung. Eben noch, in *Rumor*, war eine Figur und eine Erzählung untergegangen in Rhetorik, im offenbar unwiderstehlichen Sog einer Weltjammer-Suada. Als könnte der epische Bericht, der doch versprochen war, gar nicht mehr halten, was gesagt werden wollte. Aber versprochen ist diesmal gar nichts, nur Prosa, und frei, als gäbe es keine Grenzen und Gattungen, beginnt nun Strauß, sein altes thematisches Arbeitsfeld neu zu vermessen und umzupflügen, erzählend, klagend, kommentierend und (leider auch) leitartikelnd, autobiographische Fragmente, Aphorismen, Träume, schlagend pointierte Szenen und Lesefrüchte in eine unmerkliche Komposition zusammenmontierend.

Für Zusammenhang sorgt schon das thematische Zentrum des Bandes, das der Titel mit zwei Signalworten benennt. Etwas genauer und pathetischer ausgedrückt: das Schicksal der Geschlechter, ja der Liebe unter »Lebensformen, in denen wir voneinander immer unabhängiger, vom Ganzen aber immer abhängiger werden sollen«.

Von nichts anderem hat ja Strauß, ob in Gedichten, in erzählender Prosa oder in seinen Stücken, bis jetzt geredet. Dieses Nebeneinander-Aneinandervorbeigehen wird auch jetzt wieder, gleich auf den ersten Seiten und in Sprachstücken von knapp oder gut einem Dutzend Zeilen, so graziös und verbittert inszeniert und kommentiert, daß man immer wieder meint, nun wäre das Thema ausgeschöpft, erschöpft, erledigt. Aber Strauß benutzt diese jäh einleuchtenden Szenen nur, wie er später einmal sagt, als »Eingang zu einem längeren Vermuten«, und das zieht und dreht schließlich den ganzen gegenwärtigen Weltzustand in ein klagendes, melancholisch wütendes Bedenken.

Eine wahre Erotik des Trauerns arbeitet in dieser Prosa: als wäre nur etwas Verschwundenes oder Entschwindendes noch begehrenswert. Denn auf eine emphatische Gegenüberstellung von Einst und Jetzt sind nahezu alle diese Maximen und Reflexionen stilisiert. »Das Schreiben«, so formuliert Strauß (nicht zum ersten Mal) sein literarisches Glaubensbekenntnis, »deutet die Sachlage des Fehlens. Alles fehlt, wo der Buchstabe ist. Die entschwundenen Dinge, den entschwundenen Leib zu begehren ist die ursprüngliche Erotik der menschlichen Sprache ...«

Der romantische Zungenschlag kann täuschen. Darüber zum Beispiel, daß ja Schiller seine sentimentalische Dichtung kaum anders definiert hat als Strauß sein Schreiben. Darüber auch, daß dieses Buch und sein Autor in jener langen Tradition von Kultur-, nein Zivilisationskritik stehen, die Rousseau eingeleitet und Nietzsche in ihrer vollen Widersprüchlichkeit entfaltet hat, so daß an ihr seitdem, ob an der *Dialektik der Aufklärung* oder dem *Eindimensionalen Menschen*, an Foucault oder Pasolini, die beliebte Fangfrage Rechts oder Links? immer wieder gescheitert ist. Dieses patente Entweder-Oder greift also auch hier ins Leere.

Unübersehbar ist nur, daß Strauß allem Progressismus, in Kunst und Gesellschaft, gründlich mißtraut. Für ihn besteht unser fortgeschrittener Zustand schließlich nur darin, daß alles den Gesetzen des Markts und der Passage unterworfen ist, also austauschbar, flüchtig, wurzellos: »Verfluchte Passanten-Welt!« ruft er aus. Alles ist mobil, jeder wie gelähmt.

Wie geläufig zum Beispiel flutscht Sprache aus den Köpfen der »Gegenwartsfreaks«, und wie gelähmt scheint dieser mobile Jargon, wenn etwas Wesentliches, ob Glück oder Unglück, ausgedrückt werden soll. Zum Beweis stellt Strauß eine Selbstmordsüchtige absprungbereit und doch um Hilfe rufend ins oberste Stockwerk eines Apartmenthotels: »Eine Königin der höchsten Not, versammelte sie nach und nach zu ihren Füßen ein kleines Volk, die Untertanen ihrer Leidensherrschaft.« Doch am Abend ist diese Herrliche dann, gerettet, in der Regionalschau des Fernsehens kaum noch wiederzuerkennen, denn nun blubbert aus ihr nur noch die zuhandene Fertigteilsprache: »Peter is sowat von eifersüchtig. Ick wußte ja nich mehr, wo ick mir befinde. Ick hatte ja keene Wahl.«

Ein Musterfall unter vielen. Menschen werden, wie auch in den Stücken von Strauß, vorgeführt als Figuren, ja als Beweisstücke. Eine gewisse Unbarmherzigkeit gehört nun einmal zum Geschäft des Moralisten. Schließlich soll nicht das Individuum gefeiert, sondern der einzelne als Gesellschaftspuppe und Verhaltenssystem gezeigt werden, verfangen »ins Netzwerk von Trieb und Triebverstörung, von Motiv und Scheinmotiv... Wir sehen etwas furchtsam hin und denken rücksichtslos: ... wo bleibt das Unverhoffte und die autonome Handlung?«

»Furchtsam« und »rücksichtslos«: da hat Strauß seine widersprüchliche Haltung wieder auf das Anmutigste definiert und erwischt. Denn natürlich schreibt auch er nicht nur als empfindsamer Fremdling und Samariter über seine Jetztzeit und ihre Opfer. Die Passanten behandelt auch er immer wieder als Passant, fremd und distanziert, genau, weil befremdet. »Das tiefe Desinteresse aneinander«, das er als Lebensbedingung im allgemeinen »Verkehrsfluß« diagnostiziert, schärft auch seinen Blick. Nur kann er den bösen Blick auch immer wieder trauernd, fast zärtlich zurücknehmen, wenn er seine Gegenwartsbefunde als Verlustgeschichten begreift und seine Zeitgenossen als Gefangene eines »gesellschaftslosen Daseins«.

Sprachlos, gesellschaftslos, geschichtslos, kunstlos, ahnungslos, gesichtslos, hoffnungslos, angstlos und haltlos – die Verluste, unter deren Zeichen Strauß diese Gegenwartswesen oder -unwesen sieht und beschreibt, lassen sich kaum nachzählen, aber die Generalformel für alle lautet: »gezwungenermaßen frei« (die Dialektik der Aufklärung, auskristallisiert zum Aperçu). Entsprechend krampfhaft schwungvoll wird vor allem das »Lieben abseits der Liebe« abgewickelt: »Sie sind Körperfreunde ... Die Angst gehört den Atomkraftwerken. Keiner ist mehr gezwungen, sie an ihrer geschlechtlichen Quelle selbst zu ertragen.« Auch die »Beziehungen« (»allein das Wort ... wirkt sich handschweißhemmend aus«) lassen sich ja regulieren durch »permanente

Diskussion, um sich vor Glück, Unglück und anderen Unbegreiflichkeiten zu schützen«.

Daß unter solchen Diagnosen eine heikle Untermelodie, ein konservativer Sirenengesang mitläuft, das brauchen wir diesem Autor nicht naseweis vorzuhalten, er weiß das selbst und hat auch dieses Bedenken immer wieder in seine Texte eingeschrieben. Trotzdem also hält er fest an dem, was er einmal den »extremen Traum von geschichtlicher Geborgenheit« nennt. In einem der schönsten Stücke des Bandes wird dieser Traum und seine Widersprüchlichkeit zurückverfolgt bis in die Kindheit, bis in den täglichen Blick auf einen Fluß und auf sein Gegenufer, »die andere Seite des Flusses ... welche die des Nicht-Vergehens und der Stille ist«.

Heikler wird die Sache erst, wenn Strauß archaische Gegenbilder zur verfluchten Passanten-Welt zitiert. Da ist der Tod einer Krebskranken – wahrgenommen durchs Medium eines Fernsehfilms. Da ist die verschollene Kultur der Armut – erlebt anhand von Olmis *Holzschuhbaum*. Da wird emphatisch beschrieben, wie kurz und entschlossen eine Indianermutter, im Schutze einer noch »lebendigen Gemeinschaft«, die Trauerarbeit um ihr gestorbenes Kind ableistet – und wieder dient ein Film als Beweisstück. Da wird die »Klausur einer radikalen Liebe« nachvollzogen – aber interpretiert wird nur deren Inszenierung in Oshimas *Reich der Sinne*.

Traurige Ironie: alle diese Botschaften eines wahren, unmittelbaren Lebens erreichen den Sehnsüchtigen nur noch vermittelt durch die Apparaturen der gleichen technischen Bilderindustrie, die gerade die Auslöschung aller Wahrheit und Unmittelbarkeit des Lebens, die »behutsame Trennung des Menschen vom Menschlichen« unaufhörlich mitbesorgt. Straußens Erinnern und Vermuten darüber, wie eine Welt vor ihrem Untergang in die mediale Vermittlung ausgesehen haben könnte, beugt sich über ein sinnlich anrührendes Material, das weder sinnlich noch berührbar ist.

Kein Wunder, wenn sich eine Spur von nur halb entschlossener Trauer, von Resignation nämlich durch alle diese Notizen zieht. Als wäre dem Unheil, dem Sog der Passage, des Markts, des »Verkehrsflusses«, der »Vernetzung«, der allgegenwärtigen medialen Bestrahlung und Zerstrahlung ohnehin nicht mehr zu entkommen. Außer eben in den »Schrieb«, die Verweigerungsgeste auf dem Papier: »Es schafft ein tiefes Zuhaus und ein tiefes Exil, da in der Sprache zu sein.« Kommt diese Rettung in vielen Sätzen nicht allzu schnell, prompt, zu selbstgewiß? Denn wieder fällt auf, wie anmutig Strauß noch seine Verzweiflung, noch seine Wut formulieren kann. Zum Äußersten läßt es schon seine Sprache nicht kommen. Aber da verbirgt sich beileibe nicht nur ein sprachliches Problem.

Dreimal taucht in dem Buch Adorno auf, auf der vorletzten Seite noch, als gespenstisches Trugbild auf dem Markusplatz in Venedig, einmal vorher als der Autor der *Minima Moralia*: »Heimat kommt auf (die doch keine Bleibe war), wenn ich in den *Minima Moralia* wieder lese. Wie gewissenhaft und prunkend gedacht wurde, noch zu meiner Zeit! Es ist, als seien seither mehrere Generationen vergangen.«

So wahr sich der Band von Strauß auch an Adornos *Reflexionen aus dem beschädigten Leben* orientiert, so wenig kokett klingt seine demütige Einsicht, daß gerade dieses Vorbild längst unerreichbar geworden ist. Das liegt freilich weder am »Prunk«, noch an der »Gewissenhaftigkeit«, wohl aber an der zarten, unnachgiebigen Konsequenz von Adornos Denken, an der Hegelschen Tradition, in der es sich, wie frei auch immer, noch bewegt.

So entstand damals ein offenes und doch festes Gebilde von Widerstandsgedanken, das Strauß und uns nun wie ein Inbegriff von Ordnung, Unterkunft und Geborgenheit, von (verlorener) »Heimat« erscheinen kann, und das sogar der behäbigen Warnung »Bilde, Künstler! Rede nicht!« entkommen ist: Adorno ist zweifellos, vielleicht gegen die eigene Absicht, auch eine literarische Struktur, ein Werk gelungen. Dazu läßt es die inständige Atemlosigkeit, die Geistesgegenwart und ständig neu ansetzende Emphase, mit der Strauß auf seine Zeit reagiert, einfach nicht kommen.

Immer wieder führt der Anlauf des Wunschdenkens ins Offene: »Und doch: wie möchte man sich immer mehr von diesen Menschen der Stunde, den ganz und gar Heutigen unterscheiden. Wie wenig könnte es befriedigen, nur und ausschließlich der Typ von heute zu sein. Die Leidenschaft, das Leben selbst braucht Rückgriffe (mehr noch als Antizipationen) und sammelt Kräfte aus Reichen, die vergangen sind, aus geschichtlichem Gedächtnis. Doch woher nehmen ...?« Diese Gedankenpunkte stehen so im Original. Daß es seine offenen Fragen, seine Ratlosigkeiten offenherzig herzeigt, gehört zur Qualität dieses Buchs. Wir sollen hier zu nichts überredet werden, und gerade deshalb, paradoxerweise, ist der Band nach einer einzigen Lektüre noch längst nicht ausgelesen.

(1981)

Dichter in dürftiger Zeit
Peter Handke: *Der Chinese des Schmerzes*

»Ja, ich wollte erzählen«, so verkündet der Verfasser der *Lehre der Sainte-Victoire* und er weiß auch zart und doch genau zu erklären, was ihn zum Erzählen lockt: »Mein Ideal waren seit je der sanfte Nachdruck und die begütigende Abfolge einer Erzählung ... Denn schon oft hatte ich, lesend oder schreibend, die Wahrheit der Erzählung als Helligkeit erfahren, in der ein Satz ruhig den anderen gab und das Wahre – die vorausgegangene Erkenntnis – nur an den Übergängen der Sätze als etwas Sanftes zu spüren war. «

Ja, ich wollte lesen: eine Erzählung von Peter Handke und durchaus eine, die diesem seinem Erwartungs-»Ideal« entsprechen sollte. Daß er nach einigen Bänden voller Weltanschauung – Welt-Anschauung in einem schönen, wortwörtlichen, aber auch im lästigen, übertragenen Sinn – nun wieder einen neuen erzählerischen Ansatz suchen könnte, schien schon durch die Ankündigung bestätigt, im Mittelpunkt seines neuen Buchs würde wieder ein sozusagen unwillkürlicher Mord stehen, genau wie damals in *Die Angst des Tormanns beim Elfmeter*, jenem Buch, mit dem der Erzähler Handke sich von den Sprachtestspielen seiner ersten Phase emanzipierte.

Solchen Erwartungen hält *Der Chinese des Schmerzes* nicht stand. Das Buch bebt vor Talent und vor Widersprüchen, vor Kunsternst, Risikobereitschaft und vor Eitelkeit, aber es liest sich, als hätte Peter Handke das Erzählen verlernt, und das »mit Fleiß«. Er sieht und schreibt keine Figuren mehr, sondern setzt nur noch Bedeutungsträger und -verkünder ein. Seine Prosa zeigt, beschwört kaum noch epische, also mithandelnde Orte, sondern liefert nur deren Beschreibung oder baut Bühnenbilder für allegorisch grelle Auftritte. Das Buch stellt auch kaum epische Zusammenhänge her, geschweige denn ein Gefüge von Handlung oder gar Fabel, sondern reiht Augenblicke wie Stilleben aneinander (darunter großartige) und inszeniert Rituale, vor allem das Ritual einer Verwandlung, wenn nicht Erlösung, dessen Muster Handke in *Die Stunde der wahren Empfindung* geprägt hat, der Verwandlung eines rein Beziehungslosen in einen reinen Zuschauer.

Dieser Verzicht aufs Erzählen, dieser Zug zu Beschreibung, Ritual, ja Traktat vollzieht sich mit Konsequenz und Monotonie. Streckenweise scheint Sorglosigkeit, dann wieder ein frommes Konzept federführend. Sicher jedenfalls nicht das Ideal des »sanften Nachdrucks«, der unmerklichen und doch leuchtenden Übergänge, von Satz zu Satz, von der Anschauung zur Bedeutung, wie *Die Lehre der Saint-Victoire* sie entdeckt und feiert.

Im Gegenteil: Handkes Text ist diesmal wahrhaft ausgeschildert mit aufdringlichen Signalen, mit Gebrauchsanweisungen. Kaum etwas Konkretes darf gelassen, ruhig, episch stehenbleiben. Alles Gesehene und Geschriebene soll sich gleich als etwas Inszeniertes, Absichtsvolles, Sinnbildliches oder Vorbildliches zu erkennen geben. Man darf vor lauter Wald kaum mehr die Bäume sehen.

Das erzählende Ich heißt nicht nur Loser, nennt sich nicht nur bald »Alleiniger«, bald »Betrachter«, dann auch »Eingreifer«, dann »der Wachhabende« –, es erklärt auch, im Namen des Autors, daß der Name Loser eben nicht (englisch) »Verlierer« bedeute, sondern (oberdeutsch) »Horcher« und »Lauscher«. Auch ist Loser nicht bloß Altphilologe und Lehrer, sondern horcht und lauscht als Amateurarchäologe in die kulturellen Ablagerungen im Erdboden. Er hat sich dabei auf die Überreste von alten Schwellen spezialisiert, auf (wieder ein Hinweisschild) die Übergänge also von Innen nach Außen, von Außen nach Innen, von einem Zustand in einen anderen.

Handke, im stillen furor seines Zwanges, alle Erzählgeheimnisse möglichst geheimnisvoll zu lüften, spart auch nicht mit gelehrten, heiteren, schwersinnigen und schwachsinnigen Anmerkungen über die mystischen Bedeutungsgehalte der Schwellenorte, Schwellenschritte, Schwellenerlebnisse. Versteht sich, daß auch Losers wütender Totschlag, vollzogen an einem Hakenkreuzsprayer, als ein Schwellenerlebnis verstanden werden darf und soll. Aus einem todesähnlichen Schlaf erwacht der schuldige Loser mit einem neuen Blick auf die Unschuld der Welt. Handke hat nicht einmal darauf verzichtet, Losers Prozession durch das Land seiner Seele, diesen Gang über Kreuzwegstationen zu Gnadenbildern, in der Salzburger Karwoche zu inszenieren. Osterfestspiele: in der Stadt unter Karajan, oben auf den felsigen Stadtbergen und draußen im Leopoldskroner Moos unter der Regie Peter Handkes.

Die hohen Absichten, das leere Pathos dieser sich aufeinandertürmenden Bedeutsamkeiten drücken auf Handkes Sprache, nehmen ihr den natürlichen Atem. Denn ihr Triumph ist tatsächlich ihre Sanftheit, der »sanfte Nachdruck«, auch wenn ihr einige Szenen von düster barocker Bildwucht gelingen. Sie kann und mag aber nicht, obwohl sie hier dauernd dazu kommandiert wird, Gesang werden, Prosagesang. Dazu fehlt es ihr zu erbarmungswürdig an Musikalität, an Rhythmus, Struktur, vokalischer Leuchtkraft.

So versinkt Handkes schönes »Ideal« des Erzählens, dieser Traum von einem stillschweigenden, diskret aufleuchtenden Zusammenhang aller Einzelheiten, versinkt in einem Text, der dauernd, mit hilflosen Zarathustra-Gebärden, aufs Ganze geht. Nur am Rande ereignen sich immer wieder geduldige Sätze, Passagen, Seiten, die das Prosatraumbild des Autors einlösen. Die pendelnden Weberknechte an den Wänden der Loserschen Küche oder ein fassungslos ineinander, übereinander verschmelzendes Liebespaar in einer Wirtsstube nach der Polizeistunde –, solche sanfte Schreckensszenen, deren Bedeutung nicht gleich mitzelebriert wird, sind bedeutsamer als die Losers Erlösungsweihfestspiel einläutenden Glocken der Jedermannsstadt.

»Schließ die Augen, und aus dem Schwarz der Lettern bilden sich die Stadtlichter«: dieser Satz eröffnet das Buch, ein mystischer Satz, einladend in eine Welt hinter der Welt. Doch nach dieser Aufforderung bewegt sich Handkes Prosa zunächst mit fast trockener Aufmerksamkeit durch die abendlich trübe Wohngegend des Lehrers Loser, um dann, nach einem wahren Wandkalenderspruch (»Die Welt ist alt, nicht wahr, Herr Loser?«), jäh überzuspringen auf eine neue, hohe und neblige Sprachebene, auf der die Erzählung über sich selbst zu raunen beginnt, über Erzählung als »Leerform«, als »Spurenverwischung«, als eine »Leere« ohne »Geheimnis«: »Sie war so herrscherlich wie beruhigend, und ihre Ruhe hieß: Ich muß mich nicht äußern.«

Aus diesem dreifach gestaffelten Anfang, der mystischen Anruf, ruhige Genauigkeit und zeremoniöses Geraun zusammenzwingt, schon aus diesem dreifach überredenden, überraschenden, überrumpelnden Beginn spricht wieder Handkes alte Lust an der Reizung, an der Provokation. Noch immer kann er sich offenbar keine anderen Leser vorstellen als entweder andächtige oder abwehrende. Entsprechend ist die Rezeption gerade seiner letzten Bücher verlaufen, die entweder wie Traktätchen, wie Andachtsbüchlein aufgenommen und priesterlich ausgelegt oder zurückgewiesen wurden als Trickkisten voll faulem, sektiererischem Zauber. Als würde hier Weihrauch angeboten und nicht: Literatur.

Natürlich weiß Handke, der ja als blendender Techniker begonnen hat und gern den Worten etymologisch auf den Grund geht, daß »Poesie« zunächst nichts anderes bedeutet als das Gemachte und Verfertigte. Ein »Dichtwerk« nennt er die *Georgica* seines neuen »Lehrers« Vergil, und dieses feierliche Wort erinnert immerhin daran, daß nur Arbeit zu Konzentration und Struktur führt. *Der Chinese des Schmerzes* dagegen scheint geschrieben als Erguß, sanft der Inspiration des jeweiligen Schreibaugenblicks vertrauend, der glücklichen oder versagenden.

Locker, unvermittelt stehen folglich Flaues und Strenges, Verkrampftes und zart Entspanntes, öde Floskeln und tastende und kühne Neuheiten nebeneinander, ein prunkvoller Trümmerhaufen. Einzelne Stellen zu zitieren, ob als Stilblüten oder Höhenlichter, als Beweise für die Qualität oder für das Scheitern des Ganzen, wäre reine Demagogie. Solche Einzelheiten beweisen hier nichts als ihre Heterogenität, die durch Karfreitagszauber oder Schwellenmystik oder anderen Geheimnisverrat, die durch unermüdliche Selbsterläuterungsposen in eine ambitionierte Einheit hineinforciert werden.

Auch für Losers Ostersonntag riskiert Handke noch eine heikle Szene, in der wieder traurig Schönes und trist Lächerliches zusammenfinden: der Erzähler begegnet auf Salzburgs Flughafen einer jungen Frau, die er nach nur einem Blickwechsel und einer Umarmung mit dem Wort »Du« in sein trostloses Flughafenhotelzimmer führt, selbstverständlich wieder über eine »Schwelle«. Wieder erfüllt sich so eine Handke-Obsession, eine Urszene seiner Phantasie: ein Liebesakt ohne Vorgeschichte, Liebe ohne die Mühe der Kommunikation. Sie ereignet sich so jäh wie der Mord drei Tage vorher.

Und spätestens nun wird begreifbar, warum dieser Mord oder Totschlag für Loser bürgerlich, juristisch so folgenlos bleibt und nur innerpsychisch ein Verdammnis-Erlösungs-Ritual auslöst. Der Mordfall wie der Liebesfall sind offenbar nur als Allegorien eingesetzt: Loser erschlägt erst seinen Schatten und umarmt dann sein weibliches Ichideal, seinen Traum von Schönheit.

Sehnsuchtsschriftstellerei ist beides, der großartig barock inszenierte Totschlag und die eher dürftig bis rührend erzählte Nacht mit der Muse. Man sollte sich lieber nicht ausmalen, was das Triumvirat der Handkeschen »Lehrer«, was Goethe, Cézanne, Vergil über ihren romantisch-katholisch psychologisierenden Nachfolger befunden hätten. Seine Liebe zu solchen Klassikern, Wirklichkeits-, Licht- und Augenmenschen war immer ein Mißverständnis, das diesmal allerdings, anders als in der Huldigung an den Geist Cézannes, nicht produktiv werden will.

Nein, die Sonne Vergils leuchtet nicht über den nachösterlichen Szenen, die der auferstandene Loser sieht und die der Epilog aufschreibt. Keine Spur von der im *Georgica*-Gesang angestrengten und geleisteten Synthese aus Schönheit und Nützlichkeit, Lebenspraxis und Kontemplation ist in diesen Salzburger Vorortsbildern zu entdecken. Handkes Betrachter bleibt auch in seinem Endzustand, was seine Protagonisten immer waren: Zuschauer am Rand des Lebens. Sein Blick hält Distanz und produziert Szenen in düsterem Licht, schmerzlich grau, schön fremd. Auch wenn er, auf einer Kanalbrücke stehend, noch einen letzten Beschwörungssatz zu uns herüber wagt: »Der Kanal, das Licht, die Weiden, die Brückenbohlen: sie walten.«

Dieser letzte matte Flügelschlag einer Sprache, die am liebsten und schönsten sanft staunend (fast möchte ich sagen: schlurfend) Unscheinbares benennt, die aber dauernd zu Höhenflügen und Weltverwaltungsakten ansetzt – dieser Fehl- und Flügelschlag läßt noch einmal das Projekt aufleuchten, an dem Handke nun seit einigen Jahren und

Büchern arbeitet: Dichter zu sein in dürftiger Zeit. Der Vorsatz ist inständig, die Allüre ist ernst, aber *Der Chinese des Schmerzes* läßt nur einen bedürftigen Dichter erkennen und an allzu vielen Stellen: einen dürftigen.

(1983)

Raus aus der Verkündermaske!
Botho Strauß: *Niemand anderes*

Jetzt, beim Lesen des neuen Strauß, beginnt allen Gesinnungsgenossen das Herz wieder zu schlagen wie rasend. Die einen fertigen Stilblütenlesen an, mit denen bewiesen werden soll, mit wieviel Recht sie schon immer gegen diesen Autor waren. Die anderen sammeln Kalendersprüche, um zu rechtfertigen, warum sie auf ewig für ihn sind und sein wollen. Als wäre diesem Prosaband nichts weiter abzufragen als eben das, was die Genossen zum Überleben so nötig haben: Gesinnung.

Der übliche Leser, nicht eingeschworen, mit sozusagen unbewaffnetem Auge, also neugierig –, er tut sich beim Lesen, hin- und hergerissen, schwerer. Er gerät in lange Erzählpassagen, die ihn verführen wollen und auch verführen, und er vergißt dann auch ganz gern, sich zu bekreuzigen und zu fragen: Wohin, um Gottes willen, führt diese Verführung? Er wird aber auch in lange Tiraden verwickelt, die ihn bloß überreden möchten, irgendwie beleidigt, begeistert und irgendwie entschlossen vage, doch immer dringend, so wie jemand im Gespräch den anderen am Ärmel zupft oder ihm vereinnahmend die Hand auf die Schulter legt. Das kann lästig sein.

Also habe ich zunächst versucht, dieses schweifende Räsonieren über alles nur Mögliche, Immanente wie Transzendente zu überhören, zu überblättern. Denn wie hinter seinem eigenen Rücken entfaltet ja Strauß auch hier wieder in immer neuen Prosastücken seine Gabe eines eher stummen Hinschauens und Zuhörens. Ein Voyeur, immer in sicherer Distanz, sucht da Beute: die Punkerin auf der Parkbank, eine wartende Frau am Telefon, eine endgültig Verstummte auf ihrem täglichen Standplatz am Kleinstadt-Bahnhofszaun, das ratlose Paar kurz vor der Trennung. Bilder, durch Überschärfe und Genauigkeit leer gesaugt wie die von Hopper. Ganz und gar auf sich selbst zurückgeworfene einzelne, in einer verrätselten Aura aus Trauer und Hoffnung, wie um die Figuren von Segal. Solche Augenblicksewigkeiten inszeniert Strauß noch immer mit unvergleichbarer Meisterschaft. Der Voyeur lebt von seiner durch Erfahrungsarmut und Berührungsangst hochgesteigerten Phantasie, und was er sieht, zeitgenössisches Unglück, reizt ihn im doppelten Sinn: es fasziniert und stößt ab, hält ihn also auf Abstand und in Spannung. Diese Befunde lassen sich auch nicht gebrauchen als Indizien für irgendwelche falschen oder richtigen Weltbilder. Mit seinem Schauen und Horchen wie durch die Einwegscheibe erreicht Strauß also sicher, wie er schwärmerisch sagt, »die absichtslose Menschlichkeit der Kunst«. Denn hier erscheint alles: »Nah und unergründlich.«

Doch die Figuren, die Bilder werden ja nicht nur festgehalten mit Trockenheit, Biß, Anmut, sie geraten in einen Sog. Strauß hat sie mit seiner gierigen Voyeursprache tatsächlich isoliert und leergeschrieben: ein Vakuum entsteht. Die Frau am Telefon etwa hat alle ihre Künste und Hoffnungen verausgabt, um sich mit irgend jemandem für den Abend zu verabreden. Daraus ist nichts geworden, und dieses Nichts ist nun die einzige greifbare Realität. Bis dann in den letzten Zeilen doch noch das Telefon läutet, und nicht irgend jemand meldet sich, sondern: »der einzig Richtige. Der höchst Willkommene ... Er war es, der Rechtzeitige.«

Das kommt jäh, klingt märchenschön oder schlagerselig. Immer wieder spürt man in dieser Prosa, wie sich dem Voyeur die Augen und Ohren nach innen richten, wie er zu träumen beginnt. Dem Träumer erscheint das Innen ein Draußen, der Kopf eine Bühne, er verführt sich (und uns) mit dem Gewünschten als dem Wirklichen: Was wäre, wenn ...? Man darf ihn getrost auch einen Spinner nennen: für solche Randfiguren jenseits der Normalgesellschaft bewahrt Strauß auch hier wieder Blick und Sympathie. Er weiß ja, daß »Idiot« nichts Schlimmeres bedeutet als »Privatmann«, rechnet sich also gern »dem Typus des Streuners und Sinnierers« zu. Der Gegentyp wäre ein Mädchen, von dem es heißt: »Es träumt nicht. Es weiß Bescheid.«

Die idée fixe der Straußschen Prosaträume, immer wieder beschworen, zugrunde gerichtet, wiederaufgebaut: das Paar. Zwei also, die an den anderen als den einzigen glauben möchten, für die *Niemand anderes* mehr in Frage kommt. Wunschdenken, »wie es im Buche steht«, das aber im Leben immer noch um Realisierung kämpft. Das Paar, gedacht, gewünscht als Glücksnische jenseits des Gesellschafts- und Kommunikationsgewimmels der beliebig vielen anderen. »Deshalb«, so läßt Strauß einen seiner Schwärmer schreiben, »heilige und übertreibe ich das Paar und hasse seine Deformation wie eine Blasphemie ...«

Fragt sich, ob für diese »Heiligung« und »Übertreibung« eine Sprache gefunden wird, die diesen Traum nicht gleich verrät als – Antiquität. Denn Strauß setzt Worte wie »Magd« oder »Kammer« oder

»Kumpan« oder »Gefährtin« so unbedenklich in seine Texte ein wie der Stilmöbeltischler seine mit Drillbohrer gezauberten altehrwürdigen Wurmlöcher. Und Sätze in einem täuschend frischen und flüssigen Gottfried-Keller-Ton perlen aus seinem Schreibcomputer (»Gerührt und überzeugt durch seinen Brief, empfängt ihn zuhaus die Freundin und sträubt sich nicht länger, ihm anzugehören nach allen Regeln . . .«), als strahlte aus allem in Fraktur Geschriebenen sofort die Authentizität der altengutenschönen Gefühls- und Gesellschaftsverhältnisse. Immer wieder verrät der Träumer so seinen Traum, indem er seine Wahrheit beglaubigt mit nichts als technischen, stilistischen Tricks. Mit anderen Worten: Strauß läßt seine Sprache nicht arbeiten am Widerstand des Ganz anderen, das sie beschwören möchte. Er ornamentalisiert nur.

Aber welche Stimme raunt dann an ganz anderen Stellen, in Sätzen wie: »Jede ernste Geschichte geht hervor aus dem Nu ihres Durchlittenseins« oder: »Wir sind Meister nur immer unserer höchsten Gefahr«? Hat da Strauß nur einen seiner Gesellschaftsrandidioten freiweg »streunen« und »sinnieren« lassen, bis nah an die Parodie und über sie hinaus? In allen seinen Bühnenstücken wurden solche heiligen Schwafler von der Leine gelassen. Ihr Autor diente ihnen dort nur als Bauchredner und halbherziger Sympathisant.

Anders in diesem Prosaband. Wie schon in *Paare, Passanten* hat sich Strauß auch hier wieder zwischen seinen Figurenbildern, moralistischen Studien, Naturmeditationen eine Art Hyde Park Corner eingerichtet: dort wird, während sich der Schreibtisch bald erniedrigt zum Stammtisch, bald hochverwandelt zur Kanzel, Bescheid gegeben und gepredigt. Nicht, daß sich dabei ein bald kulturkonservatives Weltbild, bald ein anpassungsseliges Zukunftspanorama enthüllt, vernebelt, wieder enthüllt –, nicht das macht die Lektüre dieser Seiten peinlich. Nicht einmal, daß Widerstandsgesten gegen linksliberalen common sense, die vor zehn Jahren wirklich noch Widerstandsgesten, also relativ vernünftig sein mochten, heute aber nur noch »trendy« sind, schwächt die Position dieses Buß- und Hoffnungspredigers. Er scheint vielmehr auf fatale Weise die Möglichkeiten seines Metiers und Talents zu verkennen.

»Was man nicht verkünden kann, muß man verbluten«, diese Wittgenstein-Variation läßt Strauß eine seiner durchgedrehten Frauen, Erbinnen der Lotte aus *Groß und klein*, notieren. Seine eigene Hyde-Park-Corner-Prosa freilich beweist, daß immer noch, ganz gleich, ob man von Aufklärung oder Mystik Erkenntnis erwartet, eine banalere Wittgenstein-Variante gilt: »Wovon man nicht sprechen kann, darüber muß man schwätzen.« Immer wieder werden da große Gedanken verwechselt mit ungefähren, befreites Denken mit widerstandslosem, Grämlichkeiten mit Sorge, immer wieder gerät Strauß, mit Nietzsche zu reden, ins deutsch Trübe, statt in Tiefe.

Straußens unglückliche Liebe zum aphoristischen Denken bleibt also unglücklich. Ihm fehlt der Wille zur Engführung, sprachlich wie gedanklich, zur Kristallisation, zum schlagenden Ergebnis. Seine Rede schweift, probiert Wörter und Inhalte, hofft, resigniert, hofft wieder los, sie will so gar nicht ankommen, sie »spinnt« wirklich. Womöglich hängt dieses Reden mehr an sich selbst als am Verlautbarten, vielleicht bleibt also auch der Prediger Strauß ein Mimetiker, der seiner Sympathie für Spinnerei und Spinner bedenkenlos die Stimme leiht? Das sollte sich der Künstler in ihm, der Meister absichtsloser Bilder und Figuren, einmal ernsthaft überlegen.

Um endlich wieder einen Schritt hinauszukommen über die erreichte Routine und Bequemlichkeit, müßte Strauß sich wohl retten vor seinen falschen Feinden wie vor seinen falschen Freunden, die ihn jeweils nur nehmen als (ausgerechnet) Meinungsmacher. Das hieße also: Raus aus der Verkündermaske. Denn: »Wovon man nicht sprechen kann, das muß man erzählen.«

(1987)

Der Nachmittagskünstler
Peter Handke: *Nachmittag eines Schriftstellers*

Ein Schriftsteller steht auf von seiner Tagesarbeit, vom Schreibtisch, und er scheint zufrieden. Es ist irgendwann noch früh am Nachmittag, aber das Licht, an diesem Dezembertag kurz vor Weihnachten, beginnt unmerklich schon zu schwinden: »wirklich glänzten die Kanten der Gegenstände wie vor Einbruch der Dämmerung.« Jetzt also könnte, wenn es so etwas gäbe, der Feierabend oder die Freizeit des Schriftstellers beginnen, von der wir ja üblicherweise nichts, außer die in postum veröffentlichten Tagebüchern gesetzten Zeilen, erfahren. Genau von dieser Zeit außerhalb des Schreibens, diesseits des Werkes wird Peter Handke diesmal erzählen, geduldig vom frühen Nachmittag bis zum Einschlafen nach Mitternacht, in der Geisterstunde, und daß »nichts Besonderes sich ereignet hatte«, wird auch er, wie sein Leser schon früher, irgendwann am Abend feststellen.

Spätestens jetzt wird der normale Leser (wer immer das sein mag) zu Ungeduld und zum Gähnen geneigt sein. Er erinnert sich an den seit den sechziger Jahren in deutschen Büchern immer wieder und mit Vorliebe gleich auf der ersten Seite auftauchenden Autor, der dort spröde, doch wortreich seine Ratlosigkeit beteuert: wie ihm die Welt aus der

Sprache und diese aus der Welt geglitten sei, so daß nun alles um ihn herum tot ist, nackt gegenständlich, beschreibbar vielleicht, doch unerzählbar. Von solchen Ohnmachtsgesten und überhaupt vom Autor als solchem möchte der sogenannte normale Leser nicht mehr belästigt werden. Erleichtert hat er die literarische Wendeparole: »Es darf wieder erzählt werden!« sich stillschweigend übersetzt in: Es muß wieder. Wenn es nach dem normalen Leser ginge, so hätte der Autor ein Buch lang unsichtbar zu bleiben und den Mund zu halten, um die normale Kundschaft um so meisterhafter zu unterhalten mit dem *Parfüm des Namens der Rose in den Zeiten der Cholera.*

Nun muß, um wieder auf Peter Handkes neue Erzählung zurückzukommen, gleich dreierlei betont werden: Sie beginnt mit keinem ohnmächtigen, sondern einem, sagen wir ruhig, glücklichen Schriftsteller (»Jedes Wort, das, nicht gesprochen, sondern als Schrift, das andere ergab, schloß ihn neu an die Welt ...«). Sie vollzieht sich allerdings in stillschweigendem Protest gegen die Erwartung, irgend etwas könnte des Erzählens nicht wert sein und das »nicht Besondere« wäre auch schon das schlichtweg Langweilige. Sie könnte aber (drittens) mit diesem *Nachmittag eines Schriftstellers* nicht einen Atemzug vorankommen, wenn für sie so etwas wie »Freizeit« oder »Feierabend« eines Autors überhaupt vorstellbar wäre.

Nicht irgendeine Berufswahl, sondern seine durch das tägliche Schreiben immer wieder überwundene, nie aber erledigte Lebensschwierigkeit haben diesen Schriftsteller ins Gehäuse seiner Existenz und Arbeit gebannt. Er wird also hier, wie er das gleich auf der zweiten Seite pointiert, nicht etwa reden aus der Maske »Ich als Schriftsteller«, sondern hier spricht, wandert, blickt, füttert die Katze, trinkt, versucht die Zeitung zu lesen, schweigt »Der Schriftsteller als ich«. Ein Beruf ließe sich kündigen, aber das Ich läßt sich nicht abschaffen. Schreiben also, wieder einmal, als Lebensrettung, was der Verfasser dieser Aufzeichnungen aber bemerkenswert nüchtern, fast heiter, ohne Schmerzensmannallüre feststellt, so wie ein chronisch Kranker eben seine Überlebensbedingungen bekannt gibt, mit denen er sich längst abgefunden hat, »heiter« –, denn das etwas altmodische Wort kann doch nur bedeuten, daß einer sich seiner Trauer endlich frei, ohne Widerstand überlassen hat.

Also: Selbstporträt des Autors als Nachmittagskünstler. Denn Kunst, in diesem Fall Lebenskunst gehört dazu, um die Spannung vom Schreiben am Vormittag durch diesen ganzen Dezembernachmittag und -abend durchzuhalten bis zum Schreiben am nächsten Vormittag. Auch in diesem Dahinleben kann das Schreibleben so wenig vergessen werden wie der Schatten seinen Körper vergißt. Doch absichtsloser, entspannter, aufmerksamer, also eben doch »freier« als der in den

Blick auf die Schreibmaschine und das Werk Versunkene darf sich der Mann ohne Freizeit schon durch das schwindende Licht der Dezemberstadt bewegen. Das »nicht Besondere« darf nun ins Auge fallen.

Er steigt von seinem Haus, vom Felsenberg hinunter in die Stadt (Salzburg natürlich), er sieht die über der schon gefrorenen Erde sich noch behauptenden Blumen, einen Ballen Spatzen im Gesträuch, die wieder auf die Anrede des Predigers aus Assisi warten könnten, er erkennt Menschen und Bühnenbilder hinter schon erleuchteten Fenstern. Alles sehr zufällig, peripher, unscheinbar, aber durch Handkes Aufmerksamkeit sozusagen begrüßt und aufgewertet (»Klein wurde dann groß ...«), einfach »merkwürdig« gemacht –, auch dieses alte, abgeschliffene Wort gewinnt hier wieder seinen ursprünglichen Sinn. Eine (betäubend oder berauschend) einförmige Satzmelodie, nein, -psalmodie verwandelt diese versprengten Eindrücke in Ausdruck, in Sprache. Es läßt sich einfach nicht unterscheiden, was sich in diesen Stilleben darstellt, die wahrgenommenen Gegenstände oder eher der Blick, der sie wahrnimmt. Ihre Genauigkeit bleibt immer subjektiv aufgeladen. Den Schriftsteller in sich wird dieser Nachmittagskünstler nicht los.

Dann werden die Stilleben aufgesprengt durch Menschen: in Salzburgs Gassen sieht der Schriftsteller das sogenannte gesunde Volksempfinden auf sich zumarschieren, die entschlossenen Nicht-Leser und stinknormalen Anti-Außenseiter. Er läuft durch einen Wahnfilm oder Wahrtraum, doch in einer Wirtschaft versucht er noch einen weiteren Sprung in die Außenwelt, er wagt eine Zeitungslektüre, die in seinem Schädel sofort ein Thomas Bernhardsches Geschimpf entzündet, nur klingt das hier angsterfüllter, defensiver. Denn diese ganze Außenwelt, ob mit Schrecken, in Erstarrung oder in »Raserei« wahrgenommen, sie modelliert immer nur das Draußensein, die Einsamkeit des Schreibenden. Geborgen wie unter einer Tarnkappe, unsichtbar anwesend, geborgen hinter seinen Augen, geborgen in Worten und Sätzen erlebt er die Welt da draußen am (auch dieses alte Wort trifft hier zu), am »innigsten«. »Warum nahm er so rein teil nur, wenn er allein war?« Ob Handke ahnt, daß er damit einen Kafkasatz variiert, dessen demütig-hochmütiges Eingeständnis (im Tagebuch): »In mir selbst gibt es ohne menschliche Beziehung keine sichtbaren Lügen. Der begrenzte Kreis ist rein. «?

Was müßte der Schriftsteller, ob Kafka oder Handke, aufgeben, um endlich mit sich und der Welt »ins reine« zu kommen, das Leben oder das Schreiben? Eine mörderische, eine rhetorische Frage. Der Teufels- oder eben Engelskreis einer dauernden Lebensverwertung fürs Schreiben und der Überlebenskunst durchs Schreiben, er läßt sich nicht unterbrechen. Was zur Folge hat, daß auch dieses scheinbar so stetig wie absichtslos fließende Notat eines Nachmittags sich wie unwillkürlich strukturiert zum »Werk«, mit einer Taktik und Strategie, die sich, anders als in Handkes letzten Büchern, sehr verschwiegen und zwanglos durchsetzen: »Ein Werk, so dachte er, war etwas, bei dem das Material fast nichts war, das Gefüge fast alles; etwas, das im Stillstand, ohne besonderes Schwungrad, in Bewegung war ...«

Themen leuchten auf, unscheinbar zunächst, und gewinnen dann jäh an Bedeutung. So, wenn der Wandernde an einer Wegkreuzung überlegt, ob er in die Stadt oder lieber in die Außenbezirke gehen sollte. Rand oder Mitte? Und er beschließt »durch das Zentrum hinaus an die Peripherie zu wandern«. Genau das tut aber, sinnbildlich, auch der Schriftsteller diesen ganzen Nachmittag lang, die Arbeit, Zentrum seiner Existenz, im Rücken, den Blick geduldig und empfindlich auf lauter Peripheres gerichtet. In Fragmenten, die auf Ordnung, Zusammenhang verzichten, und gerade deshalb dem Leser Phantasie machen, ihn in ein weites Mitdenken hineinlocken, in Fragmenten bekennt sich hier murmelnd, wie im sich vergewissernden Selbstgespräch eine Poetik, Handkes Poetik. »Leere« zum Beispiel (»Selbstvergessenheit« hat Kafka gesagt) als Voraussetzung eines aufmerksamen Schreibens. »Leere, meine Geliebte«, sagt der Schriftsteller lakonisch, aber auch: »Ferne, mein Stoff.« Denn mitten in diesem Winter schreibt er sich vormittags am Schreibtisch einen Sommer herbei. »Umgekehrt hatte der Schriftsteller einmal, als er im Sommer so an einer Winter-Geschichte phantasierte, sich unwillkürlich ins tiefe Gras nach einem Schneeball gebückt, um ihn im Spiel nach der Katze zu werfen.«

»Ferne, mein Stoff«, murmelt der, dem hier die Nähe zum Thema geworden ist, und er macht dauernd klar, wie scheinbar dieser wie andere Widersprüche in seinem Schreiben längst geworden sind, denn auch das Ferne wird in der Sprache vertraulich herangeholt, die Nähe in Klarheit weggerückt, bis alles Geschriebene sich verwandelt in »etwas, das im Stillstand, ohne besonderes Schwungrad, in Bewegung war«.

Gelassenheit wäre das Stichwort für diese Salzburg-Prosa, stoisch eher als etwa klassizistisch. Eine ruhige – oder, um es in aller Deutlichkeit, ja Kraßheit zu sagen – eine tödliche Sicherheit, rituell und beschwörend, beherrscht den gleichmäßigen Fluß dieser Sprache, drucklos intensiv. Meisterhaft, hätte man früher wohl, ahnungslos, solche Prosa genannt, als hätte sie keinerlei Fallhöhe, als wäre sie so täuschend ruhig und selbstverständlich, weil ungefährdet. Aber nichts rundet sich hier versöhnlich zur Idylle, stillgelegt durch Glück. Dauernd bleibt zu spüren, wie Handkes scheinbare Souveränität des Schreibens, dieses (in jedem Sinn) »peinliche« Festhalten an einem immer gleichbleibenden Ton, diese angespannte Entspanntheit, ohne Zittern, Sprünge, Tempowechsel, daß diese Ruhe unterminiert ist und bebt von einem ständig möglichen Scheitern, durch ein Verstummen in Depression oder durch das »unbeherrschte« Stimmengewirr einer Psychose. Sonst wäre die am Anfang beteuerte Lebensrettung durchs Schreiben tatsächlich nur eine Schmerzensmannpose.

Was alles hat uns der schreibende, bedeutungsgeladene Sprachblick Handkes auf der Wanderung durch seine letzten Bücher nicht aufzwingen wollen, bald sanft überredend, bald gewaltsam, krampfhaft, aber auch zwingend. Diesmal nun wird keine Stunde der wahren Empfindung eingeläutet, keine Lehre der Sainte-Victoire, kein Inbegriff des Kindseins verkündet, keine Phänomenologie der Schwelle oder der Wiederholung oder der Dauer durchgenommen. An diesem Nachmittag hat der Schriftsteller zu unserem Glück, jedenfalls zu meinem, jeden Lehrplan aus den Augen verloren, so daß wir (ich) nur dieses Augenoffenhalten, dieses Zursprachekommenlassen, Geltenlassen der Welt als einzige Lektion mitnehmen.

Es darf dann ruhig auch, kurz vor dem Ende, der Ton noch einmal höher gezogen werden, nahe an einen Prosagesang: »Weiter den flüchtigsten der Stoffe bearbeiten, deinen Atem; dessen Handwerker sein.«

(1987)

Entwurf zu einem Weltstilleben
Peter Handke: *Versuch über die Müdigkeit*

Wer Handkes Bücher über Jahr und Tag verfolgt hat, der wird hier gleich auf den ersten Seiten den Verführungston wiedererkennen, mit dem sie immer, fast immer einsetzen. Nichts da vom Krampf jäher Frische, von Peitschenknall oder bravourösem Forte, womit andere Autoren, größere und geringere, ihre Leser und das Handikap des Anfangs zu überrumpeln suchen. Bei Handke stellt sich, drucklos, ein stiller Sog aus Sätzen her, ein schweigsames Reden beginnt, mit einer Intensität, die an irgendwelchen Effekt über sich selbst hinaus gar nicht denken kann und mag. Fast physisch überträgt sich auf den Leser die Lust des Beginnens, dieses Zeile für Zeile die ersten Schritte in sprachliches Niemandsland Setzen: Wo eben noch Nichts war, soll nun ein Werk entstehen.

Ein Werk? Dagegen werden sich am Ende, wie so oft über Büchern von Peter Handke, die Zweifel verdichten. Doch zunächst wird diesmal deutlich, daß dieses stille, genaue, ganz in den Gegenstand versunkene Sprechen sich über die ganze Strecke dieser kleinen Schrift fast bruchlos durchhält, so daß der Leser bald, kongenial zum Thema, in einen merkwürdig produktiven Zustand gerät, hellsichtig zugleich und wohltuend müde, in eine Art Trance. Das ist eine Lockung, das ist, wenn man nur will, auch eine Provokation.

Nirgends immerhin meldet sich diesmal der kalte, hochfahrende Ton, das Wurzeln ins Nichts schlagende Raunen und das verschmockte Weissagen, die Handkes hörigen Lesern so oft die leere Andacht und seinen auf ihre Vorurteile stolzen Gegnern die Abwehr allzu leicht gemacht haben. Geduldig fragt der Autor seinem Thema, der Müdigkeit, nicht nur ihre Möglichkeiten in seiner Erinnerung ab, sondern fällt sich auch fragend und zweifelnd immer wieder selbst ins Wort: Betreiben seine Sätze etwa Verklärung? Verraten sie seine Erfahrung an Ideologie? Denunzieren sie, indem sie einen Teil der Welt heiligsprechen, den Rest als des Teufels? Verlieren sie sich aus konkreter, anschaulicher Wahrnehmung nicht allzu leicht in bloße Behauptungen, ins Abstrakte und Doktrinäre?

Da erzieht sich eine Prosa, gerade weil sie dauernd ausbrechen möchte in hohen Gesang, zu Bodenhaftung, ja zu einem nachdenklichen Stolpern. Sie erfindet sich ihre eigenen Widerstände, ihre eigenen Zweifel, an denen sie sich schärfen kann. Die Spuren des platonischen Dialogs in diesem geduldigen Fragen und Antworten sind unüberhörbar. Derartige Besonnenheit ist an dem Autor Handke neu.

Methodisch, streng zugleich und entspannt, entfaltet er eine Phänomenologie der Müdigkeit, ein Panorama von »Weltbildern der Müdigkeit«, zunächst aus Kindheitserinnerungen und Jugenderfahrungen, die Müdigkeit während der Christmette, in den Hörsälen der Universität, in der einsamen Studentenkammer. Immer hat sich damals das Ich als abgespalten aus einer Gemeinschaft, ja aus der Welt, erlebt, vereinzelt, versteinert, als eine »Groteskfigur mit Elefantenkopf«, als »Müdigkeitssäule«, als vom »Müdteufel besessen«.

Das nämlich ist der Riß, den der Schreibende allmählich zwischen seinen verschiedenen Müdigkeitserfahrungen entdeckt: Die einen erzwingen Spaltung, Kälte, Distanz, die anderen bescheren Einheit, Nähe, Frieden, so in den groß und doch genau entworfenen Bildern der Dorfgemeinschaft am Dreschtag oder der Zimmerleute während der Mittagspause, Stilleben der Erschöpfung, damals kurz nach dem Krieg. Damals: der Duft des Verlorenen, einer unwiederbringlichen Vergangenheit, zieht mächtig durch diese Seiten. Damals, als ein richtiges Leben mitten im falschen eine kurze Weile noch möglich schien oder doch mindestens als Hoffnung erlaubt.

Wäre das Verklärung? Trotzig wird diese Zwischenfrage abgewehrt. Obwohl, der Ton in diesen Dorfmüdigkeitsbildern schwankt zuweilen bedenklich zwischen konkreter vergilscher Bukolik, dem hohen anrufenden Pathos Hölderlins und einer verbiedernden Waldbauernbub-idylle in der Nachfolge Roseggers. Läßt sich zu später geschichtlicher Stunde das Glück einfachen Lebens noch einmal wie ein zeitloses herbeisingen, in einer wie unverbrauchten Sprache?

Doch Handke, jäh ausbrechend in eine Österreich-Beschimpfung von Bernhardschem Furor, streicht nun den Hoffnungszauber seiner Bilder rücksichtslos aus und damit den Verdacht, sie sollten so etwas wie Heimatseligkeit beschwören: Dieses Volk der »Unermüdlichen, Putzmunteren«, der »alt, doch nicht müde gewordenen Massenmord-Buben und -Dirndln« hat sich für ihn endgültig verabschiedet von allen Verheißungen der Müdigkeit, friedlos, rüstig, unselig, »das erste unverbesserliche, das erste für alle Zukunft zur Sühne unfähige, umkehrunfähige Volk der Geschichte«.

Nicht aus Schadenfreude sollte ein solcher Anfall prophetischer Verfluchungswut zitiert werden, sondern um Buch und Autor vor allzu billigen Mißverständnissen zu schützen: Handkes Müdigkeitstraktat hat tatsächlich auch eine politische Dimension, ist eine Friedensschrift, ein Versuch über die Friedfertigkeit. Deshalb wird hier verflucht und ausgegrenzt, was Vermögen und Willen zur Friedfertigkeit verspielt hat. Allerdings bricht dieser politische Fundamentalismus nur wie eine gewaltige Laune in ein Buch ein, das schließlich alle Gesellschaft, Geschichte und Politik immer eifriger aus den (müden, neugierigen) Augen verliert.

Handke hat nämlich seine »Weltbilder der Müdigkeit« nur so geduldig abgewandert, um endlich ins Herz seines Themas vorzudringen, aus dem für ihn dessen Sog herkommt. In jenen »letzten Müdigkeiten« gehen dem Ich in glücklicher Erschöpfung die Augen auf für die Welt, es wird im »selbstlosen Schauen« aufmerksam und durchlässig, so daß beide, Ich und Welt, in einen poetischen Zustand geraten: »das übliche Gewirr ... rhythmisiert zur Wohltat der Form – Form, soweit das Auge reichte – großer Horizont der Müdigkeit.«

Dieses Glück wird nicht unverhofft verkündet. Im *Versuch über die Müdigkeit* liest man die Fortschreibung einer Reise, die noch in den siebziger Jahren begonnen wurde und für die Handke seitdem schon mit seinen Buchtiteln weithin leuchtende Losungen setzte. Wieder betreibt er *Langsame Heimkehr*, inszeniert die *Stunde der wahren Empfindung*, verkündet eine *Lehre der Sainte-Victoire*. Es geht immer noch und wieder um die Entdeckung und Rettung dessen, was mit einem großen und inzwischen eher lästigen Wort die »dichterische Einbildungskraft« genannt werden dürfte. Das Insistieren auf diesem Thema mag befremden, abstoßen oder bewundernswert sein, doch Handkes Position als Autor verdankt sich ganz wesentlich diesem Festhalten und

Durchhalten, dieser Treue zum einmal gefundenen Schreibauftrag und der Kraft und Geduld, mit denen er ihm immer neue Aspekte und Variationen abgewinnt. Soll, kann, darf sich einer als Dichter in dürftiger Zeit derart unermüdlich selbst in Apotheose setzen? Das ist die Frage, die immer noch Handkes Leserschaft spaltet.

Dabei hat Handke – auch das ist unübersehbar – nun alles kraß Neurotische aus seiner Sehnsucht nach »wahrer Empfindung«, nach der Auslöschung aller kränkenden, verletzenden Differenzen zwischen Subjekt und Objekt – ja, welches Wort wäre hier nicht voreilig: aufgehoben, getilgt, geheilt, verdrängt? Rückblickend erinnert er sich noch an das Hoch- und Hochmutsgefühl, das ihn früher nach geglückten Schreibstunden überfallen oder heimgesucht hat, als er sich als ein »Müdstolzer«, ein »Unberührbarer« erlebte, »unberührbar in meinem Sinn, sozusagen thronend, mochte es auch in irgendeinem letzten Winkel sein. ›Rühr mich nicht an!‹« Der Schreibende als Säulenheiliger, erhaben über eine verlorene und verachtete Welt – auch dieses Bild einer schlimmen, unfriedfertigen Müdigkeit wird nun ausgestrichen.

Was also bleibt? Der poetische Zustand eben, immer nur vorübergehend erreichbar, und in ihm aufdämmernd, aufleuchtend das Bild einer friedfertigen Welt, eines Weltstillebens: »Ja, dachte ich, das ist das Bild für die richtige menschliche Müdigkeit: sie öffnet, sie macht durchlässig, sie schafft den Durchlaß für das Epos aller Wesen.« Solche »utopische Müdigkeit« ordnet dem Schauenden alles um ihn herum zu einer »Epopöe der Müdigkeit«, und dieser Blick und Augenblick soll auch lehrbar sein. Denn der Traktat möchte seine Leser »erinnern, jeden an seine höchsteigene erzählende Müdigkeit«.

Die Zweifel, die Einwände gegen diesen Begeisterungsversuch trägt Handke weiterhin in diesen selbst ein. Tönt das alles nicht zu unbedarft idealistisch, zu unanschaulich philosophisch, zu gepflegt und gebildet, statt erzählerisch konkret? Erreichen seine Glücksbilder der Müdigkeit an Anschaulichkeit doch nur die »typisch dahingestammelte der Mystiker«? In diesem Streit mit der eigenen Gegenstimme scheint sich für Augenblicke der legendäre erkenntnistheoretische Disput zwischen dem treuen Kantianer Schiller und dem visionären Morphologen Goethe zu erneuern.

Auch Handke würde wie damals Goethe sich um eine kritische Unterscheidung zwischen »Erfahrung« und »Idee« nicht scheren und trotzig und stolz wie dieser antworten, er wäre froh, Ideen nicht nur zu haben, sondern vor allem: sie zu sehen. Erzählbar in Bildern möchte er die Welt haben und machen und damit menschlich. Eine nur erklärte, durchschaute, bewertete und verwertbare Wirklichkeit hält er offenbar von vornherein für friedlos und ausbeutbar, dem Streit der Meinungen wie der Machtansprüche unterworfen.

Ob solche Verstillebung der Welt mehr als ein illusionäres, ein kontemplatives Unternehmen sein kann, ein Phantasma für Zuschauer oder eben »Seher«, darüber könnte allerdings gestritten werden. Mit einem wichtigen Vorbehalt: Handke hat zu dieser Vision Buch um Buch nur immer neue Entwürfe angeboten, fragmentarische Skizzen, in denen die Möglichkeit und Wünschbarkeit solcher Weltsicht beschworen wird, und nie, scheint mir, ist ihm das so lückenlos gespannt und ruhig gelungen wie in dieser knappen Schrift –, doch ein Entwurf bleibt auch sie, wieder ein Atemholen, eine Atemübung für etwas, was der Autor uns und sich seit Jahr und Tag dringend verspricht, was aber nicht zustande kommen will: statt der Verlautbarung des poetischen Zustands eben das »Werk«. Immer wenn Handke damit Ernst machen wollte, wenn er ein Zusammenhänge stiftendes Erzählen versucht hat – so in *Der Chinese des Schmerzes* –, da sah man die Klebestellen, die verarbeiteten Fertigteile, das Gebastelte und Gekünstelte, den Artefakt und die Inszenierung.

Das war keine Blamage, sondern eher ein Triumph der instinktiven Ehrlichkeit dieses Autors, einer Ehrlichkeit freilich, über die er selbst gar nicht frei verfügen kann. Wenn er seit gut einem Jahrzehnt versucht, in immer neuem Anlauf an die Möglichkeit poetischen Sehens und Redens zu erinnern, so mag das nicht mehr und nicht weniger sein als eben *project art*. Dagegen könnte nun eingewandt werden – mit einem schulterklopfenden »Bilde, Künstler, rede nicht« –, daß von der Notwendigkeit, der Lebensqualität von Dichtung nur diese selbst und kein Entwurf von poetischen Zuständen überzeugen kann, gerade in literarisch dürftiger Zeit.

Trotzdem also betreibt Handke mit bewundernswerter, nicht einzuschüchternder Konsequenz seine poetische Weltfriedensbeschwörung, eine Art Greenpeace nur in Sprachhandlungen. In dieser Konsequenz, in seiner Entwicklungslogik übertrifft er alle Autoren seiner Generation, das wird jetzt Ende der achtziger Jahre klar, wenn man zurückblickt auf die wütenden Sprachspiele und Konventionszertrümmerungsetüden des jungen Handke, auf die erzählenden Selbsterforschungsversuche der siebziger Jahre und die dann aus ihnen herauswachsenden Entwürfe einer wieder erzählbaren, friedfertigen, menschenwürdigen Welt aus Sprache –, wenn auch diese Sprache den Bannkreis großer Rhetorik kaum je verläßt, um in das überzugehen, wovon sie so groß träumt: in Erzählen.

Wer in solchen Schreibanstrengungen und Schreibleistungen das öffentliche Interesse und politische Element nicht mehr erkennen kann oder will, der muß trostlos eingeschränkten Begriffen von Sprache, Gesellschaft, Literatur und Politik schon hoffnungslos verfallen sein.

(1989)

Lust am Nullpunkt
Hans Magnus Enzensberger: *Mittelmaß und Wahn*

Was trieb mir nur, als ich diesen Band las, dessen unerschrockene Munterkeit, Gescheitheit, also Anregungspotential doch nicht zu wünschen übrig lassen, trotzdem ständig dieses Flimmern in den Kopf, eine Blendung vor die Augen, was löste dann immer öfter Gähnzwang aus? Lag es am Autor oder doch eher an mir? Zugegeben: wir – damit meine ich den Geburtsjahrgang 1929 und seine nähere Umgebung –, auch wir also sind im Lauf der Zeit eine sogenannte ältere Generation geworden. Dabei wird man doch müde, ein wenig, vielleicht sogar traurig, aber auch uns fällt es schwer, das einzugestehen oder gar öffentlich zuzugeben. Ehemalige Hoffnungen nennen wir lieber, wie jede historisch bekannte ältere Generation vor uns, verlorene Illusionen oder, feiner, falsche theoretische Ansätze. Jetzt, so bilden wir uns ein und sagen das auch, jetzt sehen wir endlich die Realität, wie sie ist, vielleicht beschissen, aber doch handfest, real, und sie bewegt sich, fast überhaupt noch, ins Unverhoffte.

Auch dürfte es nicht singulär und höchstpersönlich an Hans Magnus Enzensberger liegen und also kaum seine Schuld sein, wenn sich seit den sechziger Jahren die sogenannten Verhältnisse tatsächlich derart entwickelt haben, daß sogenannter kritischer Geist sie kaum noch berührt, geschweige denn sich einbilden dürfte, sie »zum Tanzen zu bringen«, sie zu revolutionieren oder auch nur zu verändern. Damals, zum Beispiel 1962, machte Bescheidwissen und Rechthaben in allen »Einzelheiten« dem Polemiker Hans Magnus Enzensberger und seinen Lesern auch deshalb Spaß, weil jede Analyse, Definition, ja bloße Formulierungen mitgetrieben wurden von der Hoffnung (oder eben Illusion), daß der schreibende Intellektuelle mehr wäre als nur ein Schiedsrichter, daß er den Spielverlauf mitbeeinflussen müßte und auch könnte kraft eines »eingreifenden Denkens«.

Was uns Hans Magnus Enzensberger dagegen nun vorführt, ist ein zugleich müdes und munteres, ein wahrhaft zuschauendes Denken. Der Veränderung unserer Verhältnisse zum (scheinbar oder wirklich) Unveränderlichen gibt er nicht nur immer geschmeidiger und beflissener nach, sondern tut das auch mit einer so unverwüstlichen wie unheilbaren Fröhlichkeit. Klar: die soll reizen. Mehr als nur ein bißchen durchschimmern läßt unser Autor zwar, daß ihn die seinen alten Hoffnungen so gründlich entkommene neue Bundesrepublik nicht gerade begeistert mit ihren »sekundären Analphabeten«, dem »Nullmedium« Fernsehen, der Verdrängung von Literatur zum Nischenerlebnis oder einem aller sozialen Wirklichkeit enthobenen Parteienleben.

Aber wie diese Gesellschaft seinen Hoffnungen entkommen ist, die schiere Folgerichtigkeit dieser Entwicklung von Apo zu Kohl, die überwältigt ihn immer wieder. Irgendwann, vermute ich, muß Enzensberger auf den handfestesten Hegelianismus eine Art dumpfen Fahneneid geschworen haben, also: was ist, ist vernünftig. Und wenn, was ist, sich erkennen ließe als Stumpfsinn?

»Bitte glauben Sie nicht, daß mir daran gelegen wäre, gegen einen Zustand zu polemisieren, dessen Unvermeidlichkeit mir einleuchtet; ich gedenke ihn auch nicht zu bejammern ...« –, derlei bittere Beteuerungen sind hier, in wie zwischen den Zeilen, tonangebend. Enzensberger schluckt Kröten, als wären es Froschschenkel. Alle Polemik nämlich, alle Jammerei, etwa gar im Namen irgendwelcher altabendländisch humanistischer Wertvorstellungen, wäre angesichts unvermeidlicher Zustände, ob des Fernsehens, des Waldes oder der Bonner Politik, ahnungsloser, verblasener Idealismus, Spinnerei, eben »Wahn«, wie der Titelessay das bündig nennt. Auf solchen Wahn aber sind, wie auch unser Autor weiß, außer Politikern und Terroristen, aus Berufsgründen vor allem Intellektuelle, speziell literarische angewiesen. Und die wollen sich am allerwenigsten abfinden mit etwas, womit sich Enzensberger in der neuesten Sammlung seiner Lebhaftigkeiten am allerfröhlichsten und alleraußführlichsten abfindet: mit jenem »Mittelmaß«, auf das er die menschlichen, gesellschaftlichen, kulturellen, ökonomischen wie politischen Zustände in der Bundesrepublik derart hoffnungslos herunter- oder vielmehr hinaufgekommen sieht, daß er darin schon einen geschichtlichen Endzustand zu erkennen scheint. Der allgegenwärtige Kleinbürger, Hahn im Warenkorb, mobil im Berufsleben, scheint so realitätstüchtig wie zufrieden, wunschlos im kaum noch Unglück. Folglich: rien ne va plus, Endlage, Nullpunkt, tote Hose.

Im preußischen Staat sollte sich für Hegel, in einer kommunistischen Gesellschaft für seine Linksabweicher die Geschichtsvernunft realisieren und vollenden. Enzensberger aber scheint weder ein Rechts-, noch ein Linkshegelianer, sondern ein materialistischer Nullhegelianer. Im schlimmsten Fall bestimmt eben das Sein das Bewußtsein bis zur Bewußtlosigkeit. Denn entweder auf Alles oder eben auf Nichts muß er immer noch, wie damals in kulturrevolutionärer Emphase, alle seine Thesen hochpointieren. So wird per Hochrechnung aus jedem bundesrepublikanischen Achtzigerjahre-Augenblicksbefund eine Epochendiagnose, ja möglichst ein Modell für ein Ende aller Zeiten. Das Abendland, als spätchristlich oder späthegelianisch, spukt eben doch noch mächtig im scheinbar von aller Ideologie gereinigten Kopf dieses Kulturkritikers.

Federführend ist also eine Rhetorik der Übertreibung und Überspitzung, hochgetrieben von reichlich eingesetzten Vokabeln wie »kein«, »einzig« oder »jeder«, »nichts«, »alle«, »nie« oder »nie mehr« oder »endgültig«. Das fängt an mit harmlos vergnüglichen Behauptungen wie »Die *FAZ* ist die einzige Zeitung des Landes, die die Kunst des Händeringens wirklich beherrscht« oder »Franz Josef Strauß, der als einziger deutscher Politiker das Gefühl der Peinlichkeit nicht kennt«. Jedem Zeitungsleser fielen dazu genügend Gegenbeispiele ein, natürlich auch Enzensberger. Er könnte dann nur nicht diese aufgeräumten Endgültigkeitssätze bilden. Hier regiert, wenn schon kein Herzens-, so doch ein Stilbedürfnis.

Kurz: ich vermute, sein neuestes Erkenntnisinteresse ist vor allem ein Effektinteresse. So zu schreiben, so wegwerfend heiter, das kostet ihn etwas und auch uns, die wir ihn lesen. Er macht uns vor, dieser Genosse vom Jahrgang 1929, wie man jedweden Verlustschmerz, alle Trauer, ja alle Zeichen von Nachdenklichkeit über die Entwicklung der letzten etwa zwanzig Jahre rücksichtslos aus seiner Prosa weganästhesieren kann, weg mit Schaden. So jedenfalls versuche ich mir die schneidende Vergnüglichkeit aller seiner globalgesteuerten Beweisgänge zu erklären wie auch deren Monotonie. Warum werden diese Schlauheiten aber fortlaufend mit so viel Pedal gespielt? Etwa, weil irgend etwas übertönt werden muß? Zweifel? Des Lesers, des Autors? Und an was? Nur am Furor süchtigen Übertreibens?

Die meisten Vereinfachungstriumphe Hans Magnus Enzensbergers laufen über die stillschweigende Formel: Gibt's gar nicht. Regierung in Bonn? Gibt's gar nicht. Reines Tagesschauphantom. Verblödung oder Manipulation durchs Fernsehen? Undenkbar. Der Kasten sendet ja überhaupt gar kein Programm. Orden in der Bundesrepublik? Trägt niemand. Enzensberger, ein selffulfilling Reporter, hat noch nie einen zu Gesicht bekommen. Nie einen, außer einem einzigen, von dem er anekdotenhalber etwas erzählen will. Konsumidioten? Wahnidee. Hans Magnus Enzensberger empfiehlt der ehemaligen Linken, sich endlich abzufinden mit dem »Anblick einer wohlgenährten und gutgekleideten Bevölkerung«. Wald? Eine deutschromantische Einbildung. Was es gab und gibt, ist: Forstwirtschaft. Und Kultur überhaupt? Gibt's eben auch nicht. Denn sie ist nicht mehr nötig. Überflüssig, wenn auch im schönsten Sinne, Luxus für die auch überflüssigen happy few und primären Alphabeten, die immer noch irgendeine Genugtuung aus ihr lutschen.

Man sieht: es läuft zwar das alte kulturrevolutionäre Spiel, tabula rasa, das sich aber jetzt nicht mehr als eines zur Erziehung des Menschengeschlechts andienen mag. Was also macht angesichts so restlos, bis auf den Nullpunkt aufgeklärter Verhältnisse den Spielreiz aus? Worauf zielt der provokative Chic von Behauptungen oder doch

Formulierungen wie, die »ästhetische Form« der *BILD*-Zeitung sei »die des anonymen Gesamtkunstwerks«, seine Redaktion »der James Joyce der Millionen« und in ihr wäre »der Journalismus zu sich selbst gekommen«, der Zustand vor dem Fernseher wiederum käme »der Transzendentalen Meditation recht nahe«, denn schließlich: »Der Fernseher ist die buddhistische Maschine.«?

Ich wage, halbherzig, weil des unbefriedigenden Ausgangs sicher, drei kurze historisierende Erklärungsversuche. Entweder der späte Enzensberger erfüllt, eher unbewußt, das Konzept des reifen Oscar Wilde, blendet also in blendender Argumentation jeden Realitätsbezug aus ihr weg, tanzt ein nur noch scheinbar polemisches l'art pour l'art. Doch dazu ist ein Satz für Satz zwar unterdrückter Ton der Erbitterung bei ihm doch allzu unüberhörbar. Selbst seiner Heiterkeit steht sozusagen immer noch etwas Schaum im Mundwinkel. Oder aber er will sich seinem Gegenstand nur derart abgebrüht gewachsen, ja angepaßt zeigen, um durch einen frohen Zynismus der Anpassung den Zynismus der Zustände um so greller leuchten zu lassen – frei nach dem Modell Swift, der bekanntlich die Schlachtung irischer Säuglinge aus dem Proletariat empfahl, um damit zwei Probleme auf einmal zu erledigen, die Bevölkerungszunahme und die Hungersnot. Aber für solche Radikal-Satire ist Enzensbergers Bitterkeit nun doch zu läßlich, zu verspielt und seine Hoffnung auf die Provokativkraft des Schreibens zu erloschen.

Bleibt als dritter Erklärungsversuch nur der Rückzug auf eine Selbsteinschätzung des Autors, der eine seiner gesellschaftskritischen Hochrechnungen einmal eine »soziologische Grille« genannt hat. »Grillen«, so sagt das Meyersche Konversationslexikon von 1858, wären »Vorstellungen und Gedanken, die man, obwohl man durch sie unangenehm berührt und beunruhigt wird, mit Hartnäckigkeit festhält, ohne davon irgendwelchen Erfolg oder Nutzen zu haben«. Das klingt in dieser Kürze ziemlich erschöpfend. Harmlos allerdings müssen solche Zwecklosigkeiten durchaus nicht sein. Das kalte, atemlose Feuer und Tempo, mit dem Enzensberger, möglichst in jedem Satz eine Pointe herauspeitschend, seine Beweisgänge durchjagt, deutet eher auf Besessenheit. Deren Furor aber bleibt, das lassen die jeden Inhalt übertrumpfende Gestik und Rhetorik ahnen, durch und durch ästhetisch. Oder beginne ich meine Befunde nun auch schon zu hysterisieren, zu übertreiben?

Es sollte nicht unterschlagen werden, daß sich in dem Band auch Abweichungen von der Generallinie, Ausbrüche aus der Generalmelodie finden. In dem Pamphlet zur Bonner Parteispendenaffäre aus dem Jahr 1983 etwa beben eine Wut und eine Verachtung, die sich nur durch die kalte, höhnische Aufbereitung und Inszenierung des Stoffes sozusagen in Form halten. Gut, theatralisch wirken auch die Künste dieses J'accuse, aber nach allen Moral-ist-Kitsch-Allüren der übrigen Beiträge erlebt man hier Enzensberger in seinem eigenen Buch wie einen altjakobinischen Fremdkörper: er wütet, er jammert, er moralisiert, er läßt, statt nur die Nase zu rümpfen, die Augen rollen, die Zähne fletschen. Tut er auch das »in der Gewißheit, daß alles so weiter geht, daß *nichts etwas macht*, oder, was auf dasselbe hinausläuft, daß das Nichts nichts macht«? Denn das scheint doch, wenn auch hier wieder nur auf *BILD* bezogen, die Quintessenz all seiner gegenwärtigen Medienphilosophie.

Ganz im anderen Extrem der Bandbreite bewegen sich die Überlegungen und Ermittlungen über Weltbank und den Internationalen Währungsfonds, das weiche und das harte Monster der Weltökonomie, ein überraschend unblendender Essay. Es scheint, als wäre Enzensberger aus den beiden Institutionsriesen nicht hinreichend schlau geworden, um sie aufzulösen in klipp und klar forsche Thesen. Er klingt nachdenklich, fast besonnen. Die Probleme werden vorschlagsweise, ungelöst weitergereicht an den Leser.

Und plötzlich beginnt uns etwas zu fehlen, der Pulverdampf, der Peitschenknall, das Allez hopp, das Hohngekicher, die Messerwerferkünste am nur scheinbar lebenden Objekt, das Potpourri aus Pose und Pathos, der ganze Zirkus, mit dem Hans Magnus Enzensberger sich und die Welt und manchmal auch uns Wahngeschädigte von früher unterhält. Daß es ihm nie ganz ernst war, wissen wir, daß er trotzdem nie ganz über allen Ernst hinauskommen wird, müssen wir nun endlich einsehen.

(1988)

Konzentrierte Begeisterungen
Brigitte Kronauer: *Aufsätze zur Literatur*

In *Berittener Bogenschütze* läßt Brigitte Kronauer uns einem Literaturdozenten zusehen und zuhören, der, obwohl und weil tief eingetunkt in sein Universitäts- und Kleinstadtmilieu, tagtäglich im Kopf unterwegs ist in einer Gegenwelt, in den Geschichten Joseph Conrads. Dort nämlich gibt es einen Menschenschlag, zu dem er sicher nicht zählt, sogenannte wirkliche, das heißt fiktive Helden, verwickelt in wahre, das heißt erzählte Passionen. Der aus »nichts als« Sprache realisierte Literaturdozent schweift also aus seiner Sprachwirklichkeit hinüber in eine andere, in eine Sprachheimat. Kurz: so fern von ihren eigenen Fiktionen ist das Lesen und Verstehen von Fiktionen gar nicht, das Brigitte Kronauer nun in Essays aus zwölf Jahren vorführt.

Daß sie als Autorin, als Kollegin hier eindringt in die Texte von Kollegen, darüber läßt sie uns keinen Augenblick im unklaren. Folglich war mir nie ganz deutlich, warum ich ihr, ob zweifelnd oder fasziniert, doch immer gespannt gefolgt bin in ihre Belagerungen und Einverleibungen von Literatur. Wirklich nur, um mehr und Genaueres zu erfahren über Ror Wolf und Robert Walser, Tania Blixen, Hofmannsthals *Märchen der 672. Nacht*, von Hubert Fichte oder Jane Bowles? Oder doch vor allem, um auf diesen weiten Umwegen Brigitte Kronauers zu sich selbst eben mehr von ihr selbst zu erfahren und zu verstehen? Beide Vermutungen sind so halbwahr, daß sie auch zusammen nichts Ganzes und Komplettes ergeben.

Gleich in den lebhaften, strengen anderthalb Seiten ihres Vorworts werden Ausgangspunkte und Absichten der Essays zwar verkündet, aber ganz und gar offen bleibt, wie von den einen aus die anderen erreicht werden sollen. Durch ein theoretisierendes Nachdenken über fremde Texte möchte die Autorin deren Appell an sich und damit den Zusammenhang mit der eigenen Arbeit verstehen. Dazu muß allerdings den Texten wahrhaft auf den Leib gerückt werden, um »durch ihr Fleisch hindurch ihren Knochenbau zu ertasten«. Das klingt so schneidend, fast chirurgisch, wie auch zärtlich, und genauso, schonungslos bemüht um intime Erkenntnis von ihrem Innenleben, wird hier mit den Werken verfahren.

Zweischneidig, auch das weiß und gesteht Brigitte Kronauer, ist ihre Neigung zum Theoretisieren wie ihre »Haß-Liebe zur Literatur«. Diese nämlich lockt zwar »mit dem befreienden Angebot ihrer Bilder und Gestalten«, täuscht aber auch durch ihr »Beschwören (und Einfrieren) der Wirklichkeit in Behauptungen«. Ein Nachdenken über sie kann und soll »das Hypnotische literarischer Muster« versachlichen, ja vorübergehend auflösen, indem es die »Künstlichkeit ihrer Setzung« immer wieder kenntlich macht.

So doziert sie knapp vor dem Ende des Vorworts, um dann noch einmal auszuholen zum Gegenzug, Literatur ausspielend gegen Theorie. Denn als ein durchgehendes Bekenntnis in allen Essays hebt sie hervor (und ist unübersehbar) eine emphatische Bejahung des Fiktionalen an und in der Literatur. In dessen Verteidigung gegen Zeitgeist und Modegeschmack kennt die Autorin keinen Spaß. Sie schlägt mit Taubenflügeln, hackt mit Habichtschnabel auf alle falschen Realismuskonzepte, auf »Brutalschreibe«, die »hartnäckigen Leben-Literaturverwechsler« oder auf »das Dokumentarische, die gemütliche Fiktion der Authentizität«. Viel Worte werden darüber nicht verloren. Mit der Verblendung, die Literatur nicht erkennen will als ein Spielfeld, auf dem mit Risiko allerdings, mit Erkenntnismöglichkeiten, mit genauen, doch willkürlichen Regeln operiert wird gegen die Welt –, mit einer so unproduktiven Illusion ist für sie einfach nicht zu reden und zu rechten.

Um so mehr über die Spieler, deren Texte zeigen und wissen, was sie anrichten. Und hier bewährt eine Autorin, deren eigene Arbeiten doch gerade beeindrucken durch Eigensinn und Einzelgängerei, ein erstaunlich offenes und weites Herz. Das öffnet sich für Meistererzähler wie Tania Blixen, aber erst recht für Meistererzählungs-Verweigerer wie Ror Wolf und Robert Walser, für Fichtes »magische« Schreibrituale und dann wieder für den Status einer spontanen, verwirrenden Nur-Gegenwärtigkeit bei Jane Bowles. Sie ist unermüdlich neugierig, will also nicht nur nah heran an die Texte, um aus ihrer Aura heraus zu schwärmen, sondern eben eindringen in das Antiorganische, konsequent Künstliche ihrer Zusammenhänge, das dennoch als Struktur zu kalt und leblos, als Gewebe oder Fleisch und Knochenbau aber nur notdürftig metaphorisch benannt ist.

Klar, die Werke atmen, blühen und verwelken nur scheinbar. Doch jedes passionierte Eindringen auf sie verwandelt sie, nolens volens, in etwas wie Lebewesen und erzeugt, wie eine Annäherung an diese, Genauigkeit ebenso wie Befremden: »Plötzlich ist alles nur noch vage vertraut, wie verlängert, verkürzt, entfernt oder dicht vor die Augen gerissen.« Diese Prosa ist wie geschaffen für Einblicke in jene »fremde, bekannte neue Welt«, die sich in Literatur immer wieder herstellt.

Tania Blixen – eine Meistererzählerin? Die eineiigen Vettern Wolf und Walser – Geschichtenverweigerer? Natürlich will Brigitte Kronauer es genauer wissen als solche klappentextreifen Formeln. Für sie bedeutet Fiktion eben nicht Dichten als Flunkern, Lügen, Fingieren oder Erfinden, sondern den erbitterten Versuch der Autoren sich abzugrenzen, zu wehren gegen die Welt. Form, Schreibweise, Struktur wird damit zum Existenzial und Schönheit begriffen als not-wendig im alten, wörtlichen Wortsinn.

Was also nach meisterlich sicherer Erfüllung von Leserwünschen, Abspeisung des Hungers nach Geschichten aussehen könnte, erweist sich bei Tania Blixen als eine Art Zwanghaftigkeits-Poesie, die Figuren und Ereignisse gar nicht anders sehen will und kann als gebannt in die Schicksalsfügungen der Fabel, die es sich herausnimmt, ihren Opfern und Gestalten »das Härteste zuzumuten, aber nicht zuviel, auf ihrem Weg von der Beliebigkeit zur Poesie«. Damit wird Blixens Phantasie eines unermüdlichen Entwerfens und Entdeckens von Anspielungen, Analogien, Zusammenhängen, »Sternensystemen der Fügungen, Fügungen bis ins Unendliche« verstanden als eine »Besessenheit«, die Welt dicht zu machen, sozusagen abzu-dichten gegen eine möglicherweise real existierende Sinnlosigkeit. Angst also könnte die federführende Kraft sein in dieser Erzählerherrlichkeit.

Während in den Wolf- und Walser-Analysen sich herausstellt, welches Bedürfnis nach Geschichte, nach diesem Leib, Brot, Wein der Epik, auch diese beiden Meister zärtlicher bis panischer Zerfetzung aller scheinbar naturgegebener Zusammenhänge treibt. Eigentlich möchte bei Wolf jeder einzelne Satz eine Welt, eine Geschichte für sich sein, »kämpft um sein Recht«, so daß eben schließlich »nichts weiter« herauskommt als die Kaskade der Worte, Sätze, ekstatischen Fragmente, und den Leser »trifft voll der Schock der Form!«. Bei Walser wiederum – aber das soll Brigitte Kronauer endlich in einem ganz und gar eigenen Satz sagen: »Die Geschichten haben bei Walser die Funktion strenger Eltern. Er reißt aus in die unbekümmerten Assoziationen, in die Ungebundenheit, und dann, wenn es ihn da graust, hat er was im Rückhalt, auf das er sich als Gegner trotzig beziehen kann. Wie ein artiges Kind kehrt er immer wieder zurück, nimmt Haltung an vor den Geschichtsmustern, hingedrängt zu den Anordnungen, Einschränkungen, der inszenierten Enge ...«

Man spürt, nicht nur durch den Abbruch mitten im Satz, wie jedes Zitieren hier unzulässiger, fataler ist, mehr Zerstörungen anrichtet als sonst in theoretischen Texten. Denn diese Prosa setzt ihre Untersuchungen durch als Aktionen, bleibt immer in Fluß und Bewegung, mit der immer offenen Möglichkeit, jederzeit auszubrechen ins Unvorhersehbare. Auch die geglückte Formulierung ist da kein Ruhe- und Endpunkt, hat nichts Erledigendes. Das heißt: in ihren besten Passagen gelingt es Brigitte Kronauers neugieriger Begeisterung, die Gegenstände ihrer Lektüre, die fertiggeschriebenen Texte wieder zu verflüssigen, den Schreibvorgang wieder anzusimulieren, der sie hervorgebracht hat, der in ihnen auf ewig gefroren und auskristallisiert scheint, aber eben nur: scheint.

»Es hilft nicht, wenn man die Technik beschreibt, man muß die Wirkung beschreiben.« Brigitte Kronauer tut aber beides. Sie führt eben nicht nur vor, daß begeistertes und begeisterndes Lesen wieder in die äußerste Nähe des Schreibens führt, sondern daß mit der Wirkung einer Technik auch die Technik der Wirkung erfaßt ist. Und doch verliert sie sich dabei nie in die Glasperlenspiele einer Kunstkunst-Hermetik. Wenn das droht, gibt sie sich mit einem ihrer herrischen, ungeduldigen Zwischenrufe – »Warum wird Literatur gemacht?« »Nutzt das jemandem? Erfährt man etwas?« – selbst die Sporen und wird pragmatisch.

So daß es nun ungerecht scheint, am Ende und folglich unübersehbar noch zu erwähnen, daß die Überzeugungskraft dieses Bandes doch eine und eine sehr breite Lücke aufweist: ausgerechnet der längste aller

Essays, gewidmet dem 1984 mit 39 Jahren gestorbenen Klaus Sandler, Autor und Herausgeber der Literaturzeitschrift *das pult*, dieser Versuch, einen Verstorbenen, Verkannten, Vergessenen wiederzuentdecken, bleibt ein fleißiger, beflissener Versuch, dem nicht die Klugheit, aber alle Helligkeit, das Feuer, die Ansteckungskraft der übrigen Essays abgeht.

Diese Ereiferung liest sich, als hätte sich Brigitte Kronauer zu einem Akt postumer Solidarität überreden wollen, ohne doch ihren Standard von Erwartungen an Literatur verleugnen, verraten zu können. Man meint zu begreifen, daß Sandlers Intentionen, wenn sie schon von dieser Interpretin nicht zur Klarheit gebracht werden können, auch so kühn und wolkig waren wie nun Kronauers inständig über sie gebeugte Sätze. So wird man am Ende zurückgeworfen auf einen unklaren Respekt vor der, um es strikt altmodisch zu sagen, Lauterkeit dieses Autors wie der seiner Kronzeugin, die dann doch, sicher wider Willen und vielleicht unbewußt, je länger sie sich und uns zum Gegenteil überzeugen möchte, desto deutlicher verrät, woran sie in der Literatur hängt: eben doch nicht am nur lauter oder kühn oder zeitgemäß Intendierten, sondern an – »Kunst«, die »das noch nicht in unseren Köpfen Existierende zu etwas dort Möglichem« macht. Die Betonung liegt, so banausisch das klingen mag, auf dem Machen.

(1988)

Das Licht, das keine Schatten wirft
Rede auf Brigitte Kronauer

Zu den nicht geringen Rätseln, die uns Schreiben und Leben der Brigitte Kronauer aufgeben, gehört zuallererst die Frage: wie konnte eine solche Schreibkraft, dieses Schreibtalent so lange verborgen bleiben? Seit ihrer Kindheit, wie sie selbst beteuert, hat sie geschrieben und seit den siebziger Jahren auch kontinuierlich veröffentlicht, in Zeitschriftennischen allerdings und jenen sozusagen real existierenden Kleinstverlagen, deren Veröffentlichungen eine Öffentlichkeit kaum erreichen. Zufällig war ich dabei, als sich das, nicht mit einem Schlag, doch unaufhaltsam für Brigitte Kronauer zu ändern begann.

An einem späten Junitag 1980 las in Klagenfurt eine junge Frau von unbestimmbarem Alter, las mit sehr niedergeschlagenen Augen zwischen Haaren, bleicher als nur blond, las mit auch leise niedergeschlagener Stimme, aus einem dieser Stimmlage sehr angemessenen, hellhäutigen, fast weißen Gesicht, aus dem allerdings wie ein Zeichen stiller Rebellion ein signalrot geschminkter Mund leuchtete, las die Geschichte *Die gemusterte Nacht*, die ein Jahr später den Titel für Brigitte Kronauers ersten weithin sichtbaren Erzählungsband abgeben sollte. In Klagenfurt wurde der Text wohlwollend interessiert bis ratlos hingenommen, er fiel weder durch noch auf. Der Ingeborg-Bachmann-Preis ging damals 1980 an Sten Nadolny für eine Probe aus seinem Roman *Die Entdeckung der Langsamkeit*, doch damals in Klagenfurt begann auch, nicht nur für mich, die langsame Entdeckung der Brigitte Kronauer und zwar als eine Entdeckung auch ihrer Langsamkeit.

Sie ist ja nicht, wie von jungen Autoren seit den *Leiden des jungen Werther* stillschweigend erwartet wird, mit einem jähen Jugend- und Hauptwerk ins Licht der Öffentlichkeit und uns ins Gesicht gesprungen. Ihre frühen Arbeiten darf man heute, auch wenn sie sich manchmal auf schwindelerregende Sprachhöhen schwingen, doch lesen als Studienblätter, Probeläufe für größere Unternehmungen. Eigensinnig und geduldig, Schritt für Schritt hat sich diese Entwicklung vollzogen, als Arbeit an immer ehrgeizigeren Prosabauten. Erst in ihrem siebenundvierzigsten Jahr legt diese junge Autorin ihr erstes magnum opus vor: *Berittener Bogenschütze*, die Leiden und Entzückungen eines auch nicht mehr ganz jungen Werther, des Literaturdozenten Matthias Roth, Anfang vierzig als Privatperson, doch gut zweihundert Jahre alt als Typ, ein unverwüstlich deutscher Jüngling.

Ob wir aber in den ersten Texten oder im letzten Roman Brigitte Kronauers lesen, eines bleibt sich immer gleich: hier wird das Lesen zum Fest und – zur Arbeit. Wer nur unvergeßliche Gestalten, Szenen, Konflikte sucht, geht leer aus, wer vor dem Einschlafen noch kurz und nett schmökern will, der erst recht. Diese Lektüre verlangt einen taghellen Kopf und aufrechte Haltung. Sie ist schön, aber anstrengend, schön anstrengend. Sätze, licht bis in den letzten Winkel, bilden Sprachnetze, die uns immer wieder unter die Oberfläche, ins Innere der Erscheinungen ziehen, von denen sie doch so überaus hell und wach zu sprechen scheinen. Rationalität und Magie gehen hier Hand in Hand. Oder, in den Worten der Autorin selbst, am Ende ihres Essays über Hubert Fichte: hier entfaltet sich das »der Literatur eigentümliche, analytische *und* schamanenhafte Potential«.

Leicht und knapp gesagt, schwieriger zu begreifen. Als ich selbst Mitte der achtziger Jahre schon drei Bücher lang eine selbstgenügsame, stumme Kronauer-Entdeckung betrieben hatte, ohne nämlich irgendeinen Gedanken darüber zu formulieren, und plötzlich aufgefordert wurde, auf einer einzigen Seite, gutachtenmäßig, die Position dieser Autorin in unserer Gegenwartsliteratur zu bestimmen, da schien mir diese Position unauffindbar, unbestimmbar. Ihr Standort, so spekulierte ich damals, ließe sich vielleicht vermuten auf der weiten, imaginären Fläche eines Vielecks, dessen Eckpunkte zu besetzen wären etwa mit den Namen Jane Austen und Friedrich Schlegel, Musil, Irmgard Keun, Döblin und Virginia Woolf. Flott vermutet, schwierig zu erklären.

Nur eines war mir gewiß, damals und jetzt wieder beim ersten Nachdenken über diese Rede: würde mich jemand aufwecken aus tiefem Schlaf, um mich nach meiner Leseerfahrung mit diesen Büchern zu fragen, auszudrücken in nur zwei Worten, dann würde ich ziemlich präzise stammeln: Mosaik – und: Leuchten. Wie beides entsteht, wie beides zusammenhängt, das wollte ich endlich herausbekommen. Es geht mir also nicht um die »Würdigung eines Lebenswerks«, denn das liegt noch längst nicht vor, ist noch auf dem Weg. Aber erfahren möchte ich, warum diese Lektüre so täuschend leichtfällt und doch so geduldig erarbeitet werden muß. Leicht, weil ja dauernd der allergeläufigste Weltstoff in Sprache verwandelt wird, Kaffeetrinken, Klatsch, Spaziergänge, Jahreszeiten. Aber dieses leichthin Selbstverständliche und Alltägliche erweist sich als filigran durchstrukturiert, künstlich und kunstbewußt, als eine Kunstanstrengung, der sich die neugierige Arbeit des Lesens auf die Spur setzen muß.

Die Arbeit, an der uns Brigitte Kronauer teilnehmen läßt, zu der sie uns einlädt und die sie uns aufzwingt, gilt zunächst der elementaren Frage: Warum und zu welchem Zweck wird überhaupt erzählt? Gestellt und beantwortet wird diese Frage aber nicht etwa politisch oder moralisch, wie das mindestens für zwei Generationen deutscher Nachkriegsautoren selbstverständlich war. Hier wird also nicht behauptet, wie das Koeppen und Böll, Andersch, Grass oder Johnson und Christa Wolf laut oder stillschweigend getan haben: In diesem Land mit seiner katastrophalen Geschichte müsse notwendig erzählt werden. Nirgends, fast nirgends gibt sich in Kronauers Werk dieses Pathos einer historischen Stunde, dieser Unglücks- und Katastrophengeruch des Standortes Deutschland zu erkennen. Die Frage, was Erzählen so notwendig mache, wird nicht historisch oder politisch konkret, dafür aber elementar ins Erzählen hereingeholt.

Für Frau Mühlenbeck in ihrem Roman und »Gehäus«, für diese rüstige und gesprächsselige Witwe läuft ihre Lebenserzählung ab als naturwüchsiger Prozeß. »Absolute Finsternis ist etwas Furchtbares«, sagt sie im ersten Satz des Romans. Das trifft, das sitzt, davon kann sich eine ihrer kräftigen, hellen, lehrreichen Erzählepisoden abstoßen. Der Erzähler wisse Rat, das sei seine Gabe und Aufgabe, hat Walter Benjamin geschrieben. Frau Mühlenbeck, sicher keine Benjamin-Leserin, erfüllt diese Rolle ideal. Sie hat, wie ihre Küche und ihren Alltag, so auch ihr Leben erzählend im Griff. Ihre Geschichten wissen Bescheid und wissen Rat, sie bringen, was sie auch ergreifen, in Ordnung, machen es häuslich, bewohnbar. In ihren Erzählungen sitzt Frau Mühlenbeck wahrhaftig »im Gehäus«, genau wie der heilige Hieronymus im Holzschnitt Dürers oder auf dem Kleingemälde Carpaccios.

Im zweiten Roman, in *Rita Münster* thront dann nahe am Romanzentrum eine Gegenfigur zu Frau Mühlenbeck: die Katze. Sie nämlich hat nichts zu erzählen, inständig hält sie das Maul, da ohne Erinnerung wie ohne Hoffnung, in einer ewigen Gegenwart so zufrieden eingeschlossen wie im eigenen Körper, diesem still lauernden Zentrum einer jederzeit einsetzbaren Energie. Für die Katze versteht sich alles von selbst – womit sie sprachlos das Gleiche erreicht wie die unermüdliche Erzählerin Mühlenbeck: auch für sie ist die Welt in Ordnung, auch sie hat alles sanft im Griff. Obwohl sie doch nichts weiter ist als »ein kluges Nichts, ein glückliches Atmen«.

Für Rita Münster wird dieses Tier, was für die junge Lehrerin im ersten Roman die Nachbarin Mühlenbeck war: eine Gegeninstanz zur eigenen Position, eine Instanz der Ruhe, der Selbstgewißheit. Denn diesen beiden jungen Frauen, von denen aus die ersten Romane erzählt werden, ist das Leben in eine extreme Unruhe und Unzuverlässigkeit geraten, es taumelt, sinnfrei und unordentlich, es löst sich auf in ein hellichtes Chaos der Wahrnehmungen. Brigitte Kronauer muß ihre ganze Kunst und Gewalt struktureller Linienführung aufbieten, um die beiden Romane nicht zerfallen zu lassen in diese Unruhe, in unzählige erzählerische Elementarteilchen. Das Prosamosaik leuchtet und: es splittert. Wie der sprichwörtliche Wald vor lauter Bäumen, so will auch das Bild vor lauter Steinchen oft nicht mehr sichtbar werden, nicht »einleuchten«.

»Immer noch habe ich den Wunsch, daß sich mein ganzes Leben und das der Welt auf einem Spiegelboden ereignen sollte, blitzblank, man kann ausrutschen, auch das würde noch gespiegelt . . .: Schon wäre das Leben, wie es sein sollte, bewußt durch eine Lebensgefahr.« Das ist die Stimme Rita Münsters, emphatisch und süchtig nach Klarheit, nach Erregung, nach Risiko. Doch sie weiß auch, so gut wie ihre Autorin: »Alles, was als Sprache, als Wort existiert, ist apriori ein trockener, sicherer Platz.« Erzählen ereignet sich in diesen Romanen als Akt der Lebensrettung. Am eigenen Schopf versuchen sich zwei Frauen aus der Wirrnis in die Zusammenhänge einer Erzählung zu bergen.

»Fügung«, »Zusammenhang« sind Lieblingswörter der Kronauer, in ihren Romanen wie in ihren Aufsätzen zur Literatur. Sprachdächer baut sie, fügt sie aus Lebensmomenten ihrer Protagonistinnen zusammen, regelrechte »Gewölbe«, auch das ein Lieblingsbild. Schießlich: Unter der leuchtenden Apsis von St. Peter in Rom endet *Rita Münster*.

Doch zunächst stürzt dieser Roman sich in die Gesten, Gefühle, Geschichten, Gespräche der gesamten Rita-Münster-Bekanntschaft wie in einen Strudel. Dieses Sammelsurium des Menschlichen, Allzumenschlichen läßt sich immerhin noch bergen auf die »sicheren, trockenen Plätze« der Sprache. Nur die eigene, die Rita-Münstersche Innenwelt will sich zunächst in so einleuchtende Figurationen, schlüssige Szenen und Bilder nicht fügen. Dort innen, wo nach altem Sprachgebrauch die Seele zu vermuten wäre, herrscht ein Gewimmel, amorph, wie in einer Wüste, wie im Ozean oder in einem Sternenhaufen.

Genau das Thema, an dem sich der europäische Roman reich und müde geschrieben hat: die überfüllte Seele des einzelnen und ihr gegenüber die immer flachere Erfahrungswelt der modernen Gesellschaft. Oder, in einer berühmten Formulierung von Georg Lukács: »die Seele ist breiter und weiter angelegt als die Schicksale, die ihr das Leben zu bieten hat«. Eine Tradition, die allen Todeserklärungen zum Trotz überlebt hat bis zu Uwe Johnson oder Peter Weiss, wird hier wie selbstverständlich wieder aufgenommen, ja auf der subjektiven wie auf der epischen Seite spielerisch zum Exzeß getrieben. Denn so verbohrt in Sinnfindungskämpfe und -krämpfe Brigitte Kronauer ihre weiblichen Zentralseelen auch zeigen mag, so gnadenlos und heiter taucht sie diese doch ins Gewirr und Gewimmel der zeitgenössischen Massengesellschaft. So süchtige Blicke in unsere Einkaufspassagen, Supermärkte oder Konditoreien am Nachmittag, auf Ferienstrände, Sonntagsspaziergänger, Liegewagenbenutzer, eine derartige ausufernde soziale Neugier hat kein Autor unserer Tage sich und uns zugemutet.

Seelenraum und Gesellschaftsraum, beide werden in diesen Romanen exzessiv überspannt, und das hat, scheint mir, sowohl falschen Beifall wie voreilige Kritik provoziert. Denn einerseits könnte es scheinen, als wollte Brigitte Kronauer erzählend eine Gesellschaft der Gleichheit und Brüderlichkeit durchsetzen, in der jeder Beliebige Andacht für seine Geschichte beanspruchen darf. Solche Empathie für die großen Geschicke auch sogenannter kleiner Leute, das wünscht man sich von einem Böllpreisträger. Andererseits aber könnte man auch meinen, in diesen Romanen niste verspätet noch immer der idealistische bis kauzige Zögling des deutschen Bildungsromans, hier werde also kühn bis trotzig das 20. Jahrhundert zurückprojiziert ins 19., in eine falsche Wilhelm-Meisterlichkeit, Jean-Paulität oder gar ins Wilhelm-Raabige.

Beide Argumentationen, die freundliche wie die unfreundliche, scheinen mir so halbwahr, daß ich sie grundfalsch nennen möchte. Sie versuchen, ein Werk, das so ideologiefrei operiert wie kaum ein anderes, wieder zurückzuübersetzen auf Muster von richtigem oder falschem Bewußtsein, aus denen doch hier Satz für Satz herausgeschrieben wird. Wer Belege sucht für Weltanschauung, der wird hier nur scheinbar fündig. Er wird allerdings immer wieder auf Ausbrüche eines zarten misanthropischen Tobens stoßen, die ihn an Nietzsches Abscheu vor den Vielzuvielen, Vielzugleichen, Vielzuverwechselbaren, Vielzuüberflüssigen erinnern könnten. Er wird aber auch Begeisterungen, Erleuchtungen lesen angesichts der »Heiligkeit« des Durchschnittsmenschen, die auf Walt Whitman, den ersten Sänger des »holy average« zu verweisen scheinen. Denn die Kronauerischen Helden schwanken lebhaft zwischen einer Abgrenzung zur lästig wimmelnden Mitwelt und einem immer wieder innigen Eintauchen in dieses Menschengemenge, bis hin zu einer mystischen Verschmelzung.

Zuschauer sind sie alle, Spaziergänger, Flaneure auf dem Boulevard: wieder ein Motiv aus der Frühzeit der Moderne, das hier fortgeschrieben wird. Der Schatten Baudelaires, der Halbschatten Tonio Krögers fällt schräg auf solche Passagen, in denen die Stellvertreter des Kronauerischen Blicks noch einmal die »Wonnen der Gewöhnlichkeit« in sich aufdämmern lassen. Daraus spricht Zuschauerlust und Zuschauertrostlosigkeit, eine Ambivalenz, die unter Druck zusammenbrechen kann.

»Arme Sünder! Arme Seelen!« denkt Rita Münster wütend über ihre S-Bahn-Mitmenschen: ». . . ich hätte ihnen folgerichtig gegen die Schienbeine treten können. Was wäre bei denen denn zum Vorschein gekommen? War es denn schon ein für allemal aus mit denen? . . . Kein Leuchten drang durch die Ritzen, wenn sie sich so verdrossen auf ihren Sitzen flegelten.« Da ist es heraus: das »Leuchten« mangelt diesen müden, flachen Feierabendseelen, alle Begeisterung über das, was die Welt im Innersten zusammenhält, genau das Geheimnis, dem Kronauers Prosa und Protagonisten hinterhereifern. »Diese Leute in den Straßen jedoch, die hatten ihre kleinen Genüsse, und zwar bombensicher«, stöhnt in *Berittener Bogenschütze* der dort stimmführende Flaneur Matthias Roth, »die rauchten ihre Zigaretten, fraßen Gegrilltes, als wäre es wer weiß was, mechanisch aufgedonnert, ein elendes Sammelsurium . . .« Kurz: »eine extremlose Masse, alle glichen sich einander an bis zur Unauffindbarkeit, und er gehörte zweifellos dazu.« Dieser Nachsatz, kurz und trocken detonierend, darf nicht überhört werden. Der Einzelgänger gegen den Strom der »extremlosen Menge«, er gehört doch dazu: »Nein, es half nichts, er steckte tief und erstickend in etwas Allgemeinem.«

Hier ist der Punkt markiert, an dem Abstand und Spannung zwischen dem Seelenmenschen und der Menschenmenge schmelzen könnten. Die Frage wäre, wie das »erstickende Allgemeine« sich verwandeln könnte in ein befreiendes. Oder: Wie könnte diese überreich zersplitterte Prosa sich selbst befreien von der Obsession des Zuschauens, von diesem bald zärtlichen, bald verzweifelnden Blick von draußen und weitweg, wie durchbricht die Autorin den filigranen Terror der Einzelheiten, der auch den Leser entzückt und – bedrückt? Noch kürzer: Was bringt das Mosaik zum Leuchten?

In den Reibungen zwischen Innen- und Außenwelt, soviel ist bisher klargeworden, kann Haß aufglühen, können alle Empfindungen zerfallen zu Asche und Hoffnungslosigkeit. Wie also stellt sich, statt Gestaltloses, Amorphes, die »Fügung«, der »Zusammenhang« her, in einem »Glühen« möglichst, mit »Glanz« –, lauter hier beliebte Schamanenwörter?

Spätestens jetzt kann nicht mehr verheimlicht werden, daß die Kronauerischen Romane unbeirrt, uneingeschüchtert auch von ihrer unübersehbaren Modernität, im Entscheidenden wieder entschlossen altmodisch verfahren. Sie insistieren auf einem Thema, das Romane motiviert hat, seit es Romane gibt: sie erzählen Liebesgeschichten, lassen sich also ein auf das »berühmteste, beschriebenste aller Ereignisse«. Im *Mühlenbeck*-Roman geschieht das noch mit einer Diskretion, die das Ereignis selbst hinter den Horizont rückt. Denn dort wagt die junge Lehrerin nur zu sprechen von ihrer »Sehnsucht nach einem totalen Erzittern, einer lebensgefährlichen Überschwemmung, einer Liebe unter höchster Aufmerksamkeit wie ein tierisches Aufeinanderzuspringen«. Da ist er wieder, der Ingeborg-Bachmann-Ton, der Drang nach Grenzüberschreitung, der Sog ins Extreme.

Rita Münster wird dann in diese Glücks- und Gefahrenzone hineingeschickt, mit Intensität zwar, doch einer erstaunlichen Hemmung: die Person des Geliebten nämlich wird nur als Schattenriß aus Gesten gezeigt, sie bleibt fast unsichtbar, verborgen außerdem hinter dem Allerweltsnamen Horst Fischer. Das sieht aus wie ein Programm, denn ganz auf sich zurückgeworfen und doch ergriffen von Liebe erlebt Rita Münster statt diesen Horst Fischer nun – sich selbst, allerdings »glühend«, endlich hineingerissen in den »Zusammenhang« der Welt: »Man mußte den Zellen nur gestatten zurückzufallen, dann gingen sie unbarmherzig und die Welt entflammend mit einem um. War man erst einmal aufgewacht, spuckte der ganze Körper Feuer und Erkenntnis bei der allerleisesten, allerabsichtslosesten Berührung.« Höher kann eine Prosa ihren Lockungs- und Sirenenton kaum treiben.

Daraus hat Brigitte Kronauer in ihrem dritten Roman, in *Berittener Bogenschütze* die Konsequenz gezogen: sie reißt die Erzählkamera um 180 Grad herum und erzählt nun durchgehend aus der Perspektive eines Mannes, und dieser Matthias Roth darf, ganz anders als Rita Münster, als eine Figur mit humoristischer Brechung erzählt werden. Zwischen Gedankenhöhenflug und Alltagsmisere trudelt dieser Literaturdozent durch ein aus Sprache nachgebautes Göttingen, durch ein

Jahr seines Lebens, emphatisch in seinem monologisch sich verströmenden Innenleben, vertändelt in seiner Lebenspraxis. Seine Passion für rheinischen Sauerbraten und handliche Frauenaffären scheint genauso dringend wie seine analytische Ergriffenheit von den literarischen Ekstasen Joseph Conrads.

Joseph Conrad also wird nun in die Position gesetzt, in der vorher Frau Mühlenbeck und nachher die Katze thronte: als Fachmann für Leidenschaft ist er zwar eine Gegeninstanz zu Roth, aber zugleich auch der heimliche spiritus rector des Romans. Aus welcher Materie, in welchen Zeremonien sich Leidenschaften bilden, das meint der Dozent Roth aus Conrads Büchern zu lernen. Ihr Ziel scheint die Asche, in die ihr Feuer sich auflöst. Der ganze menschenverschlingende Aufwand dient offenbar einer vollkommenen Illusionierung und Desillusionierung des Lebens. Das begeistert Roths Dozentenkopf, denn er selbst glaubt sich weit diesseits solcher Grenzüberschreitungen, geschont und geschützt, durch Vorsicht, Bequemlichkeit und durch die Gewohnheit, sich nur im Lesen ganz zu verausgaben. Theoretisch: ein Ekstatiker. In der Praxis: ein Genießer von Andeutungen.

Nun geschieht, was geschehen muß: der Mann, der stolz und traurig von sich sagt: »Noch nie bin ich von einer Sache wirklich umgehauen worden ... Ich habe von den Anfängen, den Andeutungen schwelgen dürfen, weil meine Phantasie sie alle verlängert hat« – er befindet sich längst verstrickt in einer Passion, die er selbst nur lächerlich langsam und erschütternd spät entdeckt, denn sie gilt der Frau eines Freundes. Diese Gisela – wieder ein trotzig gesetzter Allerweltsname ohne jede Aura –, für Matthias Roth bleibt sie unberührbar.

So endet der Roman mit einem Bild des Glücks im Unglück, weit weggerückt von den Glutposen, in denen Joseph Conrads Liebespaare erstarren: Matthias Roth liegt fiebernd auf einem Sofa, innig betrachtet von Freund und Geliebter. Eine Art Heilige Familie hat sich konstituiert, das Paar selbdritt. Ist es eine Komödie, ist es eine Tragödie? Schwer auszumachen. Roths Leben ist zwar erglüht, »wie es im Buche steht«, doch aus Conrads heroischen und exotischen Liebestodszenarien ist ein schlicht humanes Göttinger Idyll geworden.

Viel Sprachlava ist bis zu diesem Ende durch den Roman geflossen, ohne daß sie am Ende zerstäubt wäre zu Asche, erstarrt zu Geröll. Frieden herrscht nun, Verzicht, ja Bescheidung – wieder ein eigensinnig unzeitgemäßes Ende. Genau wie dieses ganze Kronauerische Konzept einer Einheit aus Liebe und Erkenntnis, einer Sehnsucht nach individueller Erfahrung von Weltzusammenhang, das zu diesem Ende geführt hat.

Aber jetzt, statt auszubrechen in Deutungen dieses Zusammenhangs, möchte auch ich mich lieber bescheiden, verzichten, um nur noch emphatisch und lakonisch die drei höchsten Stationen oder Erleuchtungen auf dem Weg des Matthias Roth aufzurufen: Das ligurische Felsental! Der Discountladen! Die umgestürzte Kaffeetasse! Auf einer Wanderung in eine Natur jenseits menschlichen Lebens nämlich, dann in einem Billigwarenmarkt mit seinen vollkommen entblößten, nackten Angeboten und schließlich in dem auf unendlichen Zeitlupenseiten sich vollziehenden Augenblick, in dem Roth und diese Gisela über einer umgestürzten Kaffeetasse das »berühmteste und beschriebenste aller Ereignisse« an sich erfahren – in diesen langen Sprachmomenten geraten nicht nur Brigitte Kronauers Figuren, sondern auch ihre Leser in undurchdringliche Erleuchtungen über das, was bei Kleist erst die »große, heilige und unerklärliche«, dann die »die gebrechliche Einrichtung der Welt« genannt wird, in Sätzen, hell von Erkenntnis, doch nicht mehr zu reduzieren auf Begriffe, analytisch *und* magisch. Jede dieser Stellen sucht ihresgleichen in der gegenwärtigen Prosa, sucht und findet nichts.

Doch bevor die Laudatio, die ein Erklärungsversuch sein sollte, sich in eine Verklärungsbemühung verliert, muß daran erinnert werden, daß jede Unverwechselbarkeit eines Werks, sein Eigensinn und sein fester Umriß erkauft werden mit etwas, was in ihm fehlt, was draußen bleibt. Wenn ungeduldige Leser sich nur mühsam durch den Überreichtum dieser Bücher kämpfen, durch Sätze, deren Helligkeit und Präzision auch schmerzen, dann ahne ich, was ihnen fehlt: Handlung nämlich, die sich hier nur in infinitesimalen Schüben vorwärtsbewegt oder aber sich nur als hoher, alles überspannender Bogen, als »Gewölbe« weit über den Büchern ausmachen läßt. Wer Fabel sucht oder gar Drama, wird enttäuscht.

Dafür wüßte ich nur eine elementare Erklärung und genauso, elementar und lakonisch, möchte ich sie zum Schluß auch aussprechen: das Böse hat in diesen Büchern keine Chance, es tritt überhaupt nicht in Erscheinung, nicht einmal in seiner säkularisierten Schrumpfform als Dämonie. Das hat starke Folgen: Brigitte Kronauer schreibt nicht nur ideologielos, sondern auch – moralfrei. Nirgends wird hier erkennbar Partei genommen gegen falsche oder für richtige Standpunkte, Handlungen, Normen, Erwartungen. Einzelne Figuren mögen zwar diese oder jene Position vertreten. Es wird ihnen dann geduldig zugehört und zugesehen. Doch weder die Autorin läßt, außer Aufmerksamkeit, irgendeine Sympathie oder gar eine Gegenposition erkennen, noch bezieht irgendeine andere Figur Stellung. Viel wird also verlautbart, nirgends gestritten. Die Stimmen verflechten sich zu einem Muster von Monologen, kaum je zu einem Dialog. Was am fernsten liegt, sind Konflikte, jede Art Auseinandersetzung.

Wenn diese Beobachtungen oder Behauptungen zutreffen, dann erklären sie noch einmal die auffallende Fremdheit, die Einzigartigkeit und Einzelgängerei dieser Bücher in unserer gegenwärtigen Literatur. Sie sammeln in sich ein Licht, das fast keine Schatten wirft. Sie suchen alles, nur keinen Streit. Ihre Sprache ist organisiert von einer unermüdlichen Wahrnehmungsfreude. Diese Prosa kann alles »begeistern« – das Wort hier strikt transitiv verstanden –, sie begeistert Herbstbäume, Frauenhaut, einen Aldi-Markt. Fast möchte man die Autorin für das halten, was Nietzsche an seinen Griechen zu lieben glaubte: »oberflächlich, aus Tiefe«. Denn sie sucht eben durch ihre in Sprache gebaute Erscheinungswelt hindurch deren inwendigen »Zusammenhang«, die »Fügungen«, den »Glanz« und das »Leuchten«, um diese Signalworte noch einmal aufscheinen zu lassen.

Kurz und gut: allmählich läßt sich ahnen, warum Brigitte Kronauer erst so spät und in diesen achtziger Jahren aufgetaucht ist – in einem Jahrzehnt, in dem fast alle auftrumpfenden neuen Talente auf einen Schlag erfolgreich waren, da gefällig, und gefällig, da gekonnt konventionell. Diesseits oder jenseits von dieser freundlichen Machwerk-Literatur hat Brigitte Kronauer uns wieder einmal dorthin heimgeleuchtet, wo Kunst zu Hause ist, in der Genauigkeit nämlich *und* der Emphase. Während uns die falschen Propheten vom mythischen Flügel weismachen möchten, die eine wäre zu haben ohne die andere, und während die schlauen Advokaten der Realismus-Fraktion uns einreden, zur Not genüge auch die bescheidenere Hälfte vom Ganzen.

Für alle diese Begeisterungen, Belehrungen und schönen Anstrengungen haben wir Brigitte Kronauer zu danken.

(1989)

Idyll und Welt
Brigitte Kronauer: *Schnurrer*

Ein Mann, Schnurrer mit Namen, läßt ein nacktes, ein noch unbestrichenes Knäckebrot unter dem Licht seiner Küchentischlampe hin und her kippen. Man kann sich vorstellen, was er dabei sieht: wie die Schatten auf der zerklüfteten Oberfläche sich bilden, verändern, vertiefen, auflösen. Aber der Mann namens Schnurrer möchte das alles ein paar Nummern großartiger. Mondkraterlandschaften erblickt er, dann einen kargen Wüstenmittag. Da locken Weltraumabenteuer oder mindestens doch eine Safari. Und in einem neuen Vorstellungs-, Gedankensprung beginnt der Experimentator am abendlichen Küchentisch zu überlegen, wie er nun das eben begonnene, neue Jahr angehen sollte. Mutig, neugierig, strategisch? Oder vielmehr so lustlos, so träge und dösend, wie ihm doch ehrlicherweise zumute ist? Es wird Nacht über dem Knäckebrot, und ratlos schlingt Schnurrer diese Urlandschaft in sich hinein.

Da ist auf nicht einmal zwei Seiten fast nichts und doch bedeutend viel geschehen, und wie es dann weitergeht und warum, nämlich mit einem aus der Zeitung gelesenen Doppelmord, zu dem der knäckebrotmampfende Schnurrer das kuriose, nur ihm einleuchtende Motiv findet – das ist noch gar nicht abzusehen.

Wer oder was aber Schnurrer ist, beginnt schon aus einer solchen Miniszene hervorzudämmern. Ein Mann als Kindskopf, dem alles, schon eine Knäckebrotscheibe, zum Abenteuerspielplatz seiner Vorstellungen werden kann. Die Welt ein Bilderbuch, er ihr Ikonograph. Sein Name deutet Katzenbehagen, aber auch Kauzigkeit an. Dauernd verliert er sich in Blicke, in Deutungen, in Phantasien. Man wird ihn, fünfundzwanzig Geschichten lang, kaum eine über vier, fünf Seiten Umfang, kaum je in einem Dialog, geschweige denn handelnd erleben.

Das ist, strikt literarisch gesehen, ein riskantes Unternehmen. Sträubt sich nicht, wenn wir ganz ehrlich sind, irgendein dumpfes Vorurteil in uns ohnehin gegen das Genre der ganz kurzen Prosa, genau wie gegen sehr lange Gedichte? Wird da etwa gegen Gattungsgesetze verstoßen, die wir klammheimlich und kindlich lieber eingehalten sähen? Verpufft nicht das allzu knapp Epische zu schnell in Geistesgegenwart, ins Graziöse? Droht auf so knappem Raum nicht auch eine Verpuppung ins Idyll oder die Selbstzufriedenheit des didaktischen Exempels? Wer ist solchen möglichen Gefahren denn nach Günter Eich und Lettau entgangen und wie? Zum Beispiel Ror Wolf? Oder Botho Strauß?

Man muß schon möglichst die ganze Serie der neuen Sprachstücke Brigitte Kronauers lesen, um wahrzunehmen, daß solche Fragen und Bedenken durchaus legitim sind und daß die Autorin den so beschworenen Gefahren nicht etwa klug und feige ausweicht, sondern sich ihnen mutwillig ausliefert, ja geradezu in die Arme wirft, um sie gerade so, in der Umarmung, zu überwinden. Wer sich nicht in Gefahr begibt, kommt darin um: das mag politisch noch immer ein riskanter Tip sein, doch poetologisch scheint er zu funktionieren.

Fast nach Rezept. Man nehme ein Wesen wie Schnurrer, das aus nichts weiter zu bestehen scheint als aus biederen Alltagsmomenten, ein Knäckebrotkauer, Lakritzschneckenliebhaber, Supermarktbesucher, Ausflügler, Kaffeetassenumrührer, aber im Lieblingsberuf eben: Voyeur. In seinen Blicken, seinen Wahrnehmungen nistet sich immer schon die Deutung ein und die versucht sich zu übersetzen in Sprache.

In diesem doppelten Umschlag von Sinnlichkeit in Sinn wird aus dem alltäglichen Schnurrer, an und für sich kaum der Rede wert, eine Beispiel-, eine Kunst- und Testfigur. Wie mit einer vorgeschnallten Poetisiertrommel läßt ihn die Autorin über die Seiten treiben, Eindrücke sammelnd, ordnend zu Bildern, die Bilder wieder verlierend, korrigierend. Als ließe sich die profane Welt überall und jederzeit, in einem Copyshop, am Badestrand, auf einem Friedhof, zurechtfügen in schön einleuchtenden oder doch paradox verstörenden Bildern, ja zum Weltbild.

Das hört sich nun womöglich spröder, methodischer an als sich diese Kürzestgeschichten zunächst lesen. Zunächst erscheint doch in ihnen nichts als eben nur Alltagskram, Oberfläche, Spielmaterial. Das alles leuchtet die Kronauersche Prosa aus mit ihren kühnen oder kekken Wortfügungen. So spricht sie etwa von »totenstill« unter einer Rauchsäule hochschlagenden Flammen, von einem »Tag wie Butter« oder von Pennbrüdern, »die in höllischen Ödnisgefilden im Dämmerlicht schläfrig bis zur Blödigkeit und tief bekümmert herumtappten und dabei nichts wollten, als in Frieden gelassen zu werden, auf alle Fälle«. Da wird Sprache herausgereizt aus dem Unscheinbaren, mit sicherem Zugriff, still triumphierend. Als wäre Wirklichkeitswiedergabe per Formulierung eine klare, selbstverständliche Aufgabe mit glatten Lösungen.

Aber genau das täuscht. Gerade die kurzen, heftigen Kronauerschen Beschreibungsorgien, dieses Sprachfeuerwerk mit seinem wie mühelosen Gelingen, dieser artistische Übermut hält ja der Autorin wie dem Leser den Vorgang des Schreibens, der Zeichen-Setzung bewußt. Vom Wahn reiner Wirklichkeitswiedergabe per Sprache ist diese Prosa denkbar weit entfernt. Sie und ihre Spielfigur Schnurrer wissen und führen vor, daß Beschreiben immer auch ein Beschriften ist, das heißt also auch: Zudecken. Wo einmal Wirklichkeit war, ist nun Sprache. Oder, etwas konkreter: vor allem, was Schnurrer sieht, steht zunächst einmal breit und undurchdringlich er selbst, der Betrachter. Erst seine Verdüsterungen, seine Erheiterungen, sein deutender, poetisierender Blick verzaubern die Eindrücke in Bilder.

Da läuft er etwa, dieser Einbildungskünstler, durch einen Pfingstmontag, zurückgekommen vom Pflichtbesuch bei der verdämmernden Mutter: »Eine unglückliche, hochempfindliche, von ihrer Wohnung gerahmte Flechte, eine von Fernsehen, Weinbrand und Tabletten Betäubte, eine stille, unbemerkte Widerlegung der Zivilisation, der Zielgeraden der Gegenwart, sobald sie die Türen hinter sich geschlossen hatte, auch wenn sie die Regeln nach außen hin noch eben mitspielte.« Schnurrers Blick ist also mit Grund verdüstert, als ihm nach diesem Invalidenbesuch vom S-Bahn-Kiosk der gedruckte Billig-Sex entgegenquillt: »Auch heute, am Pfingstmontag, man sollte sich nichts vormachen, wurde insgeheim alles bestimmt vom Sexuellen.« Allerdings gerät auch dieses eben formulierte »Weltgesetz« sofort ins Wanken, als er in den S-Bahnuntergrund hinabsteigt, zu den Pennbrüdern. Oben war immerhin noch der Montag nach Pfingsten, der Pfingstschatten sozusagen, da unten waltet aber nur noch die pure Licht- und Lustlosigkeit. Erzwingt etwa jeder Blickwechsel ein neues Weltgesetz und Weltbild?

Ein ruheloses Wesen ist er also doch, dieser behagliche Schnurrer. Ruhelos damit beschäftigt, seinen Kopf zu erhalten als eine poetische Kommandozentrale. Irgendwo an einem Strand stehen alle Zeichen auf Sturm, und Schnurrer sieht ihn längst kommen, wüten, die unsaubere Luft und Gegend säubernd: »Gut, das war dann endgültig des Rätsels, des Tages Lösung. Ein wütender Sturm, Aufräumen und Abrechnung ... War das eine Anspannung vor dem großen Strafgericht! Danach würde alles gut werden, irgendwie, es war eben noch genug Pfeffer in der Natur!« Doch irgendwie will sich die Natur zu dieser großartigen Veranstaltung nicht in Szene setzen. Ausgerechnet gegen Abend verklärt sich der miese Tag noch einmal zu »morgendlicher Frische« – da ist der Einbildungskünstler blamiert.

Während wir nun zu staunen beginnen und willig oder widerwillig bewundern, wie klug Brigitte Kronauer doch ihre Schreibkarriere bisher eingerichtet hat – was hätte sie nach der tollkühnen Hochspannung und auch Überspannung ihres Talents in *Die Frau in den Kissen* denn Klügeres, Einleuchtenderes einlegen können als einen solchen Band mit Entspannungsübungen! –, da beginnen wir uns auch zu erinnern, daß wir Schnurrers Vorläufer aus Kronauers Werk ja doch kennen, daß sie auch hier also work in progress betreibt. Matthias Roth, der Held in *Berittener Bogenschütze*, war mit ähnlichen Weltbildübungen beschäftigt wie nun Schnurrer, auch er ein Weltliterarisierer, ein Demiurg von Gegenwirklichkeiten. Wieder, wie damals, fällt nun ein weiblicher Blick in die Gegenwelt männlicher Phantasien, nicht feindlich, aber doch befremdet, dabei entspannt, in aller Zärtlichkeit ironisch. Das geht sehr gegen die übliche Erwartung, wie heute die Geschlechterdifferenz literarisch auszutragen wäre, und übrigens auch gegen die gängige Vorstellung, Brigitte Kronauer schreibe garantiert humorfrei.

Im Gegenteil: fast zu glänzend, zu dicht zieht sich ein Firnis von Heiterkeit über diese Prosa. Auch, weil diesem Wesen Schnurrer, Spielkind und Lebenskünstler, im Ernst gar nichts passieren kann. Durch alle Anfechtungen und Blamagen hindurch wird er in fast jeder Geschichte in ein gutes, freundliches Ende geschickt, schön und trügerisch wie alle Komödienschlüsse. Obwohl doch auch ihm sich die Welt immer wieder festklemmt in Trostlosigkeitsbilder. Manche von ihnen

– so den stumm bewegten Rüssel, den ein Elefant aus einer engen, dunklen Kiste hinausstreckt in die Welt, so der andere, kleinere Käfig, voll mit verseuchten, verendenden Tauben, über denen hoch und ahnungslos die noch gesunden Artgenossen fliegen –, solche Bilder wird man, wie Schnurrer, unser Stellvertreter im Text, so leicht nicht abschütteln.

Als unser Stellvertreter hockt er dann auch in seiner Finalgeschichte, überschrieben *Das allerletzte Stündlein*. Wieder nur eine Skizze, hingetupft, so komisch wie kläglich, denn unverhofft hat Schnurrer, pünktlich vor seinem Abtritt, der Gedanke an den Tod erwischt, und das wäre nicht nur der Tod dieser Figur, sondern auch ihres Überlebensprinzips: »Kahl und kalt spürte er den Kopf. Die Kälte rieselte von der Kopfhaut abwärts, und nach ihr folgte gar nichts mehr.« Schluß mit aller Vorstellungszauberei, reine Sprachlosigkeit, darauf scheint es hinauszulaufen. Aber Schnurrer, darauf ist Verlaß, wird sich aus seiner Gethsemanestunde, aus diesem drohenden platten Nichts noch einmal retten: eine Stockente, ihr schön spurloses Wegtauchen unter den Wasserspiegel wird ihm zum rettenden Bild. Danach sehen wir ihn endgültig verschwinden, »womöglich mit trockenem Gefieder«, wenn auch »wieder ein bißchen kälter«.

Auf einem Friedhof hatte der Band begonnen, mit dieser Meditation übers Verschwinden endet er, und wer sich die Mühe machen will und das Vergnügen, wird entdecken, daß dieser Reim zwischen Anfang und Ende beileibe nicht das einzige Strukturzeichen in der Geschichtenfolge ist. Stück um Stück ist sie zusammenkomponiert, auseinander entwickelt, aufeinander bezogen wie Musik, wie eine Folge von Etüden. Und Etüden sind ja, entgegen landläufiger Meinung, durchaus nicht bloß virtuoser Leerlauf, Geklimper, sondern auch Exerzitien. In diesem Fall über Wahrnehmung und Schreiben, über alles, was Leben und Kunst trennt und verbindet. In klein gehaltene Sujets, in Idyllen, wird da eine ganze Welt hineingesprengt.

(1992)

Aus dem Nachlaß

Jeder Tod kommt zu früh, der des dreiundzwanzigjährigen Büchner und vielleicht auch irgendwann der eines über hundertjährigen Ernst Jünger. Nur unser Beschwichtigungsdenken neigt dazu, jedes Ende umzuformulieren in eine Vollendung, als wäre die Fortsetzung eines Werks über den Tod hinaus schlichtweg undenkbar und der Torso-, der Fragmentcharakter alles Abgebrochenen nicht mit einer geringen Anstrengung der Einbildungskraft erkennbar.

Ingeborg Bachmann und Uwe Johnson, beide sind nicht einmal fünfzig Jahre alt geworden, und so unvergleichbar auch beider Lebenswerke und die hinterlassenen Werke oder Werkfragmente sein mögen – daß hier der frühe Tod eine Entwicklung und Pläne zerstört und Ruinen hinterlassen hat, läßt sich weder übersehen noch tröstlich beschwichtigen.

Was aus einem Nachlaß auftaucht, ob ein eben noch von einem nun Toten geschriebenes Buch (Böll), ob ein abgelegtes, verdrängtes, nie veröffentlichtes Jugendwerk (Johnson) oder ein Nachlaß zu Lebzeiten (Hildesheimer): es scheint, wie fragmentarisch oder fehlerhaft oder vollendet auch immer, endgültiger als Werke sonst. An solchen Hinterlassenschaften ist nichts mehr wiedergutzumachen, sie lassen sich nicht überarbeiten oder überholen, etwa durch künftige Werke des gleichen Autors. Daran kann ihr Urheber nichts mehr ändern, das legt ihn fest, auf sein Alter oder auf seine Jugend, während es uns einlädt zu Konjunktivketten: Was wäre gewesen, wenn...

Götzendämmerung mit Nornen
Heinrich Böll: *Frauen vor Flußlandschaft*

Nun fehlt er uns schon wieder, der Autor nämlich, Heinrich Böll.
Wäre er noch lebendig, würde ich ihn doch gern befragen über sein
letztes Buch. Nicht etwa, warum er es denn geschrieben hätte und was
er damit so meine – diese üblichen Interview-Dämlichkeiten, die jeden
Autor verstummen lassen, auch und gerade wenn er sie höflich und
redselig beantworten möchte.

Aber wissen würde ich gern, wie es zu diesem Mischwerk gekommen ist, das Böll eigensinnig einen »Roman in Dialogen und Selbstge-
sprächen« genannt hat und das er genausogut auch ein »Dramatisches
Gedicht in Prosa« hätte nennen können. Unter welchem Etikett auch
immer: er hat uns ein Theaterstück hinterlassen, ein schwerfälliges sicher, kaum oder gar nicht aufführbar, zunächst auch nur mühselig,
dann aber immer selbstverständlicher zu lesen.

War dieser Text nun, immerhin versetzt mit knappen, oft überflüssigen Szenenanweisungen (»Steht auf, erregt, geht ein paar Schritte«), je
für die Bühne gemeint? Hat Böll erst beim Schreiben oder von vornherein an der Möglichkeit und der Lust unserer Theatermacher ge-
zweifelt, ein solches Requiem auf die Welt, vor allem auf die Welt der
Politik, noch mit Kostümen, Scheinwerfern, Schauspielerkörpern,
-gesten, -tönen sichtbar zu machen?

Jetzt jedenfalls ist jeder Leser aufgefordert, sich lesend seine eigene
Kopftheater-Inszenzierung zu zaubern. Ob das gut funktioniert? Zunächst und allzu rasch verblaßt das Lesedrama zum Hörspiel, und auch
die einzelnen Stimmen und Namen lassen sich am Anfang nur schwer
auseinanderhalten: ist nun Grobsch oder Wubler der Helfershelfer von
Chundt, und wer ist zuständig für Plukanski? In dem lichtlosen politischen Dschungel am Rhein, in den Böll uns hineintappen läßt, soll
oder muß sich offenbar nicht jede Schlingpflanze auf den ersten Blick
in ihrer Unverwechselbarkeit zu erkennen geben.

Nein, das ist nicht, wie wohl erwartet wurde, Bölls Buch »über
Bonn«. Was dort los ist, weiß inzwischen jeder in der Lektüre auch
zwischen den Zeilen einigermaßen bewanderte Zeitungsleser. Kein
Roman ist vorstellbar, der uns zu diesem Thema noch ein drittes oder
siebentes Auge der Erkenntnis öffnen könnte. Im Gegenteil: je gespenstischer, grotesker, also auch »literarischer« die Bonner Szene aussieht,
desto unerreichbarer rutscht sie aus jeder literarischen Darstellung.
Kein Wunder, daß niemand seit Koeppens *Treibhaus* (1953) diesen
Gegenstand noch mit großer Ambition, also oberhalb der Agenten-
thrillerebene angegangen ist.

Über Bonn wird man aus Bölls Buchtheater etwa soviel erfahren wie aus Dürrenmatts *Physiker* über Atomforschung. Der Vergleich, auch wenn er hinkt wie andere, soll nur klarmachen, daß auch Böll weiß, was Dürrenmatt immer gewußt hat: abbilden, nachzeichnen, porträtieren läßt sich unsere politische Realität längst nicht mehr. Ihre Phantastik ist allem biederen Realismus entkommen. Heinrich Böll hat sein und unser Bonn also, wie der Klappentext das klug, wenn auch defensiv ausdrückt, »übermalt«. Mit einem sanften Trauer-, Wut- und Kolportagebild, in dem alle seine Lieblingsfiguren und -gesten noch einmal auftauchen.

Da sind sie also wieder, die netten alten Herren, die sich einigerma- ßen rücksichtslos durchs Leben gebissen haben, um nun, spät, aber doch, noch einmal erwischt, weichgeklopft zu werden von einem ge- wissen taedium vitae, von Lebenstrauer, Lebensratlosigkeit, dem er- sten, späten Vorschein von – Religion.

Da randaliert auch wieder, aber manierlich, ein junger Aussteiger, ein »Clown« und Privatanarchist, der mehr für den eigenen See- lenfrieden als für die Welt oder gar deren revolutionäre Veränderung demonstriert, daß er gegen »alles«, gegen das Gesamtsystem des bun- desrepublikanischen Lebens ist, radikal, doch heiter.

Da tauchen die rüstigen Frauen aus der Flußlandschaft, beherzt vom Kopf bis zur Sohle, doch ohnmächtig im Getriebe der Männer und ihrer Machtspiele. Zuschauerinnen am Rhein, manchmal Nornen. Dann sprechen sie auch leise drohend aus, was sie wissen oder doch ah- nen: daß alle Akteure sich schließlich in ihren scheinbar selbstgespon- nenen Schicksalsfäden strangulieren, daß sie ersticken werden.

Da treten schließlich auf die Mischfarbenen, die Mitmacher und Reingerutschten, guten Willens und schlechten Gewissens, und end- lich auch die Herren Macher selbst, kalt, gesichtslos, austauschbar, ohne Trauer und folglich ohne Gewissen, also jederzeit einsatzbereit und tüchtig, bis ihr menschlicher Autor auch in ihnen noch einen pa- thetischen oder komischen Funken Menschlichkeit entdeckt und zum Flämmchen hochbläst.

Zugegeben: was diese Böllmenschen und Bölls Szenen zusammen- binden soll, die sogenannte Handlung des Stücks ist teils überdra- stisch, teils neblig trüb und unerkennbar. Doch das meiste von diesen Enthüllungen und Verdunkelungen wird ohnehin nur nacherzählt, so eine Serie von Konzertflügel-Zerstörungen, so das fortlaufende Auf- und Untertauchen von Agenten und Akten. An Spannung und Wahr- scheinlichkeit ist Böll diesmal großartig uninteressiert. Er komponiert eine Abschiedsmusik mit Lieblingsthemen. Auch die kennen wir und erkennen wir wieder: die alten Nazis in der neuen Politik, das Sakra- ment der Geschlechtlichkeit und der »metaphysische Schüttelfrost« in gottverlassenen Gottesdiensten, die Weltläufigkeit und Weltfremdheit von Gnaden des Reichtums, dagegen das »Gelobt sei, was empfindlich macht« angesichts einer Herkunft aus Elend und Armut.

Ein Alters-, ein Abschieds-, ein Reprisenwerk, nichts für Freunde von Entdeckungen und Überraschungen. »Den Meinen an allen Orten, wo immer sie sein mögen« hat Böll es gewidmet, und die werden sich von dieser Erinnerungsmusik, von Bölls zornigem Trauerparlando noch einmal fangen lassen. Auch wenn der Wortstrom die Umrisse mancher Figuren überspült und die vielleicht beabsichtigte Dramatik einiger Szenen zerfließen läßt, auch wenn hier die Melodie der Rede, dieses sanften und beharrlichen Protests gegen die vorhandene Welt, der Kunst der Darstellung weit überlegen ist.

Und überhaupt: wo hört hier die Kunst auf, wo fängt der Kitsch an? Durch die enge, noch von keinem Ästhetiker vermessene Passage zwischen den beiden ist Böll, wie jeder Volksschriftsteller vor ihm, schon immer gesegelt. Das muß jeden Kritiker, er sei nun ein Fachidiot oder nur vom Ernst seines Geschäfts durchdrungen, fassungslos machen.

Bölls letzte Geschöpfe legen redend ihr Herz wirklich auf den Tisch, ihres und auch fremde. »Wissen Sie«, sagt ein Lehrer über einen seiner ehemaligen Schüler, der aus Schmutz und Nichts bis in ein Bonner Ministeramt aufgestiegen ist: »Es fehlte ihm auch nur der Ansatz einer Dimension, die man Geistigkeit nennt, eine Dimension, die Sie bei jedem Schwachsinnigen finden – nennen wir es Trauer, Schmerz, Angst, Verzweiflung, Sehnsucht, diesen Stich, wissen Sie, den jeder, der Herr Graf wie der Grubenarbeiter, hat. Unser Hennes war leer.«

Diesen »Stich« fühlen vor allem Bölls Frauen. Eine ist in den Rhein gegangen, eine hat sich an der Gardinenschnur aufgehängt, hat der Welt die »Zunge herausgestreckt«, zwei möchten »nach Kuba«, eine weitere »lieber in Nicaragua sterben als hier lieben« und so ein »weg hier, wenn ich nur wüßte, wohin« fühlen sie alle. Bleiben aber sitzen, schauen ihren Männern zu und dem Rhein. Vor lauter Zuschauen und Nichthandeln werden sie Besserwisserinnen, wenn auch in keinem kleinlichen Sinn, wenn auch als Nornen, fast Engel.

Doch wenn irgend etwas, dann hat mich an diesem Buch enttäuscht, wie sehr Böll diesmal seine Frauen in Passivität gefesselt hält, in einem immer nur klüger Reden und Empfinden, als gute Seelen und genaue Zeugen einer maroden Welt. Nur der »Betrachtende« kann sich laut Goethe Gewissen leisten: »Der Handelnde ist immer gewissenlos.« In Bölls Vermächtnisbuch sieht es fast so aus, als wären Handeln und Betrachten als männliche und weibliche Rollen festgeschrieben, als könnte nur noch hier und da ein alter Stechlin oder junger Taugenichts über die Menschenscheide, nämlich zu den Trauernden, denen mit

»Stich« herübergezogen werden, als wäre aber die Welt der Handelnden auf ewig ein menschen- und männerverschlingender Sumpf.

Auch darüber könnte, wäre er nur noch lebendig, mit Heinrich Böll gestritten werden. Nicht über die Kunstfehler in seinem Buch, die nachzählen mag, wer will, nicht einmal, was schon interessanter wäre, über die merkwürdige Kunstschwäche, Kunstlässigkeit dieses Stimmengewirrs.

Erstens war Böll von Anfang an sorglos gegenüber allen Standards des Gut- oder gar Blendendgeschriebenen, eines angeblich im Detail der Kunst versteckten lieben Gottes. Und zweitens hat er, als er zu seinem Altersstil ansetzte – und das tat er ja verwirrend früh, schon Mitte der sechziger Jahre, mit (ein absichtsvoller Titel) *Entfernung von der Truppe* –, da hat er diese souveräne Kunst- und Geschmackswurschtigkeit mit geplantem Denfadenverlieren, Beiseitesprechen, Sichverheddern in Konjunktiven oder Abkürzungen zu einer eigenen Kunstform gesteigert, mit stillschweigend ethischem Anspruch.

Damals sollten wir schon begreifen und hinnehmen, daß er uns die Kunst als Anstrengung und Höchstleistung zu verweigern, daß er nicht mehr »meisterhaft« zu schreiben und nicht in jedem Augenblick »die Sprache zu beherrschen« gedenke. Zwanzig Jahre lang hat er uns Zeit gelassen, das zur Kenntnis zu nehmen. Nun kann er uns nicht mehr daran erinnern.

(1985)

Sonne, See und Sozialismus
Uwe Johnson: *Ingrid Babendererde. Reifeprüfung 1953*

Das müssen ferne, schöne, harte und wohl auch produktive Zeiten gewesen sein, in denen ein sehr junger und unvergleichbar begabter Autor einem berühmten Verleger sein erstes Manuskript zum Druck anbietet, und dieser erkennt auch auf den ersten Blick die Begabung, will das Buch also verlegen, doch auf den zweiten Blick, während der ersten Begegnung mit dem jungen Genie, hält er dieses »sogleich an, mitzuarbeiten an der Ablehnung seiner eigenen Arbeit«.

Und diese Anstiftung zur Resignation gelingt nicht nur – denn der dreiundzwanzigjährige Uwe Johnson ist damals, 1957, eben nicht zum nächstbesten anderen Verlag übergelaufen –, sondern die Entsagung erweist sich auch als richtig und produktiv – denn Uwe Johnsons zweiter, für die Öffentlichkeit aber erster Roman, diese *Mutmaßungen über*

Jakob, tragen die untrüglichen Zeichen eines großen Debüts, die der ersten Arbeit noch fehlen: Kühnheit und Fremdheit, die Zumutung einer ungewöhnlichen Handschrift und unverwechselbaren Thematik.

Jetzt, postum, ist dieser Fall endlich zu besichtigen und zu beurteilen, und es stellt sich heraus, daß keiner der damals Beteiligten ganz und gar unrecht hatte, weder der Autor, der um seinen Roman in vier Fassungen kämpfte, noch der alte Peter Suhrkamp, aber auch nicht der junge Siegfried Unseld, der damals als Lektor passioniert gegen den Text argumentierte und der jetzt ein abgeklärt philologisches Nachwort zur ersten vollständigen Ausgabe des lange verloren geglaubten Manuskripts geschrieben hat. Drei Fassungen fanden sich im Nachlaß, die vermutlich letzte ist nun gedruckt worden.

Es ist also wahr, was die ersten Leser des Textes seit Ende der fünfziger Jahre munkelten: »Ein bißchen viel Sonne und See, grenzte geradezu an Blut und Boden«, so Walter Maria Guggenheimer, Suhrkamps Senior-Lektor. Es wird da tatsächlich sehr innig und wortreich aufs Wetter und in die freie Natur geguckt und deren Wind auch oft zum Segeln benutzt, von wortkargen, aufrechten, blonden und ernsthaft verliebten jungen Leuten kurz vor dem Abitur.

Alles sehr deutsch, tief norddeutsch, heimattreu mecklenburgisch. Der alte Herr Suhrkamp, so berichtete Johnson in seiner Selbstauskunft während der Frankfurter Poetikvorlesungen, hätte ihm das Defizit auf eine damals beliebte Formel gebracht, die auch Siegfried Unseld in seinem Nachwort noch wiederholt: »Mangel an Welt.« Damit, so Johnson, sei nicht gemeint gewesen der »Gegensatz von Hauptstadt und Provinz«, sondern die fehlende »Weite des Lebensbewußtseins«.

Auf das alles durften wir also gefaßt sein und wohl auch darauf, daß schon der gut zwanzigjährige Johnson alles, was ihm fehlen mag an »Weite« oder »Welt« oder »Lebensbewußtsein«, wettzumachen versucht durch eine oft gnadenlose Genauigkeit im Detail, ja durch eine Monumentalisierung des Kleinen, der Enge. Immer wieder schreibt er als pathetischer Miniaturist, ein Stifter sozusagen der mecklenburgischen Seenplatte, dem Flirren des Laubs, des Wasserspiegels, der Lüfte, der Verbalisierung des sogenannten Unscheinbaren andächtig, aufmerksam und manchmal wie bewußtlos hingegeben. Manche Schönheit gerät ihm zur Hübschheit und manches Menschen- plus Naturbild zum frohen, harmlosen Plakat: »Günter stand achtsam aufgerichtet da und ließ sich gerben von der Sonne. In seinen Haaren flakkerte der Wind, der sich an den Fliederbüschen der Scheune verfing. Der Tag roch nach jungem Gras in der Sonne.«

Solche Schreibgeduld für Stilleben zwingt der Erzählung einen gemütlichen, manchmal auch drögen Rhythmus auf. Johnson pflegt schon hier die Umwege, die Verzögerungen, die Zeitlupentechnik, die er später mit Pedanterie und Meisterschaft weiterentwickeln wird. Daß in Mecklenburg die Uhren anders, nämlich langsamer gehen, daß dort die Eingeborenen mit einem »wohl wohl« oder »na?« oder »das is ja nu so allens wie es is« sich alles und nichts mitteilen können und zwar mit Behagen, daß eine »langsame und spöttisch freundliche Weise« der Kommunikation dort für Unleidenschaftlichkeit im Alltag und für Zurückhaltung gegenüber großen Worten, Gesten, Anliegen sorgt – das alles nutzt der Erzähler und das nützt schließlich auch ihm. Denn in die Kleinstadtidylle, in die mit Liebe, Segeln, Mathematik beschäftigte Abiturklasse bläst schließlich doch der Wind der Weltgeschichte.

Mai 1953: das ist zwei Monate nach Stalins Tod, einen Monat vor dem 17. Juni. Sonne, See und Segeln, der Flieder und die Walmdächer, die maulfaule, innige Liebelei, diese ganze sorgsam und schön geschriebene Idyllen-Seligkeit verbirgt also etwas. Oder um es etwas paradoxer zu sagen: sie offenbart etwas, gerade indem sie es dauernd zu verbergen scheint. Diese mecklenburgischen Kleinstädter, ob Arbeiter, Hausfrauen, Geschäftsleute, Angestellte, ob Lehrer oder Schüler, Greise oder fast noch Kinder, sie sind nämlich alle verschwiegen und beflissen damit beschäftigt, sich einzugewöhnen in eine neue Form des Zusammenlebens. »Aufbau des Sozialismus« wäre dafür eine offizielle Formel, »Durchsetzung totalitärer Herrschaft« die Konterformel.

Die Qualität, die Diskretion nämlich dieses Autors von kaum zwanzig Jahren bewährt sich nun darin, daß er alle solche Leer- und Fertigformeln auflöst, unterläuft, durch nichts als Erzählen, geduldig, neugierig, konkret, bedächtig. Als ginge es tatsächlich nur um Fockschot und Flachshaar, um das Kichern und die Langeweile in einer Schulklasse, die fromme Huldigung an einen nördlichen Menschenschlag und seinen schwierig zu entziffernden Charme.

Doch Johnson beginnt seine scheinbar brave Geschichte ja mit ihrem Ende, mit der Flucht zweier Abiturienten nach West-Berlin, und Episoden dieser Flucht unterbrechen auch immer wieder achronologisch den Ablauf. So gerät ins Largo und Andante dieses Erzählens eine Störung, eine Stimmung von Unruhe, Geheimnis, Illegalität, glücklicher Katastrophe. Vor allem aber sind wir gezwungen, dieses Ende der Geschichte, ihren Fluchtpunkt in ihr fortlaufend mitzulesen. Gerade deshalb wirkt die Gelassenheit des Erzählers nicht nur beruhigend, sondern auch provozierend.

Denn scheinbar gelassen beobachtet er zunächst, wie eine im Frühjahr 1953 inszenierte (eine Woche vor dem 17. Juni dann schon wieder abgeblasene) Kirchenkampf-Kampagne der SED den Konflikt zwischen Staatsmacht und Staatsvertrauen in einigen seiner Abiturientenköpfe auslöst. Dient die »Junge Gemeinde« der »Kriegshetze, Sabotage und Spionage« des Klassenfeinds im Ausland? Diese Frage entfesselt in der eben noch so befriedeten Gustav-Adolf-Oberschule das längst eingeübte Ritual von Sitzungen, Gerüchten, Plenum, Tribunal, von Verdächtigung, Anklage, Abgrenzung, Ausschaltung, Selbstkritik.

Daß Klaus Niebuhr und Ingrid Babendererde sich diesen Inquisitionszeremonien durch eine Flucht in den Westen entziehen werden, wissen wir also von Anfang an. Daß sie beide gar nicht zur »Jungen Gemeinde« gehören und politisch kaum entschieden engagiert sind, erfahren wir auch bald genug. Was also motiviert die beiden schließlich zu einem Abschied von Jugend, Heimat, DDR?

Johnson spielt sein Konfliktmodell in einer typisch männlichen und typisch weiblichen Variante durch. Denn Klaus Niebuhr versucht zunächst, dem offenen Konflikt auszuweichen, kühl, lakonisch, ironisch, beleidigt. Er schwänzt das entscheidende Tribunal, geht segeln. Die Babendererde aber will dort einmal, zum ersten und letzten Male, den Mund aufmachen, Zeugnis ablegen – die biblische Wendung ist nicht zu hoch gegriffen. Schließlich, die Verfassung garantiert Glaubensfreiheit, und irgend jemand sollte öffentlich zeigen, daß er Verfassungsbruch nicht stillschweigend hinnimmt. Zeige deine Wunde – darum geht es. Das treibende Motiv für diesen öffentlichen, also auch theatralischen Auftritt der Schülerin Babendererde, klingt überraschend: Scham.

»Ich schäm mich so schrecklich«, sagt sie in einer der wenigen unverschämt direkten Geständnisstellen, und zwar schämt sie sich der überall ringsherum so geduckt und beflissen betriebenen Anpassung an das jeweils staatlich und parteilich Vorgedachte und Verordnete. »Ich will das nicht mehr«, sagt sie schlicht und bündig, und kurz darauf wird sie ihren inneren Aufruhr nur noch in ein zorniges »Ach!« zusammenfassen.

Da läßt sich also, in der Unscheinbarkeit dieser Kleinstadt-, Abitur- und Liebesgeschichte, in einer durch liebevoll sture Verzögerungen auf Romanlänge, nicht Romanweite ausgedehnten Novelle doch schon alles entdecken, was Uwe Johnson dann noch ein Vierteljahrhundert lang ausbreiten, entfalten, immer vielstimmiger durchinstrumentieren wird. Alltag und Weltgeschichte, Natur und Gesellschaft, Lebenspraxis und politische Ideologie, eine Kommunikation, die Verständigung sucht, und eine Rhetorik, die Herrschaft will –, alle diese Bereiche werden unmerklich, sacht, doch entschieden in Opposition gesetzt. Unermüdlich wird das Besondere aufgeboten gegen das Abstrakte und Allgemeine, die Greifbarkeit einer aus tausendundein vertrauten Details zusammengesetzten, zusammengewachsenen Lebenswelt gegen ein Überbaugerüst aus Einsichten, Formeln, Behauptungen, Thesen, Verschleierungen, Lügen.

Eine lange, schöne Weile scheint sich in der Erzählung das Unvereinbare zu vereinen. Das Gewachsene und das Verfügte, der neue Mensch und die alten, die Enthusiasten, die Mitläufer, die Zyniker des Systems, die Walmdächer und die Spruchbänder, Mecklenburg und der Aufbau des Sozialismus –, alles wuchert in dieser Prosa täuschend friedlich ineinander, und tatsächlich ist ja aus solchen Verwucherungen in der DDR inzwischen ein riesiges Gesellschafts-Stilleben, der »real existierende Sozialismus« entstanden.

Uwe Johnson also, damals noch Bürger der DDR, wollte es zu solcher gemütlichen und schlampigen Versöhnung schon damals nicht kommen lassen. Man mag den Protest, den hier Ingrid Babendererde ausspricht und den alle ihre Nachfolger und Nachfolgerinnen in Johnsons Büchern wiederholen werden, für unpolitisch, für »nur moralisch« halten. Scham kennt in der Tat keine Kompromißbereitschaft, keine »Einsicht in die Notwendigkeit«, daß politische Veränderung, auch zum Besseren, notfalls krumme Wege gehen muß.

Wahrscheinlich war Johnson also politisch von Anfang an Rousseauist und das ist er bis zu *Jahrestage* wohl geblieben, radikal in seiner Hoffnung auf eine Gesellschaft der Gleichen, aber radikal auch in seinem Anspruch an die Authentizität des einzelnen. Und in Geschichten triumphiert letztlich immer die Authentizität der Person. Schon in *Ingrid Babendererde* kann Johnson Figuren so geduldig, so andächtig ausmodellieren, bis sie im Kopf des Lesers wie Denkmäler stehen, etwas zu feierlich machmal, etwas zu steif.

Sicher, die *Mutmaßungen über Jakob*, Johnsons offizieller Erstling, sind ehrgeiziger, komplexer, reicher als diese Frühschrift, reicher an Rätseln, Schönheit und an Manierismen. Für Leser, die Literatur nur nach Avantgarde-Standards testen, hat gleich danach der Abstieg des Autors Johnson begonnen. Für uns andere läßt sich jetzt erkennen, daß und wie er in *Jahrestage* zu seinen Anfängen zurückgekehrt ist, in ein nur noch in Schrift und Erinnerung gerettetes Mecklenburg und in eine Einfachheit, die (immer noch) »schwer zu machen ist«.

(1985)

Stoßseufzer der Sprache
Wolfgang Hildesheimer: *Nachlese*

Nein, dieses knappe Buch ist kein Wortbuch: Hildesheimer hat uns zwar versprochen oder vielmehr angedroht, in einer unverwüstlich auf ihren Untergang hinarbeitenden Welt nicht mehr zu schreiben, doch schon Geschriebenes darf er ja veröffentlichen. Und was er aus seinen von 1964–1984 gefüllten Zettelkästen nun ausleert, ist ohnehin minimal art, Stoßseufzer der Sprache sozusagen, Arbeitsnotizen und -splitter am Rande des jeweils entstehenden Hauptwerks. Hier führt ein Autor, wie ein Zeichner oder Musiker, ein Skizzenbuch, tastet Motivmaterial ab, probiert die eigene Sprachgeistesgegenwart aus und erleichtert sich, last, not least, in freischwebendem Jokus.

Wer an Hildesheimer-Philologie interessiert ist, wird lauter Spuren zu *Tynset* oder *Mozart* oder *Marbot* entdecken, doch wer mehr an Hildesheimer selbst hängt, den wird eher entzücken, daß sich dieses Schreibtemperament hier ungleich spontaner, unkontrollierter äußert als in den auskomponierten Werken. In immer nur wenigen Sprachatemzügen, mal achselzuckend, mal stoßseufzend, mal kurz, wie mit einem Silberstöckchen zuschlagend, enthüllt sich diskret eine Autorenseele, die nur auf den allerersten Blick erinnern könnte an den Günter Eich der *Maulwürfe*.

Sicher, diese beiden waren sich im Schreiben wie im Leben nah. Aber Eich wollte die Welt erstens leiser und zweitens doch rücksichtsloser per Sprache aus den Angeln heben, dachte zugleich radikaler und war doch klammheimlich hoffnungsvoller als Hildesheimer – eben ein Anarchist, Ariel als Maulwurf. Hildesheimers Aphorismen dagegen schlagen lieber einen Bogen um alles Großeganze und beißen sich fest in Kleinkram, mit skeptischem, säurehaltigen Humor, englisch vernünftig und englisch verrückt, den common sense immer ausbalancierend mit Sinn fürs Absurde. Hier schreibt ein Lichtenbergianer, dessen Aufklärungen nicht unbedingt für mehr Licht und schon gar nicht für Festbeleuchtung sorgen, sondern eher allen falschen Glanz wegblenden. »Trocken, luzid, anschaulich«, das gilt als Parole.

Auch die Heiterkeit, mit der Hildesheimer seine abwiegelnden Aufklärungen betreibt, kann täuschen. Um sie steht immer, zart, doch gründlich gezeichnet, ein Trauerrand. Den Grund dafür liest man in einem überraschend schlichten Bekennersatz: »Nichts im Leben wäre schön und wichtig gewesen, nichts wesentlich, wenn es den Tod nicht gäbe. Erst wenn man ihn vor Augen hat, wird das Leben lebenswert.«

Auch dieser schnörkellose Ernst gehört also zum Hildesheimer-Ton und erst recht, in den achtziger Jahren, schneidende Abschiedsgesten:

»Verzweiflung ist heute die einzige würdige Grundhaltung, alles andere ist frivol ...« Nur sollte gleich ergänzt werden, daß Hildesheimer sich auf diesen *Grund* nur selten sehen läßt, und genau das scheint für ihn eine Frage der *Würde*, der Schreibwürde, die sich allerdings bei ihm – ganz im Widerspruch zu Schillers sorgfältigen Unterscheidungen – am liebsten mit *Anmut* äußert. Ja, die Hauptmelodie dieser Prosa ist geradezu eine Grazie der schlechten Laune. Leise, höflich, bissig mit Charme bringt sie ihre Bedenklichkeiten und Widerspenstigkeiten vor.

Widersprüche sind diese Aphorismen nämlich fast alle und das im Wortsinn: gegen irgendeinen allgemein akzeptierten Gemeinplatz, Tiefsinn oder holden Wahn setzen sie sich in Gang. Die Banalität, die feierliche oder die fröhliche, dient als Lieblingsgegner. Aber gewarnt wird auch vor einer allzu banalen Verachtung der Banalität: »Der Haß auf die Banalität ist allmählich ein solcher Gemeinplatz geworden wie die Verachtung von Gartenzwergen, und der Haß auf den Literaturbetrieb beinah so banal wie der Literaturbetrieb. « Solche Umschwünge, Revisionen, Widerrufe, Beleuchtungswechsel liebt Hildesheimer, der Skeptiker. Hingerissen kann er das sich ihm immer wieder nähernde Gefühl von Erleuchtung schildern, das ihm »die wirklichen Dimensionen unseres Lebens« enthüllen und ihn damit zu einem »Auserwählten« machen könnte, aber er muß doch gleich gestehen, wie rasch sich dieses Gefühl wieder verflüchtigt: »... es hebt sich sozusagen hinweg. Es ist, wie wenn man spürt, daß man bald niesen muß, aber der Reiz vergeht, bevor es zu dieser lokalen Katharsis kommt, was ich übrigens immer bedaure. Ich niese ganz gern.« Sodaß vor Trauer um das versäumte Niesen die Trauer um die sich versagende Erleuchtung schon wieder vergessen scheint. Allerdings: nur scheint.

Wir sollten ja nicht zu schnell schlau werden aus ihm. Er wird uns immer wieder in eine seiner wilden Kalauerserien entlaufen, wenn wir ihn gerade ein wenig pathetisch gefunden haben. Er wird uns immer wieder mit einem Witz überraschen, der klirrt wie sehr feines, festes Glas, der also genaugenommen gar nicht mehr klirrt, sondern vielmehr summt, ja singt, der also gar nicht so witzig ist, nur eben heiter, mit obligatem Trauerrand.

Fünfzig knappe Seiten Prosa, der Rest aus zwanzig Jahren, lesbar in weniger als einer Stunde, aber genießbar über Wochen hin. Eigentlich eine Gewürzsammlung, mit viel Pfeffer und ein paar samteneren Geschmackstönungen, und der Genuß von Gewürzen ohne die dazugehörigen Speisen mag nicht jedermanns Sache sein. Gewürze befriedigen nicht, sie reizen, und so reizen auch Hildesheimers Widersprüche, zum Widerspruch nämlich. Zum Beispiel, wenn er gegen Richard Wagners dramatis personae einwendet: »Das einzig Menschliche an ihnen ist ihre Niedertracht, ihre – manchmal freilich entwaffnende –

Schurkerei. Selbst die Helden sind Lumpen.« Schon wahr –, aber solche Lumpen sind wohl auch die Helden der griechischen Tragödie und viele von Shakespeare, ganz zu schweigen von Ibsen oder Strindberg oder Wedekind. Offenbar kann Hildesheimer genau die »Charakterlosigkeit« nicht ausstehen, die einen Dramatiker als dramatisch interessiert.

Aber so gegen ihn ansinnend, spürt man nur wieder die starke, die unwiderstehlich persönliche Qualität dieser Notizen: sie ziehen den Leser ins Gespräch wie mit einem leibhaftigen Gegenüber. »Ottilie«, so liest er über das Todesfräulein in den *Wahlverwandtschaften*: »dieser scheinheilige kleine Racker, Tagebuchschreiben kann sie wie Goethe, sonst ist sie ein ubiquitäres amoralisches Unwesen . . .«, und nun hebt der Leser den Blick mit einem Donnerwetter- und einem Fragezeichengefühl und – hat sich schon wieder gefangen in einer der Schlingen, die Hildesheimers Prosa so listig auslegt.

(1987)

Rückblicke

Erkenne die Lage – das hieß damals, mitten in den sechziger Jahren: den Standort der Gegenwart bestimmen, als Schnittpunkt von Vergangenheits- und Zukunftslinien, um dann, wenn auch mit Naivität und allem Risiko der Fehlbarkeit, eine Verantwortung der Literatur vor dieser Vergangenheit und vor jener Zukunft zu entwerfen und darüber hinaus noch Methoden, Bewegungstendenzen, mit denen das Schreiben unter dieser doppelten Verantwortung sich vorwärts bewegen könnte.

Die Rückblicke der achtziger Jahre – Auftragsarbeiten bis auf den letzten zum neudeutschen Literaturstreit, zu dem ich mich selbst beauftragt habe – gehen solche Risiken kaum noch ein. Schlauer mögen sie klingen, weniger naiv und weniger zögerlich, also entschiedener, doch man sollte nicht verkennen, welcher Position sie diese Sicherheit verdanken: sie stehen mit dem Rücken zur Zukunft, und auf diesem Rücken sitzt auch kein Januskopf mehr, der aus zwei Augenpaaren die Aussicht nach vorn wie nach hinten im Blick behält.

Ginge da ein Wind, so murmelt Brecht im Motto zu den Buckower Elegien, er würde sich aus jedwedem Material ein Segel basteln – aber ... Das war nach 1953, als auch für ihn die Misere der DDR zum ersten Mal grau sichtbar wurde. Daß gerade das Ende dieser Misere, nach kurzer Euphorie, literarisch wie politisch zunächst eine trübe Windstille auslösen würde –, darauf waren wir noch weniger gefaßt als auf dieses Ende.

Homo Faber – ein Langweiler?
Über Stoffe und Themen unserer Gegenwartsliteratur

Das vermutlich kürzeste unter den vermutlich bekanntesten Gedichten Brechts ist so bekannt und kurz, daß man es kaum noch in Erinnerung zu rufen wagt – ich zitiere es trotzdem:

Der Radwechsel

Ich sitze am Straßenhang
Der Fahrer wechselt das Rad.
Ich bin nicht gern, wo ich herkomme.
Ich bin nicht gern, wo ich hinfahre.
Warum sehe ich den Radwechsel mit Ungeduld?

Ich habe das kurze Gedicht in Erinnerung gerufen, weil es knapp, paradigmatisch zeigt, wie nicht nur dieser eine bestimmte Autor, sondern wie Literatur allgemein umgeht mit Arbeitswelt, nämlich zuschauend, durchaus nicht »eingreifend«, wie der Theoretiker Brecht sich das vorgeschrieben hatte. Diesen B. B. hat Yaak Karsunke seinerzeit mit einem ebenso lakonischen, gleich gebauten Gegengedicht beim Wort genommen. In Karsunkes Gedicht redet der Fahrer: während er das Rad wechselt, sitzt der Chef am Straßenhang, sinnend und, wie wir inzwischen wissen, dichtend. Doch den radwechselnden, arbeitenden Menschen interessiert nicht der Dichter, das Dichten und das Gedichtete, sondern allein die Frage: Warum packt dieser sinnende Chef nicht selbst einmal zu?

Die Frage ist ebenso berechtigt wie falsch. Unser paradigmatischer Autor ist von Berufs wegen damit beschäftigt, einen Arbeitsvorgang und sein Zuschauen aufzugreifen als Stoff, um dann die Situation zu transformieren in ein literarisches Thema: die eigene Melancholie und deren Widerspruch zu seiner Ungeduld. Warum will einer, der unzufrieden aufgebrochen ist, hoffnungslos unterwegs zu einem Ziel, trotzdem und unbedingt weiterkommen? Das Fragezeichen bleibt am Gedichtende stehen und steht dort noch Jahre, Jahrzehnte nach diesem sicher in kaum zwanzig Minuten abgeschlossenen Radwechsel, über den wir in dem Gedicht nichts Genaues hören.

Das erinnert an eine zweite poetologische Voraussetzung unseres Themas, ein Dilemma, gegen das anarbeitend ein guter Teil aller Literatur der Arbeitswelt sich und die Leser zu Tode erschöpft hat: die bloße Wiedergabe, ob penibel beschreibend oder mühselig erzählend, von Vorgängen aus der Produktionssphäre produziert nämlich nichts als Langeweile. Die Gründe dafür sind so allgemein wie allgemein bekannt: Literatur handelt vom Unverhofften und mit dem Unverhofften. Sie sucht das Abenteuer, und sei es auch nur das einer neuen, unverhofften Metapher. Jede winzige Katastrophe ist ihr näher, vertrauter, scheint ihr bemerkenswerter, erzählenswerter als das Normale, die Routine des Alltags. Das mag – auch – mit technischen Schwierigkeiten zu tun haben – einen Krebstod könne jeder erzählen, hat Walter Jens einmal behauptet, die Darstellung eines Schnupfens dagegen erfordere Meisterschaft –, aber damit wird das Dilemma eher moralisiert als erklärt. Wie überhaupt der moralische Appell jedesmal unüberhörbar wird, sobald Schriftsteller an den Achtstundentag als Sujet und Pflichtpensum erinnert werden. So, wenn etwa Uwe Johnson sich und seine Kollegen ermahnt, »daß die meisten von uns die lebendigsten Stunden ihrer Tage an Arbeit wenden müssen. Allerdings ist dies nicht berücksichtigt in der Lehre vom Schönen ... Es geht da nicht allein um den bedauerlichen Verlust an Zeit, fast eines Drittels vom menschlichen Leben ... Die Arbeit einer Person ist ein Teil von ihr. Es muß uns vorgeführt werden, was die Arbeit einem antut, was einer dafür bekommt und was andere dafür kriegen. Das nähme der Schönheit nichts.«

Das klingt zwar vernünftig, aber nicht ganz überzeugend. Wir alle sehen, als Leser, fürchte ich, jedem Radwechsel mit großer Ungeduld zu, das heißt jedem im Achtstundentag, in Achtstundenfreizeit oder Achtstundenschlaf heruntergelebten, zufrieden normalen oder normal unzufriedenen Leben, wenn es sich in Literatur zu einem bloßen, lästigen déjà vu anbietet. Denn Literatur sucht eben schon im Stoff die Ausnahme von der Regel. Wo Gewohnheiten aufbrechen, wo Erwartungen enttäuscht werden, wenn also Liebe gegen alle ihre Versprechungen ins Unglück steuert, wenn Ehen den Gestank der Hölle ausdünsten, wenn der Reaktor oder eine Karriere nicht funktioniert – wo etwas brennt, explodiert, zündelt, zusammenstürzt, in dieser Gegensphäre zur Welt der Produktion und den Triumphen der Technik ist die Literatur zu Hause, im Unheimlichen.

Sobald man solche Selbstverständlichkeiten herunterbetet, stößt man auf die dritte, wieder negative, diesmal aber strikt deutsche Voraussetzung unseres Themas. Im 19. Jahrhundert, als mit Technik und Kapitalismus die industrielle Moderne in eine noch feudale Welt einbrach, mit allem Reiz und allen destruktiven Schrecken des Neuen, als diese Thematik also literarisch produktiv war, da ist sie in der Literatur unserer Sprache weitgehend verschlafen worden, wenn auch auf höchstem Niveau, bei Keller, Raabe, Stifter. Kein Balzac oder Dickens oder Zola, kein Großstadtroman nur annähernd vom Range der Dostojewskischen hat diese Lücke geschlossen. Als auf deutsch Mitte des

19. Jahrhunderts die Parole ausgegeben wurde: »Der Roman soll das deutsche Volk da suchen, wo es in seiner Tüchtigkeit zu finden ist, nämlich bei seiner Arbeit« – da konnte Gustav Freytag diesen Appell des Dr. Julian Schmidt getrost aufs Titelblatt von *Soll und Haben* setzen. Er hatte die schneidig nationalliberale, dumpf patriotische Parole tatsächlich richtig verstanden: sein Gruppenbild deutscher Seelenbrüder und Kaufleute, bieder mit sich selbst zufrieden und bösartig gegen Artfremdes, es entsprach dem Auftrag und den Leserbedürfnissen wohl auch.

Weder Hauptmanns *Weber* noch Fontanes spätes Erzählen auf europäischem Gesellschaftsromanniveau, noch die *Buddenbrooks* haben dieses deutsche Versäumnis ganz aufholen, wettmachen können, und die Folgen lassen sich bis tief ins zwanzigste Jahrhundert hinein ablesen. Musils *Mann ohne Eigenschaften* ebenso wie der Zögling auf Thomas Manns *Zauberberg* sind zwar beide von Beruf Ingenieure, aber beide wachsen, wenn auch aus verschiedenen Gründen, konsequent aus diesem Berufskostüm heraus – sie spekulieren lieber über den Zeit- und Weltzustand an und für sich. Deutschlands erster und bis heute einzig überragender Großstadtroman wiederum wuselt rund um den *Alexanderplatz* in den Randzonen der Arbeitswelt, im Lumpenproletariat. Immer also wird auf deutsch oberhalb oder unterhalb der Produktionssphäre erzählt. Selbst in Brechts grell gegenwartsbewußten Lehrstücken treten Monteure und Kommissare eigentlich nur als Stimmen auf, während dem Stückeschreiber zu Figuren, unzeitgemäß prall, alles gerät, was aus vorindustriellen Fernen hergeliehen wird, versoffene Dichter und saufende Großgrundbesitzer, Huren, Hundefänger, Räuber, fromme Fräuleins, Söldner, Renaissanceforscher …

Ohne diese hier nur flach und forsch skizzierten Voraussetzungen wäre ein Blick auf Stoffe und Themen unserer Gegenwartsliteratur sicher allzu unreflektiert. Wir müssen uns bewußthalten, daß Wirklichkeit literarisch immer daraufhin überprüft wird, ob sie sich als Stoff zu einem Thema organisieren läßt. Wir müssen uns damit abfinden, daß literarische Thematik einen offenbar unausrottbaren Hang zum Abenteuerlichen und Negativen, zur Ausnahme und zum Regelbruch hat. Wir sollten in Rechnung stellen, daß die technisch-industrielle Realität selbst in der Epoche, in der sie literarische Neugier hätte provozieren müssen, bei uns als Thema verpaßt worden ist. Selbst Büchners Woyzeck nimmt am Arbeitsleben nur insofern teil, als er rasiert.

Hat sich an dieser Enthaltsamkeit in unserer Gegenwartsliteratur in den letzten rund drei Jahrzehnten irgend etwas geändert?

Ende der fünfziger Jahre tauchen zwei Bücher auf, das eine in der Schweiz, das andere in der DDR geschrieben, die mit den Themen Technik und Arbeitswelt erzählerisch Ernst zu machen versprechen.

Max Frischs *Homo Faber* signalisiert das schon im Titel, und Uwe Johnsons erster Romansatz von einem Jakob, der »immer quer über die Gleise gegangen« sei, verweist den Leser sofort ins durchaus nicht private Lebenszentrum dieses Jakob, der auf dem Weg zum Arbeitsplatz auch sein Leben verloren hat. Doch verschiedener können zwei Leben kaum aussehen als das des rund um den Erdball fliegenden, flüchtigen Ingenieurs Walter Faber und des hoch über dem Gleisgewirr ruhig, gesammelt den Verkehr der Deutschen Reichsbahn ordnenden Streckendispatchers Jakob Abs.

Die Mobilität oder Flüchtigkeit des homo faber, die von Flugzeugen, Atlantik-Linern, Automobilen vorangetriebene Handlung des Frisch-Romans gehören unabdingbar zu dessen Schick und Programm und prägen zugleich den Charakter des Protagonisten. Faber ist tatsächlich ein Weltbürger, überall zu Hause und nirgends. Schon das unterscheidet ihn von den Erzählfiguren, wie sie damals in deutschen Romanen üblich waren. Die hockten tief in der Provinz, unbeweglich, zu ihrem Glück oder Unglück. Bei Böll oder Grass, aber auch in den Nachkriegsromanen von Arno Schmidt – überall entdeckt man hinter Elend, Jammer und Wut doch ein tiefes Behagen in einer erzählerisch noch überschaubar engen Welt, Behagen auch an einem Gemütsleben der Figuren, in das die Kühle oder Kälte der industriellen Welt noch kaum eingedrungen ist. Kurz: der Erzählstoff ist immer noch kleinbürgerlich, auch wenn er ästhetisch und intellektuell auf Distanz gebracht wird.

Aus diesem Muff und dieser Enge also ist Walter Faber, unterwegs zwischen Caracas, New York, Paris, Athen, Mexico City, im Wortsinn herausgeflogen. Kühl bietet der Autor seinen Romantext an als einen von Faber verfaßten »Bericht« und versucht, diese Textsorte auch mit dem Staccato kurzer Sätze, knapp, sozusagen schmallippig hingeworfener Notizen zu beglaubigen. Vor allem aber hat er seinen Helden ausgestattet mit einem entschlossen technokratischen Ingenieurs-Bewußtsein, mit dem Faber die ganze Welt seiner Erfahrungen ideologisch vermißt, um – so knapp lassen sich Beweisgang und Pointe der Handlung ja leider umreißen – genau daran zu scheitern. Der Rationalist und Rechner Faber, der Mann mit dem naturwissenschaftlichen Durchblick und dem Vertrauen in die technologische Lösung aller Weltprobleme läuft blind in den herrlichen Schrecken eines Inzests, blind wie Ödipus, das erste weltliterarische Opfer dieses Urgreuels.

So gelesen, von seinem quod erat demonstrandum aus, scheint sich Frischs Roman patent einzuordnen in die Dokumente eines Unbehagens in der modernen technischen Welt, wie es damals in konservativ-kulturkritischen Bekenntnisschriften von Heidegger oder Sedlmayer oder Friedrich Georg Jünger en vogue war. Genauer angesehen, in seinen Finten und Wendungen, kann der Roman allerdings auch verstanden werden als ein Musterfall für »Dialektik der Aufklärung«, zügig, fast reißerisch inszeniert: verblendete Rationalität verfällt dem, was sie gerade leichthin und sicher zu beherrschen meinte, der Natur und ihrer ersten Sprache, dem Mythos. Wie Ödipus die Mutter, so umarmt Faber seine Tochter – eine charakteristische Verschiebung in unsere fünfziger Jahre. Daß die Geliebte seine Tochter nicht sein könnte, hat Faber sich selbstbewußt immer wieder vorgerechnet, daß sie es sein muß, hat er unbewußt von Anfang an erkannt, ja gewünscht.

Das Konfliktmuster zeigt, was das Buch dann auch beweist: In seinen Tätigkeiten als Ingenieur – der übrigens, auch eine Ironie des Romans, im Auftrag der UNO beschäftigt ist mit »Technischer Hilfe für unterentwickelte Länder« – arbeitend also müssen wir diesen homo faber kaum erleben. Seine beruflichen Erledigungen sind nur als Accessoires eingestreut in eine Handlung, die mit ihren Reisebewegungen zu Luft, zu Wasser und zu Lande, mit Liebe erst als Affäre und dann als Passion, mit länderkundlichen und kulturkritischen Skizzen ganz und gar setzt auf die alten Romanreize des Abenteuers, auf den Ausbruch aus allen Normalitäten des Alltags.

Frischs Roman spielt also, ja posiert nur Realismus, Zeitkritik, und aus dieser Schwäche bezieht er sogar seine Energie. Er vereinfacht seinen Walter Faber zu einem Modell falschen, ideologisierten Bewußtseins, ohne doch die Entstehung dieses Bewußtseins aus seinem Ingenieursberuf erzählerisch beglaubigen zu können. Sie wird nur herbeiräsoniert, kommentierend behauptet. Denn Walter Fabers Untergang und Verhängnis ist von vornherein beschlossene Sache. Der Erzähler agiert hier ganz im antiken Sinn als fatum: Hybris muß scheitern, das steht sozusagen blind fest. Womit sich Konsequenz und Paradoxie des Romans vollenden: Frischs Programm und Methode des Schicksalsvollzugs schließt die Möglichkeit eines neugierigen, recherchierenden Erzählens ungeprüft aus. Die Überzeugungen also wie die Technik des Romans verbünden sich gegen den modernen, technischen Menschen. Genau das sichert dem Buch seinen hinreißenden Drive, die blendende, ja gerissene Komposition, das schwächt aber gegenüber dieser äußeren alle innere Spannung. Das Kino hat eben, indem es den alten Roman nicht beim Wort, sondern beim Bild nimmt, dieses Staunen und diese Skepsis beim Wiederlesen bestätigt: Im Film rutscht das Homo-Faber-Thema, das ja im Buch fast nur im Kommentar auftaucht, sehr bald von der Bildfläche, und was diese allein füllt, ist das nur noch rührende Melodram des alternden Mannes, der mit Kcamerablicken einem allzu jungen Mädchen verfällt.

Möglich, daß damit im Kino sogar die Wahrheit der Produktionsgeschichte des *Homo Faber* wiederentdeckt worden ist: daß Frisch, vom

Straßenrand sozusagen einem Radwechsel zusehend, nämlich dem ganz auf Technik konzentrierten Leben und Bewußtsein eines Ingenieurs, diesen Stoff nur als Katalysator in einen ganz anderen, uralten Prozeß einsetzte, in die Geschichte einer ebenso notwendigen wie notwendig scheiternden, einer verbotenen Liebe. Das langweilig aufregende Leben des homo faber auf seinen Flügen durch die entwickelte und unterentwickelte Welt jedenfalls stellt nicht das Thema des Romans, sondern dient nur als dessen Folie.

So ernüchternd negativ wird man Uwe Johnsons *Mutmaßungen über Jakob* kaum auf unser Thema beziehen können. Der alteingeborenen Lockung des Romans, sich gleich in die erstbeste Liebeshandlung zu flüchten, ist hier schon vorgebaut durch Johnsons hier zum ersten Mal erscheinende Lieblingsfigur Gesine Cresspahl, deren spröder Reiz wesentlich garantiert wird durch ihre Aura nahezu vollkommener Unberührbarkeit, Unerreichbarkeit, kaum aufzulösen selbst für Jakob Abs. Wir erleben die Geschichte zweier irdischer Engel. Die Betonung allerdings liegt dabei, gerade für Jakob, auf irdisch. Denn mit ihm hat Johnson tatsächlich das real existierende Wunschbild eines Menschen entworfen, der in seiner Arbeit selbstlos aufgeht und sich in ihr doch selbstbewußt verwirklicht. So sehen ihn die Kollegen in der Deutschen Reichsbahn, so sieht ihn der Freund Dr. Blach, so sieht ihn sogar der Geheimdienstmann Rohlfs: »Hier ist der Dienstplan, hier seine Zeiten: stimmt. Fährt vom Dienst nach Hause, schläft, fährt zum Dienst ... ja und was macht er von alleine? aus eigenem Willen, meine ich. Man hat doch sonst noch was vor.« Aber »von alleine« und »aus eigenem Willen« hat Jakob eben nicht »sonst noch was vor« – das läßt nicht nur einen Geheimdienstler stutzen, sondern jeden Romanleser auch. Einen Protagonisten, dem vor lauter Diensterfüllung, Diensterschöpfung das Privatleben ausgelöscht ist, den können wir uns im Zentrum eines Romans kaum vorstellen.

Wenn von Jakobs Alltag erzählt wird, von der Arbeit oben im Stellwerk, von den Wegen zur Arbeit und von der Arbeit, von wortkarg bedeutungsvollen Gesprächen zwischendurch, dann befinden wir uns wie in einem Stilleben, zunächst. Als wäre das Funktionieren von Geräten, Verkehrsmitteln, Kommunikation und das Funktionieren der Menschen, die sie bedienen und die sich ihrer bedienen, als wäre das alles aufgehoben in einer selbstverständlichen Harmonie, als wäre mindestens in diesem Jakob und seiner Alltagsroutine von Produktion und Reproduktion schon in Umrissen der neue Mensch verwirklicht oder doch ahnbar, auf den dort in der DDR gut ein Jahrzehnt nach Kriegsende der Sozialismus noch ernsthaft zu hoffen schien. Als wäre das Erhoffte erreichbar oder in Ansätzen gar schon erreicht. Das Idyll, die scheinbar greifbare Utopie steht also im Konjunktiv des Irrealis, in Spannung – erst das macht sie erzählbar. Denn der vorweggenommene neue Mensch und sein konfliktfreies Funktionieren werden erstens in die Tage des ungarischen Aufstands im Herbst 1956 hineinerzählt, so sorgfältig die Erzählung auch immer wieder abgedichtet wird gegen diese wirren, fernen Ereignisse, und zweitens vollzieht sich schon seit Wochen Jakobs Leben im Schatten des Geheimdienstes: »Die Großen«, so heißt es in biblischer Wendung, »warfen ihr Auge auf Jakob.«

Beide Ereignisse verwunden oder brechen schließlich die vorher so selbstverständliche, also auch unreflektierte Moral des musterhaften Arbeitsmenschen. Ob dieser innere Konflikt ihn umbringt oder ob es doch nur eine Lokomotive war, ob Zufall oder eine Absicht, eigene oder fremde, seinen tödlichen Unfall verursacht hat, als er wie immer quer über die Gleise ging – darüber rätselt vielstimmig das ganze Buch, ohne Ende und Antwort. Das Bild der Arbeit und des Arbeitsmenschen, so treu und andächtig und genau entworfen wie in keinem deutschen Gegenwartsroman, es entsteht als Bild von etwas Verlorenem, als Elegie. Man darf das ruhig ins Monumentale weiterdenken: Dreißig Jahre vor dem Untergang der DDR wird da ihre einzige Rechtfertigung, daß sie doch auf das Projekt einer menschengerechten Welt angelegt war, so ruhig wie trauernd aus der Welt erzählt. »Ich möchte auf die Wolken«, seufzt folgerichtig Gesine, der Engel, was ja soviel heißt wie *Kein Ort. Nirgends*, also auf gut deutsch: Utopie.

Listig und nicht ohne Selbstironie hat Johnson unser eigenes Voyeurerlebnis angesichts des Arbeitsmenschen Abs in seinem technokratisch-humanistischen Idyll projiziert auf den seinem Freund zuschauenden Berufsintellektuellen Dr. Jonas Blach aus Berlin. So arbeitend leben unter Apparaten, ruhig, verantwortungsvoll und scheinbar konfliktlos, das möchte Dr. Blach auch: »... und Jonas bekam eine unbändige Lust auf eine solche Arbeit. Hier handelte es sich um feste dauerhafte Dinge, Wagen, Zugmaschinen, Apparate; die Bewegung aller war sich ergänzend sich entsprechend zusammengeflochten und gebündelt in einer einzigen überhöhten Übersicht; aber was in Jakobs Kopf vorfiel und geschah, das hatte eine wirkliche Entsprechung, da fiel in der Tat etwas vor, mußte einer sich hier nicht vorkommen, als versorge er allein die Zeit eines halben Tages und das Gelände eines kleineren Fürstentums mit Weltereignissen?«

Das Bild kippt zur rechten Zeit ins Feudale, verbindet das Stellwerk mit dem Thronen über einem kleineren Fürstentum und verrät damit eine kindliche, kindische Sehnsucht: Eisenbahn spielen, regieren in einer Spielzeugwelt. Kurz darauf bricht die Realität des Oktober 1956 endgültig ins Stellwerk: darf, kann, muß man die nach Ungarn durchrollende Rote Armee durch klammheimliche Sabotage aufhalten? Vor dieser Frage wählt Jakob noch statt der heroischen die opportunistische Alternative. Er verweigert sich erst, als seine fundamentale Moral unterminiert werden soll: Man dürfe sich zwar, sagt er, so wie er selbst, »versäumen über einem Zweck«, aber das könne niemandem zugemutet, aufgezwungen werden, »der nicht gefragt ist«.

Dieser Satz läßt sich auch lesen, verstehen als Selbstreflexion des Romans, ja allen Erzählens aus der Arbeitswelt. Dann nämlich bedeutet er, was wir schon ahnten, daß auch kein erzählter Mensch, keine Figur, sich selbst versäumen möchte über seinem zweckgebundenen Leben, seiner Arbeit. Erst wenn der Frieden oder die Zufriedenheit mit einem in Leistung verwandelten Leben bricht, erst dann wird etwas erzählbar. Genau dann aber transzendiert ein Roman auch den Stoffbereich Arbeitswelt und sogar seinen an diesen Stoff gebundenen Realismus. Der Anspruch, den Jakob schließlich verraten fühlt, dieses Menschenrecht auf Selbstbestimmung läßt sich nur jenseits allen technischen und sozialistischen Funktionierens begründen, als pure Gesinnungsethik.

So sehr also der Johnsonsche Roman dem *Homo Faber* an Realitätstreue, an Unvoreingenommenheit, an methodischer Neugier und faktischem wie perspektivischem Reichtum überlegen sein mag, so deutlich erfüllt auch dieses Buch nicht die Erwartung, es könnte Berufswelt der Literatur mehr als nur Stoff bieten, nämlich ihr Thema werden.

Und nichts in unserer Literatur der sechziger und frühen siebziger Jahre, so verbissen sie engagiert war an politischen und gesellschaftlichen Realitäten, oft selbstlos auch auf Kosten ihres literarischen Ehrgeizes, nichts scheint diesem Befund ernstlich zu widersprechen. Martin Walser, der mobilste, sozial neugierigste aller Erzähler, stattet zwar seine Figuren mit reichlich Berufserfahrung aus, befestigt sie damit in der Wirklichkeit und beglaubigt so doch nur, was er seinen Stellvertretern im Text an Unruhe, Hoffnungslosigkeit oder demütiger Melancholie von vornherein, wie einen genetischen Code, also irreparabel eingepflanzt hat. Unermüdlich testet Walser Figur für Figur, Buch um Buch sozusagen den Arbeitsmarkt durch und findet: lauter unlebbare Berufe. Daß seine Auswahl, trotz allem Reichtum, auffallend eingeschränkt, spezialisiert ist, auf das Vermittlungsgewerbe nämlich, auf Makler, Werbeleute, Redakteure, Vertreter, Lehrer, kurzum auf Leute mit starkem Wortgebrauch und -verbrauch – das hat, wie der Autor früh wußte, die allernaheliegendsten Gründe: in allen diesen Berufskostümen verbirgt sich auch der Beruf des Autors, als verbaler Spieler, Theatraliker, Schwindler, der, wie Walser sagt, immer wieder durchdrungen ist vom »Gefühl seiner eigenen Überflüssigkeit«. Ein Gefühl, von dem dann die Autoren der siebziger Jahre unserer Literatur so erfüllt waren, daß sie sich mit Vorliebe nur um das jeweils Nächstliegende kümmerten, um sich selbst. Keine Zeit, kein Auge für eine weit draußen in Betrieben oder Büros weiter expandierende Arbeitsgesellschaft. Autoren und Literatur sind in dieser Dekade auf sich selbst konzentriert, in sich selbst verloren.

Gleich der erste literarische Erfolgsroman der achtziger Jahre, Sten Nadolnys *Die Entdeckung der Langsamkeit*, wählt sich dann, wenn auch zurückgreifend ins 19. Jahrhundert, immerhin einen Naturforscher als Modell, und schon der Titel gibt an, wofür: gegen die Legende von einer immer menschenunabhängiger akzelerierenden Zeit wird hier das Charakterbild eines geduldigen, eines von Sympathie bewegten, eines »grünen« Umgangs mit der Natur aufgebaut, dessen Träger allerdings kläglich untergeht auf einer Nordpolexpedition, im aussichtslosen Überlebenskampf gegen elementare Naturgewalt. Auch Süskinds *Das Parfüm* und Ransmayrs *Die letzte Welt* zeigen, wohin in diesem Jahrzehnt das literarische Realitätsinteresse abwandert: in die freieren Spielräume des historischen Romans. Und selbst wo Gegenwart so detailliert sich in Sprache übersetzt wie in der Prosa Brigitte Kronauers, die Plastiktaschen, Wolkenbildungen, U-Bahn-Gesichter und Zootiere in ein Universum aus lauter gleichberechtigten Bestandteilen verwandeln kann, selbst in diesem Genauigkeitspanorama sind Beobachtungen aus der sogenannten menschlichen Freizeit den knappen Einblicken in Arbeitswelten schon rein quantitativ unendlich überlegen. Was sicher an der strikt antiprosaischen, der geradezu genußsüchtig emphatischen Grundhaltung dieser Autorin und ihrer Texte liegen dürfte.

So bleiben mir für eine letzte Überprüfung unseres Themas und für einen Kontrast zu den Romanen von Frisch und Johnson nur zwei Bücher aus den frühen achtziger Jahren, *Drachenblut* von Christoph Hein und *Irre* von Rainald Goetz. Daß sie beide *in* einem und *mit* einem ärztlichen Milieu spielen, daß also die Versorgung und Verwaltung von menschlichem Leiden ihre Thematik bestimmt, scheint freilich schon der einzige gemeinsame Nenner für beide zu sein. Heins trockene Rollenprosa einer Ärztin, Goetz' zwischen Protokoll und Schnodderton und Ekstatik zerrissenes Collagenbuch sind unterwegs zu kaum vergleichbaren Zielen. Egotrip hier, Gesellschaftsdiagnose da – ließe sich so die Perspektive auf den Begriff bringen? Doch wenn man von beiden Büchern dann über ein Vierteljahrhundert zurückblickt auf Johnsons Erstling und den *Homo-Faber*-Roman, erkennt man, wie nah sie sich sind, wie wenig sich doch entwickelt hat und was.

Auch Christoph Hein zeichnet seine DDR-Ärztin deformiert durch ihr Berufsleben wie Frisch damals seinen Techniker, doch anders deformiert. Abgebrüht ist sie, hoffnungslos, positiv resigniert: eine wirre, graue Mischung. Scheinbar regungslos übersteht sie den Tod ihres Freundes: »Ich bin ausgeglichen. Ich bin einigermaßen beliebt. Ich habe wieder einen Freund. Ich kann mich zusammennehmen, es fällt mir nicht schwer. Ich habe Pläne. Ich arbeite gern in der Klinik. Ich schlafe gut, ich habe keine Alpträume ...« – immer wieder muß sie sich und dem Leser solche Selbstberuhigungslitaneien vorbeten.

Hier ist, wie damals homo faber, eine Figur als Verdrängungsmaschine eingerichtet, nur daß diese DDR-Person so auf beflissene Bejahung dressiert scheint wie Walter Faber in seiner Ödipus-Rolle damals auf blinde Verdrängung. Einen Kausalzusammenhang zwischen Klinikberuf und privater Lebenspraxis, zwischen der professionellen und der privaten Leidensbehandlung also, knüpft Christoph Hein nur andeutend. Dem Leser ist es überlassen, die Auslöschung von Subjektivität hier wie da zusammenzusehen und dann das herausgegriffene Lebensbild als Röntgenaufnahme der sich auf eine graue, unendliche Dauer einrichtenden DDR-Gesellschaft zu lesen. Kein Jakob Abs geht hier mehr quer über die Gleise.

Wieder also wird Arbeitswelt zwar miterzählt, doch zweckentfremdet: sie dient, statt ihrer eigenen, einer umfassenderen Diagnose. Johnson hatte seinen Jakob, zeitgerecht für das Jahr 1956, bis zu dem Punkt erzählt, an dem ihm sein stillschweigendes Einverständnis mit seinem Beruf und Leben abhanden kommt. Christoph Heins Ärztin, Anfang der achtziger Jahre, wird in der Phase beobachtet, in der sie sich wie endgültig in ihre Gesellschaft hineinresigniert – oder auch: einzementiert.

Das sind inzwischen erstaunlich alte, östliche Geschichten, genau datierbar, gut zu orten. Rainald Goetz' Roman aus Münchens Psychiatrie dagegen präsentiert sich als ein Allerweltsgeschöpf, könnte nämlich in jeder avancierten Metropole jedes beliebigen Kontinents so ähnlich inszeniert werden: das Buch ist schrecklich und herrlich frei – obwohl es sich doch in den geschlossenen oder halb verschlossenen Abteilungen dieser Gesellschaft aufhält. Dem Druck der Irren und dem Druck des Wahns, den drohenden Deformationen seines Berufs kann dieser angehende Psychiater Raspe sich jederzeit entziehen, in die »Szene« nämlich, womit seine Kneipen und Trips ebenso gemeint sein können wie seine Sprachspiele. Goetz schreibt tatsächlich, so unbewußt wie vehement, nur den alten deutschen Bildungsroman verfremdend, eine Station weiter: seinem falschen Lebensplan und Beruf entkommen, wird der flüchtige Psychiater zum guten und erschöpften Ende wiedergeboren als Autor – das war wieder einmal der »Fluchtpunkt« aller Erscheinungen. Der Roman, immerhin aus der eigenen Erfahrung des Autors gewonnen, nicht beflissen zusammenrecherchiert, liefert zwar mit seinen Ärzte- wie Patientenbildern, seinen Problemskizzen, Perspektivenwechseln, in Hohn und Trauer einen riesigen Prospekt gegenwärtiger Medizin, aber offenbar doch nur, um den Autor durch dieses Labyrinth hindurch entkommen zu lassen, zu sich, zu uns, in die Literatur.

Womit wir, nach langem Umweg, dort wieder angekommen sind, wo wir am Anfang schon waren: am Straßenrand. Ich möchte nur noch hastig und energisch hinzufügen, daß auch dieser Beobachtungsort kein Pflichtaufenthalt für Autoren ist. Die dort sitzen, haben sich auf etwas eingelassen, was keineswegs selbstverständlich ist für Literatur: auf sozialen Realismus. Man kann aber schreibend auch in Bibliotheken hokken oder sogar nach Rilkes Zeugnis »auf den Knien des Herzens«. Ganz abgesehen davon, daß jeder Schreibende selbst ein homo faber ist, ein Techniker, Arbeiter, Konstrukteur, und sich als solcher kaum je langweilt.

(1993)

Postmoderne Literatur – auf deutsch?
Über eine lange verschleppte, leergedroschene Frage

I

Nach wie vor gibt es genügend gute und schlechte Gründe dafür, diese seit Jahren sich erregt dahinschleppende Debatte, das Gerede und Gewese um die Postmoderne zu verschlafen, mindestens zu verdösen, also nur ab und zu mit einem halb geöffneten Auge da hinzublinzeln, lethargisch und wachsam.

Schließlich funktioniert diese Debatte, dachte ich (und denke ich noch), längst wie eine Art Kir Royal der akademischen Lebewelt, anregend, ja berauschend für Symposien an katholischen und evangelischen Akademien, für Nachtstudioredakteure und jene immer zahlreicheren Professoren, die von den Gegenständen ihres Fachs immer nachhaltiger gelangweilt werden, sodaß sie dankbar sind für jede Lichtquelle, die diese leidigen Gegenstände neue Schatten werfen läßt. Dazu sind die Scheinwerfer der Postmoderne-Theorien vorzüglich geeignet, vor allem seit in den siebziger Jahren die derzeit theoretisch federführende Nation, die französische, den Fall an sich gezogen hat.

Seitdem, scheint mir, wird in dieser Diskussion ein großzügiger Etikettenschwindel betrieben: Phänomene, die seit Jahrzehnten, Jahrhunderten, ja Jahrtausenden bekannt sind, wenn auch unter pompös altmodischen Namen (Epigonalität, Synkretismus, Eklektizismus, Manierismus, Historismus etc.), geraten in immer kompliziertere Theoriemaschinen, die sie zur Unkenntlichkeit verpackt und beschildert verlassen. Meisterdenkspieler wie Derrida, Lyotard, Baudrillard schreiben mit kalligraphischer Pedanterie die simple Ahnung zu, daß es Post-Lagen gibt, seit ein historisches Bewußtsein existiert, seit jener ersten Postantike, die wir als Alexandrinismus kennen, daß seitdem immer wieder die »großen Erzählungen« zerfallen sind und eine »Polyvalenz der Zeichen« loszuspielen begann, daß solche Post-Zeiten also immer charakterisiert waren durch ein kulturelles Mischklima aus Erschöpfung und kompensatorischem Übermut, genau wie jetzt wieder. Sollte der poststrukturalistische Schick der Theoriebildung etwa, als Amalgam aus Epigonalität und Manierismus, selbst eher ein Symptom der Lage sein als deren leidenschaftliche und souveräne Analyse?

Wegen solcher Verdächtigungen oder Vermutungen war mir nur recht, was Michael Krüger in einem Stoßseufzer eben noch zu bedauern schien: »die überall aufflammende Diskussion um Postmoderne, Zeitgeist, Endzeit ... kommt weitgehend ohne Beteiligung der Literatur aus.« Inzwischen ist dieser Stoßseufzer schon wieder veraltet, denn die postmoderne Theorie-Rhetorik hat nun auch unsere Literatur und *Die Zeit* erreicht: in deren Nummer 17 (vom 17. April 1987) trieb Hanns-Josef Ortheil die Autorennamen zu Herden zusammen, um z. B. mit Saul Bellow und dem frühen Handke, mit Calvino, Márquez, Hildesheimer, Burroughs und sogar Norman Mailer eine Postmoderne zu bevölkern, die er sich offenbar als eine kybernetische Spielwiese für Erwachsene wünscht, so weitherzig definiert, daß auch Kafkas *Forschungen eines Hundes* oder der *Faust II* noch ins Bild passen könnten. Und als ich dann las, welche Autoren der Mainzer Germanist Dieter Kalfitz in seine Postmoderne der Stückeschreiber einlädt, nämlich Ludwig Fels, Harald Mueller und Friederike Roth, aber es könnten, wie er gleich beflissen hinzufügt, auch Achternbusch oder Kirchhoff oder Laederach oder Widmer oder Klaus Pohl als Beispiele dienen –, da war mir endgültig wieder klar, daß mit der Lichtquelle »Postmoderne« eine Nacht inszeniert wird, in der alle Katzen bunt aussehen.

Solche großzügige Bedienung des Zeitgeists (wie der Weltgeist neuerdings kokett firmiert) ist sicher nur möglich, weil eine um Jahrzehnte zurückreichende Vorgeschichte postmoderner Ahnungen sogar in unserer, scheinbar erst jetzt in diese Aktualität sich einfädelnden Literatur vergessen, verdrängt, verwischt worden ist. Auch ich, obwohl ich schon durch das Jahr 1969 mit dem Vortrag *Was kommt nach der modernen Literatur?* gereist war, hatte dessen damaliges Umfeld nur noch sehr ungenau im Kopf. Eine Spurensuche lohnt sich.

Denn es gab damals, vor zwanzig Jahren schon eine Postmoderne-Debatte in der westdeutschen Literatur, auch wenn sie, den Schlagworten des damaligen Zeitgeists gemäß, eher als ein Streit über Pop verstanden wurde. Ihr Anlaß ist genau datierbar: im Juni 1968 hielt Leslie A. Fiedler, der kritische Guru eines amerikanischen Post-Modernism, an der Universität Freiburg / Br. seinen Vortrag *Close the Gap and Cross the Boarder – The Case for Post-Modernism*, der von dem akademischen Publikum dort vorsichtigerweise nicht so ganz ernst genommen wurde. Denn Fiedler goß nicht nur über den elitären Modernismus der Abendländler Eliot, Proust, Thomas Mann, Robbe-Grillet einen gutmütigen, dröhnenden Yankee-Humor aus, er wollte nicht nur (Close the Gap) alle Distanz zwischen einer Hoch- und einer Trivialkultur aufgehoben sehen, sondern er verkündete auch (Cross the Boarder) eine Konsequenz aus seiner Absage und seinen Erwartungen: »Traum, Vision, Ekstase, das will die neue Literatur«, und zwar auf einer Reise in einen Neo-Western, in Pornographie, Mythos, Komik bis hin zum Klamauk.

Genau das entfachte damals herbstwochenlang eine Diskussion in *Christ und Welt*. Karl Heinz Bohrer nutzte die Gelegenheit zu einem Rundumschlag gegen deutschen Provinzialismus, gegen das auf Gesellschaftskritik abonnierte *juste milieu* der Literaten. Brinkmann und Chotjewitz formulierten ein Pro-, Martin Walser ein Contra-Bekenntnis. Aus letzterem entwickelte sich Walsers Pamphlet *Über die Neueste Stimmung im Westen*, veröffentlicht März 1970 im *Kursbuch* und jahrelang ein kanonischer Text der literarischen Linken, ausgelöst also durch den Leslie-Fiedler-Schock und sicher dessen wichtigste, wenn auch negative Auswirkung.

Von heute, von der französischen Spätphase der Debatte aus gesehen, wirkt Fiedlers Plädoyer naiv, robust und unverfroren pragmatisch. Er verkündete nämlich eine Art Monroe-Doktrin in Sachen Literatur. Parallel zu der damals vollzogenen Emanzipation der amerikanischen Malerei von europäischen Vorbildern, zu einer seit 1960 sich organisierenden Polemik gegen die Doktrinen des Bauhauses, argumentierte Fiedler für eine Unabhängigkeitsbewegung auch der amerikanischen Literatur. Walsers Replik nun wendete wie instinktiv die Angst vor kultureller Kolonialisierung genau in die Gegenrichtung: als würde die US-Pop-Offensive das politische Bewußtsein unserer Literatur niederwalzen und auslöschen, auslöschen durch Wortdrogen, durch unverbindlich bunte Illuminationen.

Mit dieser für die Lage Ende der sechziger Jahre repräsentativen Argumentation war erreicht, daß eine Debatte um die lockende oder drohende Postmoderne, da abgefangen im politisch-moralischen Vorfeld, eine ästhetische Dimension gar nicht entwickeln konnte. Dieses erste, das amerikanische Bekenntnis zu einer Postmoderne konnte zu patent verstanden werden als Begleitmusik zum Vietnamkrieg, Lust an *Apokalypse Now*, stand damit unter Ideologie-, ja Faschismusverdacht. Hatten sich nicht deutsche Sympathisanten entsprechend verdächtig gemacht, Handke, der sich durch SDS-Krakeel empfindlich gestört fühlte bei der Sensibilisierung seines Spielbewußtseins im Kino und sich eine rächende Bombe wünschte, Brinkmann, der auf einer Podiumsdiskussion nach einem Maschinengewehr rief? Post galt als Pop und dieser als ästhetischer Populismus, genauso anrüchig wie der politische.

Damit begann der Marsch in die siebziger Jahre, auf einem wieder deutschen Sonderweg. Die ersten postmodernen Testspiele der Brinkmann, Widmer, Brandner, Buch, Handke oder Chotjewitz gerieten, ohne den Segen einer tonangebenden Theorie, ohne den Schutz kritischer Autorität, ins Abseits. Auf diesen äußeren Druck hat jeder der genannten Autoren charakteristisch reagiert: Brinkmann durch heroische Selbstisolierung, Brandner mit Verstummen, Handke durch elastische Veränderung, Widmer mit Weiterspielen, den Zeitgeist untertauchend, Buch und Chotjewitz durch Verzicht, durch sozusagen mutige Anpassung an die damalige Wende.

Denn im neuen Jahrzehnt wurde vieles und scheinbar Entgegengesetztes gern gesehen und gefördert, die Geröllhalden des Dokumentarismus und eine wortreich wieder aufblühende Innerlichkeit, Engagement für gesellschaftliche Veränderung oder nur an die Authentizität des eigenen Ich, Nostalgie und kesses Augenblicksbewußtsein –, nur eines war strikt unerwünscht in dieser ernst auf Verbindlichkeit ausgerichteten Literatur: jener Spielgeist, der das Schreiben und Lesen postmoderner Werke konstituieren bzw. eher »dekonstruieren« soll, wie wir inzwischen wissen.

Damit war das Thema der Postmoderne unter dem Druck einer spezifisch deutschen politischen Situation vertagt, und das nicht zum ersten Mal. Denn aktuell, ja akut wäre es schließlich schon um 1930 gewesen, als die ästhetische Moderne erschöpft schien. Daß der Faschismus sie dann gewaltsam, brutal postmodern, ausradieren wollte, hat ihr gerade in Deutschland ein andächtiges Nachleben bis in unsere sechziger Jahre gesichert, nicht nur aus Gründen der Pietät: wie sollte man eine Tradition verabschieden, die man nie kennengelernt hatte? Wieder mußte diese ewig verspätete Nation eine Lektion nachsitzen und das tat sie ja zunächst auch mit Lust und Neugier.

Als dann um 1960 Arnold Gehlen sein *posthistoire* einläutete und seinen Befund festmachte ausgerechnet im ästhetischen Bereich, am Zustand der bildenden Künste (»... die Entwicklung ist abgewickelt, und was nun kommt, ist bereits vorhanden: der Synkretismus des Durcheinanders aller Stile und Möglichkeiten, das Posthistoire.«), da schien das ein borniert und selbstzufrieden neokonservativer Standpunkt, forciert durch ideologisches Interessse.

Aber man lese heute einmal nach, wie defätistisch auch Enzensberger schon 1960 sein *Museum der modernen Poesie* kommentiert hat (»Die moderne Poesie ist hundert Jahre alt. Sie gehört der Geschichte an.«), wie wahrhaft alexandrinisch Walter Jens 1961 in seinem Buch *Deutsche Literatur der Gegenwart* die Moderne abfeiert als »Rekapitulation aller Stile in einer überschaubaren Welt; ironisch-kenntnisreiche Beschwörung des Erbes, Zitat des Pandämoniums von Babel bis Canaveral: das ist das Fazit.« Man blättere noch einmal zurück auf die ersten Seiten von *Die Blechtrommel*, auf denen der moderne Roman durch nichts Edleres gezogen wird als durch den Kakao, was gleich auf der ersten öffentlichen Lesung, am 1. November 1958 in der »Gruppe 47« mit einverständigem und befreitem Gelächter quittiert wurde.

Gehlen, Grass, Enzensberger, Jens: damals kaum in irgend etwas einig, außer offenbar in der Überzeugung, daß ein Ende der Moderne nicht etwa bevorstand, sondern sich längst vollzogen hatte, ein linksliberal-anarchistisch-alt- oder neokonservativer Gemeinplatz, über dem freilich nur Gehlen schon damals deutlich und provokativ seine Post-Flagge gehißt hatte und auswehen ließ.

Schließlich gab es in der ästhetischen Diskussion (und gibt es immer noch) ein gewaltiges Monument, das sich jedem frohen, unbefangenen Übergang zur Tagesordnung einer Postmoderne in den Weg stellt: die Autorität Adornos. Er hat, über die faschistische Barbarei hinweg, von der *Philosophie der neuen Musik* bis zur *Ästhetischen Theorie*, die heroische Moderne in einer einzigartigen Kraftanstrengung so defensiv wie emphatisch ausgelegt als *Zeichen* mindestens eines *wahren* Lebens im falschen (was es als *Erfahrung* eines *richtigen*, wie er wußte, nicht gibt), daß die großen Exempel dieser Epoche fast wirkten wie enthistorisiert, also unsterblich. Damit vollendete er nur das stillschweigende Selbstverständnis jeder Moderne, die sich ja nur begreifen und durchsetzen kann als antizipierte Utopie, im Bewußtsein, daß nach ihr gar nichts mehr kommen kann und darf, keine Überbietung und erst recht keine Postmoderne.

Überall also stößt man bei dieser Spurensuche auf »typisch deutsche« Hindernisse und Hemmnisse, sich ohne eschatologischen Schauder einzulassen auf den Gedanken an ein Epochenende, an den Abschied von der ästhetischen Moderne, erst um 1930, dann nach 1945 und wieder nach 1968.

4

In den siebziger Jahren, diesem nach wie vor undeutlichsten, diffusesten unter den Nachkriegsjahrzehnten, herrschte in der Literatur ein kaum bewußter Eskapismus in Fragen der Ästhetik. Ob politisch oder apolitisch motiviert, ob im Faktenroman oder autobiographischen Erguß: eine neue Unschuld und Unmittelbarkeit begann draufloszuschreiben, als hätte es das kritische Produktionsbewußtsein der Moderne nie gegeben. Deren Distanz zum Publikum, ihre Arroganz und ihr Leiden in der splendid isolation, das alles wird nun kassiert, bis hin zur Nullösung von Verständigungstexten, in denen jeder Sender oder Empfänger spielen kann.

Eines also war dieser zersplitterten, dezentralisierten Siebzigerjahre-Literatur eben doch gemeinsam: sie war oder gab sich engagiert, wollte verbindlich sein und ernst, auch schrecklich, auch hilflos, so hingegeben wie rührend ernst. Da wurde, sehr anders als Peter Weiss das gemeint hatte, nämlich sozusagen naturwüchsig, eine *Ästhetik des Widerstands* gegen Ästhetik praktiziert, mit dem Rücken zu den Ansprüchen der Moderne einerseits, aber auch alle Theorie und Praxis postmoderner Spiele hemmend, wenn nicht blockierend.

Die Ansätze dazu waren ja auch Ende der sechziger Jahre noch zaghaft genug, wie ich heute auch aus meinen damaligen, durch Leslie Fiedlers Auftritt in Freiburg in Gang gesetzten Überlegungen *Was kommt nach der modernen Literatur?* herauslesen kann. Auch sie überzeugen nur in der Diagnose eines Endes und stochern dann eher verlegen, kleinlaut nach Belegen für einen Neuansatz. Vorgeschlagen werden dafür drei Novitäten des Jahres 1968, Hubert Fichtes *Palette*, Uwe Brandners *Innerungen* und *Die Insel* von Peter Chotjewitz: »... nicht *Werke*, also auf Struktur, Stimmigkeit, Sinn entworfene Gebilde ... (sondern:) hier wird jeweils ein Buch lang versucht, Offenheit durchzuhalten ... Spontaneität und Spiel sind zugelassen bis zu Albernheit.«

Solche ziemlich schlicht deskriptiven Befunde ließen sich heute sicher hochschreiben auf das Niveau poststrukturalistischer Theoriesprache. Dann freilich würden die theoretischen Ansprüche an einen Epochenanfang und die (relative) Harmlosigkeit der dafür herangezogenen literarischen Exempel nur um so krasser auseinanderklaffen. Dieses

Dilemma springt heute allüberall ins Auge. Hanns-Josef Ortheil weiß auch drei »Meisterwerke« als deutsche Belege für seine nicht schüchternen Zukunftsvisionen zu nennen: Hildesheimers *Marbot*, Klaus Hoffers *Bei den Bieresch* und Gerold Späths *Commedia*. Was für ein Äon, das sich einleitet mit lauter müden, kühnen Alterswerken, wenn auch teilweise geschrieben von dem Geburtsdatum nach jungen Autoren ...

5

Sollte dieser Hintergrund der heutigen Lage, hier grob, auch polemisch und damit übertrieben forsch und deutlich skizziert, als Skizze trotzdem einleuchten, dann wird kaum noch erstaunen, daß die dritte, die französisch inspirierte und entsprechend hochelaborierte Phase einer Theorie der ästhetischen Postmoderne, da sie in unserer Literatur noch immer auf wenig repräsentative Beispiele für ihre Erwartungen trifft, so oft wirkt wie eine Maschine in rasendem Leerlauf.

»Die Kunst stellt sich – so unsere These – der *condition postmoderne* dann am kraftvollsten, wenn ihr struktives Zentrum sich von imaginären Impulsen, die in den Stand von Materialien geraten, auf performative Weise verschiebt, wenn sie also von der Tiefenkonstruktion des Bildraums zur *new kind of flatness* eines operativen Ereignisraums fortgeht.« Wie sollte eine solche Begriffsmaschine reagieren, träfe sie auf den Widerstand ihrer angeblich bedachten Gegenstände, zum Beispiel auf real existierende literarische Texte – mit Stottern, mit Kolbenfraß, mit einem unverhofften und produktiven Staunen?

Mit solcher schwindelerregenden Entfremdung zwischen Theorie und Praxis wird offenbar dafür bezahlt, daß wir zwar seit spätestens dem Beginn der zweiten Jahrhunderthälfte den Bannbereich der ästhetischen Moderne verlassen haben, daß die Konsequenzen aus diesem Ereignis aber gerade in der deutschen Literatur aus lauter guten Gründen, also gutmütig verschlafen worden sind. Nun findet eine ehrgeizig differenzierte Reflexion auf die Lage kaum noch ihr gewachsene, ebenbürtige ästhetische Gegenstände, kreist also immer narzißtischer in sich selbst, ja gleicht schon jenem Gesang der »überschwenglichen Misere«, an dem man früher sehr unbefangen eine idealistische Ideologie erkannte. Die der Postmoderne ist zwar sicher keine deutsche Ideologie und nicht einmal mehr als zweifelsfrei rechts oder links zu denunzieren. Sie gibt sich kosmopolitisch und neutral, sogar ökologisch und partikularistisch. Aus ihr redet nicht mehr ein totalisierender Weltgeist, sondern nur noch sozusagen kichernd der jeweilige Zeitgeist. Soll man die ganze Veranstaltung schon deshalb für vertrauenswürdig halten, weil sie nichts Schlimmeres ist als up to date?

»Es liegt ein Wintertag auf uns, und am hohen Gebirge wohnen wir, gefährlich und in Dürftigkeit. Kurz ist jede Freude und bleich jeder Sonnenglanz, der an den weißen Bergen zu uns herabschleicht. Da ertönt Musik, ein alter Mann dreht einen Leierkasten, die Tänzer drehen sich – es erschüttert den Wanderer, dies zu sehen: so wild, so verschlossen, so farblos, so hoffnungslos ist alles, und jetzt darin ein Ton der Freude, der gedankenlosen lauten Freude!«

Das ist die Stimme des jungen Nietzsche, die Stimme seiner *Unzeitgemäßen Betrachtungen*, in denen auch fahl ein Ende der Moderne aufdämmert und als Gegenthema eine »gedankenlose laute Freude«, entfesselt allerdings vom Leierkasten eines alten Manns. Das melancholische Bild, nicht frei vom kühnen Glanz des Kitschs, könnte trotzdem wie ein Poster unserer kulturellen Situation gelesen werden, der wahrer ist als alles postmoderne advertising.

Sicher, für eine weitere Verschleppung der Frage *Was kommt nach der modernen Literatur?* ist nun auch hierzulande keinerlei zwingende politisch-moralische Motivation mehr zu erkennen. Im Gegenteil, ein Bekenntnis zur Postmoderne scheint als das eleganteste aller Wendemanöver inzwischen so opportun, daß ein Autor wie Lyotard aus Gründen der Dezenz und der Dialektik den Begriff nur noch auf dem Kopf stehend akzeptieren mag: »Ein Werk ist nur modern, wenn es zuvor postmodern war. So gesehen bedeutet der Postmodernismus nicht das Ende des Modernismus, sondern den Zustand von dessen Geburt, und dieser Zustand ist konstant.« Was Albrecht Wellmer, um die Differenz zu Adorno herauszutreiben, mit einem weiteren Lyotard-Zitat so kommentiert: »Die Postmoderne, das wäre somit eine Moderne ohne Trauer, ... *ohne die Sehnsucht nach dem Ganzen und Einen, nach der Versöhnung von Begriff und Sinnlichkeit, nach transparenter und kommunizierbarer Erfahrung*, kurz, eine den Verlust des Sinns, der Werte, der Realität in fröhlichem Wagnis auf sich nehmende Moderne: Postmoderne als ›Fröhliche Wissenschaft‹.« Womit wir wieder beim frühen Nietzsche wären, und das »paßt«.

Denn meine Schlußfolgerungen erinnern mich an seinen ernüchterten Blick in die damalige Gründerzeit und deren überschwengliche Misere. Solange die emphatischen Werkbeispiele auf sich warten lassen und Theorie allein als Beleberin des Kunstmarkts nicht überzeugt, läßt sich schwerlich verkennen, daß auch wir in einer kulturellen Schwächeperiode leben. Sie läßt sich erklären (auch als postmodern), sie läßt sich auch aushalten. Man darf allerdings und sollte sogar an ihr leiden, »fröhlich« protestierend leiden wie Nietzsche gegen die leeren Post- und Hochgefühle am Ende seines Jahrhunderts. Nur verklärt sollte die bunte pluralistische Ohnmacht nicht noch werden. Genau dazu aber scheint eine immer beredtere Theorie der Postmoderne entschlossen und berufen. Sie sichert (»unbewußt, höchste Lust«) dem ohnehin vorherrschenden Mittelmaß von lauter Post-Größen segnend die Absatzmärkte und dazu noch einen ideologischen Schutzraum für Selbstverklärung. Aber so einschüchternd poststrukturalistisch, semiologisch, posteschatologisch oder posthuman das alles auch vorgetragen wird, ich höre immer nur heraus, daß man uns einlädt in eine nach dem Modell einer Flipperhalle organisierte Kultur und uns dazu auch noch die beste aller bisher historisch verfügbaren Launen garantiert oder wünscht oder einredet.

(1987)

Boulevard – was sonst?
Die Literatur zwischen den achtziger und neunziger Jahren

Da stehen wir wieder auf der Schwelle zwischen zwei Jahrzehnten, blicken zurück und blinzeln nach vorn, versuchen die Achtziger zu vermessen und die Neunziger zu entdecken und verdrängen wieder die zunächst naheliegende Frage: Warum sollten sich Geschichte und Literatur nach unseren vom Dezimalsystem behexten Köpfen richten? Was ermächtigt uns, Jahrhunderte, Jahrtausende oder eben Jahrzehnte abzupacken und abzurechnen, als würde sich wie unwillkürlich alles zu Epochen, zu Sinneinheiten ordnen, was sich mit einer Jahresnull am Ende abrundet? Der Verdacht liegt nahe, daß es weder eine Literatur der achtziger Jahre gab noch eine der neunziger Jahre geben wird, sondern eben nur dieses ordnungsüchtige Zahlensystem in unseren Köpfen.

So weit, so gut und richtig – und doch: diese uns antrainierte Dezimalrechenart hat in den vergangenen Jahrzenten für die literarische Entwicklung erstaunlich viel Sinn gemacht. Mit Büchern wie *Die Blechtrommel, Halbzeit* oder *Das dritte Buch über Achim* zum Beispiel, erschienen 1959, 1960 und 1961, wurde doch tatsächlich auf der Wasserscheide zu den sechziger Jahren jene Phase engagierten Schreibens eröffnet, das motiviert war von der Überzeugung oder Illusion, Literatur stehe in gesellschaftlicher Verantwortung und habe auch politische Wirkung. Und wieder dauerte es bis fast zum Ende des Jahrzehnts, bis dieses stillschweigend federführende Literaturkonzept scheiterte in genau dem Bereich, dem es sich verpflichtet fühlte: im Politischen. Ausgerechnet die Apo, selbst literarisch bis fast auf die Knochen, sagte die Literatur tot.

Aus einer kritischen Literatur wurde dann in den siebziger Jahren eine Literatur in Krise, fast zerrissen zwischen ihren extremen Flügeln, den faktengläubigen Dokumentaristen einerseits und den bekenntnisseligen Autobiographen andererseits. So jedenfalls ließe sich von heute aus und mit abschätzend zusammengekniffenen Augen die Lage in diesen lange zurückliegenden Jahrzehnten auf einen Sinn zusammenziehen. Ob sich aber ein ähnlich vereinfachtes Bild für die vergangene Dekade entwerfen läßt? Was war denn neu und unerwartet an allem und an allen, die neu in den achtziger Jahren aufgetaucht sind?

Dreimal ist in den letzten Monaten die literarische Szene vermessen worden und zwar von drei Beobachtern, die genau zu jener Generation sogenannter »jüngerer Autoren« gehören, die eigentlich um 1980 den Schub ins neue Jahrzehnt hätte besorgen sollen. Doch kontroverser als diese drei können Befunde kaum sein.

Zunächst hatte Frank Schirrmacher, schon in der letzten Buchmessenbeilage der *FAZ*, nach langem Angang das Fazit gezogen: Alles Wüste, jedes Sandkorn dem anderen gleich, nur ein paar hübsche kleine Oasen können noch trösten. Worauf Volker Hage, in der *Zeit* vom 10. November 1989, in freundlich additivem Verfahren die Titel, Autoren, Auflagezahlen, Verdienste und Defizite aufzählend und abwägend sein Gegenvotum abgab: Die Wüste lebt! Büsche, sogar Wäldchen allüberall, dazu Tierspuren und -stimmen und Halme, Gräser, Flechten ...

Nun hat Hubert Winkels uns bewiesen (in der *Zeit* vom 2. März 1990), daß zwischen beiden Positionen, zwischen erbittertem Ungenügen und freundlichem Genügen, der herben Wüstendiagnose und dem stillen Sammlerglück, noch genügend Platz ist für eine dritte, für seine Argumentation, die beiden Vorrednern zugleich zunickt und widerspricht, um ihre Meinungen schließlich aufzuheben in einer Art Glück-durch-Entsagung-Synthese.

So sah man ein, und zwar dreimal, wie Temperament und Erwartungshaltung das Resultat einer Enquete vorprägen können.

Schirrmacher hatte seiner Diagnose einer nichtssagenden, obwohl alles beredenden Literatur, einer funktions- und wirkungslos gewordenen, die Ursache gleich vor die Nase gesetzt: »›Es‹ schreibt, und es schreibt immer gleich. « Wer sollte nun dieses »Es« sein, das neuerdings an Autors statt die Bücher verfaßt? Eben niemand besonderes mehr. Ein kollektiv stammelnder Universalautor, der nur noch unter verschiedenen Namen auftritt. Schuld daran wird einer weitgestreuten Literaturförderung gegeben, auch der bewußtlosen Motorik der Verständigungs- oder Selbstverständnistexte und schließlich jener hochprofessionellen, postmodernen Beschlagenheit in allen zuhandenen literarischen Techniken, Methoden, Ticks und Tricks, die auch nur den wahren Autor dieser Literatur-Literatur wegblendet: »Erfahrungsleere«.

Ein solches Plädoyer, das eine möglicherweise kleingeratene, wenn auch ungemein emsige literarische Gegenwart konfrontiert mit Ansprüchen, die offensichtlich aus einer größeren Tradition gewonnen sind – es könnte durch seine unbetuliche, rücksichtslose Energie und Entschlossenheit durchaus imponieren, hätte Schirrmacher seine unwirschen Thesen nur nicht zu guter Letzt noch erläutert und belegt mit Beispielen aus dem letzten Herbst. Plötzlich wird die ganze Last der Schreibmisere einer Erzählung von Norbert Gstrein aufgebürdet, die zwar gehemmt und verkrampft sein mag durch Manier, aus der aber immer noch eine unzeitgemäße erzählerische Kraft spricht. Während eine zart und fleißig gekonnte Novelle von Thomas Hürlimann dazu herhalten muß, die trübe literarische Stunde angeblich zu überglänzen.

Während da die Exempel zu klein geraten schienen für die großen Thesen, wächst aus Volker Hages Fülle der Beispiele kaum noch ein alle übergreifender Befund. Diese behutsame Bestandsaufnahme will uns offenbar dazu überreden, uns doch abzufinden mit dem pluralistisch Vorhandenen, dem Dies und Das und Vielerlei, an dem es zwar hier und da allerhand nachzubessern gäbe, gegenüber dem aber aus vermeintlich oder wirklich produktiveren Zeiten bezogene Ansprüche unangemessen wären. Das Ergebnis klingt paradox: unsere Literatur ist reich, einerseits, doch wir dürfen nicht unbescheiden sein, andererseits.

Genau dieses Paradox löst sich freilich auf, sobald man einsieht, daß der grundsätzliche Schirrmacher und der behutsam additive Hage sich stillschweigend einig sind in einem: das literarische Niveau hat sich in den letzten Jahren drastisch nivelliert. Daran freut den einen, daß dabei die Täler an Niveau gewonnen haben, schlichtweg höher gerutscht sind. Während den anderen kränkt, wie sehr im gleichen Prozeß die Gipfel heruntergekommen sind.

Auch Hubert Winkels hat seine zwar positiv verkündete, doch im Wesen defensive Generalthese vom musealen und minotären Status der Gegenwartsliteratur gegründet auf eine Einsicht, der seine beiden Vorredner kaum widersprechen würden: »Schwer trägt die Literatur am Gewicht der Welt, weil ihr Anteil daran sinkt.« Dazu Hage: »Die Literatur hat ihre öffentliche Rolle aufgegeben. Und mit ihr jeden Anspruch auf Repräsentanz.« In diesen Geltungs- und Wirkungsverlust muß sie sich, müssen wir uns vernünftigerweise ergeben, heißt das wohl. Genau das verweigert Schirrmacher, der darauf besteht, Literatur weiterhin als Quelle einer Welterfahrung zu verstehen, an der Leser dann ihre eigene erproben, bilden, schärfen könnten.

Nun fragt sich, wie genau, mit welchen Meßwerten das angeblich sinkende Gewicht der Literatur in der Öffentlichkeit und damit für die kulturelle Sozialisation ihrer Leser zu messen wäre. Sicher doch nicht mit Auflage- und Verkaufszahlen. Mit denen nämlich ließe sich seit den fünfziger Jahren eher ein inflationärer als ein minotärer Trend belegen. Daß damals der *Stiller*, also ein von Kritik, Buchhandel, Lesern auf den ersten Blick geliebter und gerühmter Roman eines schon renommierten Autors, in der ersten Saison nur mit jenen rund dreitausend Exemplaren verbreitet war, die heute auch der wohlbesprochene Erzählungsband eines Debütanten erreichen kann – das scheint kaum noch glaubwürdig. Und undenkbar wäre damals der Auflagen- und Erfolgsrausch gewesen, in den Umberto Ecos Pendelroman eben geraten ist: 400 000 Exemplare in nur sechs Wochen! Man sollte hier wohl besser von Einschaltquoten reden. Denn daß Gekauftes noch intensiv gelesen wird, ist so unwahrscheinlich wie bundesweite Konzentration vor bundesweit erleuchteten Mattscheiben.

Immerhin: Ecos Roman, obwohl ein Import aus Italien, diese schräge Mischung aus Flipper und Glasperlenspiel, aus Gelehrtheit und Schwadronage, hat wahrhaft kongenial ein Jahrzehnt abgeschlossen, in dem auch die deutsche Literatur vergleichbar gewitzt und doch leerlaufend, so erfolgreich wie wirkungslos operiert hat. Denn auch das folgt aus der Metapher von der Nivellierung: alles wächst und wuchert nun ins Breite.

Neu, symptomatisch für die literarische Situation scheint mir allerdings, wenn auch ein so ungeduldig und hochfahrend argumentierender Beobachter der Lage wie Frank Schirrmacher sich am Ende seiner Tabula-rasa-Verkündigung noch rettet in die Bewunderung eines schön gerundeten und klug zugespitzten Novellchens, wie es *Das Gartenhaus* von Hürlimann ist. »Ein kleines Meisterwerk«, sagt er. Mag sein. Doch genau dieses Muster- und Meisterwerkleinhafte, dieses Ältliche und Altkluge einer Literatur von jungen Autoren könnte ja auch befremden. Sie sieht so tückisch und so traurig aus wie Spitzweg.

Ein anderes Beispiel: die Prosa Irene Disches, zweifellos der Debütanten-Star im letzten Herbst, eben weil sie ihre Geschichten ausstattet mit jener gefälligen Bissigkeit, die in New York und im *New Yorker* seit eh und je Standard ist. Auch daß sie sich mit ihren deutsch-jüdischen Stoffen über ein mit Vorurteilen vermintes, für sanfte Provokationen also wohlvorbereitetes Gelände bewegt, sorgt für Resonanz. Solche vorsichtige, gekonnte Kühnheit wird heute vor allem erwartet und tatsächlich auch produziert.

Genau dieses Pensum läßt sich offensichtlich nicht erfüllen mit breit angelegten, sich unserer Gegenwart neugierig öffnenden Epochenromanen: die exemplarischen Versuche etwa von Ortheil und Nadolny sind geradezu vorbildlich gescheitert. Weder Übermut und Draufgängertum im einen Fall, noch eine respekterheischende Sorgfalt im anderen haben den Widerstand des Stoffes überwinden können.

Unser wahrer Gegenwartsroman nämlich ist paradoxerweise der historische geworden. Am Zeitalter Ovids oder der Katharer, in Ransmayrs *Die letzte Welt* also wie schon in *Der Name der Rose* soll sich grell und verzerrt spiegeln, was heute los ist. Dabei stellt sich jener feine, nicht eigentlich erschreckende Schrecken her, den man Gruseln nennen könnte und den schon Patrick Süskinds *Das Parfüm* beschert hatte, ein anderer, unerwarteter Komet der achtziger Jahre. Gruselliteratur, das wäre eine, die den Schrecken an den Reiz verschenkt, in der es zwar allerhand zu erleben, aber kaum etwas zu erfahren gibt.

Diese Regeneration fast schon verschollen geglaubter Gattungen, des kurz und novellistisch pointierten Erzählens und vor allem des historischen Romans – der im letzten Jahrzehnt von Nadolny bis zu Gisbert Haefs und Horst Stern beim Publikum Karriere machte –, das war neu und kam vollkommen unverhofft. Aus der viel beredeten neuen Unübersichtlichkeit hat Literatur sich zurückgezogen ins Übersichtliche, ins Abgeschlossene und Abgekartete, in die Hermetik von »kleinen Meisterwerken«, manche kostspielig, andere eindeutig secondhand.

Falls nun auf einen Begriff gebracht werden soll, was hier an Kennzeichen der in den letzten Jahren tonangebenden Literatur gesammelt worden ist – also: Nivellierung, Gefälligkeit und Erfolgsbewußtsein, handwerkliche Gediegenheit bis hin zu blendender Virtuosität im Umgang mit vorhandenen Mitteln, hoher Stoffreiz und Verarbeitungseffekt, das alles erkauft mit geringer Erkenntniskraft und gesellschaftlicher Funktionslosigkeit –, so wüßte ich nur ein Schlagwort, das alle diese Merkmale auf einen Nenner bringt: Boulevard. Das Wort hat in unserer Kultur ohne Metropole leider einen üblen Klang. Es signalisiert soviel wie Flachheit, Schwachsinn, Klamauk.

Aber »Boulevard«, ernst genommen, bedeutet nicht mehr und nicht weniger, als daß der Salon auf der Straße stattfindet, daß dort, auf dieser öffentlichen Bühne flüssig und elegant über die fälligen Tagesthemen und Tagesmoden kommuniziert wird, unter der Regie dessen, was neuerdings wieder als »Zeitgeist« firmiert. Der Boulevard verzichtet freilich auf alle Radikalität, oder, ins Altdeutsche übersetzt: auf Tiefe.

Statt einer Ästhetik des Schreckens und der Plötzlichkeit, wie sie Karl Heinz Bohrer mit dem Rücken zu seiner Gegenwart als Produktivkraft und Inbegriff der Moderne formuliert hat, herrscht in einer Boulevard-Kultur eine Ästhetik der Verbindlichkeit, der Wiederkehr des immer schon Bekannten und also Erwarteten. Selbst die kompliziertesten, ehrgeizigsten Motiv- und Methodenspiele unserer postmodernen Bastler können und wollen gar nicht verbergen, daß sie sich aus dem Vorrat des schon Eingeübten, Durchgekosteten bedienen. Ihr ungeheurer Geschmack ist immer schon: Nachgeschmack.

Wer hätte das gedacht, vor zehn oder fünfzehn Jahren, als das Stammeln und Tasten der Bekenntnis- und Geständnisliteratur, als Neue Innerlichkeit oder Neue Subjektivität den literarischen Zeitgeist definierten, als ausgerechnet das Private sich als politisch erklärte – wer hätte damals diesen Umschlag der Texte ins cool Weltläufige, oder besser noch: ins Weltliteraturläufige, ins in diesem Sinn Mondäne voraussagen können? Je zügiger die Trends wechseln, desto kürzer wird unser Gedächtnis. Desto heftiger auch die Neigung, nach jeder Wende, die dann bestenfalls doch nur ein Jahrzehnt lang währt, ein neues literarisches Äon auszurufen.

Ich wäre da vorsichtiger als etwa Hubert Winkels, der aus kleinen Indizien den mächtigen Schluß zieht, vorbei wäre es für jetzt und künftig mit der bewußtseinsprägenden Kraft der Literatur, weil sie zur Zeit nicht mehr sagt, »wie zu leben sei. Wie zu lesen sei, das sagt sie.« Aber eben noch, vorgestern, hat doch die Lektüre von höchstverschiedenen Büchern wie Vespers *Die Reise*, Handkes *Die Stunde der wahren Empfindung*, Strauß' *Die Widmung* oder *Mars* von Fritz Zorn sehr wohl als Weltorientierung, ja als Lebenshilfe gedient, hat Wahrnehmungen, Empfindungen, Erwartungen geprägt. Die Erinnerung daran sollte uns auch daran erinnern, daß wir keinerlei Ahnung davon haben, welche Rolle Literatur hinter dem nächsten Horizont, also am Ende der neunziger Jahre spielen könnte.

Auch wenn diese kraß vereinfachte Situationsskizze einleuchten sollte – sie stimmt nicht, nicht ganz. Unterschlagen wurde, daß gegen die Neuheiten und Neulinge des vergangenen Jahrzehnts auch Autoren wie Grass oder Bernhard, Handke und Christa Wolf, Strauß, Walser und Achternbusch ihre gegen den aktuellen Zeitgeist weitgehend immune Literatur weitergeschrieben haben. Was freilich auch heißt, daß sie diese Dekade so wenig geprägt haben wie sie sich von ihr umprägen ließen.

Noch erstaunlicher: gerade die für mich überzeugendste Prosa von neu aufgetauchten Autoren, von Brigitte Kronauer und Rainald Goetz, fügt sich nicht in das hier entworfene Bild. Wie beunruhigend ist das und wie tröstlich, daß man, daß jedenfalls ich zwei so extrem außenseiterische Talente, den Sprengmeister Goetz und die Kristallzüchterin Kronauer nicht hochrechnen kann in ein Panorama, daß sie beide sperrig quer stehen zum Trend. Das demonstriert noch einmal den Eigensinn des Besonderen gegen einen Wendewind, der eben doch nicht alles in eine Stromlinie formen kann. Und es erinnert am Ende noch einmal an den Vorbehalt, mit dem ich angefangen habe, an die Frage, ob es denn in einer bestimmten Zeiteinheit eine einheitliche Literatur überhaupt geben kann und muß oder ob wir uns das nicht bequemlichkeitshalber, ordnungsbewußt bloß zurechtlegen.

(1990)

Der neudeutsche Literaturstreit
Anlaß – Verlauf – Vorgeschichte – Folgen

Der Streit, der im Sommer 1990 das deutsche Feuilleton und teilweise auch dessen Leser erschütterte, hatte einen hohen Anlaß – die sich vollziehende Vereinigung der beiden deutschen Staaten –, er wurde auch, wie sich gleich zeigen wird, forciert durch niedere Beweggründe, und doch läßt er sich schon heute einordnen in eine längere, bedenkenswerte Vorgeschichte: Ich meine den Streit um Christa Wolf, beziehungsweise über ihre Erzählung *Was bleibt*, die kunstvoll inszenierte Geschichte ihrer Stasi-Überwachung Ende der siebziger Jahre.

Nur auf den allerersten Blick konnte dieser Streit mißverstanden werden als Kontroverse über einen Text, denn er kam in den wichtigsten Debattenbeiträgen kaum zu Wort. Nicht eimal über den Titel wurde vor lauter Eifer und Hast geduldig nachgedacht: ob dieses *Was bleibt* nämlich mit einem Punkt, einem Fragezeichen oder gar einem Ausrufezeichen zu denken wäre, und auf was dieses Bleiben sich beziehen könnte, etwa auf die Stasi und eine unauslöschliche Erinnerung an sie, oder aber auf einen ideal existierenden Sozialismus, oder auf Literatur als Widerstandshaltung – oder auf das alles zugleich und gegeneinander?

Wer nachliest, wie sorgfältig, nachdenklich auf diese Erzählung von Christa Wolf in Wien oder Zürich, in London oder New York reagiert werden konnte, fern von den querelles allemandes, der ahnt sofort, daß es hierzulande kaum um diese knapp hundert Seiten Prosa ging und nicht einmal um eine Abrechnung mit Christa Wolf. Diese Autorin stand und steht noch heute als repräsentativste Figur für eine Haltung, die schwer auf einen Begriff und eine unteilbare Moral zu bringen ist, für jene ebenso halbherzige wie entschlossene Dissidenz, in der man halb noch auf der Regierungsbank saß, wegen der ungekündigten Sympathie für das geschundene oder verspielte Projekt Sozialismus, halb aber schon und zwar aus den gleichen Gründen im Lager der Systemgegner stand. Das mußte in einer Zeit forcierten Einheits- und Eindeutigkeitsdenkens unerträglich wirken, an Christa Wolf wie an Heiner Müller wie an Volker Braun: im Fall Wolf waren alle anderen, obwohl unvergleichbar, schon mitgemeint. Ein totalitäres System, so will es die totale Moral rigoroser Zuschauer, sollte auch zu totaler Opposition bewegen.

Genau das wurde bis ins Jahr 1989 hinein vollkommen anders gesehen. Schon Spurenelemente von politischer Abweichung genügten, um Bücher oder Stücke von DDR-Autoren für westliche Beobachter denkwürdig zu machen. Moralpolitisches Verdienst und tagespolitischer Gebrauchswert der Texte überglänzten alle literarische Qualität. Auch dieses Dilemma wurde im Sommer 1990 jäh an einer einzigen Autorin, eben an Christa Wolf abgestraft. Die westdeutsche Kritik, statt ihre jahrzehntelange Verblendung verantwortlich an sich selbst durchzureflektieren, versuchte einen raschen Befreiungsschlag. Der Aufmerksamkeits- und Schonungsbonus für alles Östliche, an dem sich nur ein Schimmer Dissidenz erkennen ließ, diese Augentäuschung oder Sehschwäche, sollte an ihren Objekten gerächt werden, statt am Auge selbst geheilt zu werden.

So viel und so wenig zum Vorspiel des Literaturstreits, der eine Personaldebatte, eine Anklage und Verteidigung Christa Wolfs nur schien, in dem sich die folgende Grundsatzdebatte nämlich schon verbarg. Denn nicht umsonst wirken alle besonnenen und gehaltreichen Analysen der Erzählung *Was bleibt*, die in fernen, nicht deutschen Städten verfaßt wurden, merkwürdig schwach und unentschlossen, verglichen mit der streng unsachlichen und grellen binnendeutschen Kontroverse über den gleichen Gegenstand. Allen diesen in unpolemischer Absicht geschriebenen Rezensionen fehlte die Passion für jene grundsätzlichen Fragen, von denen die Christa-Wolf-Debatte insgeheim schon bewegt war, und diese zielten, wie sich gleich zeigen sollte, weit über diese Autorin, ja auch über das Beispiel DDR-Literatur hinaus. Es ging um das Verhältnis von Gesellschaft und Literatur, von Moral und Ästhetik, und damit auch um die bisherige Literatur der Bundesrepublik.

Zur Buchmesse 1990, als allenthalben kummervoll bis schadenfroh über das Ende der DDR-Literatur nachgedacht wurde, überraschte

Frank Schirrmacher in der *FAZ* mit einem Artikel unter dem herausfordernden Titel *Abschied von der Literatur der Bundesrepublik*. Die Pointe war effektvoll gesetzt und ließ sich nüchtern begründen: Nie wieder würden die beiden wiedervereinigten Literaturen noch einmal das sein, was sie je für sich fast ein halbes Jahrhundert schienen. Die Nachkriegszeit geht nun auch literarisch in der Bundesrepublik endgültig zu Ende. Ein legitimer Anlaß für den Versuch, die Literatur der letzten Jahrzehnte in ihre Grenzen zu verweisen, und das heißt ja: sie zu definieren.

Drei Argumentationsstränge flechten sich und greifen in Schirrmachers Artikel ineinander, kunstvoll, aber auch verwirrend. So staunend wie vorwurfsvoll wird zunächst behauptet, das literarische Leben der Bundesrepublik wäre seit fast einem Vierteljahrhundert erstarrt, gebannt in immer ähnliche Wiederholungsrituale, beherrscht von den immer noch gleichen Figuren und Themen. Dann wird untersucht, warum und wie diese Literatur sich in ihrer klassischen Zeit, in den sechziger Jahren, brauchen ließ und verbraucht hat in sozialpsychologischen Dienstleistungen für eine Gesellschaft, der sie nach der Katastrophe von 1945 zu einer neuen Legitimation, zu einer moralischen Identität verholfen hätte. Und schließlich und drittens läuft untergründig als Gegenthema die Klage und Beschwerde mit, diese bundesrepublikanische Literatur hätte sich, da gefangen in ihrem gesellschaftlichen Auftrag, abgekoppelt von der literarischen Moderne, von progressiver und autonomer Ästhetik.

Auf der ersten Ebene wird also ein Generationskonflikt ausgetragen, auf einer zweiten eine falsche oder doch überholte Funktion von Literatur beschrieben und dann drittens ein Gegenbild zeitgemäßer Literatur fortlaufend mindestens anskizziert.

Nur vordergründig läßt sich die Schirrmachersche Polemik vereinfachen auf das Muster eines üblichen und ordinären Generationskonflikts. Wenn allerdings mit einem dreifachen Stoßseufzer über die altgedienten Autoren der »Gruppe 47« gesagt wird: »Fast alle sind sie noch da. Und die jüngeren Autoren sind nicht da wie sie. Es hat sich fast nichts geändert.« – so ist das keß und auch pietätlos übertrieben. Die Toten werden nicht mitgezählt. Immerhin fehlen doch Böll und Weiss und Johnson und Bachmann und Eich und Fichte und Schnurre und Fried, von den fast oder ganz Verstummten gar nicht zu reden. Und doch: daß Sechzigjährige immer noch weiterschreiben und -leben, öffentlich beachtet, ja womöglich überbewertet, da ein Lebenswerk schon quantitativ mehr Gewicht hat als die ersten, wenn auch noch so kühnen Bücher jüngerer Autoren – das alles war für Dreißigjährige seit je schwer verständlich und ärgerlich.

Aber auch, wenn wir seit zweihundert Jahren wissen, daß aus Jungautoren nicht nur Altdichter werden, sondern aus Rebellen auch immer Repräsentanten, daß schon die Rezeption mit ihren Abschleifungs- und Gewöhnungsprozessen dafür sorgt – dennoch sollte mit einem matten »semper idem« die Schirrmachersche Diagnose nicht eingeschläfert und entschärft werden: Lähmung, Erstarrung, Provinzialisierung wird der gegenwärtigen Literatur nachgesagt, und dafür soll, 23 Jahre nach ihrer letzten Tagung, noch immer der Geist der »Gruppe 47« verantwortlich gemacht werden, nach immerhin zwei literarischen Jahrzehnten, die von den politischen und ästhetischen Vorstellungen der sechziger Jahre kaum noch geprägt waren. Kurzum: hier wird mit Ernst, Erbitterung und einem auch überanstrengten Scharfsinn das Standbild einer übermächtigen Vergangenheit entworfen, unter der die gegenwärige Literatur verkümmert oder erstickt. Für diese Verzerrung müßte es plausible, einsehbare Gründe geben.

Was Schirrmacher nämlich in seinem Hauptgedankengang, in verwegen hypothetischen sozialpsychologischen Konstruktionen, als zweifelhaftes Verdienst der bundesrepublikanischen Literatur beschreibt, ihre Mitwirkung am »Gründungsmythos« dieses Staates und seiner Gesellschaft, das setzt immerhin etwas voraus, wovon jüngere Autoren heute nicht einmal mehr träumen dürfen: daß Leser damals zur Weltorientierung und Selbstfindung noch angewiesen waren auf Belletristik, daß sie lesend, also literarisch sozialisiert werden konnten. Damit scheint es seit mindestens den achtziger Jahren vorbei. Kein Wunder, wenn in Schirrmachers negativ getönten Analysen einer schlimmen Funktionalisierung der Literatur in der Zeit zwischen Adenauer und Brandt immer wieder etwas wie Nostalgie seufzt, ja manchmal auch der blanke Neid durchschlägt: »Erstmals wurden Schriftsteller von einer Gesellschaft wirklich benötigt. Auf dem Spiel stand die Legitimation dieser Gesellschaft.« In dieser Notlage entstand eine Literatur, »die Öffentlichkeit fand und sich Öffentlichkeit schuf«, die funktionierte »als gleichsam sozialpsychologisches Organ, als Instrument und Spiegel des kollektiven Bewußtseins, als Produktionsstelle der westdeutschen Identität«.

Schlichter und wohl auch zutreffender ließe sich eher behaupten, diese Trauerarbeit hat, wie jede andere, Land und Leute gewissermaßen auch entschuldet. Darauf zielt offenbar der vorwurfsvolle Gestus, an dem Schirrmacher festhält. Wenn allerdings dann, an die Debatte um Christa Wolf anknüpfend, verkündet wird: »Nicht nur die Literatur der DDR sollte eine Gesellschaft legitimieren und ihr neue Traditionen zuweisen; auch die Literatur der Bundesrepublik empfand diesen Auftrag und führte ihn gewissenhaft aus« – so stockt dem Leser vor solcher kühlen, wertneutralen Gleichsetzung von westlichen und östlichen Zuständen doch der Atem. Sollte etwa hüben wie drüben eine falsche

Gesellschaft mit einem falschen Bewußtsein literarisch-ideologisch aufgerüstet worden sein? Diese Lesart scheint allein dadurch ausgeschlossen, daß der Satz immerhin in der *FAZ* publiziert werden konnte. Also bleibt nur der Schluß, daß Literatur keiner Gesellschaft zu ihrem Selbstverständnis dienen dürfte. So asozial hat sich aber nur die asketische Moderne auf ihrem Höhepunkt verstanden: statt falscher Funktion lieber gar keine. Ästhetische Radikalität und öffentliche Wirkung sollten sich gegenseitig ausschließen.

Den wacker oppositionellen Autoren der Adenauerzeit dagegen, das möchte Schirrmacher mit allen blendenden Tricks ehedem linker Dialektik vorführen, ihnen haben sich gerade gute Absichten unweigerlich verkehrt zu falschen Wirkungen. Denn: indem sie der Gesellschaft ein schlechtes Gewissen beibrachten, haben sie ihr immerhin zu einem Gewissen verholfen. Und: da Vergangenheit und ihre Schuld dauernd in Erinnerung gerufen wurden, schien schließlich alle Schuld – Vergangenheit. Mithin: versucht wurde zwar Entmythologisierung, geschaffen aber damit der »Gründungsmythos« einer humanen Gesellschaft und ihrer Republik.

Über Jahre und Jahrzehnte hinweg sollen sich also unsere Literaten subjektiv über ihre wahre und objektive gesellschaftliche Rolle getäuscht haben –, das offenbar wollen derart blendend paradoxe Scheinbeweisgänge behaupten. Der Unwille über solche Selbsttäuschung oder Lebenslüge und der Unwille über eine immobile, altersschwache literarische Szene scheinen federführend in der Schirrmacherschen Polemik. Damit offenbart die stark vorgetragene Attacke freilich auch ihre überwältigende Schwäche. Sie kämpft gegen viel, aber für fast nichts, nicht jedenfalls für eine ganz andere, neue, junge, schon aufgebrochene, nun gegen ein erstarrtes Establishment durchzusetzende Literatur. Auf das abgeräumte Feld, tabula rasa, setzt der Artikel am Ende noch eilig zwei Gedenksteine für Paul Celan und Thomas Bernhard. Fraglich, ob diese beiden als postume Zeugen gegen den postumen Geist der »Gruppe 47« taugen. Doch Zeugen für eine jüngere, neuere Literatur sind sie gewiß nicht. So wenig wie Dürrenmatt, Koeppen, Schmidt oder Frisch, die alle auch jenseits der »Gruppe 47« groß geworden sind und trotzdem die gleichen Jahrzehnte entscheidend mitgeprägt haben.

Mit der Anrufung Bernhards und Celans wollte Schirrmacher offenbar nur noch einmal daran erinnern, was in seinem Reinheits- oder Modernitätstest für Literatur die allerersten Kritierien sind: Lebenshilfeverweigerung, Ichdiffusion, Gesellschaftsferne. Mit Literatur soll, in einem Wort, kein Staat zu machen sein. Dagegen haben, so die These, gerade die wirkungsvollsten Autoren der Bundesrepublik verstoßen. Um so schlimmer, wenn das geschah gegen ihre lautere Absicht, denn nun klammern sie sich um so fester an ihre Lebenslüge.

Ein heißes, kaltes Fazit, herausfordernd sicher, ganz überzeugend kaum.

Sieht man diesen Schirrmacherschen *Abschied von der Literatur der Bundesrepublik* nüchtern an, ungereizt von seinem forcierten Scharfsinn und seiner Provokationslust, dann bleibt von allen Behauptungen nur ein solider, schlichter Rest, der aber einleuchtet und sich belegen ließe:

Erstens: Der Brennpunkt der Literatur der Bundesrepublik lag und liegt für einen Rückblick noch immer in den sechziger Jahren.

Zweitens: In diesem entscheidenden Jahrzehnt waren die Literatur der Republik und die Gesellschaft des jungen, traditionslosen Staates heftig ineinander verklammert – ganz gleich, ob man diese Verklammerung nun als Kampf oder doch Clinch oder aber als eine klammheimliche, erst jetzt aufzudeckende Komplizenschaft auslegt.

Und drittens: In dieser Zeit ihrer größten öffentlichen Resonanz war es für unsere Literatur nicht vorrangig, schreibend den Innovationsprozeß fortzusetzen, den die Moderne vorzuschreiben schien. Was auch heißt: unsere Literatur der sechziger Jahre war stärker national und durch ihre Thematik geprägt als international und durch ihren Fortschrittlichkeitsstandard. Man mag das, wie Schirrmacher, für eine Verfehlung, ja für Verrat halten, aber einsehen muß man, daß ausgerechnet diese national geprägte oder auch borniere Literatur ein Welterfolg wurde. Sie interessierte international, gerade weil sie so verbissen engagiert war an ihren deutschen Themen und Traumata.

An genau diesem Punkt setzte ein Artikel von Ulrich Greiner an, der in der *Zeit* die von Schirrmacher entfesselte Kontroverse und Konfusion mit einem Schlagwort noch schärfer, provokativer ins Allgemeine trieb: es ginge in dieser Debatte um eine lange, tief und dumpf eingewachsene deutsche Tradition, um den deutschen Hang zur »Gesinnungsästhetik«.

Dieses Begriffsgespenst hat inzwischen Karriere gemacht, was immerhin seine Schlagkraft und eine journalistisch glückliche Findung beweist. Leider hat ihr Autor es mit sicherem Instinkt vermieden, sein Schlagwort historisch und systematisch etwas enger zu umreißen und so womöglich zu entschärfen. Oder sollte damit nicht mehr gemeint sein als eben: »Kitsch«? Also etwas kaum Präziseres als die Überformung von literarischem Material durch moralische Absichten, als die Auflösung ästhetischer Strukturen in Sentimentalität? Ließe sich solcher Kitsch tatsächlich nachweisen bei Simmel wie Wolf – Namen, die Greiner in einem Atemzug nennt – und dann etwa auch bei Böll, Bachmann, Hochhuth, Reiner Kunze? Was aber wäre deutsch an solcher Gesinnungsästhetik alias Kitsch, die wir doch in Texten von Hemingway oder Claudel oder Dickens oder Hamsun womöglich auch nachweisen könnten? Lauter Fragen, die trostlos ins Weite und Vage führen.

Und doch sollte man probeweise konzedieren, daß mit dem Vorwurf »Gesinnungsästhetik« grob etwas Empfindliches in einer starken deutschen und nicht nur literarischen Tradition getroffen worden ist, ein Sendungsbewußtsein und Prophetentum, das sich von Beethoven bis Beuys, von Schiller, Hölderlin über Wagner bis zu George oder Jünger verfolgen läßt – die Liste der belangbaren Namen und Werke ersten, zweiten, dritten Ranges ließe sich fortsetzen in einer monotonen Litanei. Nur muß man angesichts dieser höchst gemischten Tradition dann auch konzedieren, daß der Begriff »Gesinnungsästhetik« polemisch, ja demagogisch etwas zusammenzieht, was unterschieden werden muß, so schwierig das immer sein mag: die Autoren und Werke nämlich und deren oft fatale Rezeptionsgeschichte.

Welcher Gebrauch von Kunst gemacht wird, ist dieser nicht ohne Umstände anzulasten. Wie das bürgerliche 19. Jahrhundert Schiller patriotisch verklärt und verhunzt hat, daß Hitler sich auf Wagner berufen und Heydrich sich bei Mozart spielend entspannen konnte –, es spricht im Zweifelsfall eben nicht gegen die Werke und ihre Urheber. »Schuld« daran ist gerade der schwierige Bedeutungsreichtum ästhetischer Strukturen, der jeder brutalen Reduktion, Indienstnahme und Zweckentfremdung wehrlos ausgeliefert ist. Das gilt genauso für den wohlfeilen Verdacht, Heinrich Böll trage Verantwortung für die Mordideologie der RAF wie für die Unterstellung, Christa Wolf habe die Leidensbereitschaft in der DDR gestärkt oder gar stärken wollen.

Womit ich, nach einiger Abschweifung, wieder am Anfang, beim Thema wäre. Als Debatte um Christa Wolf hat der neudeutsche Literaturstreit begonnen, hat sich dann ausgeweitet zu einer Kontroverse über die sechziger Jahre und ihre Folgen, doch mit dem Schlagwort »Gesinnungsästhetik« war schließlich ein Generalverdacht formuliert, der eine kritische Lesart einer zweihundertjährigen deutschen Literaturgeschichte mindestens andeutete. Plötzlich stand ausgerechnet die »Gruppe 47« im Verdacht, die gesinnungsscharfe oder gesinnungstriefende Erbin einer in der Weimarer Klassik inthronisierten humanistischen Trinität des Wahren, Guten, Schönen gewesen zu sein. Offenbar ginge es darum, so kommentierte sarkastisch ein Leserbrief die Kontroverse, die deutsche Literatur endlich zu befreien von ihrer »aufklärerischen Unmündigkeit«.

Die Anspielung zielt auf Karl Heinz Bohrer, der mit einem *Merkur*-Essay über *Die Ästhetik am Ausgang ihrer Unmündigkeit* dem Literaturstreit auf theoretischem Höhenflug sekundiert hatte, der als heimlicher Pate schon hinter der Schirrmacherschen Abrechnung mehr zu ahnen als zu erkennen war und auf den sich Ulrich Greiner nun ausdrücklich bezog. Seit Ende der sechziger Jahre hat Bohrer, ohne Konzession an Opportunität und Zeitgeist, als Einzelgänger einer Ästhetik nachgegrübelt, die aus allen philosophischen oder geschichtsphilosophischen Aufträgen befreit und autonom sein sollte, erkenntnisleer und gesinnungslos – um es flach und scharf zu pointieren. Diese Arbeit und diese Position hat er über die Jahrzehnte immer nur durchhalten können in schneidender Abgrenzung gegen alles, was ihm im hiesigen literarischen Leben seit jeher »juste milieu« schien, angepaßt an Aktualitäten und verfilzt mit politischen Bedürfnissen. Von Bohrers sozusagen projektbezogener Aggressivität scheint die eher freischwebende seiner neuen Adepten gelernt zu haben, nicht ganz legitim.

Denn Bohrer, so journalistisch erregbar er auch immer wieder reagiert, hat doch kontinuierlich und ernsthaft versucht, die historischen Fundamente gegenwärtiger Debatten freizulegen. In seinem neuesten Essay nimmt er, wieder einmal, Partei für die frühromantische Opposition gegen den Universalismus der Klassik, für Friedrich Schlegel und gegen Friedrich Schiller. Liest man allerdings Schiller, statt durch Schlegels oder Bohrers Brille, lieber im Original, dann läßt sich in seinen theoretischen Entwürfen Kunst weder auf Gesinnungsarbeit noch auf Erkenntnisinteresse festlegen. Im Gegenteil, wie eine Kernstelle seiner *Briefe zur ästhetischen Erziehung des Menschen* klarmacht:

»In dem ästhetischen Zustand ist der Mensch also Null (...) Daher muß man denjenigen vollkommen recht geben, welche das Schöne und die Stimmung, in die es unser Gemüt versetzt, in Rücksicht auf Erkenntnis und Gesinnung für völlig indifferent und unfruchtbar erklären. Sie haben vollkommen recht; denn die Schönheit (...) findet keine einzige Wahrheit, hilft uns keine einzige Pflicht erfüllen und ist, mit *einem* Worte, gleich ungeschickt, den Charakter zu gründen und den Kopf aufzuklären.«

Das ist unmißverständlich. Im ästhetischen Zustand, wie ihn diese Briefe entwerfen, gekrönt von dem berühmten Diktum, der Mensch wäre »nur da ganz Mensch, wo er spielt« –, in dieser zweihundert Jahre alten theoretischen Phantasie könnte eher die Postmoderne ihre eigene wiedererkennen, falls sie, statt immer nur französisch, auch einmal deutsch lesen würde.

Für Gesinnungsästhetik als deutschen Sonderweg also läßt sich nicht einmal ein deutlicher Anfang erkennen, und als eine Haupt- und Nationalstraße, eigentümlich nur für deutsche Verkehrsverhältnisse, wird sie sich schwerlich beschreiben lassen. Auch die dritte Phase des neudeutschen Literaturstreits, nach dem Streit über Christa Wolf und dem über die Rolle der »Gruppe 47«, mündet also in ein eher laues, weil kaum noch überraschendes Resümee: Es ging und geht offenbar in der ganzen Kontroverse um nicht mehr und nicht weniger als um die Möglichkeit und die Unmöglichkeiten einer engagierten Literatur.

Wieder ein Zeichen dafür, daß die Nachkriegszeit, die unter diesem Schlagwort einsetzte, nun endgültig zu Ende geht.

Spätestens jetzt wird es Zeit und scheint es lohnend, den Blick zurückzulenken auf die umstrittene Epoche selbst, in die sechziger Jahre unserer Literatur. Denn auch damals war sie umstritten, und zu untersuchen wäre, ob und wie die neuesten polemischen Diagnosen unserer Literatur übereinstimmen mit jenen Angriffen, denen sie in ihrer klassischen Zeit, eben in den sechziger Jahren ausgesetzt war.

Dreimal ist damals die Gegenwartsliteratur grundsätzlich in Frage gestellt worden, jedes Mal von außen und aus großer Entfernung, erst durch einen großen Germanisten, durch Emil Staiger in Zürich, dann durch den Amerikanisten, Autor, Kritiker Leslie Fiedler aus Buffalo, USA, und schließlich im berühmt-berüchtigten *Kursbuch* 15, im Geist der damaligen Berliner und Pariser Kulturrevolutions-Ideologien. Auch die Argumentationen kamen also jedes Mal von weither, zunächst aus einem damals noch aggressiven bildungsbürgerlichen Unbehagen gegen die Kunstmoderne, dann mit dem Pathos einer neuen, diesmal amerikanischen Avantgarde und schließlich aus einem politischen Totalverdacht gegen alle bisherige, die bürgerliche Kunst. Binnen zweier Jahre, zwischen Dezember 1966 und November 1968, wurde also die gleiche Literatur erst als nihilistisch und zersetzend, dann als altmodisch und tot, und schließlich als wirkungslos und steril eingeschätzt, die gleiche Literatur, der nun Frank Schirrmacher die Diagnose gestellt hat, sie wäre die Schaltzentrale unseres psychosozialen Wiederaufbaus gewesen. Diese vierfache Aufregung ist ein Lehrstück dafür, wie perspektivisch verzerrt eine Literaturperiode erscheinen kann, wenn verschiedene Erwartungshaltungen und polemische Interessen sie in den Blick fassen.

Was Staiger im Dezember 1966 in seiner über ein Jahr lang diskutierten Zürcher Literaturpreisrede sagte, was Leslie Fiedler im Sommer 1968 auf einem Symposion in Freiburg verkündete, Diskussionsstoff bis zum Jahresende, und wie die Autoren im fünfzehnten *Kursbuch* argumentierten –, das widerspricht sich nun zwar in Wortlaut und Gesinnung heftig, nicht aber in der Thematik: es ging dreimal ums gleiche, um das Verhältnis von Ästhetik und Moral, um die gesellschaftliche Verbindlichkeit von Literatur. Emil Staiger nennt, was er fast aller Gegenwartsliteratur abspricht, tönend den »Willen zur Gemeinschaft«. Der um gut eine Generation jüngere Jargon beginnt zur gleichen Zeit von »gesellschaftlicher Relevanz« zu reden, und Fiedler hätte wohl das von der modernen Hochliteratur Verspielte schlicht und pragmatisch nur Popularität genannt. Der Befund aber ist vergleichbar: die vorgefundene, die herrschende Literatur ist sozial funktionslos geworden. Natürlich darf man einen Wortschatz, in dem »Wille zur Gemeinschaft« oder »gesellschaftliche Relevanz« oder aber Pop und Popularity eingeklagt wird, nicht mißverstehen als etwas nur Äußerliches, als professoralen Ornat, Mao-Gewand oder Hippieklunkern, unter denen sich ein und dieselbe Absicht und Argumentation verbergen. Stillschweigend einig aber war man sich in diesen späten sechziger Jahren offenbar doch über die Sozialbindung der Literatur und über ihr Versagen vor diesem Anspruch.

Liest man heute die Zürcher Rede von Emil Staiger, so muß man sie mühsam zurückversetzen in ein geistiges Klima, in dem ein Unbehagen an der modernen Kultur sich immer noch orientierte an den Losungen vom Untergang des Abendlandes, vom Verlust der Mitte, vom Aufstand der Massen. »Entartete Kunst« durfte so nicht mehr genannt werden, aber sie war insgeheim immer noch gemeint. Auch wenn man sich aus linken Positionen distanzierte von bürgerlicher Dekadenz und (mit Lukács) von einer *Zerstörung der Vernunft.* Selbst die »Aktion Saubere Leinwand«, der sogenannte Volkswartbund oder die Ereiferungen des Publizisten William S. Schlamm, der sich offenbar schon durch seinen Namen prädestiniert fühlte zu Säuberungsarbeiten, sie alle gehören in den Dunstkreis des damaligen Kulturkampfs. Erst zurückverfremdet in solche Nachbarschaften, offenbart Staigers Rede ihre Würde und ihre Torheit, ihr Gift wie ihre traurige Harmlosigkeit.

Sie entwirft ein Sittenbild eher als die Ansicht einer Literaturperiode, ein Bild des Verfalls und der Verderbtheit. Autoren wie Werke, so Staiger, hätten sich längst verabschiedet von den »sittlichen Grundbegriffen ... die da heißen: Gerechtigkeit, Wahrheit, Maß«, hätten damit die »dauerhafte Ordnung menschlichen Lebens« verraten und so auch jene Mehrheit der Bürger, die ihren gewohnten Wertekanon literarisch bestätigt, gestärkt sehen möchte. Doch statt zu Maß und Gemeinschaft fühlten die Autoren sich berufen, »im Scheußlichen und Gemeinen zu wühlen«, von nichts weiter motiviert als »einer Niedertracht aus Trotz«. Mit der Vermutung, daß solcher »Nihilismus« nur ein »Luxusartikel« wäre, vollendet sich eine Denunziation, die der angeklagten Literatur jede Notwendigkeit abspricht. In ihr herrschen nur Laune, Willkür, Lüge, Wahn. Noch wo sie sich »engagiert« gibt, dient sie nur »vorgegebenen humanitären, sozialen, politischen Ideen« und verliert ihre »Freiheit« – das ist aus konservativem Munde ein erstaunliches, aber sozusagen stockliberales Argument.

Uns fällt es heute allzu leicht, derart biedere Entrüstungen verständnislos wegzulächeln. Aber schon damals ist bemerkt und auch entgegnet worden, daß Staigers Beschwerde ja gar nicht allein an die Gegenwartsliteratur adressiert war, sondern sich gegen eine mit Büchner und Baudelaire, Zola oder Dostojewski oder Strindberg längst gegründete Tradition richtete, in der das innige Glück, der brave Bürger, die schöne Normalität als Sujet wie als Botschaft längst ausgespielt hatten. Ganz abgesehen davon, daß selbst in der Wolfgang Goetheschen Kunstperiode solche Positivitätsexzesse bestenfalls in Gebilden wie *Hermann und Dorothea* oder im *Lied von der Glocke* einmal erfüllt schienen.

Aufschlußreich an dieser Züricher Rede und ihren Folgen ist heute nur noch zweierlei. Zunächst: für die Staigersche »Gesinnungsästhetik« stand alles damals Geschriebene in der destruktiven Tradition der Moderne, operierte also gesinnungslos, verlogen nihilistisch, selbstzufrieden dekadent. Der heute so emphatisch ausgerufene Gegensatz von hie Thomas Bernhard, da »Gruppe 47« wäre für einen damaligen Konservativen kaum wahrnehmbar gewesen: kein »Wille zur Gemeinschaft«, weder hier noch dort.

Noch bemerkenswerter: fast keiner aus der vielstimmigen Partei, die damals monatelang gegen Staiger protestierte, griff seine Grundvoraussetzungen an. Eine soziale Verpflichtung wird vielmehr auch für die aktuelle Literatur leidenschaftlich verteidigt, bewiesen, belegt. Man konnte sich also in diesen sechziger Jahren zwar heftig über ein zeitgemäßes literarisches Engagement streiten, heftig bis feindselig, nicht aber über das Thema selbst, über die moralische Verbindlichkeit des Schreibens. Nur ob dafür Weimar oder Auschwitz die Perspektive bestimmen sollten, das war, auf Schlagworte verkürzt, allein die Frage.

Als im Frühjahr 1968 die letzten Reste der Debatte noch einmal gesammelt werden, zieht der Herausgeber, Norbert Miller nämlich, halb klagend und halb heimlich gelangweilt ein Resümee: »Gemeinsam ist (...) die gleiche Ablehnung der Eigengesetzlichkeit der Kunst als Ästhetizismus (...)«, denn beide Parteien sind sich »in der Unterordnung der Kunst unter die Moral einig«. Inzwischen war, im Schatten oder im Licht des Pariser Mai, die Meinungsführerschaft in dieser starken Überzeugung vom konservativen auf den kulturrevolutionären Flügel übergegangen. Scharfzüngiger, doch mit vergleichbarer Verachtung wurde nun von links gegen die Verantwortungslosigkeit der Literatur moralisiert.

Auch im legendären Dokument dieser radikalen Infragestellung von Literatur, in den Beiträgen Enzensbergers, Karl Markus Michels und Walter Boehlichs zum *Kursbuch* 15, muß man heute die Patina von einem damals blendenden Jargon erst wegkratzen, um den schlichteren, harten Kern aller Argumente freizulegen. Das eitle, überflüssige, wirkungslose Geschäft des Literaturmachens, so lautet die defaitistische Botschaft, hat sich endgültig verraten und blamiert in Zeiten, in denen Straße, Basis, Sinnlichkeit für gesellschaftliche Umwälzung sorgen, so daß eine Kultur konkreten Glücks in greifbare Nähe rückt oder doch zu rücken scheint. Wenn Literatur so gründlich enttäuscht, dann muß man erst einmal viel von ihr erwartet haben. Versagt hat sie offensichtlich gegenüber ihrem Anspruch, Gesellschaft zu Selbstreflexion und durch diese zur Änderung zu bewegen. Was Enzensberger sozialpsychologisch so begründet: »(. . .) je mehr die Gesellschaft sich stabilisierte, desto dringender verlangte sie nach Gesellschaftskritik in der Literatur; je folgenloser das Engagement der Schriftsteller blieb, desto lauter wurde nach ihnen gerufen.« Ein Befund, den Karl Markus Michel mit einem Blick ins Innere der Autoren so ergänzt: »Die literarische Intelligenz findet ihren gemeinsamen Nenner in ihrem Selbstverständnis als Gewissen der Gesellschaft, der Nation, einer sozialen Klasse oder Clique: Und ›schlecht‹ muß es sein, wenn die Literatur ›gut‹ sein soll.«

In solchen Sätzen erkennt man unschwer die Dialektik wieder, mit der Frank Schirrmacher fast ein Vierteljahrhundert später die damalige Literatur traktiert hat, um ihren legendären Ruf zu zerstören. Daß Wiederholungen so einschlagen wie Provokationen, daß eine damals links und die ideologiekritisch formulierte Entzauberung engagierter Literatur heute als eindeutig antilinke Denunziation eingeschätzt und beantwortet wird – beides kann verblüffen. Doch in einem entscheidenden Punkt sind sich die *Kursbuch*-Fraktion von damals und der junge Gutachter aus der *FAZ* von heute vollkommen uneinig: Schirrmacher attestiert der damaligen Literatur den zwar zweifelhaften, aber doch durchschlagenden Erfolg, das Selbstbewußtsein ihrer Leser in dieser Republik entscheidend mitgeprägt zu haben, während im *Kursbuch* 15 mit gleich traurigem Scharfsinn bewiesen worden ist, daß Literatur in der Gesellschaft nur noch eine Nullfunktion erfüllt. Ob sich dieser Widerspruch erklären läßt? Es könnte sein, daß Michel / Enzensberger die Literatur klammheimlich freisprechen wollten von Mitschuld am Zustand der Bundesrepublik, so wie ihnen dieser damals erschien, während Schirrmacher nun mit unklarer Schadenfreude den Schreibenden und dem Geschriebenen genau diese Mitverantwortung aufhalsen möchte. Damals galt offenbar Erfolglosigkeit als Ehre, heute sieht Erfolg aus wie Schuld – zwei gleich weltfremde, doch rigoros gesinnungsethische Bewertungen.

Mit Emil Staiger – auch das ist erstaunlich – war sich die Mannschaft im *Kursbuch* offenbar einig darin, daß zwischen der Tradition der Moderne und »engagierter« deutscher Gegenwartsliteratur kein nennenswerter Unterschied auszumachen wäre. Außer womöglich der, daß die avancierte Literatur am radikalsten, am illusionslosesten leerläuft. In dem damals allein entscheidenden und glorifizierten Gegensatz zwischen Theorie und Praxis steht jede Art Literatur unweigerlich auf der falschen Seite: sie ist und bleibt unpraktisch, und also, wie Enzensberger dekretiert, »unabhängig von ihrem Scheitern und Gelingen, nutz- und aussichtslos«. Wer sich nützlich machen will, dem wird im *Kursbuch* der ästhetische Kahlschlag empfohlen, nämlich politischer Journalismus und Aktionismus nach dem Vorbild von Wallraff oder Meinhof, um »die politische Alphabetisierung Deutschlands« voranzutreiben, »ein gigantisches Projekt«. Die Dokumentarliteratur, dieser schwarze Schimmel, trabte damals schon einige Jahre durchs Land.

Da hörte sich, was Leslie Fiedler im Sommer 1968 auf einem Freiburger Symposion als Heilmittel gegen eine weltfremd sterbenskranke Belletristik angeboten hatte, doch gewagter, greller, bunter an. Tatsächlich hatte er mit doppelter Emphase, negativ wie positiv, für eine entschlossen unseriöse Literatur plädiert. Zunächst fegte er die klassische Moderne, da elitär und akademisch, ins Museum. Dann wurde der Zauberkasten des Trivialen geöffnet, prall gefüllt mit den Angeboten der Subkultur, mit Comics, Krimis, LSD, Indianern, Science-fiction, Pornographie. *Close the Gap and Cross the Border!* hieß der Vortrag – und gemeint war: alle Klassenunterschiede zwischen Hoch- und Subkultur sollten sich auflösen, durch den Aufbruch in neue Themenwelten, durch Entgrenzung ins Irrationale, und das alles unter der in Deutschland wohlbekannten Losung: Romantik! und unter einer nie gehörten: Postmodernismus! Dort in Freiburg war, zwischen Zürcher Bußpredigt und Berliner Totenmesse, der Satyr aufgetreten, und prompt fand man in monatelanger Diskussion seinen Beitrag so, wie er sich die Literatur der nächsten Zukunft wünschte: unseriös, dem deutschen Krisenbewußtsein nicht angemessen, barbarisch.

Doch nicht das zeitbedingt Modische der Fiedlerschen Offerten steht hier zur Disskussion, nicht diese knallbunte Mischung aus Pop, Mythos, Markt, sondern allein die höfliche bis erschrockene deutsche Reaktion. Sie definiert noch einmal die damalige Lage: an Kulturrevolution war man zwar theoretisch sehr, doch praktisch folgenlos interessiert, und die Aussicht auf eine literarische Demokratisierung durch offene Vulgarität löste prompt abendländische Schauder aus.

Höflich wurde zwar Fiedler darin zugestimmt, daß sich die klassische Moderne wohl totgelaufen hätte – doch an der Fortführung ihres ältesten Projekts, an Literatur als Modus der Erkenntnis sollte ganz offenbar festgehalten werden. Das jedenfalls liest man heute als stillschweigende Übereinkunft aus den höchst unterschiedlichen Reaktionen von Holthusen und Heißenbüttel, Vormweg, Walser, Jürgen Becker, Baumgart und Chotjewitz heraus. Einzig Rolf Dieter Brinkmann sprengte das geschlossene Gruppenbild, mit einem speienden Haßausbruch gegen das literarische Establisment der alten Dichter und ihrer hörigen Clique, mit einem gleich hemmungslosen Bekenntnis zu amerikanischer Expressivität. Aber auch diese *Neueste Stimmung im Westen,* gegen die sich Martin Walser noch zwei Jahre später in seinem Pamphlet mit diesem Titel aufbäumte, dieser transatlantische Import ist, wie wir heute wissen, eine überraschend kurze Episode geblieben.

So erscheint die Literatur unserer sechziger Jahre, dreifach durch diese Attacken in ihre Grenzen verwiesen, also definiert, im Rückblick erstaunlich einheitlich: unerschütterlich in ihrer Moralität, in ihrem Auftragsbewußtsein wie auch in ihrer Überzeugung, zeitgemäß modern zu sein, kritisch, aufklärerisch, in einer fast ungebrochenen Kontinuität zum 18. Jahrhundert. Doch dieser robuste Schein trügt: wie erschüttert diese Grundüberzeugungen längst waren, zeigt sich schon im Übergang zu den siebziger Jahren. Plötzlich ist der Konsens zerfallen, die heikle Balance zwischen politischem Pflichtbewußtsein und ästhetischem Auftrag bricht zusammen. Während eine rigide Fraktion in die Sackgasse der Dokumentarliteratur stürmt, beginnen Empfindsamere sich zurückzuziehen in eine neue innere Emigration. Mit Schlagworten wie Neue Subjektivität oder Neue Innerlichkeit, Authentizität oder Politisierung des Privaten werden luftige theoretische Strukturen über Texte errichtet, aus denen fast ungeschützt Autobiographie auf die Leser einredet.

Dieser Trend läuft von Strucks *Klassenliebe* bis zu Frischs *Montauk* und den unzähligen Erinnerungen an Väter, Mütter, Brüder ... Noch einmal, zum vorerst letzten Mal spielt Literatur in dieser Dekade Moral, führt also Haltungen vor, die ihre Leser nachspielen können, sollen. Bis dann, auf der Schwelle zu den achziger Jahren, eine neue Wende sich zu vollziehen beginnt, nun unter der endgültig durchgesetzten Losung der Postmoderne, die man in Fiedlers Vortrag 1968 noch vollkommen überhört hatte. Plötzlich soll Schreibkunst, freigesetzt von individueller Autorenerfahrung, nur noch angewandte Lesekunst sein. Erlaubt ist, ja erwünscht, mit dem unendlichen Vorrat der Themen und Methoden nur noch zu spielen, allerdings diesseits von Schillerschen Utopien. Intertextualität und Simulation heißen nun die theoretischen Modelle. Wo früher die Inspiration oder gar das Herz aller Dinge vermutet wurde, schaltet und waltet der Textcomputer.

Wenn solche hier nur fahrlässig anskizzierten Wahrnehmungen zutreffen, dann hat sich die klassische Literatur der Bundesrepublik, also die der sechziger Jahre, zwar gegen Ende dieses Jahrzehnts aufgelöst, doch ihr Modell literarischen Engagements mußte mit dem Untergang der DDR zwangsläufig noch einmal ins Blickfeld geraten. Diese DDR imponierte ja nicht nur mit ihrem Kopfsteinpflaster, ihren hundertjährigen Alleen und der vermodernden Gotik, nicht nur also für nostalgische Touristen wie eine Erinnerung an alte Zeiten, die Fata Morgana eines deutscheren Deutschlands –, sondern sie war so gemütvoll wie fatal deutsch auch durch eine stockautoritäre, gegen alle westliche Zivilisation abgeschottete Gesellschaftsverfassung, ein dunkles Idyll historischer Verspätung. Dort durfte, mußte Literatur noch einmal simulieren, was es real nicht gab: kritische Öffentlichkeit. In dieser Ersatzfunktion wird sie nun nicht mehr gebraucht. Was waren das für Zeiten, so könnte man seufzend Brecht variieren, in denen nur ein Gespräch über Bäume fast kein Verbrechen war.

Ich nähere mich – endlich – dem Ende und möchte meine Vereinfachungen im Rückblick auf Jahrzehnte probeweise noch einmal vereinfachen. Wenn wir uns nämlich darauf einigen, daß Literatur sich begreifen läßt in vier Bezügen, in einem objektiven zu ihren Gegenständen und zur Wirklichkeit, in einem subjektiven zu ihren Autoren und deren Erfahrungen, in einem kommunikativen und sozialen zu Publikum und Gesellschaft und schließlich in einem immanenten Bezug nur auf sich selbst und die literarische Tradition –, wenn wir weiterhin einsehen, daß der Akzent zu verschiedenen Zeiten verschieden stark auf diese vier Bezüge gesetzt worden ist, auf Mimesis oder auf Wirkung, auf Expressivität oder auf Autonomie –, dann klärt sich das Bild unserer letzten literarischen Jahrzehnte auf zu dem einer folgerichtigen Entwicklung.

Denn zweifellos lasteten Mimesiserwartung und Wirkungsauftrag vom Ende der fünfziger Jahre bis mindestens zur Kapitulationsurkunde im *Kursbuch* 15 schwer und süß auf unserer Literatur, lähmend und motivierend. Doch in den kurzen, heftigen Turbulenzen einer um 1970 theoretisch links erwarteten, praktisch aber nur am Markt vollzogenen Kulturrevolution verliert dieses Modell einer auf Realismus und Emanzipation eingeschworenen Literatur seine Überzeugungskraft. Unverkennbar vielmehr – wenn wir weiter unserem vereinfachenden Schema folgen –, daß sich in den siebziger Jahren eine expressive Poetik und ein Schreiben nach dem Modell der Authentizität durchsetzen. Bis sich dann in einer neuen Wendung der Selbstbezug, die Rituale des l'art pour l'art, des Narzißmus und der Autonomie wieder zu Wort melden. Wieder, denn mindestens in diesen Tendenzen ist die ästhetische Postmoderne genau das, was ihre Vorsilbe gerade verleugnen möchte: modern. Auch darin, daß sie ihr Spiel ohne Grenzen auch ganz konkret betreibt: als ein internationales. Selten war unsere Literatur so in jedem Sinn mondän wie heute. Nur muß man zusammensehen, was diese Qualität alles einschließt: bloßen Schick und kluge Weltläufigkeit, die Flachheit, Flüchtigkeit und die Urbanität.

Genau über diese Qualitäten – um am Ende noch einmal an den Anfang zu erinnern – verfügte die DDR-Literatur nicht. Selbst wo sie ihre Erfahrungen am ehrgeizigsten bearbeitet hat, etwa im Werk Heiner Müllers, schienen noch ihre Avantgardismen treu traditionalistisch, deutsche Handwerksarbeit, geschult an Hölderlin, Shakespeare, Brecht oder Artaud, als wären solche Spitzen nicht längst abgebrochen oder doch abgeschliffen.

Das alles scheint, nein: ist nun verloren, vorbei. Denn nichts spricht dafür, daß sich nach dem Ende der DDR ausgerechnet in der Literatur etwas erhalten wird, was sich auf allen anderen Gebieten in den Westen hinein auflöst. Das zurückgeblieben Deutsche, das langsam Gearbeitete, das gläubig Traditionelle oder auch beflissen Engagierte der DDR-Bücher: es wird sich verlieren.

Doch es könnte sein, daß nun nicht nur der westlichen und östlichen Variante unserer Literatur ein Ende blüht, sondern der deutschen Literatur überhaupt. Sie ist ja, von lauter österreichischen und Schweizer Genies und Talenten seit Jahrzehnten tief unterwandert, als eine national deutsche ohnehin kaum noch zu erkennen. Nun aber dürfte der Modernisierungsschub, der sich auch literarisch in der ehemaligen DDR durchsetzen wird, die Auflösung unserer Kaum-noch-National-Literatur in internationale Intertextualitäten noch beschleunigen.

Doch nach wie vor lebt alle Literatur vom Widerstand des Besonderen gegen das Allgemeine. Sie kann zwar verdumpfen im Regionalismus, aber auch verdampfen im Kosmopolitischen. Gott also – der ja im Abend- wie im Morgenland als Autor gilt und mithin als unser allerhöchster Kollege –, Gott möge uns bewahren vor einer EG- oder UNO-Literatur. Jeder Sonderweg, auch ein deutscher, heraus aus dieser sich schon anbahnenden und glänzenden Misere, sollte uns, sollte jedenfalls mir recht sein.

(1992)

Die Zukunft?

Ein Buch von diesem Umfang sollte mit einem angemessen großen, monumentalen Signal enden, am besten mit einem Ausrufezeichen, zur Not auch mit einem Fragezeichen, wenn dieses nur schneidend, provokativ genug formuliert wird. Aber genau so ist dieses hier nicht gemeint: es steht eher, nachdenklich, voraus ins Offene und Undeutliche weisend, an Stelle eines Gedankenstrichs oder gar eines tonlosen Punktpunktpunkt...

Der historisierende Blick, mit dem ich mir in diesen Kommentaren die eigene Reaktion auf unsere Literatur gestern, vorgestern, vorvorgestern verfremdet habe, läßt sich auf den gegenwärtigen Augenblick kaum noch anwenden, um auch ihn zu verwandeln in einen Durchgangspunkt zwischen Vergangenheit und Zukunft. Selten war unsere Einsicht in die Vergangenheit, so auch in die Stationen und Verlaufslogik der literarischen Entwicklung, der Uneinsichtigkeit der Zukunft so überlegen wie heute.

Nichts ist deutlicher und schärfer als der Einschnitt, den die Jahre 1989 und 1990 auch in die literarische Geschichte der Bundesrepublik gesetzt haben, und nichts verwirrender als die Ungreifbarkeit eines deutlichen Anfangs nach diesem deutlichen Ende ...

Litanei, Larmoyanz, Wut
Sabine Peters: *Der Stachel im Kopf*

Ein Buch, das vor Bitterkeit sprüht. Atemlos hämmert es seine Schmerz- und Wutsätze über die Seiten, manchmal ohne Punkt und Komma, dann wieder in einem durch die Zeichensetzung nur verstärkten Staccato, doch ohne Großbuchstaben immer. Um so rauschender, ungehemmter treibt der Sprachstrom dahin, so energisch wie fassungslos. Daß der Leser mitgerissen werden soll, ist zunächst fühlbarer als: wogegen wofür wohin. Doch bald wird klar, daß Sabine Peters in ihrem ersten Buch versucht, sprachliche Radikalität und politisches Engagement noch einmal heftig zu verbinden, auf einer Traditionslinie, die sich etwa von Gertrude Stein über Peter Weiss zu Christian Geissler ziehen ließe. Schon das unterscheidet diese kaum dreißigjährige Autorin von fast allen Mitschreibenden in ihrer eher coolen, gewitzten Generation.

Drei Frauen, etwa so jung wie Sabine Peters selbst, sollen in locker sich zusammenfügenden Prosastücken zu Wort kommen, doch nur allmählich gewinnen diese Christa, Bettina, Marie und ihre unterschiedlichen Lebensumstände Kontur. Obwohl (oder weil) die Autorin ganz elementar und konkret eindringen möchte ins Bewußtsein dieser Personen und in dessen Vorgeschichte, die zurückverfolgt wird bis in Momentaufnahmen aus frühester Kindheit, ja bis in die murmelnde Innenwelt ihrer Eltern, dieser Fritz und Franz und Hildegard und Marga, allesamt zurechtgedrückt und dumpf geprägt von kleinbürgerlicher Enge, Nazizeit, Nachkrieg, von wunschlosem Unglück und verlorenen Glücksvorstellungen. Später im Buch wird dann auf eine Formel, in eine Metapher gebracht, worauf diese bis in die Kindheit zurückverfolgte Spur hinauswill: »klein allein wachsen wir groß zwischen gittern« oder: »zwischen gittern schlafen wir groß, wehe wehe.«

Sabine Peters arrangiert also für ihre Personen, was Heißenbüttel einmal »Bewußtseinsrepertoires« genannt hat, in Sprache reproduzierte Innenaufnahmen, die sie dann scharf absetzt gegen die zufälligen Details der Alltagswelt, gegen das Sammelsurium aus Lichtschaltern, Eisschrank, Teetasse, Müllbeutel... Dazwischen, also zwischen der kalten Dingwelt und einem in Fetzen sanft dahinrasenden Gedanken- und Gefühlsgewölk, ist scheinbar gar nichts. Unter solchen Versuchsbedingungen kann sich eine Erzählung nur schwer entfalten, jedenfalls nicht zu einer story oder gar einem plot verknüpfen. Selbst Gesichter werden kaum deutlich sichtbar, so blind und radikal bohrt sich die Autorin ins Innere ihrer Hauptfiguren, so streng hält sie fest an der Entfremdung zwischen Innen- und Außenwelt, zwischen den Wünschen und der Realität.

Und doch werden wir hier nicht hineingezogen in eine reine, unruhige Wahrnehmungs-, eine Passivitäts- und Sensibilitätsprosa in der Nachfolge etwa von Virginia Woolf oder von Nathalie Sarraute. Der aktivistische, fordernde, leidend protestierende Kontrapunkt ist unüberhörbar: Die ganze Welt sollte sich ändern und zwar gründlich und sofort, alle Umstände, Mißstände aufhebend, gegen die hier dreifach weiblich unter den Namen Marie, Bettina, Christa angeredet, angewütet wird.

Christa ist die erschöpfteste, Altenpflegerin und außerdem noch hoffnungslos einem gründlich eiskalten Computermann verfallen, dessen erfrorenes Herz ihr trotzdem unaufhörlich zuflüstert: »befrei mich befrei mich«. Marie dagegen, Germanistin und angehende Schriftstellerin, hat sich hoffnungsvoll verliebt in einen sehr linken, älteren Dichter. Bettina wiederum, unverliebt, jedenfalls in keinen Mann mehr, kämpft hoffnungslos hoffnungsvoll für die Befreiung der Menschheit, vorerst aber nur für die Befreiung der RAF-Genossen aus der Isolationshaft.

So ließe sich der Umriß der Figuren und ihrer Lage nachzeichnen, und das klingt herzlich allgemein. Doch tatsächlich soll und will sich, was da unaufhörlich aus den Marie-, Bettina-, Christaköpfen an Sprech-, an Wunsch- und Gedankenblasen herausplatzt, zu keinen nuancierten Charakterbildern zusammenfügen. Wichtiger als personale Differenz ist die gemeinsame Leidens-, Forderungs- und Beschwerdehaltung. Das ist konsequent, eindrucksvoll und schließlich – ja, ermüdend.

Auf Intensität und Atemlosigkeit ist der Litaneistil dieser Prosa gespannt, und in ebendieser Intensität verflimmern konkrete Umrisse ins Allgemeine. Ihre größte Wirkung erreicht Sabine Peters, kein Wunder, in einem Sprachstück, das die heillose Passionsgeschichte ihrer Christa mit dem Computerfreak Stefan steigert und auflöst ins Anonyme, in einen Fall Mann gegen Frau, Egoprogramm gegen Hingabeprogramm, bis endlich die Larmoyanz weiblichen Leidens umschlägt in Aggression. Aus Christa wird, allein von der wütenden Logik der Sätze getrieben, eine Medea. Statt mit Tränen erscheint nun die, der ihre Liebe vom Mann »verwünscht« worden ist zu einer »krankheit«, einem »irrtum«, einem »ersatz«, mit einem Messer beim Computermann: »denn wenn man dem tod zuvorkommen will muß man morden. und weil die jung war und liebte zu wissen und liebte zu tun und liebte zu hoffen kam die noch heute zum mann ohne daß er gefragt hätte ob die nicht heute noch kommen wollte. und die kann und die soll und die darf was die will und das ist den mann erstechen.«

Ein Rachetraum, eine Racheballade, aber aus nichts als Sprache, berauscht von der syntaktischen Gewalt wütender Folgerungen, in denen Kants für das ganze Buch leitmotivisches Frageprogramm »Was können wir wissen? Was sollen wir tun? Was dürfen wir hoffen?« schließlich umgestürzt wird in eine Mordvision. Doch »in Wirklichkeit« wird diese Christa, schwanger und hilfsbedürftig, vor den Wünschen ihres Stefan schließlich zu Kreuze kriechen.

Und in einer noch wirklicheren Wirklichkeit, fast schutzlos autobiographisch, entwirft Sabine Peters sogar unter dem Namen Marie ihr höchstpersönliches Projekt einer produktiven Liebe: zwischen einer jungen Autorin und einem altengagierten Dichter entsteht die Fata Morgana eines poetisch-politischen Bündnisses. Doch ausgerechnet dieses positive und nahe Wunschbild entgleitet ihrer Sprache ins Harmlose, ja backfischhaft Verschwärmte.

Dieser kalte Sprachtriumph mitten im Buch und dieses eher klägliche Scheitern gegen Ende addieren sich zu einem ernüchternden Befund. Sabine Peters' mächtig entfachte Rhetorik sucht und verspielt ihre Wirkung ganz und gar im Augenblick. Sie redet, stellt aber nichts dar. Wirken will sie, überwältigen, läßt aber kaum eine Nachwirkung zurück. Inszeniert werden nämlich mit Vorliebe – Klischees.

Denn diese Inbilder von Frau und Mann, von Kindern und Eltern, von Herrschenden und Menschen, mit denen hier klagend und anklagend, glühend und kalt gearbeitet wird, sie sind sämtlich vorgeprägt und das bedeutet auch: vorgewußt und unbedacht. Die Sprache, die Sabine Peters so machtvoll zum Einsatz bringt, bespricht eine fürchterlich fertige Welt, gegen sie anrennend, kaum an ihr arbeitend. Obwohl doch zwischen und in den Zeilen unermüdlich beteuert wird, diese Welt und ihre Einrichtung, dieses System aus Herrschaft und Ohnmacht und Unglück gehöre geändert, und obwohl diese Sprache so motorisch scheint, nageln die Sätze immer nur alles fest in die immer gleichen Elendsbilder: überall »derselbe jammer wie überall sonst«.

Nicht an Schmerzbewußtsein und Aggressivität, nicht an Kunstwillen, ja Kunstbesessenheit fehlt es dieser jungen Autorin, aber offenbar an Neugierde. Sie bleibt immun gegen alle Erfahrungen, die ihrem ästhetischen Können, ihrer politischen Haltung ernsthaft Widerstand zumuten würden. Sie spielt Fundamentalismus. Nicht ohne Trotz wird am Ende verkündet: »sie würde nicht fragen, wüßte sie nicht schon die antwort.« Und das, obwohl Sabine Peters ihre drei paradigmatischen Frauen doch immer wieder auflädt mit den drei Kantschen Katechismusfragen nach den Bedingungen unseres Wissens, Handelns und Hoffens. Nein, nicht aufklärerischer Anspruch treibt diese Prosa, sondern ein uralt, ja archaisch literarischer: der Gestus der Beschwörung, der Magie.

Das wird am deutlichsten im immer heftiger, leerer tönenden Schlußteil des Buches, wenn die Prosa sich ergreifen läßt von der Chronik der laufenden Ereignisse, wenn Sabine Peters zu reagieren versucht auf eine Aktualität von vorgestern, auf die Kampagne gegen die Isolationshaft, und auf das Neueste von gestern, auf die mit der DDR zusammenbrechende Alternative einer sozialistisch verfaßten und befriedeten Welt. Nicht fragend, trotz aller Rhetorik des Fragens, werden da die Fundamente eines erschütterten Glaubens überprüft. Vielmehr sucht der Glauben an die Möglichkeit einer radikal veränderten Welt, kaum angefochten, gleich wieder eilig Zuflucht in einer expressiv gestylten, scheinrationalen Sprach- und Gesinnungsmusik.

Eigentlich, so argumentiert das Buch im Namen von Bettina, Christa, Marie, sind diese in Gitterbetten großgezogenen Kinder nie aus den Gittern heraus auf die Welt gekommen. Aber möglich wäre auch, daß gerade die fundamentalistische Sprach- und Gesinnungskunst der Autorin ein solches Zurweltkommen verhindert, weil sie ihre Figuren gegen jede störende, nicht ins System passende Realitätserfahrung abschirmt.

Das sind, immerhin, Fragen und Zweifel, die erste Bücher heute kaum noch provozieren. Für die heute üblichen Talente ist das richtige Leben im falschen längst kein Problem und keine Zumutung mehr, sondern im Gegenteil die stillschweigende Losung. Sabine Peters dagegen könnte sich, wenn sie den Singsang ihrer starken Überzeugungen und ihrer kunstvoll forcierten Sprache einmal zu durchbrechen wagt, tatsächlich als das erweisen, was sie vorerst nur scheint: eine souveräne Begabung und Autorin.

(1991)

Wüst ist die Welt
Thomas Strittmatter: *Raabe Baikal*

So früh ist in unserer neu- und talentgierigen Zeit kaum einer entdeckt worden wie Thomas Strittmatter damals, gerade Anfang zwanzig, mit seinem *Viehjud Levi*. Dabei bot das Stück doch, was man von einem jungen Autor Anfang der achtziger Jahre keineswegs erwartete: einen Vorstoß in die braunen dreißiger Jahre, dokumentarisch abgesichert, expressiv gearbeitet, politisch engagierte Heimatkunst. Da schien also einer mit großer Verspätung noch einmal aus dem Schatten von Horvath und Fleißer auf die Bühne zu treten, so wie gut zehn Jahre früher

Fassbinder, Kroetz und Sperr. Oder, um noch weiter zurück und höher zu greifen: da suchte ein junger Stückeschreiber die *Woyzeck*-Spur.

In seinen Szenarien für Bühne und Film hat Strittmatter die vom Debüt geweckten Erwartungen auch treulich erfüllt, stur gefeit gegen Moden und Zeitgeist, allerdings auch gegen die Versuchung, seine solide handwerkliche Sicherheit zu riskieren. Jetzt wagt er das, inzwischen Ende zwanzig, mit einem Sprung in die Prosa. Eine Sammlung von kurzen und kürzesten Erzähltexten, die Scherben, Splitter, Fragmente einer Jugendgeschichte, nennt er oder doch der Verlag Roman. Das ist zwar handelsüblich, doch übertrieben.

Erzählt werden zwei Jahre aus dem Leben des jungen Raabe, der mitten im Buch aus einem Internat entlassen wird, mit der mittleren Reife. Das klingt in Strittmatters Welt wie der blanke Hohn, denn da glaubt niemand, auch nicht der Erzähler, an irgendeine mittlere oder gar höhere, innere, tiefere Reife. Da wird, streng kreatürlich, immer nur dumpf oder sanft gelitten, getobt, geduldet.

Zunächst meint man, diese Geschichten müßten zu vorgeschichtlicher Zeit, nämlich jenseits des Wirtschaftswunders, in den frühen fünfziger Jahren spielen, so arm, so urig regt sich da das Leben, so kauzig und knorrig, so finster und fröhlich entwirft Strittmatter seine Figuren. Später, als jemand in diesen scheinbar weit entlegenen Zeiten und Landstrichen plötzlich zu einem Geldautomaten will, als ein spröd verschlossenes Mädchen »Fick dich ins Knie!« schreit – da wird mit einem Schlag klar, daß diese Jugendgeschichte offenbar mitten in den achtziger Jahren ablaufen soll, daß Strittmatter mit mächtigem Druck Gegenwart verfremdet, archaisiert.

Wie arbeitet der Tod heißt gleich das erste Kapitel. Ein Kalb wird geboren, die Mutterkuh stirbt mühsam, im Stall stehen die Kinder aus dem Internat stumm entsetzt vor diesem Lehrstoff, den die Internatsleiterin als Wunder des Lebens eingeplant hatte. Dieses wird dann in einem weiteren Kapitel mit den Zöglingen durchgenommen, unter dem Titel: *Das Ei.*

Tatsächlich nimmt auch Strittmatter, nicht unschulmeisterlich, in einer Art Elementarunterricht seine Welt durch, Todeskunde, Lebenskunde, Fleischbeschau, Maschinenkunde. Ein tauber Bauernsohn läuft durch eine Welt ohne Laute, doch voll von Gerüchen, und erschnuppert überall »die Verwesung, die Treib- und Faulgase, den leisen Furz des Werdens und Vergehens«. Sein Bruder, geil nur noch auf seinen Bulldog, vergißt darüber Hof und Frau und sogar den eigenen Krebs. Welt ist hier alles, was die fünf Sinne, möglichst bewußtlos, ergreifen können. Das Wetter fährt launisch, bald zart, bald wüst, in die Buchseiten, mit Stürmen, Rauhreif, Tau und Eis. Im Internat, wenn die dort Eingesperrten kiffen, keilen, wiehern, grabschen, saufen und fressen, geht es ähnlich zu wie drüben im Stall. Ein Humanist möchte dieser Autor nicht sein.

Aber so entschlossen Strittmatter seine Geschöpfe auch animalisiert und archaisiert und seine Erzählung zusammenfügt aus schweren Brocken und wüsten Fetzen – so wenig denkt er doch daran, dieses barbarische Leben etwa baalisch zu besingen oder aber sich irgendwelche sozialtherapeutischen Absichten anmerken zu lassen. Eine große poetische Mitleidlosigkeit leuchtet manchmal aus diesen Skizzen auf. Dann wieder scheint's nichts als stoische Wurstigkeit.

Was eher irritieren kann, ist Strittmatters penetrante Sympathie zum Kauzigen und Schnurrigen, zur – wie es früher einmal hieß – »Idiotie des Landlebens«, das diese Taubmänner, Fleischbeschauer, Klavierstimmer, Maschinennarren in ihre Ticks, Pedanterien, Süchte, Spinnereien treibt. Oder sollte das, ganz bewußt, etwa nur Literatur-Literatur sein, aus Jean Paul, Hebel oder Rosegger in unser Jahrhundert hinübergepflückt? Ob ich Strittmatters Verschlagenheit, Verschmitztheit unterschätze?

Schwer einzuschätzen ist auch, was er mit der Sprache oder was diese mit ihm treibt. Schwerfällig bis linkisch, dann wieder selbstverständlich kraftvoll und schon wieder steif verschnörkelt, gedrechselt bewegen sich seine Sätze. Was ihnen ganz abgeht, ist Klang, Rhythmus, Melodie. Doch immer wieder gelingen Bilder, die seiner Kraft-, Vital-, Todeswelt prall auf den Leib geschnitten sind. Auch unverhofft zarte Sätze: »Eine dünne Eisschicht hatte sich auf dem Weiher gebildet, als Raabe glaubte, er habe sich zum ersten Mal verliebt.« Ob diese Ungleichmäßigkeit, das Undurchgearbeitete des Textes etwas wie »Lebendigkeit« herstellen soll oder aber sich wieder nur einer Wurstigkeit verdankt – schwer auszumachen.

Am eindrucksvollsten beweist der Erzähler seine Energie wie seine Rücksichtslosigkeit, wenn er Menschen reduziert und monumentalisiert, indem er ihnen einen Namen aufprägt wie ein Schicksal. »Fieber« heißt ein Mitschüler des jungen Raabe, der sich vor unseren Augen selbst verwandelt in einen »Raben«. »Das Unglück« wird der Pedell des Internats genannt, »Das Opfer« eines der Mädchen und »Andre« eine, die eben eine andre, weder ein Mädchen noch erkennbar sie selbst sein möchte. Die Spitznamensucht der Schüler wird ins Unheimliche gewendet, denn an ihren Namen hängen die Figuren wie an Schicksalsfäden: es passiert ihnen immer nur noch das »Nämliche«.

So taumelt das Buch, bald Ballade, bald Kuriositätensammlung, halb Splitterwerk, halb Kaleidoskop, vom ersten in den zweiten Teil. Der Erzählraum, nicht mehr beschränkt auf Internat und ländliche Umgebung, beginnt sich zu öffnen, verliert seine Hermetik, und der Zusammenhang der Erzählpartikel wird noch lockerer. Dichte Partien und trostlos zerfallende lösen sich ab. Raabe hat inzwischen eine neue Schule, einen neuen Meister gefunden, einen Steinmetz, der mit ihm Welt und Leben noch einmal in großen Zügen durchnimmt, eingeteilt in die Kapitel Kunst, Tod, Arbeit und Liebe.

Ja, leider auch Liebe, denn dieser Kursus führt fröhlich, fleischlich, männlich in einen ländlichen Puff, dem ein aus Mief und Mythos zusammengedichtetes Huren-, Damen-, Muttertier vorsteht, Rosamaria, verklärt vom Glanz der Kolportage. Plötzlich duftet Strittmatters Vitalismus nach billigem Parfum und protzt mit Stammtischbehagen, und sein von den »Gefühlswelten des Urhirns« inspirierter Erzählerblick offenbart, wie forsch und verklemmt und borniert männlich er agiert.

Raabe, dem der Meister Steinmetz endgültig weggestorben ist, gerät in die Großstadt, in eine endgültig nicht mehr überschaubare und in große, griffige Bilder übersetzbare Welt. Sie saugt ihm, sie saugt auch dem Erzähler das Mark aus den Knochen. Der kleine Roman verliert Seite für Seite an Spannkraft, bäumt sich auf in jäh einsetzenden, jäh wieder verlöschenden Wortvisionen, und gerät immer kläglicher in den Sog der Langeweile, in der auch sein Personal, rat- und arbeitslos, die Zeit verdöst: »Mehrere Tage saßen sie in dem Raum und taten nichts. Weder unterhielten sie sich noch spielten sie Karten noch lasen sie.« Davon ist nichts mehr zu erzählen. Die Bierkästen leeren sich, die Kapitelchen auch.

Ins Ende zuckt dann noch grell ein Mord. Raabe, fast absichtslos der Täter, doch auf eine sprachlose Weise, also »irgendwie« auch erlöst, sucht nun das Weite, flieht in Richtung Baikalsee, aus dessen Wasser der unvergeßliche Wodka des Meisters Steinmetz gebrannt war. Dort im Osten erwartet ihn, denkt er wohl und vielleicht sogar sein Erzähler, eine sehr männliche, eine fast menschenleere und reine Landschaft, in der man sich einrichten kann in einem tief zufriedenen Unglück.

Trotzdem: endgültig auszurechnen, auf eine Botschaft zu reduzieren ist dieses bald jähe, bald zähe Prosagebilde nicht. Diese seine Stärke hängt zusammen mit seiner offenbaren Schwäche, der Neigung, die Welt eben doch einzugrenzen auf ein Weltbild, das urig nur dem »Urhirn« und seinen fünf Sinnen traut und sich abdichtet gegen alle höheren und tieferen Einbildungen der sogenannten Humanität.

(1990)

Deutsch-deutsche Sprechblasenprosa
Friedrich Christian Delius: *Die Birnen von Ribbeck*

Da maule noch einer, unsere Autoren wären zu lahm, zu ichbezogen oder provinziell, um mit den großen Schritten der jüngsten vaterländischen Geschichte gehörig Schritt zu halten. Die schnellsten unter ihnen sind den Journalisten hart auf den Fersen geblieben. Zum Beispiel Achternbusch, der schon zur Jahreswende 1989/90 in wenigen Tagen ein deutsch-deutsches Dramolett aufs Papier und dann auf die Bühne der Münchner Kammerspiele geworfen hat. Das Stück allerdings war eher vom anarchistischen Genius seines Autors inspiriert als von Patriotismus: eine Fluchtphantasie, deren Figuren, mit der durchbrochenen Mauer im Rücken, auf einer Reise nach Nirgendwo, womöglich nach Afrika, irgendwo in Südtirol hängen blieben. Und da mögen sie heute noch weilen.

Tüfteliger, heikler hat dann Botho Strauß das Mauerwunder in sein neuestes Stück hineingearbeitet, nämlich zunächst in seine übliche Figurenmenagerie nur ein paar schwarzrotgoldene Stimmungstupfer hineingesetzt, dann aber ans Ende einen heftigen nationalpathologischen Klecks. Sodaß seit der Münchner Uraufführung gerätselt wird, ob das wohl mehr satirisch oder doch pathetisch gemeint sein sollte. Und genauso, als ein Unentschiedenheitsrätsel, war es wohl gemeint.

Nun also ist Friedrich Christian Delius angetreten, ein Spezialist für erzählte Zeitgeschichte zwar, doch ein langsamer Arbeiter und genauer Rechercheur. Diesmal hat auch er überraschend schnell reagiert, mit einem Prosastück, das eine deutsch-deutsche Konfrontation aus dem März 1990 ein Jahr später dem Buchmarkt ausliefert:

»Als sie anrückten von Osten aus dem westlichen Berlin mit drei Omnibussen und rot und weiß und blau lackierten Autos, aus denen Musik hämmerte, lauter als die starken Motoren, und mit den breitachsigen, herrischen Fahrzeugen das Dorf besetzten wie es seit den russischen Panzern, dem Luftwaffengebell und den Ribbeckschen Jagdfesten nicht mehr besetzt war, fünfzig oder sechzig glänzende, frisch gewaschene Autos auf den drei Straßen, und ausstiegen wie Millionäre mit Hallo und Fotoapparaten und Sonnenschirmen und . . .«

So setzt der Text ein, mit einem selbstgewissen Schwung und einem Wortschwall, der kaum auf Genauigkeit aus ist, sondern hoffentlich vorhandene, starke und gute Vorurteile des Lesers abrufen möchte. Da sind sie also, Wessis, wie sie im Buche stehen, laut, glänzend, unsympathisch, und so besetzen sie ein stilles havelländisches Dorf, wie vorher die Russen, die Junker, die Nazis. In diesen zehn, elf Zeilen ist das Spielfeld hergerichtet, aufgeladen mit hoffentlich einsatzbereiten

Sympathien und Antipathien und vorbereitet für den Auftritt von Figuren, die sich zu Gruppen, zu Mannschaften ordnen. Das ging schnell, wie im Handstreich, und viel wird sich auf den kommenden siebzig Seiten nicht mehr ändern.

Ribbeck heißt also der Schauplatz und auch der ist schon vorgeprägt, als Schauplatz des berühmtesten Fontaneschen Gedichts über Herrn von Ribbeck auf Ribbeck im Havelland, der Kindern so gern Birnen schenkte, im Leben und noch nach dem Tod. Diese lyrisch feudale Legende wird Delius, wie zu erwarten, ausgiebig entmytologisieren. Für ihn sind Junker Masken der Macht, und gegen diese schlichte Einsicht hilft kein Gedicht und kein Fontane. Aber die mit Bier und Birnenschnaps, mit Sonnenschirmen und Bänken ins havelländische Idyll und die Spät-DDR-Misere einbrechenden Westberliner wollen Ribbeck und die Ribbecker natürlich einen halben Tag und Abend lang feiern und heimsuchen genau wegen dieses lesebuchweit berühmten Birnbaumgedichts.

Da stoßen sie nun in der Erzählung von Delius auf Widerstand, genauer: auf eine lange Widerrede, einen zwar in handliche Absätze gegliederten, doch sich ohne Punkt über siebzig Seiten hinschlängelnden Satz. Wer diesen Satz redet? Ein Ribbecker, aber mit ihm und in ihm ganz Ribbeck, ja recht eigentlich wohl das ganze gedemütigte Volk der ehemaligen DDR. Ein Ich in der Wir-Rolle, ein kollektives Ich stimmt einen Beschwerde- und Klagegesang an.

Daß ein sogenanntes »Gemeinwesen« sich verkörpert in einer einzigen, vielstimmigen Stimme, ist ein starkes ästhetisches Mittel, eingesetzt schon im Chor der griechischen Tragödie. Eben noch hat Gert Hofmann in seinen Erzählpartituren kräftig und virtuos damit gearbeitet und dabei klargemacht, wie unheimlich und unberechenbar so eine Einheitsstimme redend agieren kann. Falls nämlich mehr aus ihr tönt als eine Einheitsgesinnung, eine womöglich noch selbstgerechte Moral. Genau das aber geschieht in dem riesigen Ribbecker Sprechblasensatz, den Delius füllt mit einem immer gleichen Klischeematerial.

Vox populi: das war selbst in den alten Passionsspielen die Stimme der Subversion. Aus ihr sprach die plebejische Perspektive auf hohe Geschichten, zweifelnd, verbockt realistisch, auf eine solide Weise schwunglos. Sancho Pansa und Schweijk gehören in diese Tradition. Dieser Blick von unten – das mag Delius vorgeschwebt haben – könnte auch heute noch eine hinter lauter Nachrichten und Ideologie weggeblendete Realität jäh entblößen.

Doch die hier tönende Volksstimme weiß kaum ein anderes Mittel gegen Ideologie als beflissene Gegenideologie und gegen eine diffus detaillierte Informationsflut wehrt sie sich mit markig poetisierenden Verallgemeinerungen. Da wird aus der Gegenwart, Vergangenheit und

Vorvergangenheit des wieder einmal besetzten und sich selbst entfremdeten Ribbeck immer nur das Längstbekannte heranzitiert, der plündernde Schwede, die vergewaltigende Rote Armee, die bellenden Nazioffiziere, der lauschende Stasispitzel. Der Junkerinspektor knallt mit der Peitsche, der Parteisekretär preßt Land und Leute aus mit dem Produktionssoll, die schwangere Landarbeiterfrau bückt sich nach den Kartoffeln, der LPG-Traktorist treibt die Maschine frustriert über verödende Felder, der westliche Industriemüll versinkt in unschuldig gequälter Erde.

Klipp und klar und monoton ordnet sich da eine Welt zum Weltbild. Jahrhunderte rafft der Ribbecker Singsang in eine Moritat aus immer ähnlichen Bildern mit der immer gleichen Rollenverteilung zwischen Oben und Unten, Herrschen und Leiden: »die Jahre gingen auf und ab, mal blutiger, mal unblutiger.« So versackt alles, statt Anschauung, Farbe und Differenz zu gewinnen, in der immer nämlichen Misere. Gegen so abstrakten Befund kämpfen auch die Metaphern vergeblich an: »was für ein Schlachtfeld das Dorf war, wo Knochen geschunden und Greuel gut möbliert und jede Generation die Bisse ins Fleisch gespürt und nur die Schärfe der Zähne die Abwechslung war alle paar Jahrzehnte …«

Man darf, angesichts von diesem Elendseinerlei, nicht zurückdenken an das, was Fontane zu erzählen wußte von brandenburgischen Junkern, an diesen Reichtum aus Jammer und Arroganz, nicht an Johnsons oder Christa Wolfs Chroniken aus den ersten Jahren der DDR, an dieses düstere Gemisch aus Hoffnung und erster Desillusion. Man darf den bieder, wenn auch unendlich dahinrollenden Satz von Delius nicht einen Augenblick messen an dem kämpfend in sich selbst verstrickten »Bodenlosen Satz« von Volker Braun. Denn dieser hier hat den festesten aller Böden jederzeit unter sich: alles Konkrete trampelt er platt zum Gemeinplatz.

So fügt sich auch die neueste deutsch-deutsche Enttäuschung patent ins unerschütterliche Weltbild dieser Prosa. Fest umrissen, der gerechten Abneigung freigegeben, werden die aktuellen Antipathie-Träger aufs Spielfeld geschickt: »die Sonnenmenschen aus dem Sonnenland«, »die sich in Bügelfalten und hellen Mänteln breitbeinig vor die Häuser stellen, mit gierigem Blick und blitzendem Zollstock über den Putz fahren«, die »mit zupackendem Blick alles zu Geld machen«, getrieben vom »Faustrecht des Markts«, so daß »überall das Geld sich zwischen uns und unsere Gefühle stellt«. Ach, nur ein einziger nicht ganz so gieriger und zupackender Blick, nur eine Bügelfalte weniger, würde Zutrauen stiften zu einer Prosa, die mit etwas mehr Neugierde, etwas genauerem Hinsehen nicht mehr ganz so blitzend und zupackend schon alles immer im voraus wüßte.

Doch ihre patente Wut verfährt strikt ausgewogen. Sie stanzt auch die »verkalkten Arbeiterfürsten aus Berlin, die ihre Ideale verraten haben«, die tückischen Parteisekretäre und ahnungslosen Brigadiers in die immer schon bereitstehenden Klischees. Nur das Volk – dem Delius weder aufs Maul noch in sein widersprüchliches Innenleben zu schauen wagt –, nur das Volk bleibt bei ihm verschont: ewig betrogen, immer geduckt, stets unschuldig. Hat sich nie gemein gemacht mit den Mächtigen, weder mit den Ribbecks, noch mit den braunen oder roten Bonzen, hat sich immer nur sein Teil gedacht, stumm, in »ermüdendem Gehorsam«. Bis nun endlich, in vorliegender Erzählung, das Lied vom braven Mann laut werden darf, nach Jahrhunderten der Kolonisierung und angesichts der neuesten, befreit zur Sprache.

Einer geliehenen Sprache allerdings, deren Autor Ribbeck und die Ribbecker abermals sich selbst entfremdet, weil er sie braucht und einsetzt in seinem Lehrstück, in der Rolle der leidenden Unschuld. Sodaß der Text, obwohl strotzend vor Harmlosigkeit, am Ende doch einen subtilen Verdacht provoziert: betreibt nicht auch er, wie seine negativen Helden, die feiernd in Ribbeck einbrechenden Westberliner, eine falsche Verbrüderung mit den dortigen »Eingeborenen«? Er nimmt ihnen das Wort aus dem Mund. Auch das ist, wenn auch gut, ja bestens gemeint, ein Akt der Kolonisierung, für den es von den ersten Missionaren bis zu den neuesten Anthropologen genügend Vorläufer gibt.

Was alles nur heißt, daß wir also geduldiger sein und abwarten müssen, ob und wie das Augenblicks- und das Geschichtsbewußtsein unserer eingemeindeten östlichen Nachbarn sich verwandeln wird in Literatur. Es gibt genügend Autoren, die auf die jüngsten Veränderungen nicht von der Zuschauertribüne aus reagieren müssen, die näher an den dortigen Erfahrungen leben und arbeiten und wohl auch erschütterter sind in ihren gängigen Meinungen.

(1991)

Der Artist im Augapfel – ratlos
Thomas Hettche: *Inkubation*

Was für eine rasche, zarte und doch robuste Karriere. 1989, mit fünfundzwanzig Jahren, hat Thomas Hettche seinen ersten Roman *Ludwig muß sterben* veröffentlicht, und selten ist ein Debut mit so breiter und tiefer Bewunderung, ja mit einer so seufzenden Erleichterung aufgenommen worden, als wäre mit diesem virtuos kühnen Textgebilde die

Zukunft einer jungen deutschen Literatur erst einmal gesichert. Preise regneten warm und freundlich auf das neue Talent. Nun, nach drei Jahren erscheint ein neuer schmaler Band mit zwanzig Prosastücken, erscheint als Zwillingspaar, einmal in einer Volksausgabe der edition suhrkamp (»verzichtet wird auf typographische Gestaltung«, wie der Verlag barsch kommentiert), parallel aber in einer Sammler- und Luxusedition, einmalig, numeriert, teuer und von Autors Hand signiert.

Solche Nachrichten reizen. Zu weiterer Bewunderung wie auch zu Häme, Neid oder Mißtrauen. Thomas Hettche allerdings, soviel scheint auf den ersten lesenden Blick klar, hat sich von frühem Ruhm, von Hysterie und Erwartungsdruck nicht dazu verführen lassen, mit großer Geste gleich in seinem zweiten Buch ein frühes Versprechen prompt und pompös einzulösen, also womöglich den prägenden Roman des neuen Jahrzehnts zu wagen. Im Gegenteil, seine neue Prosa laboriert in einem merkwürdig, waghalsig embryonalen Zustand, als gäbe es diese Spanne zwischen Texterzeugung und Textgeburt. Hingebungsvoller noch als der Ludwig-Roman prüft hier das Erzählen fortlaufend sich selbst, seine Voraussetzungen und Bedingungen, immer wieder hinaustastend in Möglichkeiten der Fiktion und immer wieder, geradezu emphatisch zurückweichend in ein schönes Gefängnis aus nichts als Sprache, ein gläsernes, aber dichtes Gehäuse.

»Selbstreferenz« heißt die dünne Luft in diesem Glashaus, das wissen spätestens seit den achtziger Jahren auch deutsche Oberseminare, und aus ihnen wie aus den Einsichten und Moden des vergangenen Jahrzehnts stammt unverkennbar die Schreibklugheit, Schreibempfindlichkeit, von der sich Hettches Texte führen lassen, so kühn wie vorsichtig. Etwa, um noch im Monat des Erscheinens reif zu sein fürs Museum, ein Prunkstück für postmoderne Auslegungsversuche, die in den Text selbst schon als lockendes und lesbares Palimpsest eingeschrieben worden sind? So könnte vorlaut das Mißtrauen fragen. Wer Geduld hat und Sympathie für die atemberaubende, auch verstörende und verkrampfte Dichte dieser Prosa wird sie zunächst anders lesen.

Was wäre wenn – das ist die sich in immer neuen Variationen versuchende Spielbedingung der Texte, auf die der inflationär verbrauchte Begriff Experimentalliteratur, Versuchs-, ja Versuchungsliteratur tatsächlich wieder zutrifft. Was wäre, wenn zum Beispiel (im ersten und weitaus längsten Stück der Sammlung) sich die Geschichte von Theseus im Labyrinth in eine Re-Vision hineinerzählen ließe, wenn das dem Tagträumer am Tresen einer einsamen Bar gelänge, wenn der Junge hinter der Theke, gebannt in den mythischen Namen, auch wirklich Theseus wäre und draußen wären, statt Autos im Schnee, lockend wieder Sand, Meer und das Labyrinth samt dem Ungeheuer Minotaurus, wenn nur nicht ein Mädchen drüben am Flipper lästig stören würde, wenn es sich auch einordnen, »einklinken« ließe in diese Geschichte, als Ariadne vielleicht, und wenn dann im Labyrinth der Kampf zwischen Kreatur und Held sich endlich anders entscheiden würde oder vielleicht doch wieder nicht ...

»Ariadne, ich bin dein Labyrinth«, so steht's bei Nietzsche, und den zitiert Hettche nicht, der sonst seinen Text dicht und luxuriös bestückt hat mit intertextuellen Verweisen, auf Rilke, de Sade oder das Hohe Lied, auf Brüderchen und Schwesterchen und Hase und Igel, so daß die Sprachspiele durch einen schön mitraunenden Resonanzraum laufen. Was wäre, wenn, neues Beispiel, die Halluzinationen eines Nachtwächters in Frankfurts Messehallen über ein Du, das zu Hause das Bett in der gleichen Nacht mit einem lange wartenden Er teilt, wenn das Wahrheit wäre oder auch »nur« Wirklichkeit – aber gibt es dieses Zuhause und Du, außer in einer nächtlich anhalluzinierten Geschichte?

Und doch vermittelt dieses notdürftige Herunterreferieren der Erzählanläufe nichts von der konjunktivischen Lüsternheit dieser im Aggregatzustand der bloßen Möglichkeit vibrierenden Prosa. Präzise murmelnd treibt sie durch ein selbsterzeugtes Niemandsland, zwischen Wachtraum und Erzählung, zwischen selbstgenügsamen Sprachprozessen und der Lust an Bildern, an Imagination und Inszenierung. Hettches Erzählexerzitien agieren so narzißtisch wie kokett: sollen sie sich nun hingeben, einer Geschichte, einer Figur, einem unabsehbaren Erzählverlauf und damit auch dem Leser? Oder nicht doch lieber blendend weiter um sich selbst kreisen, als kostbar ratlose und doch souveräne, »selbstreferentielle« Entzugserscheinung?

Das sind Fragen, in denen, man ahnt es, Erotik und Literaturtheorie sich zu einem schwülen Stelldichein treffen. »Textbegehren«, »Lust am Text«, »Schriftkörper«, solche in der Literaturrezeption schon totgeschwafelte Themen schlagen nun zurück auf die Produktion. Entsprechend ambivalent liest sich Hettches Prosa: elegant jonglierend mit ihren Zweifeln an den Möglichkeiten des Erzählens und doch erotisch aufgeladen von der Begierde, irgendein Du hineinzuverführen in seine Sätze, in eine beginnende Geschichte. Nur bleibt dieses Du immer nur Personalpronomen, will und soll beileibe keine Figur werden. Es zerfällt, kaum in den Text getreten, sofort in einerseits eine Sirenenstimme und andererseits in herrlich anziehende Körperfragmente, Haut und Haar, Augenlider und Mundwinkel. Zum Greifen nah, warm wie ein Hauch, doch leider: aus nichts als Sprache. Das scheint dem neuen Pygmalion ganz recht so.

Haut, diese empfindliche Grenze zwischen innen und außen, beschwört der süchtige Sprachträumer besonders gern an seinen Du-Objekten. Auf der Hautoberfläche stößt diese Prosa aus nichts als Blicken an ihre Grenze, und was dahinter steckt, wenn überhaupt etwas, entzieht sich. Doch die Haut, die ihn am dringendsten fasziniert, ist die über den Augäpfeln, denn in dieser Kuppel des Auges begegnen sich der Blick von außen und der von innen, doch: »unentscheidbar, wer in wessen Blick sich spiegelt, und ob nicht du in der Feuchte meiner Augen dich selbst besiehst.« Was sicher, an dieser wie an ähnlichen Stellen, auch zu lesen ist als eine Aufforderung an den Leser, sich in der Textoberfläche wiederzuerkennen als lesender Narziß. Auch er soll, wie der Text selbst, möglichst bei sich bleiben, statt »außer sich« zu geraten.

Sodaß wir auch diesmal dem raunenden Werbegesang des beigegebenen Verlagstextes nicht vorbehaltlos folgen mögen, denn der verspricht uns einen aus den zwanzig disparaten Stücken sich zusammenfügenden »Kurzroman«, ja geradezu eine »Liebes-, eine Traum- und Todesgeschichte aus der Gegenwart und in der Stadt«. Haltbar dürfte sich davon nur der Traum erweisen, und der gilt einer genußvoll unglücklichen Liebe zur Literatur eher als der zu irgend jemandem. Denn dieses Ich-will-Du-Sprachspiel, ein Spiel zwischen nackten Pronomina, wenn auch versehen mit Haut und Haar und Mund und Hauch und zweimal sogar mit Geschlechtsteilen, es ist kaum ein Spiel zwischen Personen, sondern zwischen Instanzen: Erzähler und Figur, Dichter und Muse, ja womöglich auch Autor und Erzähler sowie Erzähler und Leser –, alle diese Literaturproduzenten raunen da miteinander, greifen nacheinander, tasten nach einer Gemeinsamkeit in Geschichten, die zur Welt kommen möchten und dann doch lieber nicht.

Ein vorgeburtlicher Zustand, wie gesagt, mit manchmal mitreißend starken Wehen, doch schließlich immer wieder zurückschreckend vor dem erlösenden Wagnis, auf der Welt zu erscheinen, beglaubigt zunächst durch nichts als die Geste, den starken Schwindel der Fiktion: Eduard – so nennen wir einen reichen Baron... Für Hettche aber scheint sich der Satz »Am Anfang war das Wort« stillschweigend fortzusetzen in ein durchaus zufriedenes »Und am Ende auch«. Sein »Textbegehren« zielt auf Regression.

So bleibt nichts weiter zu bestaunen als das Kunststück einer coolen Sprachsinnlichkeit und in ihr die eindrucksvolle Verkörperung, ja geradezu Fleischwerdung jenes Jammers über das Ende der Fiktionen, von dem schon vor einem Vierteljahrhundert deutsche Erzähler redselig Zeugnis ablegten, damals ungleich derber und dumpfer, kapitellang sinnierend über ihr Verstummen, über die epische Unfaßbarkeit aller gesellschaftlichen und ihrer psychischen Zustände. So fortgeschritten sind inzwischen die Methoden, einen vergleichbaren Frust zu formulieren, daß er bei Hettche vor lauter Schreiblust und -raffinesse fast unkenntlich geworden ist.

Womit der Rezensent (um es schlichter und genauer zu sagen: ich) eingestehen muß, was nicht mehr überraschen kann: daß er kein Parteigänger dieser hier bravourös durchgeführten Textart eines Erzählens vor dem Erzählen ist. Man sollte, findet er (meine ich), auch mit literarischen Geburten nicht zu lange kokettieren. Ob etwas schon Entstehendes nun zur Welt zu bringen wäre oder lieber weiter im Fruchtwasser der Muse schaukeln sollte oder aber tot hinausgeschickt werden muß – das ist auch, wenn man die Geburtsmetapher so weit strapazieren darf, letztlich keine erotische Frage.

Was alles parteilich ist und ungerecht klingt. Nur läßt ein solches Buch gerechter Argumentation kaum einen Spielraum. Obwohl in seiner Sucht, schön offen zu bleiben, sich nicht abzuschließen, gerade nicht hermetisch, verhält es sich doch so hochmütig und so abweisend wie nur je ein hermetischer Text. Es stellt den Leser nämlich vor die unfaire Alternative, sich entweder hineinziehen zu lassen in den Versuchs- und Versuchungssog und ihm zu verfallen, oder aber »außen vor« zu bleiben. Gebannt in den Text, stellt sich die Frage, ob er mehr ist als betörend gut geschrieben, kaum noch. Draußen, vor dem Text, aber muß dem Leser ungerechterweise immer wieder auffallen, wie dürftig, wie attrappenhaft der Weltausschnitt ist, wie reduziert die Erfahrung, mit denen hier so kunstvoll gearbeitet wird. So viele stumme Blicke nur, Tresen, Fensterscheiben, Hautflächen, ein wenig Wald und Strand, allerhand Schnee und Regen, und durch dieses Idyll aus knappstem juvenilen Material bewegt sich eine souverän geführte Sprache suchend nach etwas, was nur in und mit Sprache eben nicht zu haben ist.

»Und trennst die Welt vom Wort, sagst, eins für mich und eins für dich«, so klagt in dem Titelstück das Brüderchen dem Schwesterchen. Brüderchen Autor dem Schwesterchen Muse? Das wird wieder so wenig deutlich wie auch, wer von beiden nun zuwenig Welt abbekommen soll und wer auf zuviel Sprache sitzenbleiben wird. Im Fall des nun achtundzwanzigjährigen Thomas Hettche scheint mir das vorerst klar. Um Oscar Wilde zu variieren: Zwar hat er nichts zu sagen, aber das sagt er herrlich. Doch Vorsicht: für den Erfinder dieses Bonmots war dessen zweiter Satzteil ungleich wichtiger als der erste.

(1992)

Die Welt als Walser und Vorstellung
Martin Walser: *Ohne einander*

Drei Jahre ist es nun her, seit das Ende der Literatur der Bundesrepublik ausgerufen wurde, mit guten Gründen und geistreichem Aufwand. Aber auch diesmal war die Wirklichkeit stärker, zäher als alle starken Thesen: der literarische status quo hat sich Jahr über Jahr schlicht fortgesetzt und das aus ernüchternd simplen Gründen. Einmal ist seit dem (schadenfroh oder bitter) verkündeten Ende rein gar nichts sichtbar, greifbar geworden, was wie ein nagelneuer Anfang aussähe. Und außerdem – ein noch banalerer Grund – schreiben alle unsere altgewohnten Autoren unermüdlich weiter.

Zum Beispiel Martin Walser, der jetzt – wenn ich richtig gezählt habe – seinen neunundvierzigsten Titel auf den Buchmarkt liefert. Auf seinen letzten Roman *Die Verteidigung der Kindheit*, tief mißverstanden als des Autors Beitrag zum Thema deutsche Einheit, läßt er nun einen knapperen, auf Tempo, auf Brillanz dressierten folgen, der zwar viel zeitgenössischen Kulissenzauber einsetzt, aber im Grunde nur noch einmal heftig durchspielt, was dieser Erzähler seit den sechziger, siebziger Jahren an Themen, Figuren, Schreibweisen entwickelt hat. Schwer vorzustellen, wie ein Walser-Anfänger, ein schlicht normaler Leser der neunziger Jahre diesen Roman lesen könnte, ohne Ahnung also von den tausendundein Walser-Echos, die er auslöst, von dem Resonanzraum eines vieltausendseitigen Œuvres, in den der Text hineingeschrieben ist.

Eine gute lange Weile könnte dieser ganz normale Leser sicher meinen, er wäre hier in einen angenehm flotten, frechen, flachen Unterhaltungsroman hineingeraten. Knappe Sätze, hohes Tempo, kalt sprühende Pointen. Dazu jede Menge Reiz-Milieu: reiche Leute, in München, in den Medien, am Starnberger See, bei Sex und Surf. Die reichen Leute, einige irre reich, alle wohl versorgt, sind keineswegs sorgenlos. Reiche Leute, arme Schweine. Sie plustern, sie piesacken sich, daß es eine Lust ist – für den ahnunglosen, ganz normal voyeuristischen Leser. Allerdings wird am Ende der drei langen Kapitel immer hemmungslos geweint, jedesmal von Frauen. Allerdings könnte der ahnungslose Leser auch verstört, aufgestört werden durch Schlußsätze wie (am Ende von Kapitel eins): »Das Schöne ruft nur seinen Schmerz aus. Was erscheint, zeigt seinen Preis.«

Diese reichen, ruhelos unglücklichen Menschen heißen Ernest und Ellen, Sylvio, Sylvi und Alf und Annelie – fast ein bißchen zu sorglos oder zu höhnisch sind solche illustriertenromanschnittigen Namen den Figuren aufgeklebt, als sollten damit ihre allzu schicken Schicksale denunziert werden. Denn auch die Handlung – falls es eine ist, aber unser Probe- und Normalleser wird sie zunächst als solche hinnehmen –, diese Handlung sieht in knapper Zusammenfassung aus wie ihre eigene Parodie. Ellen nämlich will ihre Affäre mit Ernest durchhalten, der sie allerdings längst mit Annelie betrügt, die eine kurze Weile etwas mit Ellens Mann Sylvio hatte, aber Ernest giert nur noch nach Ellens Tochter Sylvi, er fünfundsechzig, sie fast ein halbes Jahrhundert jünger, und er kriegt sie auch, im Uferwasser des Sees, auf dem er wenig später, surfend gegen Sylvi, ertrinkt.

Das darf nicht wahr sein! wird nun vielleicht auch der ahnungslose Nicht-Walser-Leser ausrufen. Wahr und wirklich in einem schlichten Sinne ist hier tatsächlich nichts, höchstens: »grotesk hoch drei«, wie die Redakteurin Ellen einen schon irrealen »Wirklichkeitsgrad« nennt. Die flotte Formel bietet endlich einen ersten Einblick ins Triebwerk der Walserschen Erzähl- und Illusionsmaschine, und damit wird es Zeit, alle Simulationsversuche mit einem voraussetzungslosen Leser dieses Romans fahren zu lassen. Was er auf der ersten flachen, alert, virtuos und dann wieder entwaffnend sentimental geschriebenen Schicht des Romans erleben mag – ich weiß es nicht, ich kann es nur vermuten. Denn für jeden, der Walser liest, so lange er schreibt, seit über dreißig Jahren, wird dieser Text sehr bald zu einem rätselhaft übermütigen, lässigen, dann wieder bitteren Spiel mit nahezu allen Motiven seines Schreiblebens. Wiederholung der Wiederholungen. Als Resteverwertung? Als Kehraus oder Aschermittwoch? Aus Altersleichtsinn oder Altertrübsinn?

Auf ihrem Höhepunkt, so hieß es früher, werde alle Kunst rein äußerlich. Gegen Ende, so lernen wir hier wieder, wird alle Kunst ganz nackt. Denn was Walser auch alles aufbietet an Milieu- und Detailkenntnis, über das Surfen und das psychische Gift in einer Magazinredaktion, die Ticks der Starnberger-See-Anwohner und den glanzvollen Irrsinn eines Föhntags –, das wirkt tatsächlich nur wie Verpackungskunst, Kulissenzauber, dient, durchsichtig wie selten vorher, nur der neuen Inszenierung uralter Walserscher Konstellationen: eines durch Kostüm- und Kulissenschick eher verschleierten, nämlich nackten, rücksichtslosen Macht- und Konkurrenzkampfs, zwischen den Geschlechtern, den Alters-, den Einkommensklassen. Jeder gegen jeden. Mißtrauisch, schlau, charmant, besorgt, bösartig. Auf Sieg oder Niederlage. Auf Tod und Leben.

Das klingt wie Shakespeare mal Heiner Müller hoch zwei, sehr finster und allgemein. Martin Walser tut ja auch unermüdlich alles, um den Durchblick aufs finstere Fundament seiner Menschenwelt wegzublenden, nicht nur mit Illustriertenweltglamour und -glitter. Jede seiner hier redenden und sinnenden Personen ist auch wieder dazu abge-

richtet, serienweise Martin-Walser-Befunde und -Bonmots abzulie-
fern, frech und traurig, über Männer, Medien, Macht, über Alkohol,
Antisemitismus, Schreiben, Sport oder Frauen. Als Erzähler kann er
noch immer nicht, was jeder regelrechte Erzähler muß, den Mund halten. Denn die Welt besprechen, ja rezensieren, und etwas erzählen, das
ist noch immer streng zweierlei. Als Erzähler sucht Walser immer noch
die Flucht vor sich selbst, vor dem Erzählen ins Bereden, die Flucht
aber auch vor der nackten, furchtbaren Monotonie seiner Grund-
thematik.

So, meine ich, läßt sich der Drang zur immer neuen Inszenierung
der immer gleichen Trieb- und Untergangsspiele und deren irrlichternde Virtuosität am ehesten erklären. Sylvi heißt nun, was einmal
(im *Einhorn*) Orli hieß, der Bodensee (dort oder in *Ein fliehendes Pferd*),
der einmal zum Pazifik wurde (in *Brandung*), heißt nun Starnberger,
auf dem die Hinrichtung des Gegenspielers erfolgt beim Surfen, statt
(wie im *Fliehenden Pferd*) beim Segeln, im Föhn- statt im Gewitter-
sturm, aber auch in *Brandung* wäre ein verboten alter Liebhaber fast
umgekommen in dieser ... Nein, wir wollen die Staffette aller Haupt-
und Nebenmotive nicht durchbeten, mit denen hier wieder einmal, in
neuem Kostüm, auf den alten, immer noch schnellen Beinen die immer gleichen, rasenden Erzählrunden gedreht werden.

Was einmal *Einhorn* hieß, so könnte man kalauern, könnte nun »Zap-
fenstreich« heißen. Die beiden Fünfundsechzigjährigen des neuen Romans, der irre reiche Ernest und der Trauerkloß-Romancier Sylvio
nämlich, zwei Popanze der Potenz, der eine noch balzend und aggressiv, der andere nur noch schlaff voyeuristisch – diese beiden weisen
unmißverständlich darauf hin, daß es »im Grunde«, jedenfalls in
männlicher Perspektive, bei allen Walserschen Macht-, Triumph- und
Demütigungskämpfen, um den sexuellen Sieg, die sexuelle Niederlage geht. Zwei sanfte Vergewaltigungen, an Mutter Ellen im Büro, an
Tochter Sylvi im Seewasser, sind genaugenommen die einzigen Aktionen des Buchs, zwanghaft, fast rituell vollzogen. Was aber zur Sprache
kommt, ist nur die sich in ein Geschwätzigkeitsdelirium hochdre-
hende, männliche Verführungssuada vor dem Akt. Das Bebalzen liefert Text, das Beschlafen einen Blackout, doch auf mehr sehen Walsers
Männchen den Kampf ums Weibchen, die sogenannte Liebe nicht hinauslaufen. Da mögen die Frauen, die Opfer, zappeln und kämpfen um
etwas wie Selbstbestimmung. Am Ende bleibt ihnen doch nur, da sie
immer auf den gleichen Leim gehen, die Heulerei.

Eine krasse, grelle, einfache Welt, kaum zu erkennen in den Geistrei-
chigkeitswirbeln, die Walser um sie und für sie entfesselt. »Selbstent-
blößungsverbergung«, so hat er seinen (und nicht nur seinen) Haupt-
schreibantrieb genannt. Jetzt aber dämmert mir erst, was alles damit

gemeint sein könnte. Haben wir nicht ihn, hat er nicht sich selbst über Jahrzehnte verstanden als einen erzählenden Gesellschaftskritiker, immer den menschenunwürdigen Miesigkeiten unserer Republik auf der Spur, mal im Dunstkreis der seligen DKP, mal im Geruch eines großdeutschen Patrioten und der CSU nicht unnah? Was für, so kommt es mir nun vor, schmerzliche Mißverständnisse, des Autors, seiner Leser, seiner jeweiligen Gesinnungsgenossen oder Verächter.

Wenn in Walsers Welt wütend gelitten wird, dann doch nicht an einer bestimmten, historisch fixierbaren, politisch reformierbaren oder revolutionierbaren gesellschaftlichen Verfassung, sondern daran, daß der Mensch als animal sociale ein solches sein muß, zur Gesellschaft gezwungen, die alles fälscht, zerredet, zerlügt, zerillusioniert. Drei Kapitel lang wird hier, mit kunstvollen Perspektivwechseln, von drei Personen aus erzählt, von Ellen, der Redakteurin (55), von Sylvi, der Surferin (19) und von Sylvio, dem Erzählprofi (65), doch so verschieden Mutter, Tochter, Gatte auch denken und reden mögen, in einem sind sie sich alle und sicher auch mit ihrem Autor einig: Wirklichkeit existiert nicht, sie hat in unserer Sprach-, Kampf-, Täuschungswelt sozusagen keine Chance. Als Wirklichkeit und »im Grunde« gibt es nur eines, aber das sagt hier listigerweise keiner, obwohl sie es alle dauernd erleben: den Geschlechtstrieb.

Das hat am Anfang des vorigen Jahrhunderts einer durchaus offen verkündet: und plötzlich kommt mir so vor, als würde heute niemand so rein (und so klammheimlich) wie Martin Walser das Schopenhauersche Konzept einer »Welt als Wille und Vorstellung« erzählen, fiebernd in Imponiergehabe, in Demutsgesten, verblendet in Triebillusionen, tröstbar vielleicht durch Musik, aber endgültig erst in endgültiger Ruhe, Nirvana. Natürlich hängen auch im neuen Roman drei junge Leute wie todessüchtig an Musik, am Cello, an Klavier und Trompete. Und natürlich weiß Sylvio, Voyeur und Kollege des Autors, der in der letzten Zeile den Romantitel *Ohne einander* prägt, daß dieses Monadenprogramm nur aufgehoben werden könnte im großen gemeinsamen Schlaf jenseits aller Gesellschaft, leider auch jenseits des Lebens. Eine Welt perfekter Trostlosigkeit, wenn auch diesmal blitzblank in Szene gesetzt.

Nach solchen Vermutungen oder Behauptungen verblaßt, für mich, alle Lust, diesen neuen alten Walser nun noch literaturkritisch durchzukämmen, seine Vorzüge, seine Fehler gegeneinander abzuwägen. Klar ist, daß die beiden älteren Herren dem Autor besonders nahestehen, ihm also, phasenweise, besonders riskant gelingen oder peinlich entgleiten. Klar auch, daß Sylvi, die Surferin, mit wenig mehr ausgerüstet ist als schönem Wuchs, einer ohnmächtigen Entschlossenheit und einer Tüte voll jungem Jargon. Während ihre Mutter, die kompakteste Figur, auch das kompakteste, geschlossenste Kapitel beherrscht, leider das erste.

Ist es eine Komödie, ist es eine Tragödie? Diese Frage wäre schon interessanter. Der Verlagstext, natürlich, setzt auf Tragödie. Ich tippe lieber auf: Comic strip. Die grellsten, giftigsten, allerunwahrscheinlichsten Szenen, sieht man, um sie zu ertragen, unwillkürlich übersetzt in ein Sprechblasendrama, »grotesk hoch drei«.

Das alles hieße, wenn es zutrifft, daß wir uns, Seit an Seit mit dem Autor, seit eh und je haben täuschen lassen über seine literarische Verwandtschaft. Zu wem und was nicht allem hat er sich glühend bekannt, zu Hölderlin, Robert Walser und Kafka, zu Fichte und Kierkegaard. Zu Schopenhauer, soweit ich sehe, nie. Aber nun, angesichts dieses nackten Endspiels, scheint mir auch seine Nähe zu den großen, trostlosen Triebspielern der Jahrhundertwende, zu Strindberg, zu Wedekind oder Sternheim unübersehbar.

So sieht es aus, 1993. Vielleicht wird uns schon der nächste, der fünfzigste Walser eines Besseren belehren, oder eines Schlimmeren. Vorerst aber beweist dieses unverhoffte Lehrstück, sicher kein Haupt-, aber ein Schlüsselwerk, daß die Literatur der Bundesrepublik, statt zu Ende zu sein, immer wieder überraschend, ja schockierend neu gelesen werden kann, werden muß.

(1993)

NACHWORT

Erklärung, Bekenntnis, Dank

Dieser Band will mehr und möchte weniger als etwa das Denkmal eines Kritikers errichten. Er soll und kann nicht einmal ein repräsentatives Bild meiner kritischen Arbeit präsentieren. Dazu fehlt, trotz des beachtlichen Umfangs, noch immer zu viel in dieser Auswahl, alle Theaterkritik etwa (und damit jede frische Reaktion auf neue deutsche Stücke), auch die Auseinandersetzung mit übersetzter Literatur und der klassischen Moderne. Der Ehrgeiz dieser Sammlung ist bescheidener und greift doch weiter. Sie soll tatsächlich trotz aller Lücken und Sprünge, ja geradezu mit deren Hilfe ein Bild unserer Gegenwartsliteratur entwerfen, dem ich gern den Titel »Statt einer Literaturgeschichte« gegeben hätte, wäre der nicht seit Jahrzehnten belegt.

Denn das hat mich als Möglichkeit überrascht und dann, je weiter die Auswahlarbeit fortschritt, vor allem gereizt an dieser Aufgabe: wie da in immer deutlicheren Umrissen aus lauter Fertigteilen unverhofft doch ein neues Buch zu entstehen begann. Unverhofft auch für mich, den – um es vorsichtig und deutlich genug zu sagen – ehemaligen Autor dieser teilweise ferngerückten, ja fremdgewordenen Texte, der Rezensionen wie der Essays, die nun durch Auswahl und Anordnung in einen Dialog miteinander gerieten, in eine Art Fortsetzungsgeschichte immer wieder auftauchender, nie endgültig beruhigter Sorgen, Hoffnungen, Zweifel.

In den neu geschriebenen Kommentaren zu den einzelnen Kapiteln habe ich versucht, einige dieser Fäden aufzunehmen, um das Muster und Gewebe deutlich zu machen, zu dem sie sich für mich und hoffentlich nicht nur für mich verbunden haben. Dabei ist mir wieder bewußt geworden, daß ja auch regelrechte, also kontinuierlich und von einem Standpunkt aus durchgeschriebene Literaturgeschichten mit Lücken, mit Akzenten und Überakzenten arbeiten, daß nur in diesem Rhythmus von Auslassen und Auswählen, aus Betonung, Unterbetonung, Überbetonung eine literarische Entwicklung erzählt werden kann als Literaturgeschichte, statt zu zerfallen in eine monotone Serie von Namen und Werken. Erzählt wird, so kam mir nun vor, auch in dieser Sammlung alter und neuer Kritiken, mit größerer Diskontinuität sicher als üblich und mit einem entsprechend stärkeren Appell an den Leser, sich *seine* Lesart der Entwicklung, *seine* Literaturgeschichte aus dem angebotenen Material zu entwerfen.

Auf diese Möglichkeit, die Sammlung, statt nur die Einzelstücke zu testen, auch zusammenhängend zu lesen, die Fortschreibung der Positionen, der Themen, Widersprüche, Lösungsvorschläge zu verfolgen, ist es mir bei der Auswahl vor allem angekommen. Eine Perlenkette von Glanzstücken, von entweder durch den Anlaß »wichtigen« oder »besonders gut geschriebenen« oder »treffenden« und dadurch scheinbar haltbaren Kritiken, war also nicht intendiert. Auch Lücken sollten offengelassen, nicht notdürftig zugeschrieben werden. Sicher, die Lyrik, die Literatur der DDR und auch der Schweiz, die experimentellen Schreibrichtungen sind, gelinde gesagt, unterrepräsentiert. Das entspricht meinen durchaus nicht universalen kritischen Interessen.

Federführend bleibt unbeirrt, durch alle Krisen und reichlich eigene Skrupel hindurch, die Neugierde für die realistische Tradition des Erzählens. Sie wird freilich, je weiter das Jahrhundert läuft, desto deutlicher überschattet – oder auch, wenn man will, erleuchtet – von einer doppelten Frage: ob Mimesis und Wirkungsauftrag die Literatur unweigerlich in Selbstaufgabe führt – ob Selbstreferenz aber ebenso unweigerlich in Leerlauf. Auch diese Insistenz des Fragens, mit den unvermeidlichen Motivwiederholungen und -variationen, sollte für einen Zusammenhang sorgen, der einer epischen Organisation, also Erzählabläufen nicht unähnlich ist.

Das müßte als Erklärung zur Sache genügen. Doch fällig ist nun sicher noch ein Bekenntnis der Person, des Kritikers. Diese Leerstelle möchte ich füllen mit einem sehr langen Selbstzitat, dem allerletzten in diesem Band voller Selbstzitate. Nicht um mich aus der Affäre zu ziehen, sondern weil sich meine Ansichten über Aufgabe und Lage der Literaturkritik nicht wesentlich geändert haben seit 1987, als ich in Darmstadt zum Thema das folgende (hier leicht gekürzte und nur wenig veränderte) Geständnis abgelegt habe:

In mein zweites Buch, als damals noch junger Autor, habe ich oft eine Widmung hineingeschrieben, zum allgemeinen Erstaunen, mein eigenes eingeschlossen, die frei aus dem Lateinischen übersetzt lautete: »Die siegreiche Sache hat den Göttern gefallen, die verlorene gefällt dem Cato.« Niemand, wie gesagt, verstand offenbar den Sinn des Bekenntnisses in diesem Buch von diesem Autor, und auch der Autor stand, diese Widmung schreibend, wie unter einem inneren Diktat. Seitdem ist meine Lebensgeschichte fortgeschritten und mit ihr auch endlich meine Einsicht in sie. Ich ahne nun etwas genauer als damals, warum ich immer noch und immer stärker von Erfolgen und Karrieren mit großem Befremden höre oder lese, warum ich auf Geschichten von Verlusten und Untergängen reagiere mit einer unwillkürlichen Sympathie.

Das scheint zu passen, denn auch die Literaturkritik wird neuerdings wieder für eine verlorene Sache gehalten. Gerade in diesem Jahr haben das altgediente, listige Auguren, aber auch junge, muntere Unkenrufe« verkündet. »Er ist von der gesellschaftlichen Bühne abgetreten«, schreibt Hans Magnus Enzensberger über den Kritiker, »weil er nicht mehr gebraucht wird.« Kritiker könnte heute jeder Leser sein, behauptet Willi Winkler, deshalb müßte keiner mehr Kritiker spielen. Dann also betreiben wir unser Geschäft nur noch im schalltoten Raum.

Totgesagtes lebt besonders lange, heißt es. Auch die Literatur, schon vor zwanzig Jahren zur Mumie erklärt, hat uns das inzwischen bewiesen. Und sicher sind solche Untergangsorakel so ganz ernst nie gemeint, sondern auch als Köder, Spielzeug, Reizstoff: hier ist mein starkes, glänzendes Argument – wer bietet dagegen? Ich also biete nicht – nicht hier und heute. Lieber lasse ich mich wieder einmal ergreifen von meiner alteingesessenen Sympathie für eine – gesetzt den Fall – verlorene Sache. Den siegreichen Sachen wird ja ohnehin und triumphal geholfen, im Himmel und auf der Erde, von Göttern und Medien, Zeit- und Weltgeist.

Defätismus klingt heute immer brillant und Hoffnung töricht. Trotzdem möchte ich fragen: Könnte, wenn schon das Rezensionswesen dahinwelken sollte, die Kritik überwintern? Als literarische Kritik und Essay? Was aber mag wohl gemeint sein mit »literarische Kritik«? Dreimal darfst du raten.

Sicher ließe sich – wozu mir sehr die Zeit fehlt und etwas auch die Lust – eine literarische Kritik sorgfältig abgrenzen gegen eine wissenschaftlich interpretierende und eine journalistisch vermittelnde, als eine Kritik also, die freigestellt wäre von Wahrheitsnormen und von Kundendienst. Es ließe sich auch schwärmen von der literarischen Kritik als einer Verwandten der tänzerischen, musikalischen, architektonischen, dramatischen usw. Kritik und schwärmen von der Verschmelzung aller dieser Kritiken zu einem kritischen Gesamtkunstwerk: denn sicher möchte jeder von uns einmal im Leben oder einmal im Jahrzehnt eine Prosa schreiben, die gut getanzt, gebaut, gedacht, gesungen, instrumentiert, inszeniert wäre, gewürzt mit je einem Hauch Lessing, Lenin, Zadek, Nietzsche, Gropius, Callas und natürlich Karl Kraus.

Ich könnte aber auch drittens – und nur diese freieste, windige Vermutung möchte ich einige Minuten verfolgen – literarische Kritik begreifen als einen Text, der unterwegs ist zum Essay. Ob das viel hilft?

Denn vom Essay wissen wir, seit Montaigne ihn im weiten Feld zwischen Wissenschaft und Alltagserfahrung begründet oder vielmehr ausgesetzt hat, mit Sicherheit nur eines: wer genau sagen könnte, was das ist, ein Essay, der würde kaum noch einen schreiben. Gerade diese selbstbewußte Unsicherheit, eine Neugierde immer auch auf sich selbst, das hält ihn in Gang. Schon davon könnte eine essayistisch inspirierte Kritik lernen.

Lernen zum Beispiel, daß sie sich nicht bedingungslos steuern lassen sollte von einem klipp und klaren Urteil und Ergebnis, dem Jaja oder Neinnein zu einem Buch, einem Autor, womöglich noch idiotensicher ablesbar als entweder Kaufempfehlung oder Boykottaufruf. Denn der Essay – und also auch eine Kritik, die bei ihm in die Schule geht –, er scheut vor allem eines: das Fixundfertige, jede Endgültigkeit. Er wird nie einen Gegenstand »erledigen«. Dazu fehlt es ihm an beidem, an Haß wie an Pedanterie. Was nicht etwa heißt, daß er immer nur mit Zartgefühl, Schonung, einer nachsichtigen Liebe operiert. Im Gegenteil: Passion ist das Klima, in dem er gedeiht. Er »verfolgt« seine Gegenstände und das auch im aggressiven Sinn des Wortes, er kann und soll sie beuteln, sie aufbrechen und ausweiden, auf Herz und Nieren prüfen. Und er »bekniet« sie – was für ein herrliches Wort, wenn man es wieder einmal wortwörtlich nimmt. Wer etwas »bekniet«, demonstriert ja dreierlei: Hingabe, Zudringlichkeit, aber auch eine Haltung, die nicht so leicht umzuwerfen ist. So hingerissen und so fest wünsche ich mir Literatur, aber auch ihre Kritik. Denn aus alldem geht schon hervor, daß der Essay, und also auch eine ihm nachschreibende literarische Kritik, daß beide Aktionen sind oder sein wollen, Sprachhandlungen, Sprachtätigkeiten wie die Literatur auch, Argumentationserzählungen, Argumentationsdramen.

Das mag schwärmerisch klingen, hochfahrend und entsprechend ungenau. Zwar läßt sich, was ich meine, auch bescheidener, demütiger ausdrücken, aber eine Arbeitsanweisung für den Rezensentenalltag wird trotzdem nicht daraus. Denn ich wünsche mir, subjektiv und für mich, tatsächlich ein kritisches Lesen und Schreiben, das sich auf immer weniger Bücher immer geduldiger, genauer, neugieriger einlassen könnte, mit immer mehr Zeit für ein Aufschauen vom Buch und Blatt, um aufmerksam zu bleiben für die Bewegung des fremden Textes im eigenen Kopf, für die von ihm aufgereizte, bewegte eigene Lebens- und Leseerfahrung.

Ein solcher langsamer und passionierter Leser und Kritiker muß sich zutrauen, auch einen scheinbar ganz und gar festgeschriebenen Text immer wieder, und sei es nur ahnungsweise, zum Schmelzen zu bringen. Er muß versuchen, hinter den Text zu kommen, in jene flirrende, nie ganz aufklärbare Zone, in der das Gedichtete entsteht. Dann kann er auch das eigentlich Vorlaute und Riskanteste wagen, nämlich nicht nur über einen Text, sondern auch von und mit einem Autor reden. Und ich gestehe, daß Textsorten, hinter denen ein Autor und seine Erfahrungen mit der Welt nicht mehr auffindbar sind, daß mich solche kühnen Sprachstilleben wenig und immer weniger reizen, so aufregend, intelligent und zeitgemäß sie gerade wegen dieser hermetischen Qualität auch arrangiert sein mögen.

Ich hänge am Subjekt jeder Rede – womöglich, weil auch diese Subjektivität schon zu einer verlorenen Sache erklärt worden ist –, aber ich hänge daran vor allem, weil gerade die literarische Rede alles roh und unmittelbar Subjektive verwandelt in etwas Verbindliches und Soziales. Wie diese Alchemie wirkt, die private Fakten zu literarischen Fiktionen verwandelt, das beschäftigt mich immer mehr. Ich vermute, für diesen Prozeß gilt Wittgensteins berühmter Satz auf den Kopf gestellt: Worüber man schweigen muß, davon kann man schreiben.

Das ist, ich weiß, eher ein Bekenntnis als ein Programm. Stillschweigend ist damit auch schon bekannt, woran ich nicht hänge, aber ich sollte es deutlicher sagen. Die Götterdämmerung des Großrezensententums etwa erlebe ich ohne Wehmut. Wer diese herrliche und herrische Rolle immer noch spielen will, der wird, ob er will oder nicht – und wahrscheinlich will er ja – unweigerlich zum Animateur, der also das Publikum bei Laune und Stimmung hält, der für Bewegung sorgt, im Publikum, kaum in der Literatur.

Aber ich traue auch nicht den kritischen Konventionen, die sich in dem von der alten Rezensentenherrlichkeit hinterlassenen Machtvakuum ausbreiten. Mich schreckt der Ernst einer akademisch inspirierten bzw. uninspirierten Kritik, die jedes an einem Dienstag erschienene Buch schon am folgenden Samstag zu einem Stück Literaturgeschichte oder zum Exempel für eine gerade tonangebende Literaturtheorie zurechtpräpariert. Und mich reizt und langweilt der Journalismus der Neuen Munterkeit, der auch die Literaturkritik längst überschwemmt hat mit seinen blendenden Launen, seiner Kontaktfreudigkeit und seinem Narzißmus. So gelehrt, gebildet einerseits, so superfrisch und konsumgeil andererseits ist auf deutsch wohl noch nie über Bücher geschrieben worden, aber auch selten so unverbindlich.

Niemand sollte sich einbilden, er könnte sich vor solchen Zeittendenzen ganz und gar retten, in Sicherheit bringen. Aber zu hoffen wäre, daß der eine oder andere von uns sich etwas öfter etwas mehr in Unsicherheit bringen wollte. Auch auf die Gefahr hin, daß alles Abseitsstehen sich immer sehr geschont, kostbar, luxuriös ausnimmt. Aber Kunst und erst recht ein Nachdenken über sie sind ohnehin Luxus. Selbst Brecht hat das am Ende zugegeben, aber hinzugefügt, »daß man für den Überfluß ja lebt«. Sicher käme die Welt ohne Literatur und erst recht ohne Literaturkritik aus, aber noch besser, so Sartre, könnte die Erde ohne den Menschen auskommen. Die Neutronenbombe ist der vollkommene Defätist. Mit ihr sollte niemand konkurrieren wollen.

In Gang gesetzt wurde die Arbeit an diesem Band durch einen glücklichen Zufall, durch die Frage eines Berliner Kollegen, warum ich nie eine Sammlung meiner Kritiken herausgegeben hätte und ob man das nicht einmal nachholen könnte. Damit war der Autor, war ich in Zugzwang, zunächst nur mit der Antwort Ja oder Nein.

Sammelbände mit eigenen Rezensionen zu veröffentlichen, das schien mir bis dahin tatsächlich eitel im doppelten Wortsinn, also auch schlichtweg überflüssig, wie alles Zusammenbündeln von für den Tag geschriebenen Artikeln. Zwei bis drei Gründe sprachen nun Anfang der neunziger Jahre für eine Revision dieser Haltung. Zunächst die Summe des Materials, die Möglichkeit also überlegter Auswahl. Dann die seit 1989/90 spürbare Epochengrenze, das Ende der Nachkriegszeit, auch literarisch. Und schließlich und vor allem eben der Reiz, nicht nur die eigene kritische Arbeit zu dokumentieren, nicht nur mit Rezensionen, sondern aus ihnen und Essays ein entschlossen offenes und doch geschlossenes Buch zu konzipieren.

Die alles auslösende Frage zum produktiven Zeitpunkt hat Hans Dieter Zimmermann gestellt, der folglich als Urheber des Projekts gelten muß. Ohne ihn wäre dieser Band gar nicht, ohne die Stiftung Preußische Seehandlung nur mit Schwierigkeiten und nicht so zustande gekommen, und ohne die Mithilfe von Stefan Schölzel und vor allem Cora Schönemann wäre die Arbeit der Auswahl und die Schlußredaktion samt Korrektur, Quellenverzeichnis, Register nicht so angenehm gewesen:

Ihnen allen gilt mein herzlicher Dank.

Berlin und Grünwald, Oktober 1993

ANHANG

QUELLENVERZEICHNIS

Nachgewiesen wird, soweit nicht anders vermerkt, der jeweils erste Druck der hier aufgenommenen Texterfassung.

MS bedeutet: der Nachdruck erfolgte nach Manuskript. Abweichungen gegenüber der Erstveröffentlichung im Wortlaut und vor allem im Titel sind dann möglich.

ANFÄNGE

Wolfgang Borchert, Hungerkünstler.
  In: Wolfgang Borchert: *Draußen vor der Tür.* Das Stück und ausgewählte Prosa. Deutscher Bücherbund. Stuttgart / München 1988.
Böll, Koeppen, Schmidt – diese Drei.
  In: Glücksgeist und Jammerseele. Über Leben und Schreiben, Vernunft und Literatur. München / Wien 1986.

I.
DAS KLASSISCHE JAHRZEHNT

Der große Bänkelsang.
  Günter Grass: *Die Blechtrommel.* In: Neue deutsche Hefte, Jg. 6, Heft 65, 1959/60.
Zwischen Entrüstung und Behagen.
  Heinrich Böll: *Ansichten eines Clowns.* In: Neue Rundschau, Jg. 74, Heft 3, 1963.
Ein brillanter Scherbenhaufen.
  Martin Walser: *Halbzeit.* In: Süddeutscher Rundfunk, gesendet am 12.1.1961. MS.
Ein Riese im Nebel.
  Uwe Johnson: *Mutmaßungen über Jakob.* In: Neue deutsche Hefte, Jg. 6, Heft 66, 1959/60.
Die DDR – ganz nah, ganz fremd.
  Uwe Johnson: *Das dritte Buch über Achim.* In: Süddeutscher Rundfunk, gesendet am 28.12.1961. MS.
Nicht Romeo, nicht Julia.
  Uwe Johnson: *Zwei Ansichten.* In: Der Spiegel, 39, 1965.
Selbstgespräche für Leser.
  Hans Magnus Enzensberger: *blindenschrift.* In: Der Spiegel, 49, 1964.
Othello als Hamlet.
  Max Frisch: *Mein Name sei Gantenbein.* In: Der Spiegel, 36, 1964. MS.
Geschichten als Spielzeuge.
  Reinhard Lettau: *Schwierigkeiten beim Häuserbauen.* In: Die Zeit, 25.5.1962.
Unmenschlichkeit beschreiben.
  Erstdruck in: Merkur, 202, 1965. Die vorliegende Fassung in: R. B.: Literatur für Zeitgenossen. Essays. Frankfurt a. M. 1966.
Deutsche Gesellschaft in deutschen Romanen.
  Erstdruck in: Neue Rundschau, Jg. 75, Heft 4, 1964. Die vorliegende Fassung in: R. B.: Literatur für Zeitgenossen. Essays. Frankfurt a. M. 1966.
Plädoyer für eine linke Literatur.
  In: Was heißt heute links? Hg. von Horst Krüger. München 1963.
Enzensberger kämpft mit Einzelheiten.
  Hans Magnus Enzensberger: *Einzelheiten.* In: Süddeutsche Zeitung, 11./12.8.1962.

Beckmesser oder de Gaulle?

Marcel Reich-Ranicki: *Deutsche Literatur in West und Ost*. In: Der Spiegel, 4, 1964.

Vernunft als Fahne.

Günter Grass: *Über das Selbstverständliche*. In: Süddeutsche Zeitung, 8. / 9. 6. 1968.

Musical für Staatstheater.

Peter Weiss: *Die Verfolgung und Ermordung Jean Paul Marats . . .* In: Der Spiegel, 25, 1964.

Plebejer-Spätlese.

Günter Grass: *Die Plebejer proben den Aufstand*. In: Neue Rundschau, Jg. 77, Heft 2, 1966.

Vernunft, Gefühl und Schnauze.

Volker Braun: *Provokation für mich*. In: Der Spiegel, 19, 1965.

Aus zweiter, heißer Hand.

Christian Geissler: *Kalte Zeiten*. In: Der Spiegel, 48, 1965. MS.

Jenseits aller Einempfindung.

Alexander Kluge: *Lebensläufe*. In: Neue Rundschau, Jg. 74, Heft 1, 1963.

Stalingrad – logisches Unglück.

Alexander Kluge: *Schlachtbeschreibung*. In: Der Spiegel, 21, 1964.

Krieg, Blut und Unterwäsche.

Jakov Lind: *Landschaft in Beton*. In: Die Zeit, 17. 5. 1963.

Politisches Theater oder moralische Anstalt?

Zur Entwicklung von Peter Weiss. In: Text + Kritik, 37, 1973.

Über Uwe Johnson.

1. *Ein gelassener Autor.* Büchnerpreisrede Darmstadt 1971. Teilabdruck in: Die Zeit, 20. 10. 1971.

2. Das realistische Programm. In: Nachwort zu *Über Johnson*. Hg. von R. B. Frankfurt a. M. 1970.

Was kommt nach der modernen Literatur?

Vortrag 1968 / 69, Druckfassung in: R. B.: Die verdrängte Phantasie. 20 Essays über Kunst und Gesellschaft. Darmstadt / Neuwied 1973.

Volksgesang. Volksgestank.

Peter Rühmkorf: *Über das Volksvermögen*. In: Der Spiegel, 23, 1967.

Eine wüste Idylle.

Hubert Fichte: *Die Palette*. In: Der Spiegel, 9, 1968. MS.

Texte zum Tränenlachen.

Günter Eich: *Maulwürfe*. In: Süddeutsche Zeitung, 28. / 29. 9. 1968. MS.

Nur für Neugierige.

Herbert Achternbusch: *Zigarettenverkäufer. Hülle. Rita*. In: Der Spiegel, 46, 1969. MS.

Wann ist Napoleon gestorben?

Dieter Kühn: *N*. In: Süddeutsche Zeitung, 10. / 11. 10. 1970.

Nützliche Kopfschmerzen.

Günter Herburger: *Jesus in Osaka*. In: Der Spiegel, 42, 1970. MS.

Angenehme Zerstörung.

Peter Handke: *Prosa Gedichte Theaterstücke Hörspiele Aufsätze*. In: Der Spiegel, 27, 1969.

Wozu Dichter?

Kursbuch 15. In: Der Spiegel, 51, 1968. MS.

Schmutzige Medien.

Kursbuch 20. In: Der Spiegel, 18, 1970. MS.

II.
DIE SIEBZIGER JAHRE

Gesang, Attacke, Rückzug.
  Ingeborg Bachmann: *Malina*. In: Neue Rundschau, Jg. 82, Heft 3, 1971.
Paradiesismus.
  Heinrich Böll: *Gruppenbild mit Dame*. In: Der Spiegel, 32, 1971. MS.
Ein Heldendenkmal – wozu?
  Hans Magnus Enzensberger: *Der kurze Sommer der Anarchie*. In: Der Spiegel, 41, 1972.
  MS.
Süchtig nach Positivem.
  Martin Walser: *Die Gallistl'sche Krankheit*. In: Süddeutsche Zeitung, 11. / 12. 3. 1972.
  MS.
Magie und Lust am Untergang.
  Martin Walser: *Der Sturz*. In: Die Zeit, 4. 4. 1973.
Ein Lebenslauf, ein Todessturz.
  Peter Handke: *Wunschloses Unglück*. In: Süddeutsche Zeitung, 27. 9. 1972. MS.
Vorwärts, zurück in die Zukunft?
  Peter Handke: *Der kurze Brief zum langen Abschied*. In: Süddeutsche Zeitung,
  22. 3. 1972.
Erst Zeichen, dann Wunder.
  Peter Handke: *Die Stunde der wahren Empfindung*. In: Die Zeit, 21. 3. 1975.
. . . dichter Kosmos, irres Geschehen . . .
  Gerhard Zwerenz: *Die Erde ist unbewohnbar wie der Mond*. In: Süddeutsche Zeitung,
  10. 10. 1973.
Sechs Thesen über Literatur und Politik.
  In: Tintenfisch, 3, 1970.
Das Poetische, seine Tradition und Aktualität.
  Vortrag auf dem Literatur-Symposion Klagenfurt, Juni 1972. Teilabdruck in: Süd-
  deutsche Zeitung, 8. / 9. 7. 1972. Die vorliegende Fassung in: R. B.: Die verdrängte
  Phantasie. 20 Essays über Kunst und Gesellschaft. Darmstadt / Neuwied 1973.
So viele todmüde Sätze.
  Christian Linder: *Schreiben & Leben, Gespräche mit Jürgen Becker, Peter Handke, Walter
  Kempowski, Wolfgang Koeppen, Günter Wallraff, Dieter Wellershoff*. In: Süddeutsche Zei-
  tung, 25. 5. 1974. MS.
Eine Exekution – von drüben betrachtet.
  Kurt Batt: *Die Exekution des Erzählers*. In: Süddeutsche Zeitung, 22. 4. 1974. MS.
Befreiung im Simulationsraum.
  Dieter Wellershoff: *Literatur und Lustprinzip*. In: Süddeutsche Zeitung,
  3. / 4. 11. 1973.
Die Romantik und die Solidarität.
  Martin Walser: *Wie und wovon handelt Literatur*. In: Süddeutsche Zeitung, 10. /
  11. 11. 1973.
Im hegelschen Aufwind.
  Hartmut Lange: *Die Revolution als Geisterschiff*. In: Süddeutsche Zeitung, 17. /
  18. 11. 1973.
Sogenannte Dokumentarliteratur.
  In: Merkur, 268, 1970.
Kraft und Jammer.
  Karin Struck: *Klassenliebe*. In: Der Spiegel, 18, 1973. MS.
Mit nüchtern aufgerissenen Augen.
  Peter Schneider: *Lenz*. In: Die Zeit, 20. 10. 1973. MS.

Die Kunst zu überleben.

    Nicolas Born: *Die erdabgewandte Seite der Geschichte.* In: Süddeutsche Zeitung, 18. / 19. 9. 1976. MS.

Auf dem Lande: »Menschenfinsternis«.

    Franz Innerhofer: *Schöne Tage.* In: Süddeutsche Zeitung, 12. / 13. 10. 1974. MS.

Ein rot geträumtes Leben.

    Peter Weiss: *Die Ästhetik des Widerstands I.* In: Süddeutsche Zeitung, 25. / 26. 10. 1975. MS.

Eine spröde, trauernde Wut.

    Thomas Brasch: *Vor den Vätern sterben die Söhne.* In: Süddeutsche Zeitung, 12. / 13. 2. 1977.

So küßt mich doch, ihr Hunde!

    Wolf Biermann: *Deutschland.* Ein *Wintermärchen* und *Für meine Genossen.* In: Süddeutsche Zeitung, 16. 11. 1972.

Ende des Familienkrachs.

    Wolf Biermann: *Nachlaß 1.* In: Der Spiegel, 35, 1977. MS.

Lebenslänglich: Schreiben.

    Beitrag zu einem Wiener Symposion im Frühjahr 1980. Erstdruck in: Die Zeit, 2. 5. 1980.

300 Gramm wohlabgehangene Prosa.

    Günter Grass: *Das Treffen in Teltge.* In: Süddeutsche Zeitung, 5. / 6. 5. 1979.

Überlebensspiel mit zwei Opfern.

    Martin Walser: *Ein fliehendes Pferd.* In: Der Spiegel, 9, 1978.

Der alte Mann und der Berg.

    Max Frisch: *Der Mensch erscheint im Holozän.* In: Die Zeit, 27. 4. 1979.

Ein pedantischer Anarchist.

    Helmut Heißenbüttel: *Wenn Adolf Hitler den Krieg nicht gewonnen hätte.* In: Die Zeit, 22. 2. 1980.

Auf der Suche nach Reinhard Lettau.

    Reinhard Lettau: *Zerstreutes Hinausschaun. Vom Schreiben über Vorgänge in direkter Nähe oder in der Entfernung von Schreibtischen.* In: Die Zeit, 25. 7. 1980. MS.

Jeder einzelne: eine gefährliche Utopie.

    Nicolas Born: *Die Welt der Maschine.* In: Lesezeichen. Frankfurt 1980. MS.

Das Theater des Botho Strauß.

    In: Text + Kritik, 81, 1984.

Wir Eingeborenen.

    Michael Rutschky: *Erfahrungshunger.* In: Der Spiegel, 22, 1980.

Klagenfurt, Juni 1980.

    Erstdruck in: Merkur, 397, 1981. Die vorliegende Fassung in: R. B.: Glücksgeist und Jammerseele. Über Leben und Schreiben, Vernunft und Literatur. München / Wien 1986.

Das Leben – kein Traum?

    Vom Nutzen und Nachteil einer autobiographischen Literatur. In: Literatur aus dem Leben. Autobiographische Tendenzen in der deutschsprachigen Gegenwartsliteratur. Hg. von Herbert Heckmann. München 1984.

III.
FINALE

Kahlschlag.

Max Frisch: *Blaubart.* In: Der Spiegel, 16, 1982. MS.

Eigensinn.

Uwe Johnson: *Jahrestage.* In: Merkur, 422, 1983.

Ein Marmorengel.

Christa Wolf: *Kassandra.* In: Der Spiegel, 14, 1983. MS.

»Ihr Menschen! Ihr Ungeheuer!«

Ingeborg Bachmann zum 60. Geburtstag. Rede in Klagenfurt, Juni 1986. In: Die Zeit, 6. 7. 1986. MS.

Es werde Nacht!

Thomas Bernhard: *Alte Meister.* In: Frankfurter Allgemeine Zeitung, 15. 9. 1985.

Das Leben – ein Traum.

Ernst Augustin: *Der amerikanische Traum.* In: Die Zeit, 19. 5. 1989. MS.

Gesang, Gesinnung, Abendröte.

Auch Peter Rühmkorf ist inzwischen sechzig. In: Die Zeit, 20. 10. 1989. MS.

Wie vernünftig kann Literatur sein?

In: Der Traum der Vernunft. Vom Elend der Aufklärung. Zweite Folge. Hg. von der Akademie der Künste Berlin. Darmstadt/Neuwied 1986.

Verfluchte Passanten-Welt!

Botho Strauß: *Paare, Passanten.* In: Die Zeit, 25. 9. 1981. MS.

Dichter in dürftiger Zeit.

Peter Handke: *Der Chinese des Schmerzes.* In: Frankfurter Allgemeine Zeitung, 15. 10. 1983.

Raus aus der Verkündermaske!

Botho Strauß: *Niemand anderes.* In: Die Zeit, 20. 3. 1987. MS.

Der Nachmittagskünstler.

Peter Handke: *Nachmittag eines Schriftstellers.* In: Die Zeit, 10. 4. 1987. MS.

Entwurf zu einem Weltstilleben.

Peter Handke: *Versuch über die Müdigkeit.* In: Die Zeit, 6. 10. 1989.

Lust am Nullpunkt.

Hans Magnus Enzensberger: *Mittelmaß und Wahn.* In: Die Zeit, 30. 9. 1988. MS.

Konzentrierte Begeisterungen.

Brigitte Kronauer: *Aufsätze zur Literatur.* In: Die Zeit, 4. 3. 1988. MS.

Das Licht, das keinen Schatten wirft.

Rede auf Brigitte Kronauer. Zur Verleihung des Heinrich-Böll-Preises der Stadt Köln 1989. In: Die Zeit, 15. 12. 1989.

Idyll und Welt.

Brigitte Kronauer: *Schnurrer.* In: Die Zeit, 8. 5. 1992. MS.

Götzendämmerung mit Nornen.

Heinrich Böll: *Frauen vor Flußlandschaft.* In: Der Spiegel, 36, 1985. MS.

Sonne, See und Sozialismus.

Uwe Johnson: *Ingrid Babendererde. Reifeprüfung 1953.* In: Die Zeit, 29. 3.1985.

Stoßseufzer der Sprache.

Wolfgang Hildesheimer: *Nachlese.* In: Die Zeit, 10. 7. 1987. MS.

Homo Faber – ein Langweiler?

Über Stoffe und Themen unserer Gegenwartsliteratur. In: Erfahrung und Fiktion. Arbeitswelt in der deutschen Literatur der Gegenwart. Hg. von Herbert Heckmann und Gerhard Dette. Frankfurt a. M. 1993.

Postmoderne Literatur – auf deutsch?

Über eine lange verschleppte, leergedroschene Frage. In: Die Zeit, 16. 10. 1987. MS.

Boulevard – was sonst?

Die Literatur zwischen den acht- und neunziger Jahren. In: Die Zeit, 6. 4. 1990. MS.

Der neudeutsche Literaturstreit.

Anlaß – Verlauf – Vorgeschichte – Folgen. In: Text + Kritik, 113, 1992.

Litanei, Larmoyanz, Wut.

Sabine Peters: *Der Stachel im Kopf.* In: Die Zeit, 7. 2. 1991. MS.

Wüst ist die Welt.

Thomas Strittmatter: *Raabe Baikal.* In: Die Zeit, 9. 11. 1990. MS.

Deutsch-deutsche Sprechblasenprosa.

Friedrich Christian Delius: *Die Birnen von Ribbeck.* In: Die Zeit, 22. 3. 1991. MS.

Der Artist im Augapfel – ratlos.

Thomas Hettche: *Inkubation.* In: Die Zeit, 6. 11. 1992. MS.

Die Welt als Walser und Vorstellung.

Martin Walser: *Ohne einander.* In: Die Zeit, 30. 7. 1993. MS.

NACHWORT

zitiert wird aus: R. B.: Dankrede zur Verleihung des Johann-Heinrich-Merck-Preises 1987. In: Jahrbuch der deutschen Akademie für Sprache und Dichtung 1987. Darmstadt 1988.

AUTORENREGISTER

Dieses Register ist nicht auf Vollständigkeit angelegt, sondern soll den Benutzern des Bandes den Zugang zu den wichtigen Textstellen nur über Autoren der deutschen Gegenwartsliteratur und zu Zitaten ihrer Kritiker und Theoretiker erleichtern.
Nicht aufgenommen wurden also Autoren anderer Epochen oder Literaturen (weder Platon noch Goethe oder Brecht, Beckett, Lyotard) und verzichtet wurde auch auf die Registrierung von beiläufigen Namenserwähnungen.